JN174462

大坪併治著作集 7

大坪併治著

訓點資料の研究

風間書房刊

薩共生一處利根智慧百千萬世終不
瘖瘂口氣不臭舌常無病口亦無病齒
不垢黒不黄不踈亦不缺落不差不曲
脣不下垂亦不褰縮不麁澁不瘡胗亦
不缺壞亦不喎斜不厚不大亦不黧黒
無諸可惡鼻不匾㔸亦不曲戾面色不

法華經古點　巻六（訳文167～168頁参照）

著作集序

今秋傘壽を迎へた記念に、六十年に亙る新舊の研究を纏めて『大坪併治著作集』を編輯することにした。一冊四百頁から五百頁を標準とし、これを大幅に超えるものは、上下に分冊する。既刊の再版六冊、新たに書き下ろすものを含めて新刊六冊、合せて十二冊の豫定である。

『著作集』の内容は、擬聲語の研究を除いて、ほとんど國語史學の分野に屬し、特に訓點語と訓點資料に關するものが中心である。これは、わたしの學生時代における二つの學問的背景に因つてゐる。一つは昭和初期、わたしが京都大學で學んだ言葉の學問は、言語學も國語學もすべて歴史的研究が主流であつたから、言葉の本質を歴史的變遷の中に捉へようとする姿勢が自然に出來てしまつたためであり、もう一つは、當時、國語史は、平安初期の百年間、六國史の宣命以外に見るべき資料が無く、空白のまま殘されてゐたから訓點資料の研究によつて新しい國語資料を開發し、その空白を補って見ようと考へたためである。同じ頃故小林英夫博士によつて紹介されたソシュールの共時言語學は、幾冊かの本を讀んだが、知識に止まつて身にはつかなかつた。ただ、ソシュールとは異なつた立場で書かれた博士自身の論文「國語象徵音の研究」(「文學」第一巻第八號、昭和八年)だけは、後に擬聲語の研究を始める潛在的刺戟となつた。

大學卒業後の十年間は、研究者にとつて最も大切な期間であると言はれる。わたしはその十年を從軍と工場動員と食糧增產とのために費した。わたしは十年長生きをして、その損失を取り返さうと思つた。幸にして健康に惠まれ、今も元氣で仕事を續けてゐる。願はくは、この健康を維持して、『著作集』を完結させたいものである。

平成二年十月十一日

大坪併治

本書は、大坪併治著『訓點資料の研究』(昭和四三年六月一五日　風間書房)の復刊です。当初、著作集に組み入れる段階では誤字・誤植の訂正と後記の追加が予定されておりました。しかしながら、著者がご高齢であることを考慮して、先ずは著作集の完結を優先させた次第です。訂正については巻末に正誤表を付す事と致しました。読者の皆様には大変ご不便をお掛け致しますが、事情ご賢察の上、何とぞご了承賜ります様お願い申し上げます。

風間書房編集部

序

訓点語の研究に従ふものの、学界に奉仕すべき第一の仕事は、資料の所在を明らかにし、これを正確に解読し、利用されやすい形で紹介することであらう。

本書は、高野山龍光院蔵国宝妙法蓮華經古点七巻、及び、天理大学図書館・国立京都博物館蔵国宝南海寄歸内法傳古点三巻を解読し、本文の写真と対照させ、若干の解説・論考を加へたものである。

前者は明算（一〇二一〜一一〇六）の点、後者は点者不明ながら同時代の加点と推定され、共に平安末期の国語資料として重要な文献であるが、特にこの両者を選んだのは、次のやうな理由も手伝つてゐる。

一、法華經は、仏典中最もよく知られてゐて、その文章はこの種の資料の代表的なものと見られるのに対し、寄歸傳は、仏家の筆に成るものとはいへ、文章は一般の漢籍に近く、普通の漢文で記されてゐること。

二、法華經古点は、真言宗の僧侶により中院僧正点で加へられてゐるが、寄歸傳古点は、天台宗の僧侶により宝幢院点（一部西墓点を混用）で加へられてゐること。

三、法華經古点は、簡潔で安定した読み方をしてゐるが、寄歸傳古点は、詳密で不安定な読み方を示してゐること。

四、法華經古点は、白墨の太字で記され、鮮明で読みやすいが、寄歸傳古点は、朱墨の細字で記され、不鮮明で読みにくいこと。

即ち、両者は、本文の文体、学問の系統、訓読の態度、加点の様式等に相ひ異なるものを持つてゐて、両者を比較研究することは、平安時代の訓点資料を理解する上に、役立つところが多いと考へたからである。いづれも、数次の調査によつて解読の正確を期したが、天性不敏の故に思はぬ誤読を犯したところもあらう。同学の士の補正を賜はつて、本書がより完全な形で利用されるやうになることを願つてゐる。

本書の刊行については、多くの方々のご協力とご援助とを頂いた。まづ、龍光院の森寛厳僧正、天理大学図書館長富永牧太氏、京都博物館長塚本善隆氏からは、貴重な資料を数次に亘つて自由に調査することを許された。高野山大学図書館・天理大学図書館の関係職員には、写真撮影の労をとつて頂いた。文部省からは、幾度か科学研究費を支給された上、今回は昭和四十二年度文部省科学研究費補助金（研究成果刊行費）の交付を受けた。また、文部省初等中等教育局視学官林大氏、東京教育大学教授中田祝夫博士からは、文部省及び出版社に対し、本書の刊行を推薦された上、種々有益な助言を与へられた。諸氏のご好意に対し、謹んでお礼を申上げる。なほ、前著「訓点語の研究」に引き続き、困難な出版を引き受け、よく著者の希望を入れてくれた風間書房にも、併せて謝意を表する。

昭和四十三年三月

大坪併治

凡例

一、本文・譯文篇では、上段に原本の写真を、下段にこれに相当する訳文を配した。

二、法華經古点と南海寄歸傳古点巻一・二とは、本書のために特に撮影して貰つたが、寄歸傳古点巻四は、古典保存会複製本から転載した。

三、本文写真の上欄に、巻ごとに料紙の枚数を○印の数字で示し、料紙ごとに行数を5・10・15・20・25のごとく示した。訳文も、同じく上欄に、これに対応する数字を記したが、料紙の替りめには『を付してこれを明らかにした。

四、南海寄歸傳古点巻二は、後世補修の際の手違ひによつて、料紙の継順が狂つてゐるが、写真は、推定される原形に復して取り扱ひ、訳文もこれに拠つた。

五、訳文の表記は、次の約束に従つた。

1 異体の漢字は、特殊なものを除き、現行の活字体に改めた。

2 本文の漢字を異本によつて校合し、異本の漢字を併記したものは、<イ>として示した。

3 本文の漢字を訂正・補記したものは、訂正・補記された漢字に従ひ、その下に<天黑訂><地朱訂><右白補>等と記した。「天の余白に黑筆で訂正されてゐる。」「地の余白に朱筆で訂正されてゐる。」「本文の文字の右側に白筆で補はれてゐる。」等の意味である。

4 本文の漢字に誤字と認められるものがあつても妄りに改めず、多くはそのままとした。

5 南海寄歸傳の本文の割注は、【 】で包んで示した。

6 ヲコト点は平仮名で表した。ただし、片假名との混同を避け、「へ」には「[illegible]」を、「り」には「[illegible]」を用ゐた。

7 仮名による訓は片仮名で表した。

8 仮名に混へて用ゐる特殊な実字・略符号は、平仮名の右に傍線を引いて表した。

9 南海寄歸傳古点の特殊な省記法——わかりやすい語は、音節の数だけ点を打つ——は、片仮名の右に点を打つて表した。例へば、「預ア・・め」は「アラカシめ」、「畜タ・・は」「タクハル」のやうに。

10 南海寄歸傳の特殊な反復記号〉は、仮名訓の場合は、片仮名の下に「く」を添へ、漢字の場合は、平仮名の右に点を打つて表した。

11 私意による補読は、平仮名を（ ）で包んで示した。

12　ヲコト点や仮名があつても、読み方の不明なものは、空白のままとし、[　]で示した。
13　試みに読んではみたが、不確実なものは△を付けた。
14　誤読と思はれるヲコト点や仮名は、〔　〕で包んで示した。
15　不読の漢字は（　）で包んで示した。
16　句読点は、大体に原文の句点に従ひ、現行の「、」「・」「。」を使ひわけたが、私意によつて加へたところもある。
17　引用句を示す括弧は、原文にはないが、理解を助けるため、「　」『　』の二種を用ゐた。
18　南海寄歸傳古点で、初度の仮名を消して新しく仮名訓を加へたものは、新訓に拠つて読み、初度の仮名は〈朱淡　〉として示した。
19　「當・應・須」等を再読したものは、「當に・・・・・為し《再読》。」のやうに示した。
20　法華經古点で、「於・于・自」等に直接ヲ・ニ・ヨリ等のヲコト点を加へたものは、平仮名の右に。印を付けて表した。例へば、「を〔於〕」「に〔于〕」「より〔自〕」のやうに。

六、南海寄歸傳古点に用ゐられた声点は印刷の便宜上、訳文では省略し、各巻の終りに纏めて挙げた。
七、南海寄歸傳古点巻一の初めに加へられた黒点は、朱点との混同を避けて、巻一の朱点声点例の次に纏めて抄出した。
八、解説・論考篇では、引用例はすべて漢文様式を取り、反点は後世の形式に改めた。
九、引用例の末尾に添へた（　）内の数字は出所を示すもので、漢数字が巻次を、分子が料紙の枚数を、分母が行数を示してゐる。

目次

本文・譯文篇

①妙法蓮華經序品第一

是(くの)如く我(れ)聞(きたま)へき。一時、佛、王舍城と耆闍崛山との中に住(したま)へりき。大比丘の衆萬二千の人(と)〔與〕倶なりき。皆是(れ)阿羅漢なりき。諸漏已に盡せり。復ての煩惱無(し)。己(れ)か利を得(る)に逮へり。諸有の結を盡せり。心に自在を得たりき。其(の)名をは阿若憍陳如・摩訶迦葉・優樓頻螺迦葉・伽耶迦葉・那提迦葉・舍利弗・大目揵連・摩訶迦旃延・阿㝹樓駄・劫賓那・憍梵波提・離婆多・畢陵伽婆蹉・薄拘羅・摩訶拘絺羅・難陀・孫陀羅難陀・富樓那彌多羅尼子・須菩提・阿難・羅睺羅と曰(ひ)き。是(くの)如き衆に知識(せ)所れたる大阿羅漢等なり。復(た)、學と無學との二千の人有(り)き。摩訶波闍波提比丘尼は、眷屬六千の人(と)〔與〕倶なりき。羅睺羅(の)母、耶輸陀羅比丘尼も、亦眷屬(と)〔與〕倶なりき。菩薩摩訶薩八萬の人あり。皆阿耨多羅三藐三菩提(に)於(いて)退轉(せ)不(り)き。皆陀羅尼を得たり。樂説辯才あり。不退轉の法輪を②轉しき。無量百千の諸佛を供養(したてまつ)れり。諸佛の『み所〈もと〉に(し)て〔於〕、衆の德の本を殖(ゑ)たり。常に諸佛に〔之〕稱歎(せ)所(る)ることを爲〈得也〉〈え〉たり。慈を以(て)身を修〈治也〉〈をさ〉(め)たり。善(く)佛慧に入れり。通達の大智あり。彼岸に〔於〕到れりき。名稱普(く)無量の世界に聞(え)たり。能(く)無數百千の衆生を度しき。其(の)名をは文殊師利菩薩・觀世音菩薩・得大勢菩薩・常精進菩薩・不休息菩薩と、寶掌菩薩・藥王菩薩・勇施菩薩と、寶月菩薩・月光菩薩・滿月菩薩と、大力菩薩・無量力菩薩・越三界菩薩・跋陀婆羅菩薩と、彌勒菩薩・寶積菩薩・導師菩薩と曰(ひ)き。是(くの)如き等の菩薩摩訶薩八萬の人(と)倶なりき。

尒(の)時(に)、釋提桓因は其(の)眷屬二萬の天子(と)〔與〕倶なりき。復(た)、名月天子

修身善入佛慧通達大智到於彼岸名
稱普聞無量世界能度無數百千衆
生其名曰文殊師利菩薩觀世音菩薩
得大勢菩薩常精進菩薩不休息菩薩
寶掌菩薩藥王菩薩勇施菩薩寶月
菩薩月光菩薩滿月菩薩大力菩薩無量
力菩薩越三界菩薩跋陀婆羅菩薩彌
勒菩薩寶積菩薩導師菩薩如是等菩
薩摩訶薩八萬人俱
尒時釋提桓因與其眷屬二萬天子俱
復有名月天子普香天子寶光天子四
大天王與其眷屬萬天子俱自在天子
大自在天子與其眷屬三萬天子俱娑
婆世界主梵天王尸棄大梵光明大梵
等與其眷屬萬二千天子俱有八龍王
難陀龍王跋難陀龍王娑伽羅龍王和
脩吉龍王德叉迦龍王阿那婆達多龍
王摩那斯龍王優鉢羅龍王等各與若
干百千眷屬俱有四緊那羅王法緊那

・普香天子・寶光天子・四大天王有(り)て、其(の)眷屬萬の天子(と)〔與〕倶なりき。自在天子・大自在天子は、其(の)眷屬三萬の天子(と)〔與〕倶なりき。娑婆世界の主、梵天王・尸棄大梵・光明大梵等は、其(の)眷屬萬二千の天子(と)〔與〕倶なりき。八(たり)の龍王有(り)き。難陀龍王・跋難陀龍王・娑伽羅龍王・和脩吉龍王・德叉迦龍王・阿那婆達多龍王・摩③那斯龍王・優鉢羅龍王等なり。各(の)若「干の百千の眷屬(と)〔與〕倶なりき。四(たり)の緊那羅王有(り)き。法緊那羅王・妙法緊那羅王・大法緊那羅王・持法緊那羅王なり。各(の)若干の百千の眷屬(と)〔與〕倶なりき。四(たり)の乾闥婆王有(り)き。樂乾闥婆王・樂音乾闥婆王・美乾闥婆王・美音乾闥婆王なり。各(の)若干の百千の眷屬(と)〔與〕倶なりき。四(たり)の阿脩羅王有(り)き。婆稚阿脩羅王・佉羅騫駄阿脩羅王・毗摩質多羅阿脩羅王・羅睺阿脩羅王なり。各(の)若干の百千の眷屬(と)〔與〕倶なりき。四(たり)の迦樓羅王有(り)き。大威德迦樓羅王・大身迦樓羅王・大滿迦樓羅王・如意迦樓羅王なり。各(の)若干の百千の眷屬(と)〔與〕倶なりき。韋提希の子、阿闍世王は、若干の百千の眷屬(と)〔與〕倶なりき。各(の)佛足を禮(したてまつり)て、退(き)て一面に坐せりき。

尒(の)時(に)、世尊、四衆に圍繞(せら)れ、供養恭敬(せら)れ、尊重讃歎(せられたま)ひりき。諸の菩薩の爲に、大乘經の無量義教菩薩法佛所護念と名(つくる)を説(きたま)ひき。佛、此(の)經を説(き)已(り)て、趺を結ひ跏(重也)(かさ)(ね)て坐(し)て、無量義處三昧(に)〔於〕入(り)て、身心動(き)たまは不(り)き。是(の)時に、天より、曼陀羅華・摩訶曼陀羅華・曼④殊沙華・摩訶曼殊沙華を雨(り)て、〔而〕佛(の)上(と)及(ひ)諸の大衆(と)に散しき。「普佛世界六種に震動しき。尒(の)時(に)、會の中の比丘・比丘尼・優婆塞・優婆夷・天・龍・夜叉・乾闥婆・阿脩羅・迦樓羅・緊那羅・摩睺羅伽の人・非人(と)、及(ひ)諸の小王・轉輪聖王(と)、是の諸の大衆、未曾有(な)ること得て、歡喜し合掌し、心を一(にし)て佛を觀(し)

③

千百千眷屬俱有四緊那羅王法緊那
羅王妙法緊那羅王大法緊那羅王持
法緊那羅王各與若干百千眷屬俱有
四乾闥婆王樂乾闥婆王樂音乾闥
婆王美乾闥婆王美音乾闥婆王各
與若干百千眷屬俱有四阿脩羅王婆
稚阿脩羅王佉羅騫馱阿脩羅王毗摩
質多羅阿脩羅王羅睺阿脩羅王各與
若干百千眷屬俱有四迦樓羅王大威
德迦樓羅王大身迦樓羅王大滿迦樓羅
王如意迦樓羅王各與若干百千眷屬
俱韋提希子阿闍世王與若干百千眷
屬俱各礼佛足退坐一面
尒時世尊四衆圍繞供養恭敬尊重讃
歎為諸菩薩說大乘經名無量義教菩
薩法佛所護念佛說此經已結跏趺坐入
於無量義處三昧身心不動是時天雨
曼陀羅華摩訶曼陀羅華曼殊沙華
摩訶曼殊沙華而散佛上及諸大衆

たてまつりき。尒(の)時(に)、佛、眉間の白豪相の光を放(ちたま)ひき。東方の萬八千の世界を照(し)たまふに、周遍(せ)不(す)(といふこと)靡(无也)(な)(くし)て、下は阿鼻地獄に至り、上は阿迦尼吒天に至れりき。此の世界に於て、盡く彼の土(の)六趣の衆生を見き。又、彼(の)土(の)現在の諸佛を見たてまつり、及(ひ)諸佛の所說の經法を聞(き)たまへ、幷(せ)て、彼(の)諸の比丘・比丘尼・優婆塞・優婆夷の、諸の修行し得道する者(もの)を見き。復(た)、諸の菩薩摩訶薩の、種種の因緣と種種の信解と種種の相貌とをもて、菩薩の道(を)行するを見き。復(た)、諸佛の般涅槃(し)たまふを〔者〕見き。復(た)、諸佛の般涅槃を(し)たまひて後に、佛舍利を以(て)、七寶の塔を起(す)を見き。尒(の)時(に)、彌勒菩薩、是(の)念を作(したま)はく、「今〔者〕、世尊、神變の相を現(し)たまふ。何の因緣を以(て)か〔而〕此(の)瑞有る。今、佛世尊、三昧(に)〔于〕入(り)て、是(の)不可思議なる希有の事を現(し)たまふ。當に以(て)誰(れに)か問(は)む。誰(れ)か能(く)答(へ)む者(もの)。」と。復(た)、此(の)念を作(さ)く、「是の文殊師利法王(の)〔之〕子は、已に曾(むか)し過去の無量の諸佛を親近し供養(し)て、必(す)此の希有(の)〔之〕相を見たる應(し)。我(れ)、今當に問(は)む。」と。

⑤尒(の)時(に)、比丘・比丘尼・優婆塞・優婆夷(と)、及(ひ)諸の天・龍・鬼神等(と)、咸(く)此(の)念を作(さ)く、「是の佛の光明と神通と(の)〔之〕相を、今當に誰(れに)か問(は)む。」と。尒(の)時(に)、彌勒菩薩、自(みつか)(ら)も疑(ひ)を決(せむ)と欲ひ、又、四衆たる比丘・比丘尼・優婆塞・優婆夷(と)、及(ひ)諸(の)天・龍・鬼神等(と)の衆會の〔之〕心を觀て、而も、文殊師利に問(ひ)て言(はく)、「何の因緣を以(て)か、〔而〕此(の)瑞の神通(の)〔之〕相あり、大光明を放(ち)て、東方の萬八千の土を〔于〕照(し)て、悉(く)彼(の)佛の國界の莊嚴を見たまひたること有る。」と。是(こに)於(て)、彌勒菩薩、重(ね)て此の義を宣(へ)む)と欲(し)て、偈を以(て)問(ひ)たてまつりて曰(さく)、

④　　5　　10　　15

摩訶曼殊沙華而散佛上及諸大衆
普佛世界六種震動爾時會中比丘比
丘尼優婆塞優婆夷天龍夜叉乾闥婆
阿脩羅迦樓羅緊那羅摩睺羅伽人非人
及諸小王轉輪聖王是諸大衆得未曾有
歡喜合掌一心觀佛爾時佛放眉間白毫
相光照東方萬八千世界靡不周遍下至
阿鼻地獄上至阿迦尼吒天於此世界盡
見彼土六趣衆生又見彼土現在諸佛及
聞諸佛所說經法并見彼諸比丘比丘尼
優婆塞優婆夷諸修行得道者復見諸
菩薩摩訶薩種種因緣種種信解種種
相貌行菩薩道復見諸佛般涅槃者復
見諸佛般涅槃後以佛舍利起七寶塔
爾時彌勒菩薩作是念今者世尊現神
變相以何因緣而有此瑞今佛世尊入于
三昧是不可思議現希有事當以問誰
誰能答者復作此念是文殊師利法王

10

「文殊師利、導師[佛也](は)何か故(に)か
眉間の白毫の　大光の普(く)照(し)たまふ。
曼荼羅　曼殊沙華を雨(ら)て、
栴檀の香風(の)ごとく(し)て　衆の心を悦可(せし)めたまふ。
是の因緣を以て　地皆嚴淨なり。
而も、此の世界　六種に震動す。

15

時に四部(の)衆　咸く皆歡喜(し)て
身意快然として　未曾有なることを得つ。
眉間の光明　東方の
萬八千の土を〔于〕照(し)て　皆金色の如し。
阿鼻獄(より)〔從〕　上(かみ)有頂に至(る)まて
諸の世界の中の　六道の衆生(の)
生死に趣(く)所の　善惡の業緣をもて
受(け)たる報の好と醜と(を)　此(こ)に於て悉(く)見つ。
又、諸佛の　聖主師子を覩たてまつり、
經典の　微妙第一なるを演說(し)て、

⑥

其(の)聲淸淨に(し)て　『柔軟の音を出(し)て、
諸の菩薩の　無數億萬なるを敎(へ)たまふ。
梵のみ音(こゑ)　深妙に(し)て　人(をし)て聞(かむ)と樂(ねか)(は)令(め)たまふ。
各の世界に(し)て。〔於〕　正法を講說(し)て
種種の因緣をもてし、　無量の喩を以(て)

⑤

之子已曾親近供養過去無量諸佛必
應見此希有之相我今當問爾時比丘比
丘尼優婆塞優婆夷及諸天龍鬼神等
咸作此念是佛光明神通之相今當問誰
爾時彌勒菩薩欲自決疑又觀四衆比丘
比丘尼優婆塞優婆夷及諸天龍鬼神
等衆會之心而問文殊師利言以何因
緣而有此瑞神通之相放大光明照于東
方萬八千土悉見彼佛國界莊嚴於是
彌勒菩薩欲重宣此義以偈問曰
文殊師利　導師何故　眉間白毫
大光普照　雨曼陀羅　曼殊沙華
栴檀香風　悅可衆心　以是因緣
地皆嚴淨　而此世界　六種震動
時四部衆　咸皆歡喜　身意快然
得未曾有　眉間光明　照于東方
萬八千土　皆如金色　從阿鼻獄
上至有頂　諸世界中　六道衆生

佛法を照明(し)て　衆生に開悟(せしめ)たまふ。
若(し)人苦に遭(ひ)て　老病死を厭(ふ)には、
爲に涅槃を説(き)て　諸の苦際を盡(さし)めたまふ。
若(し)人福有(り)て　曾(むか)し佛を供養(し)て
勝法を志し求(むる)には、　爲に縁覺を説(き)たまふ。
若(し)佛子有(り)て　種種の行を修(し)て
無上の慧を求(むる)には、　爲に淨道を説(き)たまふ。
文殊師利、　我(れ)此(こ)に〔於〕住(し)て
見聞(す)ること斯(くの)若(こと)し。　及(ひ)千億の事あり。
是(くの)如(く)衆多なるを　今當に略(し)て説く。
我(れ)彼(の)土の　恒沙の菩薩を見(れ)は、
種種の因縁をもて　〔而〕佛道を求む。
或(るいは)施を行するもの有(り)て、　金と銀と珊瑚と
眞珠と摩尼と　車渠と馬腦と
金剛と諸珍と　奴と婢と車と乘と
寶をもて飾(れる)〔爲る〕輦と輿とを、　歡喜(し)て布施(し)て
佛道に廻向して、　是(の)乘の
三界に第一に(し)て　諸佛の歎(したまふ)所たるを得(む)と願う。
或(るいは)菩薩有(いま)(し)て、　駟馬の寶車と
欄と楯と華蓋と　軒飾とをもて布施す。
復(た)、菩薩を見(れ)は、　身・肉・手・足と

⑥

生死所趣　善惡業緣　受報好醜
於此悉見　又覩諸佛　聖主師子
演說經典　微妙第一　其聲清淨
出柔軟音　教諸菩薩　無數億萬
梵音深妙　令人樂聞　各於世界
講說正法　種種因緣　以無量喻
照明佛法　開悟衆生　若人遭苦
厭老病死　為說涅槃　盡諸苦際
若人有福　曾供養佛　志求勝法
為說緣覺　若有佛子　修種種行
求無上慧　為說淨道　文殊師利
我住於此　見聞若斯　及千億事
如是衆多　今當略說　我見彼土
恒沙菩薩　種種因緣　而求佛道
或有行施　金銀珊瑚　真珠摩尼
車𤦲馬腦　金剛諸珍　奴婢車乘
寶飾輦輿　歡喜布施　迴向佛道
願得是乘　三界第一　諸佛所歎

⑦

及(ひ)妻子とを施(し)て　無上道を求む。
又、菩薩を見(れ)は、　頭・目・身體を
欣樂(し)て施與(し)て　佛の智慧を求む。
「文殊師利、　我(れ)諸王を見(れ)は、
佛所に往詣(し)て　無上道を問(ひ)たてまつりて、
便(ち)、樂土と　宮殿と臣妾とを捨(て)て、
鬚髮を剃り除(き)て　〔而〕法の服((き)もの)を披(キ)ル。
或(るいは)菩薩を見(れ)は、　而も、比丘と作(り)て
獨(り)閑靜に處(る)(居也)て　樂(しひ)て經典を誦す。
又、菩薩を見(れ)は、　勇猛に精進(し)て
深き山に〔於〕入(り)て　佛道を思惟す。
又、離欲のものを見(れ)は、　常に空閑に處て
深(く)禪定を修(し)て　五神通を得(う)。
又、菩薩を見(れ)は、　禪に安(み)し、掌を合(せ)て
千萬の偈を以(て)　諸法の王を讃(し)たまふ。
復(た)、菩薩を見(れ)は、　智深く、志固(くし)て
能(く)諸佛に問(ひ)たてまつりて　聞(きたま)へて悉(く)受持す。
又、佛子を見(れ)は、　定慧具足して
無量の喩を以(て)　衆の爲に法を講(し)
欣樂(し)て法を說(き)て　諸の菩薩を化し、
魔の兵衆を破(し)て　而も、法の鼓を撃つ。

⑦　5　10

或有菩薩　駟馬寶車　欄楯華蓋
軒飾布施　復見菩薩　身肉手足
及妻子施　求無上道　又見菩薩
頭目身體　欣樂施與　求佛智慧
文殊師利　我見諸王　往詣佛所
問無上道　便捨樂土　宮殿臣妾
剃除鬚髮　而被法服　或見菩薩
而作比丘　獨處閑靜　樂誦經典
又見菩薩　勇猛精進　入於深山
思惟佛道　又見離欲　常處空閑
深修禪定　得五神通　又見菩薩
安禪合掌　以千萬偈　讃諸法王
復見菩薩　智深志固　能問諸佛
聞悉受持　又見佛子　定慧具足
以無量喩　為衆講法　欣樂説法
化諸菩薩　破魔兵衆　而撃法鼓
又見菩薩　寂然宴默　天龍恭敬
不以為喜　又見菩薩　處林放光

15

又、菩薩を見(れ)は、　寂然宴默(し)て
天・龍恭敬(す)れとも、　爲(是也)(これ)を以(て)喜(ひ)不(す)。
又、菩薩を見(れ)は、　林に處し光を放(ち)て
地獄の苦を濟(ひ)て　佛道(に)入(ら)令(む)。
又、佛子を見(れ)は、　嘗(試)(こころみ)にも睡眠(せ)未(し)て
林の中に經行(し)て　勤(め)て佛道を求む。
又、戒(を)具せるものを見(れ)は、　威儀缺(くる)こと無(くし)て、
淨(き)こと寶珠(の)如(くし)て　以(て)佛道を求む。
又、佛子を見(れ)は、　忍辱の力に住(し)て、
増上慢の人の　惡罵し捶打するを、

⑧

皆、悉(く)に能(く)忍(ひ)て『以(て)佛道を求む。
又、菩薩を見(れ)は、　諸の戯と笑と
及(ひ)癡と眷屬とを離(れ)て　智者に親近(し)て、
心を一(に)し、亂を除(き)て、　念(ひ)を山林に攝めて、
億千萬歳(にして)　以(て)佛道を求む。

5

或(るいは)菩薩を見(れ)は、　餚饍の飲食と
百種の湯藥とを、佛(と)及(ひ)僧(と)に施し、
名衣・上服の　價ひ千萬に直(あた)(る)と
或(るいは)無價の衣とを、　佛(と)及(ひ)僧(と)に施し、
千萬億種の　栴檀の寶舍と
衆妙(の)〔と〕臥具とを、佛(と)及(ひ)僧(と)に施し

15

諸地獄苦　令入佛道　又見佛子
未甞睡眠　經行林中　勤求佛道
又見具戒　威儀無缺　浄如寶珠
以求佛道　又見佛子　住忍辱力
增上慢人　悪罵捶打　皆悉能忍

⑧

以求佛道　又見菩薩　離諸戯笑
及癡眷屬　親近智者　一心除亂
攝念山林　億千萬歳　以求佛道
或見菩薩　餚饍飲食　百種湯藥
施佛及僧　名衣上服　價直千萬

5

或無價衣　施佛及僧　千萬億種
栴檀寶舎　衆妙臥具　施佛及僧
清浄園林　華菓茂盛　流泉浴池
施佛及僧　如是等施　種種微妙
歡喜無猒　求無上道　或有菩薩

10

説寂滅法　種種教詔　無數衆生
或見菩薩　觀諸法性　無有二相
猶如虚空　又見佛子　心無所著

清淨の園林と　華菓の茂盛なると
流泉と浴地とを、　佛(と)及(ひ)僧(と)に施(す)〔て〕。
是(くの)如(き)等の施の　種種に微妙なるを、
歡喜(し)て厭(ふ)こと無(く)して　無上道を求む。
或(るいは)菩薩有(り)て、　寂滅の法を說(き)て
種種に　無數の衆生を敎詔す。

10

或(るいは)菩薩を見(れ)は、　諸法の性は
二相有(ること)無きこと　猶(ほ)虚空の如(し)と観す。
又、佛子を見(れ)は、　心に所著無(く)して、
此の妙慧を以(て)　無上道を求む。
文殊師利、　又、菩薩有(り)て、

15

佛滅度(したまひ)て後に　舍利を供養す。
又、佛子を見(れ)は、諸の塔廟を造ること
無數恒沙に(し)て、　國界を嚴飾するに
寶塔高く妙に(し)て　五千由旬な(り)。
縱廣正等に(し)て　二千由旬な(り)。
一一の塔廟に　各(の)千の幢幡あ(り)て、
珠を露幔に交(へ)て　寶の鈴和(し)て鳴(な)る。

⑨

「諸(の)天(と)龍神(と)　人(と)及(ひ)非人(と)
香・華・伎樂(と)を　常(に)以(て)供養す。
文殊師利、　諸の佛子等(は)

⑨

以此妙慧　求無上道　文殊師利
又有菩薩　佛滅度後　供養舍利
又見佛子　造諸塔廟　無數恒沙
嚴飾國界　寶塔高妙　五千由旬
縱廣正等　二千由旬　一一塔廟
各千幢幡　珠交露幔　寶鈴和鳴
諸天龍神　人及非人　香華伎樂
常以供養　文殊師利　諸佛子等
為供舍利　嚴飾塔廟　國界自然
殊特妙好　如天樹王　其華開敷
佛放一光　我及衆會　見此國界
種種殊妙　諸佛神力　智慧希有
放一淨光　照無量國　我等見此
得未曾有　佛子文殊　願決衆疑
四衆欣仰　瞻仁及我　世尊何故
放斯光明　佛子時答　決疑令喜
何所饒益　演斯光明　佛坐道場
所得妙法　為欲說此　為當授記

舍利を供(すること)を爲(し)て、　塔廟を嚴飾(し)て、
國界自然に　殊特妙好なること
天の樹王の　其(の)華(の)開敷せるか如(し)。
佛、一光を放(ち)たまふに、　我(れと)及(ひ)衆會(とは)
此の國界の　種種に殊妙なるを見(る)。
諸佛は、神力と　智慧と希有にいます。
一(つ)の淨光を放(ち)て　無量の國を照(し)たまふ。
我(れ)等此(れ)を見て　未曾有(な)ることを得つ。
佛子文殊、　願(はく)は衆の疑(ひ)を決(し)たま𛀁。
四衆欣仰(し)て　仁(きみ)(と)及(ひ)我(れと)を瞻(ミ)ル。
世尊何(か)故(に)か　斯の光明を放(ち)たまふ。
佛子、時に答(𛀁)て　疑(ひ)を決(し)て喜(ひ)令(め)たま𛀁。
何の饒益(し)たまふ所アラムとか　斯の光明を演(𛀁たま)𛀁る。
佛(の)道場に坐(したま)ひて　得(たま)𛀁る所の妙法、
爲(さた)(決也)(め)て此(れ)を說(かむ)と欲(し)てか、　爲(さた)(定也)(め)て當に授記(し)
たまはむとか。
諸(の)佛の土の　衆寶をもて嚴淨せるを示し、
及(ひ)諸佛を見たてまつることあ𛀁。　此れ小の緣に非し。
文殊、知(る)當(し)、　四衆も龍神も
仁(きみ)者を瞻察す。　爲(さた)(定也)(め)て何等そと說(き)たま𛀁。」
尒(の)時(に)、文殊師利、彌勒菩薩摩訶薩(と)及(ひ)諸の大士(と)に語はく、「善男子等、

我か惟(おも)ひ付(ハカ)ルか如(く)は、今、佛世尊は、大法を說き、大法の雨を雨り、大法の螺を吹き、大法の鼓を擊(ち)、大法の義を演(へむ)と欲(ほ)せり。諸の善男子、我(れ)、過去の⑩「諸佛に於て、曾(むか)し此の瑞を見(たてまつ)りしかは、斯(の)光を放(ち)已(り)ては、卽(ち)大法を說(きたま)ひき。是(の)故(に)、知(る)當(し)、今の佛の光を現(したまふ)ことも、亦復(た)、是(くの)如(し)。衆生を(し)て咸(く)一切世間の難信(の)〔之〕法を聞知(す)ること得令(めむ)と欲(ほ)して、故(れ)、斯(の)瑞を現(したま)へり。諸の善男子、過去の無量・無邊・不可思議阿僧祇の如き劫に、尒(の)時(に)、佛有(いま)しき。日月燈明如來とも、應供とも、正遍知とも、明行足とも、善逝とも、世間解とも、無上士とも、調御丈夫とも、天人師とも、佛とも、世尊とも號(つけたてまつ)りき。正法を演說したま(ひ)しこと、初のも善に、中のも善に、後のも善なりき。其(の)義深遠なりき、其(の)語巧妙なりき、純一無雜なりき、具足せりき、淸なりき、白なりき、梵行(の)〔之〕相ありき。聲聞を求(むる)者の爲には、應せる四諦の法を說(き)て、生老病死を度し、涅槃に究竟(せし)め(たま)ひき。辟支佛を求(むる)者の爲には、應せる十二因緣の法を說(きたま)ひき。諸の菩薩の爲には、應せる六波羅蜜を說(き)て、阿耨多羅三藐三菩提を得(し)め、一切種智を成(さ)令(めたま)ひき。次(に)復(た)佛有(いま)(し)き、亦日月燈明と名(つけたてまつ)りき。(十字反復)是(くの)如き二萬の佛、皆同一の字に(し)て、日月燈明と號(つけたてまつ)りき。又、同一の姓に(し)て、姓は頗羅墮なり。彌勒、知(る)當(し)、初の佛(も)後の佛(も)、皆同一の字に(し)て、日月燈明と名(つけ)て、十號具足せりき。說(き)たまふ可(き)所の法、初のも中のも後のも善なりき。其(の)最後の佛、出家(し)たまは未(り)し時に、八(たり)の王子有(り)き。一をは有意と名(つけ)、二(をは)善意と名(つけ)、三(をは)無量意と名⑪(つけ)、四(をは)寶意と名(つけ)、「五(をは)增意と名(つけ)、六(をは)除疑意と名(つけ)、

15　⑪　5　10

諸菩薩説應六波羅蜜令得阿耨多羅
三藐三菩提成一切種智次復有佛亦名
日月燈明次復有佛亦名日月燈明如是
二萬佛皆同一字号日月燈明又同一姓
姓頗羅墮弥勒當知初佛後佛皆同一字
名日月燈明十号具足所可説法初中後
善其最後佛未出家時有八王子一名有
意二名善意三名無量意四名寶意
五名増意六名除疑意七名響意八名
法意是八王子威徳自在各領四天下是
諸王子聞父出家得阿耨多羅三藐三
菩提悉捨王位亦随出家發大乗意常
修梵行皆為法師已於千萬佛所殖諸
善本是時日月燈明佛説大乗經名無
量義教菩薩法佛所護念説是經已即
於大衆中結跏趺坐入於無量義處三
昧身心不動是時天雨曼陀羅華摩訶
曼陀羅華曼殊沙華摩訶曼殊沙華

七(をは)響意と名(つけ)、八をは法意と名(つけ)き。是(の)八王子、威徳自在に(し)て、各(の)四天下を領(あつか)[預也](り)き。是(の)諸の王子、父出家(し)て、阿耨多羅三藐三菩提を得たまひつと聞(き)て、悉(く)王たるべき位を捨て、亦、随(ひ)て出家しき。大乗の意を發(し)て、常(に)梵行を修(し)て、皆法師と爲(り)已(り)て、千萬の佛のみ所に於て、諸の善の本を殖(ゑ)てき。是(の)時に、日月燈明佛、大乗經の、無量義教菩薩法佛所護念と名(つくる)を説(きたま)ひき。是(の)經を説(き)已(り)て、卽(ち)大衆の中に(し)て〔於〕、結跏趺坐(し)て、無量義處三昧(に)〔於〕入(り)て、身心動(き)たまは不(り)き。是(の)時(に)、天より曼陀羅華・摩訶曼陀羅華・曼殊沙華・摩訶曼殊沙華を雨(り)て、〔而〕佛(の)上(と)及(ひ)諸の大衆(と)に散(し)き。普く佛世界六種に震動しき。尒(の)時(に)、會の中の比丘・比丘尼・優婆塞・優婆夷・天・龍・夜叉、乾闥婆・阿脩羅・迦樓羅・緊那羅・摩睺羅伽の人・非人(と)、及(ひ)諸の小王・轉輪聖王等(と)、是の諸の大衆、未曾有(な)ることを得て、歡喜し合掌(し)て、心を一(にし)て佛を觀(み)[見也]たてまつる。

尒(の)時(に)、如來、眉間の白豪相の光を放(ち)て、東方の萬八千の佛土を照(し)たまふに、周遍(せ)不(す)(といふこと)靡(な)[无也](くし)て、今の見(る)所の是の諸の佛土の如(く)あ(り)き。彌勒、知(る)當(し)、尒(の)時(に)、會の中に、二十億の菩薩有(し)て、樂(ねか)(ひ)て⑫法を聽(かむ)と欲しき。是(の)諸の菩薩、此の光明の普(く)『佛土を照(す)を見て、未曾有(な)ることを得て、此(の)光の所爲の因緣を知(らむ)と欲ひき。時に、菩薩有(し)き、名(つけ)て妙光と曰(ひ)き。八百の弟子有(り)き。是(の)時(に)、日月燈明佛、三昧(より)〔從〕起(ち)て、妙光菩薩に因せて、大乗經の、妙法蓮華教菩薩法佛所護念と名(つくる)を說(きたま)ひき。六十小劫、座を〔于〕起(ち)たまは不(り)き。時の會の聽(き)し者(もの)、亦一處に坐(し)て、六十小劫身心動(か)不(し)て、佛の所説を聽(きたてまつる)こと食の頃の如(し)と謂へり。是(の)時(に)、衆の中に、一人の、若(しは)身、若(しは)心に、〔而〕懈倦を生(する)もの有(ること)無(く)ありき。日月燈明佛、六十小劫(に)〔於〕是(の)經を說(き)已(り)て、卽(ち)、梵・魔・沙門・婆羅門(と)、及(ひ)天・人・阿脩羅衆(と)の中に於(いま)して、〔而〕此(の)言を宣(へたま)はく、「如來は、今日の中夜(に)〔於〕、當に無餘涅槃に入(り)たまふ(へし)。」と。時に菩薩有(り)き、名(つけ)て德藏と曰(ひ)き。日月燈明佛、卽(ち)、其(れ)に記を授(けたま)ひき。諸の比丘に告(けたま)はく、「是の德藏菩薩は、次(に)當に佛と作らむ、號(つけ)て淨身多陀阿伽度阿羅訶三藐三佛陀と曰(は)む。」佛授記(し)已(り)て、便(ち)、中夜(に)〔於〕無餘涅槃に入(りたま)ひき。佛滅度(し)たまひて後に、妙光菩薩、妙法蓮華經を持(ち)て、八十小劫を滿(つる)まで、人の爲に演說(したま)ひき。日月燈明佛の八(たり)の子は、皆妙光を師とせりき。妙光敎化(し)て、其(れ)を(し)て阿耨多羅三藐三菩提に堅固(なら)令(め)き。是(の)諸の王子は、無量百千萬億の佛を供養(し)たてまつり已(り)て、皆佛道成(り)き。『其の最後に佛と成(る)者は、名(つけ)て然燈と曰(ひ)き。八百の弟子の中に、一人有(り)き。號(つけ)て求名と曰(ひ)き。利養に貪著(し)て、復(た)、衆の經を讀誦(す)と雖(も)、〔而〕通利(せ)不(し)て忘失せる所多き故(に)、求名と號(つけ)き。是(の)人、亦、諸の善根を種(ゑ)し因緣を以(て)の故(に)、無量百千萬億の諸佛に値(ひたてまつる)こと得て、供養恭敬し、尊重讃歎しき。彌勒、知(る)當(し)、尒(の)時の妙光菩薩は、汝か身是(れなり)〔也〕。求名菩薩は、豈(に)異人(ならむや)〔乎〕。我か身是(れなり)〔也〕。今此(の)瑞を見(る)に、本(と)〔與〕異(なること)無(し)。是(の)故(に)、惟(おも)ひ付(はか)(る)に、今日の如來も、當に大乘經の妙法蓮華敎菩薩法佛所護念と名(つくる)を說(き)たまふ(へし)。」と。尒(の)時(に)、文殊師利、大衆の中に(し)て〔於〕、重(ね)て此(の)義を宣(へり)と欲(し)て、〔而〕偈を說(き)て言(は

10　15　⑬　5

阿脩羅衆中而宣此言如來於今日中
夜當入無餘涅槃時有菩薩名曰德藏
日月燈明佛即授其記告諸比丘是德藏
菩薩次當作佛号曰淨身多陀阿伽
度阿羅訶三藐三佛陀佛授記已便於
中夜入無餘涅槃佛滅度後妙光菩薩
持妙法蓮華經滿八十小劫為人演說日
月燈明佛八子皆師妙光妙光教化令
其堅固阿耨多羅三藐三菩提是諸王
子供養無量百千萬億佛已皆成佛道
其最後成佛者名曰燃燈八百弟子中
有一人号曰求名貪著利養雖復讀誦
衆經而不通利多所忘失故号求名是
人亦以種諸善根因緣故得值無量百
千萬億諸佛供養恭敬尊重讚歎彌
勒當知尒時妙光菩薩豈異人乎我身
是也求名菩薩汝身是也今見此瑞與
本無異是故惟忖今日如來當說大乘

15　⑭　5

く)、

「我(れ)、過去世の　無量無數の劫を念(へ)は、
佛有(いま)して人中の尊な(り)き。　日月燈明と號(つけ)き。
世尊、法を演說(し)て、　無量の衆生を度(したま)ひき。
無數億の菩薩を　佛の智慧に入(ら)令(めたま)ひき。
佛出家(し)たまは未(り)し時に、　所生の八(たり)の王子
大聖出家(したま)ひぬと見て、　亦隨(ひ)て梵行を修(し)き。
時に、佛、大乘經の　無量義と名(つくる)を說(きたまひ)て、
諸の大衆の中に於(いま)して　〔而〕爲に廣(く)分別(したま)ひき。
佛、此(の)經を說(きたまひ)已(り)て、　卽(ち)法座の上(にして)〔於〕
趺を跏(かさ)(ね)て、　三昧の　無量義處と名(つくる)に坐(したま)ひき。
天よ(り)曼陀華を雨(り)て、　天の鼓自然に鳴(り)き。
諸の天・龍・鬼神(は)　人中の尊を供養しき。
「一切の諸佛の土　卽(そ)の時に大(き)に震動しき。
佛、眉間の光を放(ち)て　諸の希有の事を現(したま)ひき。
此(の)光、東方の　萬八千の佛土を照(したま)ひき。
一切衆生の　生死の業報の處を示(したま)ひき。
諸佛の土の　衆寶を以(て)莊嚴(し)て
瑠璃・頗梨の色なるを見ること有(り)き。　斯(れ)佛の光に照(され)しに由(りて)
なり。
及(ひ)諸の天・人　龍神・夜叉衆

乾闥・緊那羅の　各(の)其(の)佛を供養(し)たてまつるを見き。
又、諸の如來の　自然に佛道成(り)て、
身の色金山の如(くし)て　端嚴に(し)て甚(た)微妙なるを見たてまつりき。
淨瑠璃の中に　「內に眞金の像を現(する)か如(くし)て、
世尊大衆に在(いま)して　深法の義を敷演(したま)ひき。
一一の諸佛の土に　聲聞衆無數なりき。
佛の光に照(さ)所しに因(り)て　悉(く)彼(の)大衆を見き。
或(るいは)諸の比丘有(り)て、　山林の中(に)〔於〕在(り)て
10
精進(し)て淨戒を持(つ)こと　猶(ほ)明珠を護(る)か如(く)ありき。
又、諸の菩薩を見(れ)は、　施・忍辱等を行ゐる、
其(の)數恒沙の如(し)。　斯(れ)佛の光に照(され)しに由(りて)なり。
又、諸の菩薩を見(れ)は、　深(く)諸の禪定に入(り)て
身心寂に(し)て動(か)不(し)て、　以(て)無上道を求(め)き。
又、諸の菩薩を見(れ)は、　法の寂滅の相を知(り)て
各(の)其(の)國土に(し)て〔於〕　法を說(き)て佛道を求(め)き。
尒(の)時(に)、四部(の)衆(は)　日月燈佛の
15
大神通力(を)現(し)たまふを見て、　其(の)心皆歡喜(し)て
各各(の)自(み(つか))(ら)相ひ問はく、　『是(の)事何の因緣そ。』と。
天・人の奉(する)所の尊　適(始也(はし))(め)て三昧(より)起(ち)て、
妙光菩薩を讃(したま)はく、　『汝(は)爲(是也(こ))れ世間の眼なり。
一切に歸信(せ)所(ら)れて　能(く)法藏を奉持す。

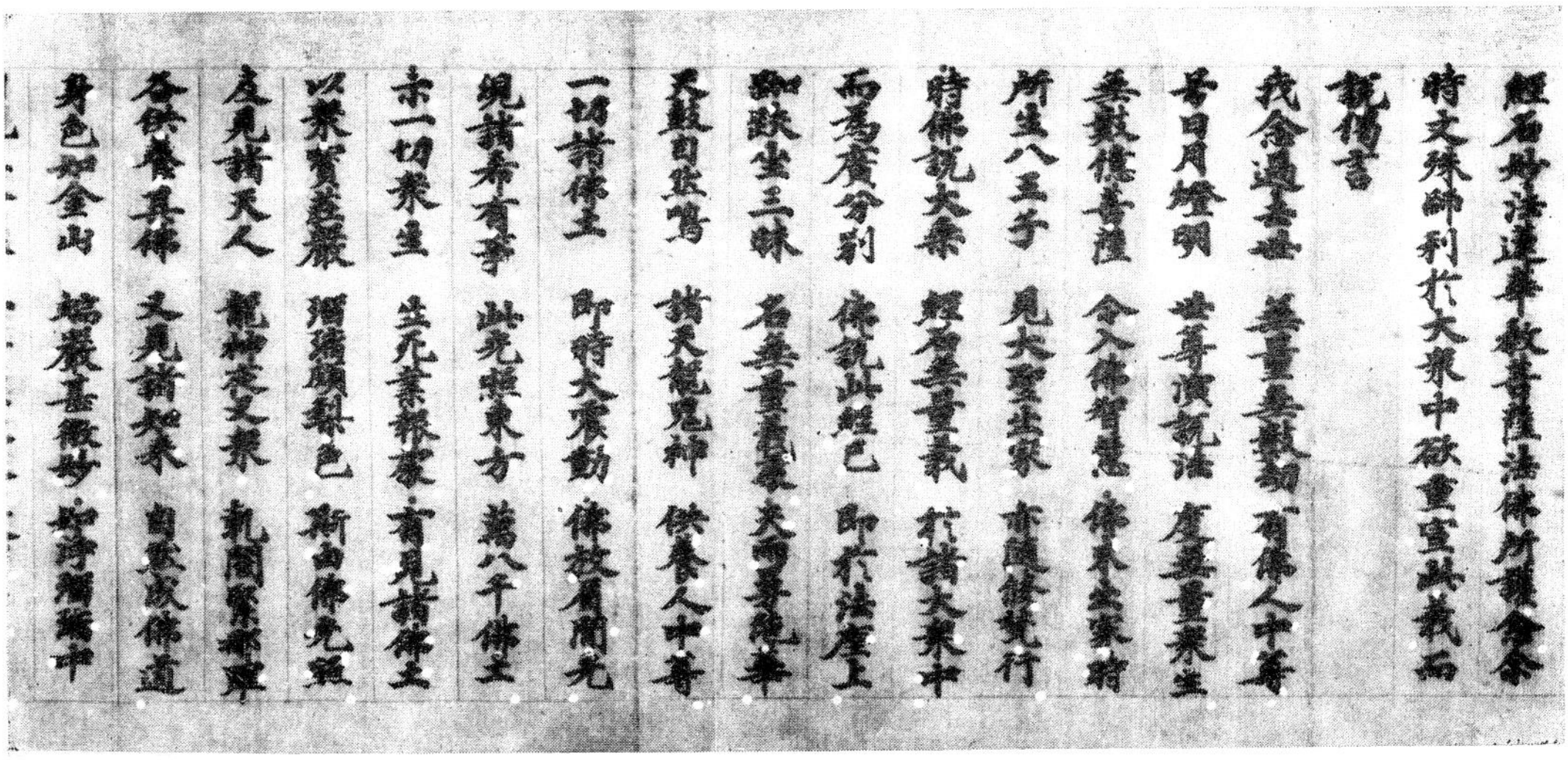

⑮

我か所説の法の如(き)をは
(以下一枚分缺)
「諸仙(の)〔之〕導師として　無量の衆を度脱(したま)ひき。
是の妙光法師　時に一(り)の弟子有(り)き。
心に常に懈怠を懷(き)て　名利に〔於〕貪著せりき。
名利を求(め)て厭(ふ)こと無(くし)て、　多(く)族姓の家に遊(ひ)て、
習誦せる所を棄捨(し)て　廢忘(し)て通利(せ)不(り)き。
是(の)因縁を以(て)の故(に)　之を號(つけ)て求名と爲き。

5

亦、衆の善業を行(し)て　無數の佛を見(たてまつること)得て、
諸佛を〔於〕供養(し)て　隨順(し)て大道を行し、
六波羅蜜を具(し)て　今、釋師子を見たてまつりて、
其(の)後に當に佛と作(り)て、　號を名(つけ)て彌勒と曰(ふべ)し《再讀》。
廣(く)諸の衆生を度(し)て　其(の)數量(り)有(ること)無(か)らむ。
彼(の)佛(の)滅度(したまひ)て後に　懈怠(する)者は、　汝是(れ)なり。
妙光法師は〔者〕　今則(ち)我(か)身是(れ)なり。

10

我(れ)燈明佛の　本の光瑞此(くの)如きを見て、
是(こ)を以(て)知(り)ぬ、　今の佛も法華經を說(かむ)と欲せり。
今の相(は)本の瑞の如(く)、　是(れ)諸佛の方便なり。
今(の)佛の光明を放(ち)たまふこと　實相の義を助發(し)たまは(む)となり。
諸(の)人、今、知(る)當(し)、　合掌(し)て一心に待(ち)たてまつれ。
佛(は)當(に)法の雨を雨(り)て　道を求(むる)者に充足(せし)めたまはむ。

諸の三乘を求むる人　若(し)疑悔有(らむ)者は、
佛(は)當に爲に除斷(し)て　盡(し)て餘(り)有(ること)無(から)令(め)たまはむ。」

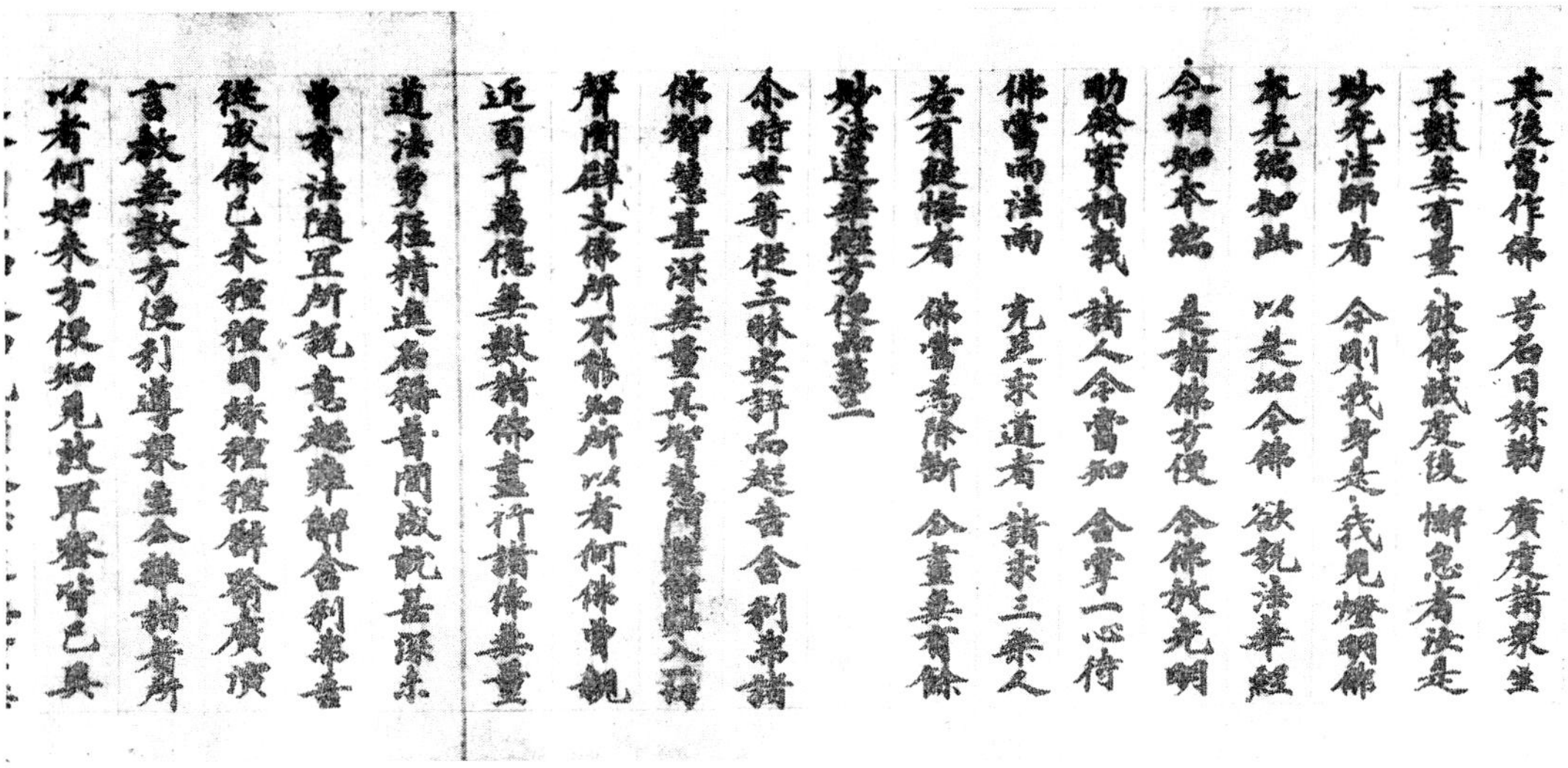

妙法蓮華經方便品第二

尒(の)時(に)、世尊、三昧(より)〔從〕安詳として〔而〕起(ち)て、舍利弗に告(けたまはく)、「諸佛の智慧は甚深なり、無量なり、其(の)智慧の門は難解なり、難入なり、一切(の)聲聞辟支佛の知ること能(は)不(る)所なり。所以(は)〔者〕何(に)、佛曾(むか)し百千萬億⑯の無數の諸佛に親近(し)たまへり、盡く諸佛の無量の『道法を行(し)たまひ、勇猛に精進(し)たまへり、名稱普く聞(え)たまへり、甚深未曾有の法を成就(し)たまへり。宜(しき)に隨(ひ)て說(き)たまふ所、意趣解(り)難(し)。舍利弗、吾(れ)佛と成(り)て(より)〔從〕已來(このかた)、種種の因緣と種種の譬喩とをもて、廣(く)言教を演(へ)て、無數の方便をもて、衆生を引導(し)て、諸著を離(れ)令(め)たまふ。所以(は)〔者〕何(に)、如來は方便と知と見との波羅蜜皆已に具足(し)たまへり。舍利弗、如來の知見は廣(く)大(き)に深(く)遠し、無量と無礙と力と無所畏と禪と定と解脫と三昧といます。深(く)無際(に)入(り)て、一切未曾有の法を成就(し)たまへり。舍利弗、如來は能(く)種種に分別(し)て、巧に諸法を說(き)たまふ、言辭柔軟に(し)て、衆の心を悅可(せし)めたまふ。舍利弗、要を取(り)て之を言ハヽ、無量無邊の未曾有の法をは、佛悉(く)成就(し)たまへり。止(みな)む、舍利弗、復(た)說(く)ことを須(ゐ)不(し)。所以(は)〔者〕何(に)、佛の成就(したま)へる所は、第一希有難解(の)〔之〕法なり。唯(た)佛と佛(と)〔與〕(の)み、乃(いま)(し)能(く)諸法の實相を究め盡(し)たまへり。謂(ふ)所(の)諸法の、是(くの)如き相、是(くの)如(き)性、是(くの)如(き)體、是(くの)如(き)力、是(くの)如(き)作、是(くの)如(き)因、是(くの)如

10　15　⑰

是舍利弗如来知見廣大深遠無量無
礙力無所畏禪定解脱三昧深入無際
成就一切未曾有法舍利弗如来能種
種分別巧説諸法言辭柔軟悦可衆心
舍利弗取要言之無量無邊未曾有法
佛悉成就止舍利弗不須復説所以者何
佛所成就第一希有難解之法唯佛與
佛乃能究盡諸法實相所謂諸法如是
相如是性如是體如是力如是作如是因
如是縁如是果如是報如是本末究竟
等尓時世尊欲重宣此義而説偈言
世雄不可量　諸天及世人　一切衆生類
無能知佛者　佛力無所畏　解脱諸三昧
及佛諸餘法　無能測量者　本從無數佛
具足行諸道　甚深微妙法　難見難可了
於無量億劫　行此諸道已　道場得成果
我已悉知見　如是大果報　種種性相義
我及十方佛　乃能知是事　是法不可示

(き)縁、是(くの)如(き)果、是(くの)如(き)報、是(くの)如(き)本末究竟等なり。」
尓(の)時(に)、世尊、重(ね)て此(の)義を宣へ(む)と欲(ほし)て、〔而〕偈を説(き)て言(はく)、
「世雄は量(る)可(から)不(す)。　諸天(と)及(ひ)世人
一切衆生の類(と)の　能(く)佛を知(りたてまつる)者(もの)無(し)。
佛力と無所畏と　解脱と諸の三昧と
及(ひ)佛の諸の餘法とを、　能(く)測量する者(もの)無(し)。
本(もと)、無數の佛に從(ひ)て　『具足(し)て諸道を行(したま)へるをもて、
甚深微妙の法(は)　見難(く)了(す)可(き)こと難(し)。
無量億劫(に)〔於〕　此の諸道を行(し)已(り)て、
道場に(し)て果成ること得て　我(れ)已に悉(く)知見せり。
是(くの)如(き)大果報の　種種の性相の義を、
我(れと)及(ひ)十方の佛(とは)　乃(いま)(し)能(く)是(の)事を知(しめ)せり。
是(の)法は示(す)可(から)不(す)。　言辭の相寂滅せり。
諸餘の衆生の類の　能(く)解を得(る)は有(ること)無(し)。
諸の菩薩衆の　信力堅固なる者を除く。
諸佛の弟子衆の　曾(むか)し諸佛を供養(したてまつ)り
一切の漏は已に盡し　是の最後身に住せる、
是(くの)如(き)諸の人等も　其(の)力堪(へ)不(る)所なり。
假使(たと)ひ世間に滿てしめて　皆舍利弗(の)如(くし)て
思に盡(まか)〔任也〕(せ)て共に度量(す)とも、　佛智を測ること能(は)不(し)。

⑰　5

言辭相寂滅　諸餘衆生類　無有能得解
除諸菩薩衆　信力堅固者　諸佛弟子衆
曾供養諸佛　一切漏已盡　住是最後身
如是諸人等　其力所不堪　假使滿世間
皆如舍利弗　盡思共度量　不能測佛智
正使滿十方　皆如舍利弗　及餘諸弟子
亦滿十方刹　盡思共度量　亦復不能知
辟支佛利智　無漏最後身　亦滿十方界
其數如竹林　斯等共一心　於億無量劫
欲思佛實智　莫能知少分　新發意菩薩
供養無數佛　了達諸義趣　又能善説法
如稻麻竹葦　充滿十方刹　一心以妙智
於恒河沙劫　咸皆共思量　不能知佛智
不退諸菩薩　其數如恒沙　一心共思求
亦復不能知　又告舍利弗　無漏不思議
甚深微妙法　我今已具得　唯我知是相
十方佛亦然　舍利弗當知　諸佛語無異
於佛所説法　當生大信力　世尊法久後

正使(たと)ひ十方に滿てしめて　皆舍利弗と
及(ひ)餘の諸の弟子との如(くして)　亦十方の刹に滿(て)て
思を盡(し)て共に度量(す)とも、　亦復(た)知ること能(は)不(し)。
辟支佛の利智ありて　無漏の最後身なる、
亦十方界に滿(て)て　其(の)數竹林の如(くあ)らむ、
斯(れ)等の共に心を一(にし)て　億無量劫(に)〔於〕
佛の實智を思(はむ)と欲(す)とも、　能(く)少分を知(ること)莫(け)む。
新發意の菩薩の　無數の佛を供養(したてまつ)り
諸の義趣を了達し、　又、能善(く)法を説(か)む、
稻・麻・竹・葦の如(くし)て　十方の刹に充滿(せ)らむ、
一心に妙智を以(て)　恒河沙劫(に)〔於〕
咸(く)皆共に思量(す)とも、　佛智を知(ること)能(は)不(し)。
不退の諸の菩薩、　其(の)數恒沙の如(くし)て
一心に共に思求(す)とも、　亦復(た)知ること能(は)不(し)。
又、舍利弗に告(けたまはく)、　「無漏不思議なる
『甚深微妙の法を　我(れ)、今、已に具に得たり。
唯(た)我(れのみ)是(の)相を知れり。　十方の佛も亦、然なり。
舍利弗、知(る)當(し)、　諸佛は語異(こと)(なること)無(し)。
佛の所説の法に於て　大信力を生(す)當(し)。
世尊(は)、法を久(しくし)て後に　要(かなら)す當に眞實を説(き)たまふ。
諸の聲聞衆と　及(ひ)緣覺乘(と)を求めむと

5　10　15　⑲

要當說真實　告諸聲聞衆　及求緣覺乘
我令脫苦縛　逮得涅槃者　佛以方便力
示以三乘教　衆生處處著　引之令得出
尒時大衆中有諸聲聞漏盡阿羅漢
阿若憍陳如等千二百人及發聲
聞辟支佛心比丘比丘尼優婆塞優婆夷
各作是念今者世尊何故慇勤稱歎方
便而作是言佛所得法甚深難解有所
言說意趣難知一切聲聞辟支佛所不
能及佛說一解脫義我等亦得此法到
於涅槃而今不知是義所趣尒時舎利弗
知四衆心疑自亦未了而白佛言世尊何
因何緣慇勤稱歎諸佛第一方便甚深微
妙難解之法我自昔來未曾從佛聞如
是說今者四衆咸皆有疑唯願世尊敷
演斯事世尊何故慇勤稱歎甚深微妙
難解之法尒時舎利弗欲重宣此義而
說偈言

5
我(か)苦縛を脫(はな)[離也](れ)令(め)て　涅槃を得(る)に逮(いた)[至也](り)たる者(もの)(と)に告(くらく)、
『佛(は)方便(の)力を以(て)　示(す)に三乘の敎を以(てし)、
衆生の處處に著せる、　之を引(き)て出(つ)ること得令(め)たまふ。』」
尒(の)時(に)、大衆の中に、諸の聲聞の漏盡せる阿羅漢たる阿若憍陳如等の千二百の人(と)、及(ひ)聲聞辟支佛の心を發せる比丘・比丘尼・優婆塞・優婆夷(と)有(り)て、各(の)
10
是の念を作(さ)く、「今〔者〕、世尊、何(か)故(に)か慇勤に方便を稱歎(し)て、〔而〕是(の)言を作(し)て、『佛の所得の法は、甚深難解なり。言說(し)たまふ所とし有(る)は、意趣知(り)難(く)、一切聲聞辟支佛の及(ふ)こと能(は)不(る)所なり。』と(のたまふ)。佛、一解脫の義を說(き)たまひ(し)かは、我(れ)等此(の)法を得て、涅槃(に)〔於〕到(り)たり。而(る)を、今、是(の)義の所趣を知(ら)不(す)。」と。
15
尒(の)時(に)、舎利弗、四衆の心の疑(ひ)を知(り)て、自(みつか)(ら)も亦了(せ)未(し)て、〔而〕佛(に)白(して)言(さく)、「世尊、何(の)因、何(の)緣(を)もてか、慇勤に諸佛の第一の方便を稱歎(し)て、『甚深微妙、難解(の)〔之〕法なり。』とのたまふ。我(れ)昔(より)〔自〕來(このかた)、曾て佛に從(ひ)て是(くの)如(き)說を聞(き)たまへ未(す)。今〔者〕四衆咸(く)皆疑(ひ)有り。唯(たし)願(はく)は、世尊、斯(の)事を敷演(し)たまへ。世尊、何(か)故⑲(に)か慇勤に甚深微妙、『難解(の)〔之〕法を稱歎(し)たまふ。』」と。尒(の)時(に)、舎利弗重(ね)て此(の)義を宣(べむ)と欲(し)て、〔而〕偈を說(き)て言(さく)、

「慧日大聖尊　久(しくあり)て乃(いま)(し)是(の)法を說(き)たまふ。
自(みつか)(ら)『是(くの)如(き)　力と無畏と三昧と
禪と定と解脫等との　不可思議の法を得たり。』と說(き)たまふ。
5
道場に(し)て得(たま)へる所の法は　能(く)發問する者(もの)無(し)。

慧日大聖尊　久乃説是法　自説得如是
力無畏三昧　禪定解脱等　不可思議法
道場所得法　無能發問者　我意難可測
亦無能問者　無問而自説　稱歎所行道
智慧甚深妙　諸佛之所得　無漏諸羅漢
及求涅槃者　今皆墮疑網　佛何故説是
其求緣覺者　比丘比丘尼　諸天龍鬼神
及乾闥婆等　相視懐猶豫　瞻仰兩足尊
是事為云何　願佛為解説　於諸聲聞衆
佛説我第一　我今自於智　疑惑不能了
為是究竟法　為是所行道　佛口所生子
合掌瞻仰待　願出微妙音　時為如實説
諸天龍神等　其數如恒沙　求佛諸菩薩
大數有八萬　又諸萬億國　轉輪聖王至
合掌以敬心　欲聞具足道
尒時佛告舍利弗　止止不須復説　若説
是事一切世間諸天及人皆當驚疑
舍利弗重白佛言　世尊唯願説之唯願説

我(か)意は測(る)可(き)こと難(く)、　亦、能く問(ふ)者無(し)。
問(ふもの)無(けれ)とも、〔而〕自(ら)説(き)て、　所行の道を稱歎(し)て、
『智慧は甚(た)深妙なり、　諸佛(の)〔之〕所得なり。』とのたまふ。
無漏の諸の羅漢(と)　及(ひ)涅槃を求(むる)者(とは)
今、皆疑網に墮(ち)たり。　佛、何(か)故(に)か是ク説(き)たまふ。
其(の)緣覺を求(むる)者(と)　比丘・比丘尼(と)
諸(の)天・龍・鬼神(と)　及(ひ)乾闥婆等(とは)、
相ひ視て猶豫を懷(き)て　兩足の尊を瞻仰(し)たてまつる。
是(の)事爲に云何ぞ。　願(はく)は佛、爲に解説(したま)へ。
諸の聲聞衆に於て　佛(は)『我(れ)第一なり。』と説(きたま)へとも、
我(れ)今、自(ら)智に於て　疑惑(し)て了(す)ること能(は)不(す)。
爲(め)て是(れ)究竟の法か、　爲(め)て是(れ)行(する)所の道か、
佛口所生の子　合掌瞻仰(し)て待(ち)たてまつる。
願(はく)は微妙のみ音を出(し)て　時に爲に實(の)如(く)説(きたま)へ。
諸(の)天・龍神等の　其(の)數恒沙の如(くあら)む、
佛を求(むる)諸の菩薩の　大數八萬有らむ、
又、諸の萬億の國より　轉輪聖王の至れるも、
合掌(し)て敬心を以(て)　具足の道を聞(かむ)と欲へり。」
尒(の)時(に)、佛、舍利弗に告(けたまはく)、「止ミ〈訓 天白〉(な)む、止ミ〈訓 天白〉(な)む。復(た)説(く)ことを須(ゐ)不。若(し)是(の)事を説かは、一切世間の諸(の)天(と)及(ひ)人(と)、皆當に驚疑(し)なむ。」と。舍『利弗、重(ね)て佛(に)白(して)言(さ

之所以者何是會無數百千萬億阿僧
祇衆生曾見諸佛諸根猛利智慧明了
聞佛所説則能敬信尒時舍利弗欲重
宣此義而説偈言
法王無上尊　唯説願勿慮　是會無量衆
有能敬信者
佛復止舍利弗若説是事一切世間天
人阿脩羅皆當驚疑增上慢比丘將墜
於大坑尒時世尊重説偈言
止止不須説　我法妙難思　諸增上慢者
聞必不敬信
尒時舍利弗重白佛言世尊唯願説之
唯願説之今此會中如我等比百千萬
億世世已曾從佛受化如此人等必能敬
信長夜安隱多所饒益尒時舍利弗欲
重宣此義而説偈言
無上兩足尊　願説第一法　我爲佛長子
唯垂分別説　是會無量衆　能敬信此法

く)、「世尊、唯(たし)願(はく)は之を説(きたま)へ。唯(たし)願(はく)は之を説(きたま)へ。所以(は)〔者〕何(に)、是の會の無數百千萬億阿僧祇の衆生は、曾(むか)し諸佛を見たてまつりて、諸根猛利(に)、智慧明了に(し)て、佛の所説を聞(きたま)へて、則(ち)能(く)敬信(し)なむ。」と。尒(の)時(に)、舍利弚、重(ね)て此(の)義を宣(べむ)と欲(して)、〔而〕偈を説(き)て言(さく)、

「法王・無上尊、唯(た)説(き)たまひて、願(はく)は慮(ひ)たまふこと勿(れ)〔と〕。

是(の)會の無量の衆は　能(く)敬信する者(もの)のみ有り。」


佛、復(た)舍利弗を止(めたま)はく、「若(し)是(の)事を説かは、一切世間の天・人・阿脩羅(は)、皆當(に)驚疑(し)なむ。增上慢の比丘(は)、將に大(き)なる坑に〔於〕墜(ち)なむ。」尒(の)時(に)、世尊、重(ね)て偈を説(きたまひ)て言(はく)、

「止(みなむ)、止(みなむ)。説(く)ことを須(ゐ)不(し)。　我(か)法は妙に(し)て思(ひ)難(し)。

諸の增上慢の者(もの)　聞(き)て必(す)敬信(せ)不(し)。」


尒(の)時(に)、舍利弗、重(ね)て佛(に)白(して)言(さく)、「世尊、唯(たし)願(はく)は之を説(きたま)へ、唯(たし)願(はく)は之を説(きたま)へ。今此の會の中の我(れ)等か如(き)比(タク)ひ百千萬億は、世世に已に曾(むか)し佛に從(ひたてまつり)て化を受(け)たり。此(くの)如(き)人等も、必(す)能(く)敬信(し)て、長夜に安穩に(し)て、饒益する所多(か)らむ」。と。尒(の)時(に)、舍利弗、重(ね)て此(の)義を宣(べむ)と欲(し)て、〔而〕偈を説(き)て言(さく)、

「無上兩足の尊、　願(はく)は第一の法を説(きたま)へ。

我(れ)は爲れ(是也(こ))佛の長子なり。　唯(たし)分別し説(く)ことを垂(れたま)へ。

㉑ 佛已曾世世　教化如是等　皆一心合掌
欲聽受佛語　我等千二百　及餘求佛者
願爲此衆故　唯垂分別說　是等聞此法
則生大歡喜
5 尒時世尊告舍利弗汝已慇懃三請豈
得不說汝今諦聽善思念之吾當爲汝
分別解說說此語時會中有比丘比丘
尼優婆塞優婆夷五千人等即從座
起礼佛而退所以者何此輩罪根深重
10 及增上慢未得謂得未證謂證有如
此失是以不住世尊默然而不制止尒時
佛告舍利弗我今此衆無復枝葉純有
貞實舍利弗如是增上慢人退亦佳矣
汝今善聽當爲汝說舍利弗言唯然世
15 尊願樂欲聞佛告舍利弗如是妙法諸
佛如來時乃說之如優曇鉢華時一現耳
舍利弗汝等當信佛之所說言不虛妄
舍利弗諸佛隨宜說法意趣難解所以

㉑ 是(の)會の無量の衆は、　能(く)此の法を敬信(せ)む。
『佛(は)已に曾(むか)し世世に　是(くの)如(き)等を敎化(したま)へり。

皆一心(に)合掌(し)て　佛語を聽受(せむ)と欲へり。

我(れ)等千二百(と)　及(ひ)餘の佛を求(むる)者(もの)(と)、
願(はく)は此(の)衆の爲の故(に)　唯(たし)分別し說(く)ことを垂(れたま)へ。

是(れ)等は此の法を聞(き)て　則(ち)大歡喜を生(し)てむ。』

5 尒(の)時(に)、世尊、舍利弗に告(けたまはく)、「汝已に慇懃に三(た)ひ請(し)つ。豈(に)說(か)不ること得むや。汝、今諦(か)に聽き、善(く)之を思念(せ)よ。吾(れ)當に汝(か)爲に分別し解說(せ)む。」と。此の語を說(き)たまひし時に、會の中に、比丘・比丘尼・優婆塞・優婆夷の五千の人等有(り)て、即(ち)座(より)〔從〕起(ち)て、佛を禮(したてまつ)りて〔而〕退(サ)りき。10 所以(は)〔者〕何(に)、此(の)輩は、罪根深重なり、及(ひ)增上慢に(し)て、得未(ぬ)を得たりと謂ひ、證(せ)未(ぬ)を證せりと謂へり。此(くの)如(き)失(とか)有(り)。是(こ)を以(て)住(ら)不(す)。世尊、默然(し)て〔而〕制止(し)たまは不(す)。

尒(の)時(に)、佛、舍利弗に告(けたまはく)、「我か今の此(の)衆は、復(た)枝葉は無(くし)て、純(もはら)に貞實(の)み有(り)。舍利弗、是(くの)如(き)增上慢の人は、退(り)ぬる(も)亦佳(吉也)(よ)し〔矣〕。汝、今善(く)聽け。當に汝(か)爲に說(か)む。」舍利弗の言(まう)(さく)、15「唯(う)(けたまはる)然なり。世尊、願樂(ねかは)(しくし)て聞(きたま)へむと欲(す)。」と。佛、舍利弗に告(けたまはく)、「是(くの)如(き)妙法は、諸佛如來、時ありて乃(いま)(し)之(を)說(き)たまふ。優曇鉢華の時ありて一(た)ひ現するか如(くあらくのみ)〔耳〕。舍利弗、汝等、當に佛(の)〔之〕所說は、言虛妄(なら)不(す)と信(す)へし《再讀》。舍利弗、諸佛は宜(しき)に隨(ひ)て法を說(き)たまふ。意趣解(り)難(し)。所以(は)〔者〕何(に)。我(れ)無數の方便、

㉒

者何我以無數方便種種因緣譬喩言
辭演說諸法是法非思量分別之所能
解唯有諸佛乃能知之所以者何諸佛
世尊唯以一大事因緣故出現於世舍利
弗云何名諸佛世尊唯以一大事因緣
故出現於世諸佛世尊欲令衆生開佛知
見使得淸淨故出現於世欲示衆生佛
知見故出現於世欲令衆生悟佛知見
故出現於世欲令衆生入佛知見道故出
現於世舍利弗是爲諸佛以一大事因緣
故出現於世佛告舍利弗諸佛如來但
敎化菩薩諸有所作常爲一事唯以佛
之知見示悟衆生舍利弗如來但以一佛
乘故爲衆生說法無有餘乘若二若三
舍利弗一切十方諸佛法亦如是舍利
弗過去諸佛以無量無數方便種種因
緣譬喩言辭而爲衆生演說諸法是
法皆爲一佛乘故是諸衆生從佛聞法
諸

㉒種種の因緣、譬喩の言『辭を以(て)諸法を演說す。是(の)法は、思量分別(の)〔之〕能く解(る)所に非(す)。唯(た)諸佛(の)み有(し)て、乃(いま)(し)能(く)之を知(しめ)せり。所以(は)〔者〕何(に)、諸佛世尊は、唯(た)一大事の因緣を以(て)の故(に)、世(に)〔於〕出現(した)まふ。舍利弗、云何なるをか、諸佛世尊は唯(た)一大事の因緣を以(て)の故(に)世(に)〔於〕出現(し)たまふと名(つくる)。諸佛世尊は、衆生を(し)て佛の知見を開(か)令(め)て、淸淨(な)ること得使(めむ)と欲(ほす)か故(に)、世(に)〔於〕出現(し)たまふ。衆生に佛(の)知見を示(さむ)と欲(ほす)か故(に)、世(に)〔於〕出現(し)たまふ。衆生を(し)て佛の知見を悟(ら)令(めむ)と欲(ほす)か故(に)、世(に)〔於〕出現(し)たまふ。衆生を(し)て佛の知見の道に入(ら)令(めむ)と欲(ほす)か故(に)、世(に)〔於〕出現(し)たまふ。舍利弗、是(れ)を、諸佛は一大事の因緣を以(て)の故(に)、世(に)〔於〕出現(し)たまふと爲(名也)(な)(つ)く。」

佛、舍利弗に告(けたまはく)、「諸佛如來は、但(た)菩薩を(の)み敎化(し)たまふ。諸の所作とし有(る)は、常(に)一事を爲(以也)(も)(て)なす。唯(た)佛(の)〔之〕知見を以(て)衆生に示し悟(らし)めむとなす。舍利弗、如來は但(た)一佛乘を以(て)の故(に)、衆生の爲に法を說(き)たまふ。餘乘の、若(しは)二、若(しは)三は有(ること)無(し)。舍利弗、一切十方の諸佛の法(も)亦是(くの)如(し)。舍利弗、過去の諸佛(は)、無量無數の方便、種種の因緣、譬喩の言辭を以(て)、〔而〕衆生の爲に諸法を演說(したま)ひき。是(の)法は、皆一佛乘を爲(以也)(も)(て)の故(に)なり〔と〕。是(の)諸の衆生の、佛に從(ひ)て法を聞(きたてまつ)りしも、究竟(し)て皆一切種智を得てき。舍利弗、未來の諸佛の當に世(に)〔於〕出(て)たま㉓ふべき《再讀》も、亦無量無數の方便、種種の因『緣、譬喩の言辭を以(て)、〔而〕衆生の爲に諸法を演說(し)たまはむ。是(の)法は、皆一佛乘を爲(以也)(も)(て)の故(に)なり〔と〕。是(の)諸の衆生の、佛に從(ひたてまつ)て法を聞(か)むも、究竟(し)て皆一切種智を得む。舍利

㉓ 究竟皆得一切種智舍利弗未來諸佛
當出於世亦以無量無數方便種種因
緣譬喩言辭而爲衆生演説諸法是法
皆爲一佛乘故是諸衆生從佛聞法究
5 竟皆得一切種智舍利弗現在十方無
量百千萬億佛土中諸佛世尊多所饒
益安樂衆生是諸佛亦以無量無數方
便種種因緣譬喩言辭而爲衆生演説
諸法是法皆爲一佛乘故是諸衆生從
10 佛聞法究竟皆得一切種智舍利弗是諸
佛但教化菩薩欲以佛之知見示衆生故
欲以佛之知見悟衆生故欲令衆生入佛
知見道故舍利弗我今亦復如是知諸衆
生有種種欲深心所著隨其本性以種種
15 因緣譬喩言辭方便力故而爲說法舍
利弗如此皆爲得一佛乘一切種智故舍
利弗十方世界中尚無二乘何況有三
舍利弗諸佛出於五濁惡世所謂劫濁

5 弗、現在十方の無量百千萬億の佛土の中の諸佛世尊の、衆生を饒益し安樂(し)たまふ所多き、是の諸佛も、亦無量無數の方便、種種の因緣、譬喩の言辭を以(て)、〔而〕衆生の爲に諸法を演説(し)たまふ。是(の)法は、皆一佛乘を爲(て)の故(に)なり。是(の)諸の衆生の、佛に從(ひ)て法を聞く、究竟(し)て皆一切種智を得。舍利弗、是(の)諸佛の、但(た)
10 菩提を(の)み教化(し)たまふは、佛(の)〔之〕知見を以(て)衆生に示(さむ)と欲(ほす)か故(に)なり。佛(の)〔之〕知見を以(て)衆生に悟(らし)めむと欲(ほす)か故(に)なり。衆生(をし)て佛(の)知見道に入(ら)令(めむ)と欲(ほす)か故(に)なり。舍利弗、我(れ)も今亦復(た)是(くの)如(し)。諸の衆生の、種種の欲、深心の所著有(る)を、其(の)本性に隨(ひ)て、種種の因緣と、譬喩の言辭と、方便の力とを以(て)の故(に)、〔而〕爲に法を説
15 く。舍利弗、此(くの)如(き)は、皆一佛乘の一切種智を得むを爲(て)の故(に)なり。舍利弗、十方世界の中には、尙(ほ)二の乘タモ無(し)。何(に)況(や)三の有らむや。舍利弗、諸佛は五濁惡世(に)〔於〕出(て)たまふ。謂(ふ)所(の)劫濁・煩惱濁・衆生濁・見濁・命濁なり。是(くの)如(し)、舍利弗、劫濁の亂する時に、衆生垢重し、慳貪嫉妬あり、諸の不善
㉔ 根を成就せるか故(に)、諸佛は、方便力を以(て)、一佛乘に於て、分『別(し)て三と說(き)たまふ。舍利弗、若(し)我か弟子の、自(ら)阿羅漢なり、辟支佛なりと謂はむ者は、諸佛如來の、但(た)菩薩を(の)み教化(し)たまふ事を聞(か)不、知(ら)不。此(れ)佛弟子にも非(す)、阿羅漢にも非(す)、辟支佛にも非(す)。又、舍利弗、是(の)諸の比丘・比丘尼の、
5 自(ら)已に阿羅漢を得たり、是(れ)最後身なり、涅槃に究竟せりと謂(ひ)て、便(ち)復(た)、阿耨多羅三藐三菩提を志し求(め)不らむ、知(る)當(し)、此(の)輩(は)、皆是(れ)增上慢の人なり。所以(は)〔者〕何(に)、若(し)比丘有(り)て、實に阿羅漢を得て、若(し)此(の)法を信(せ)不(ら)むは、是(の)處有(ること)無(けむ)。佛滅度(し)たまひて後

㉔
煩惱濁衆生濁見濁命濁如是舎利弗
刧濁亂時衆生垢重慳貪嫉妬成就諸
不善根故諸佛以方便力於一佛乗分
別説三舎利弗若我弟子自謂阿羅漢
5 辟支佛者不聞不知諸佛如来但教化
菩薩事此非佛弟子非阿羅漢非辟支
佛又舎利弗是諸比丘比丘尼自謂已得
阿羅漢是最後身究竟涅槃便不復志
求阿耨多羅三藐三菩提當知此輩皆
10 是增上慢人所以者何若有比丘實得
阿羅漢若不信此法無有是處除佛
滅度後現前無佛所以者何佛滅度後
如是等經受持讀誦解義者是人難
得若遇餘佛於此法中便得決了舎利
15 弗汝等當一心信解受持佛語諸佛如
来言無虚妄無有餘乗唯一佛乗尒時
世尊欲重宣此義而説偈言
比丘比丘尼　有懐增上慢　優婆塞我慢

10 に、現前に佛無(き)ときを(を)は除く。所以(者)何(に)、佛滅度(し)たまひて後に、是(くの)
如(き)等の經を受持し、讀誦し、義を解れらむ者(もの)、是(の)人は得難(し)。若(し)餘の佛に
遇(ひ)て、此(の)法の中(に)於(て)、便(ち)決了(す)ることを得む。舎利弗、汝等一心に
信解(し)て佛語を受持(す)當(し)。諸佛如來は、(み)言(こと)虚妄無(し)、餘乘は有(ること)
無(く)、唯(た)一佛乘(の)みなり。」尒(の)時(に)、世尊、重(ね)て此の義を宣(へむ)と
欲(ほし)て、〔而〕偈を説(き)て言(はく)、
15 「比丘・比丘尼の　增上慢を懐(け)ること有る、
優婆塞の我慢なる、　優婆夷の不信なるあり。

是(くの)如(き)四衆等、　其(の)數五千有(り)。

自(みつか)(ら)其(の)過を見不(し)て　戒に於て缺漏せること有(り)。

其(の)瑕(キス)・疵(トカ)を護(り)惜(し)む。　是の小智已に出(て)ぬ。

衆の中(の)〔之〕糟糠　佛の威德の故に去(り)ぬ。

斯(の)人福德尠(すくな)〔少也〕く(し)て　是(の)法を受(くる)に堪(へ)不(す)。

此(の)衆に枝葉無(くし)て　『唯(た)諸の貞實(の)み有り。
㉕ 舎利弗、善(く)聽け。　諸佛の所得の法は
無力の方便力をもて　〔而〕衆生の爲に説く。
衆生の心の所念と　種種の所行の道と
若干の諸の欲性と　先世の善惡の業とを、
5 佛悉(く)是(れ)を知(しめし)已(り)て、　諸の縁と譬喩と
言辭と方便の力とを以(て)　一切を歡喜(せ)令(め)たまふ。

或(る)ときは脩多羅と　伽陀と及(ひ)本事と

㉕　5　10

優婆夷不信　如是四衆等　其數有五千
不自見其過　於戒有缺漏　護惜其瑕疵
是小智已出　衆中之糟糠　佛威德故去
斯人尠福德　不堪受是法　此衆無枝葉
唯有諸貞實　舍利弗善聽　諸佛所得法
無量方便力　而爲衆生説　衆生心所念
種種所行道　若干諸欲性　先世善惡業
佛悉知是已　以諸緣譬喩　言辭方便力
令一切歡喜　或説脩多羅　伽陀及本事
本生未曾有　亦説於因緣　譬喩幷祇夜
優波提舍經　鈍根樂小法　貪著於生死
於諸無量佛　不行深妙道　衆苦所惱亂
爲是説涅槃　我設是方便　令得入佛慧
未曾説汝等　當得成佛道　所以未曾説
説時未至故　今正是其時　決定説大乘
我此九部法　隨順衆生説　入大乘爲本
以故説是經　有佛子心淨　柔軟亦利根
無量諸佛所　而行深妙道　爲此諸佛子

10　15

本生と未曾有とを説き、　亦、因緣と
譬喩と幷(せ)て祇夜と　優婆提舍經とを〔於〕説(き)たまふ。
鈍根は小法を樂(ねか)ひ　生死(に)〔於〕貪著し、
諸の無量の佛に於〔隨也〕(したか)(ひ)て、　深妙の道を行(せ)不(し)て
衆苦に惱亂(せ)所るる、　是(れか)爲に涅槃を説く。
我(か)是(の)方便を設(く)ることは　佛慧に入ることを得令(めむ)となり。
曾て汝等を説(か)未(す)、『當に佛道成ること得(べし)。』と。
曾て説(か)未(る)所以は、　説(く)べき時至(ら)未(ぬ)か故なり。
今、正(し)く是(れ)、其の時なり。　決定(し)て大乘を説く。
我(か)此の九部の法は　衆生に隨順(し)て説く。
大乘に入(る)に爲〔是也〕(こ)れ本なるを　以〔是也〕(これ)を(もて)の故(に)是(の)經を説く。
佛子有(り)て心淨し、　柔軟なり、亦利根なり、
無量の諸佛の所に(して)　〔而〕深妙の道を行する、
此の諸の佛子の爲に　是(の)大乘經を説く。
我(れ)、是(くの)如(き)人　來世に佛道成(らむ)と記す。
『深き心を以(て)佛を念し、　淨戒を修持(する)か故(に)
此(れ)等佛を得べし。』と聞(き)て、　大(き)なる喜(ひ)身に充遍しぬ。
佛(は)彼(の)心行を知(しめし)て　故(れ)、爲に大乘を説(き)たまふ。
聲聞、若(しは)菩薩　我(か)所説の法の
乃至、一偈をも〔於〕聞(か)は、　皆佛と成(ること)〔に〕疑(ひ)無(し)。
十方佛土の中には　唯(た)一乘の法(の)み有(り)。

15　㉖　5　10

說是大乘經　我記如是人　來世成佛道
以深心念佛　修持淨戒故　此等聞得佛
大喜充遍身　佛知彼心行　故為說大乘
聲聞若菩薩　聞我所說法　乃至於一偈
皆成佛無疑　十方佛土中　唯有一乘法
無二亦無三　除佛方便說　但以假名字
引導於衆生　說佛智慧故　諸佛出於世
唯此一事實　餘二則非真　終不以小乘
濟度於衆生　佛自住大乘　如其所得法
定慧力莊嚴　以此度衆生　自證無上道
大乘平等法　若以小乘化　乃至於一人
我則墮慳貪　此事為不可　若人信歸佛
如來不欺誑　亦無貪嫉意　斷諸法中惡
故佛於十方　而獨無所畏　我以相嚴身
光明照世間　無量衆所尊　為說實相印
舍利弗當知　我本立誓願　欲令一切衆
如我等無異　如我昔所願　今者已滿足
化一切衆生　皆令入佛道　若我遇衆生

㉖　5　10

「二のも無(く)、亦三のも無(し)。佛の方便の説をは除(を)く。

但(た)假の名字を以(て)　衆生を〔於〕引導す。

佛の智慧を説(きたまふ)か故(に)　諸佛世(に)〔於〕出(て)たまふ。

唯(た)此の一事のみ實なり。　餘の二は則(ち)眞に非(す)。

終に小乘を以(て)　衆生を〔於〕濟度するには(あら)不(す)。

佛(は)自(みつか)(ら)大乘に住(したまひ)て、　其の所得の法の如きを
定慧の力をもて莊嚴(し)て、　此(れ)を以(て)衆生を度(し)たまふ。

自(みつか)(ら)無上道と　大乘との平等の法を證(し)たまへり。

若(し)小乘を以(て)化(す)ること　乃至、一人にも於てせは、
我(れ)則(ち)慳貪に墮(ち)なむ。　此(の)事爲(是也)(こ)れ不可なり。

若(し)人、佛に信し歸するには、　如來欺(アザム)キ誑(イツハ)リたまは不(す)。

亦貪嫉の意無(く)　諸法の中の惡を斷(ちたま)へるをもて。

故(れ)、佛(は)十方(に)〔於〕　而も、獨(り)所畏無(し)。

我(れ)相を以(て)身を嚴(り)て　光明世間を照す。

無量の衆に尊(は)所(れ)て、　爲に實相の印を説く。

舍利弗、知(る)當(し)、　我(れ)、本(もと)、誓願を立(て)て
一切衆を(し)て　我(か)如(く)等(しくし)て異(なること)無(から)令(めむ)と欲ひき。

我か昔の所願の如(きは)　今〔者〕、已に滿足しぬ。

一切衆生を化(し)て　皆佛道に入(ら)令(むる)をもて。

若(し)我(れ)衆生に遇(ひ)て　盡(ことごと)く教(ふる)に佛道を以てせは、

15　㉗　5　10

盡教以佛道　無智者錯亂　迷惑不受教
我知此衆生　未曾修善本　堅著於五欲
癡愛故生惱　以諸欲因緣　墜墮三惡道
輪廻六趣中　備受諸苦毒　受胎之微形
世世常增長　薄德少福人　衆苦所逼迫
入邪見稠林　若有若無等　依止此諸見
具足六十二　深著虛妄法　堅受不可捨
我慢自矜高　諂曲心不實　於千萬億劫
不聞佛名字　亦不聞正法　如是人難度
是故舍利弗　我爲設方便　說諸盡苦道
示之以涅槃　我雖說涅槃　是亦非眞滅
諸法從本來　常自寂滅相　佛子行道已
來世得作佛　我有方便力　開示三乘法
一切諸世尊　皆說一乘道　今此諸大衆
皆應除疑惑　諸佛語無異　唯一無二乘
過去無數劫　無量滅度佛　百千萬億種
其數不可量　如是諸世尊　種種緣譬喩
無數方便力　演說諸法相　是諸世尊等

15　㉗　5

無智の者(もの)は錯亂し　迷惑(し)(て)、教を受(け)不(し)。

我(れ)、此の衆生(の)　曾て善の本を修(め)未(し)て
堅く五欲(に)〔於〕著(し)て　癡愛の故(に)惱を生(する)ことを知(しめせり)〔焉り〕。

諸(の)欲の因緣を以(て)　三惡道に墜墮す。

六趣の中に輪廻す。　備(つぶさ)に諸の苦毒を受(く)。

胎(の)〔之〕微形を受(け)て　世世に常(に)增長す。

薄德少福の人として　衆苦に逼迫(せ)所(る)。

邪見の稠林に入(り)て　若(しは)有、若(しは)無との等(こと)きす。

此の諸(の)見に依止(し)て　「六十二を具足す。

深(く)虛妄の法に著(し)て　堅く受(け)て捨(つ)可(から)不(す)。

我慢に(し)て自(みつか)(ら)矜(オコ)リ高ひ　諂曲に(し)て心實(にあら)不(す)。

千萬億劫(に)〔於〕　佛の名字を聞(か)不(す)。

亦、正法をも聞(か)不(す)。　是(くの)如(き)人(は)度(し)難(し)。

是(の)故(に)、佛舍利、　我(れ)爲に方便を設(け)て
諸の苦を盡す道を說く。　之を示(す)に涅槃を以(て)す。

我(れ)涅槃を說(く)と雖(も)、　是(れ)、亦、眞の滅に非(す)。

諸法は本(より)〔從〕來(このかた)、　常(に)自(をのつか)(ら)に寂滅の相なり。

佛子は道を行(し)已(り)て　來世に佛と作(ること)得む。

我(れ)方便力有(り)て　三乘の法を開示す。

一切の諸の世尊は　皆一乘の道を說(き)たまふ。

今、此の諸の大衆は　皆疑惑を除(く)應(し)。

皆説一乘法　化無量衆生　令入於佛道
又諸大聖主　知一切世間　天人群生類
深心之所欲　更以異方便　助顯第一義
若有衆生類　值諸過去佛　若聞法布施
或持戒忍辱　精進禪智等　種種修福德
如是諸人等　皆已成佛道　諸佛滅度已
若人善軟心　如是諸衆生　皆已成佛道
皆已成佛道　若人散亂心　乃至以一華
供養於畫像　漸見無數佛　或有人禮拜
或復但合掌　乃至擧一手　或復小低頭
以此供養像　漸見無量佛　自成無上道
廣度無數衆　入無餘涅槃　如薪盡火滅
若人散亂心　入於塔廟中　一稱南無佛
皆已成佛道　於諸過去佛　在世或滅後
若有聞是法　皆已成佛道　未來諸世尊
其數無有量　是諸如來等　亦方便説法
一切諸如來　以無量方便　度脱諸衆生
入佛無漏智　若有聞法者　無一不成佛

諸佛は(み)語異(なること)無(し)。　唯一(の)みな(り)、二乘は無(し)。
過去の無數劫に　無量に滅度(したま)ひし佛
百千萬億種に(し)て　其(の)數量(る)可(から)不(ず)。
是(くの)如(き)諸の世尊　種種の縁と譬喩と〔の〕
無數の方便力とをもて　諸法の相を演ゐ説(きたま)ひき。
是の諸の世尊等　皆一乘の法を説(き)て
無量の衆生を化(し)て　佛道(に)入(ら)令(めたま)ひき。
又、諸の大聖主(は)　一切世間の
天・人・群生類の　深心(の)〔之〕所欲を知(し)め(し)て、
更(に)異方便を以(て)　第一の義を助顯(し)たまふ。
若(し)衆生の類有(り)て、　諸の過去の佛に値(ひたてまつり)て
若(しは)法を聞(き)て布施し、　或(るいは)持戒し、　忍辱し、
禪と智等とを精進し、　種種に福德を修せし、
是(くの)如(き)諸の人等(は)　皆已(に)佛道成(り)き。
諸佛滅度(し)已(り)て、　若(し)人善軟の心あ(り)シ、
是(くの)如(き)諸の衆生(は)　皆已に佛道成(り)き。

(以下一枚分缺)

「皆已に佛道成(り)き。
若(し)人散亂の心に　乃至、一華を以(て)
畫像(を)〔於〕供養せし、　漸(く)無數の佛を見(たてまつり)てき。
或(るいは)人有(り)て禮拜し、　或(るいは)復(た)但(た)合掌し、

㉙

諸佛本誓願　我所行佛道　普欲令衆生
亦同得此道　未來世諸佛　雖說百千億
無數諸法門　其實爲一乘　諸佛兩足尊
知法常無性　佛種從緣起　是故說一乘
是法住法位　世間相常住　於道場知已
導師方便說　天人所供養　現在十方佛
其數如恒沙　出現於世間　安隱衆生故
亦說如是法　知第一寂滅　以方便力故
雖示種種道　其實爲佛乘　知衆生諸行
深心之所念　過去所習業　欲性精進力
及諸根利鈍　以種種因緣　譬喩亦言辭
隨應方便說　今我亦如是　安隱衆生故
以種種法門　宣示於佛道　我以智慧力
知衆生性欲　方便說諸法　皆令得歡喜
舍利弗當知　我以佛眼觀　見六道衆生
貧窮無福慧　入生死險道　相續苦不斷
深著於五欲　如犛牛愛尾　以貪愛自蔽
盲瞑無所見　不求大勢佛　及與斷苦法

乃至、一(つ)の手を擧(け)、　或(るいは)復(た)小し頭を低き、
此(れを)以(て)像を供養せし、　漸(く)無量の佛を見(たてまつり)てき。
自み(つか)(ら)無上道成(り)て　廣(く)無數の衆を度(し)て、
無餘涅槃に入ること　薪盡(き)て火の滅(する)か如(し)。
若(し)人散亂の心に　塔廟の中(に)〔於〕入(り)て
一(た)ひ南無佛と稱せし、　皆已に佛道成(り)き。
諸の過去の佛(の)〔於〕　在世、　或(るいは)滅後に
若(し)是(の)法を聞(く)こと有(り)し、　皆已に佛道成(り)き。
未來の諸の世尊の　其(の)數量(り)有(ること)無(か)らむ、
是(の)諸の如來等(も)　亦、方便(し)て法を說(きたまは)む。
一切の諸の如來(は)　無量の方便を以(て)
諸の衆生を度脫(し)て　佛の無漏智に入(れ)たまふ。
若(し)法を聞(く)こと有らむ者もの は　一(り)も佛と成(ら)不ぬ は無けむ。
諸佛の本の誓願(は)　我か所行の佛道を
普(く)衆生(をして)　亦、同(しく)此(の)道を得令(めむ)と欲す。
未來世の諸佛、　百千億の
無數の諸の法門を說(き)たまふと雖(も)、　其(の)實は一乘を爲[以也](も)(てなり)〔らむ〕。
諸(の)佛・兩足尊(は)　法の常と無性と
佛種の緣(より)〔從〕起(る)とを知(し)め(し)て、　是(の)故(に)一乘を說(き)たまふ。
是(の)法住と法位との　世間の相と常住(なる)〔て〕を

5　㉚　15

深入諸邪見　以苦欲捨苦　為是衆生故
而起大悲心　我始坐道場　觀樹亦經行
於三七日中　思惟如是事　我所得智慧
微妙最第一　衆生諸根鈍　著樂癡所盲
如斯之等類　云何而可度　尒時諸梵王
及諸天帝釋　護世四天王　及大自在天
并餘諸天衆　眷屬百千萬　恭敬合掌禮
請我轉法輪　我即自思惟　若但讚佛乘
衆生沒在苦　不能信是法　破法不信故
墜於三惡道　我寧不說法　疾入於涅槃
尋念過去佛　所行方便力　我今所得道
亦應說三乘　作是思惟時　十方佛皆現
梵音慰喩我　善哉釋迦文　第一之導師
得是無上法　隨諸一切佛　而用方便力
我等亦皆得　最妙第一法　為諸衆生類
分別說三乘　少智樂小法　不自信作佛
是故以方便　分別說諸果　雖復說三乘
但為教菩薩　舍利弗當知　我聞聖師子

㉙　5　10

道場に(し)て〔於〕知(しめし)已(り)て、　導師(は)方便(し)て說(き)たまふ。
天・人の供養(し)たてまつる所の　現在十方の佛、
其(の)數恒沙の如(くし)て　世間(に)〔於〕出現(し)たまふ。
衆生を安穩(ならし)めむとの故(に)　亦、是(くの)如(き)法を說(き)たまふ。
第一の寂滅を知(しめし)て、　方便力を以(て)の故(に)
『種種の道を示(す)と雖(も)、　其(の)實は佛乘を爲(以也)(も)(て)な(り)。
衆生の諸行の　深心(の)〔之〕所念と
過去の所習の業と　欲と性と精進との力と
及(ひ)諸根の利と鈍とを知(しめし)て、　種種の因緣と
譬喩と、亦、言辭とを以(て)　應(よろ)(しき)に隨(ひ)て方便(し)て說(き)たまふ。
今、我(れ)も亦、是(くの)如(く)　衆生を安隱(ならし)めむとの故(に)
種種の法門を以(て)　佛道を〔於〕宣示す。
我(れ)智慧力を以(て)　衆生の性と欲とを知(り)て、
方便(し)て諸法を說(き)て　皆歡喜(す)ること得令(む)。
舍利弗、知(る)當(し)、　我(れ)佛眼を以(て)觀て
六道の衆生を見(る)に、　貧窮に(し)て福慧無(し)。
生死の險道に入(り)て　相續(し)て苦斷(え)不(す)。
深(く)五欲(に)〔於〕著せること　犛牛の尾を愛(する)か如(し)。
貪愛を以(て)自(み)(つか)(ら)蔽(おほ)(覆也)(ひ)て　盲瞑に(し)て見(る)所無(し)。
大勢の佛と、　及(およ)―與(ひ)、斷苦の法とを求(め)不(す)。
深(く)諸の邪見に入(り)て　苦を以(て)苦を捨(てむ)と欲ゑり。

10　15　㉛　5

深淨微妙音　喜稱南無佛　復作如是念
我出濁惡世　如諸佛所説　我亦隨順行
思惟是事已　即趣波羅奈　諸法寂滅相
不可以言宣　以方便力故　爲五比丘説
是名轉法輪　便有涅槃音　及以阿羅漢
法僧差別名　從久遠劫來　讃示涅槃法
生死苦永盡　我常如是説　舍利弗當知
我見佛子等　志求佛道者　無量千萬億
咸以恭敬心　皆來至佛所　曾從諸佛聞
方便所説法　我即作是念　如來所以出
爲説佛慧故　今正是其時　舍利弗當知
鈍根小智人　著相憍慢者　不能信是法
今我喜無畏　於諸菩薩中　正直捨方便
但説無上道　菩薩聞是法　疑網皆已除
千二百羅漢　悉亦當作佛　如三世諸佛
説法之儀式　我今亦如是　説無分別法
諸佛興出世　懸遠値遇難　正使出于世
説是法復難　無量無數劫　聞是法亦難

15　㉚　5

是(の)衆生を爲(て)の故(に)〔而〕大悲心を起す。
我(れ)始(め)て道場に坐(し)て　樹を觀し、亦、經行(し)て、
三七日の中(に)〔於〕是(くの)如(き)事を思惟しき。
『我か所得の智慧は　微妙最(も)第一なゑ。
衆生(は)諸根鈍なゑ。　樂に著し、癡に盲(さ)所たゑ。
斯(くの)如(き)〔之〕等の類を　云何(にし)てか〔而〕度(す)可(き)。』と。
尒(の)時(に)、諸の梵王(と)　及(ひ)諸の天帝釋(と)
護世四天王(と)　及(ひ)大自在天(と)
幷(せ)て、餘の諸の天衆(と)　眷屬百千萬(と)あゑて、
恭敬し、合掌し、禮(し)て、　我(れ)を法輪(を)轉(したまゑ)と請しき。
我(れ)卽(ち)自(ら)思惟(すら)く、　『若(し)但(た)佛乘を(の)み讚せは、
衆生(は)苦に沒在(し)て　是(の)法を信(すること)能(は)不(し)。
法を破(ゑ)て信(せ)不(る)か故に　「三惡道に〔於〕墜(ち)む。
我(れ)寧(ろ)法をは說(か)不(す)とも、　疾(く)涅槃にや〔於〕入(ら)マシ〈へィ入(ら)
む〉。』と。
過去の佛の　所行の方便力を尋ネ念(ふ)に、
『我か今の所得の道も　亦、三乘と說(く)應(し)。』
是の思惟を作す時に、　十方の佛皆現(し)たまひて、
梵の(み)音(こゑ)をもて我(れ)を慰喩(したま)はく、　『善哉、釋迦父。』と。
『第一(の)〔之〕導師として　是の無上の法を得て、
諸の一切の佛に隨(ひ)て　而も、方便力を用(ゐ)たまふ。

能聽是法者　斯人亦復難　譬如優曇華
一切皆愛樂　天人所希有　時時乃一出
聞法歡喜讚　乃至發一言　則爲已供養
一切三世佛　是人甚希有　過於優曇華
汝等勿有疑　我爲諸法王　普告諸大衆
但以一乘道　教化諸菩薩　無聲聞弟子
汝等舍利弗　聲聞及菩薩　當知是妙法
諸佛之祕要　以五濁惡世　但樂著諸欲
如是等衆生　終不求佛道　當來世惡人
聞佛說一乘　迷惑不信受　破法墮惡道
有慚愧清淨　志求佛道者　當爲如是等
廣讚一乘道　舍利弗當知　諸佛法如是
以萬億方便　隨宜而說法　其不習學者
不能曉了此　汝等旣已知　諸佛世之師
隨宜方便事　無復諸疑惑　心生大歡喜
自知當作佛

妙法蓮華經卷第一

我(れ)等も、亦、皆　最妙第一の法を得(れ)とも、
諸の衆生類の爲に　分別(し)て三乘と說く。
少智に(し)て小法を樂(ひ)て　自(みつか)(ら)佛と作(る)と信(せ)不(す)。
是(の)故(に)方便を以(て)　分別(し)て諸(の)果を說く。
復(た)、三乘と說(く)と雖(も)、　但(た)菩薩を(の)み教(ふる)を爲〔以也〕(も)(て)なり。
舍利弗、知(る)當(し)、　我(れ)聖師子の
深淨微妙のみ音(こゑ)を聞(きたまへ)(たり)て、　喜(ひ)て南無佛と稱しき。
復(た)、是(くの)如(き)念を作(さ)く、　『我(れ)濁惡世に出(て)たり。
諸佛の所說の如(く)　我(れ)も亦、隨順(し)て行(せ)む。』と。
是(の)事を思惟(し)已(り)て、　卽(ち)波羅奈に趣(き)て、
諸法の寂滅の相は、　言を以(て)宣(ふ)可(から)不(す)。
方便力を以(ての)故(に)　五比丘の爲に說(き)き。
是(れ)を轉法輪と名(つく)。　便(ち)涅槃の音と
及(およ)—以(ひ)阿羅漢と　法と相との差別の名有(り)。
『久遠の劫よ(り)〔從〕來(このかた)、　涅槃の法は
生死の苦を永(ひたふる)(に)盡せ(り)。』と讚示(し)て、　我(れ)常(に)是(くの)如(く)說
(き)き。
舍利弗、知(る)當(し)、　我(れ)佛子等を具(る)に、
佛道を志し求(むる)者(もの)　無量千萬億に(し)て、
咸(く)恭敬の心を以(て)　皆佛所に來至せるなり。
曾(むかし)し諸佛に從(ひたてまつ)(り)て　方便所說の法を聞けるなり。

㉛ 我(れ)卽(ち)是(の)念を作(さ)く、 『如來(の)出(て)たまふ所以は
『佛慧を說くを爲(も)(て)の故(に)なり。 今、正(し)く是(れ)、其(の)時なり。』と。

舍利弗、知(る)當(し)、 鈍根なり、小智なる人あり。

相に著し、憍慢なる者(もの)は 是(の)法を信(すること)能(は)不(し)。

今、我(れ)、喜(ひあり)て畏(りは)無(し)。 諸の菩薩の中に於て
正直に(し)て方便を捨(て)て 但(た)無上道を(の)み說く。

菩薩は是(の)法を聞(き)て 疑網を皆已に除(き)つ。

千二百の羅漢は 悉(く)亦、佛と作(る)當(し)。

三世の諸佛の 說法(の)〔之〕儀式の如(く)、
我(れ)も、今亦、是(くの)如(く) 無分別の法を說(か)む。

諸佛の世に興出(し)たまふこと 懸遠に(し)て、値遇(したてまつ)ること難し。

正使(たと)ひ世に〔于〕出(て)たまふとも、 是(の)法を說(き)たまふこと復(た)難し。

無量無數劫に 是(の)法を聞(く)こと亦、難し。

能(く)是(の)法を聽(く)者(もの)、 斯(の)人も亦、難し。

譬(へ)は、優曇華の 一切に皆愛樂(せら)れて、
天と人とに希有なる所として 時あり(て)時に乃(いま)し一(た)ひ出(つる)か如(し)。

法を聞(き)て歡喜し、讃(し)て 乃至、一言を發(せ)むは
則(ち)爲(是也)(こ)れ、已に 一切三世の佛を供養(し)たてまつるなり。

是(の)人は、甚(た)希有(な)ること 優曇華(に)〔於〕過(き)たり。

汝等、疑ひ有(ること)勿(れ)。 我(れは)爲(是也)(こ)れ諸法の王なり。

普(く)諸の大衆に告(くらく)、 『但(た)一乘の道を以(て)

諸の菩薩を教化す。　聲聞の弟子は無(し)。』
汝等、舍利弗(と)　聲聞(と)及(ひ)菩薩(と)、
知(る)當(し)、　是(の)妙法は　諸佛(の)〔之〕秘要なり。
五濁惡世に(し)て　但(た)諸欲に樂著(し)て、
是(くの)如(き)等の衆生は　終に佛道を求(め)不^{ぬ}を以(て)なり。
當來世の惡人は　佛の一乘(を)説(きたま)へるを聞(き)て、
迷惑(し)て信受(せ)不^{し}。　法を破(り)て惡法に墮(ち)む。
慙と愧と有り、淸淨なり、　佛道を志し求(め)む者^{もの}、
是(くの)如(き)等の爲に　『廣(く)一乘の道を讚す當(し)。
舍利弗、知(る)當(し)、　諸佛は、法、是(くの)如(し)。
萬億の方便を以(て)　宜(しき)に隨(ひ)て〔而〕法を說(き)たまふ。
其(の)習學(せ)不らむ者^{もの}は　此(れ)を曉了(す)ること能(は)不$^{(す)}$。
汝等、既已に　諸佛の世(の)〔之〕師の
隨宜方便の事を知(り)て、復(た)諸の疑惑無(く)なりぬ。
心に大歡喜を生(し)て、　自$^{み(つか)}$(ら)當に佛と作(るべし)と知れ。」とのたまふ。

妙法蓮華經卷第一

（白）　願以此緣　不經三祇　一念之間　速證佛位　釋子明算

①　　5　　10　　15　　②

妙法蓮華經譬喩品第三　二
尒時舍利弗踊躍歡喜即起合掌瞻
仰尊顔而白佛言今從世尊聞此法音
心懷踊躍得未曾有所以者何我昔從
佛聞如是法見諸菩薩受記作佛而我
等不預斯事甚自感傷失於如來無量
知見世尊我常獨處山林樹下若坐若
行毎作是念我等同入法性云何如來以
小乘法而見濟度是我等咎非世尊也
所以者何若我等待説所因成就阿耨
多羅三藐三菩提者必以大乘而得度
脱然我等不解方便隨宜所説初聞佛
法遇便信受思惟取證世尊我從昔來
終日竟夜毎自剋責而今從佛聞所未
聞未曾有法斷諸疑悔身意泰然快
得安隱今日乃知眞是佛子從佛口生從
法化生得佛法分尒時舍利弗欲重宣
此義而説偈言

①妙法蓮華經譬喩品第三　二

尒(の)時(に)、舍利弗、踊躍し歡喜し、卽(ち)起(ち)て掌を合(せ)て、尊顔を瞻仰(し)たてまつる。而て佛(に)白(して)言(さく)、「今世尊に從(ひ)たてまつりて此(の)法音を聞(きたま)へて、心に踊躍(す)ることを懷(き)て、未曾有(な)ることを得つ。所以は。〔者〕5何(に)、我(れ)昔佛に從(ひ)たてまつりて、是(くの)如(き)法を聞(きたま)へ(て)、諸の菩薩の記を受(け)て佛に作(る)を見(し)かとも、〔而〕我(れ)等斯(の)事に預(ら)不(し)て、甚(た)自(みつか)(ら)如來の無量の知見を〔於〕失(へ)ることを感傷しき。世尊、我(れ)常(に)獨(り)山林樹下に處し、若(しは)坐し、若(しは)行(き)て、毎(シハ、、)是(の)念を作(さ)く、『我(れ)等も同(しく)法性に入れるを、云何そ如來の、小乘の法を以(て)〔而〕濟度(せ)(ら)10見れてむ。』是(れ)我(れ)等か咎なり、世尊のには非(さ)りけり〔也〕。所以は。〔者〕何(に)、若(し)我(れ)等、所因たる阿耨多羅三藐三菩提を成就(す)ること(を)説(き)たまふを待(た)マシカは〔者〕、必(す)大乘を以(て)〔而〕度脱(す)ること得てマシ。然(も)、我(れ)等、方便(し)て宜(しき)に隨(ひ)て説(き)たまふ所を解(ら)不(し)て、初めて佛法を聞(きたま)へて、遇(ひ)て便(ち)信受し思惟し取證(し)てけり。世尊、我(れ)昔(より)〔從〕(このかた)來、終日(ひねもす)に夜竟(よもすから)、毎(シハ、、)自(みつか)(ら)剋責しき。而(る)を、今佛に從(ひ)たてまつり15て、聞(きたま)へ未(る)所の未曾有の法を聞(きたま)へて、諸の疑悔を斷(ち)て、身意泰然として快く安隱(な)ることを得つ。今日乃(ち)知(り)ぬ、眞に是(れ)佛子なり、佛(のみ)口(より)〔從〕生(れ)たり、法(より)〔從〕化生せり、佛法の分を得たりと。」尒(の)時(に)、舍②利弗、重(ね)て『此(の)義(を)宣(へむ)と欲(して)、〔而〕偈(を)説(きて)言(はく)、

「我(れ)是(の)法音(を)聞(きたま)へて、未曾有なる所を得つ。

15　　10　　5

我聞是法音　得所未曾有　心懷大歡喜
疑網皆已除　昔來蒙佛教　不失於大乘
佛音甚希有　能除衆生惱　我已得漏盡
聞亦除憂惱　我處於山谷　或在林樹下
若坐若經行　常思惟是事　嗚呼深自責
云何而自欺　我等亦佛子　同入無漏法
不能於未來　演說無上道　金色三十二
十力諸解脫　同共一法中　而不得此事
八十種妙好　十八不共法　如是等功德
而我皆已失　我獨經行時　見佛在大衆
名聞滿十方　廣饒益衆生　自惟失此利
我爲自欺誑　我常於日夜　毎思惟是事
欲以問世尊　爲失爲不失　我常見世尊
稱讚諸菩薩　以是於日夜　籌量如此事
今聞佛音聲　隨宜而說法　無漏難思議
令衆至道場　我本著邪見　爲諸梵志師
世尊知我心　拔邪說涅槃　我悉除邪見
於空法得證　爾時心自謂　得至於滅度

15　　10　　5

心(に)大歡喜(を)懷(き)て　疑網を皆已に除(き)つ。
昔よりも來(このかた)、　蒙れる佛(の)教は　大乘を〔於〕失(は)不(り)けり。
佛のみ音(こゑ)　は甚(た)希有に(し)て　能(く)衆生の惱(み)を除(き)たまふ。
我(れ)已に漏盡(く)ること得て、　聞(き)て亦、憂惱を除く。
我(れ)山谷に〔於〕處し、　或(る)ときは林樹(の)下に在(り)て、
若(しは)坐し、若(しは)經行(し)て、　常(に)是(の)事を思惟(し)き。
嗚呼、　深く自(みつか)(ら)を責む。　云何そ〔而〕自(みつか)(ら)　欺(アザム)カムや。
我(れ)等も亦、佛子として　同(しく)無漏の法に入れり。
未來(に)〔於〕　無上道を演說(す)ること能(は)不(し)。
金色と三十二と　十力と諸の解脫との
同共の一法の中に、　而も、此の事を得不(す)。
八十種の妙好と　十八の不共法と、
是(くの)如(き)等の功德を　而も、我(れ)皆已に失へり。
我(れ)獨(り)經行せし時に、　佛大衆に在(いま)　(し)て
名聞(え)て十方に滿(ち)て　廣(く)衆生を饒益(し)またふを見(たてまつり)て、
自(みつか)(ら)此(の)利を失へりと惟(ひ)て　我(れ)爲に自(みつか)(ら)欺誑しき。
我(れ)常に日夜(に)〔於〕　毎(シバシバ)、　是(の)事を思惟(して)〔たまはく〕、
以(て)世尊に問(はむ)と欲ひき、　『失へりとや爲む、定也　失(は)不(す)とや爲む。定也　〈イ定
(めて)失へりとや、　定(めて)失(は)不(す)とや。〉
我(れ)常(に)世尊の　諸の菩薩を稱讚(し)たまふを見(たてまつり)て
是(こ)を以(て)、　日夜(に)〔於〕　此(くの)如(き)事を籌量しき。

③

而今乃自覺　非是實滅度　若得作佛時
具三十二相　天人夜叉衆　龍神等恭敬
是時乃可謂　永盡滅無餘　佛於大衆中
說我當作佛　聞如是法音　疑悔悉已除
初聞佛所說　心中大驚疑　將非魔作佛
惱亂我心耶　佛以種種緣　譬喻巧言說
其心安如海　我聞疑網斷　佛說過去世
無量滅度佛　安住方便中　亦皆說是法
現在未來佛　其數無有量　亦以諸方便
演說如是法　如今者世尊　從生及出家
得道轉法輪　亦以方便說　世尊說實道
波旬無此事　以是我定知　非是魔作佛
我墮疑網故　謂是魔所為　聞佛柔軟音
深遠甚微妙　演暢清淨法　我心大歡喜
疑悔永已盡　安住實智中　我定當作佛
為天人所敬　轉無上法輪　教化諸菩薩
尒時佛告舍利弗吾今於天人沙門婆
羅門等大衆中說我昔曾於二萬億

③

今、佛の音聲を聞(き)たまふれは、宜(しき)に隨(ひ)て〔而〕法を說(き)たまふ。

無漏に(し)て思議(し)難(く)、　衆(をし)て道場に至(ら)令(め)たまふ。

我(れ)本(もと)耶見に著(し)て　諸の梵志の師爲(た)りき。

世尊、我(か)心を知(し)め(し)て　耶を拔し、涅槃を說(き)たまひ(し)かは、
我(れ)悉(く)耶見を除(き)て　空法に於て證(す)ること得てき。

尒(の)時(に)、心に自(みつか)(ら)謂へりき、　『滅度(に)〔於〕至ること得つ。』と。

『而(も)今、乃(ち)自(みつか)(ら)覺(しぬ)〔て〕、『是(れ)實の滅度には非(さ)りけり。』(と)。

若(し)佛と作(る)こと得てむ時に、　三十二相を具(し)て
天・人・夜叉衆　龍神等に恭敬(せら)れむ。

是(の)時に、乃(いま)(し)謂(おも)ふ可(し)、　『永盡(し)て無餘に滅(し)ぬ。』と。

佛(は)大衆の中に(し)て〔於〕『(我)れ當に佛と作(るべし)。』と說(き)たまふ。

是(くの)如(き)法音を聞(きたま)へて、　疑悔悉(く)已に除(き)つ。

初(めて)佛の所說を聞(きたま)へて　心の中に大(き)に驚疑すらく、

『將に魔の佛と作(り)て　我(か)心を惱亂するに非(さ)らむ(や)〔耶〕。』と。

佛(は)種種の緣と　譬喩と巧言とを以(て)說(き)たまふ。

其(の)心安(きこと)海(の)如(く)　我(れ)聞(きたまへて)、疑網斷(えぬ)。

佛說(きたまはく)、『過去(の)世(の)　無量に滅度(したま)ひし佛も
方便の中に安住(し)て　亦、皆是(の)法を說(きたま)ひき。

現在・未來の佛の、其(の)數量(り)有(ること)無き、
亦、諸の方便を以(て)　是(くの)如(き)法を演說(したま)ひき。』

今の如きは〔者〕、世尊　生し、及(ひ)出家(し)たまひし(より)〔從〕

15　10　5　④

佛所爲無上道故常教化汝汝亦長夜
隨我受學我以方便引導汝故生我法中
舍利弗我昔教汝志願佛道汝今悉忘
而便自謂已得滅度我今還欲令汝憶
念本願所行道故爲諸聲聞說是大
乘經名妙法蓮華教菩薩法佛所護念
舍利弗汝於未來世過無量無邊不可
思議劫供養若干千萬億佛奉持正法
具足菩薩所行之道當得作佛号曰華
光如來應供正遍知明行足善逝世間
解無上士調御丈夫天人師佛世尊國
名離垢其土平正清淨嚴飾安隱豊
樂天人熾盛瑠璃爲地有八交道黃金
爲繩以界其側其傍各有七寶行樹常
有華菓華光如來亦以三乘教化衆生
舍利弗彼佛出時雖非惡世以本願故
說三乘法其劫名大寶莊嚴何故名曰
大寶莊嚴其國中以菩薩爲大寶故彼

道を得、法輪を轉したまふ(まて)〔か〕、亦、方便を以(て)說(き)たまふ。
世尊は實道を說(き)たまふ。波旬は此(の)事無(し)。
是(こ)を以(て)、我(れ)定(め)て知(り)ぬ、是(れ)魔の佛と作(れる)には非(す
と)。
我(れ)疑網に墮(ち)たるか故(に)、『是(れ)魔の所爲なり。』と謂ひき。
佛の柔軟のみ音(こゑ)を聞(きたてまつれ)は、深遠に、甚(た)微妙に(し)て
清淨の法を演暢(し)たまふ。我(か)心大(き)に歡喜(し)て
15
疑悔を永(ひたふる)(に)已に盡(し)て　實智の中に安住しぬ。
我(れ)定(め)て當に佛と作(り)て　天人に敬(は)所ること爲(得也)(え)(て)、
無上の法輪を轉(し)て　諸の菩薩を教化(せ)む。」と。
尒(の)時(に)、佛、舍利弗(に)告(けたまはく)、「吾(れ)、今、天・人・沙門・婆羅門等の
大衆の中に(し)て〔於〕說く。我(れ)昔(むかし)曾二萬億の佛のみ所(もと)に(し)て〔於〕、無上道を爲(以也)(も)
④(て)の故(に)、常(に)汝を教化しき。汝も亦長夜に『我(れ)に隨(ひ)て受學しき。我(れ)方
便を以(て)汝を引導せしか故(に)、我(か)法の中に生(れ)たり。舍利弗、我(れ)昔汝を
教(し)て佛道を志願(せし)めき。汝今悉(く)忘(れ)て、〔而〕便(ち)自(みつか)(ら)已に滅度を得たり
と謂ゑり。我(れ)今還(り)て汝を(し)て本願の所行の道を憶念(せ)令(めむ)と欲(ふ)か故
5
(に)、諸の聲聞の爲に、是(の)大乘經の、妙法蓮華・教菩薩法・佛所護念と名(つくる)を說
く。舍利弗、汝、未來世(に)〔於〕、無量無邊不可思議の劫を過(き)て、若干の千萬億の佛
を供養(し)て、正法を奉持し、菩薩の所行(の)〔之〕道を具足す。當(に)佛と作(ること)得
10
む。號をは華光如來なり、應供なり、正遍知なり、明行足なり、善逝なり、世間解なり、
無上士・調御丈夫なり、天人師なり、佛なり、世尊なりと曰(は)む。國をは離垢と名(つけ)

⑤
諸菩薩無量無邊不可思議算數譬喩
所不能及非佛智力無能知者若欲行
時寶華承足此諸菩薩非初發意皆
久植德本於無量百千萬億佛所淨修
梵行恒爲諸佛之所稱歎常修佛慧具
大神通善知一切諸法之門質直無僞
志念堅固如是菩薩充滿其國舍利弗
華光佛壽十二小劫除爲王子未作佛
時其國人民壽八小劫華光如來過十二
小劫授堅滿菩薩阿耨多羅三藐三菩
提記告諸比丘是堅滿菩薩次當作佛号
曰華足安行多陀阿伽度阿羅訶三藐
三佛陀其佛國土亦復如是舍利弗是華
光佛滅度之後正法住世三十二小劫
像法住世亦三十二小劫尒時世尊欲重
宣此義而說偈言
舍利弗來世　成佛普智尊　号名曰華光
當度無量衆　供養無數佛　具足菩薩行

む。其(の)土(は)平正(な)らむ、清淨に嚴飾せらむ、安隱豐樂ならむ、天人熾盛ならむ、
瑠璃を地と爲て、八(つ)の交道有らむ。黄金を繩と爲て、以(て)其(の)側を界(かき)らむ。其
(の)傍に各(の)七寶の行(つら)〔連也〕(な)れる樹有らむ。常(に)華菓有らむ。華光如來も亦三乘を以
(て)衆生を敎化(し)たまはむ。舍利弗、彼の佛の出(て)たまはむ時は、惡世に非(す)と雖
(も)、本願を以(て)の故(に)、三乘の法を說(か)む。其(の)劫をは大寶莊嚴と名(つけ)む。
何故か名(つけ)て大寶莊嚴と曰(は)む。其(の)國の中に、菩薩を以(て)大寶と爲ゐきか故
(に)。彼(の)諸の菩薩、無量無邊不可思議に(し)て、算數譬喩も及(ふ)こと能(は)不(る)
⑤所(な)らむ。佛の智力に非(す)は、能(く)知(る)者(もの)無けむ。若(し)行(せむ)と欲(は)む『時
は、寶華、足を承(け)む。此(の)諸の菩薩(は)、初(め)て意を發せるに非し、皆久(しく)
德の本を植(ゑ)たる(な)らむ。無量百千萬億の佛のみ所(にし)て。〔於〕淨く梵行を修(め)
て、恒に諸佛に稱歎(せ)所(る)ることを爲(え)〔得也〕たる(な)らむ、常(に)佛慧を修(め)む、大神通
を具(せ)む。善(く)一切諸法(の)〔之〕門を知らむ、質直無僞に(し)て、志念堅固ならむ。
是(くの)如(き)菩薩、其(の)國に充滿せらむ。舍利弗、華光佛の壽は、十二小劫ならむ、王
子爲(と)して佛と作(ら)未らむ時をは(を)除く。其(の)國の人民は、壽八小劫ならむ。華光如來
(は)、十二小劫を過(き)て、堅滿菩薩に阿耨多羅三藐三菩提の記を授(け)む。諸の比丘に
告(け)む、『是の堅滿菩薩(は)、次(に)當に佛と作らむ、號をは華足安行多陀阿伽度・阿羅
訶・三藐三佛陀と日(は)む。其(の)佛の國土も亦是(くの)如(くな)らむ。』舍利弗、是の華光
佛滅度(の)〔之〕後に、正法の世に住(せむ)ことも三十二小劫、像法の世に住(せむ)ことも
亦三十二小劫ならむ。」尒(の)時(に)、世尊、重(ね)て此(の)義を宣(ゐむ)と欲(ほし)て、
〔而〕偈を說(き)て言(はく)、
「舍利弗、來世に　佛と成(で)て、普智の尊タらむ。

⑥ 5 10 15

十力等功德　證於無上道　過無量劫已
劫名大寶嚴　世界名離垢　清淨無瑕穢
以瑠璃爲地　金繩界其道　七寶雜色樹
常有華菓實　彼國諸菩薩　志念常堅固
神通波羅蜜　皆已悉具足　於無數佛所
善學菩薩道　如是等大士　華光佛所化
佛爲王子時　棄國捨世榮　於最末後身
出家成佛道　華光佛住世　壽十二小劫
其國人民衆　壽命八小劫　佛滅度之後
正法住於世　三十二小劫　廣度諸衆生
正法滅盡已　像法三十二　舍利廣流布
天人普供養　華光佛所爲　其事皆如是
其兩足聖尊　最勝無倫匹　彼即是汝身
宜應自欣慶
爾時四部衆比丘比丘尼優婆塞優婆
夷天龍夜叉乾闥婆阿脩羅迦樓羅緊
那羅摩睺羅伽等大衆見舍利弗於
佛前受阿耨多羅三藐三菩提記心大

⑥ 5 10

號を名(つけ)て華光と曰(は)む。　當(に)無量の衆を度(せ)む。
無數の佛を供養(し)て、　菩薩の行と
十力等の功德を具足(し)て　無上道を〔於〕證(せ)む。
無量劫を過(き)〔て〕已(を)て、　劫を大寶嚴と名(つけ)む。
世界を離垢と名(つけ)む。　清淨に(し)て瑕穢無(か)らむ。
瑠璃を以(て)地と爲し、　金繩をもて其(の)道を界(かき)(ら)む。
七寶雜色の樹アらむ。　『常(に)華・菓實有らむ。
彼(の)國の諸の菩薩(は)　志念常(に)堅固ならむ、
神通と波羅蜜と　皆已に悉(く)〔らむ〕具足せらむ、
無數の佛の(み)所に(し)て〔於〕　善(く)菩薩の道を學(は)む、
是(くの)如(き)等の大士(は)　華光佛の所化(な)らむ。
佛、王子爲(た)らむ時に、　國を棄て、世の榮を捨(て)て、
最末後身(に)〔於〕　出家(し)て佛道成らむ。
華光佛の世に住(せ)むこと　壽十二小劫(ならむ)、
其(の)國の人民衆　壽命八小劫(ならむ)、
佛滅度(の)〔之〕後に、　正法の世(に)〔於〕住(せ)むこと
三十二小劫あ(を)て、　廣(く)諸の衆生を度(せ)む。
正法滅盡し已(を)て　像法三十二アらむ。
舍利を廣(く)流布(し)て　天・人普(く)供養(せ)む。
華光佛の所爲、其(の)事、皆是(くの)如(し)。
其(の)兩足の聖尊　最勝に(し)て倫匹無(か)らむ。

⑦

歡喜踊躍無量各各脫身所著上衣
以供養佛釋提桓因梵天王等與無數
天子亦以天妙衣天曼陀羅華摩訶
曼陀羅華等供養於佛所散天衣住虛
5
空中而自迴轉諸天伎樂百千萬種
於虛空中一時俱作雨衆天華而作是
言佛昔於波羅奈初轉法輪今乃復
轉無上最大法輪尒時諸天子欲重宣
此義而說偈言
10
昔於波羅奈　轉四諦法輪　分別說諸法
五衆之生滅　今復轉最妙　無上大法輪
是法甚深奧　少有能信者　我等從昔來
數聞世尊說　未曾聞如是　深妙之上法
世尊說是法　我等皆隨喜　大智舍利弗
今得受尊記　我等亦如是　必當得作佛
於一切世間　最尊無有上　佛道叵思議
方便隨宜說　我所有福業　今世若過世
及見佛功德　盡迴向佛道

彼(は)、卽(ち)是(れ)汝か身なり。　宜(しく)自(み(つか))(ら)欣慶(す)應(し)。」

尒(の)時(に)、四部(の)衆たる比丘・比丘尼・優婆塞・優婆夷・天龍・夜叉・乾闥婆・
15
阿脩羅・迦樓羅・緊那羅・摩睺羅伽等の大衆、舍利弗の、佛前に(し)て〔於〕、阿耨多羅三
藐三菩提の記を受(け)たまふを見て、心大(き)に歡喜(し)て、踊躍(す)ること無量なり。
各各、身に著たる所の上衣を脱(き)て、以(て)佛に供養(し)たてまつる。釋提桓因・梵天
王等、無數の天子(と)〔與〕、亦、天の妙衣、天の曼陀羅華・摩訶曼陀羅華等を以(て)、佛
⑦(を)〔於〕供養(し)たてまつる。所散の天衣、虛『空の中に住(し)て、〔而〕自(を(のつか))(ら)に廻轉す。
諸天の伎樂百千萬種、虛空の中より〔於〕一時に俱に作(をこ)(り)て、衆の天華を雨(る)。〔而〕是
(の)言を作(さ)く、「佛、昔、波羅奈に(し)て〔於〕、初(めて)法輪を轉(した)まひき。今、
乃(ち)復(た)、無上の最大の法輪を轉(し)たまふ。」
5
尒(の)時(に)、諸(の)天子、重(ね)て此(の)義を宣(へむ)と欲(ほし)て、〔而〕偈を說
(き)て言(はく)、

「昔、波羅奈に(し)て〔於〕、　四諦の法輪を轉(し)て
分別(し)て諸法の　五衆(の)〔之〕生滅を說(きたま)ひき。
今、復(た)最妙の　無上の大法輪を轉(し)たまふ。
是(の)法(は)甚(た)深奧に(し)て、　能(く)信(す)ること有(る)者(もの)少し。
我(れ)等、昔(より)〔從〕來(このかた)、數(シバシバ)　世尊の說を聞(き)たまへしかとも、
曾(て)是(くの)如き　深妙(の)〔之〕上法を聞(きたま)へ未(す)。
世尊、是の法を說(き)たまへは、　我(れ)等皆隨喜(し)たてまつる。
10
大智(の)舍利弗　今、尊の記を受(く)ること得つ。
我(れ)等も、亦、是(くの)如(く)　必(す)當(に)佛と作(ること)得て、

尒時舍利弗白佛言世尊我今無復疑
悔親於佛前得受阿耨多羅三藐三菩
提記是諸千二百心自在者昔住學地佛
常教化言我法能離生老病死究竟涅
槃是學無學人亦各自以離我見及有
無見等謂得涅槃而今於世尊前聞
所未聞皆墮疑惑善哉世尊願爲四衆
說其因緣令離疑悔尒時佛告舍利弗
我先不言諸佛世尊以種種因緣譬喩
言辭方便說法皆爲阿耨多羅三藐
三菩提耶是諸所說皆爲化菩薩故然
舍利弗今當復以譬喩更明此義諸有
智者以譬喩得解舍利弗若國邑聚落
有大長者其年衰邁財富無量多有田
宅及諸僮僕其家廣大唯有一門多諸
人衆一百二百乃至五百人止住其中
堂閣朽故牆壁頽落柱根腐敗梁棟
傾危周帀倶時欻然火起焚燒舍宅長

一切世間(に)〔於〕　最尊に(し)て上(かみ)有(ること)無(か)らむ。
佛道は思議(すること)叵(かた)し。　方便(し)て宜(しき)に隨(ひ)て說(き)たまふ。
我(れ)に有(ら)所(る)福業、　今の世の、若(しは)過の世の
〔及〕佛を見たてまつる功德を、　盡く佛道に廻向(せ)む。」と。

尒(の)時(に)、舍利弗、佛(に)白(して)言(さく)、「世尊、我(れ)今復(た)疑悔無(く)なりぬ、親(し)く佛前に。(し)て。〔於〕、阿耨多羅三藐三菩提の記を受(く)ること得つるをもて。是の諸の千二百の心自在の昔(もの)、昔學地に住(せしとき)〔へし〕、佛常に教化(し)て言(はく)、『我(か)法は、能(く)生・老・病・死を離れて、涅槃に究竟せり。』是(の)學・無學の人も、亦各(の)自(ら)我見(と)、及(ひ)有『無見等(と)を離(れ)たるを以(て)、涅槃を得(つ)と謂へり。而(るを)、今、世尊のみ前に於て、聞(か)未(さりし)所を聞(きたま)へて、皆疑惑に墮(ち)ぬ。善哉、世尊、願(はく)は、四衆の爲に其(の)因緣を說(き)て、疑悔を離(れ)令(め)たまへ。」と。

尒(の)時(に)、佛、舍利弗(に)告(けたまはく)、「我(れ)先に言(は)不(す)や、『諸佛世尊、種種の因緣、譬喩の言辭を以(て)、方便(し)て法を說(き)たまふこと、皆阿耨多羅三藐三菩提を爲(以也)(も)(て)なり。』と〔耶〕。是(の)諸の所說は、皆菩薩を化(せむ)を爲(以也)(も)(て)の故(に)。然(も)、舍利弗、今當(に)復(た)譬喩を以(て)更(に)此(の)義を明(さ)む。諸の有智の者(もの)は、譬喩を以(て)解ること得む。舍利弗、若(し)國邑聚落に大長者有り、其(の)年衰邁(し)たり、財富無量なり、多(く)田宅(と)及(ひ)諸の僮僕(と)有り、其(の)家廣大に(し)て唯(た)一(つ)の門(の)み有(り)、諸の人衆多(くし)て、一百二百、乃至、五百の人其(の)中に止住せり。堂閣朽(ち)故(フ)リ、墻壁頽(クツ)レ落つ。柱根腐(ク)チ敗れ、梁棟傾き危フミ、周匝(し)て倶時に欻然に火起(り)て舍宅を焚燒す。長者の諸の子、若(しは)十・二十、或(るいは)三十に

者諸子若十二十或至三十在此宅中
長者見是大火從四面起即大驚怖而
作是念我雖能於此所燒之門安隱得
出而諸子等於火宅内樂著嬉戲不覺
不知不驚不怖火來逼身苦痛切己心
不猒患無求出意舍利弗是長者作是
思惟我身手有力當以衣裓若以几案
從舍出之復更思惟是舍唯有一門而
復狹小諸子幼稚未有所識戀著戲
處或當墮落爲火所燒我當爲説怖
畏之事此舍已燒宜時疾出無令爲火
之所燒害作是念已如所思惟具告諸
子汝等速出父雖憐愍善言誘喩而
諸子等樂著嬉戲不肯信受不驚不
畏了無出心亦復不知何者是火何者爲
舍云何爲失但東西走戲視父而已尒
時長者即作是念此舍已爲大火所
燒我及諸子若不時出必爲所焚我今

至(る)までに、此の宅の中に在(り)。長者、是(の)大火の四面(よも)(より)〔從〕起(る)を見て、即(ち)大(き)に驚怖す。〔而〕是(の)念を作(さく)、『我(れ)能(く)此の所燒(の)〔之〕門より〔於〕安隱に出(つる)こと得たりと雖(も)、而も、諸の子等、火宅の內(にして)〔於〕、樂著し、嬉戲(し)て、覺せ不(す)、知(ら)不(す)、驚(か)不(す)、怖せ不(す)。火來(り)て身を逼め、苦痛己(れ)を切(せ)ムれとも、心厭患(せ)不(す)。出(てむ)と求(むる)意無し。』舍利弗、是の長者是(の)⑨『思惟を作(さ)く、『我(か)身と手とに力有(り)。當(に)衣裓を以(て)や、苦(しは)几案を以(て)や、舍(より)〔從〕之を出(たさ)マシ。』と。復(た)更(に)思惟すらく、『是(の)舍は唯(た)一(つ)の門(の)み有(り)。〔而〕復(た)狹小なり。諸の子幼稚にして、識(る)所有(ら)未(す)、戲の處に戀著せるをもて。或(るいは)當に墮落(し)て火に燒(か)所ることを爲(カフ)らむ。我(れ)當に爲に怖畏(の)〔之〕事を說(き)て、此(の)舍已に燒く、宜(しき)時に疾(く)出(て)て、火に〔之〕燒害(せ)所(る)ることを爲(カフ)(ら)令(む)ること無(からし)めむ。』と。是(の)念を作(し)已(り)て、思惟する所の如(く)、具に諸の子に告(くらく)、『汝等、速(か)に出(て)よ。』と。父憐愍(し)て、善言をもて誘喩(す)と雖(も)、而も、諸の子等も嬉戲に樂著(し)て、肯て信受(せ)不(す)、驚(か)不(す)、畏(り)不(す)、了(つひ)に出つる心無(し)。亦復(た)、何者か是(れ)火、何者か舍と爲(つくる)(な)(名也)、云何なるをか失とか爲(つくる)(な)(名也)と知(ら)不(し)て、但(た)東西に走り戲(れ)て、父を視(るらくのみ)〔而已〕。尒(の)時(に)、長者卽(ち)是(の)念を作(さ)く、『此(の)舍已に大(き)なる火に燒(か)所ることを爲(カフ)(れり)〔爲る〕。我(れ)(と)及(ひ)諸の子(と)、若(し)時に出(て)不(す)は、必(す)焚(か)所ることを爲(カフ)らむ。我(れ)今當(に)方便を設(け)て、諸(の)子等を(し)て、斯(の)害を免(る)ること得令めむ。』と。父、諸の子、先の心に各(の)好(み)し所の種種の珍玩・奇異(の)〔之〕物の、情に必(す)樂著(す)ゐき(こと)有(り)と知(り)ぬ、〔而〕之(に)告(け)て言(はく)〔の〕、『汝等か玩ひ好む

15 ⑩ 5 10

當設方便令諸子等得免斯害父知
諸子先心各有所好種種珎玩奇異之
物情必樂著而告之言汝等所可玩好
希有難得汝若不取後必憂悔如此種
種羊車鹿車牛車今在門外可以遊戲
汝等於此火宅宜速出來隨汝所欲皆
當與汝尓時諸子聞父所說珎玩之物
適其願故心各勇鋭互相推排競共馳
走爭出火宅是時長者見諸子等安隱
得出皆於四衢道中露地而坐無復障礙
其心泰然歡喜踊躍時諸子等各白父
言父先所許玩好之具羊車鹿車牛車
願時賜與舍利弗尓時長者各賜諸子
等一大車其車高廣衆寶莊校周帀欄
楯四面懸鈴又於其上張設幰蓋亦以珎
奇雜寶而嚴飾之寶繩交絡垂諸華瓔
重敷綩綖安置丹枕駕以白牛膚色充
潔形體姝好有大筋力行歩平正其疾

可き所は、希有に(し)て得難(し)。汝、若(し)取(ら)不(す)は、後に必(す)憂悔せむ〔と〕。此(くの)如(き)種種の羊車・鹿車・牛車、今門の外に在〼。以(て)遊戲す可(し)。汝等、此(の)火宅よ〼〔於〕宜(しく)速(か)に出(て)來れ。汝か所欲に隨(ひ)て、皆當に汝に與(ゑ⑩む)。』と。尓(の)時(に)、諸の子、父か說(き)たまふ所の珍玩(の)〔之〕物の、『其(の)願に適(かな)[叶也]ゑるを聞(く)か故(に)、心各(の)勇(イサ)ミ〔み〕鋭(トカ)リて、互に相ひ推し排(ハラ)フて、競(ひ)て共に馳(せ)走〔せ〕て、爭(ひ)て火宅を出(て)ぬ。是(の)時(に)、長者、諸の子等(の)安隱に出(つ)ること得て、皆四衢道の中の露地に(し)て〔於〕、〔而〕坐(し)て復(た)障礙無(く)なゑぬと見て、其(の)心泰然として歡喜し踊躍す。時(に)諸の子等各(の)父(に)白(して)5言(はく)、『父か先に許(し)たまひし所の玩好(の)〔之〕具たる羊車・鹿車・牛車、願(はく)は時に賜ひ與ゑよ。』舍利弗、尓(の)時(に)、長者各(の)諸の子に等一一の大車を賜フ。其(の)車高廣に(し)て、衆寶をもて莊校せ〼。周匝(し)て欄楯あ〼。四面に鈴を懸(け)た〼。又、其(の)上(に)〔於〕軒〈天白訂〉蓋を張〼設(け)た〼。亦、珍奇の雜寶を以(て)〔而〕10之を嚴飾せ〼。寶繩をもて交絡せ〼。諸の華瓔を垂(れ)た〼。綩綖を重(ね)敷き、丹枕を安置せ〼。駕(カ)クルに白牛を以(て)せ〼。膚色充潔せ〼。形體姝好な〼。大(き)なる筋力有(〼)。行歩平正な〼。其(の)疾きこと風(の)如(し)。又、僕從多(くし)て〔而〕之を侍衞せ〼。所以は〔者〕何(に)、是(の)大長者(は)財富無量に(し)て、種種の庫〈天白訂〉藏に悉(く)皆充溢せ〼。而を、是(の)念を作(さ)く、『我(か)財物(は)極(〼)無(し)、下劣の小車を15以(て)諸の子等に與(ふ)應(から)不(す)。今、此(の)幼童は、皆是(れ)吾(か)子な〼。愛するに偏黨無(し)。我(れ)(是く)の如(き)七寶の大車を有(も)て〼。其(の)數無量な〼。

(以下四枚分欠)

⑪『無所畏とを(求め)、無量の衆生を愍念し、安樂し、天人を利益し、一切を度脫する、是

如國又多僕從而侍衛之所以者何是大
長者財富無量種種諸藏悉皆充溢
而作是念我財物無極不應以下劣小
車與諸子等今此幼童皆是吾子愛
無偏黨我有如是七寶大車其數無量
無所畏愍念安樂無量衆生利益天人
度脱一切是名大乘菩薩求此乘故名
爲摩訶薩如彼諸子爲求牛車出於火
宅舍利弗如彼長者見諸子等安隱得
出火宅到無畏處自惟財富無量等以
大車而賜諸子如來亦復如是爲一切衆
生之父若見無量億千衆生以佛教門
出三界苦怖畏險道得涅槃樂如來尒
時便作是念我有無量無邊智慧力無
畏等諸佛法藏是諸衆生皆是我子等
與大乘不令有人獨得滅度皆以如來滅
度而滅度之是諸衆生脱三界者悉與諸
佛禪定解脱等娯樂之具皆是一相一種

(れ)を大乘と名(つく)。菩薩(は)此(の)乘を求(むる)か故(に)、名(つけ)て摩訶薩と爲す。彼(の)諸の子の、牛車を求(むる)を爲(以也)(も)(て)、火宅を〔於〕出(つる)か如(し)。舍利弗、彼(の)長者の、諸の子等の、安隱に火宅を出(つ)ること得て、無畏の處に到(ゐ)たるを見て、自(みつか)(ら)財富無量なゐと惟(おも)ひて、等(し)く大車を以(て)〔而〕諸子に賜(ふ)か如(く)、如來も亦復(た)是(く)の如(し)。爲(是也)(こ)れ一切衆生(の)〔之〕父なゐ。若(し)無量億千の衆生の、佛の教門を以(て)三界の苦の怖畏險道を出(て)て、涅槃の樂を得つと見つ。如來、尒(の)時(に)、便(ち)是(の)念を作(したま)はく、『我(れ)無量無邊の智慧と力と無畏との等(こと)き諸佛の法藏を有て(ゐ)。是(の)諸の衆生は、皆是(れ)我か子なゐ。等(し)く大乘を與(ゑ)む。有る人獨(ゐの)み滅度を得令(む)ること不(无也)(な)けむ。皆如來の滅度を以(て)〔而〕之を滅度(せし)めむ。』と。是(の)諸の衆生の、三界を脱(れ)たるには〔者〕、悉(く)諸佛の禪と定と解脱との等(こと)き娯樂(の)〔之〕具を與ふ。皆是(れ)一相なゐ、一種なゐ、聖の稱歎(し)たまふ所なゐ。能(く)淨妙第一(の)〔之〕樂みを生す。舍利弗、彼(の)長者の、初(め)に三車を以(て)諸の子を誘引(し)て、然(し)て後に、但(た)大車の寶物莊嚴(し)て安隱第一なるを與(ふる)に、然(も)彼(の)長者の、虚妄(の)〔之〕咎無(き)か如(く)、如來も亦復(た)是(く)の如(し)。虚妄有(ること)無(し)。初(め)て三乘と説(き)て、衆生を引導(し)て、然(し)て後に、但(た)大乘を以(て)〔而〕之(を)度脱(し)たまふ。何(を)以(ての)故(に)、如⑫來は無量の智慧と力と無所畏との『諸法(の)〔之〕藏を有てゐ。能(く)一切衆生に大乘(の)〔之〕法を與(ゑ)たまふ。但(た)盡く受(く)ること能(は)不(ら)くのみ。舍利弗、是(の)因縁を以(て)、知(る)當(し)、諸佛は方便(の)力の故(に)、一佛乘に於て、分別(し)て三と説(き)たまふ。」佛、重(ね)て此(の)義を宣(ゑ)む)と欲(ほし)て、〔而〕偈を説(き)て言(はく)、

10　　5　　⑫

聖所稱歎能生淨妙第一之樂舎利弗如
彼長者初以三車誘引諸子然後但與大
車寶物莊嚴安隱第一然彼長者無虚
妄之咎如來亦復如是無有虚妄初説
三乘引導衆生然後但以大乘而度脱之
何以故如來有無量智慧力無所畏諸
法之藏能與一切衆生大乘之法但不盡
能受舎利弗以是因縁當知諸佛方便力
故於一佛乘分別説三佛欲重宣此義
而説偈言
譬如長者　有一大宅　其宅久故
而復頓弊　堂舎高危　柱根摧朽
梁棟傾斜　基陛隤毀　牆壁圮坼
泥塗褫落　覆苫亂墜　椽梠差脱
周障屈曲　雜穢充遍　有五百人
止住其中　鵄梟鵰鷲　烏鵲鳩鴿
蚖蛇蝮蠍　蜈蚣蚰蜒　守宮百足
狖狸鼷鼠　諸悪蟲輩　交横馳走

5　　10　　15

「譬(へ)は、長者、一(つ)の大(き)なる宅有(らむ)。

其(の)宅久(しく)故(ふ)りて〔而〕復(た)頓(ニハ)カニ〔に〕弊(ヤフ)ル。

堂舎高く危(アヤ)フし。柱の根摧け朽(タフ)ル。

梁・棟傾き斜に(し)て　基(もと)ひ陛(シナ)隤(くつ)れ毀ル。

牆(か)き・壁(か)へ圮(ヒハ)レ坼(サ)ケ　泥塗褫(アハ)ケ落つ。

覆へる苫(トマ)亂れ墜つ。椽・梠差(キカ)ヒ〔ひ〕脱(ハツ)ル。

周(め)(く)り(たる)障は屈曲なり。雜穢充遍せり。

五百の人有(り)て　其(の)中に止住せり。

鵄(トヒ)・梟・鵰(クマタカ)・鷲(ワシ)　烏(カラス)・鵲(カササキ)・鳩(ヤマハト)・鴿(イヘハト)

蚖(トカケ)―蛇・蝮(イヒトヨ)―蠍(ノツチ)　蜈(ムカテ)―蚣・蚰(ノツチ)―蜒
守(キモリ)―宮・百(アマヒコ)―足　狖(イタチ)〈天白〉　鼬〉　貍(タヌケ)・鼷(アマクチネズミ)―鼠、
諸の悪蟲の輩(たく)ひ　交横馳走す。

屎尿の臭き處に、不淨の流れ溢(るる)に、
蜣蜋(クソムシ)の諸の蟲　而も其(の)上に集(ま)れり。

狐と狼と野干と　咀ミ嚼(カ)ミ踐(フ)ミ蹋(フ)ム。

死屍を齚(ワ)ヒタチ齧(ク)ヒヤフ(り)て　骨肉狼藉くせり。

是(れ)に由(り)て群(り)たる狗　競ひ來(り)て搏(ウ)チ撮(ト)リて、
飢へ羸(れ)て慞チ惶(オツ)リて　處處に食を求む。

鬪ひ諍ひ摣(ツカ)ミ掣(ヒ)キ(ヲ)て　啀(イカミ)―喍(し)嘷―吠す。

其(の)舎恐怖(にし)て　變する状是(くの)如(し)。

處處に皆、魑(ヤマノカミ)・魅(サハノカミ)・魍(ミツハ)―魎

⑬

屎尿臭處　不淨流溢　蜣蜋諸蟲
而集其上　狐狼野干　咀嚼踐蹋
齰齧死屍　骨肉狼藉　由是群狗
競來搏撮　飢羸慞惶　處處求食
鬪諍摣掣　啀喍嗥吠　其舍恐怖
變狀如是　處處皆有　魑魅魍魎
夜叉惡鬼　食噉人肉　毒蟲之屬
諸惡禽獸　孚乳產生　各自藏護
夜叉競來　爭取食之　食之既飽
惡心轉熾　鬪諍之聲　甚可怖畏
鳩槃荼鬼　蹲踞土埵　或時離地
一尺二尺　往返遊行　縱逸嬉戲
捉狗兩足　撲令失聲　以脚加頸
怖狗自樂　復有諸鬼　其身長大
裸形黑瘦　常住其中　發大惡聲
叫呼求食　復有諸鬼　其咽如針
復有諸鬼　首如牛頭　或食人肉
或復噉狗　頭髮蓬亂　殘害兇險

⑬

夜叉・惡鬼有(り)て、　人の肉を食噉す。
毒蟲(の)(之)屬(たく)ひ、『諸の惡(し)き禽獸、
孚乳し產生(し)て　各(の)自(みつか)(ら)藏し護(カク)(る)。
夜叉競ひ來(り)て　爭ひ取(り)て之を食す。
之を食(ふ)こと既(に)飽(き)て　惡心轉(イヨヽヽ)熾なり。
鬪諍(の)(之)聲　甚(た)怖畏(す)可(し)。
鳩槃荼鬼は　土埵に蹲踞(ウスクマ)リテ(て)、
或(る)時には、地を離(る)ること　一尺し、二尺す。
往反し、遊行(し)て　縱逸し、嬉戲(し)て、
狗の兩の足を捉(ト)リ、撲(タフ)シて聲を失(ハナ)タ令(む)。
脚を以(て)頸に加(カ)ケて　狗を怖(し)て自(みつか)(ら)樂(し)フ。
復(た)諸の鬼有(り)、其(の)身長大に(し)て
裸形に(し)て黑み瘦せて　常(に)其(の)中に住せり。
大(き)に惡(し)き聲を發(し)て　叫ひ呼(はひ)て食を求む。
復(た)、諸の鬼有(り)、　其(の)咽針の如(し)。
復(た)、諸の鬼有(り)、　首(は)牛の頭の如(し)。
或(るいは)人の肉を食ひ、　或(るいは)復(た)、狗を噉む。
頭の髮(は)蓬(の)ことく亂(れ)て　殘害し、兇險(にし)て
飢渴に逼(め)所れて　叫喚し、馳走す。
夜叉と餓鬼と　諸の惡(し)き鳥獸と
飢(ゑ)急(にし)て、四向(ヨモ)に　窓牖より窺ひ看ル。

15

飢渇所逼　叫喚馳走　夜叉餓鬼
諸悪鳥獣　飢急四向　窺看窓牖
如是諸難　恐畏無量　是朽故宅
属于一人　其人近出　未久之間
於後宅舎　欻然火起　四面一時
其焔倶熾　棟梁椽柱　爆声震裂
摧折堕落　牆壁崩倒　諸鬼神等
揚声大叫　鵰鷲諸鳥　鳩槃荼等

⑭

周章惶怖　不能自出　悪獣毒蟲
蔵竄孔穴　毘舎闍鬼　亦住其中
薄福徳故　為火所逼　共相残害
飲血噉肉　野干之属　並已前死

5

諸大悪獣　競来食噉　臭烟熢焞
四面充塞　蜈蚣蚰蜒　毒蛇之類
為火所焼　争走出穴　鳩槃荼鬼
随取而食　又諸餓鬼　頭上火然
飢渇熱悩　周章悶走　其宅如是

10

甚可怖畏　毒害火災　衆難非一

15

是(くの)如(き)諸(の)難あ(り)て　恐畏(す)ること無量な(り)。
是(の)朽(ち)故(り)たる宅は　一人に〔于〕屬(し)て、
其(の)人近(く)出(て)て　久(しから)未(る)〔之〕間に、
後(に)〔於〕、宅舎に　欻然に火起(り)て、
四面に、一時に　其(の)燄倶に熾な(り)。
棟・梁・椽・柱　爆(ハタ)メク聲震ひ裂く。
摧折し、墮落し、　牆・壁崩倒す。
諸の鬼神等　聲を揚(げ)て大(き)に叫(ぶ)。
鵰・鷲の諸鳥と　鳩槃荼等と

⑭

『周章し、惶怖(し)て　自(みつか)(ら)出(つ)ること能(は)不(す)。
惡獸・毒蟲　孔穴に藏(カク)れ竄(カク)ル。
毗舍闍鬼　亦、其(の)中に住せ(り)。
福德薄(き)か故(に)　火に逼(め)所(る)ることを爲(カフ)ル。
共に相ひ殘害(し)て　血を飲み肉を噉(は)む。
野干(の)〔之〕屬(たく)ひ　並(に)已に前に死(に)き。

5

諸の大(き)に惡(し)き獸　競ひ來(り)て食噉す。
臭き烟熢焞に(し)て　四面に充塞せ(り)。
蜈蚣・蚰蜒　毒蛇(の)〔之〕類
火に燒(か)所(る)ことを爲(か)フル。　爭ひ走(り)て穴よ(り)出つ。
鳩槃荼鬼　隨(ひ)て取(り)て〔而〕食す。
又、諸の餓鬼は　頭の上に火然(モ)エて

15　⑮　5

是時宅主　在門外立　聞有人言
汝諸子等　先因遊戯　來入此宅
稚小無知　歡娛樂著　長者聞已
驚入火宅　方宜救濟　令無燒害
告喩諸子　説衆患難　惡鬼毒蟲
災火蔓莚　衆苦次第　相續不絶
毒蛇蚖蝮　及諸夜叉　鳩槃荼鬼
野干狐狗　鵰鷲鵄梟　百足之屬
飢渇惱急　甚可怖畏　此苦難處
況復大火　諸子無知　雖聞父誨
猶故樂著　嬉戲不已　是時長者
而作是念　諸子如此　益我愁惱
今此舍宅　無一可樂　而諸子等
耽湎嬉戲　不受我教　將爲火害
即便思惟　設諸方便　告諸子等
我有種種　珍玩之具　妙寶好車
羊車鹿車　大牛之車　今在門外
汝等出來　吾爲汝等　造作此車

10　15　⑮

飢渇し、熱惱(し)て　周慞し、悶走す。
其(の)宅、是(くの)如(く)　甚(た)怖畏(す)可(し)。
毒害・火災　衆難非一なり。
是(の)時に、宅の主　門の外に在(り)て立てり。
有る人の言(い)ふを聞く、『汝か諸の子等は
先より遊戯せるに因(り)て　此(の)宅に來(り)入(り)て、
稚小に(し)て知ること無(くし)て　歡娛し、樂著せり。』と。
長者聞(き)已(り)て　驚(き)て火宅に入(り)て、
方(まさ)に宜(しく)救濟(し)て　燒害無(から)令めむと、
諸の子に告喩(し)て　衆の患難を説く。
『惡鬼と毒蟲と　災火と蔓莚(し)て、
衆苦次第に(し)て　相續(し)て絶(え)不(す)。
毒蛇・蚖・蝮と　及(ひ)諸の夜叉と
鳩槃荼鬼と　野干・狐・狗と
鵰・鷲・鵄・梟と　百足(の)〔之〕屬と、
飢渇し、惱急(し)て　甚(た)此(の)苦難の處を
怖畏す可(し)。『況(や)復(た)大火をや。』
諸の子知ること無(くし)て　父か誨(をし)へを聞(く)と雖(も)、
猶(なほ)故、樂著(し)て　嬉戲(す)ること已(ま)不(す)。
是(の)時に、長者　〔而〕是(の)念を作(さ)く、
『諸の子、此(くの)如(くし)て　我か愁惱を益す。

隨意所樂 可以遊戲 諸子聞説
如此諸車 即時奔競 馳走而出
到於空地 離諸苦難 長者見子
得出火宅 住於四衢 坐師子座
而自慶言 我今快樂 此諸子等
生育甚難 愚小無知 而入險宅
多諸毒蟲 魑魅可畏 大火猛焰
四面俱起 而此諸子 貪樂嬉戲
我已救之 令得脱難 是故諸人
我今快樂 尒時諸子 知父安坐
皆詣父所 而白父言 願賜我等
三種寶車 如前所許 諸子出來
當以三車 隨汝所欲 今正是時
唯垂給與 長者大富 庫藏衆多
金銀琉璃 車璩馬瑙 以衆寶物
造諸大車 莊校嚴飾 周帀欄楯
四面懸鈴 金繩交絡 眞珠羅網
張施其上 金華諸瓔 處處垂下

今、此の舍宅は 一も樂(しふ)可(き)こと無(し)。
而(る)を、諸の子等も 耽湎し、嬉戲(し)て、
我(か)教(へ)を受(け)不(し)て 將(に)火に害せ爲(ら)(れ)なむとす。』
卽便(すなは)(ち)思惟(し)て 諸の方便を設く。
諸の子等に告(くらく)、『我(れ)種種の
珍玩(の)〔之〕具たる 妙寶の好車を有てり。
羊車・鹿車 大牛(の)〔之〕車は
今、門の外に在り。 汝等、出(て)來れ。
吾(れ)、汝等か爲に 此(の)車を造作せり。
意の所樂に隨(ひ)て 以(て)遊戲す可(し)。』
諸の子 此(くの)如(き)諸車を說(く)を聞(き)て、
卽の時に、奔り競(ひ)て 馳走(し)て而も出(て)て
空地(に)〔於〕到(り)て、 諸の苦難を離(る)。
長者、子の 火宅を出(つ)ること得て、
四衢(に)〔於〕住(し)たるを見て、 師子の座に坐(し)て
而も、自(みつか)(ら)慶(ひ)て言(いはく)、 『我(れ)、今、快樂(に)なりぬ。』と。
『此の諸の子等は 生育(す)ること甚(た)難し。
愚小に(し)て知ること無(くし)て 而も、險宅の
諸の毒蟲多く、 魑魅畏(る)可く、
大火の猛焰 四面に俱に起レルに入れり。
而も、此の諸の子 貪樂し、嬉戲するを、

10　15　⑰　5

衆彩雜飾　周帀圍繞　柔軟繒纊
以為茵蓐　上妙細氎　價直千億
鮮白淨潔　以覆其上　有大白牛
肥壯多力　形體姝好　以駕寶車
多諸儐從　而侍衛之　以是妙車
等賜諸子　諸子是時　歡喜踊躍
乘是寶車　遊於四方　嬉戲快樂
自在無礙　告舍利弗　我亦如是
衆聖中尊　世間之父　一切衆生
皆是吾子　深著世樂　無有慧心
三界無安　猶如火宅　衆苦充滿
甚可怖畏　常有生老　病死憂患
如是等火　熾然不息　如來已離
三界火宅　寂然閑居　安處林野
今此三界　皆是我有　其中衆生
悉是吾子　而今此處　多諸患難
唯我一人　能為救護　雖復教詔
而不信受　於諸欲染　貪著深故

⑯　5　10

我(れ)已に之を救(ひ)て　難を脱(るること)得令(め)つ。
是(の)故(に)、諸の人、　我(れ)、今、快樂(に)なりぬ。』
尒(の)時(に)、諸の子、　父安坐(し)ぬと知(り)て、
『皆、父か所に詣(り)て　〔而〕父(に)白(して)言(はく)、
『願(はく)は、我(れ)等に　三種の寶車を賜へ。
前に許(し)たまひし所の如(き)は、『諸の子出(て)來れ。
當に三車を以(て)　汝か所欲に隨へむ。』
今、正(し)く、是れ時なり。　唯(たし)給與(す)ること垂(れたま)へ。』
長者大(き)に富(み)て、　庫藏衆多なり。
金・銀・瑠璃　車渠・馬腦あり。
衆の寶物を以(て)　諸の大車を造れり。
莊校し、嚴飾(し)て　周匝(し)て欄楯あり。
四面に鈴を懸(け)たり。　金繩をもて交絡せり。
眞珠(の)羅網を　其(の)上に張り施せり。
金華(の)諸(の)纓を　處處に垂れ下せり。
衆の采(イロ)へ雜(へ)たる飾り　周匝し、圍繞せり。
柔軟なる繒纊を　以(て)裀褥と爲(せ)り。
上妙の細氎の　價ひ千億に直(あたい)(り)
鮮白淨潔なるを、　以(て)其(の)上に覆へり。
大白牛有(り)、　肥(コ)エ壯なり、力多し。
形體姝好なり。　以(て)寶車を駕(カ)ク。

10

是以方便　為說三乘　令諸衆生
知三界苦　開示演說　出世間道
是諸子等　若心決定　具足三明
及六神通　有得緣覺　不退菩薩
汝舍利弗　我為衆生　以此譬喩

15

說一佛乘　汝等若能　信受是語
一切皆當　得成佛道　是乘微妙
清淨第一　於諸世間　為無有上
佛所悅可　一切衆生　所應稱讚
供養礼拜　無量億千　諸力解脫
禪定智慧　及佛餘法　得如是乘
令諸子等　日夜劫數　常得遊戲

⑱

與諸菩薩　及聲聞衆　乘此寶乘
直至道場　以是因緣　十方諦求
更無餘乘　除佛方便　告舍利弗
汝諸人等　皆是吾子　我則是父
汝等累劫　衆苦所燒　我皆濟拔

5

令出三界　我雖先說　汝等滅度
但盡生死　而實不滅　今所應作

15

諸の傧従多(くし)て　〔而〕之(を)侍衛せり。
是の妙車を以(て)　等(し)く諸の子に賜(たま)ふ。
諸の子、是(の)時に　歡喜し、踊躍(し)て、
是(の)寶車に乘(り)て　四方(に)〔於〕遊(ひ)て
嬉戲し、快樂(し)て　自在に(し)て無礙なるか如(し)《一二ノ五　譬(へ)は　ヲ受ケル》。
舍利弗(に)告(けたまはく)、　『我(れ)も亦、是(くの)如(し)。
衆聖の中の尊　世間(の)〔之〕父たり。
一切衆生は　皆、是(れ)吾か子なり。
深(く)世の樂(しひ)に著(し)て　慧心有(ること)無(し)。
三界は安(らかな)ること無(き)こと　猶(ほ)火宅の如(し)。
衆苦充滿(し)て　『甚(た)怖畏(す)可(し)。

⑰

常(に)生・老　病・死の憂患有(り)。
是(くの)如(き)等の火　熾然に(し)て息(ま)不(す)。
如來は、巳に　三界の火宅を離(れ)て
寂然として閑に居て　林野に安處(し)たまへり。
今、此(の)三界は　皆、是(れ)我(か)子なり。
其(の)中の衆生は　悉(く)、是(れ)吾(か)有なり。

5

而(も)、今、此(の)處は　諸の患難多し。
唯(た)我(れ)一人のみ　能(く)救護を爲す。
復(た)教詔すと雖(も)、　而も、信受(せ)不(し)て
諸の欲染に於て　貪著(す)ること深(き)か故(に)。

10　15　⑲　5

但盡生死　而實不滅　令所應作
唯佛智慧　若有菩薩　於是衆中
能一心聽　諸佛實法　諸佛世尊
雖以方便　所化衆生　皆是菩薩
若人小智　深著愛欲　爲此等故
說於苦諦　衆生心喜　得未曾有
佛說苦諦　眞實無異　若有衆生
不知苦本　深著苦因　不能暫捨
爲是等故　方便說道　諸苦所因
貪欲爲本　若滅貪欲　無所依止
滅盡諸苦　名第三諦　爲滅諦故
修行於道　離諸苦縛　名得解脫
是人於何　而得解脫　但離虛妄
名爲解脫　其實未得　一切解脫
佛說是人　未實滅度　斯人未得
無上道故　我意不欲　令至滅度
我爲法王　於法自在　安隱衆生
故現於世　汝舍利弗　我此法印
爲欲利益　世間故說　在所遊方

10　15　⑱

是(こ)を以(て)方便(し)て　爲に三乘と說く。
諸の衆生を(し)て　三界の苦を知(ら)令(め)て、
出世間を　開示し、演說す。
是(の)諸の子等　若(し)心決定し、
三明と　及(ひ)六神通とを具足し、
緣覺と　不退の菩薩とを得ること有(り)。
汝、舍利弗、　我(れ)衆生の爲に
此(の)譬諭を以(て)　一佛乘を說く。
汝等、若(し)能(く)　是(の)語を信受せは、
一切、皆、常に　佛道成ること得(べし)。
是(の)乘は微妙なり、　清淨なり、第一なり。
諸の世間(に)於(て)　爲れ[是也(こ)]上(かみ)　有(ること)無(し)。
佛の悅可(し)たまふ所なり。　一切衆生の
稱讚し、　供養し、禮拜(す)應き所なり。
無量億千の　諸(の)力と解脫と
禪と定と智慧と　及(ひ)佛の餘法(と)あり。
是(くの)如(き)乘を得(し)めて、　諸の子等を(し)て
日夜、劫數に　常(に)遊戲(す)ること得令(め)む。
『諸の菩薩(と)〔與〕　及(ひ)聲聞衆と
此の寶車〈天白訂〉に乘(り)て　直(ち)に道場に至らむ。
是の因緣を以(て)　十方に諦(か)に求(むる)に、

爲欲利益　世間故説　在所遊方
勿妄宣傳
若有聞者　隨喜頂受　當知是人
阿惟越致　若有信受　此經法者
是人已曾　見過去佛　恭敬供養
亦聞是法　若人有能　信汝所説
則爲見我　亦見於汝　及比丘僧
并諸菩薩　斯法華經　爲深智説
淺識聞之　迷惑不解　一切聲聞
及辟支佛　於此經中　力所不及
汝舍利弗　尚於此經　以信得入
况餘聲聞　其餘聲聞　信佛語故
隨順此經　非已智分　又舍利弗
憍慢懈怠　計我見者　莫説此經
凡夫淺識　深著五欲　聞不能解
亦勿爲説　若人不信　毀謗此經
則斷一切　世間佛種　或復顰蹙
而懷疑惑　汝當聽説　此人罪報
若佛在世　若滅度後　其有誹謗

更(に)餘乘は無(し)。　佛の方便をは除く。』
舍利弗に告(けたまはく)、『汝、諸の人等は
皆、是(れ)吾(か)子なり。　我(れ)は、則(ち)是(れ)父なり。
汝等劫を累(ね)て　衆苦に燒(か)所たり。
我(れ)皆濟拔(し)て　三界を出(て)令(め)つ。
我(れ)先に　『汝等、滅度(し)ぬ。』と説(き)てきと雖(も)、
但(た)生死をのみ盡(し)て　〔而〕實(に)は滅(せ)不(す)。
今、作(す)應(き)所は　唯(た)佛の智慧のみなり。
若(し)菩薩有(り)て、　是(の)衆の中に(し)て〔於〕
能(く)心を一(にし)て　諸佛の實法を聽(か)む。
諸佛世尊は　方便を以(てし)たまふと雖(も)、
所化の衆生は　皆、是(れ)菩薩なり。』と。
『若(し)人小智に(し)て　愛欲に深著シケリ。
此(れ)等を爲(以也)(も)(て)の故(に)　苦諦を〔於〕説く。
衆生の心に喜(ひ)て　未曾有(な)ることを得つ。
佛の説(き)たまふ苦諦は　眞實に(し)て異(なること)無(し)。』と。
『若(し)衆生有(り)て、　苦の本を知(ら)不(す)、
深(く)苦の因に著(し)て　暫(く)も捨(つ)ること能(は)不(す)。
是(れ)等を爲(以也)(も)(て)の故(に)　方便(し)て道を説(き)たまふ。
諸の苦の因とする所なり。　貪欲(は)、爲(是也)(こ)れ本なり。
若(し)貪欲を滅(し)つれは、　依止する所無(く)なりぬ。

5　若佛在世　若滅度後　其有誹謗
如斯經典　見有讀誦　書持經者
輕賤憎嫉　而懷結恨　此人罪報
汝今復聽　其人命終　入阿鼻獄
具足一劫　劫盡更生　如是展轉
10　至無數劫　從地獄出　當墮畜生
若狗野干　其形頓瘦　黧黮疥癩
人所觸嬈　又復爲人　之所惡賤
常困飢渴　骨肉枯竭　生受楚毒
死被瓦石　斷佛種故　受斯罪報
15　若作駝驢　或生驢中　身常負重
加諸杖捶　但念水草　餘無所知
謗斯經故　獲罪如是　有作野干
來入聚落　身體疥癩　又無一目
爲諸童子　之所打擲　受諸苦痛
㉑　或時致死　於此死已　更受蟒身
其形長大　五百由旬　聾騃無足
宛轉腹行　爲諸小蟲　之所唼食
晝夜受苦　無有休息　謗斯經故

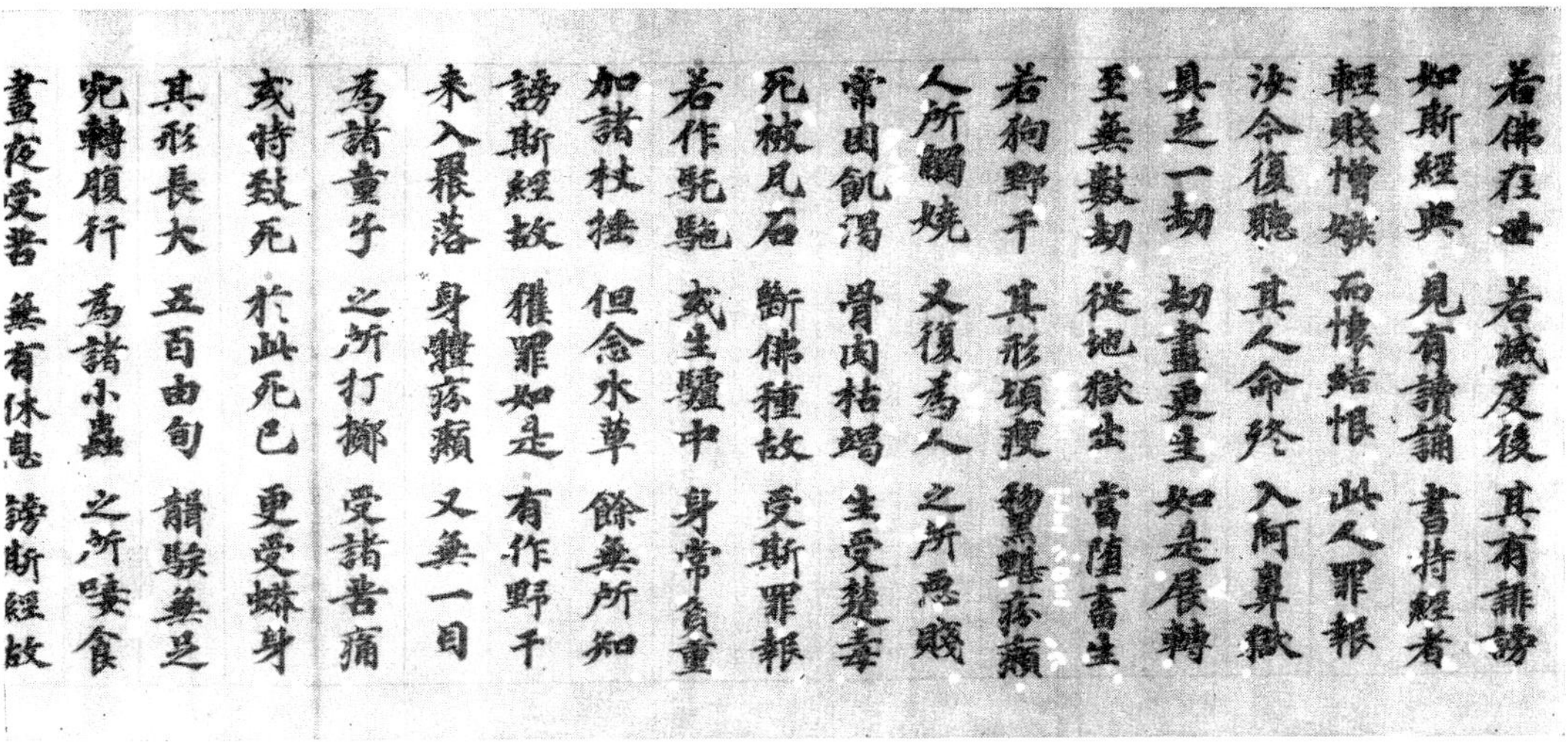

諸(の)苦を滅盡するを　第三諦と名(つく)。
滅諦を爲(以也)(も)(て)の故(に)　道を〔於〕修行す。
諸の苦縛を離(るる)を　解脱を得と名(つく)。
⑲「是(の)人、何(にし)てか〔於〕　而も解脱を得(る)。
但(た)虚妄を離(るる)を　解脱を爲(得也)(う)〔たゑ〕(と)名(つく)。
其(の)實は　一切の解脱を得未(す)。
佛、『是(の)人は　實には滅度(せ)未(す)。』と説(き)たまふ。
斯(の)人　無上道を得未(る)か故(に)。
我か意に　滅度に至(ら)令(め)つと欲(は)不(す)。
5　我(れ)は、爲(是也)(こ)れ法の王なゑ、　法に於て自在なゑ、
衆生を安隱(ならしめ)むとして　故(れ)、世に〔於〕現せゑ。
汝、舍利弗、　我か此(の)法印は
世間を利益(せむ)と　欲(ふ)を爲(以也)(も)(て)の故(に)説く。
在所遊方に　妄(ゑ)に宣傳(す)ること勿れ。
若(し)聞(く)こと有らむ者(もの)　隨喜(し)て頂受せは、
10　知(る)當(し)、是(の)人は　阿惟越致なゑ。
若(し)此(の)經〔に〕法を　信受(す)ること有らむ者(もの)、
是(の)人は、已に曾(むか)し　過去の佛を見たてまつゑて、
恭敬し、供養(し)て、　亦、是(の)法を聞(ける)ならむ。
若(し)人、能(く)　汝か所説を信(す)ること有(ら)は、
則(ち)爲(是也)(こ)(れ)、我(れ)を見(み)、　亦、汝と

㉒

晝夜受苦　無有休息　謗斯經故
獲罪如是　若得爲人　諸根闇鈍
矬陋攣躄　盲聾背傴　有所言說
人不信受　口氣常臭　鬼魅所著
貧窮下賤　爲人所使　多病痟瘦
無所依怙　雖親附人　人不在意
若有所得　尋復忘失　若修醫道
順方治病　更增他疾　或復致死
若自有病　無人救療　設服良藥
而復增劇　若他反逆　抄劫竊盜
如是等罪　横羅其殃　如斯罪人
永不見佛　衆聖之王　說法教化
如斯罪人　常生難處　狂聾心亂
永不聞法　於無數劫　如恒河沙
生輒聾瘂　諸根不具　常處地獄
如遊園觀　在餘惡道　如己舍宅
駝驢猪狗　是其行處　謗斯經故
獲罪如是　若得爲人　聾盲瘖瘂
貧窮諸衰　以自莊嚴　水腫乾痟

及(ひ)比丘僧と　幷(せ)て諸の菩薩とを〔於〕見(る)なむ。
斯(の)法華經をは　深智の爲に說(く)へし。
識淺きは、之を聞(き)て　迷惑(し)て解(ら)不(す)。
一切(の)聲聞(と)　及(ひ)辟支佛(と)は
此の經の中(に)於(て)　力及(は)不(る)所なむ。
汝、舍利弗タモ　尚(ほ)此(の)經には〔於〕
信を以(て)入ること得(む)。　況(や)餘の聲聞は。
其(の)餘の聲聞は　佛語を信(する)か故(に)
此(の)經に隨順す。己(れ)か智分に非(す)。
又、舍利弗、　憍と慢と懈怠と
我見を計する者(ひと)には　此(の)經を說(く)こと莫れ。
「凡夫の、識淺く　深(く)五欲に著(して)〔せるは〕
聞くとも解ること能(は)不るには、　亦、爲に說(く)こと勿(れ)。
若(し)人信(せ)不(し)て　此の經を毀謗(せ)は、
則(ち)一切の　世間と佛との種を斷つ。

⑳

或(し)(も)[若也]は復(た)、顰蹙(し)て　而も、疑惑を懷(か)む。
汝、此(の)人の　罪報を說(く)ことを聽(く)當(し)。
若(しは)佛、世に在(いま)し、　若(しは)滅度(し)たまひて後に、
其(れ)、斯(くの)如(き)　經典を誹謗(す)ること有らむ、
經を讀誦し、　書持(す)ること有らむ者(もの)を見て、
輕賤し、　憎嫉し、　〔而〕結恨を懷けらむ、

貧窮諸衰　以自莊嚴　水腫乾痟
疥癩癰疽　如是等病　以爲衣服
身常臭處　垢穢不淨　深著我見
增益瞋恚　婬欲熾盛　不擇禽獸
謗斯經故　獲罪如是　告舍利弗
謗斯經者　若說其罪　窮劫不盡
以是因緣　我故語汝　無智人中
莫說此經　若有利根　智慧明了
多聞強識　求佛道者　如是之人
乃可爲說　若人曾見　億百千佛
殖諸善本　深心堅固　如是之人
乃可爲說　若人精進　常修慈心
不惜身命　乃可爲說　若人恭敬
無有異心　離諸凡愚　獨處山澤
如是之人　乃可爲說　又舍利弗
若見有人　捨惡知識　親近善友
如是之人　乃可爲說　若見佛子
持戒清潔　如淨明珠　求大乘經
如是之人　乃可爲說　若人無瞋

此(の)人の罪報を　汝、今復(た)、聽け。
其(の)人命終(し)て　阿鼻獄に入(り)て、
具に一劫を足(し)て　劫盡きは、更に生れむ。
是(くの)如(く)展轉(し)て　無數劫に至らむ。
地獄(よ)り〔從〕出(て)ては　畜生に墮(つ)當(し)。
若(し)狗・野干として　其(の)形頷(カフロ)ニ瘦(せ)て
黧(ツシ)ミ黮(クロ)ミて疥癩アらむ。　人に觸れ嬈(なやま)(さ)(れ)所、
又復(た)、人に　〔之〕惡み賤(め)所(る)ることを爲(カフ)らむ。
常(に)飢渴に困(タシナ)ム(て)　骨肉枯竭せらむ。
生きては楚毒を受(け)、　死(に)ては瓦石を被らむ。
佛の種を斷せるか故(に)　斯の罪報を受(け)む。
若(しは)馲駝と作(り)、　或(しは)驢の中に生れて
身に常に重(き)ものを負ひ　諸の杖捶を加(へら)れむ。
但(た)水草を念(ひ)て　餘は知(る)所無けむ。
斯(の)經を謗(る)か故(に)　罪を獲(る)こと是(くの)如(し)。
野干と作ること有(り)て　聚落に來(り)入(り)て、
身體に疥癩アらむ。　又、一(つ)の目無(か)らむ。
諸の童子に　〔之〕打擲(せ)所(る)ることを爲(カフ)らむ。
諸の苦痛を受(け)む。『或(る)時には死を致(さ)む。
此(こに)〔於〕死(に)已(り)て　更(に)蟒の身を受(け)む。
其(の)形長大に(し)て　五百由旬ならむ。

如是之人　乃可爲説　若人無瞋
質直柔軟　常愍一切　恭敬諸佛
如是之人　乃可爲説　復有佛子
於大衆中　以淸淨心　種種因縁
譬喩言辭　説法無礙　如是之人
乃可爲説　若有比丘　爲一切智
四方求法　合掌頂受　但樂受持
大乘經典　乃至不受　餘經一偈
如是之人　乃可爲説　如人至心
求佛舎利　如是求經　得已頂受
其人不復　志求餘經　亦未曾念
外道典籍　如是之人　乃可爲説
告舎利弗　我説是相　求佛道者
窮劫不盡　如是等人　則能信解
汝當爲説　妙法華經
妙法蓮華經信解品第四
尒時慧命須菩提摩訶迦旃延摩訶
迦葉摩訶目揵連從佛所聞未曾有法
世尊授舎利弗阿耨多羅三藐三菩

聾(みみし)ひ、騃(ほ)〈天白注　愚也〉(れ)、足無(くし)て　宛轉し、腹行(せ)む。

諸の小蟲に　〔之〕唼(ス)ヒ〔ひ〕食(は)所ることを爲(カフ)らむ。

晝夜に苦を受(け)て　休息有(ること)無けむ。

斯の經を謗せるか故(に)　罪を獲むこと是(くの)如(し)。

若(し)人と爲ること得ては　諸根闇鈍ならむ。

矬陋・攣・躄ならむ。　盲・聾・背傴ならむ。

言説する所有(る)は　人信受(せ)不(し)。

口の氣常に臭(か)らむ。　鬼魅の著する所(な)らむ。

貧窮下賤ならむ。　人に使(は)所ることを爲(カフ)らむ。

病多(くし)て痟(カシ)ケ瘦(せた)らむ。　依怙する所無けむ。

人に親附(す)と雖(も)、　人、意を在(か)不(し)。

若(し)所得有らは　尋(ち)復(た)、忘失しなむ。

若(し)醫道を修(ナラ)フて　方に順(ひ)て病を治せは、
更(に)他の疾をは增(さ)む。　或(るいは)復(た)、死を致(さ)む。

若(し)自(みつか)(ら)病有(ら)は、　救療する人無(か)らむ。

設(たと)ひ良藥を服(す)とも、　而(即也)(すなは)(ち)復(た)、劇(タシナ)キことを增(さ)む。

若(しは)他の反逆と　抄劫と竊盜と、
是(くの)如(き)等の罪に　橫(さま)に其(の)殃(ワサハ)ヒに羅(カヽ)らむ。

斯(くの)如(き)罪人は　永(ひたふる)(に)、佛(の)

衆聖(の)〔之〕王として　法を説(き)て教化(し)たまふを見(たてまつら)不(し)。

斯(くの)如(き)罪人は　常に難處に生(れ)む。

15　10　5　㉔

世尊授舍利弗阿耨多羅三藐三菩
提記發希有心歡喜踊躍即從座起
整衣服偏袒右肩右膝著地一心合掌
曲躬恭敬瞻仰尊顏而白佛言我等
居僧之首年並朽邁自謂已得涅槃無
所堪任不復進求阿耨多羅三藐三菩
提世尊往昔說法既久我時在座身體
疲懈但念空無相無作於菩薩法遊戲
神通淨佛國土成就衆生心不喜樂所
以者何世尊令我等出於三界得涅
槃證又今我等年已朽邁於佛教化菩
薩阿耨多羅三藐三菩提不生一念好樂
之心我等今於佛前聞授聲聞阿耨多
羅三藐三菩提記心甚歡喜得未曾有
不謂於今忽然得聞希有之法深自慶
幸獲大善利無量珍寶不求自得世尊
我等今者樂說譬喻以明斯義譬若
有人年既幼稚捨父逃逝久住他國或十
二十至五十歲年既長大加復窮困

10　5　㉒

狂ひ、聾(みみし)ひ、心亂(れ)て　永(ひたふる)(に)法を聞(か)不(し)。
無數劫の　恒河沙の如(きに)〔於〕
生(れ)なから、輙即也(すなは)(ち)聾・瘂に(し)て　諸根具(せ)不(し)。
常(に)地獄に處ること　園(は)觀に遊(ふ)か如(く)せむ。
餘の惡道に在ること　己か舍宅の如(く)す。
『駝・驢・豬・狗　是(れ)其(の)行處ならむ。
斯(の)經を謗せるか故(に)　罪を獲(る)こと是(くの)如(し)。
若(し)人と爲ること得ては　聾ひ、盲(めし)ひ、瘖コト、モリ、瘂ヲウシならむ。
貧窮・諸衰を　以(て)自(みつか)(ら)を莊嚴せらむ。
水腫・乾痟　疥癩・癰疽、
是(くの)如(き)等の病を　以(て)衣服と爲(せ)む。
身(は)常に臭き處として　垢穢不淨あらむ。
深(く)我見に著し、　瞋恚を增益し、
婬欲熾盛に(し)て　禽獸をも擇(は)不(し)。
斯(の)經を謗せるか故(に)　罪を獲むこと是(くの)如(し)。』
舍利弗(に)告(けたまはく)、『斯(の)經を謗らむ者(もの)は、
若(し)其(の)罪を說かは、　劫を窮(む)とも盡(き)不(し)。
是の因緣を以(て)　我(れ)故今(いま)、汝に語(カタ)ル。
無智の人の中に(し)て　此の經を說(く)こと莫れ。
若(し)利根と　智慧と明了と
多聞と强識と　佛道を求(む)ることと有らむ者(もの)、

㉕　5　10　15

二十至五十歳年既長大加復窮困
馳騁四方以求衣食漸漸遊行遇向本
國其父先來求子不得中止一城其家
大富財寶無量金銀瑠璃珊瑚虎珀頗
梨珠等其諸倉庫悉皆盈溢多有僮僕
臣佐吏民象馬車乘牛羊無數出入息
利乃遍他國商估賈客亦甚衆多時貧
窮子遊諸聚落經歴國邑遂到其父所
止之城父每念子與子離別五十餘年
而未曾向人説如此事但自思惟心懷悔
恨自念老朽多有財物金銀珍寶倉庫
盈溢無有子息一旦終歿財物散失無
所委付是以慇懃每憶其子復作是念
我若得子委付財物坦然快樂無復憂
慮世尊爾時窮子傭賃展轉遇到父
舍住立門側遥見其父踞師子牀寶几承
足諸婆羅門刹利居士皆恭敬圍繞以
真珠瓔珞價直千萬莊嚴其身吏民僮
僕手執白拂侍立左右覆以寶帳垂諸

15　㉓　5

是(くの)如(き)(之)人に　乃(いま)し、爲に説(く)可(し)。
若(し)人、曾(むか)し　億百千の佛を見(たてまつ)(り)しをもて
諸の善の本を殖(ゑ)て　深き心堅固ならむ、
若(し)人、精進(し)て　常(に)慈心を修し、
身命を惜(しま)不らむに、　乃(いま)し、爲に説(く)可(し)。
若(し)人、恭敬(し)て　異心有(ること)無く、
諸の凡愚を離れ　獨(り)山澤に處(ら)む、
是(くの)如(き)(之)人に　乃(いま)し、爲に説(く)可(し)。
又、舎利弗、　若(し)人有(り)て、
惡知識を捨(て)て　善友に親近すと見む、
是(くの)如(き)(之)人に　乃(いま)し、爲に説(く)可(し)。
若(し)佛子の　『戒を持(ち)て清潔なること
淨き明珠の如(くし)て　大乘經を求(む)と見む、
是(くの)如(き)(之)人に　乃(いま)し、爲に説(く)可(し)。
若(し)人、瞋(り)無(くし)て　質直柔軟に(し)て
常に一切を愍ひ　諸佛を恭敬(し)たてまつらむ、
是(くの)如(き)(之)人に　乃(いま)し、爲に説(く)可(し)。
復(た)、佛子有(り)て、　大衆の中に於て
清淨の心を以(て)　種種の因縁と
譬喩・言辭とをもて　法を説(く)に礙(り)無(か)らむ、

㉖　5　10　15

價手執白拂侍立左右覆以寶帳垂諸
華幡香水灑地散衆名華羅列寶物
出内取與有如是等種種嚴飾威德特
尊窮子見父有大力勢即懷恐怖悔
來至此竊作是念此或是王或是王等
非我傭力得物之處不如往至貧里肆
力有地衣食易得若久住此或見逼迫
強使我作作是念已疾走而去時富長
者於師子座見子便識心大歡喜即
作是念我財物庫藏今有所付我常思
念此子無由見之而忽自來甚適我願
我雖年朽猶故貪惜即遣傍人急追將
還尒時使者疾走往捉窮子驚愕稱
怨大喚我不相犯何為見捉使者執之
逾急強牽將還于時窮子自念無罪
而被囚執此必定死轉更惶怖悶絶躃地
父遥見之而語使言不須此人勿強將來
以冷水灑面令得醒悟莫復與語所以者
何父知其子志意下劣自知豪貴為

是(くの)如(き)〔之〕人に　乃(いま)し、爲に説(く)可(し)。
若(し)比丘有(り)て、　一切智を爲て(以也)(も)
四方に法を求(め)て　合掌し、頂受(し)て、
但(た)樂(ひ)て　大乘經典を受持(し)て、
乃至、餘(の)經の　一偈をも受(け)不らむ、
是(くの)如(き)〔之〕人に　乃(いま)し、爲に説(く)可(し)。
人、心(を)〔に〕至(し)て　佛舍利を求(むる)か如(く)、
10
是(くの)如き經を求(め)て　得已(り)て頂受せむ。
其(の)人、復(た)　餘經を志し求(め)不(し)。
亦、曾て　外道の典籍を念(せ)未らむ、
是(くの)如(き)〔之〕人に　乃(いま)し、爲に説(く)可(し)。』
舍利弗(に)告(けたまはく)、『我(れ)、是(の)相をもて
15
佛道を求(むる)者を説かは、　劫を窮(む)とも盡(き)不(し)。
是(くの)如(き)等の人　則(ち)能(く)信解(す)べし。
汝、爲に　妙法華經を説(く)當(し)。』」

妙法蓮華經信解品　第四

尒(の)時(に)、慧命・須菩提と摩訶迦旃延と摩訶迦葉と摩訶目揵連と、佛に從(ひ)たて
㉔まつ(り)て聞ける所の未曾有の法と、「世尊の舍利弗に阿耨多羅三藐三菩提の記を授(け)た

㉗

何父知其子志意下劣自知豪貴爲
子所難審知是子而以方便不語他人云
是我子使者語之我今放汝隨意所趣
窮子歡喜得未曾有從地而起往至貧
里以求衣食爾時長者將欲誘引其子 5
而設方便密遣二人形色憔悴無威德者
汝可詣彼徐語窮子此有作處倍與汝直
窮子若許將來使作若言欲何所作便
可語之雇汝除糞我等二人亦共汝作
時二使人即求窮子既已得之具陳上事 10
爾時窮子先取其價尋與除糞其父
見子愍而怪之又以他日於窓牖中遥見
子身羸瘦憔悴糞土塵坌汙穢不淨
即脱瓔珞細軟上服嚴飾之具更著麁
弊垢膩之衣塵土坌身右手執持除糞 15
之器狀有所畏語諸作人汝等勤作勿
得懈息以方便故得近其子後復告言
咄男子汝常此作勿復餘去當加汝價
諸有所須瓮器米麪鹽醋之屬莫自疑

まふと(に)、希有の心を發(し)て、歡喜し踊躍す。卽(ち)座(より)〔從〕起(ち)て衣服を整
へ、偏に右の肩を袒れ、右の膝を地に著(け)て、心を一(に)し掌を合せ、躬を曲め恭敬(し)
て、尊顏を瞻仰(し)て、〔而〕佛(に)白(し)て言(さく)、
「我(れ)等、僧(の)〔之〕首(はし)めに居し、年並に朽邁シンたり。自(みつか)(ら)已に涅槃を得(つ)と 5
謂(おも)(ひ)て、堪任する所無(くし)て、復(た)阿耨多羅三藐三菩提を進み求(め)不(す)。世尊、往
昔に法を說(く)こと既(に)久(し)かりき。我(れ)時に座に在(り)て身體疲懈(し)て、但
(た)空と無相と無作と(の)みを念(し)て、菩薩の法と遊戲神通と佛國土を淨(む)ること
と、衆生を成就する(こと)とに於て、心に喜樂(せ)不(り)き。所以は〔者〕何(に)、世尊、 10
我(れ)等を(し)て三界を〔於〕出(て)て、涅槃の證を得令(めたま)へり。又、今、我(れ)等
年已に朽邁(し)て、佛の菩薩を教化(し)たまふ阿耨多羅三藐三菩提に於(お)いて、一念の好樂
(の)〔之〕心を生(せ)不(りき)。我(れ)等今佛前に於(あ)りて、聲聞に阿耨多羅三藐三菩提の記
を授(けたまふ)を聞(きたま)へて、心甚(た)歡喜(し)て、未曾有(な)ることを得つ。謂(おも) 15
(は)不(り)つ、今〔於〕忽然(に)希有(の)〔之〕法を聞(く)こと得(る)ことをは。深(く)自(みつか)
(ら)慶幸す、大善利を獲っと。無量の珍寶を求(め)不るに自(ら)に得つるをもて。
世尊、我(れ)等、今〔者〕樂(はくは)〔に〕、譬喩を說(き)て以(て)斯(の)義を明(さ)む。
譬(へ)は、人有(り)て年既(に)幼稚なり、父を捨(て)て逃逝(し)て、久(しく)他國に住
(す)ること、或(るいは)十・二十(より)五十歲に至(り)たり。年既(に)長大なり、加復(マス、、)
㉕(た)窮困(し)て、『四方に馳騁(し)て以(て)衣食を求め、漸漸(に)遊行(し)て、遇(タマ、、)本國に
向ひぬ。其(の)父先より來(このかた)子を求(むる)に得不(し)て、中に一(つ)の城に止(ト、)マ(り)ぬ。其
(の)家大(き)に富(み)て財寶無量なり。金・銀・瑠璃・珊瑚・虎珀・頗梨珠等なり。其(の)諸
の倉庫に悉(く)皆盈溢せり。多く僮僕・臣佐・吏民有(り)。象馬・車乘・牛羊無數なり。出 5

㉘
諸有所須瓫器米麵塩酢之屬莫自疑
難亦有老弊使人須者相給好自安意
我如汝父勿復憂慮所以者何我年老
大而汝少壯汝常作時無有欺怠瞋恨
怨言都不見汝有此諸惡如餘作人自　5
今已後如所生子即時長者更與作字
名之為兒尒時窮子雖欣此遇猶故自
謂客作賤人由是之故於二十年中常
令除糞過是已後心相體信入出無難
然其所止猶在本處世尊尒時長者　10
有疾自知將死不久語窮子言我今多
有金銀珎寶倉庫盈溢其中多少所應
取與汝悉知之我心如是當體此意所以
者何今我與汝便為不異宜加用心無
令漏失尒時窮子即受教勅領知衆物
金銀珎寶及諸庫藏而無希取一飡之
意然其所止故在本處下劣之心亦未
能捨復經少時父知子意漸已通泰成
就大志自鄙先心臨欲終時而命其子并

し入れ息利(す)ること、乃(ち)他國に遍せ〼。商と估と賈との客亦甚(た)衆多な〼。時に
貧窮の子、諸の聚落に遊(ユ)イて、國邑に經歷し、遂に其の父か所止(の)〔之〕城に到(〼)ぬ。父
毎(シハ、、)子を念(ひ)て、子(と)〔與〕離別(し)て五十餘年、〔而〕曾て人に向(ひ)て此(くの)如(き)
10 事を説(か)未(す)。但(た)自(ら)のみ思惟(し)て、心に悔イ恨(ク)(む)ることを懐け〼。自(み(つか))(ら)
念(ふ)に、老(い)朽(ち)た〼。多(く)財物有(〼)て、金・銀・珍寶倉庫に盈溢せ〼。子息有
(ること)無(くし)て、一旦に終歿(し)なは、財物散失(し)て、委付(する)所無(けむ)〔な
〼〕。是(こを)以(て)慇勤に毎に其(の)子を憶ふ。復(た)是(の)念を作(さ)く、『我(れ)若
(し)子を得て、財物を委付(し)ては、坦然として快樂に(し)て、復(た)憂慮無(か)らむ。』
15 と。世尊、尒(の)時(に)、窮子傭賃をもて展轉(し)て、遇(タマタマ)父か舍に到(〼)て、門の側に
住立す。遙(か)に其(の)父を見(れは)〔て〕、師子の牀に踞(〼)て、寶の几、足を承(け)た
〼。諸の婆羅門と刹利と居士と、皆恭敬し圍繞せ〼。眞珠(の)瓔珞の價(ひ)千萬に直(あた)(る)
を以(て)、其(の)身を莊嚴せ〼。吏民・僮僕手に白拂を執(〼)て左右に侍立せ〼。覆(ふ)
に寶帳を以て(し)、諸の華幡を垂(れ)た〼。香水を地に灑き、衆の名華を散しき。寶物
㉖を羅列せ〼。『出し内(入也)(い)れ取〼與(ゐ)たまふ。是(くの)如(き)等の種種の嚴飾有(〼)て、威徳
特尊な〼。窮子、父か大力勢有(る)を見て、卽(ち)恐怖を懐(き)て、此(こ)に來至せるこ
とを悔ユ(ク)。竊(か)に是(の)念を作(さ)く、『此れ或(若也)(も)(し)是(れ)王か、或(し)是(れ)王と等
5 (し)きものか。我か力を傭(ツフノ)フて物を得〼き〔之〕處には非(す)。如(か)不(し)、貧里に往き至
(〼)て、力を肆(ノ)フルに、地有(〼)て衣食得易からむ。若(し)久(し)く此(こ)に住せは、
或(若也)(も)(し)逼迫(せ)見(ら)れて、強ひて我を(し)て作(さ)使(め)てむか。』と。是の念を作(し)已
(〼)て、疾く走(〼)て〔而〕去(〼)ぬ。時に、富長者、師子の座に於(居也)(ゐ)て、子を見て便(ち)識
(〼)て、心大(き)に歡喜す。卽(ち)是(の)念を作(さ)く、『我か財物・庫藏は、今付(す

就大志自鄙先心臨欲終時而命其子并
會親族國王大臣剎利居士皆悉已集
即自宣言諸君當知此是我子我之所
生於某城中捨吾逃走跉跰辛苦五
十餘年其本字某我名某甲昔在本城
懷憂推覓忽於此間遇會得之此實我
子我實其父今我所有一切財物皆是子
有先所出內是子所知世尊是時窮子
聞父此言即大歡喜得未曾有而作是
念我本無心有所希求今此寶藏自然
而至世尊大富長者則是如來我等皆
似佛子如來常說我等為子世尊我等
以三苦故於生死中受諸熱惱迷惑無
知樂著小法今日世尊令我等思惟蠲除
諸法戲論之糞我等於中勤加精進得
至涅槃一日之價既得此已心大歡喜自以
為足而便自謂於佛法中勤精進故所
得弘多然世尊先知我等心著弊欲樂
於小法便見縱捨不為分別汝等當有

る)所有(ゑ)て、我(れ)常に此(の)子を思念シツレとも、之を見(るに)由無か(ゑ)つ。而(る)を、忽に自(ら)來れゑ。甚(た)我か願に適ひたゑ。我(れ)年朽(い)たゑと雖(も)、猶(ほ)故貪惜す』。卽(ち)傍の人を遣し、急に追(ひ)て將て還(らしむ)。尒(の)時(に)、使者疾(く)走(ゑ)て往(き)て捉ラフ。窮子驚愕(し)て、怨なゑと稱(し)て、大(き)に喚フて、『我(れ)は相ひ犯(さ)不。何そ捉ラへ見(る)ることを爲(む)』と。使者之を執フることと逾急に(し)て、強(ひ)て牽(き)て將て還ル。時(に)〔于〕窮子自(ら)念(ひ)て、『罪無(くし)て〔而〕囚ゑ執ゑ被るる、此(れ)必定(し)て死するなゑ』と。轉更(に)惶怖し、悶絶(し)て地に躄(る)。父遙(か)に之を見て、〔而〕使に語(ゑ)て言(はく)、『此(の)人を須(ゐ)不。強(ひ)て將(て)來ること勿(れ)。冷シき水を以(て)面に灑(き)て、醒悟(す)ること得令(めよ)。復(た)與に語(る)こと莫(れ)』。所以は〔者〕何(に)、父其(の)子(の)志意下劣なゑと知ゑ、自(ら)豪貴に(し)て、爲れ子の難シキ所なゑと知(ゑ)て、審(か)に是れ子なゑと知れとも、〔而〕方便を以(て)他人に語(ゑ)て、『是(れ)我(か)子なゑ』と云(は)不。

㉗使者之に語はく、『我(れ)今汝を放つ。意の所趣に隨(ゑ)』と。『窮子歡喜(し)て、未曾有(な)ることを得て、地(よゑ)〔從〕〔而〕起キて、往(き)て貧里に至(ゑ)て、以(て)衣食を求む。尒(の)時(に)、長者將に其(の)子を誘引(せ)むと欲(して)、〔而〕方便を設(け)て、密(か)に二人の形色憔悴(し)て威德無き者を遣ス。『汝、彼(こ)に詣(ゑ)て徐く窮子に語(る)可(し)。『此ゝに作(す)ゑき處有ゑ。倍シて汝か直を與(ゑむ)』と。窮子若(し)許サは、將(て)來(ゑ)て作ラ使(めよ)(と)。若(し)『何の所作をか欲(せ)ム(と)する』と言はは、便(ち)之に語(る)可(し)。『汝を雇フことは糞を除ハセムとなゑ。我(れ)等二人も亦汝と共に作サム。』と』。時に、二(ゑ)の使人、卽(ち)窮子を求(むる)に、既ー已に之を得て、具に上の事を陳す。尒(の)時(に)、窮子先(つ)其(の)價(ひ)を取(ゑ)て、尋(ち)

15　㉚　5　10

於小法便見縦捨不爲分別汝等當有
如來知見寶藏之分世尊以方便力說如
來智慧我等從佛得涅槃一日之價以
爲大得於此大乘無有志求我等又因
如來智慧爲諸菩薩開示演說而自於
此無有志願所以者何佛知我等心樂小
法以方便力隨我等說而我等不知真
是佛子今我等方知世尊於佛智慧無
所悋惜所以者何我等昔來真是佛子
而但樂小法若我等有樂大之心佛則
爲我說大乘法今此經中唯說一乘而昔
於菩薩前毀呰聲聞樂小法者然佛實
以大乘教化是故我等說本無心有所希
求今法王大寶自然而至如佛子所應得
者皆已得之尒時摩訶迦葉欲重宣此
義而說偈言
我等今日　聞佛音教　歡喜踊躍
得未曾有　佛說聲聞　當得作佛
無上寶聚　不求自得　譬如童子

與(ため)に糞を除フ。其(の)父子を見て愍(み)て〔而〕之を恠シフ。又、他日を(以)て、窓牖の中
10 より〔於〕、遙(か)に子の身の羸痩し憔悴(し)て、糞土と塵坌と汗穢との不淨なる〔と〕を見
つ。卽(ち)瓔珞と細軟の上服との嚴飾(の)〔之〕具を脫(き)て更へて麁弊垢膩(の)〔之〕衣(きぬ)
を著て、塵土に身を坌ラカして、右の手に除糞(の)〔之〕器を執持す。狀畏(るる)所有(り)
て、諸の作人に語はく、『汝等、勤(め)て作せよ。懈息を得(ること)勿れ。』方便を以(て)
15 の故(に)、其(の)子を近(つくる)こと得つ。後(に)復(た)告(けて)言(はく)、『咄、男子、
汝常に此(こ)に(し)て作れ。復(た)餘に去ること勿。當(に)汝か價(ひ)を加(へ)む。諸の
須(ゐる)所の瓫器と米麵と鹽醋と(の)〔之〕屬ひ有(り)。自(ら)疑難(す)ること莫れ。亦
老弊の使人有(り)。須(ゐ)は〔者〕相ひ給せむ。好く自(ら)意を安(か)にすへし。我(れ)
は汝か父の如(し)。復(た)憂慮(す)ること勿(れ)。所以は〔者〕何(に)、我(れ)は年老大な
㉘り。而て汝少壯なり。汝常(に)作する時に、欺と怠と瞋恨と『怨言と有(ること)無(し)、都
て汝を見不(す)、此の諸惡有(ること)餘の作人の如(くなるを)。今より〔自〕已後に、所生の
子の如(くせ)む。』と。卽の時に、長者更(に)與に字を作(り)て、之を名(つけ)て兒と爲
す。尒(の)時(に)、窮子此ゝに遇へることを欣(ふ)と雖(も)、猶(なほ)故自(ら)客作の賤(し)
き人(なり)と謂(おも)へり。是(れ)に由(る)か〔之〕故(に)、二十年の中(に)〔於〕常に糞を除(か)
5 令(む)。是(れ)を過(き)て已後に、心に相ひ體リ信ムて、入出に難リ無(し)。然も、其
(の)止(まる)所は、猶(ほ)本處に在り。世尊、尒(の)時(に)、長者疾ひ有(り)て、自(ら)

將に死(なむ)こと久(しから)不(し)と知(り)ぬ。窮子に語(り)て言(はく)、『我(れ)今多く金
・銀・珍寶有り、倉庫に盈溢せり。其(の)中に多くも少くも取(り)與(ふ)應き所を
は、汝、悉(く)之を知れ。我か心是(くの)如(し)。當に此(の)意を體ル(へ)し《再読》。
10 所以は〔者〕何(に)、今我(れ)と汝(と)〔與〕便(ち)爲(こ)れ異(なら)不(す)。宜(しく)用心を加(へ)

無上寶聚　不求自得　譬如童子
幼稚無識　捨父逃逝　遠到他土
周流諸國　五十餘年　其父憂念
四方推求　求之既疲　頓止一城
造立舍宅　五欲自娯　其家巨富
多諸金銀　車𤦲馬瑙　真珠瑠璃
象馬牛羊　輦輿車乘　田業僮僕
人民衆多　出入息利　乃遍他國
商估賈人　無處不有　千萬億衆
圍繞恭敬　常為王者　之所愛念
羣臣豪族　皆共宗重　以諸緣故
往來者衆　豪富如是　有大力勢
而年朽邁　益憂念子　夙夜惟念
死時將至　癡子捨我　五十餘年
庫藏諸物　當如之何　尒時窮子
求索衣食　從邑至邑　從國至國
或有所得　或無所得　飢餓羸痩
體生瘡癬　漸次經歷　到父住城
傭賃展轉　遂至父舍　尒時長者

て、漏失(せ)令(む)ること無(かる)べし。』尒(の)時(に)、窮子、卽(ち)教勅を受(け)て、衆物たる金・銀・珍寶(と)、及(ひ)諸の庫藏(と)を領知す。而(も)、一飡をも希取する〔之〕意無し。然(も)、其の所止は故(ほ)本處に在り。下劣(の)〔之〕心も亦捨(つ)ること能(は)(す)末。復(た)少時を經て、父、子の意(の)漸(く)已に通泰(し)て、大(き)なる志を成就(し)て、自(ら)先の心を鄙シフ(るを)知(り)ぬ。終(らむ)と欲る時に臨(み)て、〔而〕其(の)子に命し、〔幷〕親族を會め、國王と大臣と刹利と居士とを皆悉(く)已に集めつ。卽(ち)自(ら)宣(べ)て言(はく)、『諸─君、知(る)當(し)、此(れ)は是(れ)我(か)子なり。我か〔之〕所生なり。某なりといふ城の中に(して)〔於〕、吾(れ)を捨(て)て逃リ走(り)て、跉跰し辛苦(す)ること五十餘年なり。其(の)本の字をは某といひ(れは)、我か名をは某甲といひき。昔、本の城に在(り)て、『憂(へ)を懷(き)て推覓しき。忽に此の間(に)〔於〕、遇(たまたま)會(ひ)て之を得たり。此れ實に我か子なり。我れ實に其(の)父なり。今我(れ)に有(ら)所(る)一切の財物は、皆是(れ)子の有なり。先に出し內(れ)つる所は、是(れ)子の所知なり。』世尊、是(の)時に窮子、父か此(の)言を聞(き)て、卽(ち)大(き)に歡喜(し)て〔に〕未曾有(な)ること得つ。〔而〕是(の)念を作(さ)く、『我(れ)本(と)心に希求する所有(ること)無(し)。今此の寶藏自然に(し)て〔而〕至(りぬ)。』(といふ)〔ぬる〕か若(し)〈二四ノ一七〉

譬(へ)は《ヲ受ケル》。

世尊、大富長者といふは、則(ち)是(れ)如來なり。我(れ)等は皆佛子に似たり。如來(は)常(に)我(れ)等を爲れ子なりと說(き)たまふ。世尊、我(れ)等(は)三苦を以(て)の故(に)、生死の中に(し)て〔於〕、諸の熱惱を受く。迷惑に(し)て知ること無(く)、小法に樂著せり。今日、世尊、我(れ)等を(し)て思惟(し)て諸法の戲論(の)〔之〕糞を蠲除(せ)令(め)たまふ。我(れ)等、(これか)〔於〕中(に)、勤(め)て精進を加(へ)て、涅槃に至(る)一日(の)

15　　　　㉜　　　　5　　　　10

傭賃展轉　遇至父舍　爾時長者
於其門内　施大寶帳　處師子座
眷屬圍繞　諸人侍衛　或有計算
金銀寶物　出内財産　注記券疏
窮子見父　豪貴尊嚴　謂是國王
若國王等　驚怖自怪　何故至此
覆自念言　我若久住　或見逼迫
強驅使作　思惟是已　馳走而去
借問貧里　欲往傭作　長者是時
在師子座　遙見其子　默而識之
即勅使者　追捉將來　窮子驚喚
迷悶躃地　是人執我　必當見殺
何用衣食　使我至此　長者知子
愚癡狹劣　不信我言　不信是父
即以方便　更遣餘人　眇目矬陋
無威德者　汝可語之　云當相雇
除諸糞穢　倍與汝價　窮子聞之
歡喜隨來　爲除糞穢　淨諸房舍
長者於牖　常見其子　念子愚劣

〔之〕價(ひ)を得たり。既(に)此(れ)を得已(り)て、心大(き)に歡喜(し)て、自(みつか)(ら)以(て)足ること爲たり(得也)(え)。〔而〕便(ち)自(みつか)(ら)佛法の中(に)於(て)、勤(め)て精進するか故(に)、所得弘多なりと謂(おも)へり。然(も)、世尊、先に我(れ)等(か)心弊欲に著(し)て、小法を〔於〕樂(ふ)と知(しめ)して、便(ち)縱(ハナ)チ捨(て)見(ら)れて、爲に汝等當に如來の知見の寶藏(の)〔之〕分有(るへ)しと分別(し)たまは不(す)。世尊、方便力を以(用也)(もち)(ゐ)たまふこと、如來の智慧を説(き)たまはむとしてなり。我(れ)等佛に從(ひ)て涅槃の一日(の)〔之〕價(ひ)を得て、以(て)大(き)に得つと爲して、此(の)大乘に於(お)いて、志し求(む)ること有(ること)無(し)。我(れ)等、又、如來の智慧に因せて、諸の菩薩の爲に開示し演説(し)て、〔而〕自(みつか)

㉚(ら)此(こ)に於(お)いて志願有(ること)無(し)。所以は〔者〕何(に)、佛、我(れ)等心に小『法を樂(ふ)と知(し)め(し)て、方便力を以(て)我(れ)等に隨へて説(きたま)へり。而(る)を、我(れ)等眞に是(れ)佛子なりと知(ら)不(す)。今、我(れ)等方(まさ)に知(り)ぬ、世尊は佛の智慧に於(お)いて、悋惜(し)たまふ所無(かり)けりと。所以は〔者〕何(に)、我(れ)等は昔より來(このかた)、眞に是(れ)佛子なり。而(る)を、但(た)小法を樂ふ。若(し)我(れ)等大を樂(ふ)〔之〕心有

5 (ら)マシかは、佛、則(ち)我か爲に大乘の法を説(き)たまひてマシ。今、此の經の中には、唯(た)一乘をのみ説く。而(る)を、昔菩薩の前に(し)て〔於〕、聲聞の小法を樂(ふ)者を毀訾セシことは然なり。佛は實に大乘を以(て)教化(し)たまひけり。是(の)故(に)、我(れ)等本(と)心に希求する所有(ること)無きに、今、法王の大寶自然に〔而〕至(り)ぬと説く。佛子の得應(き)所(の)如(き)は〔者〕、皆已に之を得つるをもて。」尒(の)時(に)、摩

10 訶迦葉、重(ね)て此(の)義を宣(へむ)と欲(し)て、〔而〕偈を説(き)て言(はく)、

「我(れ)等今日　佛の音教を聞(きたま)へて
歡喜し、踊躍(し)て　未曾有(な)ることを得つ。

5　㉝　15

長者於牖　常見其子　念子愚劣
樂爲鄙事　於是長者　著弊垢衣
執除糞器　往到子所　方便附近
語令勤作　既益汝價　并塗足油
飲食充足　薦席厚煖　如是苦言
汝當勤作　又以軟語　若如我子
長者有智　漸令入出　經二十年
執作家事　示其金銀　眞珠頗梨
諸物出入　皆使令知　猶處門外
止宿草庵　自念貧事　我無此物
父知子心　漸已曠大　欲與財物
即聚親族　國王大臣　刹利居士
於此大衆　説是我子　捨我他行
經五十歳　自見子來　已二十年
昔於某城　而失是子　周行求索
遂來至此　凡我所有　舍宅人民
悉以付之　恣其所用　子念昔貧
志意下劣　今於父所　大獲珍寶
并及舍宅　一切財物　甚大歡喜

5　㉛　15

佛、聲聞を　當に佛と作ること得(べし)と説(き)たまふをもて。
無上の寶聚　求(め)不(る)に自(をのつか)(ら)に得つ。
譬(へは)、童子　幼稚に(し)て識ること無(く)、
父を捨(て)て逃(け)逝(き)て　遠く他土に到(り)ぬ。
諸國に周流(す)ること　五十餘年なり。
其(の)父憂念(し)て　四方に推求す。
之を求(むる)に既(に)疲(れ)て　一(つ)の城に頓(トヽマ)リ止(まり)ぬ。
舍宅を造立(し)て　五欲をもて自(み(つか))(ら)娯(し)フ。
其(の)家巨(大也)(おほ)(き)に富(み)て　諸の金・銀と
車渠・馬瑙(と)　眞珠・瑠璃と
象馬・牛羊と　輦輿・車乘と多し。
田業と僮僕と　『人民と衆多なり。
出し入れ息利(す)ること　乃(ち)他國に遍せり。
商と估と賈との人　處として有(す)(ら)不(といふこと)無(し)。
千萬億の衆　圍繞し、恭敬せり。
常(に)王者に　(之)愛念せ所(る)ることを爲(得也)(え)たり。
群臣・豪族皆、共に宗重す。
諸の緣を以(て)の故(に)　往來の者衆(もの(おほ))し。
豪富(なること)是(くの)如(く)　大力勢有り。
而(る)を、年朽邁して　益(マス、、)　子を憂念す。
夙夜に惟念すらく、　『死ぬる時將に至(り)なむとす。

10　15　㉞　5

并及舍宅　一切財物　甚大歡喜
得未曾有　佛亦如是　知我樂小
未曾說言　汝等作佛　而說我等
得諸無漏　成就小乘　聲聞弟子
佛勅我等　說最上道　脩習此者
當得成佛　我承佛教　為大菩薩
以諸因緣　種種譬喻　若干言辭
說無上道　諸佛子等　從我聞法
日夜思惟　精勤脩習　是時諸佛
即授其記　汝於來世　當得作佛
一切諸佛　秘藏之法　但為菩薩
演其實事　而不為我　說斯真要
如彼窮子　得近其父　雖知諸物
心不希取　我等雖說　佛法寶藏
自無志願　亦復如是　我等內滅
自謂為足　唯了此事　更無餘事
我等若聞　淨佛國土　教化衆生
都無欣樂　所以者何　一切諸法
皆悉空寂　無生無滅　無大無小

10　15　㉜

癡なる子我(れ)を捨(て)て　五十餘年なり。

庫藏(の)諸物を　當(に)如之何(いか)にかせむ。』と。

尒(の)時(に)、窮子　衣食を求索(せむ)とす。

邑(より)〔從〕邑(に)至り、　國(より)〔從〕國に至(る)。

或(る)ときは所得有(り)、　或(る)ときは所得無(し)。

飢餓し、羸痩(し)て　體に瘡癬を生せり。

漸次に經歷(し)て　父か住城に到(り)ぬ。

傭賃(し)、展轉(し)て　遂に父か舍に至(り)ぬ。

尒(の)時(に)、長者　其の門の内(にして)〔於〕

大寶帳を施(ハ)リて　師子の座に處(ゐ)たまへり。

眷屬圍繞し、　諸人侍衞せり。

或(る)ときは　金・銀・寶物を計算し、
財產を出し内れ、　券疏を注記(す)ること有り。

窮子、父か　豪貴尊嚴なるを見て、
是(れ)國王なり、　若(し)は是〈右白訂〉(れ)王と等(しき)ものなりと謂(をも)(ひ)て
驚怖(し)て自(みつか)(ら)恠(しふ)ラク、　『何か故そ此(コ)ゝに至(り)ぬる。』と。

覆(カヘ)サフて自(みつか)(ら)念(ひ)て言(はく)、　『我れ若(し)久(しく)住せは、
或(若也)(も)(し)は逼迫(せ)見(ら)れて　強(ち)に驅(り)て作(さ)〔する〕使めむ。』と。

是(か)く思惟(し)已(り)て　馳走(し)て〔而〕去(り)ぬ。

『貧里を借(トフラ)ー問フて　往(き)て傭作せむと欲ふ。

長者、是(の)時に　師子の座に在(り)て

皆悉空寂　無生無滅　無大無小
無漏無爲　如是思惟　不生喜樂
我等長夜　於佛智慧　無貪無著
無復志願　而自於法　謂是究竟
我等長夜　修習空法　得脫三界
苦惱之患　住最後身　有餘涅槃
佛所教化　得道不虛　則爲已得
報佛之恩　我等雖爲　諸佛子等
說菩薩法　以求佛道　而於是法
永無願樂　導師見捨　觀我心故
初不勸進　說有實利　如富長者
知子志劣　以方便力　柔伏其心
然後乃付　一切財物　佛亦如是
現希有事　知樂小者　以方便力
調伏其心　乃教大智　我等今日
得未曾有　非先所望　而今自得
如彼窮子　得無量寶　世尊我今
得道得果　於無漏法　得淸淨眼
我等長夜　持佛淨戒　始於今日

遙(か)に其(の)子を見て　默(し)て〔而〕之を識《し》(り)ぬ。
卽(ち)使者に敕(し)て、『追ひ捉《ト》ラへて將て來れ。』と(いふ)。
窮子驚き喚《ヨ》ハフて　迷悶(し)て地に躃(れ)ぬ。
『是(の)人我(れ)を執(ら)フ。　必(す)當に殺(さ)見《れ》む。
何そ衣食を用(ゐむ)として　我(れをし)て此《コ》ゝに至(ら)使めむ。』と。
長者、子の　愚癡狹劣に(し)て
我(か)言を信(せ)不《(す)》、　是(れ)父なりと信(せ)不(り)けりと知(り)て、
卽(ち)方便を以(て)　更(に)餘人の
眇目・矬陋に(し)て　威德無き者を遣《ヤ》ル。
『汝、之に語(り)て、『當に相ひ雇(ひ)て
諸の糞穢を除《ハラ》ハしめ、　倍《(ま)》(し)て汝か價(ひ)を與(へむ)。』と云(ふ)可(し)。』
窮子之を聞(き)て　歡喜(し)て隨ひ來(り)て
爲に糞穢を除《ハラ》ひ、　諸の房舍を淨む。
長者、牖よ゚り゚〔於〕　常(に)其(の)子を見て、
子の愚劣に(し)て　樂(ひ)て鄙《(い)ヤ》シき事(を)爲《す》るを念フ。
是(こに)於(て)、　長者　弊垢の衣《(き)ぬ》を著て
除糞の器を執(り)て　子の所に往き到(り)ぬ。
方便(して)附近(し)て　語(り)て勤作せ令む。
『既(に)汝か價(ひ)を益(さ)む。　幷(せ)て足に塗(る)油あり。
飮食も充足せしめむ。　薦席も厚く暖(かならし)めむ。』
是(くの)如(く)苦《ネムコロ》に言《こと》をもて、『汝、勤(め)て作《つ》(くる)當(し)。』とのたまふ。

10　　15　　㊱　　5

我等長夜　持佛淨戒　始於今日
得其果報　法王法中　久修梵行
今得無漏　無上大果　我等今者
真是聲聞　以佛道聲　令一切聞
我等今者　真阿羅漢　於諸世間
天人魔梵　普於其中　應受供養
世尊大恩　以希有事　憐愍教化
利益我等　無量億劫　誰能報者
手足供給　頭頂禮敬　一切供養
皆不能報　若以頂戴　兩肩荷負
於恒沙劫　盡心恭敬　又以美饍
無量寶衣　及諸臥具　種種湯藥
牛頭栴檀　及諸珍寶　以起塔廟
寶衣布地　如斯等事　以用供養
於恒沙劫　亦不能報　諸佛希有
無量無邊　不可思議　大神通力
無漏無為　諸法之王　能為下劣
忍于斯事　取相凡夫　隨宜為說
諸佛於法　得最自在　知諸衆生

㉝　　5　　10

又、歎語を以(て)『若(汝也)(なむち)、我か子の如(し)。』といふ。
長者智有(ゑ)て　漸(く)入出(せ)令(む)ること
二十年を經て、家事を執作せしむ。
其(れ)に金・銀　眞珠・頗梨を示し、
諸物の出入を　皆、知(ら)使(し)―令めむ(と)なゑ。
猶(ほ)門の外に處し、『草庵に止宿(し)て
自(み(つか))(ら)貧事を念(お)(も)(ひ)て　『我(れ)此(の)物無(し)』と。
父、子の心　漸(く)已に曠大になゑぬ(と)知(ゑ)て、
財物を與(ゑ)むと欲(ひ)て、　即(ち)親族と
國王と大臣と　刹利と居士とを聚む。
此の大衆に於て　『是(れ)我(か)子なゑ。』と説く。
『我(れ)を捨(て)て他行(し)て　五十歳を經ぬ。
子を見てよゑ(自)來(このかた)、　已に二十年なゑ。
昔、某城に於(あ)ゑて　(而)是の子を失(ひ)て、
周行(し)て求索(せむ)とす。　遂に此(こ)に來至せゑ。
凡(そ)我か有(ら)所(る)　舍宅・人民は
悉(く)以(て)之に付す。　其(の)所用に恣(ほしきまま)(に)すゑし。』
子、『昔は貧(にし)て　志意下劣なゑき。
今は父の所に於(あ)ゑて　大(き)に珍寶と
并(せ)て(及)舍宅と　一切の財物とを獲つ。』と念(ひ)て、
甚(た)大(き)に歡喜(し)て　未曾有(な)ることを得(つ)とイハムか如(し)《三〇ノ一三》

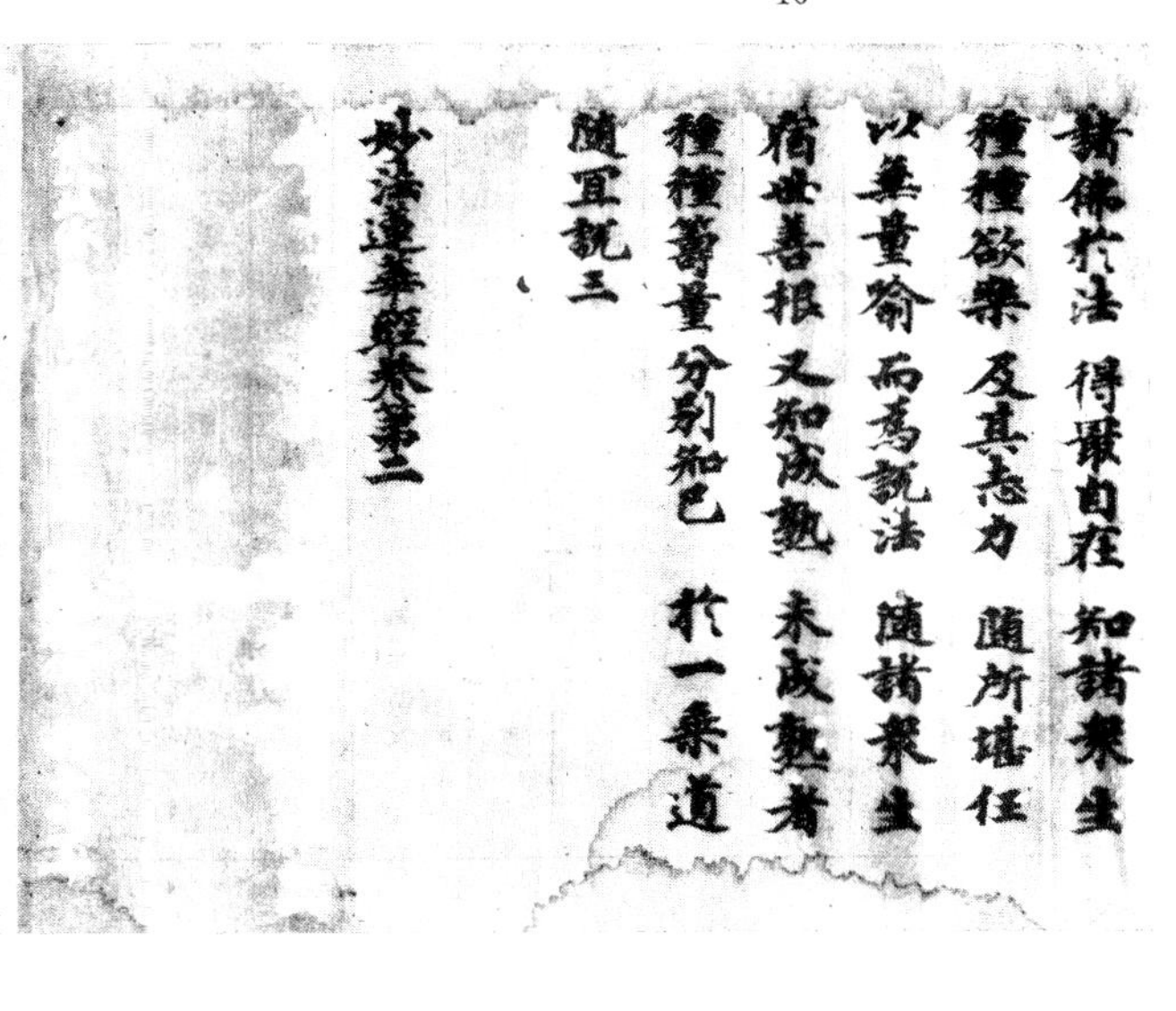
諸佛於法　得最自在　知諸衆生
種種欲樂　及其志力　隨所堪任
以無量喩　而爲説法　隨諸衆生
宿世善根　又知成熟　未成熟者
種種籌量　分別知已　於一乘道
隨宜説三
妙法蓮華經巻第二

譬(ゑは)
佛も亦、是(くの)如(し)。　我(れ)小を樂(ふ)と知(し)め(し)て、
曾(て)説(き)て　『汝等佛と作らむ。』と言(のたま)は未(す)。
而(も)、我(れ)等を　『諸の無漏を得て
小乘を成就せる　聲聞の弟子なす。』と説(き)たまふ。
佛、我(れ)等に勅(し)て　最上の道を説(かし)めて、
『此(れ)を修習せる者(もの)は　佛と成(ること)得當(し)。』とのたまふ。
我(れ)佛(の)教を承(け)て　大菩薩の爲に、
諸の因縁と　種種の譬喩の
若干(の)言辭とを以(て)　無上道を説(き)き。
諸の佛子等　我(れ)に從(ひ)て法を聞(き)て
日夜に思惟(し)て　精勤し、修習しき。
是(の)時に、諸佛　卽(ち)其(れ)に記を授(けて)〔ゑる〕
『汝、來世(に)〔於〕　當に佛と作(ること)得(ゑし)。』(とのたまふ)。
「一切の諸佛の　秘藏(の)〔之〕法をは
但(た)菩薩の爲(に)のみ　其の實事を演(ゑ)て、
而(も)、我か爲に　斯の眞要を説(か)不(す)。
彼の窮子の　其(の)父に近(つくこと)得て
諸物を知(ゑ)ぬと雖(も)、　心希(願也)(ねか)ひ取(ら)不(る)か如(し)。
我(れ)等、　佛法の寶藏を説(く)と雖(も)、
自(みつか)(ら)志願無きこと　亦復(た)、是(くの)如(し)。

我(れ)等內に滅せるを、　自(みつか)(ら)謂(ひ)て足(りぬ)と爲(し)て、
唯(た)此(の)事をのみ了(し)て　更(に)餘事無(し)〔と〕。
我(れ)等、若(し)　佛の國土を淨めて
衆生を教化(す)ることを聞(く)とも、　都(かつ)て欣樂(す)ること無(し)。
所以は〔者〕何(に)、　『一切(の)諸法は
皆悉(く)空寂なり。　生無(く)、滅無(し)。
大無(く)、小無(し)。　無漏なり、無爲なり。』
是(くの)如(く)思惟(し)て　喜樂を生(せ)不(す)。
我(れ)等、長夜に　佛の智慧に於(お)いて
貪無(く)、著無(し)。　復(た)、志願無(し)。
而(も)、自(みつか)(ら)、法に於(お)いて　『是(れ)究竟せり』と謂へり。
我(れ)等、長夜に　空法を修習(し)て
三界の　苦惱(の)〔之〕患を脫(す)ること得て、
最後身の　有餘涅槃に住せり。
佛に教化(せ)所れて　道を得ること虛(しから)不(す)。
則(ち)爲(に)已に　佛(の)〔之〕恩を報(す)ること得つるなり。
我(れ)等、　諸の佛子等の爲に
菩薩の法を說(き)て　以(て)佛道を求(め)しむと雖(も)、
而(も)、是の法に於(お)いて　永(ひたふる)(に)願樂無(し)。
導師捨(て)見(ら)れて、　我か心を觀(ミソナ)ハせるか故(に)。
初(め)に勸進(し)て　實利有(り)と說(き)たまは不(す)。

㉟

富長者の、「子(の)志劣なりと知(り)て、
方便力を以(て)　其(の)心を柔伏(し)て、
然(し)て後に、乃(いま)(し)　一切の財物∧天白寶イ∨を付(する)か如(く)、
佛も亦、是(くの)如(し)。　希有の事を現(し)て
小を樂(ふ)者(もの)を知(し)め(し)て、　方便力を以(て)
其(の)心を調伏(し)て、　乃(いま)(し)大智を教(ゑ)たまふ。
我(れ)等今日　未曾有(な)ること得つ。
先の所望に非(さる)を　而(も)、今、自(をのつか)(ら)得つるをもて。
彼の窮子の　無量の寶を得つるか如(し)。
世尊、我(れ)今　道を得、果を得て
無漏の法に於(お)いて　清淨の眼を得つ。
我(れ)等長夜に　佛の淨戒を持(ち)て
始(め)て今日〔於〕　其の果報を得つ。
法王の法の中に　久(しく)梵行を修(し)て
今、無漏の　無上の大果を得つ。
我(れ)等今〔者〕　眞に是(れ)聲聞なり。
佛道の聲を以(て)　一切に聞(か)令(む)。
我(れ)等今〔者〕　眞の阿羅漢なり。
諸の世間の　天・人・魔・梵に於(お)いて
普(く)其(の)中(にして)〔於〕　供養を受(く)應(し)。
世尊は大恩います。　希有の事を以(て)

15

憐愍し、 教化(し)て 我(れ)等を利益(し)たまふ。
無量億劫に 誰(れ)か能(く)報せむ者(もの)。
手足をもて供給^天白 養ィ∨し、 頭頂をもて禮敬し、
一切(をもて)供養(し)たてまつるとも、 皆、報(す)ること能(は)不(し)。
若(し)頂を以(て)戴き、 兩(つ)の肩に荷ひ負(ひ)て
恒沙劫(に)〔於〕 心を盡(し)て恭敬(し)たてまつるとも、
又、美饍と 無量の寶衣と
及(ひ)諸の臥具と 種種の湯藥と

㊱

『牛頭栴檀と 及(ひ)諸の珍寶とを以(て)、
(これを)以(て)塔廟を起(し)て、 寶衣を地に布(ほとこ)して、
斯(くの)如(き)等の事を 以(も)用て供養(し)たてまつること
恒沙劫(に)於(て)すとも、 亦、報(し)たてまつること能(は)不(し)。
諸佛は希有なゑ。 無量・無邊
不可思議の 大神通力いまして、
無漏・無爲の 諸法(の)〔之〕王といます。

5

能(く)下劣を爲(な)して 斯の事を〔于〕忍(ひ)たまふ。
相を取(る)凡夫に 宜(しき)に隨(ひ)て爲に說く。
諸佛は法に於て 最自在を得たまひて、
諸の衆生の 種種の欲樂と
及(ひ)其(の)志力とを知(しめし)て、 堪任する所に隨(ひ)て
無量の喩を以(て) 〔而〕爲に法を說(き)たまふ。

10

諸の衆生の　宿世の善根に随ふ。

又、成熟と　未成熟との者を知(し)め(し)て、

種種に籌量(し)て　分別し知(し)めし已(り)て、

一乘の道に於いて　宜(しき)に随(ひ)て三と說(き)たまふ。」

妙法蓮華經卷第二

(白)　願以此緣　不經三祇　一念之間　速證佛位　釋子明算

①妙法蓮華經五百弟子受記品第八　四

尒(の)時(に)、富樓那彌多羅尼子、佛に從(ひ)て是(の)智慧方便隨宜の説法を聞(き)たまゑ、又、諸の大弟子に阿耨多羅三藐三菩提の記(を)授(け)たまふを聞(きたま)ゑ、復(た)、宿世の因緣(の)〔之〕事を聞(きたま)ゑ、復(た)、諸佛に大自在神通(の)〔之〕力有すヲ聞(きたま)ゑて、未曾有なること得て、心淨く踊躍(し)て、卽(ち)座(よゑ)〔從〕起(ち)て、佛前(に)到(ゑ)て、頭面をもて足を禮(し)て、却(き)て一面に住(し)て、尊顏を瞻仰(し)たてまつるに、目暫(く)も捨(ま)不。而(し)て是(の)念を作(さ)く、「世尊(は)甚た奇特にいます。所爲希有なゑ。世間の若干の種性に隨順(し)て、方便と知見とを以(て)、而も、爲に法を説(き)て、衆生の處處に貪著せるを拔出(し)たまふ。我(れ)等佛の功德に於いて、言をもても宣(ふ)ること能(は)不。唯(た)佛世尊(の)み我(れ)等か深心の本願を知(しめ)せゑ。」尒(の)時(に)、佛、諸の比丘に告(けたまはく)、「汝等、是の富樓那彌多羅尼子を見ルや不や。我(れ)常(に)其(れ)を稱(し)て、説法人の中(に)於(て)、最も第一(な)ること爲たゑ(とす)。亦常(に)其(の)種種の功德を歎(す)〔む〕。精勤(し)て我か法を護持し助宣す。能(く)四衆に於いて示教利喜す。具足(し)て佛(の)〔之〕正法を解釋す。而も、大(き)に同梵行者を饒益す。如來を捨いてよゑは〔自〕、能く其(の)言論(の)〔之〕辯を盡(す)もの無(し)。汝等、『富樓那は但(た)能(く)我か法を護持し助宣(す)。』と謂(ふ)こと勿(れ)。②亦過去の九十億の諸佛のみ所に(し)て〔於〕、佛(の)〔之〕正法を護持(し)助宣(し)き。彼(の)説法の人の中に(し)て〔於〕、亦最も第一なゑき。又、諸佛の所説の空法に於いて、明了に通達せゑき。四無礙智を得て、常(に)能(く)審諦に清淨に法を説(き)て、疑惑有(ること)無(か)ゑき。菩薩の神通(の)〔之〕力を具足せゑき。其(の)壽命に隨(ひ)て、常(に)梵行を

去九十億諸佛所護持助宣佛之正法
於彼說法人中亦最第一又於諸佛所
說空法明了通達得四無礙智常能審
諦清淨說法無有疑惑具足菩薩神通
之力隨其壽命常修梵行彼佛世人咸
皆謂之實是聲聞而富樓那以斯方便饒
益無量百千衆生又化無量阿僧祇人
令立阿耨多羅三藐三菩提爲淨佛土
故常作佛事教化衆生諸比丘富樓那
亦於七佛說法人中而得第一今於我
所說法人中亦爲第一於賢劫中當來
諸佛說法人中亦復第一而皆護持助
宣佛法亦於未來護持助宣無量無邊
諸佛之法教化饒益無量衆生令立阿
耨多羅三藐三菩提爲淨佛土故常勤
精進教化衆生漸漸具足菩薩之道過
無量阿僧祇劫當於此土得阿耨多羅
三藐三菩提號曰法明如來應供正遍
知明行足善逝世間解無上士調御丈

修(し)き。彼(の)佛の世の人、咸く皆之を實に是(れ)聲聞なりと謂ゐりき。而(も)、富樓那
は、斯(の)方便を以(て)無量百千の衆生を饒益す。又、無量阿僧祇の人を化(し)たまひて、
阿耨多羅三藐三菩提に立(て)令(めたまひ)き。佛土を淨(むる)を爲[以也(も)](て)の故(に)、常
(に)佛事を作(し)て、衆生を教化す。諸の比丘、富樓那は、亦七佛の説法人の中に(し)て。
〔於〕、而も、第一(な)ること得たりき。今我か説(く)所の法人の中に(し)ても〔於〕、亦第一
(な)ること得[得也(え)]たり。賢劫の中の當來の諸佛の説法人の中に(し)ても〔於〕、亦復(た)、第一な
らむ。而も、皆佛法を護持し助宣(せ)む。亦未來(にして)〔於〕(も)、無量無邊の諸佛(の)〔之〕
法を護持(し)助宣(せ)む。無量の衆生を教化し饒益(し)て、阿耨多羅三藐三菩提に立(て)
令めむ。佛土を淨(むる)を爲[以也(も)](て)の故(に)、常(に)勤(め)て精進(し)て、衆生を教化(し)
て、漸漸に菩薩(の)〔之〕道を具足(せしめ)む。無量阿僧祇劫を過(き)て、當(に)此(の)
③土に(し)て〔於〕、阿耨多羅三藐三菩提を得む。號を法明如來・應供・正遍『知・明行足・善
逝・世間解・無上士・調御丈夫・天人師・佛・世尊と曰(は)む。其(の)佛、恒河沙等の三
千大千世界を以(て)一佛土と爲[し]て、七寶を地と爲[し]、地の平(かな)ること掌の如(くし)て、
山陵・谿澗・溝壑有(ること)無けむ。七寶の臺觀其(の)中に充滿せらむ。諸天の宮殿近く
虚空に處せむ。人と天と交接(し)て、兩[フタ]リ相ひ見ること得(む)。諸の惡道無(か)らむ。亦
女人無けむ。一切衆生は皆化を以(て)生れて、婬欲有(ること)無けむ。大神通を得て、身
より光明を出(さ)む。飛行自在ならむ。志念堅固ならむ。精進し智慧アらむ。普く皆金色に
(し)て、三十二相をもて而も自[み(つから)]莊嚴(せ)む。其(の)國の衆生、常(に)二(つ)の食を以[用也(もち)]
(ゐ)む。一は〔者〕法喜食、二は〔者〕禪悦食なり。無量阿僧祇千萬億那由他の諸の菩薩衆有
(り)て、大神通と四無礙智とを得て、善能(く)衆生(の)〔之〕類を教化(せ)む。其(の)聲聞衆
は、算數をもて校計すとも、知ること能(は)不(る)所ならむ。皆六通・三明(と)及(ひ)八

③

知明行足善逝世間解無上士調御丈
夫天人師佛世尊其佛以恒河沙等三
千大千世界爲一佛土七寶爲地地平
如掌無有山陵谿澗溝壑七寶臺觀充
滿其中諸天宮殿近處虛空人天交接
兩得相見無諸惡道亦無女人一切衆
生皆以化生無有婬欲得大神通身出
光明飛行自在志念堅固精進智慧普
皆金色三十二相而自莊嚴其國衆生
常以二食一者法喜食二者禪悅食有
無量阿僧祇千萬億那由他諸菩薩衆
得大神通四無礙智善能教化衆生之
類其聲聞衆筭數挍計所不能知皆得
具足六通三明及八解脫其佛國土有如
是等無量功德莊嚴成就劫名寶明
國名善淨其佛壽命無量阿僧祇劫法
住甚久佛滅度後起七寶塔遍滿其國
尒時世尊欲重宣此義而說偈言
諸比丘諦聽　佛子所行道　善學方便故

解脫(と)を具足(す)ること得む。其(の)佛の國土に、是(くの)如(き)等の無量の功德莊嚴成就せること有らむ。劫を寶明と名(つけ)、國を善淨と名(つけ)む。其(の)佛の壽命無量阿僧祇劫ならむ。法の住せむこと甚(た)久(しか)らむ。佛滅度の後に、七寶の塔を起て、其(の)國に遍滿せむ。」尒(の)時(に)、世尊、重(ね)て此(の)義を宣(べむ)と欲(ほし)て、〔而〕偈を說(き)て言(はく)、

④

「諸の比丘、諦(か)に聽け。　佛子の所行の道は
善(く)方便を學フか故(に)『思議(す)ること得可(から)不。
衆(は)小法を樂(ひ)て、　而も、大智を〔於〕畏(る)と知(り)て
是(の)故(に)、諸の菩薩(は)　聲聞・緣覺と作る。
無數の方便を以(て)　諸の衆生の類を化す。
自(ら)、『是(の)聲聞は　佛道を去ること甚(た)遠(し)。』と說(き)て
無量の衆を度脫(し)て　皆、悉(く)成就(す)ること得しむ。
小を欲フて懈怠なりと雖(も)、　漸(く)佛と作(ら)令(む)當(し)。
內は菩薩の行を秘し、　外は是(れ)聲聞なりと現す。
少を欲フて生死を厭(へ)と(も)、　實は自(ら)佛土を淨む。
衆に三毒有(り)と示し、　又、邪見の相を現す。
我か弟子は、是(くの)如(く)　方便(し)て衆生を度す。
若(し)我れ具足(し)て　種種の現化の事を說かは、
衆生の是(れ)を聞(か)む者　心則(ち)疑惑を懷(き)てむ。
今、此の富樓那は　昔の千億の佛に於(ひ)て
所行の道を勤修(し)て　諸佛の法を宣護しき。

④

諸比丘諦聽　佛子所行道　善學方便故
不可得思議　知衆樂小法　而畏於大智
是故諸菩薩　作聲聞緣覺　以無數方便
化諸衆生類　自說是聲聞　去佛道甚遠
度脫無量衆　皆悉得成就　雖小欲懈怠
漸當令作佛　內祕菩薩行　外現是聲聞
少欲厭生死　實自淨佛土　示衆有三毒
又現邪見相　我弟子如是　方便度衆生
若我具足說　種種現化事　衆生聞是者
心則懷疑惑　今此富樓那　於昔千億佛
勤修所行道　宣護諸佛法　爲求無上慧
而於諸佛所　現居弟子上　多聞有智慧
所說無所畏　能令衆歡喜　未曾有疲倦
而以助佛事　已度大神通　具四無礙智
知衆根利鈍　常說清淨法　演暢如是義
教諸千億衆　令住大乘法　而自淨佛土
未來亦供養　無量無數佛　護助宣正法
亦自淨佛土　常以諸方便　說法無所畏
度不可計衆　成就一切智　供養諸如來

無上の慧を求(むる)を爲(以也)(も)(て)、　而も、諸佛のみ所(にして)〔於〕
弟子の上(かみ)に居て　多聞に(し)て智慧有(り)と現して
所說(は)所畏無(くし)て　能(く)衆(をし)て歡喜(せ)令(む)。
曾て疲倦有(ら)未(す)。　而も、以(て)佛事を助く。
已に大神通のを度(し)て　四無礙智を具せり。
衆の根の利鈍を知(り)て　常(に)清淨の法を說く。
是(くの)如(き)義を演暢(し)て　諸の千億の衆を敎ゑて
大乘法に住(せ)令(め)て　而も、自(みつか)(ら)佛土を淨む。
未來に(も)、亦　無量無數の佛を供養(し)たてまつり、
護助(し)て正法を宣(ゑ)む。　亦、自(みつか)(ら)佛土を淨めむ。
常(に)諸の方便を以(て)　說法に所畏無けむ。
不可計の衆を度(し)て　一切智を成就(せし)めむ。
諸の如來を供養す。　法寶の藏を護持せむ。
其(の)後に佛と成(ること)得む。　號を名(つけ)て法明と曰(は)む。

⑤

「其(の)國を善淨と名(つけ)む。　七寶に合成せ所(ら)れむ。
劫を名(つけ)て寶明と爲む。　菩薩衆、甚(た)多(くし)て
其(の)數無量億に(し)て、　皆、大神通を度(せ)む。
威德力具足(し)て　其(の)國土に充滿せらむ。
聲聞、亦、無數に(し)て　三明・八解脫アらむ。
四無礙智を得たる、　是(れ)等を以(て)僧と爲む。
其(の)國の諸の衆生は　淫欲皆已に斷(ち)て、

⑤
度不可計衆　成就一切智　供養諸如来
護持法寶藏　其後得成佛　号名曰法明
其國名善淨　七寶所合成　刧名為寶明
菩薩衆甚多　其數無量億　皆度大神通
5 威德力具足　充滿其國土　聲聞亦無數
三明八解脫　得四無礙智　以是等為僧
其國諸衆生　婬欲皆已斷　純一變化生
具相莊嚴身　法喜禪悦食　更無餘食想
無有諸女人　亦無諸悪道　富樓那比丘
10 功德悉成滿　當得斯淨土　賢聖衆甚多
如是無量事　我今但略說
尒時千二百阿羅漢心自在者作是念
我等歡喜得未曾有若世尊各見授記
如餘大弟子者不亦快乎佛知此等心
15 之所念告摩訶迦葉是千二百阿羅漢
我今當現前次第與授阿耨多羅三藐
三菩提記於此衆中我大弟子憍陳如
比丘當供養六萬二千億佛然後得成
為佛号曰普明如来應供正遍知明行

純一(にし)て變化より生れむ。　相を具(し)て身を莊嚴(せ)む。
法喜・禪悦の食ありて　更(に)餘の食の想は無けむ。
諸の女人有(ること)無(か)らむ。　亦、諸の惡道無(か)らむ。
富樓那比丘　功德悉(く)成滿(し)て
當(に)斯の淨土を得て　賢聖衆、甚多(な)らむ。
是(くの)如(き)無量の事を　我(れ)、今、但(た)略(し)て說(く)。」と。
10 尒(の)時(に)、千二百の阿羅漢、心自在の者(もの)、是(の)念を作(さ)く「我(れ)等歡喜(し)て、
未曾有(な)ること得つ。若(し)世尊各(の)に授記(せ)見(ら)るること、餘の大弟子の如(く)(し)
アラは(者)、亦快(こころよ)(から)不らむ(乎)。」佛、此(れ)等か心(の)(之)所念を知(し)め(し)
て、摩訶迦葉に告(けたまはく)、「是の千二百の阿羅漢に、我(れ)今當に現前に(の)次第
15 に阿耨多羅三藐三菩提の記を與授せむ。此(の)衆の中(にして)(於)、我か大弟子憍陳如比
丘は、當に六萬二千億の佛を供養(し)て、然(し)て後に佛と成(な)ー爲ること得む。號を普明
如來・應供・正遍知・明行足・善逝・世間解・無上士・調御丈夫・天人師・佛・世尊と曰
⑥(は)む。其(の)五百の阿羅漢たる優樓頻螺迦「葉・伽耶迦葉・那提迦葉・迦留陀夷・優陀
夷・阿㝹樓駄・離婆多・劫賓那・薄拘羅・周陀・莎伽陀等、皆當に阿耨多羅三藐三菩提を
5 得(べ)し。盡く一號に同(し)く、名(つけ)て普明と曰(は)む。」尒(の)時(に)、世尊重(ね)
て此(の)義を宣(べ)むと欲(ほし)て、(而)偈を說(き)て言(はく)、
「憍陳如比丘は　當に無量の佛を見(たてまつら)む。
阿僧祇刧を過(き)て　乃(いま)(し)等正覺成らむ。
常(に)大光明を放(ち)て　諸の神通を具足(せ)む。
名聞十方に遍(くし)て　一切に(之)敬(せ)所れむ。

⑥
為佛号曰普明如來應供正遍知明行
足善逝世間解無上士調御丈夫天人
師佛世尊其五百阿羅漢優樓頻螺迦
葉伽耶迦葉那提迦葉迦留陀夷優陀
夷阿㝹樓馱離婆多劫賓那薄拘羅周　5
陀莎伽陀等皆當得阿耨多羅三藐三
菩提盡同一号名曰普明尒時世尊欲
重宣此義而說偈言
憍陳如比丘　當見無量佛　過阿僧祇劫
乃成等正覺　常放大光明　具足諸神通　10
名聞遍十方　一切之所敬　常說無上道
故号為普明　其國土清淨　菩薩皆勇猛
咸昇妙樓閣　遊諸十方國　以無上供具
奉獻於諸佛　作是供養已　心懷大歡喜
須臾還本國　有如是神力　佛壽六萬劫　15
正法住倍壽　像法復倍是　法滅天人憂
其五百比丘　次第當作佛　同号曰普明
轉次而授記　我滅度之後　某甲當作佛
其所化世間　亦如我今日　國土之嚴淨

10
常に無上道を說(か)む。　故(れ)、號(つけ)て普明と爲《す》べし。
其(の)國土清淨ならむ。　菩薩、皆勇猛に(し)て
咸(く)妙樓閣に昇(り)て　諸の十方の國に遊(は)む。
無上の供具を以(て)　諸佛に〔於〕奉獻(せ)む。
是の供養を作(し)已(り)て　心に大歡喜を懷(き)て
須臾に本國に還らむ。　是(くの)如(き)神力有(り)。
佛(の)壽(は)六萬劫(にして)、　正法の住(せ)むこと壽に倍せらむ。
像法、復(た)、是(れ)に倍せらむ。　法滅(し)て、天・人憂へむ。
其(の)五百の比丘　次第に當に佛と作らむ。
同(し)號に普明と曰(は)む。　轉次(し)て〔而〕記を授(け)む。
15
『我か滅度(の)〔之〕後に、　某—甲《(そ)れ(かし)》當に佛と作らむ。
其の所化の世間は　亦、我か今日の如(く)アラむ。』と。
國土(の)〔之〕嚴淨(と)　及(ひ)諸の神通力(と)
菩薩・聲聞衆(と)　正法(と)(及)ひ像法(と)
壽命の劫の多少(と)、　皆、上の所說の如(くあ)らむ。
迦葉、汝、已に知(り)ぬ、　五百の自在者(と)
餘の諸の聲聞衆(と)、　亦、當に復(た)、是(くの)如(くあるべし)。
「其(の)、此の會に在(ら)不(る)には、　汝、當に爲に宣說(すべ)し。」と。
⑦
尒(の)時(に)、五百の阿羅漢、佛前に於《あ》りて受記を得已(り)て、歡喜し踊躍し、即(ち)
座(より)〔從〕起(ち)て、佛前(に)到(り)て、頭面をもて足を禮し、過を悔(い)て自《み(つか)》(ら)を
5
責《せ》む。「世尊、我(れ)等常(に)是(の)念を作(さ)く、『自《み(つか)》(ら)已に究竟の滅度を得べしと謂《を》

其所化世間　亦如我今日　國土之嚴淨
及諸神通力　菩薩聲聞衆　正法及像法
壽命劫多少　皆如上所說　迦葉汝已知
五百自在者　餘諸聲聞衆　亦當復如是
⑦其不在此會　汝當爲宣説
尒時五百阿羅漢於佛前得受記已歡
喜踊躍即從座起到於佛前頭面禮足
悔過自責世尊我等常作是念自謂已
得究竟滅度今乃知之如無智者所以
者何我等應得如來智慧而便自以小
智爲足世尊譬如有人至親友家醉酒
而臥是時親友官事當行以無價寶珠
繫其衣裏與之而去其人醉臥都不覺
知起已遊行到於他國爲衣食故勤力
求索甚大艱難若少有所得便以爲足
於後親友會遇見之而作是言咄哉丈
夫何爲衣食乃至如是我昔欲令汝得
安樂五欲自恣於某年日月以無價寶

(もひ)っ。』今乃(いま)(し)〔て〕之を知(り)ぬ、無智の者(ひと)の如(し)。所以は〔者〕何(に)、我(れ)等如來の智慧を得應(し)。而も、便(ち)自(みつか)(ら)小知を以(て)足(り)ぬと爲け(し)り。世尊、譬(へ)は、人有(り)て親友の家に至(り)ぬ。酒に醉(ひ)て〔而〕臥せり。是の時に、親友官事に當に行せむとして、無價の寶珠を以(て)其(の)衣の裏に繫(け)て、之に與へて〔而〕去(り)ぬ。其(の)人醉(ひ)臥(し)て、都(かつ)て覺知(せ)不(す)。起き已(り)て遊行(し)て他國(に)到(り)ぬ。衣食を爲(もて)の故(に)、勤め力(ツト)メ求め索めて、甚大に艱難す。若(し)少し所得有れは、便(ち)以(て)足(り)ぬと爲す。後(に)〔於〕親友會(タマ、、)遇(ひ)て之を見て、〔而〕是(の)言を作(さ)く、『咄(や)哉、丈夫、何ぞ衣食を爲(以也)(も)(て)、乃至、是(くの)如(く)する。』と。『我(れ)昔汝を(し)て安樂の五欲に自恣なること得令(めむ)と欲(し)て、某の年の日月(に)〔於〕、無價の寶珠を以(て)汝か衣の裏に繫(け)てき。今故(ナホ)現に在せる(な)らむ、而(る)を、汝知(ら)不(し)て勤苦し憂惱(し)て、以(て)自(みつか)(ら)活せむことを求む。甚(た)爲(是也)(こ)れ癡な(り)〔也〕。汝今此(の)寶を以(て)所須に貿易す可(し)。常(に)意の如(くし)て乏短なる所無か(る)可(し)』(と)いふか如(く)《七ノ七 譬(へ)は ヲ受ケル》、佛も亦是(くの)如(し)。菩薩爲(た)(り)シ時に、我(れ)等を敎化(し)て、一切智の心を發(さ)令(めたま)ひき。而(る)を、尋(ち)廢忘(し)

⑧て、知(ら)不(す)、覺(せ)不(す)。既(に)阿羅漢道を得て、「自(みつか)(ら)滅度しぬと謂(ひ)て、資生に艱難(し)て、少を得て足(り)ぬと爲す。一切智の願(ひ)は、猶(ほ)在(り)て失せ不(す)。今〔者〕、世尊、我(れ)等に覺悟(し)て、是(くの)如(き)言を作(したま)はく、『諸の比丘、汝等の所得は究竟の滅に非(す)。我(れ)久(しく)汝等を(し)て佛の善根を種へ令めむ。方便を以(て)の故(に)涅槃の相を示す。而(る)を、汝爲(こ)れ實に滅度を得つと謂へり。』

「世尊、我(れ)今(いま)乃(し)知(り)ぬ、實に是(れ)菩薩な(り)と。阿耨多羅三藐三菩提の記を受(く)るること得つるをもて。是の因緣を以(て)、甚大に歡喜(し)て、未曾有(な)ること得

珠繫汝衣裏今故現在而汝不知勤苦
憂惱以求自活甚爲癡也汝今可以此
寶貿易所須常可如意無所乏短佛亦
如是爲菩薩時教化我等令發一切智
心而尋廢忘不知不覺既得阿羅漢道
自謂滅度資生艱難得少爲足一切智
願猶在不失今者世尊覺悟我等作如
是言諸比丘汝等所得非究竟滅我久
令汝等種佛善根以方便故示涅槃相
而汝謂爲實得滅度世尊我今乃知實
是菩薩得受阿耨多羅三藐三菩提記
以是因緣甚大歡喜得未曾有尒時阿
若憍陳如等欲重宣此義而說偈言
我等聞無上　安隱授記聲　歡喜未曾有
礼無量智佛　今於世尊前　自悔諸過咎
於無量佛寶　得少涅槃分　如無智愚人
便自以爲足　譬如貧窮人　往至親友家
其家甚大富　具設諸餚饍　以無價寶珠
[illegible]

つるをもて。」尒(の)時(に)、阿若憍陳如等、重(ね)て此(の)義を宣(へむ)と欲(し)て、

(而)偈を說(き)て言(さく)、

「我(れ)等、無上の　安隱の授記の聲を聞(きたま)へて
未曾有なりと歡喜(し)て　無量智の佛を禮(し)たてまつる。

今、世尊のみ前に於(あ)りて　自(みつか)(ら)諸の過咎を悔(ク)ユ。

無量の佛寶に於(お)いて　少(し)の涅槃の分を得たること
無智の愚人の　便(ち)自(みつか)(ら)以(て)足(り)ぬと爲(す)るか如(し)。

譬(へは)、貧窮の人　親友の家に往き至れり。

其(の)家甚(た)大(き)に富(み)て　具に諸の餚饍を設(け)たり。

無價の寶珠を以(て)　內衣の裏に繫著(し)て
默(ツ)ムて與へて(而)捨て去(り)ぬ。　時に臥(し)て覺知(せ)不(す)。

是(の)人、既(すて)ー已に起きて(を)　遊行(し)て他國に詣(り)ぬ。

衣食を求(め)て、自(みつか)(ら)濟(ワタ)(り)て　資生に甚(た)艱難す。

少を得て、便(ち)足(り)ぬと爲て　更(に)好き者(もの)を願(は)不(す)。

內衣の裏に　無價の寶珠有(り)と覺(ら)不(す)。

珠を與(へ)し(之)親友　後に此の貧人を見て、
苦(ねむころ)に之を切(セ)メ責(セ)メ已(り)て、　示(す)に繫(け)し所の珠を以(て)す。

貧人此の珠を見て　其(の)心大(き)に歡喜す。

富(み)て諸の財物有(り)て、『五欲に、而も、自(ら)恣(ほしきまま)なりといふか如(く)

《八ノ一二　譬(へは)ヲ受ケル》

我(れ)等も、亦、是(くの)如(し)。　世尊(は)、長夜(に)(於)

繫著内衣裏 㸔與而捨去 時臥不覺知
是人既已起 遊行詣他國 求衣食自濟
資生甚艱難 得少便為足 更不願好者
不覺内衣裏 有無價寶珠 與珠之親友
後見此貧人 苦切責之已 示以所繫珠
貧人見此珠 其心大歡喜 富有諸財物
五欲而自恣 我等亦如是 世尊於長夜
常愍見教化 令種無上願 我等無智故
不覺亦不知 得少涅槃分 自足不求餘
今佛覺悟我 言非實滅度 得佛無上慧
尒乃為真滅 我今從佛聞 授記莊嚴事
及轉次受決 身心遍歡喜
妙法蓮華經授學無學人記品第九
尒時阿難羅睺羅而作是念我等每自
思惟設得受記不亦快乎即從座起到
於佛前頭面礼足俱白佛言世尊我等
於此亦應有分唯有如來我等所歸又
我等為一切世間天人阿脩羅所見知
識阿難常為侍者護持法藏羅睺羅是

常(に)愍(み)て教化(せ)見(ら)れて、 無上の願(ひ)を種(ゑ)令(めたま)ひき。
我(れ)等無智の故に 覺(ら)不(す)、亦、知(ら)不(し)て
少(し)の涅槃の分を得て、 自(みつか)(ら)足(ゐ)ぬとして、餘を求(め)不(す)。
今、佛、我(れ)に覺悟(し)て 實の滅度に非(す)と言(のたま)ふ。
佛の無上の慧を得ては、 尒(しか)して乃(いま)し、爲(こ)れ眞の滅ならむ。
我(れ)、今、佛に從(ひ)て 授記と莊嚴の事と
(及)ひ轉次(し)て決を受(くる)こと(と)を聞(きたま)ゑて、 身心遍く歡喜す。」と。

妙法蓮華經授學無學人記品第九

尒(の)時(に)、阿難と羅睺羅と(而)是(の)念を作(さ)く、「我(れ)等每(シハヽ)、自(みつか)(ら)思惟すらく、設(たと)ひ授記を得ては、亦快(こころよ)(から)不らむ(乎)。」卽(ち)座(よゑ)(從)起(ち)て、佛前(に)(於)到(ゐ)て、頭面をもて足を禮(し)て、俱に佛(に)白(して)言(さく)、「世尊、我(れ)等此(こ)に於(お)いて、亦分有(る)應(し)。唯(た)如來(の)み有(いま)す、我(れ)等か歸(し)たてまつる所なゑ。又、我(れ)等は爲(こ)れ一切世間の天人阿脩羅に知識せ見(ら)れたる所な

ゐ。阿難は常に侍者と爲(ゐ)て、法藏を護持す。羅睺羅は是(れ)佛(の)〔之〕子なゐ。若(し)佛、阿耨多羅三藐三菩提の記を授(け)見れは〔者〕、我か願(ひ)も既(く)滿(ち)、衆の望(み)も亦足らむ。」と。尒(の)時(に)、學・無學の聲聞の弟子、二千の人、皆座(よゐ)起(ち)て、偏に右の肩を袒(き)て、佛前(に)〔於〕到(ゐ)ぬ。一心(に)合掌(し)て、世尊を瞻仰(したてまつゐ)て、阿難と羅睺羅との所願の如(くし)て、一面に住立しき。尒(の)時(に)佛、阿難に告(けたまはく)、「汝、來世(に)〔於〕當に佛と作(ること)得む。山海慧自在通王如來・應供・正遍知・明行足・善逝・世間解・無上士・調御丈夫・天人師・佛・世尊と號(つけ)む。當に六十二億の諸佛を供養(し)て、法藏を護持(せ)む。然(し)て後に、阿耨多羅三藐三菩提を得む。二十千萬億恒河沙の諸の菩薩等を教化(し)て、阿耨多羅三藐三菩提(を)成(せ)令めむ。國を常立勝幡と名(つけ)む。其(の)土清淨に(し)て、瑠璃を地と爲む。劫を妙音遍滿と名(つけ)む。其(の)佛の壽命(は)、無量千萬億阿僧祇劫ならむ。若(し)人千萬億無量阿僧祇劫の中(にして)〔於〕、算數校計(す)とも、知ること得(ること)能(は)不。正法の世に住せむこと、壽命(に)〔於〕倍せらむ。像法の世に住せむこと、復(た)正法に倍せらむ。阿難、是の山海慧自在通王佛(は)、十方無量千萬億恒河沙等の諸佛如來に、共に讚歎(し)て其の功德を稱せ所るることを爲む。」尒(の)時(に)、世尊重(ね)て此(の)義を宣(ゐむ)と欲(ほし)て、〔而〕偈を說(き)て言(はく)、

「我(れ)、今、僧の中に(し)て說く、　阿難持法者は

當に諸佛を供養(し)て、　然(し)て後に、正覺成らむ。

號(つけ)て山海慧　自在通王佛と曰(は)む。

其の國土清淨ならむ。　常立勝幡と名(つけ)む。

諸の菩薩を教化(し)て　其の數恒沙の如(く)アらむ。

無量千萬億恒河沙等諸佛如來所共
讃歎稱其功徳尒時世尊欲重宣此義
而説偈言
15 我今僧中説　阿難持法者　當供養諸佛
然後成正覺　号曰山海慧　自在通王佛
其國土清淨　名常立勝幡　教化諸菩薩
其數如恒沙　佛有大威徳　名聞滿十方
⑪ 壽命無有量　以愍衆生故　正法倍壽命
像法復倍是　如恒河沙等　無數諸衆生
於此佛法中　種佛道因縁
尒時會中新發意菩薩八千人咸作是
5 念我等尚不聞諸大菩薩得如是記有
何因縁而諸聲聞得如是決尒時世尊
知諸菩薩心之所念而告之曰諸善男
子我與阿難等於空王佛所同時發阿
耨多羅三藐三菩提心阿難常樂多聞
10 我常勤精進是故我已得成阿耨多羅
三藐三菩提而阿難護持我法亦護將
來諸佛法藏教化成就諸菩薩衆其本

佛、大威徳有(います)(し)て　名聞十方に滿てらむ。
⑪ 「壽命量(り)有(ること)無(か)らむ。　衆生を愍(ふ)を以(て)の故(に)。
正法は壽命に倍せらむ。　像法は、復(た)、是(れ)に倍せらむ。
恒河沙等の如(き)　無數の諸の衆生
此の佛法の中に(し)て〔於〕　佛道の因縁を種へむ。」
5 尒(の)時(に)、會の中の新發意の菩薩八千の人、咸(く)是(の)念を作(さ)く、「我(れ)等
尚(ほ)諸大菩薩の、是(くの)如(き)記(を)得(ること)を聞(か)不(す)。何の因縁有(り)てか、
〔而〕諸の聲聞の是(くの)如(き)決(さた)めを得(む)。」と。尒(の)時(に)、世尊、諸の菩薩の心(の)
〔之〕所念を知(し)め(し)て、〔而〕之に告(け)て曰(はく)、「諸の善男子、我(れ)は阿難
(と)〔與〕等(し)く、空王佛の所に(し)て〔於〕、同時に阿耨多羅三藐三菩提の心を發(し)
10 てき。阿難は常に多聞を樂ひき。我(れ)は常に精進を勤(め)き。是(の)故(に)、我(れ)已
に阿耨多羅三藐三菩提成ること得たり。而も、阿難は我(か)法を護持し、亦將來の諸佛の法
藏を護(り)て、諸の菩薩衆を教化し成就(す)へし。其(の)本願是(くの)如(くなる)故(に)
斯の記を獲つ。」と。阿難面(まのあた)り佛前に(し)て〔於〕、自(みつか)(ら)受記と及(ひ)國土の莊嚴
15 とを聞(きたま)へて、所願具足(し)て、心大(き)に歡喜(し)て、未曾有(な)ることを得て、
卽の時に、過去の無量千萬億の諸佛の法藏を憶念するに、通達(し)て礙り無きこと、今の
所聞の如(くして)、亦本願を識(り)ぬ。尒(の)時(に)、阿難〔而〕偈を説(き)て言(さく)、
「世尊は甚(た)希有なり。　我(をし)て過去の
⑫ 無量の諸佛の法を念(せ)令(め)たまふこと　「今日の所聞の如(し)。
我(れ)、今復(た)、疑(ひ)無く(し)て　佛道(に)〔於〕安住しぬ。
方便をもて侍者と爲(し)て　諸佛の法を護持す。」

來諸佛法藏教化成就諸菩薩衆其本
願如是故獲斯記阿難面於佛前自聞
受記及國土莊嚴所願具足心大歡喜
得未曾有即時憶念過去無量千萬億
諸佛法藏通達無礙如今所聞亦識本
願尒時阿難而說偈言
世尊甚希有　令我念過去　無量諸佛法
⑫如今日所聞　我今無復疑　安住於佛道
方便爲侍者　護持諸佛法
尒時佛告羅睺羅汝於來世當得作佛
号蹈七寶華如來應供正遍知明行足
善逝世間解無上士調御丈夫天人師
佛世尊當供養十世界微塵等數諸佛
如來常爲諸佛而作長子猶如今也是
蹈七寶華佛國土莊嚴壽命劫數所化
弟子正法像法亦如山海慧自在通王
如來無異亦爲此佛而作長子過是已
後當得阿耨多羅三藐三菩提尒時世
尊欲重宣此義而說偈言

尒(の)時(に)、佛、羅睺羅に告(けたまはく)、「汝、來世(に)〔於〕、當に佛と作(ること)得む。蹈七寶華如來・應供・正遍知・明行足・善逝・世間解・無上士・調御丈夫・天人師・佛・世尊と號(つけ)む。當に十世界の微塵等の數の諸佛如來を供養す(べし)。常(に)諸佛の爲に〔而〕長子と作らむこと、猶(ほ)今の如(し)〔也〕。是の蹈七寶華佛の國土の莊嚴と壽命と劫數と所化の弟子と正法と像法とは、亦山海慧自在通王如來の如(くし)て異(なること)無(か)らむ。亦此(の)佛の爲に〔而〕長子と作らむ。是(れ)を過(き)て已後に、當に阿耨多羅三藐三菩提を得む。」尒(の)時(に)、世尊、重(ね)て此(の)義を宣(べむ)と欲(ほし)て〔而〕偈を說(き)て言(はく)、

「我か太子と爲れりし時には　羅睺を長子と爲たり。
我(れ)、今、佛道成れは、　法を受(け)て法子と爲(な)(つ)く。名也
未來世の中(に)〔於〕　無量億の佛を見て
皆、其(の)長子と爲らむ。　心を一(にして)佛道を求めむ。
羅睺羅か密行をは　唯(た)我(れの)み能(く)之を知れり。
我か長子と爲(あ)(り)と現(し)て　以(て)諸の衆生に示す。
無量億千萬の　功德、數(ふ)可(から)不(す)。
佛法(に)〔於〕安住(し)て　以(て)無上道を求む。」

⑬尒(の)時(に)、世尊、學・無學の二千の人、其(の)意柔軟に(し)て、「寂然に淸淨に(し)て一心に佛を觀たてまつると見(そな)はして、佛、阿難に告(けたまはく)、「汝、是(の)學・無學の二千の人を見(サト)ルヤ不や。」「唯(うけたま)ハル然(しか)なり、已に見(る)。」と。「阿難、是の諸人等は、當に五十世界の微塵數の諸佛如來を供養す(べし)。恭敬し尊重(し)て法藏を護持(せ)む。末後に同時に十方の國に。(し)て。〔於〕各(の)佛と成(ること)得む。皆同一號に

⑬

尊欲重宣此義而說偈言
我為太子時　羅睺為長子　我今成佛道
受法為法子　於未來世中　見無量億佛
15 皆為其長子　一心求佛道　羅睺羅密行
唯我能知之　現為我長子　以示諸衆生
無量億千萬　功德不可數　安住於佛法
以求無上道
尒時世尊見學無學二千人其意柔軟
寂然清淨一心觀佛佛告阿難汝見是
學無學二千人不唯然已見阿難是諸
人等當供養五十世界微塵數諸佛如
5 來恭敬尊重護持法藏末後同時於
十方國各得成佛皆同一号名曰實相
如來應供正遍知明行足善逝世間解
無上士調御丈夫天人師佛世尊壽命
一劫國土莊嚴聲聞菩薩正法像法皆
悉同等尒時世尊欲重宣此義而說偈
10 言
是二千聲聞　今於我前住　悉皆與授記

(し)て、名(つけ)て實相如來・應供・正遍知・明行足・善逝・世間解・無上士・調御丈夫
・天人師・佛・世尊と曰(は)む。壽命一劫ならむ。國土の莊嚴・聲聞・菩薩・正法・像法、
皆悉(く)に同等ならむ。」尒(の)時(に)、世尊、重(ね)て此(の)義を宣(ゐむ)と欲(ほ
10 し)て、〔而〕偈を說(き)て言(はく)、
「是の二千の聲聞の　今、我か前(に)〔於〕住せるに、
悉(く)皆、記を與授す。　未來に佛と成(る)當(し)。
供養(したてまつら)む所の諸佛は　上に說(き)つる塵數の如(く)
其(の)法藏を護持(し)て　後に當に正覺成らむ。
各(の)十方の國に於(あ)ゐて　悉(く)同一の名號に(し)て、
倶時に道場に坐(し)て　以(て)無上の慧を證(せ)む。
15 皆、名(つけ)て實相と爲て、　國土と及(ひ)弟子と
正法と像法(と)〔與〕　悉(く)等(しくし)て異有(ること)無(か)らむ。

咸(く)諸の神通を以(て)　十方の衆生を度(せ)む。

名聞普(く)周遍(し)て　漸(く)涅槃(に)〔於〕入らむ。」

尒(の)時(に)、學・無學の二千の人、佛の授記を聞(きたま)ゐて、歡喜し踊躍(し)て、

〔而〕偈を說(き)て言(さく)、
⑭ 「世尊(は)慧の燈明います。　我(れ)授記のみ音(こゑ)を聞(きたま)ゐて、
心歡喜(す)ること充滿(し)て、　甘露に〔て〕灌(か)見(れ)たるか如し。」

5　⑭　15

是二千聲聞　今於我前住　悉皆與授記
未來當成佛　所供養諸佛　如上說塵數
護持其法藏　後當成正覺　各於十方國
悉同一名号　俱時坐道場　以證無上慧
皆名為寶相　國土及弟子　正法與像法
悉等無有異　咸以諸神通　度十方衆生
名聞普周遍　漸入於涅槃
尓時學無學二千人聞佛授記歡喜踊
躍而說偈言
世尊慧燈明　我聞授記音　心歡喜充滿
如甘露見灌
妙法蓮華經法師品第十
尓時世尊因藥王菩薩告八萬大士藥王
汝見是大衆中無量諸天龍王夜叉
乾闥婆阿脩羅迦樓羅緊那羅摩睺羅
伽人與非人及比丘比丘尼優婆塞優婆
夷求聲聞者求辟支佛者求佛道者如
是等類咸於佛前聞妙法華經一偈一
句乃至一念隨喜者我皆與授記當得

妙法蓮華經法師品第十

5

尓(の)時(に)、世尊、藥王菩薩に因せて八萬の大士に告(けたまはく)、「藥王、汝、是の大衆の中の無量の諸天・龍王・夜叉・乾闥婆・阿脩羅・迦樓羅・緊那羅・摩睺羅伽の人と非人(と)〔與〕、及(ひ)比丘・比丘尼・優婆塞・優婆夷の聲聞を求(むる)者、辟支佛を求(むる)者、佛道を求(むる)者を見よ。是(くの)如(き)等の類、咸く佛前に(し)て〔於〕、妙

10 聞乃至一念隨喜者我皆與授記當得
阿耨多羅三藐三菩提佛告藥王又如
來滅度之後若有人聞妙法華經乃至
一偈一句一念隨喜者我亦與授阿耨
多羅三藐三菩提記若復有人受持讀
15 誦解說書寫妙法華經乃至一偈於此
經卷敬視如佛種種供養華香瓔珞末
香塗香燒香繒蓋幢幡衣服伎樂乃至
合掌恭敬藥王當知是諸人等已曾供
⑮ 養十萬億佛於諸佛所成就大願愍衆
生故生此人間藥王若有人問何等衆生
於未來世當得作佛應示是諸人等於未
來世必得作佛何以故若善男子善女人
5 於法華經乃至一句受持讀誦解說書寫
種種供養經卷華香瓔珞末香塗香燒
香繒蓋幢幡衣服伎樂合掌恭敬是人一
切世間所應瞻奉應以如來供養而供養
之當知此人是大菩薩成就阿耨多羅三
藐三菩提哀愍衆生願生此間廣演分別

10 法蓮華經の一偈一句を聞(きたまへ)て、乃至、一念に隨喜せむ者(もの)には、我(れ)皆記を與授
す。阿耨多羅三藐三菩提を得當し。」と。佛、藥王に告(けたまはく)、「又、如來滅度(の)
〔之〕後に、若(し)人有(ゑ)て妙法華經の、乃至一偈一句を聞(き)て、一念(に)隨喜(せ)む
者(もの)に、我(れ)亦阿耨多羅三藐三菩提の記を與授す。若(し)復(た)人有(ゑ)て、妙法華經の、
15 乃至一偈を受持し讀誦し解說し書寫し、此(の)經卷(に)於(て)、敬ひ視むこと佛の如(く
し)て、種種に華・香・瓔珞・末香・塗香・燒香・繒蓋・幢幡・衣服・伎樂を供養し、乃
至合掌(し)て恭敬せむ。藥王、知(る)當(し)、是の諸の人等は、已に曾し十萬億の佛を供
⑮ 養(し)て、諸佛のみ所に(し)て〔於〕、大願を成就せるか、『衆生を愍(ふ)か故(に)、此(の)
人間に生(せるな)らむ。藥王、若(し)人有(ゑ)て、何等の衆生か未來世(に)〔於〕當に佛と
作ること得(ゑき)と問はは、是(の)諸の人等も未來世(に)〔於〕必(す)佛と作(ること)得む
と示(す)應(し)。何(を)以(ての)故(に)、若(し)善男子・善女人、法華經の、乃至一句に
5 於(お)いて、受持し讀誦し解說し書寫し、種種に經卷を供養し、華・香・瓔珞・末香・塗香・
燒香・繒蓋・幢幡・衣服・伎樂をもて合掌し恭敬(せ)む、是(の)人は一切世間の瞻(み)奉(る)
應き所なゑ。如來の供養を以(て)〔而〕之を供養(す)應(し)。知(る)當(し)、此(の)人は、
是れ大菩薩の阿耨多羅三藐三菩提(を)成就せるか、衆生を哀愍(せ)むとして、願(ひ)て此
10 間に生れて廣く妙法華經を演(ゑ)て分別(する)ならむ。何(に)況(や)盡(し)て能(く)受持
し、種種に供養せむ者(もの)は、藥王、知(る)當(し)、是の人は自(みつか)(ら)清淨の業報を捨て、我
(か)滅度(の)後(に)〔於〕、衆生を愍(ふ)か故(に)、惡世(に)〔於〕生れて、廣(く)此(の)經
を演(ふる)ならむ。若(し)是の善男子・善女人の、我か滅度の後に、能(く)竊(か)に一人
15 の爲に法華經の、乃至一句を說かは、知(る)當(し)、是の人は則(ち)如來の使なゑ。如來に
遣さ(れ)所(れ)たるなゑ、如來の事を行するなゑ。何(に)況(や)大衆の中に(し)て〔於〕廣(く)

10

藐三菩提衰愍衆生願生此間廣演分別
妙法華經何況盡能受持種種供養者藥
王當知是人自捨清淨業報於我滅度後
愍衆生故生於惡世廣演此經若是善男
子善女人我滅度後能竊爲一人說法華
15
經乃至一句當知是人則如來使如來所
遣行如來事何況於大衆中廣爲人說
藥王若有惡人以不善心於一劫中現
於佛前常毀罵佛其罪尚輕若人以一惡
言毀呰在家出家讀誦法華經者其罪
⑯
甚重藥王其有讀誦法華經者當知是
人以佛莊嚴而自莊嚴則爲如來肩所
荷擔其所至方應隨向禮一心合掌恭
敬供養尊重讚歎華香瓔珞末香塗
香燒香繒蓋幢幡衣服餚饌作諸伎樂
5
人中上供而供養之應持天寶而以散之
天上寶聚應以奉獻所以者何是人歡
喜說法須臾聞之即得究竟阿耨多羅

人の爲に說(か)むは。藥王、若(し)惡人有(ゐ)て、不善の心を以(て)、一劫の中(にして)
〔於〕、現に佛前に於(あ)(ゐ)て、常(に)佛を毀罵せむ。其(の)罪は尙(ほ)輕し。若(し)人一の惡
言を以(て)、在家・出家の法華經を讀誦せむ者(もの)を毀呰せむは、其(の)罪は甚(た)重し。藥
⑯王、其(の)法華經を讀誦(す)ること有らむ者(もの)は、知(る)當(し)、是(の)「人は、佛の莊嚴を
以(て)〔而〕自(みつか)(ら)を莊嚴するならむ。則(ち)如來の肩に荷擔せ所(る)ることを爲(え)(ゐ)む(得也)。其
(の)所至の方には、隨(ひ)て向(ひ)て禮(す)應(し)。一心(に)合掌(し)て、恭敬し供養し
尊重し讚歎(し)て、華香・瓔珞・末香・塗香・燒香・繒蓋・幢幡・衣服・餚饌をもてし、
5
諸の伎樂を作(を)(こ)して、人中の上供をもて〔而〕之を供養(す)(ゐ)し。天寶を持(も)て〔而〕(これを)
以(て)之に散(す)應(し)。天上の寶聚をもて(これを)以(て)奉獻(す)應(し)。所以は〔者〕
何(に)、是の人歡喜(し)て法を說(か)む。須臾も之を聞かは、卽(ち)阿耨多羅三藐三菩提
を究竟(す)ること得(ゐ)きか故(に)。」尒(の)時(に)、世尊、重(ね)て此(の)義を宣(ゐ)む)
と欲(ほし)て、〔而〕偈を說(き)て言(はく)、

10
「若(し)佛道に住(し)て　自然智を成就(せむ)と欲はは、
常(に)勤(め)て　法華を受持する者(もの)を供養(す)當し。
其(の)、疾(く)　一切種と智慧とを得(む)と欲(ふ)こと有(らむ)ものは
是(の)經を受持し、　幷(せ)て持者を供養(す)當し。
若(し)能(く)　妙法華經を受持(す)ること有らむものは〔者〕、
知(る)當(し)、佛に使(せ)所れて　諸の衆生を愍念する(な)らむ。
諸の、能(く)　妙法華經を受持(す)ること有らむものは〔者〕、
15
清淨の土を〔於〕捨(て)て　衆を愍(ふ)か故(に)、此(こ)に生(れ)たるならむ。
知(る)當(し)、是(くの)如(き)人は　生(れ)むと欲(する)所に自在ならむ。

三藐三菩提故尒時世尊欲重宣此義
而説偈言
若欲住佛道 成就自然智 常當勤供養
受持法華者 其有欲疾得 一切種智慧
當受持是經 并供養持者 若有能受持
妙法華經者 當知佛所使 愍念諸衆生
諸有能受持 妙法華經者 捨於清浄土
愍衆故生此 當知如是人 自在所欲生
能於此悪世 廣説無上法 應以天華香
及天寶衣服 天上妙寶聚 供養説法者
吾滅後悪世 能持是經者 當合掌礼敬
如供養世尊 上饌衆甘美 及種種衣服
供養是佛子 冀得須臾聞 若能於後世
受持是經者 我遣在人中 行於如來事
若於一劫中 常懐不善心 作色而罵佛
獲無量重罪 其有讀誦持 是法華經者
須臾加悪言 其罪復過彼 有人求佛道
而於一劫中 合掌在我前 以無數偈讃
由是讃佛故 得無量功徳 歎美持經者

能(く)此の悪世(に)〔於〕 廣(く)無上の法を説(か)む。
天の華・香(と) 及(ひ)天の寶衣服(と)
天上の妙寶聚(と)を以(て) 説法者に供養(す)應(し)。
吾か滅後の悪世に 能(く)是の經を持(た)む者(もの)は、
當に合掌し、禮敬(し)て 世尊を供養(したてまつるか)如(くす)べし。
上饌の衆の甘美(と) 及(ひ)種種の衣服を

⑰

「是の佛子に供養(し)て、 須臾も聞(く)こと得むと冀(ふ)べし。
若(し)能(く)後世(に)〔於〕 是(の)經を受持せ(む)む者は、
我(れ)人中に在(らし)めて、 如來の事を〔於〕行(せ)し遣むるならむ。
若(し)一劫の中(に)〔於〕 常(に)不善心を懐(き)て
色を作(つく)(り)て〔而〕佛を罵りて、 無量の重罪を獲む。
其の、 是(の)法華經を讀誦し、持(す)ること有らむ者(もの)に、
須臾も悪言を加(へ)は、其(の)罪、復(た)、彼(れ)に過(き)たり。
人有(り)て、 佛道を求(め)て、 而も、一劫の中(に)〔於〕
合掌(し)て、我(か)前に在(り)て 無數の偈を以(て)讃せむ。
是の、佛を讃(する)に由(る)か故(に)、 無量の功德を得つ。
持經者を歎美せむは、其(の)福、復(た)、彼(れ)に過(きた)らむ。
八十億劫(に)〔於〕、 最妙の色と聲と
及(およ)與(ひ)香と味と觸とを以(て) 持經者に供養(せ)む。
是(くの)如(く)供養(し)已(り)て 若(し)須臾も聞(く)こと得は、
則(ち)自(みつか)(ら)欣慶(す)應(し)、 我(れ)、今、大利を獲つと。

由是讃佛故　得無量功德　歎美持經者
其福復過彼　於八十億劫　以最妙色聲
及與香味觸　供養持經者　如是供養已
若得須臾聞　則應自欣慶　我今獲大利
10 藥王今告汝　我所説諸經　而於此經中
法華最第一
尓時佛復告藥王菩薩摩訶薩我所説
經典無量千萬億已説今説當説而於
其中此法華經最爲難信難解藥王此
15 經是諸佛秘要之藏不可分布妄授與
人諸佛世尊之所守護從昔已來未曾
顯説而此經者如來現在猶多怨嫉況
滅度後藥王當知如來滅後其能書持
⑱ 讀誦供養爲他人説者如來則爲以衣
覆之又爲他方現在諸佛之所護念是
人有大信力及志願力諸善根力當知
是人與如來共宿則爲如來手摩其頭
5 藥王在在處處若説若讀若誦若書若
經卷所住處皆應起七寶塔極令高廣

藥王、今、汝に告(けむ)、『我か説(く)所の諸經あり。

而も、此(の)經の中(に)於(て)　法華最も第一なり』。」

尓(の)時(に)、佛、復(た)、藥王菩薩摩訶薩に告(けたまはく)、「我(か)所説の經典(は)
15 無量千萬億なり。已に説(き)てき、今説く、當(に)説(かむ)、而も、其の中(に)於(て)、
此(の)法華經、最も爲(こ)れ難信難解なり。藥王、此(の)經は、是(れ)諸佛の秘要(の)〔之〕藏
なり。分布(し)て妄(り)に人に授與(す)可(から)不(す)。諸佛世尊(の)〔之〕守護(し)たまふ所
として昔(よ)り〔從〕已來(このかた)、曾て顯し説(か)不(す)。而も、此(の)經は〔者〕、如來現に在(いま)すタモ、
猶(ほ)怨嫉多し。況(や)滅度(し)たまひて後をや。藥王、知(る)當(し)、如來の滅後に、
⑱ 其の能(く)書持し讀誦し「供養し、他人の爲に説(か)む者は、如來則(ち)衣を以(て)之を覆
(ひ)たまふこと爲(得也)(う)。又、他方現在の諸佛に〔之〕護念(せ)所(る)ること爲(得也)(え)む。是(の)人は、
大信力(と)及(ひ)志願力(と)諸の善根力(と)有らむ。知(る)當(し)、是(の)人は、如來(と)
〔與〕共に宿(ヤト)ルなり。則(ち)如來のみ手をもて其(の)頭を摩(つ)ること爲(得也)(え)む。藥三、在在處
5 處に、若(しは)説し、若(しは)讀し、若(しは)誦し、若(しは)書(か)む、若(しは)經卷所
住の處に、皆七寶の塔を起(す)應(し)。極(め)て高(く)廣(から)令(め)て、嚴飾(し)て復
(た)舍利を安(す)ることを須(ゐ)不れ。所以は〔者〕何(に)、此(の)中に已に如來の全身有(いま)
す。此(の)塔を、一切の華香・瓔珞・繒蓋・幢幡・伎樂・歌頌を以(て)、供養し恭敬し尊
10 重し讃歎(す)應(し)。若(し)人有(り)て此(の)塔を見ること得て、禮拜し供養せは、知
(る)當(し)、是(れ)等は皆阿耨多羅三藐三菩提に近くなりなむ。藥王、多く人有(り)て、
在家・出家の菩薩の道を行(し)て、若(し)是(の)法華經を見聞し讀誦し書持し供養(す)る
こと得ること能(は)不らむ者は、知(る)當(し)、是の人は、善(く)菩薩の道を行(せ)未(す)。
15 若(し)是(の)經典を聞(く)こと得ること有らむ者(もの)は、乃(ち)能く善く菩薩(の)〔之〕道を行

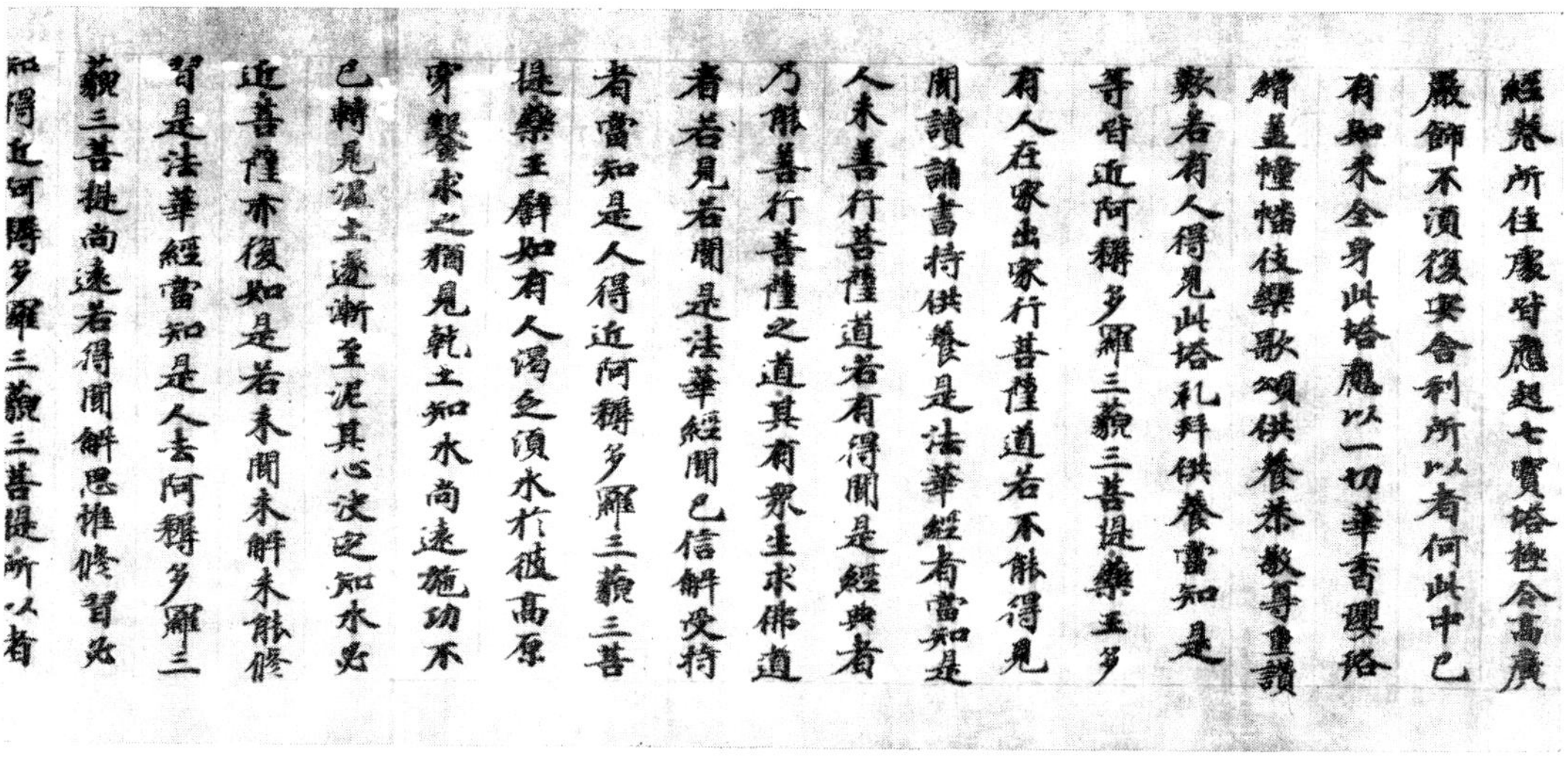
經卷所住處皆應起七寶塔極令高廣
嚴飾不須復安舍利所以者何此中已
有如來全身此塔應以一切華香瓔珞
繒蓋幢幡伎樂歌頌供養恭敬尊重讃
歎若有人得見此塔禮拜供養當知是
等皆近阿耨多羅三藐三菩提藥王多
有人在家出家行菩薩道若不能得見
聞讀誦書持供養是法華經者當知是
人未善行菩薩道若有得聞是經典者
乃能善行菩薩之道其有衆生求佛道
者若見若聞是法華經聞已信解受持
者當知是人得近阿耨多羅三藐三菩
提藥王譬如有人渇乏須水於彼高原
穿鑿求之猶見乾土知水尚遠施功不
⑲已轉見濕土遂漸至泥其心決定知水必
近菩薩亦復如是若未聞未解未能修
習是法華經當知是人去阿耨多羅三
藐三菩提尚遠若得聞解思惟修習必
知得近阿耨多羅三藐三菩提所以者

(する)ならむ。其の衆生有(り)て佛道を求(め)む者、是(の)法華經を若(しは)見、若(しは)聞(き)て、聞(き)已(り)て信解し受持(せ)む者は、知(る)當(し)、是(の)人は阿耨多羅三藐三菩提(に)近(つく)こと得む。藥王、譬(へは)、人有(り)て渇乏(し)て水を須(めむ)として、彼の高原(にして)〔於〕穿リ鑿チて之を求む。猶(ほ)乾れたる土を見ては、水尚⑲(ほ)遠(し)と知(り)て、功を施(し)て『已(ま)不。轉濕へる土を見て、遂に漸(く)泥に至(り)なむときに、其(の)心決定(し)て水必(す)近(し)と知(り)なむか如(し)。菩薩も亦復(た)是(くの)如(し)。若(し)是の法華經を聞(か)不、解(ら)不、修習(す)ること能(は)未は、知(る)當(し)、是(の)人は阿耨多羅三藐三菩提を去れること尚(ほ)遠し。若(し)聞解し思惟し修習(す)ること得てむときには、必(す)阿耨多羅三藐三菩提に近(つく)こと得つと知(る)へし。所以は〔者〕何(に)、一切(の)菩薩の阿耨多羅三藐三菩提は皆此(の)經に屬せり。此(の)經は、方便の門を開(き)て眞實の相を示す。是の法華經の藏は、深固幽遠なり。人能く到ること無し。今佛、菩薩を敎化し成就(せむ)として、(而)爲に開示(し)たまふ。藥王、若(し)菩薩有(り)て、是の法華經を聞(き)て、驚疑怖畏(せ)むは、知(る)當(し)、是(れ)を新發意の菩薩と爲(つ)く。若(し)聲聞の人、是(の)經を聞(き)て、驚疑怖畏(せ)むは、知(る)當(し)、是(れ)を增上慢の者と爲(つ)く。藥王、若(し)善男子・善女人有(り)て、如來の滅後に、四衆の爲に是の法華經を說(かむ)とせむ〔欲〕は〔者〕、云何(にし)てか說(く)應き。是の善男子・善女人(は)、如來の室に入リ、如來の衣を著、如來の座に坐(し)て、尒(し)て乃し四衆の爲に廣(く)斯(の)經を說(く)應(し)。如來の室とは〔者〕、一切衆生の中の大慈悲心是(れ)なり。如來の衣とは〔者〕、柔和忍辱心是(れ)なり。如來の座とは〔者〕、一切の法空是(れ)なり。是(の)中に安住(し)て、然(し)て後に不懈怠⑳の心を以(て)、諸の菩薩(と)及(ひ)四衆(と)の爲に、廣(く)是の法華『經を說(く)へ

5

知得近阿耨多羅三藐三菩提所以者
何一切菩薩阿耨多羅三藐三菩提皆
屬此經此經開方便門示眞實相是法
華經藏深固幽遠無人能到今佛教化
成就菩薩而爲開示藥王若有菩薩聞
是法華經驚疑怖畏當知是爲新發意

10

菩薩若聲聞人聞是經驚疑怖畏當
知是爲增上慢者藥王若有善男子善
女人如來滅後欲爲四衆說是法華經
者云何應說是善男子善女人入如來
室著如來衣坐如來座尒乃應爲四衆

15

廣說斯經如來室者一切衆生中大慈
悲心是如來衣者柔和忍辱心是如來
座者一切法空是安住是中然後以不
懈怠心爲諸菩薩及四衆廣說是法華
經藥王我於餘國遣化人爲其集聽法

⑳

衆亦遣化比丘比丘尼優婆塞優婆夷
聽其說法是諸化人聞法信受隨順不
逆若說法者在空閑處我時廣遣天龍

し。藥王、我(れ)餘國に於(あ)ゐて、化人を遣ゐて、其(れか)爲に聽法の衆を集(め)、亦、化
の比丘・比丘尼・優婆塞・優婆夷を遣(ゐ)て、其(の)說法を聽(か)しめむ。是の諸の化
人、法を聞き信受(し)て、隨順(し)て逆へ不(し)。若(し)說法の者(もの)、空閑の處に在らは、
我(れ)時に廣(く)天・龍・鬼神・乾闥婆・阿脩羅等を遣(ゐ)て、其(の)說法を聽(か)しめ

5

む。我(れ)異國に在(ゐ)と雖(も)、時時說法者を(し)て我(か)身を見ること得令(めむ)。
若し此の經に於(お)いて、句逗を忘失せらは、我(れ)還(ゐ)て爲に說きて、具足(す)ること得
令(めむ)。」と。尒(の)時(に)、世尊、重(ね)て此(の)義を宣(へむ)と欲(ほし)て、〔而〕
偈を說(き)て言(はく)、
「諸の懈怠を捨(てむ)と欲はは、當に此(の)經を聽(く)應(し)。

10

是(の)經は、聞(く)こと得難し。 信受する者も、亦、難し。
人渴(し)て水を須(もと)(求也)(めむ)として、 高原を〔於〕穿鑿(し)て
猶(ほ)乾燥の土を見て、 水を去ること尙(ほ)遠(し)と知ル。
漸(く)濕へる土泥を見て 決定(し)て水に近(つき)ぬと知(る)か如(し)。
藥王、汝知(る)當(し)、是(くの)如(き)諸の人等も

15

法華經を聞(か)不(す)は、 佛智〔と〕を去ること甚(た)遠し。
若(し)是の深經の 聲聞に決了する法と
是の諸經(の)〔之〕王たるを聞(き)て、聞き已(ゐ)て諦(か)に思惟せは、
知(る)當(し)、此(の)人等は 佛智の慧(に)〔於〕近(か)らむ。
若し人、此の經を說かは、 如來の室に入リ、
如來の衣(きぬ)を〔於〕著、 而も、如來の座に坐す應(し)。
衆に處するに所畏無(くし)て、廣(く)爲に分別し(て)說(く)へし。

遣者説法者在空閑處我時廣遣天龍
5
鬼神乾闥婆阿脩羅等聽其説法我雖
在異國時時令説法者得見我身若於
此經忘失句逗我還為説令得具足
爾時世尊欲重宣此義而説偈言
欲捨諸懈怠　應當聽此經　是經難得聞
10
信受者亦難　如人渇須水　穿鑿於高原
猶見乾燥土　知去水尚遠　漸見濕土泥
決定知近水　藥王汝當知　如是諸人等
不聞法華經　去佛智甚遠　若聞是深經
決了聲聞法　是諸經之王　聞已諦思惟
15
當知此人等　近於佛智慧　若人説此經
應入如來室　著於如來衣　而坐如來座
處衆無所畏　廣為分別説　大慈悲為室
柔和忍辱衣　諸法空為座　處此為説法
若説此經時　有人惡口罵　加刀杖瓦石
㉑
念佛故應忍　我千萬億土　現淨堅固身
於無量億劫　為衆生説法　若我滅度後
能説此經者　我遣化四衆　比丘比丘尼

大慈悲を室と爲す。　柔和忍辱を衣とす。
諸法の空を座と爲す。　此(れ)に處(ゐ)て爲に法を説(く)べし。
若(し)此(の)經を説(か)む時に、　人有(り)て、　悪口をもて罵り、
㉑
刀・杖・瓦・石を加(ふ)とも、『佛を念するか故(に)忍(ふ)應(し)。
我(れ)、千萬億の土に　淨堅固の身を現(し)て、
無量億劫(に)〔於〕　衆生の爲に法を説く。
若(し)我か滅度の後に　能(く)此(の)經を説かは〔者〕、
我(れ)、化の四衆の　比丘・比丘尼(と)
及(ひ)清信の士女(と)を遣(り)て、　法師を〔於〕供養せしめむ。
5
諸の衆生を引導(し)て　之を集(め)て法を聽(か)令めむ。
若(し)人、悪(し)き　刀・杖(と)及(ひ)瓦・石(と)を加(へむ)と欲(せ)は、
則(ち)變化の人を遣(り)て　之か爲に衛護を作さむ。
若(し)説法(の)〔之〕人　獨(り)空閑の處に在(り)て、
寂漠に(し)て人の聲無(くし)て　此の經典を讀誦せは、
我(れ)、尓(の)時(に)、爲に　清淨の光明身を現す。
若(し)章句を忘失(せ)らは、　爲に説(き)て通利せ令めむ。
若(し)人是(の)德を具(し)て　或(る)ときは四衆の爲に説(く)べし。
10
空處に(し)て經を讀誦せは、　皆、我(か)身を見ること得む。
若(し)人空閑に在らむには、　我(れ)、天龍王
夜叉・鬼神等を遣(り)て、　爲に聽法の衆と作さむ。
是(の)人樂(ひ)て法を説(き)て　分別(し)て罣礙無からむ。

5

能說此經者　我遣化四衆　比丘比丘尼
及清信士女　供養於法師　引導諸衆生
集之令聽法　若人欲加惡　刀杖及瓦石
則遣變化人　為之作衛護　若說法之人
獨在空閑處　寂寞無人聲　讀誦此經典
我尒時為現　清淨光明身　若忘失章句
為說令通利　若人具是德　或為四衆說

10

空處讀誦經　皆得見我身　若人在空閑
我遣天龍王　夜叉鬼神等　為作聽法衆
是人樂說法　分別無罣礙　諸佛護念故
能令大衆喜　若親近法師　速得菩薩道
隨順是師學　得見恒沙佛

15

妙法蓮華經見寶塔品第十一
尒時佛前有七寶塔高五百由旬縱廣
二百五十由旬從地踊出住在空中種
種寶物而莊校之五千欄楯龕室千

㉒

萬無數幢幡以為嚴飾垂寶瓔珞寶鈴
萬億而懸其上四面皆出多摩羅跋栴檀
之香充遍世界其諸幡蓋以金銀瑠璃

諸佛護念(し)たまふか故(に)　能(く)大衆を喜(ひ)令めむ。
若(し)法師に親近せは、　速(か)に菩薩の道を得む。
是(の)師に隨順(し)て學(ひ)は、　恒沙の佛を見(たてまつ)ること得む。」

15 妙法蓮華經見寶塔品第十一

尒(の)時(に)、佛前に七寶の塔有(り)。高さ五百由旬なり。縱廣二百五十由旬なり。地(より)〔從〕踊出(し)て空の中に住在す。種種の寶物をもて〔而〕之を莊校せり。五千の欄楯あ㉒り。龕室千萬なり。無數の幢幡を以(て)嚴飾と爲せり。寶の瓔珞を垂(れ)たり。寶鈴「萬億に(し)て、〔而〕其(の)上に懸(け)たり。四面に皆多摩羅跋旃檀(の)〔之〕香を出(し)て、世界

之香充遍世界其諸幡蓋以金銀瑠璃
車𤦲馬瑙真珠玫瑰七寶合成高至四
天王宮三十三天雨天曼陀羅華供養
寶塔餘諸天龍夜叉乾闥婆阿脩羅迦
樓羅緊那羅摩睺羅伽人非人等千萬
億衆以一切華香瓔珞幡蓋伎樂供
養寶塔恭敬尊重讃歎尒時寶塔中
出大音聲歎言善哉善哉釋迦牟尼世
尊能以平等大慧教菩薩法佛所護念
妙法華經為大衆說如是如是釋迦牟尼
世尊如所說者皆是真實尒時四衆見
大寶塔住在空中又聞塔中所出音聲
皆得法喜恠未曾有從座而起恭敬合
掌却住一面尒時有菩薩摩訶薩名大
樂說知一切世間天人阿脩羅等心之所
疑而白佛言世尊以何因緣有此寶塔
從地踊出又於其中發是音聲尒時佛
告大樂說菩薩此寶塔中有如來全身
乃往過去東方無量千萬億阿僧祇世

に充遍せり。其の諸の幡蓋(は)、金・銀・瑠璃・車𤦲・馬腦・眞珠・玫瑰の七寶を以(て)合成せり。高さ四天王宮に至れり。三十三天、天の曼陀羅華を雨(り)て、寶塔に供養す。餘の諸の天・龍・夜叉・乾闥婆・阿脩羅・迦樓羅・緊那羅・摩睺羅伽〔の〕。人・非人等の千萬億の衆は、一切(の)華香・瓔珞・幡蓋・伎樂を以(て)、寶塔を供養す。恭敬し尊重し讃歎す。尒(の)時(に)、寶塔の中より大音聲を出(し)て歎(し)て言(まう)さく、「善哉、善哉。釋迦牟尼世尊、能(く)平等大慧・教菩薩法・佛所護念の妙法華經を以(て)、大衆の爲に說(き)たまふこと、是(くの)如(く)是(くの)如(し)。釋迦牟尼世尊の所說の如きは〔者〕、皆是(れ)眞實なり。」と。尒(の)時(に)、四衆、大寶塔の空の中に住在するを見て、又、塔の中より出(つる)所の音聲を聞(きたま)ゐて、皆法喜を得て、未曾有なりと恠しふ。座(より)して)〔從・而〕起(ち)て、恭敬し合掌(し)て、却(き)て一面に住す。尒(の)時(に)、菩薩摩訶薩有(り)。大樂說と名(つく)。一切世間の天人阿脩羅等の心(の)〔之〕疑(ふ)所を知りて、〔而〕佛(に)白(して)言(さく)、「世尊、何の因緣を以(て)か、此(の)寶塔有(いま)して、地(より)〔從〕踊出し、又、其(の)中より〔於〕是〔の〕音聲を發(し)たまふ。」と。尒(の)時

㉓(に)、佛、大樂說菩薩に告(けたまはく)、「此(の)寶塔の中には、如來の全身有(いま)す。『乃往過去に、東方の無量千萬億阿僧祇の世界に國ありき。寶淨と名(つけ)き。彼(か)中に佛有(いま)しき。號(つけ)て多寶と曰(ひ)き。其(の)佛、菩薩の道を行したまふ時に、大誓願を作(したま)はく、『若(し)我(れ)佛と成(り)て滅度(の)〔之〕後に、十方の國土(に)〔於〕、法華經を說く處有らは、我(か)〔之〕塔廟、是(の)經を聽(く)を爲(て)の故(に)、其(の)前に踊現(し)て、爲に證明と作(な)(り)て、讚(し)て善哉と言(のたま)はむ。』と。彼(の)佛成道し已(り)たまひて、滅度に臨(み)たまひし時に、天人・大衆の中に(し)て〔於〕、諸の比丘に告(けたまはく)、『我か滅度の後に、我(か)全身を供養(せむ)と欲はむ者(もの)は、一(つ)の大(き)なる塔を

㉓
乃往過去東方無量千萬億阿僧祇世
界國名寶淨彼中有佛号曰多寶其佛
行菩薩道時作大誓願若我成佛滅度
之後於十方國土有說法華經處我之
塔廟爲聽是經故踊現其前爲作證明
讃言善哉彼佛成道已臨滅度時於天
人大衆中告諸比丘我滅度後欲供養
我全身者應起一大塔其佛以神通願
力十方世界在在處處若有說法華經
者彼之寶塔皆踊出其前全身在於塔
中讃言善哉善哉大樂說今多寶如來
塔聞說法華經故從地踊出讃言善哉
善哉是時大樂說菩薩以如來神力故
白佛言世尊我等願欲見此佛身佛告
大樂說菩薩摩訶薩是多寶佛有深重
願若我寶塔爲聽法華經故出於諸佛
前時其有欲以我身示四衆者彼佛分
身諸佛在於十方世界說法盡還集一
處然後我身乃出現耳大樂說我分身

起(す)〔もて〕應(し)。』其(の)佛、神通願力を以(て)、十方世界の在在處處に、若(し)法華經を說(く)こと有(らむ)者は、彼(の)〔之〕寶塔皆其(の)前に踊出(し)て、全身塔の中(に)〔於〕在(ゐ)て、讃(し)て『善哉、善哉』と言(のたま)はむ〔と〕。大樂說、今多寶如來の塔、法華經を說(くこと)を聞(かむ)との故(に)、地(より)〔從〕踊出(し)て、讃(し)て『善哉、善哉』と言(のたま)ふ。」是の時に、大樂說菩薩、如來の神力を以(て)の故(に)、佛(に)白(して)言(さく)、「世尊、我(れ)等願(はく)は、此(の)佛の身を見たてまつら(む)と欲(ふ)。」と。佛、大樂說菩薩・摩訶薩に告(けたまはく)、「是の多寶佛、深重の願(ひ)有(いま)す。若(し)我か寶塔、法華經を聽(かむ)を爲(も)(て)の故(に)、諸佛の前(に)〔於〕出てむ時に、其の、我(か)身を以(て)四衆に示(さむ)と欲(ふ)こと有らむ者(もの)に、彼(の)佛の分身の諸佛の、十方世界(に)〔於〕在(いま)(し)て、法を說(く)を盡く還(し)て、一處に集(め)て、然(し)て後に、我(か)

㉔
身乃(いま)し出現せ(まく)のみ〔耳〕。大樂說、我か分身の『諸佛の、十方世界(に)〔於〕在(いま)して、法を說(き)たまふ者(もの)を、今當に集(む)應(し)。」大樂說、佛(に)白(して)言(さく)、「世尊、我(れ)等亦願(ひ)て、世尊の分身の諸佛を見たてまつりて、禮拜し供養(せ)むと欲(ふ)。」と。尒(の)時(に)、佛、白毫の一光を放(ち)て、卽(ち)、東方の五百萬億那由他恒河沙等の國土の諸佛を見(みそなは)したまひき。彼(の)諸の國土は、皆頗梨を以(て)地と爲し、寶樹・寶衣を以(て)莊嚴と爲(せ)り。無數千萬億の菩薩、其(の)中に充滿せり。遍く寶幔を張れり。寶網を上に羅(カ)ケたり。彼(の)國の諸佛、大妙音を以(て)而も諸法を說(き)たまひ、及(ひ)無量千萬億の菩薩の、諸國に遍滿(し)て、衆の爲に法を說(くを)見(そなはし)〔め〕たまふ。南・西・北方・四維・上下の白毫相の光の所照(の)〔之〕處も亦復(た)是(くの)如(し)。尒(の)時(に)、十方の諸佛、各(の)衆の菩薩に告(けて)言(はく)、「善男子、我(れ)今娑婆世界の釋迦牟尼佛のみ所に往き、幷て多寶如來の寶塔を供養(し)たてまつる應(し)。」

㉔
處然後我身乃出現耳大樂說我分身
諸佛在於十方世界說法者今應當集
大樂說白佛言世尊我等亦願欲見世
尊分身諸佛礼拜供養尒時佛放白毫
一光即見東方五百萬億那由他恒河沙
等國土諸佛彼諸國土皆以頗梨為地
寶樹寶衣以為莊嚴無數千萬億菩
薩充滿其中遍張寶幔寶網羅上彼國
諸佛以大妙音而說諸法及見無量千
萬億菩薩遍滿諸國為衆說法南西北
方四維上下白毫相光所照之處亦復
如是尒時十方諸佛各告衆菩薩言善
男子我今應往娑婆世界釋迦牟尼佛
所并供養多寶如來寶塔時娑婆世界
即變清淨瑠璃為地寶樹莊嚴黃金為
繩以界八道無諸聚落村營城邑大海
江河山川林藪燒大寶香曼陀羅華遍
布其地以寶網幔羅覆其上懸諸寶鈴
唯留此會衆移諸天人置於他土是時

時に、娑婆世界、即(ち)清淨に變(し)て、瑠璃を地と爲し、寶樹莊嚴し、黃金を繩と爲て以(て)八(つ)の道を界れ㋷。諸の聚落・村營・城邑・大海・江河・山川・林藪無し。大寶香を燒き、曼陀羅華を遍く其(の)地に布(き)た㋷。寶の網幔を以(て)其(の)上に羅覆せ㋷。諸の寶鈴を懸(け)た㋷。唯(た)此(の)會の衆のみを留(め)て、諸の天人を移(し)て、他土(に)〔於〕置く。是(の)時に、諸佛各(の)一(㋷)の大菩薩を將(も)て、(これを)以(て)侍者と爲

㉕て、娑婆『世界に至(㋷)て、各(の)寶樹(の)下に到(㋷)たまひぬ。一一の寶樹の高さ五百由旬な㋷。枝葉・華果次第に莊嚴せ㋷。諸の寶樹の下にも皆師子(の)〔之〕座有(㋷)、高さ五由旬な㋷。亦大寶を以(て)而も之を校飾せ㋷。尒(の)時(に)、諸佛各(の)此(の)座(にして)〔於〕結跏趺坐(し)たま㋬㋷。是(くの)如(く)展轉(し)て、三千大千世界に遍滿せ㋷。而も、釋迦牟尼佛の一方の所分(の)〔之〕身に於(お)いて、猶(ほ)故(今也(いま))盡(き)未(す)。時に釋迦牟尼佛、分(れたま)㋬る所の身の諸佛を容受(せ)むと欲(ほす)か故(に)、八方に各(の)更(に)二百萬億那由他の國を變(し)て、皆清淨(なら)令(め)たまふ。地獄・餓鬼・畜生(と)、及(ひ)阿脩羅(と)有(ること)無(し)。又、諸の天人を移(し)て、他土に〔於〕置く。所化(の)〔之〕國は、亦瑠璃を以(て)地と爲て、寶樹莊嚴せ㋷。樹の高さ五百由旬な㋷。枝葉・華果次第に嚴飾せ㋷。樹下に皆寶師子の座有㋷。高さ五由旬な㋷。種種の諸寶を以(て)莊校(す)ることを爲(せ)㋷。亦大海・江河(と)、及(ひ)目眞隣陀山・摩訶目眞隣陀山・鐵圍山・大鐵圍山・須彌山等の諸の山王(と)無し。通(し)て一佛國土と爲て、寶地平正な㋷。寶を露幔に交(㋬)て、遍く其(の)上に覆㋬㋷。諸の幡蓋を懸(け)た㋷。大寶の香を燒く。諸天の寶華を遍く其(の)地に布(き)た㋷。釋迦牟尼佛、諸佛の來坐(し)たまふ當きを爲(て)(以也(も))の故(に)。復(た)八方(に)

㉖〔於〕、各(の)二百萬億那由他の國を變(し)て、皆清淨(なら)令(め)、『地獄・餓鬼・畜生(と)、及(ひ)阿脩羅(と)有(ること)無(し)。又、諸の天人を移(し)て他土に〔於〕置く。所化

⑮ 5 10 15

莊嚴此會衆將諸天人置於他土是時
諸佛各將一大菩薩以爲侍者至娑婆
世界各到寶樹下一一寶樹高五百由
旬枝葉華菓次第莊嚴諸寶樹下皆有
師子之座高五由旬亦以大寶而校飾
之尓時諸佛各於此座結加趺坐如是
展轉遍滿三千大千世界而於釋迦牟
尼佛一方所分之身猶故未盡時釋迦
牟尼佛欲容受所分身諸佛故八方各
更變二百萬億那由他國皆令清淨無
有地獄餓鬼畜生及阿脩羅又移諸天
人置於他土所化之國亦以瑠璃爲地寶
樹莊嚴樹高五百由旬枝葉華菓次第
嚴飾樹下皆有寶師子座高五由旬種
種諸寶以爲莊校亦無大海江河及目
真鄰陀山摩訶目真鄰陀山鐵圍山大
鐵圍山須彌山等諸山王通爲一佛國
土寶地平正寶交露幔遍覆其上懸諸
旛蓋燒大寶香諸天寶華遍布其地釋

(の)〔之〕國は、亦瑠璃を以(て)地と爲て、寶樹莊嚴せり。樹の高さ五百由旬なり。枝葉・華果次第に莊嚴せり。樹下に皆寶師子の座有(り)。高さ五由旬なり。亦大寶を以(て)〔而〕之を校飾せり。亦大海・江河(と)、及(ひ)目眞隣陀山・摩訶目眞隣陀山・鐵圍山・大鐵圍山・須彌山等の諸山王(と)無し。通(し)て一佛國土と爲て、寶地平正なり。寶を露幔に交(へ)て、遍く其(の)上に覆へり。諸の幡蓋を懸(け)たり。大寶香を燒く。諸天の寶華を遍く其(の)地に布けり。

尓(の)時(に)、東方の釋迦牟尼佛〈天白補〉(の)所分(の)〔之〕身の百千萬億那由他恒河沙等の國土の中の諸佛、各各法を說(きたま)ひ、此(こに)〔於〕來集し(たまひ)ぬ。是(くの)如(く)次第に十方の諸佛皆悉(く)來集(し)て、八方(に)〔於〕坐(し)(たまひ)ぬ。尓(の)時(に)、一一の方の四百萬億那由他の國土の諸佛如來、其(の)中に遍滿(したま)ひぬ。

是(の)時に、諸佛各(の)寶樹(の)下に在(いま)して、師子の座に坐(し)て、皆侍者を遣(マタ)して、釋迦牟尼佛を問訊(したまはむ)として、各(の)寶の華を齎(も)て掬(以也)(たなごころ)に滿(て)て、〔而〕之に告(け)て言(のたま)(はく)、「善男子、汝、耆闍崛山の釋迦牟尼佛のみ所に往詣(し)て、我(か)辭の如(くし)て曰ス(マウ)へし、『少病少惱に、氣力安樂にいますや。』及(ひ)『菩薩・聲聞衆は、悉(く)安隱なりや不や。』此の寶華を以(て)佛に散(し)て供『養(したてまつ)り』て、〔而〕是(の)言を作(す)へし、『彼の某甲の佛、與(ため)に此(の)寶塔を開(かむ)と欲(ふ)。』」と。諸佛(の)使を遣(マタ)シたまふこと、亦復(た)是(く)の如(し)。」

尓(の)時(に)、釋迦牟尼佛、所分の身の佛(の)悉(く)已に來集(し)て、各各師子(の)〔之〕座(に)〔於〕坐(し)たまふを見(み)、皆、諸佛の、與(ため)に同(し)く寶塔を開(かむ)と欲(したまふ)を聞(きたま)へて、卽(ち)座(よ)り〔從〕起(ち)て、虛空の中に住(し)ぬ。一切の四衆起立(し)て合掌(し)て、心を一(にし)て佛を觀たてまつる。是(こに)於(て)、釋迦牟尼佛、右の指を以(て)七寶の塔の戸を開(き)たまふ。大音聲を出すこと、關鑰を却(抜也)(ぬ)(き)て、大城の門を開(く)か如(し)。卽(そ)の時

㉖

燒大寶香諸天寶華遍布其地釋
迦牟尼佛爲諸佛當來坐故復於八方各
變二百萬億那由他國皆令清淨無有
地獄餓鬼畜生及阿脩羅又移諸天人
置於他土所化之國亦以瑠璃爲地寶樹
莊嚴樹高五百由旬枝葉華菓次第莊
嚴樹下皆有寶師子座高五由旬亦以
大寶而挍飾之亦無大海江河及目眞
鄰陁山摩訶目眞鄰陁山鐵圍山大鐵圍
山須彌山等諸山王通爲一佛國土寶
地平正寶交露幔遍覆其上懸諸幡蓋
燒大寶香諸天寶華遍布其地尒時東
方釋迦牟尼所分之身百千萬億那由
他恒河沙等國土中諸佛各各說法來
集於此如是次第十方諸佛皆悉來集
坐於八方尒時一一方四百萬億那由他
國土諸佛如來遍滿其中是時諸佛
各在寶樹下坐師子座皆遣侍者問訊
釋迦牟尼佛各賷寶華滿掬而告之言

に、一切(の)衆會、皆多寶來如の、寶塔の中(にして)〔於〕、師子の座に坐(し)て、全身散
(せ)不(し)て、禪定に入(り)たまふか如(く)いますヲ見たてまつる。又、其(の)「善哉、
善哉、釋迦牟尼佛、快(こころよ)く是の法華經を說(き)たまふこと。我(れ)是(の)經を聽(く)を爲(以也)(も)
(て)の故(に)、而も、此(こ)に來至せり。」と言(のたま)ふを聞く。尒(の)時(に)、四衆等、過去
の無量千萬億劫に滅度(し)たまひし佛の、是(くの)如(き)言(こと)を說(き)たまふを見たてまつ
りて、未曾有なりと歎(し)て、天の寶華の聚を以(て)、多寶佛(と)、及(ひ)釋迦牟尼佛(と)
の上に散(し)たてまつりき。尒(の)時(に)、多寶佛、寶塔の中に(し)て〔於〕、半座を分
(ち)て、釋迦牟尼佛に與(へ)て、(而)是(の)言を作(し)たまはく、「釋迦牟尼佛、此の座
に就(き)たまふ可(し)。」と。卽(そ)の時に、釋迦牟尼佛、其(の)塔の中に入(り)たまひて、
其(の)半座に坐(し)て、結跏趺坐(したま)ひき。尒(の)時(に)、大衆、二(り)の如來の、
七寶の塔の中の師子の座の上に在(います)して、結跏趺坐(したま)へるを見(たてまつり)て、各
㉘(の)是の念を作(さ)く、「佛座(は)高遠なり。唯(たし)願(はく)は、如來、『神通力を以(て)
我(れ)等か輩を(し)て倶に虛空に處(ら)令(めたまへ)。」と。卽(そ)の時に、釋迦牟尼佛、神
通力を以(て)、諸の大衆を接ケ(ア)て、皆虛空に在く。大音聲を(を)以(て)普(く)四衆に告(けたま)
はく、「誰(れ)か能(く)此(の)娑婆國土に(し)て〔於〕、廣(く)妙法華經を說く。今正(し)く
是れ時なり。如來久(しから)不(し)て當に涅槃に入(り)たまふ(へ)し〔再読〕。佛、此の妙
法華經を以(て)付囑(し)たまふこと、在ること有らむと欲(ほ)せり。」尒(の)時(に)、世
尊、重(ね)て此(の)義を宣(へ)むと欲(ほし)て、(而)偈を說(き)て言(はく)

「聖主世尊、 久(しく)滅度(したま)ひきと雖(も)、
寶塔の中に在(います)して 尙(ほ)法を爲(以也)(も)て來(り)たまへり。
諸人云何そ 勤(め)て法を爲(せ)不らむ。

㉗　　　　5　　　　10

釋迦牟尼佛各齎寶華滿掬而告之言
善男子汝往詣耆闍崛山釋迦牟尼佛
所如我辭曰少病少惱氣力安樂及菩
薩聲聞衆悉安隱不以此寶華散佛供
養而作是言彼某甲佛與欲開此寶塔
諸佛遣使亦復如是尒時釋迦牟尼佛
見所分身佛悉已來集各各坐扵師子
之座皆聞諸佛與欲同開寶塔即從座
起住虛空中一切四衆起立合掌一心
觀佛扵是釋迦牟尼佛以右指開七寶
塔戸出大音聲如却關鑰開大城門即
時一切衆會皆見多寶如來扵寶塔中
坐師子座全身不散如入禪定又聞其
言善哉善哉釋迦牟尼佛快說是法華
經我爲聽是經故而來至此尒時四衆
等見過去無量千萬億劫滅度佛說如
是言歎未曾有以天寶華聚散多寶佛
及釋迦牟尼佛上尒時多寶佛扵寶塔
中分半座與釋迦牟尼佛而作是言

10

此の佛滅度(し)たまひて　無央數劫なり。
處處に法を聽く、　遇(ひ)難(き)を以(て)の故(に)。
彼(の)佛、本(もと)、願(ひ)たまはくは、　『我か滅度の後に
在在にも、所往にも、　常(に)爲〈以也〉(も)て法を聽(かむ)。』
又、我か分身の　無量の諸佛の
恒沙等の如き、　來(り)て法を聽き、
及(ひ)滅度(し)たまひし　多寶如來を見(たてまつらむ)と欲(し)て、
各(の)妙土と　及(ひ)弟子衆と
天・人・龍神と　諸の供養の事とを捨(て)て、
法を(し)て久住(せ)令(めむ)として、　故(れ)、此(こ)に來至(したま)へり。

15

諸佛を坐(せ)しむるを爲〈以也〉(も)て、　神通力を以(て)
無量の衆を移(し)て、　國を清淨(なら)令(めむ)。
諸佛、各各　寶樹(の)下に詣(り)たまふこと
清涼<天黒訂>の池に　蓮華の莊嚴せるか如(し)。
其(の)寶樹(の)下に　諸の師子の座あり。
佛其(の)上に坐(し)て　光明嚴飾(し)たまふことは、
夜の暗(やみ)の中に　『大(きなる)炬火を然(とも)せるか如(し)。

㉙

身より妙香を出(し)て　十方の國に遍(し)たまふ。

衆生(は)薫(カホ)リを蒙(り)て　喜(ひ)て自(みつか)(ら)勝(た)へ不(す)。

譬(へは)、大風の　小樹の枝を吹(く)か如(し)。

是の方便を以(て)　法を久住せ令(む)。

㉘

中分半座與釋迦牟尼佛而作是言釋
迦牟尼佛可就此座即時釋迦牟尼佛
入其塔中坐其半座結跏趺坐尒時大
衆見二如來在七寶塔中師子座上結
跏趺坐各作是念佛座高遠唯願如來
以神通力令我等輩倶處虚空即時釋
迦牟尼佛以神通力接諸大衆皆在虚
空以大音聲普告四衆誰能於此娑婆
國土廣説妙法華經今正是時如來不
久當入涅槃佛欲以此妙法華經付囑
有在尒時世尊欲重宣此義而説偈言
聖主世尊　雖久滅度　在寶塔中
尚為法來　諸人云何　不勤為法
此佛滅度　無央數劫　處處聽法
以難遇故　彼佛本願　我滅度後
在在所往　常為聽法　又我分身
無量諸佛　如恒沙等　來欲聽法
及見滅度　多寶如來　各捨妙土
及弟子衆　天人龍神　諸供養事

諸の大衆に告(けたまはく)、『我か滅度の後に
誰(れ)か能(く)　斯の經を護持し、讀誦〈天白訂〉せむ。
今、佛前に(し)て〔於〕　自(みつか)(ら)誓言を説かく、
其(の)多寶佛、　久(しく)滅度(したま)ひきと雖(も)、
大誓願を以(て)　而も、師子吼(し)たまふ。
多寶如來と　及(およひ)—與、我か身の
集(め)たる所の化佛と、　此(の)意を知(し)めす當(し)。
諸の佛子等　誰(れ)か能(く)法を護らむ。
大願を發(し)て　久(し)く住(す)ること得令(む)當(し)。
其の、能(く)　此(の)經法を護ること有らむ者(もの)は、
則(ち)爲(是也)(こ)れ　我(れと)、及(ひ)多寶(と)を供養するなり。
此の多寶佛の　寶塔(に)〔於〕處て
常(に)十方に遊(ひ)たまふことは、　是(の)經を爲(以也)(も)(て)の故(に)なり。
亦復(た)、諸來の化佛の
諸の世界を　莊嚴し、光飾(し)たまふ者(もの)を供養(せ)むとなり。
若(し)此(の)經を説かは、　則(ち)爲(當也)(まさ)に、我(れ)と
多寶如來と　及(ひ)諸の化佛とを見たてまつるなり。
諸の善男子、　各(の)諦(か)に思惟せよ。
此(れ)は、爲(是也)(こ)れ難き事なり。大願を發(す)宜(し)。
諸餘の經典の　數、恒沙の如き、
此(れ)等を説(き)つと雖(も)、　爲(こ)れ難きに足(ら)未(す)。

及弟子衆　天人龍神　諸供養事
令法久住　故來至此　爲坐諸佛
以神通力　移無量衆　令國清淨
諸佛各各　詣寶樹下　如清淨池
蓮華莊嚴　其寶樹下　諸師子座
佛坐其上　光明嚴飾　如夜闇中
然大炬火　身出妙香　遍十方國
衆生蒙薫　喜不自勝　譬如大風
吹小樹枝　以是方便　令法久住
告諸大衆　我滅度後　誰能護持
讀說斯經　今於佛前　自說誓言
其多寶佛　雖久滅度　以大誓願
而師子吼　多寶如來　及與我身
所集化佛　當知此意　諸佛子等
誰能護法　當發大願　令得久住
其有能護　此經法者　則爲供養
我及多寶　此多寶佛　處於寶塔
常遊十方　爲是經故　亦復供養
諸來化佛　莊嚴光飾　諸世界者

若(し)須彌を接ケて、　他方の
無數の佛土に擲(け)置(か)むも、　亦、爲れ難(き)に(あら)未。
若(し)足の指を以(て)　大千界を動(かし)て
「遠く他國に擲(け)むも、　亦、爲れ難(き)に(あら)未。
若(し)有頂に立(ち)て　衆の爲に
無量の餘經を演說せむも、　亦、爲れ難(き)に(あら)未。
若(し)佛の滅後に、　惡世の中(にして)〔於〕
能(く)此の經を說(か)む、　是れ、則(ち)爲れ難し。
假─使ひ人有(り)て、　手に虛空を把　きて
而も、以(て)遊行せむ、　亦、爲れ難(し)と(せ)未。
我(か)滅後(に)〔於〕、　若(しは)自　(ら)も書持し、
若(しは)人を(し)ても書(か)使めむ、　是れ、則(ち)爲れ難し。
若(し)大地を以(て)　足の甲の上に置(き)て
梵天(に)〔於〕昇らむも、　亦、爲れ難(きにあら)未。
佛滅度(し)たまひて後に、　惡世の中(にして)〔於〕
暫(く)も此(の)經を讀(ま)む、　是れ、則(ち)爲れ難し。
假─使ひ劫の燒(け)むときに、　乾(れ)たる草を擔ひ負(ひ)て
中に入(り)て燒(け)不らむも、　亦、爲れ難(きにあら)未。
我か滅度の後に、　若(し)此の經を持(ち)て
一人の爲に說(か)む　是(れ)、則(ち)爲れ難し。
若(し)八萬　四千の法藏と

15　㉚　5　10

諸來化佛　莊嚴光飾　諸世界者
若說此經　則爲見我　多寶如來
及諸化佛　諸善男子　各諦思惟
此爲難事　宜發大願　諸餘經典
數如恒沙　雖說此等　未足爲難
若接須彌　擲置他方　無數佛土
亦未爲難　若以足指　動大千界
遠擲他國　亦未爲難　若立有頂
爲衆演說　無量餘經　亦未爲難
若佛滅後　於惡世中　能說此經
是則爲難　假使有人　手把虛空
而以遊行　亦未爲難　於我滅後
若自書持　若使人書　是則爲難
若以大地　置足甲上　昇於梵天
亦未爲難　佛滅度後　於惡世中
暫讀此經　是則爲難　假使劫燒
擔負乾草　入中不燒　亦未爲難
我滅度後　若持此經　爲一人說
是則爲難　若持八萬　四千法藏

15　㉛　5

十二部經とを持て　人の爲に演說(し)て
諸の聽(か)む者を(し)て　六神通を得令めむ、
能(く)是(くの)如(く)すと雖(も)、　亦、爲れ難(きにあら)未。
我か滅後(に)〔於〕、　此の經を聽受(し)て
其(の)義趣を問(は)む、　是(れ)、則(ち)爲れ難し。
若(し)人法を說(き)て　千萬億の
無量無數の　恒沙の衆生を(し)て
阿羅漢を得□(て)　六神通(を)具(せ)令めむ。
是(の)益有(り)と雖(も)、　亦、爲れ難(きにあら)未。
「我(か)滅後(に)〔於〕、　若(し)能(く)
斯(くの)如(き)經典を奉持(せ)む。　是(れ)、則(ち)爲れ難し。
我れ、佛道(の)爲(に)〔て〕　無量の土に(し)て〔於〕
始(めより)〔從〕今に至(る)までに　廣(く)諸法<天白訂>を說(き)つ。
而も、其(の)中(に)於(て)　此の經第一なり。
若(し)能(く)持(つ)こと有らは、　則(ち)佛身を持つなり。
諸の善男子、　我か滅後(に)〔於〕
誰(れ)か能(く)受持(し)て　此(の)經を讀誦(せ)む。
今、佛前に(し)て〔於〕　自(ら)誓言を說く。
此(の)經は持(ち)難(し)。　若(し)暫(く)も持せは〔者〕、
我(れ)則(ち)歡喜す。　諸佛も、亦、然なり。
是(くの)如(き)〔之〕人は　諸佛の歎(し)たまふ所なり。

15　㉛　5　10

是則爲難　若持八萬　四千法藏
十二部經　爲人演說　令諸聽者
得六神通　雖能如是　亦未爲難
於我滅後　聽受此經　問其義趣
是則爲難　若人說法　令千萬億
無量無數　恒沙衆生　得阿羅漢
具六神通　雖有是益　亦未爲難
於我滅後　若能奉持　如斯經典
是則爲難　我爲佛道　於無量土
從始至今　廣說諸經　而於其中
此經第一　若有能持　則持佛身
諸善男子　於我滅後　誰能受持
讀誦此經　今於佛前　自說誓言
此經難持　若暫持者　我則歡喜
諸佛亦然　如是之人　諸佛所歎
是則勇猛　是則精進　是名持戒
行頭陀者　則爲疾得　無上佛道
能於來世　讀持此經　是真佛子
住淳善地　佛滅度後　能解其義
是諸天人　世間之眼　於恐畏世
能須臾說　一切天人　皆應供養

妙法蓮華經卷第四

是(れ)則(ち)勇猛なり、　是(れ)則(ち)精進なり。
是(れ)を持戒と名(つく)。　頭陀を行する者〔もの〕
則(ち)爲〔こ〕れ、疾く　無上佛道を得てむ。
能(く)來世(に)〔於〕　此(の)經を讀持せは、
此れ眞の佛子として　淳善池に住しなむ。
佛滅度の後に、　能(く)其(の)義を解(ら)は、
是れ、諸天と人との　世間(の)〔之〕眼ならむ。
恐畏の世(に)〔於〕　能(く)須臾も說かは、
一切の天と人と　皆、供養す應し。」

15 妙法蓮華經卷第四

①　5　10　15　②

妙法蓮華經提婆達多品第十二　五
尒時佛告諸菩薩及天人四衆吾於
過去無量劫中求法華經無有懈惓
於多劫中常作國王發願求於無上菩
提心不退轉為欲滿足六波羅蜜勤行
布施心無悋惜象馬七珎國城妻子奴
婢僕從頭目髓腦身肉手足不惜軀命
時世人民壽命無量為於法故捐捨國
位委政太子擊鼓宣令四方求法誰能
為我說大乘者吾當終身供給走使
時有仙人來白王言我有大乘名妙法
華經若不違我當為宣說王聞仙言
歡喜踊躍即隨仙人供給所須採菓汲
水拾薪設食乃至以身而為牀座身
心無倦于時奉事經於千歲為於法
故精勤給侍令無所乏尒時世尊欲重
宣此義而說偈言
我念過去劫　為求大法故　雖作世國王

①妙法蓮華經提婆達多品第十二　五

尒(の)時(に)、佛、諸の菩薩(と)、及(ひ)、天人四衆(と)に告(けたまはく)、「吾(れ)、過去の無量劫の中(に)〔於〕法華經を求(め)しに、懈倦有(ること)無(か)りき。多(く)の劫の中(に)〔於〕常(に)國王と作れりしかとも、願を發(し)て無上菩提を〔於〕求(め)しに、心に退轉(せ)不りき。六波羅蜜を滿足(せ)むと欲(ふ)を爲(以也)(も)(て)、勤(め)て布施を行するに、心に象馬・七珍・國城・妻子・奴婢・僕從・頭目・髓腦・身肉・手足を悋惜(す)ること無(か)りき。軀命を惜(しま)不(り)き。時(に)世の人民、壽命無量なりき。法を〔於〕爲(以也)(も)(て)の故(に)、國の位を捐捨(し)て、政を太子に委(マカ)せき。鼓を擊(ち)て四方に宣令(し)て法を求(め)き。『誰(れ)か能(く)我か爲に大乘を說(か)む者(もの)、吾(れ)當に身を終(ふる)までに供給し走使せむ。』と。時に仙人有(り)て、來(り)て王(に)白(し)て言(さく)、『我(れ)大乘を有(持也)(たも)(ち)て、妙法蓮華經と名(つく)。若(し)我(れ)に違(は)不は、當に爲に宣說(せ)む。』と。王、仙の言を聞(き)て、歡喜し踊躍(し)て、卽(ち)仙人に隨(ひ)て所須を供給しき。菓を採(ト)リ水を汲み、薪を拾ひ食を設(け)、乃至、身を以(て)、而も牀座と作〈天白訂〉(し)しに、身心に倦(す)ること無(かり)き。時(に)〔于〕奉事(す)ること千歲を〔於〕經しかとも、法を〔於〕爲(以也)(も)(て)の故(に)、精勤し給侍(し)て、乏(しき)所無(から)令(め)き。」尒(の)時(に)、世尊、重(ね)て此(の)義を宣(へむ)と欲(ほし)て、〔而〕偈を說(き)て言(はく)、

②「我(れ)過去の劫を念へは、大法を求(むる)を爲(以也)(も)(て)の故(に)
世の國王と作れりきと雖(も)、五欲の樂(しひ)を貪せ不りき。

鐘を搥(ツ)イて四方に告(く)ラク、『誰(れ)か大法を有(持也)(たも)テル者(もの)、

不貪五欲樂　椎鐘告四方　誰有大法者
若爲我解說　身當爲奴僕　時有阿私仙
來白於大王　我有微妙法　世間所希有
若能修行者　吾當爲汝說　時王聞仙言
心生大喜悅　即便隨仙人　供給於所須
採薪及菓蓏　隨時恭敬與　情存妙法故
身心無懈倦　普爲諸衆生　勤求於大法
亦不爲己身　及以五欲樂　故爲大國王
勤求獲此法　遂致得成佛　今故爲汝說
佛告諸比丘尒時王者則我身是時
仙人者今提婆達多是由提婆達多
善知識故令我具足六波羅蜜慈悲
喜捨三十二相八十種好紫磨金色十
力四無所畏四攝法十八不共神通道
力成等正覺廣度衆生皆因提婆達多
善知識故告諸四衆提婆達多却後過
無量劫當得成佛號曰天王如來應供
正遍知明行足善逝世間解無上士調
御丈夫天人師佛世尊世界名天道時

若(し)我か爲に解說せは、　身當に奴僕と爲らむ。』と。

時に、阿私仙有(り)て、　來(り)て大王(に)〔於〕白(さ)く、

『我(れ)微妙の法を有(たも)〔持也〕て(り)。　世間に希有なる所な(り)。

若(し)能(く)修行せは〔者〕、　吾(れ)當に汝か爲に說(か)む。』と。

時に、王、仙の言を聞(き)て　心に大喜悅を生す。

即—便(すなは)(ち)、仙人に隨(ひ)て　所須を〔於〕供給しき。

薪(と)、及(ひ)、菓蓏(カツラノミ)(と)を採(り)て、　時に隨(ひ)て恭敬(し)て與(へ)き。

情(こころ)に妙法を存せるか故(に)　身心に懈倦無(か)(り)き。

普(く)諸の衆生の爲に　勤(め)て大法を〔於〕求(め)き。

亦、己か身と　及—以(およ)(ひ)、五欲の樂と(の)〔を〕爲(に)せ不(り)き。

故(な)(ほ)〔尚也〕大國の王と爲れ(り)しかとも、　勤め求(め)て此の法を獲て
遂に佛と成ること致せ(り)。　今、故(ことさら)に汝か爲に說く。』と。


佛、諸の比丘に告(けたまはく)、「尒(の)時(の)王とは〔者〕、則(ち)、我か身是(れ)な(り)。時(の)〔に〕仙人とは〔者〕、今(の)提婆達多是(れ)な(り)。提婆達多か善知識に由(る)か故(に)、我(れをし)て六波羅蜜と慈悲喜捨と三十二相と八十種好と紫磨金色と十力と四無所畏と四攝法と十八不共と神通と道力とを具足(せ)令(め)た(り)。等正覺成(り)て、廣(く)衆生を度(す)ること、皆提婆達多か善知識に因(る)か故(に)な(り)。」諸の四衆に告(けたまはく)、「提婆達多は却(り)て後に無量劫を過(き)て、當に佛と成(ること)得む。號を天王如③來・應供・正遍知・明行足・善逝・世間解・無上士・調『御丈夫・天人師・佛・世尊と曰(は)む。世界を天道と名(つけ)む。時に天王佛の世(に)住(すること)二十中劫、廣(く)衆生の爲に妙法を〔於〕說(か)む。恒河沙の衆生、阿羅漢果を得む。無量の衆生、緣覺心を發

③

御丈夫天人師佛世尊世界名天道時
天王佛住世二十中劫廣為衆生説
於妙法恒河沙衆生得阿羅漢果無量衆
生發縁覺心恒河沙衆生發無上道心
得無生忍至不退轉時天王佛般涅槃
後正法住世二十中劫全身舍利起七
寶塔高六十由旬縦廣四十由旬諸天
人民悉以雜華末香焼香塗香衣服
瓔珞幢幡寶蓋伎樂歌頌禮拜供養七寶
妙塔無量衆生得阿羅漢果無量衆生
悟辟支佛不可思議衆生發菩提心至
不退轉佛告諸比丘未來世中若有善
男子善女人聞妙法華經提婆達多品
淨心信敬不生疑惑者不墮地獄餓鬼
畜生生十方佛前所生之處常聞此
經若生人天中受勝妙樂若在佛前蓮
華化生於時下方多寶世尊所從菩薩
名曰智積白多寶佛當還本土釋迦
牟尼佛告智積曰善男子且待須臾此

(さ)む。恒河沙の衆生、無上道の心を發(さ)む。無生忍を得て不退轉に至(ら)む。時に天王佛、般涅槃の後に、正法の世(に)住(すること)二十中劫、全身の舍利をもて七寶の塔を起(し)て、高さ六十由旬、縦廣四十由旬、諸(の)天・人民、悉(く)雜華と末香・焼香・塗香と衣服・瓔珞と幢幡・寶蓋と伎樂・歌頌とを以(て)、七寶の妙塔を禮拜し供養(せ)む。無量の衆生、阿羅漢果を得む。無量の衆生、辟支佛を悟らむ。不可思議の衆生、菩提心を發(し)て不退轉に至らむ。」

佛、諸の比丘に告(けたまはく)、「未來世の中に、若(し)善男子・善女人有(り)て、妙法華經の提婆達多品を聞(き)て、淨心に信敬(し)て疑惑(を)生(せ)不は〔者〕、地獄・餓鬼・畜生に墮(せ)不(し)。十方の佛前(に)生(れ)む。所生(の)〔之〕處に常(に)此の經を聞(か)む。若(し)人天の中に生れは、勝妙の樂を受(け)む。若(し)佛前に在(り)ては、蓮華よ(り)化生せむ。」と。時(に)〔於〕下方の多寶世尊の所從の菩薩、名(つけ)て智積と曰(い)ふ、多寶佛に白(さく)、「本土に還(り)たまふ當(し)。」と。釋迦牟尼佛、智積(に)告(けて)曰(のたま)

④(はく)、「善男子、且-待須-臾(マテシバラク)。此(こ)に『菩薩の、文殊師利と名(つくる)有(り)。與に相ひ見(る)可(し)。妙法を論説(し)て、本土に還(る)可(し)。」と。尓(の)時(に)、文殊師利、千葉の蓮華の大(き)さ車輪の如(くあ)るに坐(し)て、倶來の菩薩も亦寶蓮華に坐(し)て、大海の娑竭羅龍宮(よ)り〔從・於〕自然に踊出(し)て、虚空の中に住(し)て、靈鷲山に詣(いた)（至也）(り)ぬ。蓮華(よ)り〔從〕下(り)て、佛(のみ)所(に)〔於〕至(り)て、頭面をもて二(り)の世尊のみ足を敬禮(し)たてまつる。敬を修(す)ること已(り)畢(り)て、智積の所に往(き)て、共に相ひ慰問(し)て、却(き)て一面に坐せりき。智積菩薩、文殊師利に問はく、「仁(きみ)、龍宮に往(き)て化せる所の衆生、其(の)數幾-何(イクハク)ぞ。」文殊師利の言(のたま)(はく)、「其(の)數無量に(し)て稱計(す)可(から)不(す)。口の宣(ふ)ゐき所に非(す)。心の測(る)ゐき所に非(す)。

④

牟尼佛告智積曰善男子且待須臾此
有菩薩名文殊師利可與相見論說妙
法可還本土尒時文殊師利坐千葉蓮
華大如車輪倶來菩薩亦坐寶蓮華從
於大海娑竭羅龍宮自然踊出住虛空
中詣靈鷲山從蓮華下至於佛所頭面
敬礼二世尊足修敬已畢往智積所共
相慰問却坐一面智積菩薩問文殊師
利仁往龍宮所化衆生其數幾何文殊
師利言其數無量不可稱計非口所宣
非心所測且待須臾自當有證所言未
竟無數菩薩坐寶蓮華從海踊出詣
靈鷲山住在虛空此諸菩薩皆是文殊
師利之所化度具菩薩行皆共論說六波
羅蜜本聲聞人在虛空中說聲聞行今
皆修行大乘空義文殊師利謂智積
曰於海教化其事如是尒時智積菩薩
以偈讃曰

且(マテ)待須臾(シハラク)。自(を(のつから))に當に證有(り)なむ。」と。

所言竟(ら)未(る)に、無數の菩薩、寶蓮華に坐(し)て、海(より)〔從〕踊出(し)て、靈鷲山に詣(り)て、虛空に住在しぬ。此の諸の菩薩は、皆是れ文殊師利(の)〔之〕化度せる所なり。菩薩の行を具(し)て、皆共に六波羅蜜を論說す。本(と)聲聞なりし人は、虛空の中に在(り)て、聲聞の行を說(か)しむ。今(は)皆大乘の空の義を修行す。文殊師利、智積に謂(ひ)て曰(はく)、「海に於(あ)りて敎化せる、其(の)事是(くの)如(し)。」尒(の)時(に)、智積菩薩、偈を以て讃(し)て曰(まう)さ(く)、

「大智德、勇健に(し)て、無量の衆を化度(し)たまへり。

今、此(の)諸の大會(と)及(ひ)、我(れと)、皆、已に見つ。

實相の義を演暢し、一乘の法を開闡(し)て、

『廣(く)諸の群生を導〈天白訂〉(き)て速(か)に菩提成(ら)令(め)たまふ。」

⑤

文殊師利の言(のたま)(はく)、「我(れ)海中に(し)て〔於〕、唯(た)常(に)妙法華經を宣說しつ。」智積、文殊師利に問(ひ)たてまつりて言さ(く)、「此(の)經は甚深微妙に(し)て、諸經の中に寶として世に希有なる所なり。頗(タ)ヒ衆生有(り)て、勤(め)て精進を加(マ)シて、此(の)經を修行せは、速(か)に佛を得てむや不や。」文殊師利の言(のたま)(はく)、「娑竭羅龍王の女(むすめ)有り。年始(め)て八歲なり。智慧利根なり。善(く)衆生の諸根の行業を知れり。陀羅尼を得て、諸佛の所說の甚深の秘藏を悉(く)能(く)受持せり。深(く)禪定に入(り)て、諸法を了達せり。刹那の頃(に)〔於〕菩提心を發(し)て、不退轉を得たり。辯才無礙なり。衆生を慈念(す)ること、猶(ほ)赤子の如(し)。功德具足せり。心に念ひ口に演(ぶ)ること、微妙廣大なり。慈悲仁讓あり。志意和雅に(し)て、能(く)菩提に至(ら)しむ。」智積菩薩の言(い)(はく)、「我(れ)釋迦如來を見たてまつれは、無量劫(に)〔於〕難行苦行(し)たまひて、

⑤
大智德勇健 化度無量衆 今此諸大會
及我皆已見 演暢實相義 開闡一乘法
廣度諸衆生 令速成菩提
文殊師利言我於海中唯常宣說妙法
5 華經智積問文殊師利言此經甚深微
妙諸經中寶世所希有頗有衆生勤加
精進修行此經速得佛不文殊師利言有
娑竭羅龍王女年始八歲智慧利根善
知衆生諸根行業得陀羅尼諸佛所說
10 甚深祕藏悉能受持深入禪定了達諸
法於刹那頃發菩提心得不退轉辯才
無礙慈念衆生猶如赤子功德具足心
念口演微妙廣大慈悲仁讓志意和雅
能至菩提智積菩薩言我見釋迦如來
15 於無量劫難行苦行積功累德求菩提
道未曾止息觀三千大千世界乃至無
有如芥子許非是菩薩捨身命處爲衆
生故然後乃得成菩提道不信此女於
須臾頃便成正覺言論未訖時龍王女

功を積み徳を累(ね)て、菩薩の道を求(め)たまひしに、曾て止息(し)たまは未(す)。三千大千
15 世界を觀たまふに、乃至、芥子許(はか)(り)の如(き)も、是の菩薩の身命を捨(て)たまへる處に
非ぬは有(ること)無し。衆生を爲(以也)(も)(て)の故(に)。然(し)て後に、乃(いま)(し)菩提道成ること得
(たま)へり。信(せ)不(す)、此(の)女の、須臾の頃(に)〔於〕便(ち)正覺成(ること)をは。」言論
訖(ら)未(る)に、時に龍王女忽に前(に)〔於〕現(れ)て、頭面をもて禮敬(し)て、却(き)て
一面に住(し)て、偈を以(て)讚(し)て曰さ(まう)(く)、
「深(く)罪と福との相を達し、 遍く十方を〔於〕照(し)たまふ。
微妙の淨法身 『相、三十二具(し)たまへり。
⑥ 八十種の好を以(て)、 用(も)て法身を莊嚴(し)たまへり。
天人に戴仰せ所(れ)て 龍神咸(く)恭敬(し)たてまつる。

一切衆生の類 宗奉(せ)不(す)といふ者(もの)無(し)。

又、菩提成(ること)を聞(く)をは 唯(た)佛のみ當に證知(し)たまへり。

我(れ)大乘の教を闡(ひら)(き)て、 苦の衆生を度脫せむ。」と。
5 時(に)舍利弗、龍女に語(り)て言(い)(はく)、「汝、久(しから)不(し)て無上道を得むと謂
へり。是の事信し難し。所以(は)〔者〕何(に)、女身は垢穢に(し)て、是(れ)法の器に非
(す)。云何そ能(く)無上菩提を得む。佛道は懸(ハル)カに曠(トホ)ク(し)て、無量劫を經て、勤(め)て
苦(ねむごろ)に行を積み、具に諸度を修(し)て、然(し)て後に、乃(いま)(し)成す。又、女人の身に猶
10 (ほ)五障有(り)。一は〔者〕梵天王と作ること得不(ぬ)、二は〔者〕帝釋、三は〔者〕魔王、四は
〔者〕轉輪聖王、五は〔者〕佛身なり。云何そ女身に(し)て速(か)に佛と成(ること)得む。」

と。尒(の)時(に)、龍女、一(つ)の寶珠の、價ひ三千大千世界に直(あた)(るもの)有(り)。持(も)―

以て佛に上(たてまつ)る。佛、卽(ち)之(を)受(け)たまひつ。龍女、智積菩薩と尊者舍利弗とに謂

⑥
須臾頃便成正覺言論未訖時龍王女
忽現於前頭面礼敬却住一面以偈讃曰
深達罪福相　遍照於十方　微妙淨法身
具相三十二　以八十種好　用莊嚴法身
天人所戴仰　龍神咸恭敬　一切衆生類
無不宗奉者　又聞成菩提　唯佛當證知
我闡大乘教　度脱苦衆生
時舍利弗語龍女言汝謂不久得無上
道是事難信所以者何女身垢穢非是
法器云何能得無上菩提佛道懸曠經
無量劫懃苦積行具修諸度然後乃成
又女人身猶有五障一者不得作梵天
王二者帝釋三者魔王四者轉輪聖王
五者佛身云何女身速得成佛尒時龍
女有一寶珠價直三千大千世界持以
上佛佛即受之龍女謂智積菩薩尊者
舍利弗言我獻寶珠世尊納受是事疾
不荅言甚疾女言以汝神力觀我成佛復
速於此當時衆會皆見龍女忽然之間

(ひ)て言(はく)、「我(れ)寶珠を獻(るに)、世尊納受(し)たまひつ。是(の)事疾(し)や不や。」と。答(へ)て言(はく)〔て〕、「甚(た)疾(し)。」と。女の言(はく)、「汝か神力を以(て)我(れ)を佛と成らむを觀よ。復(た)、此(れ)よ(り)〔於〕速(か)ならむ。」と。

當時に衆會、皆、龍女の、忽然(の)〔之〕間に變(し)て男子と成(り)て、菩薩の行を具(し)て、卽(ち)南方の無垢世界に往(き)て、寶蓮華に坐(し)て、等正覺成(り)て、三十二相・⑦八十種好あ(り)て、普(く)十方の一切衆生の爲(に)、妙法(を)演說するを見つ。尒(の)時(に)、娑婆世界の菩薩・聲聞・天・龍・八部人と非人(と)〔與〕、皆遙(か)に彼(の)龍女の佛と成(り)て、普(く)時の會の人・天の爲に法を說(く)を見て、心大(きに)歡喜(し)て、悉(く)遙(か)に敬禮しき。無量の衆生、法を聞(き)て解悟(し)て、不退轉を得てき。無量の衆生、道記を受(く)ること得てき。無垢の世界、六反に震動しき。娑婆世界の三千の衆生、不退地に住しき。三千の衆生、菩提心を發(し)て、〔而〕受記を得てき。智積菩薩(と)、及(ひ)、舍利弗(と)、一切衆會(と)默然(し)て信受(し)き。

⑦ 5 10

速於此當時衆會皆見龍女忽然之間
變成男子具菩薩行即往南方無垢世
界坐寶蓮華成等正覺三十二相八十
種好普爲十方一切衆生演説妙法尒
時娑婆世界菩薩聲聞天龍八部人與
非人皆遙見彼龍女成佛普爲時會人
天説法心大歡喜悉遙敬礼無量衆生
聞法解悟得不退轉無量衆生得受道
記無垢世界六反震動娑婆世界三千
衆生住不退地三千衆生發菩提心而得
受記智積菩薩及舍利弗一切衆會嘿
然信受
妙法蓮華經勧持品第十三
尒時藥王菩薩摩訶薩及大樂説菩薩
摩訶薩與二萬菩薩眷屬倶皆於佛前
作是誓言唯願世尊不以爲慮我等於
佛滅後當奉持讀誦説此經典後悪世
衆生善根轉少多增上慢貪著利養增
不善根遠離解脱……

妙法蓮華經勧持品第十三

10 尒(の)時(に)、藥王菩薩摩訶薩と、及(ひ)、大樂説菩薩摩訶薩と、二萬の菩薩の眷屬(と)〔與〕倶に、皆佛前に於(あ)て是(の)誓言を作(さ)く、「唯(たし)願(はく)は、世尊、以(て)爲(まさ)當也に慮(うらおも)(ひ)たまは不れ。我(れ)等、佛の滅後(に)〔於〕、當に此(の)經典を奉持し讀誦し説(か)む。後の悪世の衆生は、善根轉(いよいよ)少し。増上慢多く、利養を貪著し、不善

15 根を增し、解脱を遠離(せ)む。敎化(す)可(き)こと難(し)と雖(も)、我(れ)等當に大忍力

15　⑧　5　10

不善根遠離解脫雖難可教化我等當
起大忍力讀誦此經持說書寫種種供
養不惜身命尒時衆中五百阿羅漢得
受記者白佛言世尊我等亦自誓願於
異國土廣說此經復有學無學八千人
得受記者從座而起合掌向佛作是誓
言世尊我等亦當於他國土廣說此經
所以者何是娑婆國中人多弊惡懷增
上慢功德淺薄瞋濁諂曲心不實故尒
時佛姨母摩訶波闍波提比丘尼與學
無學比丘尼六千人俱從座而起一心合
掌瞻仰尊顏目不暫捨於時世尊告憍
曇彌何故憂色而視如來汝心將無謂
我不說汝名授阿耨多羅三藐三菩提
記耶憍曇彌我先揔說一切聲聞皆已
授記今汝欲知記者將來之世當於六
萬八千億諸佛法中為大法師及六千
學無學比丘尼俱為法師汝如是漸漸

を起(し)て、此(の)經を讀誦し持說し書寫し、種種に供養(し)て、身命を惜(しま)不(ず)。」と。尒(の)時(に)、衆の中の五百の阿羅漢の受記を得たる者(もの)、佛(に)白(して)言(さく)、「世尊、我(れ)等(も)亦、自(みつか)(ら)誓願すらく、『異(なる)國土に於(あ)(り)て、廣(く)此(の)經を說(か)む。』」と。

⑧ 復(た)、學・無學の八千の人の、『受記を得たる者(もの)有(り)て、座(より)〔從・而〕起(ち)て、掌を合せ佛に向(ひ)て、是(の)誓言を作(さ)く、「世尊、我(れ)等(も)亦、當(に)他の國土に於(あ)(り)て、廣(く)此(の)經を說(か)む。所以は〔者〕何(に)、是の娑婆國の中には、人弊惡多く、增上慢を懷き、功德淺薄なり。瞋濁諂曲なり。心實(にあ)ら)不(る)か故(に)。」尒(の)時(に)、佛の姨ー母摩訶波闍波提比丘尼、學・無學(の)比丘尼六千の人(と)〔與〕俱に座(より)〔從・而〕起(ち)て、一心(に)合掌(し)て、尊顏を瞻仰(し)て、目暫(く)も捨(ま)不(ず)。時(に)〔於〕世尊、憍曇彌に告(けたまはく)、「何故か憂(は)しき色に(し)て〔而〕如來を視たてまつる。汝、心に將に、我れ汝か名を說(き)て、阿耨多羅三藐三菩提の記を授(け)不(ず)と謂(ふ)こと無(か)らむ(や)〔耶〕。憍曇彌、我(れ)先きに總て一切聲聞に皆已に授記しぬと說(き)てき。今、汝、記を知(らむ)と欲(せ)は〔者〕、將來(の)〔之〕世に、當に六萬八千億の諸佛の法の中に(し)て〔於〕、大法師と爲らむ(と)。及(ひ)、六千の學・無學の比丘尼も俱に法師と爲らむ。汝、是(くの)如(く)漸漸に菩薩の道を具(し)て、當(に)佛と作(ること)得む。一切衆生意見如來・應供・正遍知・明行足・善逝・世間解・無上士・調御丈夫・天人師・佛・世尊と號(つけ)む。憍曇彌、是の一切衆生意見佛(と)、及(ひ)六千の菩薩(と)、授記(を)轉次(し)て、阿耨多羅三藐三菩提を得む。」尒

⑨ (の)時(に)、羅睺羅か母耶輸陀羅比丘尼、『是(の)念を作(さ)く、「世尊、授記の中(に)於(て)獨(り)我(か)名を說(きたまは)不(ず)。」と。佛、耶輸陀羅に告(けたまはく)、「汝、來世(に)〔於〕、百千萬億の諸佛の法の中に、菩薩の行を修(し)て、大法師と爲(り)て、漸(く)佛

具菩薩道當得作佛号一切衆生憙
見如来應供正遍知明行足善逝世
間解無上士調御丈夫天人師佛世尊
憍曇弥是一切衆生憙見佛及六千菩
薩轉次授記得阿耨多羅三藐三菩
提尓時羅睺羅母耶輸陁羅比丘尼
⑨作是念世尊於授記中獨不説我名
佛告耶輸陁羅汝於来世百千萬億
諸佛法中修菩薩行為大法師漸具
佛道於善國中當得作佛号具足千
萬光相如来應供正遍知明行足善逝
世間解無上士調御丈夫天人師佛世
尊佛壽無量阿僧祇劫尓時摩訶波
闍波提比丘尼及耶輸陁羅比丘尼并
其眷屬皆大歡喜得未曾有即於佛
前而説偈言
世尊導師　安隠天人　我等聞記　心安具足
諸比丘尼説是偈已白佛言世尊我

道具(し)て、善國の中に(し)て〔於〕、當(に)佛と作(ること)得む。具足千萬光相如來・應供・正遍知・明行足・善逝・世間解・無上士・調御丈夫・天人師・佛・世尊と號(つけ)む。佛(の)壽無量阿僧祇劫ならむ。」尒(の)時(に)、摩訶波闍波提比丘尼(と)、及(ひ)、耶輸陀羅比丘尼(と)、幷(せ)て、其(の)眷屬、皆大(き)に歡喜(し)て、未曾有なること得て、卽(ち)佛前に(し)て〔於〕、〔而〕偈を說(き)て言さ(まう)(く)、

「世尊導師、　天人を安隱に(あらし)めたまふ。
我(れ)等記を聞(き)たまへて　心安(らか)なること具足しぬ。」

諸の比丘尼、是(の)偈を說(き)已(り)て、佛(に)白(して)言(さく)、「世尊、我(れ)等(も)亦、能(く)他方の國土に於(あ)て、廣(く)此(の)經を宣(へ)む。」と。尒(の)時(に)、世尊、八十萬億那由他の諸の菩薩摩訶薩を視(みそなは)す。是の諸の菩薩は、皆是れ阿惟越致な(り)。不退の法輪を轉し、諸の陀羅尼を得た(り)。卽(ち)、座(より)〔從〕起(ち)て、佛前(に)〔於〕至(り)て、一心(に)合掌(し)て、〔而〕是(の)念を作(さ)く、「若(し)世尊、我(れ)等に此(の)經を持說(せ)よと告敕(し)たまはは〔者〕、當に佛敎の如(く)廣(く)斯(の)法を宣(へ)む。」と。復(た)是(の)念を作(さ)く、「佛、今、默然(とし)て告敕(せ)見れ不(す)。我

⑩(れ)當に『云何(に)かせむ。」と。時に諸の菩薩、佛意に敬順し、幷(せ)て、自(みつか)(ら)本願を滿(て)むと欲(し)て、便(ち)佛前に(し)て〔於〕、師子吼を作(し)て、〔而〕誓言を發さく、「世尊、我(れ)等、如來の滅後(に)〔於〕、十方世界に周旋し往反(し)て、能(く)衆生(をし)て此(の)經を書寫し受持し讀誦し、其(の)義を解說(し)て、法(の)如(く)修行し、正憶念せ令(めむ)。皆是れ佛(の)〔之〕威力ならむ。唯(たし)願(はくは)、世尊、他方に〔於〕在(いま)して、遙(か)に守護せ見れよ。」卽(そ)の時に、諸の菩薩、倶に同(しく)聲を發(し)て、〔而〕偈を說(き)て言(さく)、

15　⑩　5　10

等當能於他方國廣宣此經尒時世尊
視八十萬億那由他諸菩薩摩訶薩
是諸菩薩皆是阿惟越致轉不退法
輪得諸陁羅尼即従座起至於佛前
一心合掌而作是念若世尊告勅我
等持說此經者當如佛教廣宣斯法
復作是念佛今嘿然不見告勅我當
云何時諸菩薩敬順佛意并欲自滿
本願便於佛前作師子吼而發誓言世
尊我等於如來滅後周旋往反十方世
界能令衆生書寫此經受持讀誦解說
其義如法脩行正憶念皆是佛之威力
唯願世尊在於他方遥見守護即時諸
菩薩俱同發聲而說偈言
唯願不為慮　於佛滅度後　恐怖悪世中
我等當廣說　有諸無智人　悪口罵詈等
及加刀杖者　我等皆當忍　悪世中比丘
邪智心諂曲　未得謂為得　我慢心充滿
或有阿練若　納衣在空閑　自謂行真道

10　15　⑪

「唯(たし)願(はく)は、爲〈當〉(まさ)に慮(うらおも)(ひ)たまは不れ。　佛の滅度の後(に)〔於〕、
恐怖悪世の中に　我(れ)等當に廣く說(か)む。
諸の無智の人有(り)て、　悪口罵詈等をし、
及(ひ)、刀・杖を加ゑむ者(もの)に　我(れ)等皆當に忍せむ。
悪世の中の比丘は、　耶智あり、心諂曲なり。
得未(ぬ)を爲〈當也〉(まさ)に得たりと謂うて　我慢の心充滿せらむ。
或(るい)は阿練若に有(り)て、　衣を納み(ツ)て空閑に在(り)て
自(みつか)(ら)眞道を行(せむ)と謂(ひ)て　人間の者(もの)を輕賤せむ。
利養に貪著せるか故(に)　白衣の與(ため)に法を說(か)む。
世に恭敬(せ)所(る)ること爲〈得也〉(え)て、　六通の羅漢の如(く)アらむ。
是の人悪心を懷(き)て、　常(に)世俗の事を念せむ。
名を阿練若に假(り)て　好(み)て我(れ)等か過を出さむ。
而も、是(くの)如(き)言(こと)を作(さく)、　『此(の)諸の比丘等は
利養を貪(る)を爲〈以也〉(も)(て)の故(に)　外道の論義を說(く)なり。
自(みつか)(ら)此(の)經典を作(り)て　世間の人を誑惑せむ。
名聞を求(むる)を爲〈以也〉(も)(て)の故(に)　是の經を〔於〕分別するなり。』
常(に)大衆の中に在(り)て　我(れ)等を毀(そし)(らむ)と欲(ふ)か故(に)
國王・大臣　婆羅門・居士(と)
『及(ひ)、餘の比丘衆(と)に向(ひ)て　誹謗(し)て我か悪を說(き)て
『是れ耶見の人の　外道の論義を說(く)なり。』と謂(い)(ふ)なり。
我(れ)等、佛を敬(ふ)か故(に)　悉(く)是の諸悪を忍せむ。

⑪

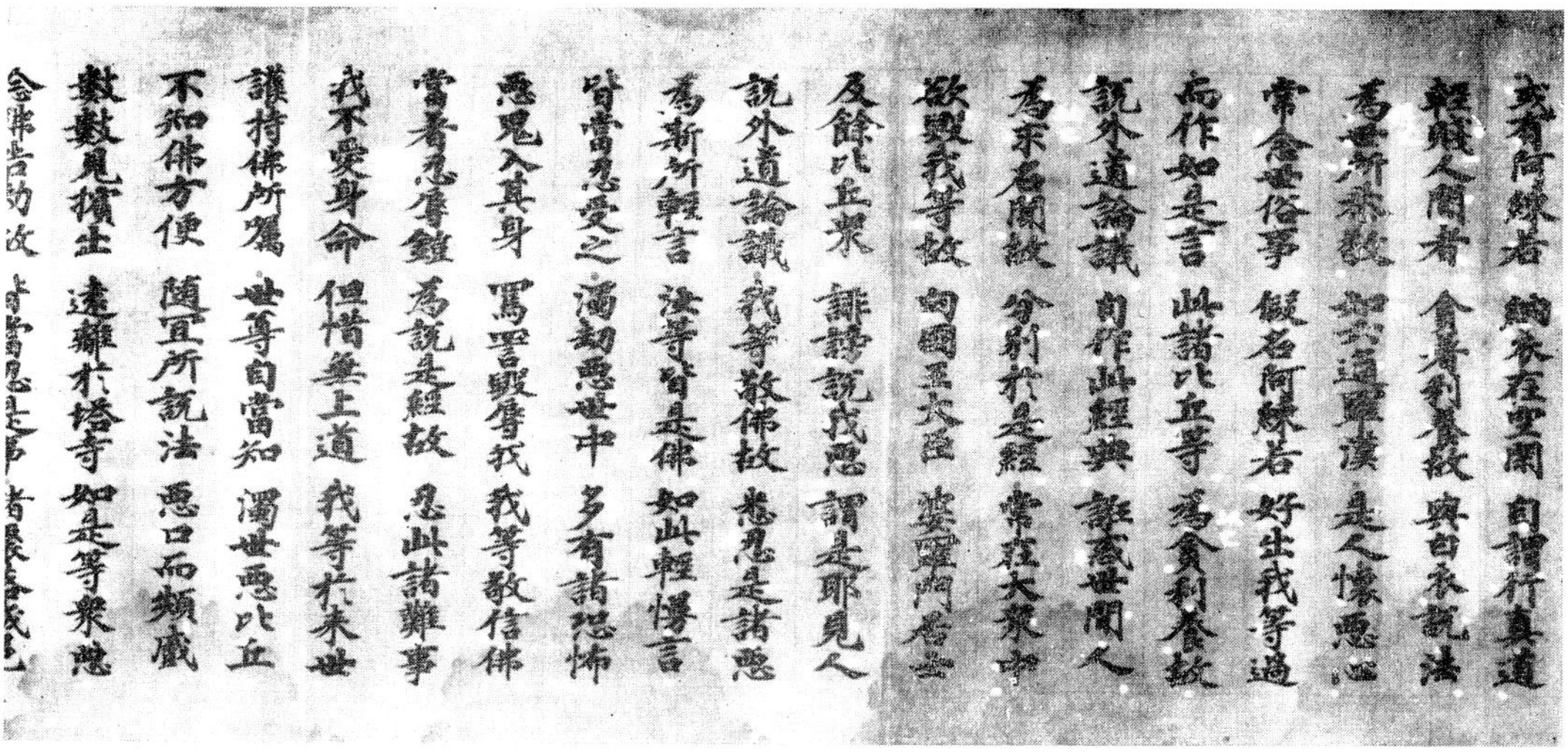
或有阿練若　納衣在空閑　自謂行真道
輕賤人間者　貪著利養故　與白衣説法
為世所恭敬　如六通羅漢　是人懷惡心
常念世俗事　假名阿練若　好出我等過
而作如是言　此諸比丘等　為貪利養故
説外道論議　自作此經典　誑惑世間人
為求名聞故　分別於是經　常在大衆中
欲毀我等故　向國王大臣　婆羅門居士
及餘比丘衆　誹謗説我惡　謂是邪見人
説外道論議　我等敬佛故　悉忍是諸惡
為斯所輕言　汝等皆是佛　如此輕慢言
皆當忍受之　濁劫惡世中　多有諸恐怖
惡鬼入其身　罵詈毀辱我　我等敬信佛
當著忍辱鎧　為説是經故　忍此諸難事
我不愛身命　但惜無上道　我等於來世
護持佛所囑　世尊自當知　濁世惡比丘
不知佛方便　隨宜所説法　惡口而顰蹙
數數見擯出　遠離於塔寺　如是等衆惡
念佛告勅故　皆當忍是事

斯(れ)に輕み言ハ所ることを爲て　汝等は、皆、是(れ)佛(なヱ)〔せむ〕と。
是(くの)如(き)輕慢の言を　皆當に忍(ひ)て之を受(け)む。
濁劫惡世の中には　多く諸の恐怖有(ヱ)て、
惡鬼其(の)身に入(ヱ)て　我(れ)を罵詈し、毀辱せむ、
我(れ)等、佛を敬信すと。　當に忍辱の鎧　を著む。
是(の)經を説(く)を爲(て)の故(に)　此(の)諸の難事を忍せむ。
我(れ)身命を愛(しま)不。　但(た)無上道をのみ惜(し)む。
我(れ)等、來世(に)〔於〕　佛の囑(し)たまへる所を護持せむ。
世尊自(ら)知(し)めす當(し)、　濁世の惡比丘は
佛の方便の　隨宜の所説の法を知ラ不(し)て
惡口をもて〔而〕頻蹙し、　數數　擯出せ見(ら)れて
塔寺を〔於〕遠離せむ。　是(くの)如(き)等の衆惡を
佛の告勅を念(する)か故(に)　皆當に是(の)事を忍せむ。
諸の聚落・城邑に　其(の)法を求(むる)者有らは、
我(れ)、皆、其(の)所に到(ヱ)て　佛の所囑の法を説(か)む。
我(れ)は、是れ世尊の使として、　衆に處(し)て所畏無からむ。
我(れ)當に善く法を説(か)む。　願(はく)は、佛、安隱に住(し)たまへ。
我(れ)、世尊のみ前　諸來の十方の佛に於て、
是(くの)如(き)誓言を發す、　佛自(ら)我か心を知(しめ)せヱ。」と。

妙法蓮華經安樂行品第十四

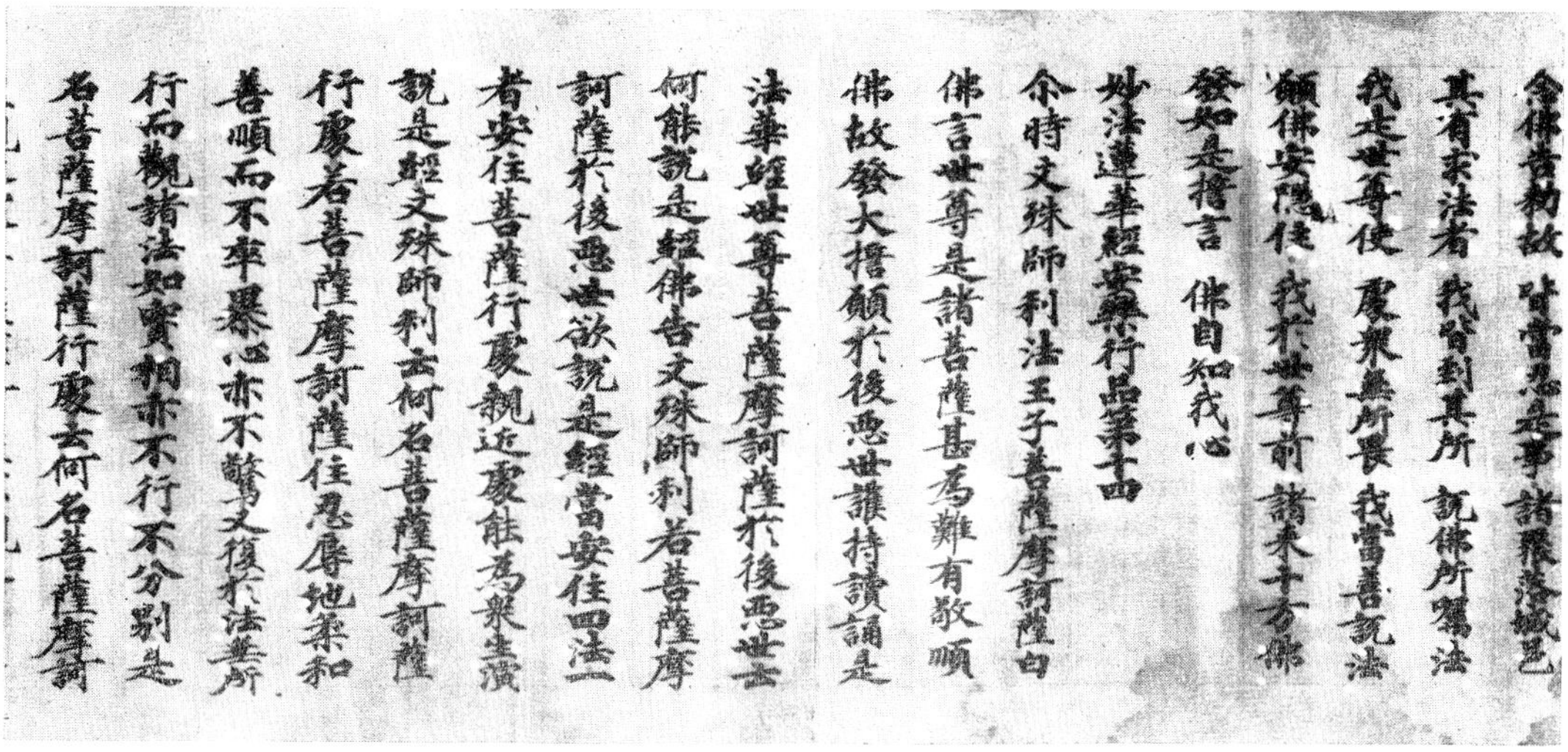

尒(の)時(に)、文殊師利法王子菩薩摩訶薩、佛(に)白(して)言(さく)、「世尊、是の諸の菩薩は、甚(た)爲(是也)(こ)れ有(り)難し。佛に敬順するか故(に)、大誓願を發(し)て、後の惡世⑫(に)〔於〕、是の『法華經を護持し讀誦(せむ)〔し〕。世尊、菩薩摩訶薩は、後の惡世(に)〔於〕云何(にし)てか能(く)是(の)經を說(か)む。」佛、文殊師利に告(けたまはく)、「若(し)菩薩摩訶薩、後の惡世(に)〔於〕、是(の)經を說(かむ)と欲はは、當に四の法に安住(すべ)し5《再讀》。一は〔者〕菩薩の行處・親近處に安住して、能(く)衆生の爲に、是(の)經を演說(す)べし。文殊師利、云何(なる)をか菩薩摩訶薩の行處と名(つくる)。若(し)菩薩摩訶薩忍辱地に住し、柔和善順なり、而も卒暴に(あら)不(す)、心亦驚せ不れ。又復(た)、法に於(お)いて行(する)所無(くし)て、而も、諸法の如實の相を觀せよ、亦、行(せ)不(す)、分別(せ)不れ。

⑫

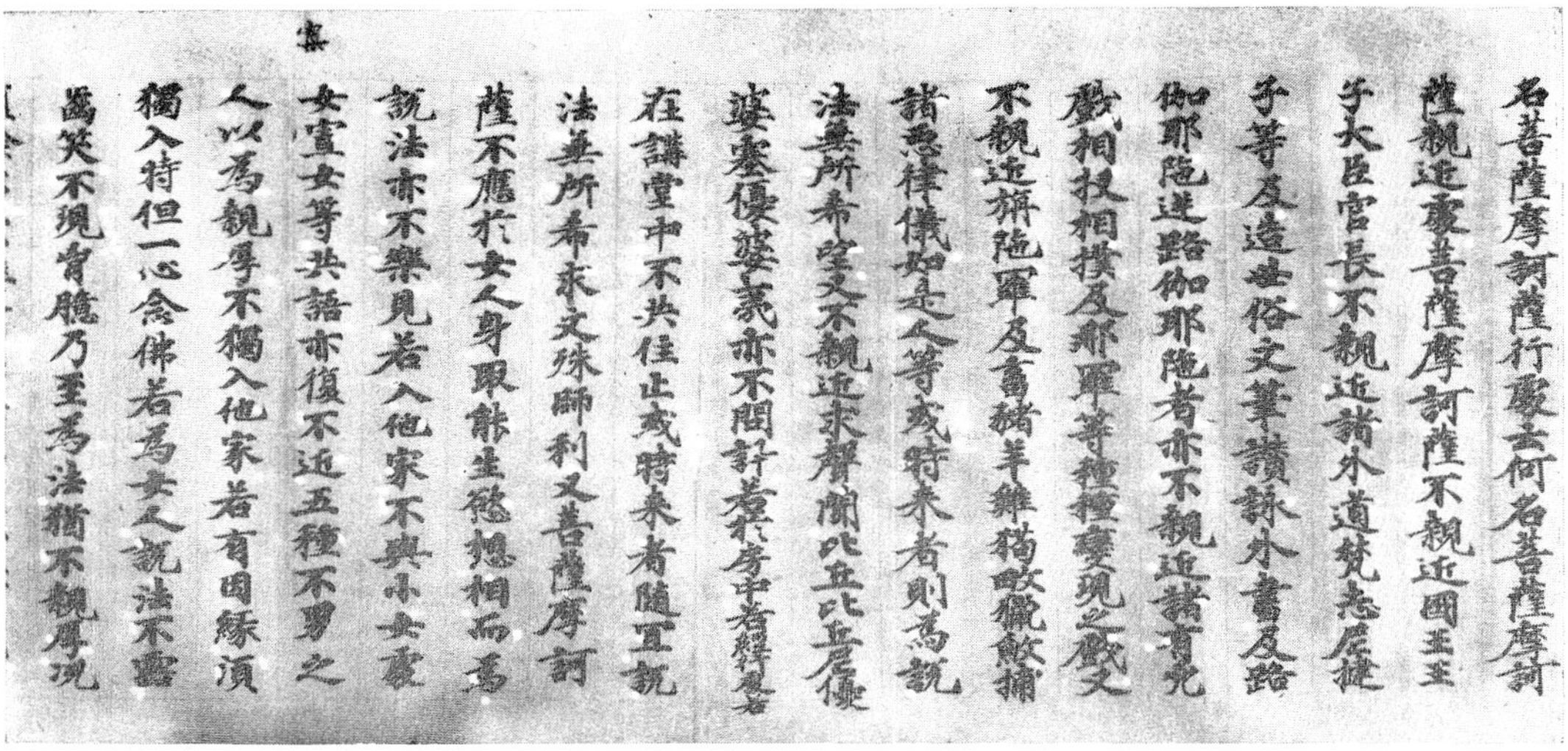
名菩薩摩訶薩行處云何名菩薩摩訶
薩親近處菩薩摩訶薩不親近國王王
子大臣官長不親近諸外道梵志尼揵
子等及造世俗文筆讃詠外書及路
伽耶陀逆路伽耶陀者亦不親近諸有凶
戲相扠相撲及那羅等種種變現之戲又
不親近旃陀羅及畜猪羊雞狗畋獵漁捕
諸惡律儀如是人等或時來者則為説
法無所希望又不親近求聲聞比丘比丘尼優
婆塞優婆夷亦不問訊若於房中若經行處
在講堂中不共住止或時來者隨宜説
法無所希求文殊師利又菩薩摩訶
薩不應於女人身取能生欲想相而為
説法亦不樂見若入他家不與小女處
女寡女等共語亦復不近五種不男之
人以為親厚不獨入他家若有因縁須
獨入時但一心念佛若為女人説法不露
齒笑不現胸臆乃至為法猶不親厚況

是(れ)を菩薩摩訶薩の行處と名(つく)。云何(なる)をか菩薩摩訶薩親近處と名(つくる)。菩薩摩訶薩は、國王・王子・大臣・官長に親近(せ)不れ。諸の外道の梵志・尼揵子等と、及(ひ)、世俗の文筆・讃詠の外書を造(る)と、及(ひ)、路伽耶陀と、逆路伽耶陀との者に親近(せ)不れ。亦、諸の凶戲たる相扠と相撲と、及(ひ)、那羅等の種種の變現(の)〔之〕戲と有(る)に親近(せ)不れ。又、旃陀羅と、及(ひ)、豬・羊・鷄・狗〔と〕を畜する□と畋獵・漁捕と、諸の惡律儀に親近(せ)不れ。是(くの)如(き)人等、或(し)時に來(ら)は。〔者〕、則(ち)爲に法を說(き)て、希望する所無(か)れ。又、聲聞を求(むる)比丘・比丘尼・優婆塞・優婆夷に親近(せ)不れ。亦、問訊(せ)不れ。若(し)房中に於て、若(しは)經
⑬行處、若(しは)『講堂の中に在(り)て、共に住止(せ)不れ。或(し)時に來(ら)は〔者〕、宜(しき)に隨(ひ)て法を說(き)て、希求する所無(か)れ。文殊師利、又、菩薩摩訶薩は、女人の(身)に於(て)、能く慾の想を生(す)相を取(り)て、而も、爲に法を說(く)應(から)不。亦、見(む)と樂(は)不れ。若(し)他の家に入(り)ては、小女と處女と寡〈天黒訂〉女等(と)〔與〕共に語(らは)不れ。亦復(た)、五種の不男(の)〔之〕人に近(つき)て、以(て)親厚に爲不れ。獨(り)他の家に入(ら)不れ。若(し)因緣有(り)て獨(り)入(る)須からむ時に(は)、但(た)一心に佛を念(し)たてまつれ。若(し)女人の爲に法を說(か)は、齒を露(は)して笑(は)不れ。胸臆を現ハ(さ)不れ。乃至、法の爲(に)も猶(ほ)親厚にせ不れ。況(や)復(た)餘事をや。樂(ひ)て年少の弟子・沙彌・小兒を畜せ不れ。亦、與に師と同(しか)らむと樂(は)不れ。常(に)坐禪を好(み)て、閑(か)なる處に〔於〕在(り)て、其(の)心を修攝せよ。文殊師利、是(れ)を初の親近處と名(つく)。復(た)次(に)、菩薩摩訶薩は、一切の法は空なり、如實の相なり、顚倒(せ)不、動(せ)不、退(せ)不、轉(せ)不と觀せよ。虛空の如(くし)て所有の性無(し)。一切の語言(の)道斷し、生せ不、出せ不、起せ不。名無(く)、相無(く)

10 復餘事不樂畜年少弟子沙弥小兒亦
不樂與同師常好坐禪在於閑處修攝
其心文殊師利是名初親近處復次菩
薩摩訶薩觀一切法空如實相不顛倒
不動不退不轉如虛空無所有性一切
15 語言道斷不生不出不起無名無相實
無所有無量無邊無礙無障但以因緣
有從顛倒生故說常樂觀如是法相
是名菩薩摩訶薩第二親近處尒時世
尊欲重宣此義而說偈言
⑭ 若有菩薩　於後惡世　無怖畏心
欲說是經　應入行處　及親近處
常離國王　及國王子　大臣官長
兇險戲者　及旃陀羅　外道梵志
亦不親近　增上慢人　貪著小乘
5 三藏學者　破戒比丘　名字羅漢
及比丘尼　好戲笑者　深著五欲
求現滅度　諸優婆夷　皆勿親近
若是人等　以好心來　到菩薩所

15 實に所有無(く)、無量無邊なり。無礙無障なり。但(た)因緣を以(て)有り。顛倒(より)
〔從〕生(する)か故(に)說(く)〔と〕。常(に)樂(ねか)(ひ)て是(くの)如(き)法相を(觀)すへし。
是(れ)を菩薩摩訶薩の第二の親近處と名(つく)。」尒(の)時(に)、世尊、重(ね)て此(の)
義を宣(へむ)と欲(ほし)て、〔而〕偈を說きて言(はく)、
「若(し)菩薩有(り)て、後の惡世(に)〔於〕
怖畏の心無(くし)て『是(の)經を說(かむ)と欲はは、
行處と　及(ひ)、親近處とに入(る)應(し)。
常に國王と　及(ひ)、國王の子と〔なり〕
大臣と官長と　兇險の戲する者(もの)と
及(ひ)、旃陀羅と　外道の梵志とを離(れ)よ。
⑭ 亦、增上慢の人と
小乘の　三藏に貪著(し)て學する者(もの)と
破戒の比丘と　名字の羅漢と
5 及(ひ)、比丘尼と　戲笑を好む者(もの)(と)に親覲(せ)不れ。
深(く)五欲に著(し)て　現の滅度を求(むる)
諸の優婆夷に　皆、親近(す)ること勿(な)。
若(し)是の人等　好心を以(て)來(り)て
菩薩の所に到(り)て　佛道を聞(く)を(も)爲(以也)(てせ)は、
菩薩、則(ち)　無所畏の心を以(て)
10 希望を懷(か)不して、而も、為に法を說け。
寡女と處女と　及(ひ)諸の不男(と)〔あり〕に

10

若是人等　以好心来　到菩薩所
為聞佛道　菩薩則以　無所畏心
不懐希望　而為説法　寡女處女
及諸不男　皆勿親近　以為親厚
亦莫親近　屠兒魁膾　畋獵漁捕
為利殺害　販肉自活　衒賣女色
如是之人　皆勿親近　兇險相撲

15

種種嬉戯　諸婬女等　盡勿親近
莫獨屏處　為女説法　若説法時
無得戯笑　入里乞食　將一比丘
若無比丘　一心念佛　是則名為
行處近處　以此二處　能安樂説

⑮

又復不行　上中下法　有為無為
實不實法　亦不分別　是男是女
不得諸法　不知不見　是則名為
菩薩行處　一切諸法　空無所有

5

無有常住　亦無起滅　是名智者
所親近處　顛倒分別　諸法有無
是實非實　是生非生　在於閑處

皆、親近し　以(て)親厚に爲ること勿(れ)。
亦、　屠兒と魁膾と
畋獵・漁捕と　利を爲(も)て殺害するとに、親近(す)ること莫れ。
肉を販(ヒサ)イて自(みつか)(ら)活(ワタラ)ひ、　女色を衒(テラ)ヒ賣(ウ)ル、
是(くの)如(き)〔之〕人に　皆、親近(す)ること勿(な)。
兇險の相撲と　種種の嬉戯と

15

諸の淫女等とに、　盡く親近(す)ること勿(れ)。
獨(り)屏(カク)レたる處に(し)て、　女の爲に法を説(く)こと莫れ。
若(し)法を説(か)む時は、　戯笑を得ること無(か)れ。
里に入(り)て乞食せむときには、　一(り)の比丘を將る□べし。
若(し)比丘無(く)は、　一心に佛を念(し)たてまつるべし。
是(れ)を則(ち)名(つけ)て　行處・近處と爲す。
此(の)二處を以(て)　能く安樂に説け。

⑮

「又復(た)、　上中下の法と
有爲・無爲と　實・不實の法とを行せ不れ。
亦、　是(れ)男、是(れ)女なりと分別せ不れ。
諸法を得不れ、　知(ら)不(す)、見不れ。
是(れ)を則(ち)名(つけ)て　菩薩の行處と爲す。
一切諸法は　空に(し)て所有無(し)。

5

常住有ること無(し)。　亦、起滅無し。
是(れ)を智者の　所親近處と名(つく)。

10 15 ⑯ 5

是實非實　是生非生　在於閑處
修攝其心　安住不動　如須彌山
觀一切法　皆無所有　猶如虛空
無有堅固　不生不出　不動不退
常住一相　是名近處　若有比丘
於我滅後　入是行處　及親近處
說斯經時　無有怯弱　菩薩有時
入於靜室　以正憶念　隨義觀法
從禪定起　為諸國王　王子臣民
婆羅門等　開化演暢　說斯經典
其心安隱　無有怯弱　文殊師利
是名菩薩　安住初法　能於後世
說法華經
又文殊師利如來滅後於末法中欲
說是經應住安樂行若口宣說若讀
經時不樂說人及經典過亦不輕慢諸
餘法師不說他人好惡長短於聲聞
人亦不稱名說其過惡亦不稱名讚歎
其美又亦不生怨嫌之心……

10

顚倒に　諸法は有なり、無なり。
是れ實なり、非實なり。　是れ生なり、非生なりと分別するものは、
閑處に〔於〕在(り)て　其(の)心を修攝(し)て、
安住(し)て動(か)不ること　須彌山の如きすべし。
一切の法は　皆、所有無(き)こと
猶(ほ)虛空(の)如(し)。　堅固有(ること)無(し)。
生(せ)不(す)、出(せ)不(す)、動(せ)不(す)、退(せ)不(す)、
常住なり、一相なりと觀する、　是(れ)を近處と名(つ)く。
若(し)比丘有(り)て　我か滅後(に)〔於〕

15

是の行處(と)　及(ひ)親近處(と)に入(り)て
斯(の)經を說(か)む時に、　怯弱有(ること)無(か)れ。
菩薩、時有(り)て　靜室(に)〔於〕入(り)て
正憶念を以(て)　義に隨(ひ)て法を觀せむときは、
禪定(より)〔從〕起(い)[出也](て)て、　諸の國王
王子・臣民　婆羅門等の爲に、
開化し、演暢(し)て　斯(の)經典を說(か)むに、
其(の)心安隱に(し)て　怯弱有(ること)無(か)れ。
文殊師利、　是(れ)を菩薩の
初(め)の法に安住(し)て、　能く後世(に)〔於〕
法華經を說(く)と名(つ)く。」

⑯

「又、「文殊師利、如來の滅後に、末法の中(に)於(て)、是(の)經を說(かむ)と欲はは、安

其美又亦不生怨嫌之心善脩如是安
樂心故諸有聽者不逆其意有所難問
不以小乘法荅但以大乘而爲解說令
得一切種智尒時世尊欲重宣此義而
說偈言
菩薩常樂　安隱說法　於清淨地
而施牀座　以油塗身　澡浴塵穢
著新淨衣　内外俱淨　安處法座
隨問爲說　若有比丘　及比丘尼
諸優婆塞　及優婆夷　國王王子
羣臣士民　以微妙義　和顔爲說
若有難問　隨義而荅　因緣譬喩
敷演分別　以是方便　皆使發心
漸漸增益　入於佛道　除嬾惰意
及懈怠想　離諸憂惱　慈心說法
晝夜常說　無上道教　以諸因緣
無量譬喩　開示衆生　咸令歡喜
衣服臥具　飲食醫藥　而於其中

樂の行に住(す)應(し)。若(しは)口をもて宣說し、若(しは)經を讀(ま)む時に、樂(ねか)(ひ)て人と、及(ひ)、經典との過を說(か)不れ。亦、諸餘の法師を輕慢(せ)不れ。他人の好惡・長短を說(か)不れ。聲聞の人に於(お)いて、亦、名を稱(あ)(け)て其(の)過惡を說(か)不れ。亦、名を稱(あ)(け)て其(の)美(ヨ)キことを讚歎(せ)不れ。又亦、怨嫌(の)〔之〕心を生(せ)不れ。善く是(くの)如(き)安樂の心を修(する)か故(に)、諸の聽(く)者(もの)有(らむ)に、其(の)意を逆(へ)不れ。難問する所有らは、小乘の法を以(て)答せ不れ。但(た)大乘を以(て)〔而〕爲に解說(し)て、一切種智を得令(めよ)。」尒(の)時(に)、世尊、重(ね)て此(の)義を宣(へ)む)と欲(ほし)て、〔而〕偈を說(き)て言(はく)、

「菩薩は常(に)樂(ねか)(ひ)て　安隱に法を說(く)へし。
清淨の地(に)〔於〕　而も牀座を施(シ)キて
油を以(て)身に塗リ、　塵穢を澡浴し、
新淨＜天黒訂＞の衣を著て　内外倶に淨(くし)て
法座に安處(し)て　問(ひ)に隨(ひ)て爲に說(く)へし。
若(し)比丘(と)　及(ひ)、比丘尼(と)
諸の優婆塞(と)　及(ひ)、優婆夷
國王・王子　群臣・士民(と)有らは
微妙の義を以(て)　顏を和(け)て爲に說(く)へし。
若(し)難問有らは、　義に隨(ひ)て〔而〕答へよ。
因緣と譬喩とをもて　敷演し、分別せよ。
是の方便を以(て)　皆、心を發(し)て
漸漸(に)增益(し)て　佛道(に)〔於〕入(ら)使むへし。

⑱

無所希望 但一心念 説法因縁
願成佛道 令衆亦尒 是則大利
安樂供養 我滅度後 若有比丘
能演説斯 妙法華經 心無嫉恚
諸惱障礙 亦無憂愁 及罵詈者
又無怖畏 加刀杖等 亦無擯出
安住忍故 智者如是 善修其心
能住安樂 如我上説 其人功德
千萬億劫 筭數譬喩 説不能盡
又文殊師利菩薩摩訶薩於後末世法
欲滅時受持讀誦斯經典者無懷嫉妬
諂誑之心亦勿輕罵學佛道者求其
長短若比丘比丘尼優婆塞優婆夷求
聲聞者求辟支佛者求菩薩道者無
得惱之令其疑悔語其人言汝等去道甚
遠終不能得一切種智所以者何汝是放
逸之人於道懈怠故又亦不應戯論諸
法有所諍競當於一切衆生起大悲

⑰

嬾惰の意と『及(ひ)、懈怠の想とを除(き)て
諸の憂惱を離(れ)て 慈心をもて法を説け。
晝夜に常(に) 無上道の敎を説(き)て
諸の因縁と 無量の譬喩とを以(て)
衆生に開示(し)て 咸く歡喜せ令(め)よ。
衣服と臥具と 飲食と醫藥とに
而も、其(の)中(に)於(て) 希望する所無(か)れ。
但(た)心を一(にして)念(す)べし、『法を説く因縁をもて
佛道成(らむ)と願(ひ)て 衆を(し)ても、亦、尒(しか)(ら)令(めむ)。』と。
是(れ)則(ち)大利の 安樂の供養なり。
我(か)滅度の後に、 若(し)比丘有(り)て
能(く)斯の 妙法華經を演説せは、
心に嫉恚と 諸(の)惱と障礙と無(か)らむ。
亦、憂愁と 及(ひ)、罵詈の者(もの)と無(か)らむ。
又、怖畏と 刀・杖等を加(ふ)ることと無(か)らむ。
亦、擯出セラルること無(か)らむ。 忍に安住せるか故(に)。
智者は是(くの)如(く) 善(く)其(の)心を修(をさ)め(口也)て
能(く)安樂に住せむこと 我か上(かみ)に説(き)つるか如(し)。
其(の)人の功德は、 千萬億劫に
算數・譬喩をもて 説(く)とも盡(す)こと能(は)不(し)。」
「又、文殊師利、菩薩摩訶薩、後の末世(に)〔於〕、法滅(せ)む(と)欲(せ)む時に、斯(の)經典

想於諸如来起慈父想於諸菩薩起大
師想於十方諸大菩薩常應深心恭敬
礼拝於一切衆生平等説法以順法故
不多不少乃至深愛法者亦不為多
説文殊師利是菩薩摩訶薩於後末世
法欲滅時有成就是第三安樂行者説
是法時無能悩乱得好同學共讀誦
是經亦得大衆而来聴受聴已能持持
已能誦誦已能説説已能書若使人書
供養經巻恭敬尊重讃歎尓時世尊
欲重宣此義而説偈言
若欲説是經　當捨嫉恚慢　諂誑邪偽心
常脩質直行　不輕蔑於人　亦不戯論法
不令他疑悔　云汝不得佛　是佛子説法
常柔和能忍　慈悲於一切　不生懈怠心
十方大菩薩　愍衆故行道　應生恭敬心
是則我大師　於諸佛世尊　生無上父想
破於憍慢心　説法無障礙　第三法如是
⑲智者應守護　一心安樂行　無量衆所敬

を受持し讀誦(せ)む者は、嫉妬と諂誑(との)〔之〕心を懷(く)こと無(か)れ。亦佛道を學する者を輕み罵(り)て、其(の)長短を求(むること)勿(れ)。若(し)比丘・比丘尼・優婆塞・優婆夷の、聲聞を求(むる)者、辟支佛を求(むる)者、菩薩の道を求(むる)者、之を惱(まし)て、其(れ)を疑悔(せ)令(め)て、其(の)人に語(り)て、『汝等は道を去れること甚(た)⑱遠し。終に一切種智を得ること能(は)不。所以は〔者〕何(に)、汝は是(れ)放逸(の)〔之〕人として、道に於いて懈怠なるか故に。』と言(ふ)こと得(ること)無(か)れ。又亦、諸法を戯論(し)て、爭ひ競(ふ)所有(る)應(から)不(す)。當に一切衆生の於には大悲の想を起し、諸の如來(の)於には慈父の想を起し、諸の菩薩(の)於には大師の想を起す(べ)し。十方の諸の大菩薩(の)於には、常(に)深き心に恭敬し禮拜す應(し)。一切衆生に於いて、平等に法を説(く)べし。法に順するを以(て)の故(に)、多(く)もせ不れ、少(く)もせ不れ。乃至、深(く)法を愛せむ者にも、亦、爲に多(く)説(か)不れ。文殊師利、是の菩薩摩訶薩は、後の末世(に)〔於〕、法の滅(せ)むと欲む時に、是の第三の安樂の行を成就せること有らむ者は、是(の)法を説(か)む時に、能く惱亂するもの無(か)らむ。好き同學の共に是(の)經を讀誦(す)ることを得む。亦、大衆の而も來(り)て聽受し、聽(き)已(り)て能(く)持し、持(し)已(り)て能(く)誦し、誦(し)已(り)て能(く)説き、説(き)已(り)て能(く)書し、若(しは)人を(し)て書(か)使め、經卷を供養し、恭敬し尊重し讚歎するを得む。」尒(の)時(に)、世尊、重(ね)て此(の)義を宣(べむ)と欲(ほし)て、〔而〕偈を説(き)て言(はく)、

「若(し)是(の)經を説(かむ)と欲はは、　當に嫉と恚と慢と
諂と誑と耶と僞との心を捨(て)て　常(に)質直の行を修(むべ)し《再読》。
人を〔於〕輕蔑せ不れ。　亦、法を戲論せ不れ。
他を(し)て疑悔(せ)令(め)て、『汝は佛を得不。』と云(は)不れ。

⑳　15　10　5

智者應守護　一心安樂行　無量衆所敬
又文殊師利菩薩摩訶薩於後末世法
欲滅時有持是法華經者於在家出（受）
家人中生大慈心於非菩薩人中生大
悲心應作是念如是之人則為大失如
來方便隨宜説法不聞不知不覺不問
不信不解其人雖不問不信不解是經
我得阿耨多羅三藐三菩提時隨在
何地以神通力智慧力引之令得住是
法中文殊師利是菩薩摩訶薩於如來
滅後有成就此第四法者説是法時無
有過失常為比丘比丘尼優婆塞優婆
夷國王王子大臣人民婆羅門居士等
供養恭敬尊重讃歎虚空諸天為聽
法故亦常隨侍若在聚落城邑空閑
林中有人來欲難問者諸天晝夜常為
法故而衛護之能令聽者皆得歡喜
所以者何此經是一切過去未來現在
諸佛神力所護故文殊師利是法華

⑲

是の佛子は、法を説(き)て　常(に)柔和に(し)て能(く)忍(ひ)て
一切を〔於〕慈悲(し)て　解怠の心を生(せ)不れ。
十方の大菩薩の　衆を愍(ふ)か故(に)道を行するに、
恭敬の心を生(し)て、「『是(れ)則(ち)、我(か)大師なり。』とす應(し)。
諸(の)佛・世尊に(おい)て〔於〕　無上の父の想を生(す)べし。
憍慢の心を〔於〕破(り)て　法を説(く)に障礙無(か)れ。
第三の法是(くの)如(し)。　智者、守護(す)應(し)。
一心に安樂に行(し)て　無量の衆に敬(せ)所れむ。」

5　又、「文殊師利、菩薩摩訶薩は、後の末世(に)〔於〕、法の滅(せ)むと欲(せ)む時に、是(の)法華經を受〈天黒補〉持(す)ること有らむ者(もの)は、在家・出家の人の中には〔於〕、大慈心を生(す)べし。非菩薩の人の中には〔於〕、大悲心を生(す)べし。是(の)念を作(す)應(し)、『是(くの)如(き)〔之〕人は、則(ち)、爲(是也)れ大(き)に如來の方便隨宜の説法を失(ひ)て、聞(か)不(す)、知(ら)不(す)、覺(ら)不(す)、問(は)不(す)、信(せ)不(す)、解(ら)不(し)』と。『其(の)人、是(の)經を問

10　(は)不(す)、信(せ)不(す)、解(ら)不(す)と雖(も)、我れ阿耨多羅三藐三菩提を得てむ時に、隨(ひ)て何の地に在(り)ても、神通力と智慧力とを以(て)、之を引(き)て是(の)法の中に住(す)ること得令(めむ)。』」と。

文殊師利、是の菩薩摩訶薩は、如來の滅後(に)〔於〕、此の第四の法を成就(す)ること有らむ者(もの)は、是(の)法を説(か)む時に、過失有ること無けむ。常(に)比丘・比丘尼・優婆塞

15　・優婆夷と、國王・王子・大臣・人民と、婆羅門と居士等とに、供養し恭敬し、尊重し讃歎せ(らる)ることを爲(え)(得也)む。虚空の諸天、法を聽(く)を爲(て)(以也)の故(に)、亦常(に)隨侍せむ。若(し)聚落・城邑・空閑林の中に在(る)ときにも、人有(り)て來(り)て、難問(せ)む

諸佛神力所護故文殊師利是法華
經於無量國中乃至名字不可得聞何
況得見受持讀誦文殊師利譬如强力
轉輪聖王欲以威勢降伏諸國而諸小
王不順其命時轉輪王起種種兵而往
討伐王見兵衆戰有功者卽大歡喜隨
功賞賜或與田宅聚落城邑或與衣服
嚴身之具或與種種珎寶金銀瑠璃車
渠馬腦珊瑚虎珀象馬車乘奴婢人民
唯髻中明珠不以與之所以者何獨王
頂上有此一珠若以與之王諸眷屬必
大驚怪文殊師利如來亦復如是以禪
定智慧力得法國土王於三界而諸魔
王不肯順伏如來賢聖諸將與之共戰
其有功者心亦歡喜於四衆中爲說
諸經令其心悅賜以禪定解脫無漏根
力諸法之財又復賜與涅槃之城言得
滅度引導其心令皆歡喜而不爲說
是法華經文殊師利如轉輪王見諸兵

と欲せは。〔者〕、諸天晝夜に常(に)法を爲(て)の故(に)、〔而〕之を衞護(し)て、能(く)聽者
⑳を(し)て皆歡喜(す)ること得令めむ。『所以は。〔者〕何(に)、此(の)經は、是れ一切過去・未來・現在の諸佛の神力をもて護(ら)所るか故(に)。文殊師利、是の法華經をは、無量國の中に於(り)て、乃至、名字をタモ聞(く)こと得可(から)不。何(に)況(や)見ること得て、受持し讀誦せむや。文殊師利、譬(へ)は、强力の轉輪聖王の、威勢を以(て)諸國を降伏(せ)むと欲るに、而も、諸の小王、其(の)命に順(は)不。時に轉輪王種種の兵を起(し)て、〔而〕往きて討伐す。王、兵衆の戰に功有(る)者を見(そなは)して、卽(ち)大(きに)歡喜す。功に隨(ひ)て賞賜す。或(るは)田宅・聚落・城邑を與(へ)、或(るは)衣服・嚴身の〔之〕具を與(へ)、或(るは)種種の珍寶と金・銀・瑠璃・車渠・馬腦・珊瑚・虎珀・象馬・車乘と奴婢・人民とを與ふ。唯(た)髻の中の明珠をのみ以(て)之を與(へ)不。所以は。〔者〕何(に)、獨(り)王の頂の上にのみ此の一(つ)の珠有(り)。若(し)以(て)之を與(へ)ては、王の諸の眷屬必(す)大(き)に驚き怪シヒナムか如(し)《二〇ノ四譬(へ)はヲ受ケル》。文殊利師、如來も亦復(た)是(くの)如(し)。禪定の智慧の力を以(て)、法の國土を得て、三界(に)〔於〕王たり。而(る)を、諸の魔王肯(へ)て順伏(せ)不、如來の賢聖の諸の將、之(と)〔與〕共に戰フ。其の功有(る)者には、心、亦、歡喜(し)て、四衆の中に(し)て〔於〕、爲に諸經を說(き)て、其(の)心を悅(ひ)令(め)て、賜(ふ)に禪定と解脫と無漏の根と力との諸法(の)〔之〕財を以(て)す。又復(た)、涅槃(の)〔之〕城を賜ひ與(へ)て、滅度を得シムと言(ひ)て、其(の)心を引
㉑導して、皆歡喜(せ)令む。而れとも、爲に『是の法華經をは說(か)不。文殊師利、轉輪王の諸の兵衆の大(き)なる功有(る)者を見(そなは)して、心甚(た)歡喜(し)て、此(の)難信(の)〔之〕珠の久(しく)髻の中に在(り)て、妄(り)に人に與(へ)不(る)を以(て)、而も今之に與(ふる)か如く、如來も、亦復(た)、是(くの)如(し)。三界の中(に)於(て)、爲れ大法

㉑

是法華經文殊師利如轉輪王見諸兵
衆有大功者心甚歡喜以此難信之
珠久在髻中不妄與人而今與之如來
亦復如是於三界中為大法王以法教
5 化一切衆生見賢聖軍與五陰魔煩
惱魔死魔共戰有大功勲滅三毒出
三界破魔網尓時如来亦大歡喜此法
華經能令衆生至一切智一切世間多
怨難信先所未説而今説之文殊師利
10 此法華經是諸如来第一之説於諸説
中最為甚深末後賜與如彼強力之王
久護明珠今乃與之文殊師利此法華
經諸佛如来秘密之藏於諸經中最在
其上長夜守護不妄宣説始於今日
15 乃與汝等而敷演之尓時世尊欲重宣
此義而説偈言
常行忍辱　哀愍一切　乃能演説
佛所讃經　後末世時　持此經者
於家出家　及非菩薩　應生慈悲

5 の王なゐ。法を以(て)一切衆生を教化するに、賢聖の軍の、五陰魔と煩惱魔と死魔(と)
〔與〕共に戰(ひ)て、大(き)なる功勳有(ゐ)て、三毒を滅し、三界を出(て)て、魔網を破す
るを見(そなは)して、尓(の)時(に)、如來(も)、亦、大(き)に歡喜(し)たまふ。此の法華
經は、能(く)衆生(をし)て一切智に至(ら)令(め)たまふ。一切世間に怨多(くし)て信(し)
10 難し。先に說(か)未(ゐし)所を、而も、今之を說く。文殊師利、此の法華經は、是れ諸の如
來の第一(の)〔之〕說なゐ。諸說の中(に)於(て)、最も爲(こ)れ甚深なゐ。末後に賜與(す)るこ
と、彼(の)强力(の)〔之〕王の、久(しく)護(ゐ)し明珠を、今、乃(ち)之を與(ふる)か如
(し)。文殊師利、此の法華經は、諸佛如來の秘密(の)〔之〕藏なゐ。諸經の中(に)於(て)、最
も其(の)上(かみ)に在(ゐ)。長夜に守護(し)て、妄(ゐ)に宣說(せ)不(す)。始(め)て今日(に)〔於〕
15 乃(いま)(し)汝等の與(ため)に而も之を敷演す。」尓(の)時(に)、世尊、重(ね)て此(の)義を宣(ゐ
む)と欲(ほし)て、〔而〕偈を說(き)て言(はく)、

「常(に)忍辱を行し　一切を哀愍(し)て、
乃(いま)(し)、能(く)　佛の讚(し)たまふ所の經を演說す。
後の末世の時に　此(の)經を持(た)む者(もの)は、
家と出家と　及(ひ)、非菩薩とには〔於〕
㉒ 慈悲を生(す)應(し)。『『斯(れ)等は
是の經を聞(か)不(す)、信(せ)不(す)は、則(ち)、爲(こ)れ大(き)なる失なゐ。
我(れ)、佛道を得(たま)ゐるときに、諸の方便を以(て)
爲に此(の)經を說(き)て　其(の)中に住(せ)令めむ。』
譬(ゐ)は、强力の　轉輪〔之〕王の、
兵の戰(ひ)て功有(る)に、　諸の物の

㉒

於家出家　及非菩薩　應生慈悲
斯等不聞　不信是經　則為大失
我得佛道　以諸方便　為説此經
令住其中　譬如強力　轉輪之王
兵戰有功　賞賜諸物　象馬車乘
嚴身之具　及諸田宅　聚落城邑
或與衣服　種種珍寶　奴婢財物
歡喜賜與　如有勇健　能為難事
王解髻中　明珠賜之　如來亦尓
為諸法王　忍辱大力　智慧寶藏
以大慈悲　如法化世　見一切人
受諸苦惱　欲求解脱　與諸魔戰
為是衆生　説種種法　以大方便
説此諸經　既知衆生　得其力已
末後乃為　説是法華　如王解髻
明珠與之　此經為尊　衆經中上
我常守護　不妄開示　今正是時
為汝等説　我滅度後　求佛道者
欲得安隱　演説斯經　應當親近

象・馬・車・乘と　嚴身(の)〔之〕具と
及(ひ)、諸の田・宅　聚落・城邑とを賞賜し、
或(るいは)衣服と　種種の珍寶とを與ふ。
奴婢と財物とを　歡喜(し)て賜與し、
勇健なるもの有(り)て、　能(く)難事を爲(る)か如きには、
王、髻の中の　明珠を解(き)て、之に賜(ふ)か如(し)。
如來も、亦、尓(しか)なり。　爲(こ)れ(是也)諸法の王なり。
忍辱の大力と　智慧の寶藏いまして、
大慈悲を以(て)　法の如(く)世を化(し)たまふ。
一切の人の、　諸の苦惱を受(け)て
解脱を求(めむ)と欲(し)て　諸の魔(と)〔與〕戰(ふ)を見(そな)はして、
是の衆生の爲に　種種の法を説(き)たまふ。
大方便を以(て)　此の諸(の)經を説(き)たまふ。
既(に)、衆生　其(の)力を得つと知(り)已(り)たまひて、
末後に、乃(いま)(し)、爲に　是の法華を説(き)たまふこと
王の、髻の　明珠を解(き)て、之に與(ふる)か如(し)。
此(の)經は、爲(こ)れ尊なり。　衆經の中の上なり。
我(れ)常(に)守護(し)て　妄(り)に開示せ不(す)。
今、正(し)く是の時に　汝等の爲に説く。
我か滅度の後に　佛道を求めむ者(もの)は、
安隱に　斯(の)經を演説(す)ること得(む)と欲はは、

15　　10　　5　　㉓

成最正覺　汝善男子　當於來世
佛知其心　深入佛道　即爲授記
而爲供養　得陀羅尼　證不退智
見身處中　合掌讃佛　聞法歡喜
演説諸法　佛爲四衆　説無上法
放無量光　照於一切　以梵音聲
而爲説法　又見諸佛　身相金色
數如恒沙　恭敬合掌　自見其身
圍繞説法　又見龍神　阿脩羅等
見諸如來　坐師子座　諸比丘衆
如日之照　若於夢中　但見妙事
遊行無畏　如師子王　智慧光明
毒不能害　若人惡罵　口則閉塞
天諸童子　以爲給使　刀杖不加
卑賤醜陋　衆生樂見　如慕賢聖
又無病痛　顔色鮮白　不生貧窮
如是四法　讀是經者　常無憂惱
欲得安隱　演説斯經　應當親近

10　　5　　㉓

常に　是(くの)如(き)四(つ)の法に親近(す)應(し)。
是(の)經を讀(ま)む者(もの)は　常(に)憂惱無(か)らむ。
又、病痛無(か)らむ。　顏(カホ)の色鮮白ならむ。
貧窮と　『卑賤と醜陋とに生れ不(し)。
衆生の見(む)と樂(ふ)こと　賢聖を慕(シノ)フか如(くな)らむ。
天の諸の童子　以(て)給侍と爲らむ。
刀・杖(も)加(へら)れ不(し)。　毒(も)害(す)ること能(は)不(し)。
若(し)人惡罵せは、　口則(ち)閉塞(し)なむ。
遊行に畏(る)無(き)こと　師子王の如(く)アらむ。
智慧の光明は　日(の)〔之〕照(す)か如(く)アらむ。
若(し)夢の中には〔於〕　但(た)妙なる事を見む。
『諸の如來　師子の座に坐(し)たまひて、
諸の比丘衆に　圍繞(せら)れて　法を説(き)たまふ。』と見む。
又、『龍神　阿脩羅等(の)
數、恒沙の如(くし)て　恭敬し、合掌(し)て
自(みつか)(ら)其(の)身を見(る)に、　而も、爲に法を説く。』と見む。
又、『諸佛の　身相、金色に(し)て
無量の光を放(ち)て　一切を〔於〕照(ら)し、
梵(の)音聲を以(て)　諸法を演説(し)たまふ。
佛、四衆の爲に□　無上の法を説(き)たまふに、
身を見(る)に、中に處(を)て　合掌(し)て佛を讚(し)たてまつる。

㉔

成衆正覺　汝善男子　當於来世
得無量智　佛之大道　國土嚴淨
廣大無比　亦有四衆　合掌聽法
又見自身　在山林中　修習善法
證諸實相　深入禪定　見十方佛
諸佛身金色　百福相莊嚴　聞法爲人說
常有是好夢　又夢作國王　捨宮殿眷屬
及上妙五欲　行詣於道場　在菩提樹下
而處師子座　求道過七日　得諸佛之智
成無上道已　起而轉法輪　爲四衆說法
經千萬億劫　說無漏妙法　度無量衆生
後當入涅槃　如烟盡燈滅　若後悪世中
說是第一法　是人得大利　如上諸功德
妙法蓮華經從地踊出品第十五
尒時他方國土諸来菩薩摩訶薩過
八恒河沙數於大衆中起立合掌作礼
而白佛言世尊若聽我等於佛滅後
在此娑婆世界勤加精進護持讀誦

法を聞(き)て歡喜(し)て　而も、供養を爲(し)て
陀羅尼(音)を得し、　不退智を證す。
佛、其(の)心　深(く)佛道に入れりと知(し)め(し)て
卽(ち)、爲に授記(し)たまひて　最正覺成(らし)めたまふ。
汝、善男子、　當に來世(に)〔於〕
無量智の　佛(の)〔之〕大道を得む。
國土嚴淨に(し)て　廣大無比ならむ。
亦、四衆有(り)て　合掌(し)て法を聽(く)。』と見む。
又、『自身　山林の中に在(り)て、
善法を修習し　『諸の實相を證し
深(く)禪定に入(り)て　十方の佛を見たてまつるに、
諸佛の身、金色に(し)て　百福の相をもて莊嚴(し)たまへり。
法を聞(き)て人の爲に說(き)たまふ。』と見む。　常(に)是(の)好き夢有らむ。
又、『夢に國王と作(り)て、　宮殿の眷屬と
及(ひ)、上妙の五欲とを捨(て)て　道場(に)行き詣(り)て
菩提樹(の)下に在(り)て　而も、師子の座に處(り)て
道を求(むる)に七日を過(き)て　諸佛(の)〔之〕智を得つ。
無上道成(り)已(り)て、　起(出也)(て)(い)て〔而〕法輪を轉(し)て
四衆の爲に法を說(き)て　千萬億劫を經て
無漏の妙法を說(き)て　無量の衆生を度(し)て
後に當に涅槃に入ること　烟の盡(き)て、燈の滅するか如(く)アらむ。』

在此娑婆世界勤加精進護持讀誦
書寫供養是經典者當於此土而廣說
之尒時佛告諸菩薩摩訶薩衆止善
男子不須汝等護持此經所以者何我
娑婆世界自有六萬恒河沙等菩薩摩
訶薩一一菩薩各有六萬恒河沙眷屬
是諸人等能於我滅後護持讀誦廣
說此經佛說是時娑婆世界三千大千
國土地皆震裂而於其中有無量千萬
億菩薩摩訶薩同時踊出是諸菩薩身
皆金色三十二相無量光明先盡在此
娑婆世界之下此界虚空中住是諸菩
薩聞釋迦牟尼佛所說音聲從下發
來一一菩薩皆是大衆唱導之首各將
六萬恒河沙眷屬况將五萬四萬三萬
二萬一萬恒河沙等眷屬者况復乃至
一恒河沙半恒河沙四分之一乃至千
萬億那由他分之一况復千萬億那

若(し)後の惡世の中に　是の第一の法を説(か)む、
是の人は大利を得むこと　上の諸の功德の如(くあらむ)。」と。

10

妙法蓮華經從地踊出品第十五

尒(の)時(に)、他方(の)國土の諸來の菩薩摩訶薩、八恒河沙數に過ぎ、大衆の中に。(し)て〔於〕、起立(し)て掌を合せ禮を作(つく)(り)て、〔而〕佛(に)白(して)言(さく)、「世尊、若(し)我等(か)、佛滅(し)たまひて後(に)〔於〕、此の娑婆世界に在(り)て、勤(め)て精進を

15

加(へ)て、是(の)經典を護持し讀誦し書寫し供養(す)ることを聽シ(ユル)たまはは。〔者〕、當に此

由他眷屬況復億萬眷屬況復千萬
百萬乃至一萬況復一千一百乃至一
十況復將五四三二一弟子者況復單
己樂遠離行如是等比無量無邊算
數譬喩所不能知是諸菩薩從地出已
各詣虚空七寶妙塔多寶如來釋迦
牟尼佛所到已向二世尊頭面禮足乃
至諸寶樹下師子座上佛所亦皆作禮
右繞三帀合掌恭敬以諸菩薩種種
讃法而以讃歎住在一面欣樂瞻仰
於二世尊是諸菩薩摩訶薩從初踊
出以諸菩薩種種讃法而讃於佛如是
時間經五十小劫是時釋迦牟尼佛嘿
然而坐及諸四衆亦皆嘿然五十小劫
佛神力故令諸大衆謂如半日尒時四
衆亦以佛神力故見諸菩薩遍滿無量
百千萬億國土虚空是菩薩衆中有四
導師一名上行二名無邊行三名淨行

の土に於(あ)りて、而も廣(く)之を説(きたてまつら)む。」と。尒(の)時(に)、佛諸の菩薩摩訶薩衆に告(けたまはく)、「止(ヤ)ミネ、善男子、汝等の此(の)經を護持(せ)むことを須(もち)(ゐ)不(し)。所以は〔者〕何(に)、我か娑婆世界に、自(を)(のつか)(ら)に六萬恒河沙等の菩薩摩訶薩有(り)。

㉕一一の菩薩に各(の)六萬恒河沙の眷屬有(り)。『是の諸の人等、能(く)我か滅後(に)〔於〕、此(の)經を護持し讀誦し廣説(せ)む。」と。佛是(か)く説(き)たまひし時に、娑婆世界の三千大千の國土の地皆震裂しぬ。而も、其(の)中に〔於〕、無量千萬億の菩薩摩訶薩有(り)て、同時に踊出(したま)ゐり。是の諸の菩薩は、身皆金色に(し)て、三十二の相あり。無量の光明あり。先より盡く此(の)娑婆世界の〔之〕下(シタ)の此の界の虚空の中に在(り)て住せり。是の諸の菩薩は、釋迦牟尼佛の所説の音聲を聞(き)て、下(シタ)(より)〔從〕發來せり。一一の菩薩は、皆是れ大衆の唱導(の)〔之〕首として、各(の)六萬恒河沙の眷屬を將(ゐ)てあり。況(や)五萬・四萬・三萬・二萬・一萬恒河沙等の眷屬を將る者(もの)、況(や)復(た)、乃至、一恒河沙・半恒河沙・四分か〔之〕一、乃至、千萬億那由他分か〔之〕一、況(や)復(た)、千萬億那由他の眷屬、況(や)復(た)、億萬の眷屬、況(や)復(た)、千萬・百萬、乃至、一萬、況(や)復(た)、一千・一百、乃至、一十、況(や)復(た)、五・四・三・二・一の弟子を將る者(もの)、況(や)復(た)、單己に(し)て遠離の行を樂(ねか)(ふ)もの、是(くの)如(き)等の比(たく)ひ、無量無邊に(し)て、算數譬喩も知ること能(は)不(る)所なり。是の諸の菩薩は、地(より)〔從〕出(て)已(り)て、各(の)虚空の七寶の妙塔の多寶如來と釋迦牟尼佛とのみ所に詣(り)て、到(り)已(り)て、二(り)の世尊に向(ひ)たてまつりて、頭面をもて足を禮(し)たてまつる。乃

㉖『至、諸の寶樹下の師子の座の上の佛のみ所に(して)、亦、皆禮を作(つく)(り)て、右に三匝繞(り)て、合掌恭敬(し)て、諸の菩薩の種種の讃法を以(て)、而も、(これを)以(て)讃歎(し)て、一面に住在(し)て、欣樂(し)て二(り)の世尊を〔於〕瞻仰(し)たてまつる。是の諸の菩

15　　　㉗　　　5　　　10

四名安立行是四菩薩於其衆中最為
上首唱導之師在大衆前各共合掌觀
釋迦牟尼佛而問訊言世尊少病少惱
安樂行不所應度者受教易不不令
世尊生疲勞耶尒時四大菩薩而説偈
言
世尊安樂　少病少惱　教化衆生
得無疲倦　又諸衆生　受化易不
不令世尊　生勞苦耶
諸
尒時世尊於菩薩大衆中而作是言如
是如是諸善男子如來安樂少病少惱
諸衆生等易可化度無有疲勞所以
者何是諸衆生世世已來常受我化亦
於過去諸佛供養尊重種諸善根此諸
衆生始見我身聞我所説即皆信受入
如來慧除先修習學小乗者如是之人
我今亦令得聞是經入於佛慧尒時諸
大菩薩而説偈言

5 薩摩訶薩、地〈天白訂〉(よ)り〔從〕踊出(し)て、諸の菩薩の種種の讃法を以(て)、〔而〕佛を。〔於〕讃(し)たてまつる。是(くの)如(き)時の間(に)、五十小劫を經(ふ)。是の時に、釋迦牟尼佛、黙然(とし)て〔而〕坐(し)たまふ。及(ひ)、諸の四衆亦皆黙然せり。五十小劫を、佛の神力の故(に)、諸の大衆を(し)て半日(の)如(し)と謂(おも)は令む。尒(の)時(に)、四衆、亦、佛の神力を以(て)の故(に)、諸の菩薩の、無量百千萬億の國土の虚空に遍滿せるを見つ。是

10 の菩薩衆の中に、四(り)の導師有(り)。一のをは上行と名(つけ)、二(のをは)無邊行と名(つけ)、三(のをは)淨行と名(つけ)、四(のをは)安立行と名(つく)。是の四(り)の菩薩、其(の)衆の中(に)於(て)、最も爲(こ)れ上首唱導(の)〔之〕師なり。大衆の前に在(り)て、各(の)共に合掌(し)て、釋迦牟尼佛を觀(み)たてまつる。〔而〕問訊(し)て言さ(まう)(く)、「世尊、少病

15 ・少惱にいますや、安樂に行(し)たまふや不や。度(す)應(き)所の者(もの)は、教を受(く)ること易(し)や不や。世尊を(し)て疲勞を生(さ)令(め)不(や)〔耶〕。」尒(の)時(に)、四大菩薩、〔而〕偈を説(き)て言さ(まう)(く)、

「世尊安樂にいますや、　少病・少惱にいますや。
衆生を教化(し)たまふに、疲倦無(き)こと得(たま)へりや。
又、諸の衆生　化を受(く)ること易(し)や不や。
『世尊を(し)て　疲勞〈二字天白訂〉を生(せ)令(め)不(す)(や)〔耶〕。」

㉗ 尒(の)時(に)、世尊、諸〈天白補〉(の)菩薩大衆の中(にして)〔於〕、〔而〕是(の)言を作(し)たまはく、「是(くの)如(し)、是(くの)如(し)。諸の善男子、如來は安樂なり、少病少惱なり。諸の衆生等は、化度(す)可(き)こと易し。疲勞有(ること)無(し)。所以は〔者〕何

5 (に)、是の諸の衆生は、世世より已來(このかた)、常(に)我(か)化を(受)けたり。亦、過去の諸佛に隨也於(したか)(ひ)て、供養し尊重し、諸の善根を種(ゑ)たり。此の諸の衆生、始(め)て我(か)身を

15
善哉善哉　大雄世尊　諸衆生等
易可化度　能問諸佛　甚深智慧
聞已信行　我等隨喜
於時世尊讃歎上首諸大菩薩善哉
善哉善男子汝等能於如來發隨喜
心尒時弥勒菩薩及八千恒河沙諸菩
薩衆皆作是念我等從昔已來不見不
聞如是大菩薩摩訶薩衆從地踊出住
世尊前合掌供養問訊如來時弥勒菩
㉘
薩摩訶薩知八千恒河沙諸菩薩等心
之所念并欲自決所疑合掌向佛以偈
問曰
無量千萬億　大衆諸菩薩　昔所未曾見
願兩足尊説　是從何所來　以何因縁集
5
巨身大神通　智慧叵思議　其志念堅固
有大忍辱力　衆生所樂見　為從何所來
一一諸菩薩　所將諸眷屬　其數無有量
如恒河沙等　或有大菩薩　將六萬恒沙

見(み)、我(か)所説を聞(き)て、卽(ち)皆信受して、如來の慧に入(り)き。先に修習(し)て小乘を學せる者(もの)を除く。是(くの)如(き)〔之〕人は、我(れ)今、亦、是(の)經を聞(く)こと得

10 令(め)て、佛慧(に)〔於〕入(らしむ)。」と。尒(の)時(に)、諸(の)大菩薩、而も、偈を説(き)て言(まう)さ(く)、

「善哉、善哉。　大雄世尊、
諸の衆生等は　化度(す)可(き)こと易(し)とのたまふ。
能(く)諸佛の　甚深の知慧を問(ひ)て
聞(き)已(り)て信行(し)て　我(れ)等隨喜(し)たてまつる。」と。

15 時(に)〔於〕、世尊、上首の諸(の)大菩薩を讃歎(し)たまはく、「善哉、善哉。善男子、汝等能(く)如來(に)於(いて)隨喜の心を發せること。」と。尒(の)時(に)、彌勒菩薩(と)、及(ひ)八千恒河沙の諸の菩薩衆(と)、皆是(の)念を作(さ)く、「我(れ)等昔(より)〔從〕已來(このかた)、是(くの)如(き)大菩薩摩訶薩衆の、地(より)〔從〕踊出(し)て、世尊のみ前に住(し)て、掌を合

㉘ せ供養(し)て、如來を問訊(し)たてまつるを見不(す)、聞(か)不(りき)。」時に、彌勒菩『薩摩訶薩、八千恒河沙の諸の菩薩等の心(の)〔之〕所念を知(し)めして、幷(せ)て、自(みつか)(ら)疑(は)しき所を決(せ)むと欲(し)て、掌を合(せ)て佛に向(ひ)て、偈を以(て)問(ひ)て曰(まう)さ(く)、

「無量千萬億の　大衆の諸の菩薩は
5 昔より曾て見未(りし)所なり。　願(はく)は、兩足の尊、説(きたま)へ。
是(れ)何所(いつこ)(より)〔從〕來れるそ。　何の因縁を以(て)集(ま)れるそ。

巨身と大神通と　智慧と、思議(し)叵(かた)し。

其(の)志堅固に(し)て　大忍力有(り)て

10

如是諸大衆　一心求佛道　是諸大師等
六萬恒河沙　倶来供養佛　及護持是經
將五萬恒沙　其數過於是　四萬及三萬
二萬至一萬　一千一百等　乃至一恒沙
半及三四分　億萬分之一　千萬那由他
萬億諸弟子　乃至於半億　其數復過上

15

百萬至一萬　一千及一百　五十與一十
乃至三二一　單己無眷屬　樂於獨處者
倶来至佛所　其數轉過上　如是諸大衆
若人行籌數　過於恒沙劫　猶不能盡知
是諸大威德　精進菩薩衆　誰爲其說法

㉙

教化而成就　從誰初發心　稱揚何佛法
受持行誰經　修習何佛道　如是諸菩薩
神通大智力　四方地震裂　皆從中踊出
世尊我昔来　未曾見是事　願說其所從

5

國土之名号　我常遊諸國　未曾見是衆
我於此衆中　乃不識一人　忽然從地出
願說其因縁　今此之大會　無量百千億

10

衆生に見(む)と樂(は)所。爲(め)て何所(より)〔從〕來れるそ。
一一の諸の菩薩の　將る所の諸の眷屬、
其(の)數、量(り)有(ること)無(く)して　恒河沙等の如(し)。
或(るいは)大菩薩有(り)て　六萬恒沙を將(て)あり。
是(くの)如(き)諸の大衆は　一心に佛道を求(め)む。
是の諸の大師等　六萬恒河沙ありて、
倶に來(り)て佛を供養(したま)へり。　及(ひ)、是(の)經を護持す。
五萬恒沙を將(て)あり、　其(の)數、是(れに)〔從〕過き、
四萬、及(ひ)、三萬　二萬よりし一萬に至れり。
一千・一百等あり。　乃至、一恒沙
半、及(ひ)、三・四分　億萬分か〔之〕一あり。

15

千萬那由他　萬億の諸の勇子
乃至、半億に於いて　其(の)數、復(た)、上に過(き)たるあり。
百萬よりし一萬に至り、　一千及(ひ)、一百あり。
五十と一十(と)〔與〕　乃至、三・二・一とあり。
單己に(し)て眷屬無(くし)て　獨り處(る)ことを〔於〕樂(ふ)者あり。
倶に來(り)て佛所に至れり。　其(の)數、轉上に過(き)たり。
是(くの)如(き)諸の大衆は、　若(し)人籌を行(ひ)て數(ふ)ること
恒沙劫(に)〔於〕過(く)とも、　猶(ほ)盡し(て)知ること能(は)不。

㉙

「是の諸の大威德、　精進(の)菩薩衆(は)
誰(れ)か其(れ)か爲に法を說(き)て　教化(し)て〔而〕成就セシメシ。

是諸菩薩等 皆欲知此事 是諸菩薩衆
本末之因縁 無量徳世尊 唯願決衆疑
尒時釋迦牟尼佛分身諸佛從無量千
萬億他方國土來者在於八方諸寶樹
下師子座上結跏趺坐其佛侍者各各
見是菩薩大衆於三千大千世界四方
從地踊出住於虚空各白其佛言世尊
此諸無量無邊阿僧祇菩薩大衆從何
所來尒時諸佛各告侍者諸善男子且
待須臾有菩薩摩訶薩名曰弥勒釋迦
牟尼佛之所授記次後作佛已問斯事
佛今答之汝等自當因是得聞尒時釋
迦牟尼佛告弥勒菩薩善哉善哉阿逸
多乃能問佛如是大事汝等當共一心
被精進鎧發堅固意如来今欲顯發宣示
諸佛智慧諸佛自在神通之力諸佛師
子奮迅之力諸佛威猛大勢之力尒時
世尊欲重宣此義而說偈言

誰(れ)に從(ひ)てか初(め)て心を發し、 何(いつ)(れ)の佛法をか稱揚せる。

誰(イツ)レ(の)經をか受持し、行する。 何の佛道をか修習せる。

是(くの)如(き)諸の菩薩は 神通・大智力ありて
四方の地震ひ裂(け)て 皆、中(より)〔從〕踊出せり。

世尊、我(れ)昔より來(このかた) 曾て是(の)事を見未(す)。

願(はく)は、其(の)所從の 國土の〔之〕名號を說(きたま)へ〔と〕。

我(れ)常(に)諸國に遊へとも、 曾て是(の)衆を見未(す)。

忽然に地(より)〔從〕出(て)たり。 願(はく)は、其(の)因緣を說(き)たまへ〔と〕。

我(れ)此(の)衆の中(に)〔於〕 乃(ち)一人をも識(ら)不(す)。

今、此(の)〔之〕大會に、 無量百千億あり。

是の諸の菩薩等(は) 皆、此(の)事を知(らむ)と欲へり。

是の諸の菩薩衆は 本末(の)因緣(あり)〔を〕。

無量德の世尊、 唯(たし)願(はく)は、衆の疑(ひ)を決(したま)へ。」と。


尒(の)時(に)、釋迦牟尼佛の分身の諸佛の、無量千萬億の他方の國土(より)〔從〕來(り)たまへる者(もの)、八方の諸の寶樹下の師子の座の上に〔於〕在(り)て結跏趺坐(し)たまへる、其(の)佛の侍者、各各、是の菩薩大衆の、三千大千世界の四方(にして)〔於〕、地(より)〔從〕踊出(し)て虛空(に)〔於〕住せるを見て、各(の)其(の)佛に白(して)言(さく)、「世尊、此の諸の無量無邊阿僧祇の菩薩大衆は、何所(いつこ)より〔從〕來れるそ。」尒(の)時(に)、諸佛各(の)侍者に告(けたまはく)、「諸の善男子、且(マテ)─待須(シバラク)─臾。菩薩摩訶薩の名(つけ)て彌勒と曰(ふ)有(り)て、 釋迦牟尼佛に〔之〕授記せ所れて、 次後に佛と作(る)へき、已に斯の事を問(ひ)㉚たてまつりつ。『佛、今、之に答(へ)たまふへし。汝等自(をのつか)(ら)に當に是(れ)に因(り)て聞

當精進一心　我欲說此事　勿得有疑悔
佛智叵思議　汝今出信力　住於忍善中
昔所未聞法　今皆當得聞　我今安慰汝
勿得懷疑懼　佛無不實語　智慧不可量
所得第一法　甚深叵分別　如是今當說
汝等一心聽
尒時世尊說此偈已告彌勒菩薩我今
於此大衆宣告汝等阿逸多是諸大菩
薩摩訶薩無量無數阿僧祇從地踊出
汝等昔所未見者我於是娑婆世界得
阿耨多羅三藐三菩提已教化示導是
諸菩薩調伏其心令發道意此諸菩薩皆
於是娑婆世界之下此界虛空中住於
諸經典讀誦通利思惟分別正憶念阿
逸多是諸善男子等不樂在衆多有所
說常樂靜處勤行精進未曾休息亦不
依止人天而住常樂深智無有障礙亦
常樂於諸佛之法一心精進求無上慧

(く)こと得む。」と。

尒(の)時(に)、釋迦牟尼佛、彌勒菩薩に告(けたまはく)、「善哉、善哉。阿逸多、乃(いま)(し)能(く)佛に是(くの)如(き)大事を問(ひ)たてまつること。汝等、當に共(に)心を一(にし)て、精進の鎧を披(き)て、堅固の意を發(すべ)し《再讀》。如來は、今、諸佛の智慧と、諸佛の自在神通の〔之〕力と、諸佛の師子奮迅(の)〔之〕力と、諸佛の威猛大勢力(の)〔之〕力とを顯發し宣示(せむ)と欲(もほ)を す。」尒(の)時(に)、世尊、重(ね)て此(の)義を宣(べむ)と欲(ほし)て、〔而〕偈を說(き)て言(はく)、

「當に精進(し)て心を一(にすべ)し《再讀》。我(れ)此(の)事を說(かむ)と欲べり。疑悔有ること得ること勿(れ)。佛智は思議(し)叵(かた)し。

汝、今、信力を出して、忍善の中(に)〔於〕住(し)て

昔よりり聞(か)未(りし)所の法を　今、當に聞(く)こと得(べ)し《再讀》。

我(れ)、今、汝を安慰す。疑懼を懷(く)こと得ること勿れ。

佛は實語(したまは)不(す)(といふこと)無(し)。智慧(は)量(る)可(から)不(す)。

所得の第一の法は　甚深に(し)て分別(し)叵(かた)し。

是(くの)如(き)を今、當に說(か)む。汝等心を一(にし)て聽け。」

尒の時に、世尊、此(の)偈を說(き)已(り)て、彌勒菩薩に告(けたまはく)、「我(れ)今、此(の)大衆に於(お)いて、汝等に宣告す。阿逸多、是の諸の大菩薩摩訶薩の、無量無數阿僧祇に(し)て、地(より)〔從〕踊出(し)て、汝等か昔よりり見未(りし)所は〔者〕、我か、是(の)娑婆世界に(し)て〔於〕、阿耨多羅三藐三菩提を得已(り)て、是の諸の菩薩を敎化し示導し

㉛て、其(の)心を調伏(し)て、道意を發(さ)令(め)たるなり。此(の)諸の菩薩は、皆『是(の)娑婆世界(の)〔之〕下(シタ)の此の界の虛空の中に於(あ)りて住せり。諸の經典に於(お)いて、讀誦し通利

10
尒時世尊欲重宣此義而説偈言
阿逸汝當知　是諸大菩薩　従无數劫来
修習佛智慧　悉是我所化　令發大道心
此等是我子　依止是世界　常行頭陀事
志樂於静處　捨大衆憒閙　不樂多所説
如是諸子等　學習我道法　晝夜常精進
15
為求佛道故　在娑婆世界　下方空中住
志念力堅固　常勤求佛慧　説種種妙法
其心无所畏　我於伽耶城　菩提樹下坐
得成最正覺　轉无上法輪　尒乃教化之
令初發道心　今皆住不退　悉當得成佛
我今説實語　汝等一心信　我従久遠来
教化是等衆
㉜
尒時弥勒菩薩摩訶薩及无數諸菩薩
等心生疑惑恠未曾有而作是念云何
世尊於少時間教化如是无量无邊阿
5
僧祇諸大菩薩令住阿耨多羅三藐三
菩提即白佛言世尊如来為太子時出

し思惟し分別し正憶念せり。阿逸多、是の諸の善男子等は、衆に在(ゐ)て多く説く所有(ら
5
む)と樂(ねか)(は)不(す)。常(に)靜處を樂(ねか)ふ。勤行し精進(し)て曾て休息(せ)未(す)。亦人天に依止
(し)て〔而〕住(せ)不(す)。常(に)深智を樂(ねか)(ひ)て障礙有(ること)無(し)。亦、常(に)諸佛(の)
〔之〕法を〔於〕樂(ねか)(ひ)て、一心に精進(し)て、無上の慧を求む。」尒(の)時(に)、世尊、重
(ね)て此(の)義を宣(べむ)と欲(ほし)て、〔而〕偈を説(き)て言(はく)、
「阿逸、汝、知(る)當(し)、　是(の)諸の大菩薩の
無數劫(より)〔從〕來(このかた)、　佛の智慧を修習せるは
悉(く)是(れ)我か所化として　大道心を發(さ)令(め)たるなり。
此(れ)等は、是(れ)我か子なり。是の世界に依止せり。
10
常(に)頭陀の事を行し、　靜處を〔於〕志し樂(ねか)(ひ)て
大衆の憒閙を捨(て)て　説(く)所多(か)らむと樂(ねか)(は)不(す)。
是(くの)如(き)諸の子等は　我か道法を學習して
晝夜に常(に)精進す。　佛道を求(むる)を爲(以也)(も)(て)の故(に)、
娑婆世界の　下方の空の中に在(ゐ)て住せり。
15
志念堅固に(し)て　常(に)勤(め)て佛慧を求む。
種種の妙法を説(き)て　其(の)心畏(るる)所無(し)。
我(れ)、伽耶城の　菩提樹(の)下(に)〔於〕坐(し)て
最正覺成ること得て　無上の法輪を轉(し)て
尒(しか)して、乃(いま)し、之を教化(し)て、　初(め)て道心を發(さ)令(め)き。
今、皆、不退に住(し)て　悉(く)當に佛と成ること得(べ)し《再読》。
我(れ)、今、實語を説く。　汝等、心を一(にし)て信(す)べし。

㉝　15　10

我(れ)久遠(より)〔從〕來(このかた)、是(れ)等の衆を教化せり。」と。

㉜『尒(の)時(に)、彌勒菩薩摩訶薩(と)、及(ひ)、無數の諸の菩薩等(と)、心に疑惑を生(し)て、未曾有なりと怪(しひ)て、〔而〕是(の)念を作(さ)く、「云何そ世尊の、少時の間(に)〔於〕、是(くの)如(き)無量無邊阿僧祇の諸の大菩薩を教化(し)て、阿耨多羅三藐三菩提に住(せ)令(め)たまへる。」と。即(ち)佛(に)白(し)て言(さく)、「世尊、如來は太子と爲(り)たまへりし時に、釋宮(を)〔於〕出(て)て、伽耶城を去(りたま)へること遠(から)不(し)て、道場(に)坐〔於〕(し)て、阿耨多羅三藐三菩提成ること得たまへり。是(れより)〔從〕已來(このかた)、始(め)て四十餘年を過(き)たり。世尊、云何そ此の少時(に)〔於〕、大(き)に佛事を作(し)て、佛の勢力を以(て)、佛の功德を以(て)、是(くの)如(き)無量の大菩薩衆を教化(し)て、阿耨多羅三藐三菩提成(らし)めたまふ當き。世尊、此の大菩薩衆は、假使ひ人有(り)て、千萬億劫(に)〔於〕數(ふ)とも、盡(す)こと能(は)不(し)。其(の)邊を得不(し)。斯(れ)等は、久遠より已來(このかた)、無量無邊の諸佛のみ所(にして)〔於〕、諸の善根を殖(ゑ)たり。菩薩の道を成就(し)て、常(に)梵行を修せり。世尊、此(くの)如(き)〔之〕事は、世に信(し)難き所なり。譬(へは)、人有(り)て、色美(ウル)ハシく髮(かみ)黑(くし)て、年二十五なる、百歲の人を指(し)て、『是(れ)我か子なり』と言(ひ)、其(の)百歲の人、亦、年少なるを指(し)て、『是れ我(か)父なり、我(れ)等を生育せり』と言(は)む、是の事信(し)難(き)か如(く)、佛も、亦、是(くの)如(し)。道を得たまひて已來(このかた)、其れ實に久(しから)未(す)。而(る)を、此の大衆の諸の菩薩等(は)、已に無量

㉝千萬億劫(に)〔於〕、佛道を爲(て)の故(に)、勤(め)て精進を行せり。『善く無量百千萬億の三昧に入し出し住す。大神通を得たり。久(しく)梵行を修せり。善能(よ)く次第に諸の善法を習へり。問答に〔於〕巧なり。人中の〔之〕寶として、一切世間に甚(た)爲(こ)れ希有なり。今日、世尊、方(まさ)に佛道を得たまひし時に、初(め)て心を發(さ)令(め)て、教化し示導して、

向阿耨多羅三藐三菩提世尊得佛未
久乃能作此大功德事我等雖復信佛
隨宜所說佛所出言未曾虛妄佛所知者
皆悉通達然諸新發意菩薩於佛滅後
若聞是語或不信受而起破法罪業因
緣唯然世尊願爲解說除我等疑及未
來世諸善男子聞此事已亦不生疑爾
時彌勒菩薩欲重宣此義而說偈言
佛昔從釋種　出家近伽耶　坐於菩提樹
爾來尚未久　此諸佛子等　其數不可量
久已行佛道　住神通智力　善學菩薩道
不染世間法　如蓮華在水　從地而踊出
皆起恭敬心　住於世尊前　是事難思議
云何而可信　佛得道甚近　所成就甚多
願爲除衆疑　如實分別說　譬如少壯人
年始二十五　示人百歲子　髮白而面皺
是等我所生　子亦說是父　父少而子老
擧世所不信　世尊亦如是　得道來甚近

阿耨多羅三藐三菩提に向せ令（めむ）と云（のたま）ふ。世尊、佛を得（たま）ゑることは久（しから）未（し）て、乃（いま）（し）能（く）此の大功德の事を作（し）たまゑゑ。我（れ）等復（た）、佛の隨宜の所說を信し、佛の出（し）たまふ所の言（は）、曾て虛妄（にあら）未（す）、佛の知（しめ）せる所をは〔者〕、皆悉（く）通達せゑと雖（も）、然（も）、諸の新發意の菩薩（は）、佛の滅後（に）〔於〕、若（し）是（の）語（こと）を聞かは、或（るいは）信受（せ）不して、〔而〕破法の罪業の因緣を起（し）てむ。唯（う（けたまは））（る）然（か）なゑ。世尊、願（はく）は、爲に解說（し）て我（れ）等か疑（ひ）を除（き）たまゑ。及（ひ）、未來世の諸の善男子も、此の事を聞（き）已（ゑ）ては、亦、疑（ひ）を生（せ）不（し）」と。尒（の）時（に）、彌勒菩薩、重（ね）て此（の）義を宣（ゑむ）と欲（ほし）て、〔而〕偈を說（き）て言（はく）、

「佛、昔、釋種（よゑ）〔從〕出家（し）て、伽耶（に）〔を〕近（くし）て、
菩提樹（に）〔於〕坐（したま）ゑゑき。尒よゑ來（コレ（このかた））、尙（ほ）久（しから）未（す）。
此（の）諸の佛子等の、其の數、不可量なるは
久（しく）已に佛道を行（し）て神通智力に住せゑ。
善く菩薩の道を學（ひ）て、世間の法に染（ま）不ること
蓮華の水に在（る）か如（くし）て、地（よゑ）〔從〕、而も、踊出（し）て
皆、恭敬の心を起（し）て世尊のみ前（に）〔於〕住せゑ。
是（の）事思議（し）難し。云何なるか〔而〕信（す）可き。
佛、道を得（たま）ゑることは、甚（た）近し。成就（し）たまゑる所（は）甚（た）多し。
願（はく）は、衆の疑（ひ）を除（かむ）か爲に實の如（く）分別し（て）〔せ〕說（き）たまゑ。

㉞
譬（ゑ）は、少（ワカ）ク壯（サカ）ンなる人の『年始（め）て二十五なる、

是諸菩薩等　志固無怯弱　從無量劫來
而行菩薩道　巧於難問答　其心無所畏
忍辱心決定　端正有威德　十方佛所讃
善能分別說　不樂在人衆　常好在禪定
爲求佛道故　於下空中住　我等從佛聞
於此事無疑　願佛爲未來　演說令開解
若有於此經　生疑不信者　卽當墮惡道
願今爲解說　是無量菩薩　云何於少時
敎化令發心　而住不退地

妙法蓮華經卷第五

人に、百歳の子の　髮白(く)して、〔而〕面皺メルを示(し)て、

『是(れ)等は我か所生なヱ。』(といひ)、子も、　亦、『是れ父なヱ。』と說(か)む。

父は少(く)して、〔而〕子は老(い)たるを　世擧(ヱ)て信(せ)不(る)所の如く、
世尊も、亦、是(くの)如(し)。　道を得たまひて來(このかた)、甚(た)近し。

是の諸の菩薩等(は)　志し固(く)して、怯弱無し。

無量劫(よヱ)〔從〕來(このかた)、　而も、菩薩の道を行(し)て、
難き問答(に)〔於〕巧なヱ。　其(の)心畏(るる)所無し。

忍辱なヱ、心決定せヱ。　端正に(し)て威德有(ヱ)。

十方の佛に讃(せ)所れ、　善能(く)分別し(て)說く。

樂(ひ)て人衆に在(ら)不(す)、　常(に)好(み)て禪定に在(ヱ)。

佛道を求(むる)を爲(て)の故(に)　下の空中(に)〔於〕住せヱ。

我(れ)等は佛に從(ひ)たてまつヱて聞(きたま)ゑて、　此(の)事に於いて、疑(ひ)無(し)。

願(はく)は、佛、未來の爲に　演說(し)て開解(せ)令(め)たまゑ〔と〕。

若(し)此(の)經〔於〕有らは、　疑(ひ)を生(し)て信(せ)不(る)者、
卽(ち)當(に)惡道に墮(ち)なむ。　願(はく)は、今、爲に解說(し)たまゑ。

是の無量の菩薩を　云何そ少時(に)〔於〕

敎化して、心を發(し)て　〔而〕不退地に住(せ)令(め)たまゑる。」と。

妙法蓮華經卷第五

①

妙法蓮華經如來壽量品第十六　六
尒時佛告諸菩薩及一切大衆諸善男
子汝等當信解如來誠諦之語復告大
衆汝等當信解如來誠諦之語又復告
諸大衆汝等當信解如來誠諦之語是
時菩薩大衆弥勒為首合掌白佛言世
尊唯願說之我等當信受佛語如是三
白已復言唯願說之我等當信受佛語
尒時世尊知諸菩薩三請不止而告之
言汝等諦聽如來秘密神通之力一切
世間天人及阿脩羅皆謂今釋迦牟尼
佛出釋氏宮去伽耶城不遠坐於道場
得阿耨多羅三藐三菩提然善男子
我實成佛已來無量無邊百千萬億那
由他劫辟如五百千萬億那由他阿僧祇
三千大千世界假使有人末為微塵過
於東方五百千萬億那由他阿僧祇國
②
乃下一塵如是東行盡是微塵諸善男
子於意云何是諸世界可得思惟校計

①

妙法蓮華經如來壽量品第十六　六

尒(の)時(に)、佛、諸の菩薩(と)、及(ひ)、一切の大衆(と)に告(けたまはく)、「諸の善男子、汝等、當に如來の誠諦(の)〔之〕(み)語を信解(すゑ)し《再讀》。」復(た)、大衆に告(けたまはく)、「汝等、如來の誠諦(の)〔之〕(み)語を信解(す)當(し)。」又復(た)、諸の大衆に告(けたまはく)、「汝等、如來の誠諦(の)〔之〕(み)語を信解(す)當(し)。」是(の)時に、菩薩大衆、彌勒を首(はしめ)と〔と〕爲て、掌を合(せ)て佛(に)白(して)言(さく)、「世尊、唯(たし)願(はく)は、之を說(きたま)ゑ。我(れ)等佛語を信受(す)當し。」是(くの)如く三(た)ひ白(し)已(ゑ)て、復(た)言さ(く)、「唯(たし)願(はく)は、之(を)說(きたま)ゑ。我(れ)等當に佛語を信受(すゑ)し《再讀》。」尒(の)時(に)、世尊、諸の菩薩(の)三(た)ひ請(し)て止(ま)不(ること)を知(し)めして、而も、之に告(け)て言(はく)、「汝等、諦(か)に如來の秘密と神通と(の)〔之〕力を聽け。一切世間の天人(と)、及(ひ)、阿脩羅(と)は、皆、今、釋迦牟尼佛(の)、釋氏宮を出(て)て、伽耶城を去(ゑたま)ゑること遠(から)不(し)て、道場(に)〔於〕坐(し)て、阿耨多羅三藐三菩提を得たゑと謂ゑゑ。然(も)、善男子、我(れ)實に佛と成(ゑて)よゑ已來(このかた)、無量無邊百千萬億那由他劫なゑ。譬(ゑは)、五百千萬億那由他阿僧祇の三千大千世界を、假使(たと)ひ人有(ゑ)て末(し)て微塵と爲して、東方の五百千萬億那由他②阿僧祇の國を〔於〕過(き)て、『乃(ち)一塵を下(さ)む、是く(の)如(く)東に行(き)て是の微塵を盡(す)か如きは、諸の善男子、意に於いて云何そ。是の諸の世界を、思惟し校計(し)て、其(の)數を知ること得可しや不や。」彌勒菩薩等倶に佛(に)白(して)言(さく)、「世尊、是の諸の世界(は)無量無邊に(し)て、算數の知(る)所(に)非(す)、亦、心力の及(ふ)所に非(す)。一切の聲聞・辟支佛(も)、無漏智を以(て)思惟(し)て其(の)限數を知ること能(は)

子於意云何是諸世界可得思惟挍計
知其數不彌勒菩薩等俱白佛言世尊
是諸世界無量無邊非算數所知亦非
心力所及一切聲聞辟支佛以無漏智
不能思惟知其限數我等住阿惟越致
地於是事中亦所不達世尊如是諸世
界無量無邊尒時佛告大菩薩衆諸善
男子今當分明宣語汝等是諸世界若
著微塵及不著者盡以爲塵一塵一劫
我成佛已來復過於此百千萬億那由
他阿僧祇劫自從是來我常在此娑婆
世界說法教化亦於餘處百千萬億那
由他阿僧祇國導利衆生諸善男子於
是中間我說然燈佛等又復言其入於
涅槃如是皆以方便分別諸善男子若
有衆生來至我所我以佛眼觀其信
等諸根利鈍隨所應度處處自說名字
不同年紀大小亦復現言當入涅槃又
以種種方便說微妙法能令衆生發歡

不(し)。我(れ)等か阿惟越致地に住せるも、是の事の中(に)〔於〕、亦、達(せ)不(る)所なゑ。世尊、是(くの)如(き)諸の世界は、無量無邊なゑ。」と。尒(の)時(に)、佛、大菩薩衆に告(けたまはく)、「諸の善男子、今當に分明に汝等に宣語(すゑ)し《再読》。是の諸の世界の、若(しは)微塵を著し、及(ひ)、著(せ)不(る)者(もの)を、盡く以(て)塵と爲して、一塵を一劫として、我か佛と成(ゑ)て已來(このかた)は、復(た)、此(れに)〔於〕過(き)て、百千萬億那由他阿僧祇劫なゑ。是(れよゑ)〔自―從〕來(このかた)、我(れ)常(に)此の娑婆世界に在(ゑ)て、法を說(き)て教化す。亦、餘處の百千萬億那由他阿僧祇の國に(し)ても〔於〕、衆生を導利す。諸の善男子、是の中間(にして)〔於〕、我(れ)、然燈佛(との)等く說(き)き(こと)。又復(た)、其(れ)涅槃(に)〔於〕入れゑと言(い)ひき。是(くの)如(き)、皆方便を以(て)分別せしなゑ。諸の善男子、若(し)衆生有(ゑ)て我(か)所に來至せるには、我(れ)佛眼を以(て)其(の)信等の諸根の利鈍を觀す。度(す)應き所に隨(ひ)て、處處に自(みつか)(ら)名字の不同と年紀と大小とを說く。③亦復(た)、現(し)めして當に涅槃に入(らむ)と言(い)ふ。又、『種種の方便を以(て)微妙の法を說(き)て、能(く)衆生を(し)て歡喜の心を發(さ)令(む)。諸の善男子、如來(は)、諸の衆生(の)小法を〔於〕樂(ねか)(ひ)て、德薄く垢重き者(もの)を見(そなはし)て、是の人の爲に、我れ少(わか)(く)して出家(し)て、阿耨多羅三藐三菩提を得たゑと說く。然(も)、我(れ)實に佛と成(ゑ)てよゑ已來(このかた)、久(し)く遠(き)こと斯(くの)若(こと)(し)。但(た)方便を以(て)衆生を教化(し)たまふ所の經典(は)、皆衆生を度脫するを爲て(以也)(も)、或(る)ときは己身と說き、或(る)ときは他身と說く。或(るときは)己身を示し、或(るときは)他身を示す。或(るときは)己事を示し、或(るときは)他事を示す。諸の言說する所は、皆實に(して)虛(にあら)不(す)。所以は〔者〕何(に)、如來は、實の如く三界(の)〔之〕相と、生死の若(しは)退し、若(しは)出(つ)

③

以種種方便說微妙法能令衆生發歡
喜心諸善男子如來見諸衆生樂於小
法德薄垢重者為是人說我少出家得
阿耨多羅三藐三菩提然我實成佛已
來久遠若斯但以方便教化衆生令入　5
佛道作如是說諸善男子如來所演經
典皆為度脫衆生或說己身或說他身
或示己身或示他身或示己事或示他
事諸所言說皆實不虛所以者何如來
如實知見三界之相無有生死若退若　10
出亦無在世及滅度者非實非虛非如
非異不如三界見於三界如斯之事如
來明見無有錯謬以諸衆生有種種性
種種欲種種行種種憶想分別故欲令
生諸善根以若干因緣譬喻言辭種種　15
說法所作佛事未曾暫廢如是我成佛
已來甚大久遠壽命無量阿僧祇劫常
住不滅諸善男子我本行菩薩道所成
壽命今猶未盡復倍上數然今非實滅

ること有ること無(き)ことと、亦、世に在(いま)し、及(ひ)滅度する者(もの)無(き)ことと、實に非(す)虛に非(す)如に非(す)異に非(さる)ことと、三界の如(く)に(あら)不して三界を。〔於〕見(ミ)ソナハスことを知見(したま)ゑ。斯(くの)如(き)〔之〕事を、如來(は)明(か)に見(み)(そなは)して、錯謬有(ること)無(し)。諸の衆生に種種の性と、種種の欲と、種種の行と、種種の憶想分別と有(る)を以(て)の故(に)、諸の善根を生(せ)令(めむ)と欲(ほ)して、若干の因緣と、譬喻の言辭とを以(て)、種種に法を說く。所作の佛事曾て暫(くも)廢せ未(す)。是(くの)如(く)、我(れ)佛と成(ゑ)てよゑ已來(このかた)、甚大に久(しく)遠(く)して、壽命無量阿僧祇劫に常に住(し)て滅(せ)不(す)。　15

諸の善男子、我(れ)本(と)菩薩の道を行(し)て成せる所の壽命、今猶(ほ)盡(き)未して、

④復(た)上の數に倍せゑ。然(も)、今實の滅『度に非(さ)れとも、而も、便(ち)唱(ゑ)て當に滅度を取(らむ)と言(い)ふ。如來(は)是の方便を以(て)衆生を敎化す。所以は〔者〕何(に)、若(し)佛久(し)く世(に)〔於〕住せは、薄德(の)〔之〕人善根を種(ゑ)不(し)。貧窮と下賤と、五欲に貪著せると、憶想妄見の網の中に〔於〕入レルと、若(し)如來常(に)在(いま)して、滅(した)まは不(す)と見は、便(ち)憍恣を起し、〔而〕厭怠を懷き、難遭(の)〔之〕想ひ、恭敬(の)〔之〕心を〔於〕<天黒補>生(する)こと能(は)不(し)。是(の)故(に)、如來(は)方便(を)以(て)說(き)たまふ。『比丘、知(る)當(し)、諸佛の出世は值遇(す)可(き)こと難し。』と。所以は〔者〕何(に)、諸の薄德の人(は)、無量百千萬億劫を過(き)て、或(るいは)佛を見たてまつゑ、或(るいは)見たてまつら不者(ぬもの)有ゑ。此(の)事を以(て)の故(に)、我(れ)是(の)言を作(さ)く、『諸(の)比丘、如來は、見たてまつること得可(き)こと難(し)。』斯の衆生等、是(くの)如(き)語(こと)を聞かは、必(す)、當(に)難遭(の)〔之〕想(ひ)を〔於〕生して、心に戀慕を懷(き)て、佛を〔於〕渴仰(し)て、便(ち)善根を種(ゑ)てむ。是(の)故(に)、如來(は)、實に

④

壽命今猶未盡復倍上數然今非實滅
度而便唱言當取滅度如來以是方便
教化衆生所以者何若佛久住於世薄
德之人不種善根貧窮下賤貪著五欲
入於憶想妄見網中若見如來常在不
滅便起憍恣而懷厭怠不能生難遭之
想恭敬之心是故如來以方便說比丘當
知諸佛出世難可值遇所以者何諸薄
德人過無量百千萬億劫或有見佛或
不見者以此事故我作是言諸比丘如
來難可得見斯衆生等聞如是語必當
生於難遭之想心懷戀慕渇仰於佛便
種善根是故如來雖不實滅而言滅度
又善男子諸佛如來法皆如是爲度衆
生皆實不虚譬如良醫智慧聰達明練
方藥善治衆病其人多諸子息若十二
十乃至百數以有事縁遠至餘國諸子
於後飲他毒藥藥發悶亂宛轉于地
是時其父還來歸家諸子飲毒或失本

滅(し)たまは不(す)と雖(も)、〔而〕滅度と言(のたま)ふ。

又、善男子、諸佛如來は、法皆是(くの)如(し)。衆生を度するを爲(以也)(も)て、皆實に(し)て虚(にあら)不(す)。譬(へ)は、良き醫(は)智慧あ(り)、聰達せ(り)、明(か)に方藥を練せ(り)。善(く)衆病を治す。其(の)人諸の子息多し。若(しは)十・二十、乃至、百數な(り)。事(の)縁有(る)を以(て)遠(く)餘國に至(り)ぬ。諸の子、後(に)〔於〕他の毒藥を飲(み)て、藥發(し)て悶亂して、地(に)〔于〕宛轉す。是(の)時に、其(の)父還(り)來(り)て家に歸(り)ぬ。諸の子毒を飲(み)て、或(るいは)本心を失ひ、或(るいは)失(は)不(る)者(もの)、遙(か)に其(の)父を見(し)て、⑤皆大(き)に歡喜し拜跪し〔て〕問訊して、『善(く)安隱に歸(り)たまへり。我(れ)等愚癡に(し)て誤(ち)て毒藥を服せり。願(はく)は、救療せ見(ら)れて、更(に)壽命を賜へ。』と。父、子等の苦惱(す)ること是(くの)如(くな)るを見て、諸經の方に依(り)て、好き藥草の色香・美味皆悉(く)具足せるを求(め)て、擣き篩(ひ)て和合(し)て、子に與(へ)て服(せ)令(む)。而も、是(の)言を作(さ)く、『此の大良藥(は)、色香・美味皆悉(く)具足せり。汝等服(す)可し。速(か)に苦惱を除(き)て、復(た)衆の患無(けむ)。』其(の)諸の子の中に、心を失(は)不(る)者(もの)は、此(の)良藥の色香倶に好きを見て、即(すなは)—便(ち)之を服(し)て、病盡く除愈しぬ。餘の失心の者(もの)は、其の父か來れるを見て、亦歡喜し問訊(し)て、治病を求索(す)と雖(も)、然(も)、其(の)藥を與(ふる)に、而も、肯(へ)て服せ不(す)。所以は〔者〕何(に)、毒氣深(く)入(り)て本心を失へるか故(に)。此の好き色香藥に於(お)いて、而も美(ウマ)(から)不(す)と謂(をも)へり。父是(の)念を作(さ)く、『此の子は愍(カナ)シフ可し。毒に中(ヤフ)ラ所ることを爲(被也)(かふ)(り)て、心皆顚倒したり。我(れ)を見て喜(ひ)て救療を求索(す)と雖(も)、是(くの)如き好藥を而も肯(へ)て服(せ)不(す)。我(れ)今當に方便を設(け)て此(の)藥を服(せ)令(めむ)。』と。即(ち)是(の)言を作(さ)く、『汝等、知(る)當(し)、我(れ)今衰老して死

⑤是時其父還來歸家諸子飲毒或失本
心或不失者遙見其父皆大歡喜拜跪
問訊善安隱歸我等愚癡誤服毒藥願
見救療更賜壽命父見子等苦惱如是
5 依諸經方求好藥草色香美味皆悉
具足擣篩和合與子令服而作是言此大
良藥色香美味皆悉具足汝等可服速
除苦惱無復衆患其諸子中不失心者
見此良藥色香俱好即便服之病盡除
10 愈餘失心者見其父來雖亦歡喜問訊
求索治病然與其藥而不肯服所以者
何毒氣深入失本心故於此好色香藥
而謂不美父作是念此子可愍為毒
所中心皆顛倒雖見我喜求索救療如是
15 好藥而不肯服我今當設方便令服此
藥即作是言汝等當知我今衰老死
時已至是好良藥今留在此汝可取服
勿憂不差作是教已復至他國遣使還
告汝父已死是時諸子聞父背喪心大

15の時已に至(ゐ)ぬ。是の好き良藥を今留(め)て此(こ)に在(を)く。汝取(ゐ)て服(す)可し。憂として差(え)不(す)(といふこと)勿けむ。』是(の)教を作(し)已(ゐ)て、復(た)他國に至(ゐ)て、使を遣ゐて還(ゐ)て告(け)しむ。『汝か父已に死ぬ。』と。是の時に、諸の子、父背喪(し)ぬと聞(き)て、心大(き)に憂惱(し)て、〔而〕是(の)念を作(さ)く、『若(し)父在(いま)さマシかは〔者〕、我(れ)等を慈愍(し)て、能(く)救護せ見(ら)れナマシ。今〔者〕、我(れ)を捨(て)

⑥て遠く他國に喪(ホロ)ヒンたゐ。自(み)(つか)(ら)惟(ふ)に、孤露として『復(た)恃怙無(く)なゐぬ。』と。常(に)悲感を懷(き)て、心遂に醒悟して、乃(いま)(し)此の藥の香・味・色美〈黒 順序訂〉を知(ゐ)て、卽(ち)取(ゐ)て之を服(し)て、毒病皆愈(え)ぬ。其(の)父、子悉(く)已に差(イ)ユること得つと聞(き)て、尋(すなは)—便(ち)來歸して、咸く之に見使(むる)か如(し)《四ノ一四 譬(ゐ)は ヲ受

5ケル》。諸の善男子、意に於(お)いて云何そ。頗(若也)(も)(し)人有(ゐ)て、能(く)此の良醫の虛妄の罪を說(か)むや不や。」「不(いな)〔也〕、世尊。」と。佛の言(はく)、「我(れ)も亦是(くの)如(し)。佛と成(ゐ)てよゐ已來(このかた)、無量無邊百千萬億那由他阿僧祇劫なゐ。衆生を爲(以也)(も)(て)の故(に)、方便力を以(て)當に滅度(すゐし)と言(い)ふ。亦、能(く)法の如(く)我か虛妄の過を說く者(もの)有ること無し。」。尒(の)時(に)、世尊、重(ね)て此(の)義を宣(ゐむ)と欲(ほし)て、〔而〕偈を說(き)て言(はく)、

10「我(れ)佛を得てよゐ〔自〕來(このかた)、　經たる所の諸の劫數(は)
無量百千萬　億載阿僧祇なゐ。
常(に)法を說(き)て　無數億の衆生を教化(し)て
佛道(に)〔於〕入(ら)令(む)。　尒(コレ)よゐ來(このかた)、　無量劫なゐ。
衆生を度するを爲(以也)(も)(て)の故(に)　方便(し)て涅槃を現(しめ)す。
而れとも、實には滅度(せ)不して　常(に)此(こ)に住(し)て法を說く。

我(れ)常(に)此(こに)〔於〕住せり。 諸の神通力を以(て)

顚倒の衆生を(し)て 近(つく)と雖(も)、而も、見(え)不(ら)令(し)む。

衆、我(れ)滅度(す)と見て、 廣(く)舍利を供養す。

咸(く)皆 戀慕を懷(き)て、 而(も)、渇仰の心を生す。

衆生既〔悉也〕(ことこと)(く)信伏(し)て 質直なり、意柔軟なり。

一心に佛を見(む)と欲(し)て、 自(みつか)(ら)身命を惜(しま)不(す)。

時に、 我(れ)と、 及(ひ)、 衆僧と 倶に靈鷲山に出つ。

我(れ)、 時に、 衆生に語(ら)はく、『常(に)此(こ)に在(り)て滅(せ)不(す)。

方便力を以(て)の故(に) 滅・不滅有(り)と現(し)(め)す。

『餘國に、 衆生の 恭敬し、 信樂する者(もの)有(る)には、
我(れ)、 復(た)、 彼の中に(し)て〔於〕 爲に無上の法を説く。』

汝等、 此(れ)を聞(か)不(し)て 但(た)我(れ)滅度(す)と謂(をも)へり。

我(れ)、 諸の衆生の 苦惱〈天白海イ〉(に)〔於〕沒在するを見て、
故(れ)、 爲に身を現(せ)不(し)て 其(れ)を(し)て渇仰を生(せ)令(む)。

其の心に戀慕するに因(り)て 乃(いま)(し)、 出(て)て爲に法を説く。

神通力是(くの)如(く) 阿僧祇劫(に)〔於〕

常(に)靈鷲山と、 及(ひ)、 餘の諸の住處とに在り。

衆生の、 劫盡(き)て 大火に燒(か)(る)所と見(る)時にも、
我か此の土安隱に(し)て 天・人常(に)充滿せり。

園林と諸の堂閣と 種種の寶をもて莊嚴せり。

寶樹に華果多(く)して 衆生の遊樂する所なり。

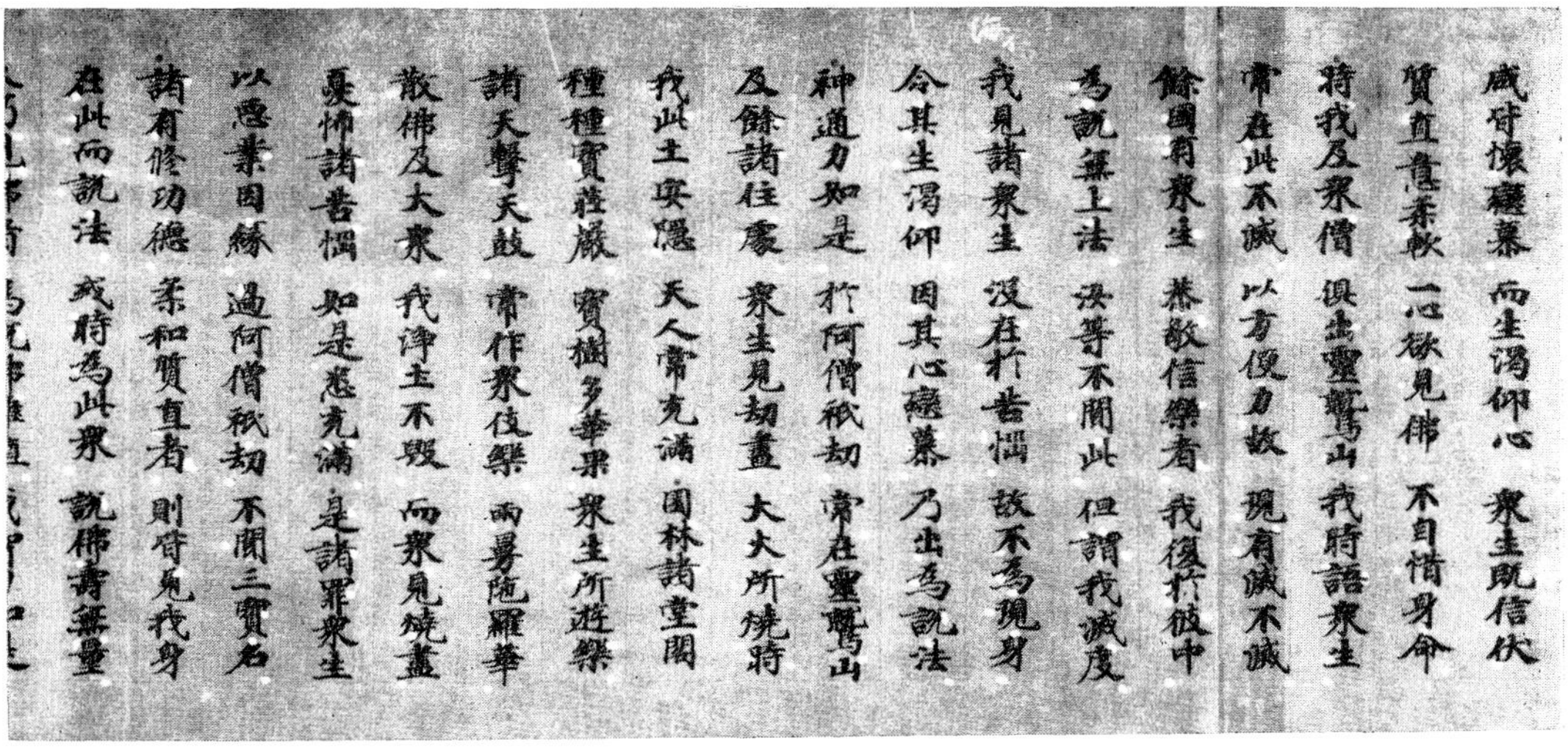

咸皆懐戀慕　而生渇仰心　衆生既信伏
質直意柔軟　一心欲見佛　不自惜身命
時我及衆僧　倶出靈鷲山　我時語衆生
常在此不滅　以方便力故　現有滅不滅
⑦ 餘國有衆生　恭敬信樂者　我復於彼中
爲説無上法　汝等不聞此　但謂我滅度
我見諸衆生　没在於苦惱　故不爲現身
令其生渇仰　因其心戀慕　乃出爲説法
5 神通力如是　於阿僧祇劫　常在靈鷲山
及餘諸住處　衆生見劫盡　大火所燒時
我此土安隱　天人常充滿　園林諸堂閣
種種寶莊嚴　寶樹多華菓　衆生所遊樂
諸天撃天鼓　常作衆伎樂　雨曼陀羅華
10 散佛及大衆　我淨土不毀　而衆見燒盡
憂怖諸苦惱　如是悉充滿　是諸罪衆生
以惡業因縁　過阿僧祇劫　不聞三寶名
諸有修功徳　柔和質直者　則皆見我身
在此而説法　或時爲此衆　説佛壽無量

10 諸天、天の鼓を撃(ち)て、　常(に)衆の伎樂を作(を(こ))す。
曼陀羅華を雨(ゑ)て、　佛(と)、及(ひ)、大衆(と)に散す。
我か淨土は毀(れ)不(す)、　而(る)を、衆、燒け盡(き)て
憂怖と諸の苦惱と　是(くの)如(く)、悉(く)充滿せゑと見たゑ。
是の諸の罪の衆生(は)　惡業の因縁を以(て)
阿僧祇劫を過(く)れとも、　三寶の名を聞(か)不(す)。
諸の、功徳を修(め)て　柔和質直なる者(もの)有(ゑ)て、
則(ち)、皆、我(か)身　此(こ)に在(ゑ)て〔而〕法を説(く)と見たゑ。
或(る)時には、此(の)衆の爲に　佛壽は無量なゑと説く。
久(くし)て、乃(いま)(し)、佛を見(る)ゑき者には、　爲に佛には値(ひ)難(し)と説く。
15 我(か)智力(は)、是(くの)如(く)　慧光照(す)こと無量なゑ。
壽命無數劫なゑ。　久(しく)業を修(め)て得たる所なゑ。
汝等、有智の者(もの)、　此(こに)〔於〕疑(ひ)を生(する)こと勿れ。
當に斷(ち)て永(ひたふる)(に)盡(さ)令(むゑ)し《再読》。　佛語は實に(し)て虛(しから)不(す)。
醫の、善方便をもて　狂(愚也)(おろ)(か)なる子を治するを爲(以也)(も)(て)の故(に)
實(に)は在(ゑ)て〔而〕死ぬと言(い)ふに、　能(く)虛妄を説(く)こと無(き)か如(く)
我(れ)も、亦、爲(是也)(こ)れ世の父なゑ。　『諸の苦患を救(ふ)者(もの)なゑ。
⑧ 凡夫の顚倒なるか爲に　實には在(ゑ)て〔而〕滅(し)ぬと言(い)ふ。
常(に)我(れ)を見(る)を以(て)の故(に)　而も、憍恣の心を生す。
放逸(し)て五欲に著(し)て　惡道の中(に)〔於〕墮(ち)なむ。

15　⑧　5　10

久乃見佛者　爲説佛難值　我智力如是
慧光照無量　壽命無數劫　久修業所得
汝等有智者　勿於此生疑　當斷令永盡
佛語實不虚　如醫善方便　爲治狂子故
實在而言死　無能説虚妄　我亦爲世父
救諸苦患者　爲凡夫顛倒　實在而言滅
以常見我故　而生憍恣心　放逸著五欲
墮於惡道中　我常知衆生　行道不行道
隨所應可度　爲説種種法　毎自作是意
以何令衆生　得入無上道　速成就佛身
妙法蓮華經分別功徳品第十七
爾時大會聞佛説壽命劫數長遠如是
無量無邊阿僧祇衆生得大饒益於時
世尊告彌勒菩薩摩訶薩阿逸多我説
是如來壽命長遠時六百八十萬億那
由他恒河沙衆生得無生法忍復有千
倍菩薩摩訶薩得聞持陀羅尼門復
有一世界微塵數菩薩摩訶薩得樂説
無礙辯才復有一世界微塵數菩薩

5
我(れ)常(に)衆生の　行道と不行道とを知(り)て
應[宜也]　(し)く度(す)可(き)所に隨(ひ)て　爲に種種の法を説く。
毎[(よろ)シハ、、]　自[み(つか)]　(ら)是(の)意[念也]を作(さ)く、『何を以(て)か衆生を(し)て
無上道に入ること得て　速(か)に佛身を成就(せ)令(めむ)。』と。」

妙法蓮華經分別功徳品第十七

尒(の)時(に)、大會、佛の、壽命の劫數長遠なること是(くの)如(し)と説(き)たまふを
聞(き)たまひて、無量無邊阿僧祇の衆生大饒益を得つ。時(に)〔於〕世尊、彌勒菩薩摩訶薩
10
に告(けたまはく)、「阿逸多、我か是の如來の壽命の長遠なることを説く時に、六百八十
萬億那由他恒河沙の衆生、無生法忍を得つ。復(た)、千倍の菩薩摩訶薩有(り)て、聞持陀
羅尼門を得つ。復(た)、一世界の微塵數の菩薩摩訶薩有(り)て、樂説無礙辯才を得つ。復
15
(た)一世界の微塵數の菩薩摩訶薩有(り)て、百千萬億の無量の旋陀羅尼を得つ。復(た)、

15 ⑨ 5 10

無礙辯才復有一世界微塵數菩薩
摩訶薩得百千萬億無量旋陀羅尼復
有三千大千世界微塵數菩薩摩訶薩
能轉不退法輪復有二千中國土微塵
數菩薩摩訶薩能轉清淨法輪復有小
千國土微塵數菩薩摩訶薩八生當得
阿耨多羅三藐三菩提復有四四天下
微塵數菩薩摩訶薩四生當得阿耨多
羅三藐三菩提復有三四天下微塵數
菩薩摩訶薩三生當得阿耨多羅三藐
三菩提復有二四天下微塵數菩薩摩
訶薩二生當得阿耨多羅三藐三菩提
復有一四天下微塵數菩薩摩訶薩一
生當得阿耨多羅三藐三菩提復有八
世界微塵數衆生皆發阿耨多羅三藐
三菩提心佛說是諸菩薩摩訶薩得大
法利時於虛空中雨曼陀羅華摩訶曼
陀羅華以散無量百千萬億寶樹下師

三千大千世界の微塵數の菩薩摩訶薩有(リ)て、能(く)不退の法輪を轉す。復(た)、二千中國土の微塵數の菩薩摩訶薩有(リ)て、能(く)清淨の法輪を轉す。復(た)、小千國土の微⑤塵數の菩薩摩訶薩有(リ)て、八生に『阿耨多羅三藐三菩提を得當(し)。復(た)、四四天下の微塵數の菩薩摩訶薩有(リ)て、四生に阿耨多羅三藐三菩提を得當(し)。復(た)、三四天下の微塵數の菩薩摩訶薩有(リ)て、三生に阿耨多羅三藐三菩提を得當(し)。復(た)、二四天下の微塵數の菩薩摩訶薩有(リ)て、二生に阿耨多羅三藐三菩提を得當(し)。復(た)、一四天下の微塵數の菩薩摩訶薩有(リ)て、一生に阿耨多羅三藐三菩提を得當(し)。復(た)、八世界の微塵數の衆生有(リ)て、皆阿耨多羅三藐三菩提の心を發しつ。」佛、是の諸の菩薩摩訶薩の、大法利を得ることを說(き)たまひし時に、虛空の中よリ〔於〕曼陀羅華・摩訶曼陀羅華を雨(リ)て、以(て)無量百千萬億の寶樹下の師子の座の上の諸佛に散(し)き。幷(せ)て、七寶の塔の中の師子の座の上の釋迦牟尼佛(と)、及(ひ)、久(し)く滅度(し)たまひし多寶如來(と)に散(し)き。亦一切の諸大菩薩(と)、及(ひ)、四部衆(と)に散(し)き。又、細く末せる栴檀・沈水香等を雨(リ)て、虛空の中(にして)〔於〕天の鼓自(をのつか)(ら)鳴(な)リて、妙(なる)聲深遠なリき。又、千種の天衣と、諸の瓔珞たる眞珠瓔珞と、摩尼珠瓔珞と、如意珠瓔珞とを垂(れ)たるを雨(リ)て、遍く九方に(し)て〔於〕、衆寶の香鑪に無價の香を燒⑩(き)て、自然に周(あま)ネく至(リ)て、『大會に供養しき。一一の佛(の)上に諸の菩薩有(リ)て、幡蓋を執持(し)て、次第に(し)て〔而〕上(のほ)(リ)て梵天(に)〔于〕至れリき。是の諸の菩薩、妙なる音聲を以(て)、無量の頌を歌(ひ)て、諸佛を讃歎(し)たてまつリき。尒(の)時(に)、彌勒菩薩座(よリ)〔從・而〕起(ち)て、偏に右の肩を袒(た)れ、掌を合(せ)て佛に向(ひ)て、〔而〕偈を說(き)て言(まう)さ(く)、

「佛(は)希有の法を說(き)たまふ。　昔よリ曾て聞(か)不(る)所なリ。

15　⑩　5　10

子座上諸佛并散七寶塔中師子座上
釋迦牟尼佛及久滅度多寶如來亦散
一切諸大菩薩及四部衆又雨細末栴
檀沉水香等於虚空中天鼓自鳴妙聲
深遠又雨千種天衣垂諸瓔珞真珠瓔
珞摩尼珠瓔珞如意珠瓔珞遍於九方
衆寳香鑪燒無價香自然周至供養
大會一一佛上有諸菩薩執持幡蓋次
第而上至于梵天是諸菩薩以妙音聲
歌無量頌讃歎諸佛尓時弥勒菩薩從
座而起偏袒右肩合掌向佛而説偈言
佛説希有法　昔所未曾聞　世尊有大力
壽命不可量　無數諸佛子　聞世尊分別
説得法利者　歡喜充遍身　或住不退地
或得陁羅尼　或無礙樂説　萬億旋總持
或有大千界　微塵數菩薩　各各皆能轉
不退之法輪　復有中千界　微塵數菩薩
各各皆能轉　清淨之法輪　復有小千界
微塵數菩薩　餘各八生在　當得成佛道

10　15

世尊大力有(いま)して　壽命量(る)可(から)不(ず)。
無數の諸の佛子の、　世尊の分別(し)て
法利を得ること(を)説(き)たまふを聞く者(もの)　歡喜(す)ること身に充遍しぬ。
或(るいは)不退地に住し、　或(るいは)陀羅尼を得、
或(るいは)無礙の樂説　萬億の旋總持をす。
或(るいは)大千界の　微塵數の菩薩有(ゐ)て、
各各、皆能(く)　不退(の)〔之〕法輪を轉す。
復(た)、中千界の　微塵數の菩薩有(ゐ)て、
各各、皆、能(く)　清淨(の)〔之〕法輪を轉す。
復(た)、小千界の　微塵數の菩薩有(ゐ)て、
餘(アマ)リ各(の)八生在(ゐ)て、　當に佛道成ること得(べ)し《再読》。
復〈天白　或ィ〉(た)、四・三・二の　此(くの)如(き)四天下の
微塵諸〈天白　數ィ〉の菩薩有(ゐ)て、　數の生に隨(ひ)て佛と成(る)べし。
或(るいは)一四天下の　微塵數の菩薩
餘(ゐ)一生有る在(ゐ)て　一切智を成(う)〈天白　得也〉當(し)。
是(くの)如(き)等の衆生　佛の壽長遠(な)ることを聞(き)て、
無量無漏の　清淨(の)〔之〕果報を得つ。
復(た)、八世界の　微塵數の衆生〈二字天白　菩薩ィ〉有(ゐ)て
佛の、壽命(を)説(き)たまふを聞(き)て　皆、無上心を發しつ。
世尊、無量の　不可思議の法を説(きたまひ)て
多(く)饒益(し)たまふ所有ること　虚空の無邊なるか如(し)。

10　5　⑪　15

微塵數菩薩　餘各八生在　當得成佛道
復有四三二　如此四天下　微塵諸菩薩
隨數生成佛　或一四天下　微塵數菩薩
餘有一生在　當成一切智　如是等衆生
聞佛壽長遠　得無量無漏　清淨之果報
復有八世界　微塵數衆生　聞佛說壽命
皆發無上心　世尊說無量　不可思議法
多有所饒益　如虛空無邊　雨天曼陀羅
摩訶曼陀羅　釋梵如恒沙　無數佛土來
雨栴檀沉水　繽紛而亂墜　如鳥飛空下
供散於諸佛　天鼓虛空中　自然出妙聲
天衣千萬種　旋轉而來下　衆寶妙香鑪
燒無價之香　自然悉周遍　供養諸世尊
其大菩薩衆　執七寶幡蓋　高妙萬億種
次第至梵天　一一諸佛前　寶幢懸勝幡
亦以千萬偈　歌詠諸如來　如是種種事
昔所未曾有　聞佛壽無量　一切皆歡喜
佛名聞十方　廣饒益衆生　一切具善根
以助無上心

⑪
天の曼陀羅　『摩訶曼陀羅を雨(ら)て
釋と梵と恒沙の如(くし)て　無數の佛士よ(り)來(りたま)へり。
栴檀・沈水〈天白 香ィ〉を雨(ら)て　繽紛(と)して〔而〕亂(れ)墜(つ)ること
鳥の空を飛(ひ)て下(る)か如(くし)て　諸佛(を)〔於〕供散す。
5
天の鼓、虛空の中に(し)て　自然に妙聲を出す。
天(の)衣、千萬種〈天黒 億〉に(し)て　旋轉(し)て〔而〕來(り)下(る)。
衆寶の妙(なる)香鑪に　無價(の)〔之〕香を燒(き)て
自然に悉(く)周遍(し)て　諸の世尊に供養す。
其の大菩薩衆(は)　七寶の幡蓋の
10
高妙に(し)て萬億種なるを執(り)て　ロ次第に(し)て梵天に至(り)て
一一の諸佛のみ前に(し)て　寶幢に勝幡を懸(け)たり。
亦、千萬の偈を以(て)　諸の如來を歌詠(し)たてまつる。
是(くの)如(き)種種の事　昔よ(り)曾て有(ら)未(りし)所なり。
佛の壽無量なりと聞(き)て　一切、皆、歡喜(し)たてまつる。
15
佛は、名十方に聞(え)たまひて　廣(く)衆生を饒益(し)たまふ。
一切(の)善根を具せるもの、(これを)以(て)無上心を助く。」
尒(の)時(に)、佛、彌勒菩薩摩訶薩に告(けたまはく)、「阿逸多、其の、衆生有(り)て、
佛の壽命長遠なること是(くの)如きを聞(きたま)へて、乃至、能(く)一念の信解を生(さ)
は、得む所の功德(は)限量有(ること)無けむ。若(し)善男子・善女人有(り)て、阿耨多羅
三藐三菩提を爲(以也)(て)(も)の故(に)、八十萬億那由他劫(に)〔於〕、五波羅蜜を行(せ)む。檀波羅
蜜・尸羅波羅蜜・羼提波羅蜜・毘梨耶波羅蜜・禪波羅蜜なり。般若波羅蜜をは除く。是(の)

以助無上心
尒時佛告弥勒菩薩摩訶薩阿逸多其
有衆生聞佛壽命長遠如是乃至能生
一念信解所得功德無有限量若有善
男子善女人爲阿耨多羅三藐三菩提
故於八十萬億那由他劫行五波羅蜜檀
波羅蜜尸羅波羅蜜羼提波羅蜜毗梨
耶波羅蜜禪波羅蜜除般若波羅蜜以
是功德比前功德百分千分百千萬
億分不及其一乃至算數譬喩所不能
知若善男子善女人有如是功德於阿
耨多羅三藐三菩提退者無有是處尒
時世尊欲重宣此義而説偈言
若人求佛慧 於八十萬億 那由他劫數
行五波羅蜜 於是諸劫中 布施供養佛
及縁覺弟子 并諸菩薩衆 珎異之飲食
上服與臥具 栴檀立精舍 以園林莊嚴
如是等布施 種種皆微妙 盡此諸劫數
以迴向佛道 若復持禁戒 清淨無缺漏

⑫功德を以(て)前の功德に比(ふ)れは、百分・千分・百千萬『億分にして、其(の)一にも及(は)不。乃至、算數・譬喩も知ること能(は)不(る)所なゐ。若(し)善男子・善女人、是(くの)如(き)功德有(ゐ)て、阿耨多羅三藐三菩提(に)於(て)退すといはは〔者〕、是の處(ことわり)(ゐ)有(ること)無けむ。」尒(の)時(に)、世尊、重(ね)て此(の)義を宣(ゐむ)と欲(ほし)て、〔而〕偈を說(き)て言(はく)、

「若(し)人佛慧を求(めむ)として、　八十萬億
那由他劫の數(に)〔於〕　五波羅蜜を行せむ。
是の諸劫の中(にして)〔於〕　佛と、及(ひ)、縁覺と弟子と
幷(せ)て諸の菩薩衆とに　布施し、供養(せ)む。
珍異(の)〔之〕飮食と　上服と臥具(と)〔與〕
栴檀をもて精舍を立(て)　園林を以(て)莊嚴せむ。
是(くの)如(き)等の布施の　種種に皆、微妙なるを、
此の諸の劫數を盡(し)て　以(て)佛道に廻向せむ。
若(し)復(た)、禁戒を持(ち)て　清淨に(し)て缺漏無(くし)て
無上道の　諸佛(の)〔之〕歎(し)たまふ所を〔於〕求(め)む。
若(し)復(た)、忍辱を行し、　調柔の地(に)〔於〕住(し)て
設(たと)ひ衆の惡來リ加(ふ)とも、　其(の)心傾動(せ)不らむ。
諸の、法を得たる者(もの)の　增上慢を〔於〕懷けること有らむ。
此(れ)に輕惱(せ)所(る)ることを爲(かふ)らむ。　是(くの)如(き)を、亦、能(く)忍(ひ)む。
若(し)復(た)、勤(め)て精進(し)て　志念常(に)堅固に(し)て

10　　15　　⑬　　5

以迴向佛道　若復持禁戒　清淨無缺漏
求於無上道　諸佛之所歎　若復行忍辱
住於調柔地　設衆惡來加　其心不傾動
諸有得法者　懷於增上慢　為此所輕惱
如是亦能忍　若復懃精進　志念常堅固
於無量億劫　一心不懈息　又於無數劫
住於空閑處　若坐若經行　除睡常攝心
以是因緣故　能生諸禪定　八十億萬劫
安住心不亂　持此一心福　願求無上道
我得一切智　盡諸禪定際　是人於百千
萬億劫數中　行此諸功德　如上之所說
有善男女等　聞我說壽命　乃至一念信
其福過於彼　若人悉無有　一切諸疑悔
深心須臾信　其福為如此　其有諸菩薩
無量劫行道　聞我說壽命　是則能信受
如是諸人等　頂受此經典　願我於未來
長壽度衆生　如今日世尊　諸釋中之王
道場師子吼　說法無所畏　我等未來世
一切所尊敬　坐於道場時　說壽亦如是

15　　⑬　　5

無量億劫(に)〔於〕　一心に懈息(せ)不らむ。
又、無數劫(に)〔於〕　空閑處(に)〔於〕住(し)て
若(しは)坐し、若(しは)經行(し)て、　睡(ゑ)を除(き)て常(に)心を攝めむ。
是(の)因緣を以(て)の故(に)　能(く)諸の禪定に生す。
八十億萬劫(に)　安住(し)て心亂(れ)不(らむ)。
此(の)一心の福を持(も)て　願(ひ)て、無上道を求(め)て
我(れ)一切智を得て　諸の禪定の際を盡(さ)むと。
是の人、百千　『萬億劫數の中(にして)〔於〕
此の諸の功德を行(す)ること　上(の)〔之〕所說の如(く)アらむ。
善男女等有(ゑ)て、　我か壽命(を)說(く)を聞(き)て
乃至、一念も信せは、其(の)福彼(れに)〔於〕過(きた)らむ。
若(し)人悉(く)　一切の諸の疑悔有(ること)無(くし)て
深き心をもて須臾も信せは、　其(の)福此(くの)如(き)を爲(え)む。(得也)
其の諸の菩薩の　無量劫に道を行するに、
我(か)壽命(を)說(く)を聞(き)て、　是(れ)則(ち)能(く)信受(せ)む。
是(くの)如(き)諸の人等も　頂に此の經典を受(け)て、
願(はく)は、我(れ)未來(に)〔於〕　長壽に(し)て衆生を度せむこと、
今日の世尊の　諸釋の中(の)〔之〕王として
道場に(し)て師子吼(し)たまひて、　法を說(く)に所畏無(き)か如(く)、
我(れ)等も、未來世に　一切に尊敬(せ)所れて
道場(に)〔於〕坐(せ)む時に、　壽を說(く)こと、亦、是(くの)如(く)アらむ。

一切所尊敬　坐於道場時　說壽亦如是
若有深心者　清淨而質直　多聞能總持
隨義解佛語　如是諸人等　於此無有疑
又阿逸多若有聞佛壽命長遠解其言
趣是人所得功德無有限量能起如來
無上之慧何況廣聞是經若教人聞若
自持若教人持若自書若教人書若以
華香瓔珞幢幡繒蓋香油蘇燈供養經
卷是人功德無量無邊能生一切種智
阿逸多若善男子善女人聞我說壽命
長遠深心信解則為見佛常在耆闍崛
山共大菩薩諸聲聞衆圍繞說法又見
此娑婆世界其地瑠璃坦然平正閻浮
檀金以界八道寶樹行列諸臺樓觀皆
悉寶成其菩薩衆咸處其中若有能如
是觀者當知是為深信解相又復如來
滅後若聞是經而不毀呰起隨喜心當
知已為深信解相何況讀誦受持之者

若(し)深き心有(る)者は、　清淨に(し)て、而も、質直(な)らむ、
多聞ならむ、能(く)總持せむ、　義に隨(ひ)て佛語を解らむ。
是(くの)如(き)諸人等も、　此(こ)に於(お)いて疑(ひ)有(ること)無けむ。」
又、「阿逸多、若(し)佛の壽命長遠なるを聞(き)て、其(の)言趣を解ること有らむ、是の人の所得の功德、限量有(ること)無けむ。能(く)如來の無上(の)〔之〕慧を起(さ)む。何(に)況(や)、廣(く)是(の)經を聞き、若(しは)人を(し)て聞(か)教(し)め、若(しは)自(みつか)(ら)持し、若(しは)人を(し)て持(せ)教(し)め、若(しは)自(みつか)(ら)書し、若(しは)人を(し)て書(せ)教(し)め、若(しは)華・香・瓔珞・幢幡・繒蓋・香油・蘇〔を〕燈(を)以(て)經卷を供養(せ)む、是の人の功德は、無量無邊に(し)て、一切種智を生(せ)む。阿逸多、若(し)善男子・善女人の、我か壽命長遠なること(を)說(く)を聞(きたま)へて、深き心をもて信解せは、則ち⑭爲(こ)れ(是也)、佛常(に)耆闍崛『山に在(いま)して、大菩薩・諸の聲聞衆と共に圍繞(せら)れて法を說けるを見(る)なり。又、此の娑婆世界(は)、其の地瑠璃なり、坦然として平正なり、閻浮檀金を以て八(つ)の道を界(さか)へり、寶樹行列せり、諸(の)臺樓觀皆悉(く)寶をもて成せり、其(の)菩薩衆咸く其の中に處せりと見む。若(し)能(く)是(くの)如(く)觀(み)ること有らむ者(もの)は、知(る)當(し)、是(れ)を深信解の相と爲(な)(つ)く(名也)。又復(た)、如來の滅後に、若(し)是(の)經を聞(き)て、〔而〕毀呰(せ)不(し)て隨喜の心を起(さ)む、知(る)當(し)、已に深信解の相と爲(な)(つ)く(名也)。何(に)況(や)、讀誦し受持(せ)む〔之〕者(もの)は、斯(の)人、則(ち)爲(こ)れ(是也)頂に如來を戴(く)なり。阿逸多、是の善男子・善女人(は)、我か爲に復(た)塔寺を起(し)、及(ひ)僧坊を作り、四事を以(て)衆僧を供養(す)ることを須(もち)(ゐ)不れ(用也)。所以は〔者〕何(に)、是(の)善男子・善女人の、是(の)經典を受持し讀誦せむ者は、爲(こ)れ(是也)已に塔を起(し)、僧坊を造立し、衆僧を供養するなり。則(ち)爲(こ)れ佛舍利を以(て)七寶の塔を起(し)、高く廣く漸く小に

斯人則為頂戴如來阿逸多是善男子
善女人不須為我復起塔寺及作僧坊
以四事供養衆僧所以者何是善男子
善女人受持讀誦是經典者為已起塔
造立僧坊供養衆僧則為以佛舍利起
七寶塔高廣漸小至于梵天懸諸幡蓋
及衆寶鈴華香瓔珞末香塗香燒香衆
鼓伎樂簫笛箜篌種種儛戲以妙音聲
歌唄讚頌則為於無量千萬億劫作是
供養已阿逸多若我滅後聞是經典有
能受持若自書若教人書則為起立僧
坊以赤栴檀作諸殿堂三十有二高八
⑮多羅樹高廣嚴好百千比丘於其中止
園林浴池經行禪窟衣服飲食牀褥湯
藥一切樂具充滿其中如是僧坊堂閣
若干百千萬億其數無量以此現前供
養於我及比丘僧是故我說如來滅後
若有受持讀誦為他人說若自書若教

し(て)梵天(に)〔于〕至(る)までに、諸の幡蓋、及(ひ)、衆の寶鈴を懸け、華・香・瓔珞・末香・塗香・燒香・衆鼓・伎樂・簫笛・箜篌、種種の舞戯あそて、妙(なる)音聲を以(て)歌唄し讚頌〈天白 誦ィ〉するなゑ。則(ち)爲(こ)れ已〈天黒補〉(に)無量千萬億劫(に)〔於〕、是の供養(を)作(し)已(をは)らむ。阿逸多、若(し)我(か)滅後に是の經典を聞(き)て、能(く)受持し、若(しは)自(みつか)(ら)書し、若(しは)人を(し)て書(せ)教(む)ること有らむものは、則(ち)爲(こ)れ(是也)僧坊を起立し、赤(き)栴檀を以(て)諸の殿堂を作(ること)、三十有二に⑮(し)て、高さ八『多羅樹(にし)て、高廣嚴好に(し)て、百千の比丘其(の)中(に)〔於〕止(ス)ミて、園林・浴池・經行・禪窟・衣服・飲食・牀褥・湯藥、一切の樂具を、其(の)中に充滿す。是(くの)如(き)僧坊・堂閣、若干の百千萬億に(し)て、其(の)數無量に(し)て、此(れ)を以(て)現前に我(れと)、及(ひ)、比丘僧(と)に〔於〕供養するなゑ。是(の)故(に)、我(れ)說(か)く、如來(の)滅後に、若(し)受持し、讀誦し、他人の爲に說き、若(しは)自(みつか)(ら)書(し)、若(しは)人を(し)て書(せ)教め、經卷を供養(す)ること有らむものは、復(た)、塔寺を起(し)、及(ひ)、僧坊を造(ゑ)、衆僧を供養(す)ることを須(もち)(ゐ)不れ。況(や)復(た)、人有(ゑ)て能(く)是(の)經を持し、兼(ね)て布施と持戒と忍辱と精進と一心と智慧とを行せは、其(の)德最勝に(し)て無量無邊ならむ。譬(ゑ)は、虛空の東西・南北・四維・上下の無量無邊なるか如く、是(の)人の功德も、亦復(た)、是(くの)如(し)。無量無邊に(し)て、疾(く)一切種智に至らむ。若(し)人是(の)經を讀誦し受持(し)て、他人の爲に說き、若(しは)自(みつか)(ら)書し、若(しは)人を(し)て書(せ)教め、復(た)、能(く)塔を起し、及(ひ)、僧坊を造(ゑ)て、聲聞の衆僧を供養し讚歎し、亦、百千萬億の讚歎(の)〔之〕法を以(て)、菩薩の功德を讚歎し、又、他人の爲に、種種の因緣をもて義に隨(ひ)て此の法華經を解說し、復(た)、能(く)清淨に持戒し、柔和の者(もの)(と)〔與・而〕共に同(し)く止(ス)ミ〔み〕、忍

10　　15　　⑯　　5

人書供養經巻不須復起塔寺及造僧
坊供養衆僧况復有人能持是經兼行
布施持戒忍辱精進一心智慧其德最
勝無量無邊譬如虚空東西南北四維
上下無量無邊是人功德亦復如是無
量無邊疾至一切種智若人讀誦受持
是經為他人説若自書若教人書復能
起塔及造僧坊供養讃歎聲聞衆僧亦
以百千萬億讃歎之法讃歎菩薩功德
又為他人種種因縁隨義解説此法華
經復能清淨持戒與柔和者而共同止
忍辱無瞋志念堅固常貴坐禪得諸深
定精進勇猛攝諸善法利根智慧善答
問難阿逸多若我滅後諸善男子善女
人受持讀誦是經典者復有如是諸善
功德當知是人已趣道場近阿耨多羅
三藐三菩提坐道樹下阿逸多是善男
子善女人若坐若立若經行處此中便
應起塔一切天人皆應供養如佛之塔

辱に（し）て瞋り無く、志念堅固ならむ。常（に）坐禪を貴（ひ）て、諸の深定を得む。精進
⑯（す）ること勇猛に（し）て、諸の善法を攝し、利根智慧あり（て）、善（く）『問難を答（へ）む。
阿逸多、若（し）我か滅後に、諸の善男子・善女人の是の經典を受持し讀誦（せ）む者（もの）の、
復（た）、是（くの）如（き）諸（の）善功德有らむ、知（る）當（し）、是の人は、已に道場に趣
（き）て、阿耨多羅三藐三菩提に近つ（き）て、道樹下に坐する（な）らむ。阿逸多、是の善
男子・善女人の、若（しは）坐し、若（しは）立し、若（しは）經行せむ處には、此の中に便
（ち）塔を起（つ）應（し）。一切（の）天・人皆供養せむこと、佛（の）〔之〕塔の如（く）す應
（し）。」と。尒（の）時（に）、世尊、重（ね）て此（の）義を宣（べむ）と欲（ほし）て、〔而〕偈を
說（き）て言（はく）、

「若（し）我（か）滅度の後に　能（く）此（の）經を奉持せむ、
斯の人の福無量なること　上（の）〔之〕所説の如（し）。
是（れ）則（ち）爲れ（是也（こ））　一切の諸の供養を具足（し）て、
舍利を以（て）塔を起（し）　七寶をもて〔而〕莊嚴し、
表刹甚（た）高廣に（し）て　漸小に（し）て梵天に至らむ。
寶鈴千萬億に（し）て　風動（き）て妙なる音を出（さ）む。
又、無量劫（に）〔於〕、而も、此の塔に
華・香と諸の瓔珞と　天衣と衆の伎樂とを供養（し）て、
香油・蘇燈を然（し）て　周匝して常（に）照明（する）ならむ。
惡世の末法の時に　能（く）是（の）經を持（せ）む者（もの）は
則（ち）爲れ（是也（こ））已に上の如（く）　諸の供養を具足せらむ。
若（し）能（く）此の經を持（せ）は、　則（ち）佛、現に在（いま）すか如（く）す（べ）し。

應起塔一切天人皆應供養如佛之塔
尒時世尊欲重宣此義而說偈言
若我滅度後　能奉持此經　斯人福無量
如上之所說　是則爲具足　一切諸供養
以舍利起塔　七寶而莊嚴　表刹甚高廣
10 漸小至梵天　寶鈴千萬億　風動出妙音
又於無量劫　而供養此塔　華香諸瓔珞
天衣衆伎樂　然香油蘇燈　周帀常照明
惡世法末時　能持是經者　則爲已如上
具足諸供養　若能持此經　則如佛現在
15 以牛頭栴檀　起僧坊供養　堂有三十二
高八多羅樹　上饌妙衣服　牀臥皆具足
百千衆住處　園林諸浴池　經行及禪窟
種種皆嚴好　若有信解心　受持讀誦書
若復教人書　及供養經卷　散華香末香
⑰ 以須曼瞻蔔　阿提目多伽　薫油常然之
如是供養者　得無量功德　如虛空無邊
其福亦如是　況復持此經　兼布施持戒
忍辱樂禪定　不瞋不惡口　恭敬於塔廟

牛頭栴檀を以(て)　僧坊を起(し)て供養し、
堂三十二有(り)て　高さ八多羅樹(にし)て
上饌と妙衣服と　牀臥と、皆、具足(し)て
百千の衆住處(し)て　園林と諸の浴池と
經行と、及(ひ)、禪窟と　種種に、皆、嚴好に(し)て
若(し)信解の心有(り)て　受持し、讀誦し、書し、
『若(しは)復(た)、人を(し)て書(せ)教め、　及(ひ)、經卷を供養し、
華・香・末香を散し、　須曼・瞻蔔(と)
⑰ 阿提目多伽(と)を以(て)　油に薫(し)て、常(に)之を然(とも)(さ)む。
是(くの)如(く)供養(せ)む者(もの)は、　無量の功德を得む。
虛空の無邊なるか如(く)、　其(の)福も、亦、是(くの)如(し)。
況(や)復(た)、此の經を持(ち)て　兼(ね)て布施し、持戒し、
忍辱(にして)(なり)禪定を樂(ねか)(ひ)て　瞋(ら)不(す)、惡口(せ)不(す)。
5 塔廟を〔於〕恭敬し、　諸の比丘に謙(へ)リ下(クタ)リ、
自(みつか)(ら)高フル心を遠離し、　常(に)智慧を思惟し、
問難有らむに瞋(ら)不(す)。　隨順(し)て爲に解說(せ)む。
若(し)能(く)是(の)行を行せは、　功德量(る)可(から)不(し)。
若(し)此(の)法師の、　是(くの)如(き)德を成就せるを見ては
天華を以(て)散し、　天衣をもて其(の)身に覆ひ、
10 頭面を足に接(マシ)へて禮し、　心に佛(の)如(き)想を生す應(し)。
又、是(の)念を作(す應)(し)、　『久(しから)不(し)て道樹に詣(り)て、

忍辱樂禪定　不瞋不惡口　恭敬於塔廟
謙下諸比丘　遠離自高心　常思惟智慧
有問難不瞋　隨順爲解說　若能行是行
功德不可量　若見此法師　成就如是德
應以天華散　天衣覆其身　頭面接足禮
生心如佛想　又應作是念　不久詣道樹
得無漏無爲　廣利諸人天　其所住止處
經行若坐臥　乃至說一偈　是中應起塔
莊嚴令妙好　種種以供養　佛子住此地
則是佛受用　常在於其中　經行及坐臥
妙法蓮華經隨喜功德品第十八
尒時彌勒菩薩摩訶薩白佛言世尊若
有善男子善女人聞是法華經隨喜者
得幾所福而說偈言
世尊滅度後　其有聞是經　若能隨喜者
爲得幾所福
尒時佛告彌勒菩薩摩訶薩阿逸多如
來滅後若比丘比丘尼優婆塞優婆夷
及餘智者若長若幼聞是經隨喜已從

無漏無爲を得て　廣(く)諸の人天を利(せむ)。』と。
其(の)所住止の處は、　經行し、若(しは)坐臥し、
乃至、一偈を說(か)むには、　是の中に塔を起(て)て
莊嚴(し)て妙好(なら)令(め)て、　種種に以(て)供養す應(し)。
佛子の、此の地に住(せ)むは、　則(ち)是(れ)佛の受用として
常(に)其(の)中(に)〔於〕在(り)て　經行し、及(ひ)、坐臥するならむ。」

15　妙法蓮華經隨喜功德品第十八

尒(の)時(に)、彌勒菩薩摩訶薩、佛(に)白(して)言(さく)、「世尊、若(し)善男子・善女人有(り)て、是の法華經を聞(き)て隨喜せむ者(もの)は、幾(イクハク)-所の福をか得む。」と。而も、偈

及餘智者若長若幼聞是經隨喜已從
法會出至於餘處若在僧坊若空閑地
若城邑巷陌聚落田里如其所聞爲父
母宗親善友知識隨力演說是諸人等
聞已隨喜復行轉教餘人聞已亦隨喜
轉教如是展轉至第五十阿逸多其第
五十善男子善女人隨喜功德我今說
之汝當善聽若四百萬億阿僧祇世界
六趣四生衆生卵生胎生濕生化生若
有形無形有想無想非有想非無想無
足二足四足多足如是等在衆生數者
有人求福隨其所欲娛樂之具皆給與
之一一衆生與滿閻浮提金銀瑠璃車
𤦲馬腦珊瑚虎珀諸妙珍寶及象馬車
乘七寶所成宮殿樓閣等是大施主如
是布施滿八十年已而作是念我已施
衆生娛樂之具隨意所欲然此衆生皆
已衰老年過八十髮白面皺將死不久

を說(き)て言(さく)、

⑱「「世尊滅度(し)たまひて後に、其(の)、是(の)經を聞(く)こと有(り)て、
若(し)能(く)隨喜せむ者(もの)は、爲に幾所(イクハク)の福をか得べき。」

尒(の)時(に)、佛、彌勒菩薩摩訶薩に告(けたまはく)、「阿逸多、如來の滅後に、若(し)比丘・比丘尼・優婆塞・優婆夷(と)、及(ひ)、餘の智者(と)の、若(し)は長、若(し)は幼、是の經を聞(き)て隨喜(し)已(り)て、法會(より)〔從〕出(て)て餘處(に)〔於〕至(り)て、若(しは)僧坊に在(り)、若(しは)空閑地、若(しは)城邑・巷陌・聚落・田里に(し)て、其(の)所聞の如(く)、父母・宗親・善友・知識の爲に、力に隨(ひ)て演說(せ)む。是の諸の人等も、聞(き)已(り)て隨喜(し)て、復(た)、行(き)て轉(し)教へむ。餘人(も)聞(き)已(り)て、亦、隨喜(し)て轉(し)教へむ。是(くの)如(く)展轉(し)て第五十に至らむ。阿逸多、其の第五十の善男子・善女人の隨喜の功德を、我(れ)今之を說(か)む。汝、當(に)善く聽(け)。若(し)四百萬億阿僧祇世界の六趣四生の衆生たる卵生・胎生・濕生・化生と、若(しは)有形・無形と、有想・無想と、非有想・非無想と、無足・二足・四足・多足と、是(くの)如(き)等の衆生の數に在(る)者(もの)は、人有(り)て福を求(めむ)として、其(の)所欲に隨(ひ)て、娛樂(の)〔之〕具を皆之に給與(せむ)。一一の衆生に、閻浮提に滿テル金銀・瑠璃、車𤦲・馬腦

⑲・珊瑚・虎珀と、諸(の)妙珍寶と、及(ひ)、象馬・車「乘と、七寶に成(さ)所たる宮殿・樓閣等とを與へむ。是(の)大施主、是(くの)如(く)布施(し)て、八十年を滿(て)已(をは)らむ。而(し)て、是(の)念を作(さ)く、『我(れ)已に衆生に娛樂(の)〔之〕具を施(し)て、意の所欲に隨へつ。然も、此の衆生、皆已に衰老して、年八十に過き、髮(かみ)白み面皺(しわ)むて、將に死(な)むこと久(しから)不(し)。我(れ)當に佛法を以(て)〔而〕之を訓導せむ。』と。卽(ち)此の衆生を集(め)て、法化を宣布(し)て、示教利喜(し)て、一時に皆須陀洹道・斯陀含道・阿那含

我當以佛法而訓導之即集此衆生宣
布法化示教利喜一時皆得須陁洹道
斯陁含道阿那含道阿羅漢道盡諸
有漏於深禪定皆得自在具八解脱於
汝意云何是大施主所得功德寧為
多不彌勒白佛言世尊是人功德甚多
無量無邊若是施主但施衆生一切樂
具功德無量何况令得阿羅漢果佛告
彌勒我今分明語汝是人以一切樂具
施於四百萬億阿僧祇世界六趣衆生
又令得阿羅漢果所得功德不如是第
五十人聞法華經一偈隨喜功德百分
千分百千萬億分不及其一乃至筭數
譬喩所不能知阿逸多如是第五十人
展轉聞法華經隨喜功德尚無量無邊
阿僧祇何况最初於會中聞而隨喜者
其福復勝無量無邊阿僧祇不可得比
又阿逸多若人為是經故往詣僧坊若

道・阿羅漢道を得しめ、諸の有漏を盡し、深き禪定に於いて皆自在を得しめ、八解脱を具(せし)めむ。汝か意に於いて云何そ。是の大施主の得む所の功德は、寧(むし)(ろ)爲れ多(し)や不や。」彌勒、佛(に)白(して)言(さく)、「世尊、是の人の功德(は)、甚(た)多(くし)て無量無邊なり。若(し)是の施主、但(た)衆生に一切(の)樂具を施(あた)へむ、功德無量なり。何(に)況(や)、阿羅漢果を得令めむや。」佛、彌勒に告(けたまはく)、「我(れ)今分明に汝に語ル、是の人一切の樂具を以(て)、四百萬億阿僧祇世界の六趣の衆生に〔於〕施し、又、阿羅漢果を得令(め)て、得む所の功德は、如(し)(か)不、是の第五十の人の、法華經の一偈を聞き⑳て、隨喜せむ功德には。百分・『千分・百千萬億分に(し)て、其の一にも及は不。乃至、算數・譬喩も知ること能(は)不(る)所なり。阿逸多、是(くの)如き第五十の人の、展轉(し)て法華經を聞(き)て隨喜(せ)む功德タモ、尙(ほ)無量無邊阿僧祇なり。何(に)況(や)、最初に會の中に(し)て〔於〕聞(き)て〔而〕隨喜(せ)む者は、其(の)福復(た)、無量無邊阿僧祇より勝れて、比フ(ること)得可(から)不(す)。又、阿逸多、若(し)人是(の)經を爲(て)の故に僧坊に往詣(し)て、若(しは)坐し、若(しは)立(ち)て、須臾も聽き受(け)は、是の功德に縁(り)て、身を轉(し)て生れむ所に、好き上妙の象馬・車乘・珍寶・輦輿〈天白 轝イ〉(を)得、及(ひ)、天の宮殿〈天黒補〉に乘らむ。若(し)復(た)人有(り)て、講法處(に)〔於〕坐し、更(に)人有(り)て來(る)に勸めて坐(し)て聽(か)令めむ。若(しは)座を分(ち)て坐(せ)令めむ。是(の)人の功德は、身を轉(し)て、帝釋の坐處、若(しは)、梵王の坐處、若(しは)轉輪聖王の所坐(の)〔之〕處を得む。阿逸多、若(し)復(た)人有(り)て、餘人に語(り)て言(はく)、『經有して法華と名(つ)く。共に往(き)て聽(く)可(し)。』即(ち)其(の)教を受(け)て、乃至、須臾の間も聞(か)む、是の人の功德は、身を轉(し)て、陀羅尼菩薩(と)〔與〕共に一處に生(る)ること得む、利根ならむ、智慧アらむ、百千萬世に終に瘖瘂

10　15　㉑　5

殷

生若五頂更聽受緣是功德轉身所生
得好上妙象馬車乘珎寶輦輿及乘天
宮若復有人於講法處坐更有人來勸
令坐聽若分座令坐是人功德轉身得
帝釋坐處若梵王坐處若轉輪聖王所
坐之處阿逸多若復有人語餘人言有
經名法華可共往聽即受其教乃至須
臾間聞是人功德轉身得與陁羅尼菩
薩共生一處利根智慧百千萬世終不
瘖瘂口氣不臭舌常無病口亦無病齒
不垢黑不黃不踈亦不缺落不差不曲
脣不下垂亦不褰縮不麤澀不瘡緊亦
不缺壞亦不喎斜不厚不大亦不黧黑
無諸可惡鼻不匾𠡍亦不曲戾面色不
黑亦不狹長亦不窊曲無有一切不可
憙相脣舌牙齒悉皆嚴好鼻脩高直
面貌圓滿眉高而長額廣平正人相具足
世世所生見佛聞法信受教誨阿逸多

(なら)〔の〕不《し》、口の氣臭(から)不《し》、舌常に病無(か)らむ、口に亦病無(か)らむ、齒垢つき
黑め(ら)不《し》、黃(は)め(ら)不《し》、踈(なら)不《し》、亦、缺(け)落(ち)タラ不《し》、差《キカ》へ不《し》、曲《マカ》レラ
不《し》、脣下《クタ》リ垂(れ)不《し》、亦、褰《アカ》リ縮《ツヽマ》レラ不《し》、麁《アラ》ク〔く〕澁《シフヽ》シ(から)不《し》、瘡《クチヒヽ》―緊アラ不《し》、亦、
缺け壞れら不《し》、亦、喎《ユカ》リ斜《モト》〈天白 邪ィ〉メ(ら)不《し》、厚(く)も(あら)不《し》、大(き)にも(あら)
㉑不《し》、亦、黧《ツシ》ミ黑(め)ら不《し》、「諸の悪む可(き)こと無けむ。鼻匾《ヒラ》―𠡍メラ不《し》、亦、曲み戾《モト》レラ
不《し》、面の色黑め(ら)不《し》、亦、狹く長(から)不《し》、亦、窊《クホ》ミ曲メ(ら)不《し》、一切の不可憙の相有
(ること)無けむ、脣・舌・牙・齒《キハ》悉(く)皆嚴好ならむ、鼻は修《長也(なか)》く高(く)直からむ、面貌
圓滿せらむ、眉は高(くし)て〔而〕長からむ、額は廣(くし)て平正ならむ、人相具足せら
む、世世の所生に佛を見《み》、法を聞(き)て、教誨を信受(せ)む。阿逸多、汝、且く是(れ)を
觀よ。一人を〔於〕勸めて、往(き)て法を聽(か)令めむ、功德此(くの)如(し)。何(に)況
(や)、心を一(にし)て聽き、說き、讀誦(し)て、〔而〕大衆に於《ぁ》(ゐ)て、人の爲に分別し、
說(くか)如(く)修行せむや。」尒(の)時(に)、世尊、重(ね)て此(の)義を宣(べむ)と欲
(ほし)て〔而〕偈を說(き)て言(はく)、

「若(し)人法會に(し)て〔於〕是(の)經典の
乃至、一偈を〔於〕聞(く)こと得て　隨喜(し)て他の爲に說(か)む。
是(くの)如(く)展轉(し)て、教(ゑ)て　第五十に〔于〕至らむ、
最後の人の福を獲むことを　今、當に之を分別(すゑ)し《再読》。
如(し)〈若也(も)〉大施主有(ゐ)て、　無量の衆を供給(し)て
具に八十歲を滿(て)て　意(の)〔之〕所欲に隨ゑむ、
彼(の)衰老の相の　髮白(くし)て、〔而〕面皺み、
齒踈に、形枯竭せるを見て、　其(の)死(なむ)こと久(しから)不《し》と念(ひ)て、

5　10　15

10　　15　　㉒

汝且觀是勸於一人令往聽法功德如
此何況一心聽說讀誦而於大衆爲人
分別如說修行尒時世尊欲重宣此義
而說偈言
若人於法會　得聞是經典　乃至於一偈
隨喜爲他說　如是展轉教　至于第五十
最後人獲福　今當分別之　如有大施主
供給無量衆　具滿八十歲　隨意之所欲
見彼衰老相　髮白而面皺　齒疎形枯竭
念其死不久　我今應當教　令得於道果
即爲方便說　涅槃眞實法　世皆不牢固
如水沫泡焰　汝等咸應當　疾生厭離心
諸人聞是法　皆得阿羅漢　具足六神通
三明八解脫　最後第五十　聞一偈隨喜
是人福勝彼　不可爲譬喩　如是展轉聞
其福尚無量　何況於法會　初聞隨喜者
若有勸一人　將引聽法華　言此經深妙
千萬劫難遇　即受教往聽　乃至須臾聞

我(れ)、今、當に教(ヘ)て　道果を〔於〕得令(む)應(し)。
卽(ち)爲に方便をもて說く、　涅槃は眞實の法なり。
『世は、皆、牢固(なら)不ること　水の沫と泡と燄との如(し)。
汝等、咸(く)當に　疾(く)厭離の心を生(す)應(し)。』
諸人是(の)法を聞(き)て　皆、阿羅漢を得、
六神通(と)　三明八解脫(と)を具足せむ。
最後の第五十　一偈を聞(き)て隨喜せむ。
㉒『是の人の福、彼(れ)に勝(れ)て　譬喩を爲(う)[得也]可から不(す)。
是(くの)如(く)展轉(し)て聞(か)む、　其(の)福尙(ほ)無量ならむ。

何(に)況(や)、法會(にして)〔於〕、　初(め)に聞(き)て隨喜(せ)む者をや。

若(し)有(る)ひと、一人を勸(め)て　將に引(き)て法華を聽(かし)めむとして、

『此(の)經は深妙なり、　千萬劫に遇(ふ)こと難(し)。』と言はむに、
卽(ち)教を受(け)て往(き)て聽(く)こと　乃至、須臾も聞(か)む、
斯の人(の)〔之〕福報を　今、當(に)分別(し)て說(か)む。

世世に口の患(ひ)無(か)らむ。　齒踈に、黃(は)み、黑め(ら)不(し)。

脣厚く、褰(アカ)リ、缺(け)不(し)。　惡む可き相有(ること)無けむ。

舌乾れ、黑み、短(かから)不(し)。　鼻高く、修(なか)(くして)、且(た)[又也](ま)直(か)らむ。

額廣(く)して、〔而〕平正(な)らむ。　面・目悉(く)端嚴ならむ。

人に見むと憙(ねか)[願也](は)所ることを爲(え)[得也]む。　口の氣臭く、穢(けから)(はしき)こと無けむ。

優鉢華(の)〔之〕香　常に其(の)口(より)〔從〕出(て)む。

若(し)故(ことさ)らに僧坊に詣(り)て　法華經を聽(かむ)と欲(し)て

㉒　　5　　10

5 斯人之福報　今當分別說　世世無口患
齒不疎黃黑　脣不厚褰缺　無有可惡相
舌不乾黑短　鼻高脩且直　額廣而平正
面目悉端嚴　爲人所喜見　口氣無臭穢
優鉢華之香　常從其口出　若故詣僧坊
10 欲聽法華經　須臾聞歡喜　今當說其福
後生天人中　得妙象馬車　珍寶之輦輿
及乘天宮殿　若於講法處　勸人坐聽經
是福因緣得　釋梵轉輪座　何況一心聽
解說其義趣　如說而修行　其福不可限
15 妙法蓮華經法師功德品第十九
尒時佛告常精進菩薩摩訶薩　若善
男子善女人受持是法華經　若讀若誦
若解說若書寫　是人當得八百眼功德　千
二百耳功德　八百鼻功德　千二百舌功
㉓ 德八百身功德　千二百意功德　以是功
德莊嚴六根　皆令清淨　是善男子善女
人父母所生清淨肉眼　見於三千大千
世界內外所有山林河海　下至阿鼻地

須臾も聞(き)て歡喜せむ。　今、其(の)福を說(く)當(し)。

後に、天と人との中に生(まれ)て　妙なる象馬車(と)

珍寶(の)〔之〕輦輿〈天白　舉ィ〉(と)を得む。　及(ひ)、天の宮殿に乘上也(のほ)らむ。

若(し)講法の處(にして)〔於〕　人を勸(め)て、坐(し)て經を聽(か)しめむ。

是(の)福の因緣をもて　釋梵轉輪の座を得む。

何(に)況(や)、一心に聽(き)て　其(の)義趣を解說せむ、

說(くか)如(くし)て〔而〕修行せむ、其(の)福限〈天白　量ィ〉(る)可(から)不(し)。」

15 妙法蓮華經法師功德品第十九

尒(の)時(に)、佛、常精進菩薩摩訶薩に告(けたまはく)、「若(し)善男子・善女人の、是の法華經を受持し、若(しは)讀し、若(しは)誦し、若(しは)解說し、若(しは)書寫(せ)㉓〔め〕む、是の人當に八百の眼の功德、千二百の耳の功德、八百の鼻の功德、千二百の舌の功德、八百の身の功『德、八百の鼻の功德、千二百の意の功德を得む。是の功德を以(て)六根を莊嚴(し)て、皆清淨(なら)令めむ。是の善男子・善女人(は)、父母所生の清淨の肉眼をもて、三千大千

5　　　　10　　　　15　　　　㉔

世界内外所有山林河海下至阿鼻地
獄上至有頂亦見其中一切衆生及業
因縁果報生處悉見悉知尒時世尊欲
重宣此義而説偈言
若於大衆中　以無所畏心　説是法華經
汝聽其功徳　是人得八百　功徳殊勝眼
以是莊嚴故　其目甚清淨　父母所生眼
悉見三千界　内外彌樓山　須彌及鐵圍
并諸餘山林　大海江河水　下至阿鼻獄
上至有頂處　其中諸衆生　一切皆悉見
雖未得天眼　肉眼力如是
復次常精進若善男子善女人受持此
經若讀若誦若解説若書寫得千二百
耳功徳以是清淨耳聞三千大千世界
下至阿鼻地獄上至有頂其中内外種
種語言音聲象聲馬聲牛聲車聲啼
哭聲愁歎聲螺聲鼓聲鐘聲鈴聲笑聲
語聲男聲女聲童子聲童女聲法聲非

5 世界の内外に有（ら）所（る）山林河海を〔を〕〔於〕見ること、下〔（し）も〕　阿鼻地獄に至ゑ、上〔（か）み〕　有頂に至らむ。亦、其（の）中の一切衆生と、及（ひ）、業と因と縁と果報の生處とを見て、悉（く）見〔み〕、悉（く）知らむ。」尒（の）時（に）、世尊、重（ね）て此（の）義を宣（ゐむ）と欲（ほし）て、〔而〕偈を説（き）て言（はく）、

「若（し）大衆の中に（し）て〔於〕　無所畏の心を以（て）
是の法華經を説（か）む、　汝、其（の）功德を聽け。
是の人八百の　功德の殊勝の眼を得む。
10 是（れ）を以（て）莊嚴するか故（に）　其（の）目〔マナコ〕　甚（た）清淨ならむ。
父母所生の眼をもて、　悉（く）三千界の
内外の彌樓山と　須彌と、及（ひ）、鐵圍と
幷（せ）て諸の餘の山林と　大海と江河水とを見ること、
下〔（し）も〕　阿鼻獄に至らむ、　上〔（か）み〕　有頂處∧天黒　天∨に至らむ。
其（の）中の諸の衆生を　一切、皆悉（く）見む。
天眼を得未〔（す）〕と雖（も）、　肉眼（の）力是（くの）如（く）アらむ。」

15 「復（た）次（に）、常精進、若（し）善男子・善女人の、此（の）經を受持し、若（しは）讀し、若（しは）誦し、若（しは）解説し、若（しは）書寫（せ）むは、千二百の耳の功德を得む。是の清淨の耳を以（て）三千大千世界の下〔（し）も〕　阿鼻地獄に至ゑ、上〔（か）み〕　有頂に至（る）までにの、其㉔（の）中の内外の種種の語原の音聲を聞（か）む。象聲・馬聲・牛聲・車聲・啼『哭聲・愁嘆聲・螺聲・鼓聲・鐘聲・鈴聲・笑聲・語聲と、男聲・女聲・童子聲・童女聲と、法聲・非法聲と、苦聲・樂聲・凡夫聲・聖人聲・喜聲・不喜聲と、天聲・龍聲・夜叉聲・乾闥婆聲・
5 阿脩羅聲・迦樓羅聲・緊那羅聲・摩睺羅伽聲・火聲・水聲・風聲と、〔地聲〕・地獄聲・畜

法聲苦聲樂聲凡夫聲聖人聲喜聲不
喜聲天聲龍聲夜叉聲乾闥婆聲阿脩
羅聲迦樓羅聲緊那羅聲摩睺羅伽聲
火聲水聲風聲地聲地獄聲畜生聲餓
5
鬼聲比丘聲比丘尼聲聲聞聲辟支佛
聲菩薩聲佛聲以要言之三千大千世
界中一切内外所有諸聲雖未得天耳
以父母所生清淨常耳皆悉聞知如是
分別種種音聲而不壞耳根尒時世尊
10
欲重宣此義而說偈言
父母所生耳　清淨無濁穢　以此常耳聞
三千世界聲　象馬車牛聲　鍾鈴螺鼓聲
琴瑟箜篌聲　簫笛之音聲　清淨好歌聲
聽之而不著　無數種人聲　聞悉能解了
15
又聞諸天聲　微妙之歌音　及聞男女聲
童子童女聲　山川險谷中　迦陵頻伽聲
命命等諸鳥　悉聞其音聲　地獄衆苦痛
種種楚毒聲　餓鬼飢渴逼　求索飲食聲
㉕
諸阿脩羅等　居在大海邊　自共言語時

生聲・餓鬼聲・比丘聲・比丘尼聲・聲聞聲・辟支佛聲・菩薩聲・佛聲となヱ。要を以(て)
之を言はは、三千大千世界の中の一切内外に有(ら)所(る)諸の聲を、天耳を得未(す)と雖(も)、
父母所生の清淨の常の耳を以(て)、皆悉(く)聞き知らむ。是(くの)如(く)種種の音聲を分
10
別すとも、而も、耳根を壞(ら)不(し)。」尒(の)時(に)、世尊、重(ね)て此(の)義を宣(ゐむ)と
欲(ほし)て、〔而〕偈を說(き)て言(はく)

「父母所生の耳　清淨に(し)て濁穢無(か)らむ。
此の常の耳を以(て)　三千世界の聲を聞(か)む。
象・馬・車・牛(の)聲と　鐘・鈴・螺・鼓(の)聲と
琴・瑟・箜・篌(の)聲(と)　簫・笛(の)〔之〕音聲と
清淨(なる)好歌(の)聲と　之を聽(き)て〔而〕著(せ)不(し)。
15
無數の種(の)人の聲を　聞(き)て悉(く)能(く)解了せむ。
又、諸(の)天の聲と　微妙(の)〔之〕歌音とを聞(か)む。
及(ひ)、男女(の)聲と　童子・童女(の)聲とを聞(か)む。
山川險谷の中の　迦陵頻伽(の)聲と、
命命等の諸鳥と　悉(く)其の音聲を聞(か)む。
㉕
地獄の衆苦に痛む　『種種の楚毒(の)聲と、
餓鬼の飢渇に逼(めら)れて　飲食を求索する聲と、
諸の阿脩羅等の　大海の邊に居在(し)て
自(みつか)(ら)共に言語する時に　大音聲を〔于〕出(す)と、
是(くの)如き說法者は　此の間(に)〔於〕安住(し)て
遙(か)に是の衆の聲を聞(き)て、　〔而〕耳根を壞(ら)不(し)。

諸阿脩羅等　居在大海邊　自共言語時
出于大音聲　如是說法者　安住扵此間
遙聞是衆聲　而不壞耳根　十方世界中
禽獸鳴相呼　其說法之人　扵此悉聞之
其諸梵天上　光音及遍淨　乃至有頂天
言語之音聲　法師住扵此　悉皆得聞之
一切比丘衆　及諸比丘尼　若讀誦經典
若爲他人說　法師住扵此　悉皆得聞之
復有諸菩薩　讀誦扵經法　若爲他人說
撰集解其義　如是諸音聲　悉皆得聞之
諸佛大聖尊　教化衆生者　扵諸大會中
演說微妙法　持此法華者　悉皆得聞之
三千大千界　內外諸音聲　下至阿鼻獄
上至有頂天　皆聞其音聲　而不壞耳根
其耳聰利故　悉能分別知　持是法華者
雖未得天耳　但用所生耳　功德已如是
復次常精進　若善男子善女人受持是
經若讀若誦若解說若書寫成就八百

十方世界の中の　禽獸の鳴(き)て相ひ呼ふ、
其(の)說法(の)〔之〕人　此(こ)に(し)て〔於〕悉(く)之を聞(か)む。
其(の)諸の梵天の上の　光音と、及(ひ)遍淨と
乃至、有頂天との　言語(の)〔之〕音聲を
法師此(こ)に〔於〕住(し)て　悉(く)皆、之を聞(く)こと得む。
一切の比丘衆と、　及(ひ)、諸の比丘尼と
若(しは)經典を讀誦し、　若(しは)他人の爲に說(か)むを、
法師此(こ)に〔於〕住(し)て　悉(く)皆、之を聞(くこと)得む。
復(た)諸の菩薩有(り)て、　經法を〔於〕讀誦し、
若(しは)他人の爲に說き、　撰集(し)て其(の)義を解らむ。
是(くの)如(き)諸の音聲を　悉(く)皆、之を聞(く)こと得む。
諸佛大聖尊の　衆生を化(し)たまふ者の
諸の大會の中に(し)て〔於〕　微妙の法を演說(し)たまふを、
此(の)法華を持(た)む者は　悉(く)皆、之を聞(く)こと得む。
三千大千界の　內外の諸の音聲を
下(しも)阿鼻獄に至(り)、　上(かみ)有頂天に至(る)までに、
皆、其(の)音聲を聞(き)て　而も、耳根を壞(ら)不。
其の耳聰利なるか故(に)　悉(く)能(く)分別し(て)知らむ。
是(の)法華を持(た)む者は、　天耳を得未(す)と雖(も)、
但(た)所生の耳を用(ゐむ)に　功德已に是(くの)如(く)アらむ。」
「復(た)次(に)、常精進、若(し)善男子・善女人の、是(の)經を受持し、若(しは)讀し、若

㉖

鼻功德以是清淨鼻根聞於三千大千
世界上下内外種種諸香須曼那華香
闍提華香末利華香瞻蔔華香波羅
羅華香赤蓮華香青蓮華香白蓮華
香華樹香菓樹香栴檀香沉水香多摩
羅跋香多伽羅香及千萬種和香若末
若丸若塗香持是經者於此間住悉能
分別又復別知衆生之香象香馬香牛
羊等香男香女香童子香童女香及草
木叢林香若近若遠所有諸香悉皆得
聞分別不錯持是經者雖住於此亦聞
天上諸天之香波利質多羅拘鞞陀羅
樹香及曼陀羅華香摩訶曼陀羅華香
曼殊沙華香摩訶曼殊沙華香栴檀沉
水種種末香諸雜華香如是等天香和
合所出之香無不聞知又聞諸天身香
釋提桓因在勝殿上五欲娯樂嬉戲時
香若在妙法堂上為忉利諸天說法時

㉖(しは)誦し、若(しは)解説し、若(しは)書寫(せ)むは、八百の『鼻の功德を成就(せ)む。是の清淨の鼻根を以(て)、三千大千世界の上下内外の種種の諸香を聞ゝむ。須曼那華香・闍提華香・末利華香・瞻蔔華香・波羅羅華香・赤蓮華香・青蓮華香・白蓮華香・華樹香・菓樹香、栴檀香・沈水香・多摩羅跋香・多伽羅香(と)、及(ひ)千萬種の和香・若末・若丸・若塗香(と)を、是の經を持(た)む者は、此の間(に)〔於〕住(し)て、悉(く)能(く)分別(せ)む。又復(た)、衆生(の)〔之〕香たる象香・馬香・牛羊等の香と、男香・女香・童子香・童女香と、及(ひ)、草木叢林香とを別へ知(ゐ)て、若(しは)近く、若(しは)遠く、有(ら)所(る)諸香を、悉(く)皆聞クことを得て、分別(し)て錯タ不。是(の)經を持(たむ)者は、此(こに)住せ(ゐ)と雖(も)、亦、天上の諸天(の)〔之〕香たる波利質多羅拘鞞陀羅樹香と、及(ひ)、曼陀羅華香と、摩訶曼陀羅華香と、曼殊沙華香と摩訶曼殊沙華香と栴檀と沈水と種種の抹香と諸の雜華香とを聞ゝむ。是(くの)如(き)等の天香の和合(し)て出(す)所の〔之〕香を、聞き知(ら)不(といふこと)無けむ。又、諸天の身の香と、釋提桓因の勝殿の上に在(ゐ)て、五欲をもて娯樂し嬉戲する時の香と、若(しは)妙法堂の上に在(ゐ)て、忉利の諸天の爲に法を㉗說く時の香と、若(しは)諸園(にして)〔於〕遊戲する時の香と、及(ひ)、餘の天等の男女の『身の香(と)を、皆悉(く)遙(か)に聞ゝむ。是(くの)如(く)展轉(し)て、乃至、梵世〈天白 天イ〉までに、上、有頂に至(る)までにの、諸天の身の香を、亦皆之を聞かむ。幷(せ)て、諸天の所燒(の)〔之〕香を聞かむ、及(ひ)、聲聞の香、辟支佛の香、菩薩の香、諸佛の身の香を、亦、遙かに聞(き)て其(の)所在を知らむ。此(の)香を聞(く)と雖(も)、然(も)、鼻根に於いて壞ら不、錯(た)不。若(し)分別(し)て他人の爲に說(かむ)と欲はは、憶念(し)て謬(た)不。」尒(の)時(に)世尊、重(ね)て此(の)義を宣(べむ)と欲(ほし)て、〔而〕偈を說(き)て言(はく)、

㉗

香若於諸園遊戲時香及餘天等男女
身香皆悉遙聞知是展轉乃至梵世上
至有頂諸天身香亦皆聞之并聞諸天
所燒之香及聲聞香辟支佛香菩薩香
諸佛身香亦皆遙聞知其所在雖聞此
香然於鼻根不壞不錯若欲分別為他
人說憶念不謬尒時世尊欲重宣此義
而說偈言
是人鼻清淨　於此世界中　若香若臭物
種種悉聞知　須曼那闍提　多摩羅栴檀
沉水及桂香　種種華菓香　及知衆生香
男子女人香　說法者遠住　聞香知所在
大勢轉輪王　小轉輪及子　群臣諸宮人
聞香知所在　身所著珎寶　及地中寶藏
轉輪王寶女　聞香知所在　諸人嚴身具
衣服及瓔珞　種種所塗香　聞則知其身
諸天若行坐　遊戲及神變　持是法華經
聞香悉能知　諸樹華菓實　及蘇油香氣
持經者住此　悉知其所在　諸山深險處

「是の人、鼻清淨に(し)て　此の世界の中(にして)〔於〕
若(しは)香(かく)(はし)く、若(しは)臭き物を　種種に悉(く)聞(か)き知らむ。
須曼那と闍提と　多摩羅と栴檀と
沈水と、及(ひ)桂香と　種種の華香の香となゑ。
及(ひ)、衆生の香と　男子・女人の香とを知(ゑ)て
說法者は遠く住(し)て　香を聞(か)(き)て所在を知らむ。
大勢の轉輪王と　小轉輪と、及(ひ)、子と
群臣と諸の宮人とを、　香を聞(か)(き)て所在を知らむ。
身に著せる所の珍寶と　及(ひ)、地中の寶藏と
轉輪王の寶女とを、　香を聞(か)(き)て所在を知らむ。
諸人(の)〔と〕嚴身の具たる　衣服(と)、及(ひ)、瓔珞(と)
種種の所塗の香(と)を、　香〈天白訂〉(を)聞(か)(き)て其(の)身を知らむ。
諸天の、若(しは)行坐し、遊戲し、　及(ひ)、神變(する)とを、
是(の)法華を持(た)む者〈天白訂〉　香を聞(か)(き)て悉(く)能(く)知らむ。
諸樹の華・菓實(と)　及(ひ)、蘇油の香氣(と)を、
持經者此(こ)に住(し)て　悉(く)其(の)所在を知らむ。
諸山の深險の處に　栴檀樹の華の敷(サ)ケルと
衆生の中に在(る)者とを、　香を聞(か)(き)て皆能(く)知らむ。
「鐵圍山と大海と　地中の諸の衆生とを、
持經者、香を聞(か)(き)て　悉(く)其(の)所在を知らむ。
阿脩羅の男女(と)　及(ひ)、其(の)諸の眷屬(と)の

㉘

持経者住此　悉知其所在　諸山深険處
栴檀樹華敷　衆生在中者　聞香皆能知
鐵圍山大海　地中諸衆生　持經者聞香
悉知其所在　阿脩羅男女　及其諸眷屬
鬪諍遊戲時　聞香皆能知　曠野險隘處
師子象虎狼　野牛水牛等　聞香知所在
若有懷妊者　未辨其男女　無根及非人
聞香悉能知　以聞香力故　知其初懷妊
成就不成就　安樂產福子　以聞香力故
知男女所念　染欲癡恚心　亦知脩善者
地中衆伏藏　金銀諸珍寶　銅器之所盛
聞香悉能知　種種諸瓔珞　無能識其價
聞香知貴賤　出處及所在　天上諸華等
曼陀曼殊沙　波利質多樹　聞香悉能知
天上諸宮殿　上中下差別　衆寶華莊嚴
聞香悉能知　天園林勝殿　諸觀妙法堂
在中而娯樂　聞香悉能知　諸天若聽法
或受五欲時　來往行坐臥　聞香悉能知

闘諍し、遊戯(する)〔の〕時を、　香を聞(き)て、皆能(く)知らむ。
曠野と険隘処との　師子と象と虎と狼と
野牛と水牛等とを、　香を聞(き)て所在を知らむ。
若(し)懐妊者有(て)て、　其(の)男か女か
無根か、及(ひ)、非人かと辨(へ)未らむを、　香を聞(き)て悉(く)能(く)知らむ。
香を聞(く)力を以(て)の故(に)、　其(の)初(め)て懐妊し、
成就し、成就(せ)不(す)、　安樂に福の子を產マムことを知らむ。
香(を)聞(く)力を以(て)の故(に)　男女と所念と
染欲と癡と恚との心を知らむ。　亦、善を修する者を知らむ。
地中の衆の伏藏の　金・銀と諸の珍寶との
銅器に〔之〕盛れる所を、　香を聞(き)て悉(く)能(く)知らむ。
種種の諸の瓔珞の　能(く)其(の)價(ひ)を識ること無きを、
香を聞(き)て、貴と賤と　出處と、及(ひ)、所在とを知らむ。
天上の諸の華等の　曼陀曼殊沙
波利質多樹を　香を聞(き)て悉(く)能(く)知らむ。
天上の諸の宮殿の　上・中・下の差別に
衆の寶華をもて莊嚴せるを、　香を聞(き)て悉(く)能(く)知らむ。
天の園林と　勝殿と諸觀と妙法堂とに
中に在(て)て而も娯樂するを　香を聞(き)て悉(く)能(く)知らむ。
諸天の、若(しは)法を聽き、　或(るいは)五欲を受(くる)時の
來往行坐臥を　香を聞(き)て悉(く)能(く)知らむ。

㉙

天女の所著衣の　好き華香をもて莊嚴(し)て
周旋し、遊戯する時の　香を聞(き)て悉(く)能(く)知らむ。
是(くの)如(く)展轉し上(り)て　乃(ち)梵世^天白　天ィ∨(に)〔於〕至(る)までにの
入禪・出禪の者を　香を聞(き)て悉(く)能(く)知らむ。
光音と遍淨天と　『乃(ち)有頂(に)〔于〕^天白　於ィ∨至(る)までにの
初生(と)、及(ひ)、退沒(と)の香(を)聞(き)て悉(く)能(く)知らむ。
諸の比丘衆等の　法に於いて常に精進し、
若(しは)坐し、若(しは)經行し、　及(ひ)、經法を讀誦し、
或(るいは)林樹下に在(り)て　專精に(し)て〔而〕坐禪せるを、
持經者香を聞(き)て　悉(く)其(の)所在を知らむ。
菩薩、志堅固に(し)て　坐禪し、若(しは)讀經し、
或(るいは)人の爲に法を說(く)を　香を聞(き)て悉(く)能(く)知らむ。
在在方の世尊の　一切に恭敬(せ)所れて
衆を愍(み)て〔而〕法を說(く)を、　香を聞(き)て悉(く)能(く)知らむ。
衆生、佛前に在(り)て　經を聞(き)て、皆、歡喜し、
法(の)如(くし)て〔而〕修行するを、　香を聞(き)て悉(く)能(く)知らむ。
菩薩の　無漏の法に生れたる鼻を得未と雖(も)、
而も、是の持經者　先(つ)此の鼻の相を得む。」
「復(た)次(に)、常精進、若(し)善男子、善女人(の)、是(の)經を受持し、若(しは)讀し、若(しは)誦し、若(しは)解說し、若(しは)書寫(せ)むは、千二百の舌の功德を得む。若(しは)好シク〔しく〕、若(しは)醜ゝ、若(しは)美(く)美(から)不、及(ひ)、諸の苦ク

㉚　5　10

諸天子天女釋梵諸天聞是深妙音
聲有所演說言論次第皆悉來聽及諸
龍龍女夜叉夜叉女乾闥婆乾闥婆女
阿脩羅阿脩羅女迦樓羅迦樓羅女緊
那羅緊那羅女摩睺羅伽摩睺羅伽女
爲聽法故皆來親近恭敬供養及比丘
比丘尼優婆塞優婆夷國王王子群臣
眷屬小轉輪王大轉輪王七寶千子內
外眷屬乘其宮殿俱來聽法以是菩薩
善說法故婆羅門居士國內人民盡其
形壽隨侍供養又諸聲聞辟支佛菩薩
諸佛常樂見之是人所在方面諸佛皆
向其處說法悉能受持一切佛法又能
出於深妙法音尒時世尊欲重宣此義
而說偈言
是人舌根淨　終不受惡味　其有所食噉
悉皆成甘露　以深淨妙聲　於大衆說法
以諸因緣喩　引導衆生心　聞者皆歡喜

澁き物を、其(の)舌根に在(ヲ)ヵは、皆變(し)て上味と成ること、天(の)甘露の如(くし)て、
15 美(から)不者(ぬもの)無けむ。若(し)舌根を以(て)大衆の中に(し)て〔於〕演說する所有(ら)は、深
妙の聲を出(し)て、能(く)其(の)心に入れて、皆歡喜し快樂(せ)令めむ。又、諸(の)天子
と天女と釋と梵との諸天、是の深妙の音聲をもて、演說する所有(る)言論の次第を聞(き)
て、皆悉(く)來(ゐ)て聽(か)む。及(ひ)、諸の龍・龍女・夜叉・夜叉女・乾闥婆・乾闥婆女・阿
㉚脩羅・阿脩羅女・迦樓羅・迦樓羅女・緊那羅・緊『那羅女・摩睺羅伽・摩睺羅伽女、法を聽(く)
を爲(も)(て)の故(に)、皆來(ゐ)て親近し恭敬し供養せむ、及(ひ)、比丘・比丘尼・優婆塞・優
5 婆夷・國王・王子・群臣・眷屬・小轉輪王・大轉輪王・七寶の千子・內外眷屬、其(の)宮
殿(に)乘(ゐ)て、俱に來(ゐ)て法を聽(か)む。是の菩薩の善く法を說(く)を以(て)の故
(に)、婆羅門・居士・國內の人民、其の形壽を盡すまでに隨侍し供養(せ)む。又、諸の聲聞
・辟支佛・菩薩・諸佛常に樂(ねか)(ひ)て之を見む。是の人の所在の方面には、諸佛皆其(の)
處に向(ひ)て法を說(き)て、悉(く)能(く)一切の佛法を受持(せし)めたまふなゐ。又、能
10 (く)深妙の法音を〔於〕出さむ。」尒(の)時(に)、世尊、重(ね)て此(の)義を宣(べむ)と欲
(ほし)て、〔而〕偈を說(き)て言(はく)、

「是の人舌根淨(くし)て、　終に惡味を受(け)不(し)。
其(の)、食噉する所有らは、　悉(く)皆、甘露と成らむ。
深淨の妙聲を以(て)　大衆に(し)て〔於〕法を說(か)む。
諸の因緣と喩とを以(て)　衆生の心を引導(せ)む。
5 聞(か)む者(もの)、皆、歡喜(し)て　諸の上の供養を設(け)む。
諸の天・龍・夜叉(と)　及(ひ)、阿脩羅等(と)
皆、恭敬の心を以(て)　而も、共に來(ゐ)て法を聽(か)む。

15　　㉛　　5　　10

設諸上供養　諸天龍夜叉　及阿脩羅等
皆以恭敬心　而共來聽法　是說法之人
若欲以妙音　遍滿三千界　隨意即能至
大小轉輪王　及千子眷屬　合掌恭敬心
常來聽受法　諸天龍夜叉　羅刹毗舍闍
亦以歡喜心　常樂來供養　梵天王魔王
自在大自在　如是諸天衆　常來至其所
諸佛及弟子　聞其說法音　常念而守護
或時為現身
復次常精進若善男子善女人受持是
經若讀若誦若解說若書寫得八百身
功德得清淨身如淨瑠璃衆生憙見其
身淨故三千大千世界衆生生時死時
上下好醜生善處惡處悉於中現及鐵
圍山大鐵圍山彌樓山摩訶彌樓山等
諸山及其中衆生悉於中現下至阿鼻
地獄上至有頂所有及衆生悉於中現
若聲聞辟支佛菩薩諸佛說法皆於身

是(の)説法(の)〔之〕人、　若(し)妙音を以(て)
三千界に遍滿(せ)むと欲はば、　意に隨(ひ)て卽(ち)能(く)至らむ。
大小(の)轉輪王(と)　及(ひ)、千子眷屬(と)
合掌し、恭敬の心をもて　常(に)來(り)て法を聽受(せ)む。
諸(の)天・龍・夜叉　羅刹・毘舍闍
㉛「亦、歡喜の心を以(て)　常(に)樂(ひ)て來(り)て供養(せ)む。
梵天王・魔王　自在・大自在、
是(くの)如(き)諸(の)天衆　常(に)其所に來至せむ。
諸佛(と)、及(ひ)、弟子(と)　其(の)説法の音を聞(き)て
常(に)念して〔而〕守護し、　或(る)時は、爲に身を現せむ。」

5「復(た)次(に)、常精進、若(し)善男子・善女人、是の經を受持し、若(しは)讀し、若(し
は)誦し、若(しは)解説し、若(しは)書寫せむは、八百の身の功德を得む。清淨の身を得
て、淨瑠璃の如(くし)て、衆生見(む)と憙(ねか)〈願也〉はむ。其(の)身淨(き)か故(に)、三千大千世
界の衆生の生時と死時と上と下と好と醜と善處・惡處に生(まれ)たると、悉(く)中(にし
10 て)〔於〕現(せ)む。及(ひ)、鐵圍山・大鐵圍山・彌樓山・摩訶彌樓山等の諸(の)山(と)、及(ひ)、
其(の)中の衆生(と)を、悉(く)中(にして)〔於〕現(せ)む。下(しも)阿鼻地獄に至らむ、上(かみ)有
頂に至(る)までに(の)有(ら)所(る)〔及〕衆生を、悉(く)中(にして)〔於〕現(せ)む。若(し)
聲聞・辟支佛・菩薩・諸佛の法を説(き)たまふを、皆、身の中(にして)〔於〕其の色像を現(せ)
15 む。」　尒(の)時(に)、世尊、重(ね)て此(の)義を宣(のへむ)と欲(ほして)、〔而〕偈を説き
て言(はく)、
「若(し)法華を持(た)む者(もの)〈天白　經イ〉は、　其(の)身甚(た)清淨(な)ること

中現其色像示時世尊欲重宣此義而
說偈言
若持法華者　其身甚清淨　如彼淨瑠璃
衆生皆憙見　又如淨明鏡　悉見諸色像
菩薩於淨身　皆見世所有　唯獨自明了
餘人所不見　三千世界中　一切諸羣萌
天人阿脩羅　地獄鬼畜生　如是諸色像
皆於身中現　諸天等宮殿　乃至於有頂
鐵圍及彌樓　摩訶彌樓山　諸大海水等
皆於身中現　諸佛及聲聞　佛子菩薩等
若獨若在衆　說法悉皆現　雖未得無漏
法性之妙身　以清淨常體　一切於中現
復次常精進若善男子善女人如來滅
後受持是經若讀若誦若解說若書寫
得千二百意功德以是清淨意根乃至
聞一偈一句通達無量無邊之義解是
義已能演說一句一偈至於一月四月
乃至一歲諸所說法隨其義趣皆與實

彼の淨瑠璃の如(くし)て、　衆生、皆、見(む)と意[顧也](ねか)(は)む。

又、淨く明(らか)なる鏡に　悉(く)諸の色像を見(る)か如く、
菩薩(は)、淨身(に)於(て)　皆、世に有(る)所を見む。

唯(た)獨(り)、自(ら)のみ明(らか)に了(し)て、　餘人は見不(る)所ならむ。

三千世界の中の　一切の諸の群萠
㉜ 「天・人・阿脩羅　地獄・鬼・畜生
是(くの)如(き)諸の色像を、　皆、身の中(にして)〔於〕現(せ)む。
諸(の)天等の宮殿　乃(ち)有頂(に)〔於〕至(る)までに、
鐵圍、及(ひ)、彌樓　摩訶彌樓山
諸(の)大海水等を　皆、身中(にして)〔於〕現(せ)む。
諸佛(と)、及(ひ)、聲聞　佛子・菩薩等(と)の
若(しは)獨(り)、若(しは)衆に在(り)て　法を說(く)を、悉(く)皆、現(せ)む。
無漏の　法性(の)〔之〕妙身を得未(す)と雖(も)、
清淨の常の體を以(て)　一切を中(にして)〔於〕現(せ)む。」
「復(た)次(に)、常精進、若(し)善男子・善女人(の)、如來の滅後に、是(の)經を受持し、若(しは)讀し、若(しは)誦し、若(しは)解說し、若(しは)書寫せむは、千二百の意の功德を得む。是の清淨の意根を以(て)、乃至一偈一句を聞(く)とも、無量無邊(の)〔之〕義を通達(せ)む。是の義を解(り)已(り)て、能(く)一句一偈を演說(する)こと、一月四月乃至一歲に〔於〕至らむ。諸の所說の法は、其の義趣に隨(ひ)て、皆實相(と)〔與〕相ひ違背(せ)不(し)。若(し)俗間の經書、治世の語言、資生の業等を說(く)とも、皆正法に順(は)む。三千大千世界の六趣の衆生の心(の)〔之〕行する所と、心の動作する所と、心の戲論す

相不相違背若説俗間經書治世語言
資生業等皆順正法三千大千世界六
趣衆生心之所行心所動作心所戲論
皆悉知之雖未得無漏智慧而其意根
清淨如此是人有所思惟籌量言説皆
是佛法無不眞實亦是先佛經中所説
尒時世尊欲重宣此義而説偈言
是人意清淨　明利無穢濁　以此妙意根
知上中下法　乃至聞一偈　通達無量義
次第如法説　月四月至歳　是世界内外
一切諸衆生　若天龍及人　夜叉鬼神等
其在六趣中　所念若干種　持法華之報
一時皆悉知　十方無數佛　百福莊嚴相
爲衆生説法　悉聞能受持　思惟無量義
説法亦無量　終始不忘錯　以持法華故
悉知諸法相　隨義識次第　達名字語言
如所知演説　此人有所説　皆是先佛法
以演此法故　於衆無所畏　持法華經者

る所とを、皆悉(く)之を知らむ。無漏の智慧を得未(す)と雖(も)、而も、其の意根清淨なること此(くの)如し。是の人思惟し籌量し言説する所有らは、皆、是れ佛法として眞實に(あら)不(す)(といふこと)無けむ。亦、是れ、先佛の經の中に説(き)たまゐる所ならむ。」尒(の)時(に)、世尊、重(ね)て此(の)義を宣(ゐむ)と欲(ほ)して、〔而〕偈を説(き)て言(はく)、

㉝

「是(の)人(は)、意清淨に(し)て　明利に(し)て穢濁無(か)らむ。

此の妙(なる)意根を以(て)　上・中・下の法を知らむ。

乃至、一偈を聞(き)て　無量の義を通達(せ)む。

次第に法の如(く)説(か)む。　月四月よゐ歳に至らむ。

是の世界の内外の　一切の諸の衆生
若(しは)天・龍(と)、及(ひ)、人　夜叉・鬼神等(と)の
其の六趣の中に在(ゐ)て　念(する)所の若干の種を
法華を持(たむ)〔之〕報に　一時に、皆悉(く)知らむ。

十方の無數の佛の　百福の莊嚴の相をもて
衆生の爲に法を説(く)を、　悉(く)聞(き)て能(く)受持せむ。

無量の義を思惟(せ)む、　法を説(く)こと、亦、無量ならむ。

終始忘錯(せ)不(し)。　法華を持(つ)を以(て)の故(に)。

悉(く)諸法の相を知(ゐ)て　義に隨(ひ)て次第を識らむ。

名字・語言を達(し)て　知れる所の如(く)演説(せ)む。

此(の)人、説(く)所と有(るは)〔をもて〕、　皆、是れ、先(さき)の佛の法ならむ。

此(の)法を演(ふる)を以(て)の故に、衆に於(お)いて畏(るる)所無(か)らむ。

法華經を持(た)む者(もの)は、　意根の淨いこと斯(くの)若(こと)(く)アらむ。

10

悉知諸法相　随義識次第　達名字語言
如所知演説　此人有所説　皆是先佛法
以演此法故　於衆無所畏　持法華經者
意根浄若斯　雖未得無漏　先有如是相
是人持此經　安住希有地　爲一切衆生

15

歡喜而愛敬　能以千萬種　善巧之語言
分別而説法　持法華經故
妙法蓮華經巻第六

無漏を得未(す)と雖(も)、　先よゟ是(くの)如(き)相有らむ。
是の人、此(の)經を持(ち)て　希有の地に安住(し)て
一切衆生の爲に　歡喜(し)て〔而〕愛敬(せら)れむ。
能(く)千萬種の　善巧(の)〔之〕語言を以(て)

15

分別(し)て〔而〕法を説(か)む。　法華經を持(つ)か故(に)。」

妙法蓮華經卷第六

妙法蓮華經常不輕菩薩品第二十 七
尒時佛告得大勢菩薩摩訶薩汝今當
知若比丘比丘尼優婆塞優婆夷持法
華經者若有惡口罵詈誹謗獲大罪報
如前所説其所得功德如向所説眼耳
鼻舌身意清淨得大勢乃往古昔過
無量無邊不可思議阿僧祇劫有佛名威
音王如來應供正遍知明行足善逝世
間解無上士調御丈夫天人師佛世尊
劫名離衰國名大成其威音王佛於彼
世中爲天人阿脩羅説法爲求聲聞者
説應四諦法度生老病死究竟涅槃爲
求辟支佛者説應十二因緣法爲諸菩
薩因阿耨多羅三藐三菩提説應六波
羅蜜法究竟佛慧得大勢是威音王佛
壽四十萬億那由他恒河沙劫正法住
世劫數如一閻浮提微塵像法住世劫
數如四天下微塵其佛饒益衆生已然
後滅度正法像法滅盡之後於此國土

①妙法蓮華經常不輕菩薩品第二十 七

尒(の)時(に)、佛、得大勢菩薩摩訶薩に告(けたまはく)、「汝、今知(る)當(し)、若(し)比丘・比丘尼・優婆塞・優婆夷の法華經を持(た)む者(もの)を、若(し)惡口をもて罵詈し誹謗(す)ること有らは、大罪報を獲むこと前の所説の如(し)。其の所得の功德も向(さ)き(さき)の所説の如(し)。眼・耳・鼻・舌・身・意清淨ならむ。得大勢、乃往古〔に〕昔(に)、無量無邊不可思議阿僧祇の劫を過(き)て、佛有(いま)(し)き。威音王・如來・應供・正遍知・明行足・善逝・世間解・無上士・調御丈夫・天人師・佛・世尊と名(つけたてまつり)き。劫をは離衰と名(つけ)、國をは大成と名(つけ)き。其(の)威音王佛、彼(の)世の中に(し)て〔於〕、天・人・阿脩羅の爲に法を說(きたま)ひき。聲聞を求(むる)者(もの)の爲に、應せる四諦の法を說(き)て、生老病死を度(り)て涅槃に究竟(し)たまひき。辟支佛を求(むる)者(もの)の爲に、應せる十二因緣の法を說(きたま)ひき。諸の菩薩の爲には、阿耨多羅三藐三菩提に因せて、應せる六波羅蜜の法を說(き)て、佛慧に究竟(したま)ひき。得大勢、是の威音王佛の壽四十萬億・那由他・恒河沙劫なりき。正法の住世の劫數は、一閻浮提の微塵の如(し)。像法の住世の劫「數は、四天下の微塵の如(く)ありき。其の佛、衆生を饒益し已(り)て、然(し)て後に滅度(したま)ひき。正法・像法滅盡(の)〔之〕後に、此の國土(に)〔於〕、復(た)、佛出(て)たまへること有(り)き。亦、威音王・如來・應供・正遍知・明行足・善逝・世間解・無上士・調御丈夫・天人師・佛・世尊と號(つけたてまつり)き。是(くの)如(く)次第に、二萬億の佛有(いま)して、皆同一(の)號なりき。最初の威音王如來より、既(ことごと)(悉也)く已に滅度(し)たまひて、正法の滅後に、像法の中(に)〔於〕、增上慢の比丘の大勢力なる有(り)き。尒(の)時(に)、一(り)の菩薩の比丘有(り)て、常不輕と名(つけ)き。得大勢、何の因緣を以(て)か常不輕と名

5　10　15

後滅度正法像法滅盡之後於此國土
復有佛出亦号威音王如來應供正遍
知明行足善逝世間解無上士調御丈
夫天人師佛世尊如是次第有二萬億
佛皆同一号最初威音王如來既已滅
度正法滅後於像法中增上慢比丘有
大勢力爾時有一菩薩比丘名常不輕
得大勢以何因緣名常不輕是比丘凡
有所見若比丘比丘尼優婆塞優婆夷
皆悉礼拜讚歎而作是言我深敬汝等
不敢輕慢所以者何汝等皆行菩薩道
當得作佛而是比丘不專讀誦經典但
行礼拜乃至遠見四衆亦復故往礼拜
讚歎而作是言我不敢輕於汝等汝等
皆當作佛故四衆之中有生瞋恚心不淨
者悪口罵詈言是無智比丘從何所
來自言我不輕汝而與我等授記當得
作佛我等不用如是虚妄授記如此經

10(つく)る。是(の)比丘、凡へて見(る)所とし有る、若(しは)比丘・比丘尼・優婆塞・優婆夷は、皆悉(く)禮拜し讚歎(し)て、而も、是(の)言を作(さ)く、『我(れ)深く汝等を敬ふ。敢(へ)て輕慢せ不れ。所以は〔者〕何(に)、汝等皆菩薩の道を行(し)て佛と作ること得當(し)。』而も、是(の)比丘 經典をのみ讀誦し、但(た)禮拜をのみ行(す)ること專(ら)にせ不。乃至、遠く四衆を見て、亦復(た)、故(ことさ)らに往(き)て禮拜し讚歎(し)て、〔而〕是(の)言を作(さ)く、『我(れ)敢(へ)て汝等を〔於〕輕(せ)不。汝等皆佛と作(る)當(き)か故(に)。』四衆(の)〔之〕中に、瞋恚を生(し)て心不淨なる者有(り)て、惡口をもて罵詈(し)て言(はく)、『是の無智の比丘、何所(いつこ)(よ)〔從〕來(り)て、自(みつか)(ら)『我れ汝を輕(みせ)不。』と言(ひ)て、而も、我(れ)等か與(ため)に『當に佛と作ること得(へ)し《再読》。』と授記する③そ。我(れ)等、是(くの)如(き)虚妄の授記を用(ゐ)不(る)へし。』此(くの)如(く)『多年を經歷(し)て、常(に)罵詈(せ)被れ、瞋恚を生(せ)不(し)て、常(に)是(の)言を作(さ)く、『汝、佛と作(る)當(し)。』と。是の語を説(き)し時に、衆の人、或(るいは)杖・木・瓦・石を以(て)〔而〕之を打擲(せし)かは、避(り)走(り)て遠く住(し)て、猶(ほ)高聲に唱(へ)て言(はく)、『我(れ)敢(へ)て汝等〈天黒補〉を〔於〕輕(みせ)不。汝等、皆佛と作(る)當(し)。』と。其(の)常(に)是(の)語を作(す)を以(ての)故(に)、增上慢の比丘・比丘尼・優婆塞・優婆夷、之を號(つけ)て常不輕と爲(つけ)き。是(の)比丘、終(ら)むと欲る時に臨(み)て、虚空の中(にして)〔於〕、具に威音王佛の先きに說(きたま)へる所の法華經の二十千萬億の偈を聞(き)て、悉(く)能(く)受持(し)て、即(ち)上(の)如(き)眼根清淨・耳・鼻・舌・身・意根清淨を得てき。是(の)六根清淨を得已(り)て、更(に)壽命を二百萬億那由他歳增(し)て、廣(く)人の爲に是の法華經を說(き)き。時(に)〔於〕增上慢の四衆の比丘・比丘尼・優婆塞・優婆夷の、是(の)人を輕賤(し)て、爲に不輕の名を作(り)し者、其の大神通

③

歴多年常被罵詈不生瞋恚常作是言
汝當作佛説是語時衆人或以杖木瓦
石而打擲之避走遠住猶高聲唱言我
不敢輕於汝汝等皆當作佛以其常作
是語故增上慢比丘比丘尼優婆塞優
婆夷号之爲常不輕是比丘臨欲終時
於虚空中具聞威音王佛先所説法華
經二十千萬億偈悉能受持即得如上
眼根清淨耳鼻舌身意根清淨得是六
根清淨已更增壽命二百萬億那由他
歳廣爲人説是法華經於時增上慢四
衆比丘比丘尼優婆塞優婆夷輕賤是
人爲作不輕名者見其得大神通力樂
説辯力大善寂力聞其所説皆信伏隨
從是菩薩復化千萬億衆令住阿耨多
羅三藐三菩提命終之後得値二千億
佛皆号日月燈明於其法中説是法華
經以是因緣復値二千億佛同号雲自

力と樂説辯力と大善寂力とを得たりを見て、其の所説を聞(き)て、皆信伏し隨從しき。是の菩薩復(た)千萬億の衆を化(し)て、阿耨多羅三藐三菩提に住(せ)令(め)き。命終(の)〔之〕後に、二千億の佛の、皆日月燈明と號(つくる)に値(ふ)こと得て、其(の)法の中に〔於〕、是(の)法華經を説(き)き。是の因緣を以(て)、復(た)、二千億の佛の同(し)く雲自在燈王と號(つくる)に値(ひ)て、此の諸佛の法の中に(し)て〔於〕、受持し讀誦(し)て、諸の『四衆の爲に此(の)經典を説(き)し(か)〔に〕故(に)、是の常の眼清淨、耳・鼻・舌・身・意諸根清淨を得て、四衆の中に(し)て〔於〕法を説(く)に、心に所畏無し。得大勢、是の常不輕菩薩摩訶薩(は)、是(く)の如(き)若干の諸佛を供養し恭敬し尊重し讚歎(し)て、諸の善根を種(ゑ)て、後(に)〔於〕復(た)、千萬億の佛に値(ひたてまつり)て、亦、諸佛の法の中に(し)て〔於〕、是の經典を説(き)て、功德成就(し)て、當に佛と作ること得たり。得大勢、意に於(お)いて云何そ。尓(の)時の常不輕菩薩は、豈(に)異人(な)らむ(や)〔乎〕。則(ち)我(か)身是(れ)なり。若(し)我(れ)宿世(に)〔於〕此(の)經を受持し讀誦(し)て、他人の爲に説(か)不(ら)マシかは〔者〕、疾(く)阿耨多羅三藐三菩提を得ること能(は)不(ら)まし。我(れ)先きの佛のみ所に(し)て〔於〕、此(の)經を受持し讀誦(し)て、人の爲に説(き)しか故(に)、疾(く)阿耨多羅三藐三菩提を得たり。得大勢、彼の時の四衆の比丘・比丘尼・優婆塞・優婆夷の、瞋恚の意を以(て)我(れ)を輕賤せしか故(に)、二百億劫(に)、常に佛に値(は)不(す)、法を聞(か)不(す)、僧を見不(す)。千劫(に)阿鼻地獄に(し)て〔於〕、大苦惱を受(け)き。是(の)罪を畢ゑ已(り)て、復(た)常不輕菩薩に遇(ひ)て、阿耨多羅三藐三菩提に教化(せら)れき。得大勢、汝か意(に)於(て)云何そ。尓(の)時に、四衆の常に是の菩薩を輕(せ)し者は、豈(に)異人(な)らむ(や)〔乎〕。今此の會の中の跋陀婆羅等の五百の菩薩、師子月等の五百の比丘尼、思佛『等の五百の優婆塞の、皆阿耨多羅三藐三菩提(に)於(て)退轉(せ)不(り)

④　　5　　10　　15

在燈王於此諸佛法中受持讀誦爲諸
四衆說此經典故得是常眼淸淨耳鼻
舌身意諸根淸淨於四衆中說法心無
所畏得大勢是常不輕菩薩摩訶薩
供養如是若干諸佛恭敬尊重讚歎種
諸善根於後復値千萬億佛亦於諸佛
法中說是經典功德成就當得作佛得大
勢於意云何尒時常不輕菩薩豈異人
乎則我身是若我於宿世不受持讀誦
此經爲他人說者不能疾得阿耨多羅
三藐三菩提我於先佛所受持讀誦此
經爲人說故疾得阿耨多羅三藐三菩
提得大勢彼時四衆比丘比丘尼優婆
塞優婆夷以瞋恚意輕賤我故二百億
劫常不値佛不聞法不見僧千劫於阿
鼻地獄受大苦惱畢是罪已復遇常不
輕菩薩敎化阿耨多羅三藐三菩提得
大勢於汝意云何尒時四衆常輕是菩

し者(もの)是(れ)なり。得大勢、知(る)當(し)、是(の)法華經は、大(き)に諸の菩薩摩訶薩を饒益(し)て、能(く)阿耨多羅三藐三菩提に〔於〕至(ら)令(め)たまふ。是(の)故(に)、諸の菩薩摩訶薩(は)、如來の滅後(に)〔於〕、常(に)是(の)經を受持し讀誦し解說し書寫(す)應し。」尒(の)時(に)、世尊、重(ね)て此(の)義を宣(べむ)と欲(ほし)て、而も偈を說(き)て言(はく)、

「過去に佛有(いま)しき。　威音王と號(つけたてまつり)き。
神智無量に(し)て　一切を將導(したま)ひき。
天・人・龍神の　共に供養(し)たてまつる所たりき。
是(の)佛(の)滅後に　法盡(き)なむと欲(せ)し時に
一(り)の菩薩有(り)て、　常不輕と名(つけ)き。
時の諸の四衆　法(に)〔於〕計著せりき。
不輕菩薩　其の所に往き到(り)て
〔而〕之に語(り)て言(い)(はく)、　『我(れ)、汝を輕(せ)不(す)。
汝等道を行(し)て　皆、佛と作(る)當(し)。』
諸人聞(き)已(り)て　輕毀罵詈しき。
不輕菩薩　能(く)之を忍受(し)て
其(の)罪畢(ゑ)已(り)て　命終の時に臨(み)て
此(の)經を聞(く)こと得て　六根清淨に(し)て
神通力の故(に)　壽命を增益しき。
復(た)、諸人の爲に　廣(く)是(の)經を說(き)き。
諸の法に著せりし衆、　皆、菩薩の

⑤

薩者豈異人乎今此會中跋陀婆羅
等五百菩薩師子月等五百比丘尼思佛
等五百優婆塞皆於阿耨多羅三藐三
菩提不退轉者是得大勢當知是法華
經大饒益諸菩薩摩訶薩能令至於阿
耨多羅三藐三菩提是故諸菩薩摩訶
薩於如來滅後常應受持讀誦解說書
寫是經尒時世尊欲重宣此義而說偈
言
過去有佛　号威音王　神智無量
將導一切　天人龍神　所共供養
是佛滅後　法欲盡時　有一菩薩
名常不輕　時諸四衆　計著於法
不輕菩薩　往到其所　而語之言
我不輕汝　汝等行道　皆當作佛
諸人聞已　輕毀罵詈　不輕菩薩
能忍受之　其罪畢已　臨命終時
得聞此經　六根清淨　神通力故

⑥

教化し、成就(し)て　佛道に住(せ)令(む)ること蒙(ヱ)き。
不輕命終(し)て　無數の佛に値(ひ)て
「是(の)經を說(き)しか故(に)　無量の福を得て
漸(く)功德を具(し)て　疾(く)佛道成(ヱ)たま(ゐ)ヱ。
彼(の)時の不輕は　則(ち)我か身是(れ)なヱ。
時の四部衆の　法に著せし〔之〕者(もの)
不輕の『汝、佛と作(る)當(し)。』と言(ふ)を聞(き)て、
是の因緣を以(て)　無數の佛に値ゐるは、
此の會の菩薩　五百(の)〔之〕衆
幷(せ)て〔及〕四部の　清信の士女
今、我(か)前に於(あ)ヱて　法を聽く者(もの)是(れ)なヱ。
我(れ)前(の)世(に)〔於〕　是の諸人を勸(め)て
斯の經の　第一(の)〔之〕法を聽受(せし)めて
開示して人に教(ゐ)て　涅槃に住(せ)令(め)き。
世世に　是(くの)如(き)經典を受持(せし)めて
億億萬劫に　不可議に至ル
時に乃(いま)(し)　是の法華經を聞(く)こと得(う)。
億億萬劫に　不可思議に至(ヱ)て
諸佛世尊　時に是(の)經を說(き)たまふ。
是(の)故に、行者　佛の滅後(に)〔於〕
是(くの)如(き)經を聞(き)て　疑惑を生(する)こと勿(な)。

15 10 5 ⑥

增益壽命 復爲諸人 廣說是經
諸著法衆 皆蒙菩薩 教化成就
令住佛道 不輕命終 值無數佛
說是經故 得無量福 漸具功德
疾成佛道 彼時不輕 則我身是
時四部衆 著法之者 聞不輕言
汝當作佛 以是因緣 值無數佛
此會菩薩 五百之衆 幷及四部
清信士女 今於我前 聽法者是
我於前世 勸是諸人 聽受斯經
第一之法 開示教人 令住涅槃
世世受持 如是經典 億億萬劫
至不可議 時乃得聞 是法華經
億億萬劫 至不可議 諸佛世尊
時說是經 是故行者 於佛滅後
聞如是經 勿生疑惑 應當一心
廣說此經 世世值佛 疾成佛道
妙法蓮華經如來神力品第二十一

當に一心に(し)て 廣く此(の)經を說(き)て
世世に佛に值(ひたてまつり)て 疾(く)佛道成(る)應(し)。」と。

15
妙法蓮華經如來神力品第二十一

⑦ 尒時千世界微塵等菩薩摩訶薩從
地踊出者皆於佛前一心合掌瞻仰尊
顔而白佛言世尊我等於佛滅後世尊
分身所在國土滅度之處當廣說此經所
5 以者何我等亦自欲得是眞淨大法受
持讀誦解說書寫而供養之尒時世尊
於文殊師利等無量百千萬億舊住
娑婆世界菩薩摩訶薩及諸比丘比丘尼
優婆塞優婆夷天龍夜叉乾闥婆阿脩
10 羅迦樓羅緊那羅摩睺羅伽人非人等
一切衆前現大神力出廣長舌上至梵世
一切毛孔放於無量無數色光皆悉
遍照十方世界衆寶樹下師子座上諸
佛亦復如是出廣長舌放無量光釋迦
牟尼佛及寶樹下諸佛現神力時滿百
千歳然後還攝舌相一時謦欬俱共彈
指是二音聲遍至十方諸佛世界地皆
六種震動其中衆生天龍夜叉乾闥婆

尒(の)時(に)、千世界の微塵と等(し)き菩薩摩訶薩の、地(より)〔從〕踊出せる者、皆佛前に於りて一心(に)合掌(し)て、尊顔を瞻仰(したてまつり)て、〔而〕佛(に)白(して)言(さく)、「世尊、我(れ)等、佛の滅後(に)〔於〕、世尊の分身の所在の國土の滅度(の)〔之〕處に⑦(して)、當(に)廣(く)此(の)經を說(か)む。所『以は〔者〕何(に)、我(れ)等(も)亦、自(ら)是の眞淨の大法を得て、受持し讀誦し解說し書寫(し)て、〔而〕之を供養(せむ)と欲(ふ)をもて。」と。尒(の)時(に)、世尊、文殊師利等の無量百千萬億の舊より娑婆世界に住5せる、菩薩摩訶薩(と)、及(ひ)、諸の比丘・比丘尼・優婆塞・優婆夷・天・龍・夜叉・乾闥婆・阿脩羅・迦樓羅・緊那羅・摩睺羅伽・人・非人等の一切の衆の前に(し)て〔於〕、大神力を現(し)たまひき。廣長の舌を出(し)て、上梵世に至(り)〔し〕、一切の毛孔より無量無數の色光を〔於〕放(ち)て、皆悉(く)に遍く十方世界を照(したま)ひき。衆(の)寶樹下の師子10(の)座の上の〔と〕諸佛も亦是(くの)如(し)。廣長の舌を出(し)て、無量の光を放(ち)たまふ。釋迦牟尼佛(と)、及(ひ)、寶樹下の諸佛(と)、神力を現(し)たまふ時に、百千歳を滿(て)て、然(し)て後に、還(り)て舌相を攝(めたま)ひき。一時に謦欬し、倶共に彈指(し)たまふ。是の二(つ)の音聲遍く十方の諸佛の世界に至(り)て、地皆六種(に)震動しき。其の中の衆生15・天・龍・夜叉、乾闥婆・阿脩羅・迦樓羅・緊那羅・摩睺羅迦〔の〕・人・非人等、佛の神力を以(て)の故(に)、皆此の娑婆世界の無量無邊百千萬億の衆の寶樹下の師子の座の上の諸佛を見たてまつり、及(ひ)、釋迦牟尼佛の、多寶如來と共に寶塔の中に在して、師子の座に坐(し)⑧たまふを見たてまつりき。又、無量無邊百千『萬億の菩薩摩訶薩(と)、及(ひ)、諸の四衆(と)の、釋迦牟尼佛を恭敬し圍繞(し)たてまつるを見たてまつり(き)。既(に)是(れ)を見已(り)て、皆大(き)に歡喜(し)て、未曾有(な)ることを得てき。卽の時に、諸天虛空の中に(し)て〔於〕、高聲に唱(へ)て言さ(く)、「此の無量無邊百千萬億阿僧祇の世界を過(き)て

15 阿脩羅迦樓羅緊那羅摩睺羅伽人非
人等以佛神力故皆見此娑婆世界無
量無邊百千萬億衆寶樹下師子座上
諸佛及見釋迦牟尼佛共多寶如來在
寶塔中坐師子座又見無量無邊百千
萬億菩薩摩訶薩及諸四衆恭敬圍繞
⑧ 釋迦牟尼佛既見是已皆大歡喜得未
曾有即時諸天於虛空中高聲唱言過
此無量無邊百千萬億阿僧祇世界有
5 國名娑婆是中有佛名釋迦牟尼今為
諸菩薩摩訶薩說大乘經名妙法蓮華
教菩薩法佛所護念汝等當深心隨喜
亦當礼拜供養釋迦牟尼佛彼諸衆生
聞虛空中聲已合掌向娑婆世界作如
10 是言南無釋迦牟尼佛南無釋迦牟尼
佛以種種華香瓔珞幡蓋及諸嚴身之
具珎寶妙物皆共遙散娑婆世界所散
諸物從十方來譬如雲集變成寶帳遍

5 國有(り)、娑婆と名(つ)く。是の中に佛有(いま)す、釋迦牟尼と名(つ)く。今諸の菩薩摩訶薩の爲に、大乘經の、妙法蓮華・教菩薩法・佛所護念と名(つくる)を説(き)たまふ。汝等、當に深き心をもて隨喜し、亦、釋迦牟尼佛を禮拜し供養(し)たてまつる當(し)。」彼(の)諸の

10 衆生、虛空の中の聲を聞(き)已(り)て、合掌(し)て娑婆世界に向(ひ)て是(くの)如(き)言(こと)を作(さ)く、「南無釋迦牟尼佛、南無釋迦牟尼佛。」と。種種の華・香・瓔珞・幡蓋と、及(ひ)、諸の嚴身(の)〔之〕具と、珍寶・妙物とを以(て)、皆共に遙(か)に娑婆世界に散しき。所散の諸物十方(より)〔從〕來ること、譬(へは)雲の集(まる)か如(くし)て、變(し)て寶帳と成(り)て、遍く此(の)間の諸佛(の)〔之〕上に覆ひき。時(に)〔于〕十方世界、通達(し)て無礙に

15 (し)て一佛土の如(し)。尒(の)時(に)、佛、上行等の菩薩大衆(に)告(けたまはく)、「諸佛の神力(は)、是(くの)如(く)無量無邊不可思議なり。若(し)我(れ)是の神力を以(て)、無量無邊百千萬億阿僧祇劫(に)〔於〕、囑累を爲(以也)(も)(て)の故(に)、此(の)經の功德を説(く)とも、猶(ほ)盡(す)こと能(は)不(し)。要を以(て)之を言はは、如來の一切所有(の)〔之〕法、如

⑨『來の一切自在神力、如來の一切秘要(の)〔之〕藏、如來の一切甚深(の)〔之〕事をは、皆此(の)經(に)〔於〕宣示し顯説せり。是(の)故(に)、汝等、如來(の)滅後(に)〔於〕、一心に受

5 持し讀誦し解説し書寫し、説(くか)如(く)修行(す)應(し)。所在の國土に、若(しは)受持し讀誦し解説し書寫し、説(く)か如(く)修行(す)ること有(ら)む、若(しは)經卷の所住の〔之〕處、若(しは)園中(に)〔於〕、若(しは)林中(に)〔於〕、若(しは)樹下に(し)て〔於〕、若(しは)僧坊に(し)て〔於〕、若(しは)白衣の舍(に)、若(しは)殿堂に在(り)て、若(しは)山谷曠野にも、是の中に皆塔を起(て)て供養(す)應(し)。所以は〔者〕何(に)、知(る)當

10 (し)、是の處は、卽(ち)是れ道場なり。諸佛此(こ)に(し)て〔於〕阿耨多羅三藐三菩提を得たまふ。諸佛此(こ)に(し)て〔於〕法輪を〔于〕轉(し)たまふ。諸佛此(こ)に(し)て〔於・而〕

15
覆此間諸佛之上于時十方世界通達
無礙如一佛土尒時佛告上行等菩薩
大衆諸佛神力如是無量無邊不可思
議若我以是神力於無量無邊百千萬
億阿僧祇劫爲囑累故說此經功德猶
⑨
不能盡以要言之如來一切所有之法如
來一切自在神力如來一切祕要之
藏如來一切甚深之事皆於此經宣示
顯說是故汝等於如來滅後應一心受（當）
5
持讀誦解說書寫如說修行所在國土
若有受持讀誦解說書寫如說修行若
經卷所住之處若於園中若於林中若
於樹下若於僧坊若白衣舍若在殿堂
若山谷曠野是中皆應起塔供養所以
10
者何當知是處即是道場諸佛於此得
阿耨多羅三藐三菩提諸佛於此轉于
法輪諸佛於此而般涅槃尒時世尊欲
重宣此義而說偈言

15
般涅槃(し)たまふ。」尒(の)時(に)、世尊、重(ね)て此(の)義を宣(へむ)と欲(ほし)て、
〔而〕偈を說(き)て言(はく)、

「諸佛救世者、　大神通に〔於〕住(し)て、
衆生を悅(ひ)しむ(る)を爲《(も)》(て)の故(に)　無量の神力を現す。
舌相を梵天に至し、　身よを無數の光を放つ。
佛道を求(むる)者《もの》の爲に　此の希有の事を現す。
諸佛の謦欬の聲と、　及(ひ)、彈指(の)〔之〕聲と、
周く十方の國に聞(え)て、　地、皆、六種に動く。
佛の滅度の後に　能(く)是(の)經を持(た)むを以(て)の故(に)、
諸佛、皆、歡喜(し)たまひて　無量の神力を現(し)たまふ。
是(の)經を囑累(せ)む△か故(に)　受持者を讚美(し)たまふこと
⑩
無量劫の中(に)〔於〕　猶《(なほ)》—故盡(す)こと能(は)不《し》。
是(の)人(の)〔之〕功德、『無邊に(し)て窮を有ること無けむ。
十方の虛空の如(くし)て　邊際を得可(から)不《(す)》。
能(く)是の經を持(た)む者《ひと》は、　則(ち)爲《(こ)是也》(れ)已に我(れ)を見《み》
亦、多寶佛(と)　及(ひ)、諸の分身の者《もの》(と)を見(るなを)〔れ〕。
又、我か今日　敎化する諸の菩薩を見(るなを)〔れ〕。
能(く)是(の)經を持(た)む者《もの》、　我(れと)、及(ひ)、分身と
5
滅度の多寶佛とを(し)て　一切を、皆、歡喜せ令めつ。
十方現在の佛　幷(せ)て過去未來のを
亦、見《み》、亦、供養(し)て　亦、歡喜(す)ること得令(め)つ。

15　⑩　5　10

諸佛救世者　住於大神通　為悅衆生故
現無量神力　舌相至梵天　身放無數光
為求佛道者　現此希有事　諸佛謦欬聲
及彈指之聲　周聞十方國　地皆六種動
以佛滅度後　能持是經故　諸佛皆歡喜
現無量神力　囑累是經故　讚美受持者
於無量劫中　猶故不能盡　是人之功德
無邊無有窮　如十方虛空　不可得邊際
能持是經者　則為已見我　亦見多寶佛
及諸分身者　又見我今日　教化諸菩薩
能持是經者　令我及分身　滅度多寶佛
一切皆歡喜　十方現在佛　并過去未來
亦見亦供養　亦令得歡喜　諸佛坐道場
所得秘要法　能持是經者　不久亦當得
能持是經者　於諸法之義　名字及言辭
樂說無窮盡　如風於空中　一切無障礙
於如來滅後　知佛所說經　因緣及次第
隨義如實說　如日月光明　能除諸幽冥

諸佛道場に坐(し)たまひて　得(たま)ゑる所の秘要の法を
能(く)是(の)經を持(た)む者は　久(しから)不(し)て、亦、得當(し)。
能(く)是(の)經を持(た)む者は　諸法(の)〔之〕義と
名字と、及(ひ)、言辭とに於いて　樂說(し)て窮め盡(す)こと無し。
風の、空の中(にして)〔於〕　一切(の)障礙無(き)か如(し)。
如來の滅後(に)〔於〕　佛の所說の經の
因緣と、及(ひ)、次第とを知(り)て、　義に隨(ひ)て實の如(く)說(か)む。
日月の光明の　能(く)諸の幽冥を除(く)か如(し)。
斯(の)人世間に行(し)て　能(く)衆生の闇を滅(せ)む。
無量の菩薩を教(ゑ)て、　畢竟(し)て一乘に住(せし)めむ。
是(の)故(に)、有智の者　此の功德の利を聞(き)て
我(か)滅度の後(に)〔於〕　斯(の)經を受持(す)應(し)。
是(の)人佛道に於いて　決定(し)て疑(ひ)有(ること)無けむ。」

10　15

15 ⑪ 5 10

斯人行世間　能滅衆生闇　敎無量菩薩
畢竟住一乘　是故有智者　聞此功徳利
於我滅度後　應受持斯經　是人於佛道
決定無有疑
妙法蓮華經囑累品第二十二
尒時釋迦牟尼佛從法座起現大神力
以右手摩無量菩薩摩訶薩頂而作是
言我於無量百千萬億阿僧祇劫修習
是難得阿耨多羅三藐三菩提法今以
付囑汝等汝等應當一心流布此法廣
令增益如是三摩諸菩薩摩訶薩頂而
作是言我於無量百千萬億阿僧祇劫
修習是難得阿耨多羅三藐三菩提法
今以付囑汝等汝等當受持讀誦廣宣
此法令一切衆生普得聞知所以者何
如來有大慈悲無諸慳悋亦無所畏能
與衆生佛之智慧如來智慧自然智慧
如來是一切衆生之大施主汝等亦應

妙法蓮華經囑累品第二十二

尒(の)時(に)、釋迦牟尼佛、法座(より)〔從〕起(ち)て、大神力を現(し)たまふ。右の手を以(て)無量の菩薩摩訶薩の頂を摩(て)て、而も、是の言を作(したまは)く、「我(れ)無⑪量百千萬億阿僧祇の劫(に)〔於〕『是の得難き阿耨多羅三藐三菩提の法を修習して、今(これを)以(て)汝等に付囑す。汝等、當に心を一(にし)て、此(の)法を流布(し)て、廣(く)增益(せ)令(む)應(し)。」是(くの)如(く)三(た)ひ諸の菩薩摩訶薩の頂を摩(て)て、〔而〕是5(の)言を作(したまは)く、「我(れ)無量百千萬億阿僧祇の劫(に)〔於〕、是の得難き阿耨多羅三藐三菩提の法を修習して、今(これを)以(て)汝等に付囑す。汝等、當に受持し讀誦し廣(く)此(の)法を宣(べ)て、一切衆生を(し)て普(く)聞知(す)ること得令(む)べし《再讀》。所以は〔者〕何(に)、如來は大慈悲有(いま)(し)、諸の慳悋無く、亦所畏無し。能(く)衆生に佛10(の)〔之〕智慧と如來の智慧と自然の智慧とを與(へ)たまふ。如來も是(れ)一切衆生(の)〔之〕大施主なり。汝等(も)亦〔應〕隨(ひ)て如來(の)〔之〕法を學して慳悋を生(すること)勿(な)。未來世(に)〔於〕、若(し)善男子・善女人有(り)て、如來の智慧を信せは〔者〕、爲に此(の)法華經を演說(し)て、聞知(す)ること得使(む)當(し)。其の人を(し)て佛慧を得令15(む)るを爲以也(も)(て)の故(に)、若(し)衆生有(り)て信受(せ)不は(す)〔者〕、當に如來(の)餘の深法の中(に)〔於〕、示教利喜(す)べし。汝等、若(し)能(く)是(くの)如(く)せは、則(ち)爲れ(こ)巳に諸佛(の)〔之〕恩を報(し)たてまつるなり。」と。時に諸の菩薩摩訶薩、佛の是(の)說を作し巳(り)たまふを聞(きたま)へて、皆大(き)に歡喜(す)ること其(の)身に遍滿(し)て、益(マス)恭敬を加(へ)て、躬を曲め頭を低(くし)て、掌を合せ佛に向(ひ)て、倶に聲を發(し)て言さ(まう)(く)、「世尊の勅(し)たまふか如(く)、當に具に奉行す(べ)し《再讀》。唯(うけたまは)(る)然

15

聞學如來之法多生慳悋於未來世若
有善男子善女人信如來智慧者當為
演說此法華經使得聞知為令其人得
佛慧故若有衆生不信受者當於如來
餘深法中示教利喜汝等若能如是則
為已報諸佛之恩時諸菩薩摩訶薩聞
佛作是說已皆大歡喜遍滿其身益加
恭敬曲躬低頭合掌向佛俱發聲言如
世尊勅當具奉行唯然世尊願不有慮

⑫

諸菩薩摩訶薩衆如是三反俱發聲言
如世尊勅當具奉行唯然世尊願不有
慮尒時釋迦牟尼佛令十方來諸分身
佛各還本土而作是言諸佛各隨所安

5

多寶佛塔還可如故說是語時十方無
量分身諸佛坐寶樹下師子座上者及
多寶佛并上行等無邊阿僧祇菩薩
大衆舍利弗等聲聞四衆及一切世
間天人阿脩羅等聞佛所說皆大歡

⑫なり、世尊、願(はく)は、慮(ひ)たまふこと有(いま)さ不(れ)〔し〕。」『諸の菩薩摩訶薩衆、是(く
の)如(く)三反(かへ)り俱に聲を發(し)て言(まう)さく、「世尊の勅(したまふ)〔たてまつる〕か如(く)、
具(つぶさ)に奉行(す)當(し)。唯(う(けたまは))(る)然なり、世尊、願(はく)は、慮(ひ)たまふこと有(いま)(さ)
不れ。」尒(の)時(に)、釋迦牟尼佛、十方より來(り)たまへる諸の分身の佛を(し)て各(の)
本土に還(ら)令(めたまはむ)と(して)〔なり〕、而も、是(の)言を作(したまは)く、「諸佛
5 は、各(の)所安に隨(ひ)たまへ。多寶佛塔は、還(り)て故(モト)の如(く)います可(し)。」と。
是(の)語を說(き)たまひし時に、十方の無量の分身の諸佛(の)、寶樹下の師子座の上に坐
(し)たまひし者(もの)(と)、及(ひ)、多寶佛(と)、幷(せ)て上行等の無邊阿僧祇の菩薩大衆(と)、
舍利弗等の聲聞四衆(と)、及(ひ)、一切世間の天・人・阿脩羅等、佛の所說を聞(きたま)
10 へて、皆大(き)に歡喜しき。

妙法蓮華經藥王菩薩本事品第二十三

尒(の)時(に)、宿王華菩薩、佛(に)白(して)言(さく)、「世尊、藥王菩薩は、云何(にし)てか娑婆世界(に)〔於〕遊(ひ)たまふ。世尊、是の藥王菩薩(は)、若干の百千萬億那由他の難行苦行有り。善哉、世尊、願(はく)は少し解說(し)たまへ。諸天・龍・神・夜叉・乾闥婆・阿脩羅・迦樓羅・緊那羅・摩睺羅伽〔の〕、人・非人等、又、他方の國土の諸來の菩薩(と)、及(ひ)此の聲聞衆(と)、聞(き)て皆歡喜(しなむ)〔らむ〕」と。尒(の)時(に)、佛、宿王華⑬菩薩に告(けたまはく)、「乃往過去の無量恒河沙劫に、佛有(いま)(し)き。日『月淨明德如來・應供・正遍知・明行足・善逝・世間解・無上士・調御丈夫・天人師・佛・世尊と號(つけたてまつ)りき。其の佛、八十億の大菩薩摩訶薩、七十二恒河沙の大聲聞衆有(いま)(し)き。佛壽四萬二千劫、菩薩の壽命亦等(し)かりき。彼の國には、女人・地獄・餓鬼・畜生・阿脩羅等(と)、及以(ひ)、諸の難(と)有(ること)無かりき。地の平(か)なること掌(の)如(くし)て、瑠璃に成(さ)所たりき。寶樹莊嚴(し)て、寶帳を上に覆(ひ)て、寶華幡を垂(れ)たりき。寶瓶・香鑪國界に周遍せりき。七寶を臺と爲(し)て、一樹に一臺ありき。其(の)樹の臺を去れること一箭道を盡せりき。此(の)諸の寶樹には、皆菩薩聲聞有(り)て、〔而〕其(の)下(しも)に坐せりき。諸の寶臺の上に各(の)百億の諸天有(り)て、天の伎樂を作して、佛を〔於〕歌歎(して)、以(て)供養(を)爲(し)き。尒(の)時(に)、彼の佛、一切衆生憙見菩薩(と)、及(ひ)、衆の菩薩(と)、諸の聲聞衆(と)の爲に、法華經を說(き)たまひき。是の一切衆生憙見菩薩、樂習し苦行(し)て、日月淨明德佛の法の中に(し)て〔於〕、精進し經行(し)て、一心に佛を求(め)き。萬二千歲を滿て已(り)て、現一切色身三昧を得てき。此の三昧を得已(り)て、心大(き)に歡喜(し)て、卽(ち)念言を作(さく)〔て〕、『我(れ)現一切色身三昧を得たることは、皆是れ法華經を

臺一樹一臺其樹去臺盡一箭道此諸
寶樹皆有菩薩聲聞而坐其下諸寶臺
上各有百億諸天作天伎樂歌歎於佛
以爲供養爾時彼佛爲一切衆生憙見菩
薩及衆菩薩諸聲聞衆說法華經是一
切衆生憙見菩薩樂習苦行於日月淨
明德佛法中精進經行一心求佛滿萬
二千歲已得現一切色身三昧得此三
昧已心大歡喜卽作念言我得現一切
色身三昧皆是得聞法華經力我今當
供養日月淨明德佛及法華經卽時入
是三昧於虚空中雨曼陀羅華摩訶曼
陀羅華細末堅黑栴檀滿虚空中如雲
而下又雨海此岸栴檀之香此香六銖
價直娑婆世界以供養佛作是供養已
從三昧起而自念言我雖以神力供養
於佛不如以身供養卽服諸香栴檀薫
陸兜樓婆畢力迦沈水膠香又飲瞻蔔

聞(く)こと得たる力な(り)。我(れ)今當に日月淨明德佛(と)、及(ひ)、法華經(と)を供養(し)⑭たてまつらむ。』と。卽の時に、『是の三昧に入(り)て、虚空の中よ(り)〔於〕、曼陀羅華・摩訶曼陀羅華・細末堅黑の栴檀を雨(り)て、虚空の中に滿(て)て、雲(の)如(くし)て〔而〕下しき。又、海此岸(の)栴檀(の)〔之〕香を雨(り)き。此の香(の)六銖(の)價(ひ)、娑婆世界に直《あた》(る)を、(これを)以(て)佛に供養しき。是の供養を作(し)已(り)て、三昧(より)〔從〕起(ち)て、〔而〕自《み(つか)》(ら)念(し)て言《い》(はく)、『我(れ)神力を以(て)佛を〔於〕供養(し)たてまつると雖(も)、如《(し)》(か)不《し》、身を以(て)供養(し)たてまつらむには。』卽(ち)諸(の)香(し)き栴檀と薫陸と兜樓婆と畢力迦と沈水と膠香とを服(し)て、又、瞻蔔と諸華との香油を飲(み)て、千二百歲を滿(て)已(り)て、香油を身に塗(り)て、日月淨明德佛のみ前に於《あ》(り)て、天の寶衣を以(て)而も自《み(つか)》(ら)身に纏(ひ)て、諸の香油を灌(き)て、神通力と願とを以(て)〔而〕自《み(つか)》(ら)身を然《タ》キき。光明遍く八十億恒河沙の世界を照しき。其の中の諸佛同時に讚(し)て言《の(たま)》(はく)、『善哉、善哉。善男子、是れ眞の精進な(り)。是(れ)を眞法をもて如來に供養(す)と名(つ)く。若(し)華・香・瓔珞・燒香・末香・塗香・天繒・幡蓋(と)、及(ひ)、海此岸の栴檀〔之〕香(と)、是(くの)如(き)等の種種の諸物を以(て)、供養(す)とも、及(ふ)こと能(は)不(る)所な(り)。假使《(たと)》ひ國城妻子をもて布施(す)とも、亦、及(は)不(る)所な(り)。善男子、是(れ)を第一(の)〔之〕施と名(つく)。諸施の中(に)於(て)最尊最上な(り)。法を以(て)諸の如來を供養するか故(に)。』是(の)語を作(し)已(り)て、〔而〕各(の)默然しぬ。其の身の火然《も》(ゆ)ること千二百歲、是(れ)を過(き)て已∧天白　以∨後に、其(の)身乃⑮(ち)盡(き)き。『一切衆生憙見菩薩、是(くの)如(き)等の供養を作(し)已(り)て、命終(の)〔之〕後に、復(た)日月淨明德佛の國の中に生れて、淨德王家に(し)て〔於〕、結跏趺坐(し)て、忽然に化生せ(り)。卽(ち)其の父の爲に〔而〕偈を說(き)て言《まう》さ(く)、

10　　　　　15　　　　　⑮　　　　　5

諸華香油滿千二百歳已香油塗身於
日月淨明德佛前以天寶衣而自纏身
灌諸香油以神通力願而自然身光明
遍照八十億恒河沙世界其中諸佛同
時讃言善哉善哉善男子是真精進是
名真法供養如來若以華香瓔珞燒香
末香塗香天繒幡蓋及海此岸栴檀之
香如是等種種諸物供養所不能及假
使國城妻子布施亦所不及善男子是
名第一之施於諸施中最尊最上以法
供養諸如來故作是語已而各默然其
身火然千二百歳過是已後其身乃盡
一切衆生憙見菩薩作如是法供養已
命終之後復生日月淨明德佛國中於
淨德王家結加趺坐忽然化生即為其
父而説偈言
大王今當知　我經行彼處　即時得一切
現諸身三昧　勤行大精進　捨所愛之身

5　『大王、今、知(る)當(し)、我(れ)彼處に經行(し)て
卽の時に、一切　現諸身三昧を得て
勤(め)て大精進を行(し)て　所愛(の)〔之〕身を捨(て)き。』
是(の)偈を說(き)已(ゑ)て、〔而〕父に白(し)て言(さく)、『日月淨明德佛今故(尚也)(なほ)し現に在(いま)し
き。我(れ)先に佛を供養(し)已(ゑ)て、解一切衆生語言陀羅尼を得てき。復(た)、是の法
10　華經の八百千萬億那由他・甄迦羅・頻婆羅・阿閦婆等の偈を聞(き)き。大王、我(れ)今當
に還(ゑ)て此の佛を供養(し)たてまつらむ。』と。白(し)已(ゑ)て、卽(ち)七寶(の)〔之〕臺
に坐(し)て、虛空に上昇(す)ること、高さ七多羅樹(にし)て、佛所に往到(し)て、頭面を
もて足を禮(し)たてまつ(ゑ)、十の指爪を合(せ)て、偈を以(て)佛を讃(し)たてまつラク、
『容顏甚(た)奇妙に(し)て、　光明十方を照(こ)たまふ。
15　我(れ)適(始也)(はし)(め)て曾し供養(し)たてまつ(ゑ)き。　今、復(た)、還(ゑ)て親近〈天白訂〉
(し)たてまつる。』と。
尒(の)時(に)、一切衆生憙見菩薩、是(の)偈を說(き)已(ゑ)て、而も、佛(に)白(して)
言(さく)、『世尊、世尊、猶(ほ)故(今也)(いま)　世に在(いま)す。』尒(の)時(に)、日月淨明德佛、一切衆生憙
見菩薩に告(けたまはく)、『善男子、我(れ)、涅槃の時到(ゑ)ぬ。滅盡の時至(ゑ)ぬ。汝
⑯牀『座を安施(す)可(し)。我(れ)今夜〔於〕、當に般涅槃(す)ゑし《再読》。』又、一切衆生憙見菩
薩に勅(し)たまはく、『善男子、我(れ)佛法を以(て)汝(に)〔於〕囑累す。及(ひ)、諸の菩
5　薩大弟子と、并(せ)て阿耨多羅三藐三菩提の法と、亦、三千大千の七寶の世界と、諸の寶樹
・寶臺と、及(ひ)、給侍の諸天とを以(て)、悉(く)汝(に)〔於〕付(せ)む。△我(か)滅度の後
の所有の舍利をも、亦、汝に付囑す。當(に)流布(せ)令(め)て、廣(く)供養を設(け)て、
若干の千の塔を起(す)應(し)。』是(く)の如(く)、日月淨明德佛、一切衆生憙見菩薩に勅

說是偈已而白父言日月淨明德佛今
故現在我先供養佛已得解一切衆生
語言陁羅尼復聞是法華經八百千萬
億那由他甄迦羅頻婆羅阿閦婆等偈
大王我今當還供養此佛白已即坐七
寶之臺上昇虚空高七多羅樹往到佛
所頭面礼足合十指爪以偈讃佛
容顏甚奇妙　光明照十方　我適曾供養
今復還親覲
尒時一切衆生憙見菩薩説是偈已而
白佛言世尊世尊猶故在世尒時日月
淨明德佛告一切衆生憙見菩薩善男
子我涅槃時到滅盡時至汝可安施牀
座我於今夜當般涅槃又勅一切衆生
憙見菩薩善男子我以佛法囑累於汝
及諸菩薩大弟子幷阿耨多羅三藐三
菩提法亦以三千大千七寶世界諸寶
樹寶臺及給侍諸天悉付於汝我滅度

(し)已(リ)て、夜の後分(に)〔於〕、涅槃(に)入(リたま)ひき。尒(の)時(に)、一切衆生憙見菩薩、佛の滅度を見たてまつリて、悲感し懊惱(し)て、佛を〔於〕戀慕し、即(ち)海此岸の栴檀を以(て)積(ツミキし)と爲て、佛身を供養(し)て、〔而〕以(て)之を燒(き)き。火滅(し)已(リ)て、舍利を收め取(リ)て、八萬四千の寶瓶を作(つく)(リ)て、以(て)八萬四千の塔を起(し)き。高さ三世界(にし)て、表刹(し)〔あリ〕莊嚴し、諸の幡蓋を垂れ、衆の寶鈴を懸(け)たリき。尒(の)時(に)、一切衆生憙見菩薩、復(た)、自(みつか)(ら)念(し)て言(まうさ)(く)、『我(れ)是の供養を作(す)と雖(も)、心猶(ほ)足(ら)未(す)。我(れ)今當に更(に)舍利を供養(し)たてまつらむ。』と。便(ち)諸の菩薩大弟子(と)、及(ひ)、天・龍・夜叉等の一切の大衆に語(ら)はく、『汝等、當に一心に念(すへ)し《再読》。我(れ)今、日月淨明德佛の舍利を供養(し)たてまつらむ。』と。是(の)語を作(し)已(リ)て、即(ち)八萬四千の塔の前に於(あ)リて、百福の莊嚴の臂を然(タ)くこと、七萬二千歳して、〔而〕以(て)供養しき。無數の聲聞を求(むる)衆、無量阿僧祇の人を(し)て、阿耨多羅三藐三菩提の心を發(さ)令(め)て、皆現一切色身三昧に住(す)ること得使(め)つ。尒(の)時(に)、諸の菩薩・天・人・阿脩羅等、其の臂無(き)を見て憂惱悲哀(し)て、〔而〕是(の)言を作(さ)く、『此の一切衆生憙見菩薩は、是(れ)我(れ)等か師なリ。我(れ)を敎化(し)たまふ者(もの)なリ。而(る)を、今臂を燒(き)て、身具足(せ)不(す)なリぬ。』と。時(に)〔于〕一切衆生憙見菩薩、大衆の中に(し)て〔於〕、此の誓言を立(つ)ラく、『我(れ)兩(つ)の臂を捨(て)つ。必(す)當に佛の金色(の)〔之〕身を得(へし)。若(し)實に(し)て虚(なら)不(は)、我か兩(つ)の臂を(し)て、還復(し)て故(もと)(本也)の如(くあら)令(めたま)へ。』と。是(の)誓を作(し)已(リ)て、自然に還復しぬ。斯の菩薩の福德・智慧の淳厚なるに由(リ)て致(す)所なリ。尒(の)時に當(リ)て、三千大千世界六種に震動しき。天よリ寶華を雨(リ)き。一切(の)人・天未曾有(な)ることを得てき。」佛、宿王華菩薩に告(けた

後所有舍利亦付囑汝當令流布廣設
供養應起若干千塔如是日月淨明德
佛勑一切衆生憙見菩薩已於夜後分
入於涅槃尒時一切衆生憙見菩薩見
佛滅度悲感懊惱戀慕於佛即以海此
岸栴檀爲積供養佛身而以燒之火滅
已後收取舍利作八萬四千寶瓶以起
八萬四千塔高三世界表刹莊嚴垂諸
幡蓋懸衆寶鈴尒時一切衆生憙見菩
薩復自念言我雖作是供養心猶未足
我今當更供養舍利便語諸菩薩大弟
子及天龍夜叉等一切大衆汝等當一
⑰心念我今供養日月淨明德佛舍利作
是語已即於八萬四千塔前然百福莊
嚴臂七萬二千歳而以供養令無數
求聲聞衆無量阿僧祇人發阿耨多羅
三藐三菩提心皆使得住現一切色身
三昧尒時諸菩薩天人阿脩羅等見

まはく)、「汝か意(に)於(て)云何そ。一切衆生憙見菩薩は、豈(に)異人(ならむや)〔乎〕。今の藥王菩薩是(れなり)〔也〕。其の身を捨(て)て布施せし所、是(くの)如(く)無量百千萬億那由⑱他數なり。宿王華、若(し)心(を)發(して)『阿耨多羅三藐三菩提(を)得むと欲(する)こと有らむ者(もの)は、能(く)手の指、乃至、足の一(つ)の指を然イ(タ)て、佛塔に供養(す)へし。國城・妻子(と)、及(ひ)三千大千國土の山・林・河・池、諸の珍寶物(と)を以(て)〔而〕供養する者(もの)に勝(れ)たり。若(し)復(た)人有(り)て、七寶を以(て)三千大千世界に滿(て)て、佛(と)、及(ひ)、大菩薩・辟支佛・阿羅漢(とを)〔於〕供養(せ)む、是の人の所得の功德も、如(か)不(し)、此(の)法華經の、乃至、一四句偈を受持(せ)むには。其(の)福最も多し。宿王華、譬(へ)は、一切の川流・江河・諸水(の)〔之〕中に、海爲(こ)(是也)れ第一(なる)か如く、此の法華經も亦復(た)是(くの)如(し)。諸の如來の所說の經の中(に)〔於〕、最も爲(こ)れ深大なり。又、土山・黑山・小鐵圍山・大鐵圍山(と)、及(ひ)、十寶山(と)の衆山(の)〔之〕中に、須彌山爲(こ)れ第一(なる)か如(く)、此(の)法華經も亦復(た)是(くの)如(し)。諸經の中(に)〔於〕、最も爲(こ)れ其の上なり。又、衆星(の)〔之〕中に、月天子最も爲(こ)れ第一(なる)か如(く)、此の法華經も亦復(た)是(くの)如(し)。千萬億種の諸(の)經法の中(に)〔於〕最も爲(こ)れ照明なり。又、日天子の能(く)諸の闇を除(く)か如(く)、此(の)經も亦復(た)是(くの)如(し)。能(く)一切不善(の)〔之〕闇を破す。又、諸(の)小王の中に、轉輪聖王最も爲(こ)れ第一(なる)か如(く)、此(の)經も亦復(た)是(くの)如(し)。衆經の中(に)〔於〕、最も爲(こ)れ其の尊なり。又、帝釋の、三十三天の中⑲(に)〔於〕王たるか如(く)、此(の)經も亦復(た)『是(くの)如(し)。諸經の中の王なり。又大梵天王の一切衆生(の)〔之〕父なるか如(く)、此(の)經も亦復(た)是(くの)如(し)。一切(の)賢聖と、學・無學と、及(ひ)、菩薩心を發せる者(もの)との〔之〕父たり。又、一切凡夫人の中に、須陀洹・斯陀含・阿那含・阿羅漢・辟支佛、爲(こ)れ第一(なる)か如(く)、此(の)經も亦復

5 ⑱ 15 10

其無辟憂惱悲哀而作是言此一切衆
生喜見菩薩是我等師教化我者而今
燒辟身不具足于時一切衆生喜見菩
薩於大衆中立此誓言我捨兩辟必當
得佛金色之身若實不虛令我兩辟還
復如故作是誓已自然還復由斯菩薩
福德智慧淳厚所致當尓之時三千大
千世界六種震動天雨寶華一切人天
得未曾有佛告宿王華菩薩於汝意云
何一切衆生喜見菩薩豈異人乎今藥
王菩薩是也其所捨身布施如是無量
百千萬億那由他數宿王華若有發心
欲得阿耨多羅三藐三菩提者能然手
指乃至足一指供養佛塔勝以國城妻
子及三千大千國土山林河池諸珍寶
物而供養者若復有人以七寶滿三千
大千世界供養於佛及大菩薩辟支佛
阿羅漢是人所得功德不如受持此法

(た)是(くの)如(し)。一切如來の所説、若(しは)菩薩の所説、若(しは)聲聞の所説の、諸(の)經法の中に、最も爲れ第一なり。能(く)是の經典を受持(す)ること有らむ者も、亦復(た)是(くの)如(し)。一切衆生の中(に)〔於〕亦爲れ第一なり。一切の聲聞辟支佛の中に、菩薩爲れ第一なり。此(の)經も亦是(くの)如(し)。一切(の)諸(の)經法の中(に)〔於〕、最も爲れ第一なり。佛の爲れ諸法の王たるか如(く)、此(の)經も亦復(た)是(くの)如(し)。諸經の中の王たり。宿王華、此の經は能(く)一切衆生を救(ふ)者なり。此(の)經は、能(く)一切衆生に諸の苦惱を離(れ)令(め)たまふ。此(の)經は、能(く)大(き)に一切衆生を饒益(し)て、其(の)願を充滿(せし)めたまふ。清涼の池の、能(く)一切の諸の渇乏の者に滿(てる)か如く、寒き者の火を得(たる)か如(く)、裸(か)なる者の衣を得たるか如(く)、商人の主を得たるか如(く)、子の母を得たるか如(く)、渡(り)に船を得たるか如(く)、病に醫を得たるか如(く)、暗に燈を得たるか如(く)、貧に寶を得(たるか)如(く)、民の王を得(たるか)如(く)、賈客の海を得(たるか)如(く)、炬の暗を除(く)か如(く)、此(の)法華經も亦復(た)是(くの)如(し)。能(く)衆生に一切の苦、一切(の)病痛を離れ、能(く)一⑳切の生『死(の)〔之〕縛を解か〔ク〕令(め)たまふ。若(し)人此(の)法華經を聞(く)こと得て、若(しは)自(ら)書し、若(しは)人を(し)て書(せ)使め、得む所の功德(は)、佛の智慧を以(て)多少を籌量(す)とも、其(の)邊を得不。若(し)是の經卷を書し、華・香・瓔珞・燒香・末香・塗香・幡蓋・衣服と、種種(の)〔之〕燈の蘇燈・油燈・諸(の)香油燈・瞻蔔油燈・須曼那油燈・波羅羅油燈・婆利師迦油燈・那婆摩利油燈とをもて供養(せ)む、所得の功德も亦復(た)無量ならむ。宿王華、若(し)人有(り)て是の藥王菩薩本事品を聞(か)む者は、亦、無量無邊の功德を得む。若(し)女人有(り)て是の藥王菩薩本事品を聞(き)て能(く)受持せは〔者〕、是の女身を盡(し)て後に、復(た)受(け)不。若(し)如來(の)滅後に、

5　⑲　15　10

華經乃至一四句偈其福最多宿王華
譬如一切川流江河諸水之中海為第
一此法華經亦復如是於諸如來所説
經中最為深大又如土山黒山小鐵圍
山大鐵圍山及十寶山衆山之中須弥
山為第一此法華經亦復如是於諸經
中最為其上又如衆星之中月天子最
為第一此法華經亦復如是於千萬億
種諸經法中最為照明又如日天子能
除諸闇此經亦復如是能破一切不善
之闇又如諸小王中轉輪聖王最為第
一此經亦復如是於衆經中最為其尊
又如帝釋於三十三天中王此經亦復
如是諸經中王又如大梵天王一切衆
生之父此經亦復如是一切賢聖學無
學及發菩薩心者之父又如一切凡夫人
中須陁洹斯陁含阿那含阿羅漢辟支
佛為第一此經亦復如是一切如來所

後の五百歳の中に、若(し)女人有(り)て是の經典を聞(き)て、說(くか)如(く)修行せは、此(こ)に於(て)命終(し)て、即(ち)安樂世界の阿彌陀佛の大菩薩衆に圍繞(せら)れて住(し)たまゐる處に往(き)て、蓮華の中の寶座(の)〔之〕上に生(れ)む。亦復(た)、貪欲に15惱(まさ)所ることを爲ラ不。亦復(た)、瞋恚と愚癡とに惱(まさ)所ることを爲ラ不。亦復(た)、憍慢と嫉妬と諸垢とに惱(まさ)所ることを爲(ら)不(し)。菩薩の神通と無生法忍とを得む。是(の)忍を得已(り)て、眼根清淨ならむ。是の清淨の眼根を以(て)、七百萬二千億那㉑由他恒河沙等の諸佛『如來を見たてまつらむ。是(の)時に、諸佛遙(か)に共に讚(し)て言(のたま)(はく)、『善哉、善哉。善男子、汝能(く)釋迦牟尼佛の法の中に(し)て〔於〕、是(の)經を受持し讀誦し思惟(し)て、他人の爲に說(き)て、得む所の福德無量無邊ならむ。火5(も)燒(く)こと能(は)不、水(も)漂(す)こと能(は)不。汝か〔之〕功德は、千佛共に說(き)たまふとも、盡(さ)令(む)ること能(は)不。汝今已に能(く)諸の魔賊を破し、生死の軍を壞(り)て、諸餘の怨敵を皆悉(く)摧滅(せり)〔し・てむ〕。善男子、百千の諸佛、神通力を以(て)共に汝を守護(し)たまはむ。一切世間(の)天人(の)〔之〕中(に)於(て)、汝に如ク10者(もの)は無けむ。唯(た)如來を除く。其の諸の聲聞・辟支佛、乃至、菩薩の智慧と禪定とは、汝(と)〔與〕等(し)き者(もの)有(ること)無けむ。』宿王華、此の菩薩(は)是(くの)如(き)功德智慧(の)〔之〕力を成就せむ。若(し)人有(り)て是の藥王菩薩本事品を聞(き)て、能(く)隨喜し讚善せは〔者〕、是の人(は)現世に口の中よ(り)常に靑蓮華の香を出(さ)む。身の諸〈天黒補〉の毛孔の中よ(り)、常(に)牛頭栴檀(の)〔之〕香を出(さ)む。所得の功德(は)上の所說の如15し。是(の)故(に)、宿王華、此の藥王菩薩本事品を以(て)汝(に)〔於〕囑累す。我(か)滅度の後に、後(の)五百歲の中に、廣(く)宣(べ)て閻浮提(に)〔於〕流布(し)て、斷絕(し)て惡魔・㉒魔民・諸の天・龍・夜叉・鳩『槃荼等に、其(の)便を得令(む)ること無(か)れ〔也〕。宿王

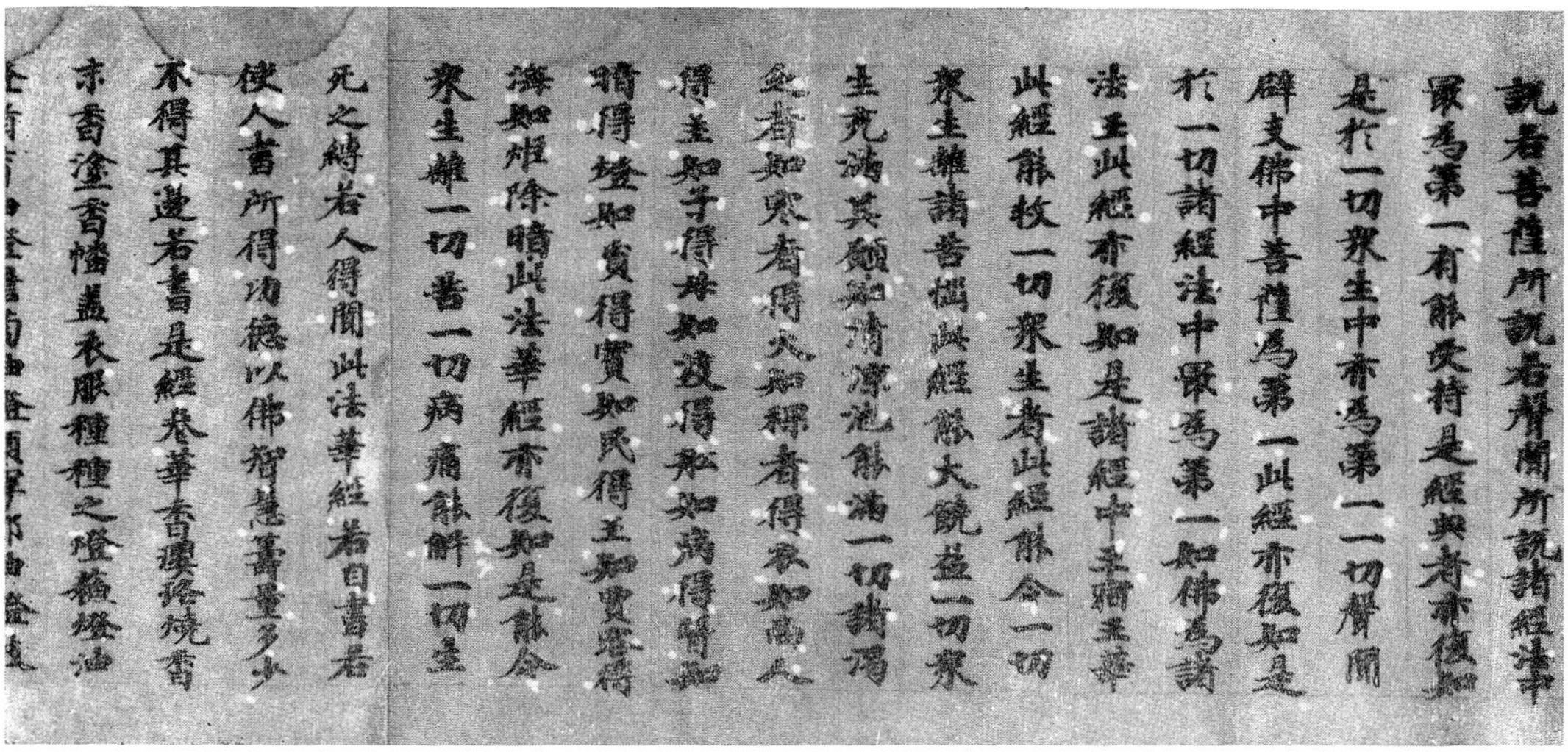

⑳　15　10

說若菩薩所說若聲聞所說諸經法中
最爲第一有能受持是經典者亦復如
是於一切衆生中亦爲第一一切聲聞
辟支佛中菩薩爲第一此經亦復如是
於一切諸經法中最爲第一如佛爲諸
法王此經亦復如是諸經中王宿王華
此經能救一切衆生者此經能令一切
衆生離諸苦惱此經能大饒益一切衆
生充滿其願如清涼池能滿一切諸渴
乏者如寒者得火如裸者得衣如商人
得主如子得母如渡得船如病得醫如
暗得燈如貧得寶如民得王如賈客得
海如炬除暗此法華經亦復如是能令
衆生離一切苦一切病痛能解一切生
死之縛若人得聞此法華經若自書若
使人書所得功德以佛智慧籌量多少
不得其邊若書是經卷華香瓔珞燒香
末香塗香幡蓋衣服種種之燈蘇燈油
燈諸香油燈瞻蔔油燈須曼那油燈

華、汝當に神通(の)〔之〕力を以(て)是(の)經を守護(すへ)し《再読》。所以は〔者〕何(に)、此
(の)經は、則(ち)爲れ閻浮提の人の病(の)〔之〕良藥なり。若(し)人病有らむ、是(の)經を
聞(く)こと得は、病卽(ち)消滅(し)て、老(い)不、死(な)不。宿王華、汝若(し)是(の)經
5 を受持(す)ること有らむ者を見ては、靑蓮華を以(て)末香を盛(り)滿(て)て、其(の)上に
供散(す)應(し)。散(し)已(り)て是(の)念言を作(さ)く、『此(の)人(は)、久(しから)不
して、必(す)當に草を取(り)て道場に〔於〕坐(し)て、諸の魔軍を破し、當に法の螺を吹き
大法の鼓を擊(ち)て、一切衆生の老・病・死(の)海を度脫せむ。』と。是(の)故(に)、佛道
10 を求めむ者は、是(の)經典を受持(す)ること有らむ人を見ては、當に是(くの)如(く)恭敬
の心を生(す)應し。」是の藥王菩薩本事品を說(き)たまふ時に、八萬四千の菩薩、解一切衆
生語言陀羅尼を得てき。多寶如來、寶塔の中に於して、宿王華菩薩を讚(し)て言(はく)、
「善哉、善哉。宿王華、汝不可思議の功德を成就(し)て、乃(し)能(く)釋迦牟尼佛に此(く
15 の)如(き)〔之〕事を問(ひ)たてまつりて、無量の一切衆生を利益(す)ること。」と。

5 10 15 ㉑

燈諸香油燈瞻蔔油燈須曼那油燈波
羅羅油燈婆利師迦油燈那婆摩利油
燈供養所得功德亦復無量宿王華若
有人聞是藥王菩薩本事品者亦得無
量無邊功德若有女人聞是藥王菩薩
本事品能受持者盡是女身後不復受
若如來滅後後五百歲中若有女人聞
是經典如說修行於此命終即往安樂
世界阿彌陀佛大菩薩眾圍繞住處生
蓮華中寶座之上不復為貪欲所惱亦
復不為瞋恚愚癡所惱亦復不為憍慢
嫉妬諸垢所惱得菩薩神通無生法忍
得是忍已眼根清淨以是清淨眼根見
七百萬二千億那由他恒河沙等諸佛
如來是時諸佛遙共讚言善哉善哉善
男子汝能於釋迦牟尼佛法中受持讀
誦思惟是經為他人說所得福德無量
無邊火不能燒水不能漂汝之功德千
[illegible]

5　10　15　㉒　5

佛共說不能令盡汝今已能破諸魔賊
壞生死軍諸餘怨敵皆悉摧滅善男
子百千諸佛以神通力共守護汝於一切
世間天人之中無如汝者唯除如來其
諸聲聞辟支佛乃至菩薩智慧禪定無
有與汝等者宿王華此菩薩成就如是
功德智慧之力若有人聞是藥王菩薩
諸
本事品能隨喜讚善者是人現世口中
常出青蓮華香身毛孔中常出牛頭栴
檀之香所得功德如上所說是故宿王
華以此藥王菩薩本事品囑累於汝我
滅度後後五百歲中廣宣流布於閻浮
提無令斷絕惡魔魔民諸天龍夜叉鳩
槃荼等得其便也宿王華汝當以神通
之力守護是經所以者何此經則為閻
浮提人病之良藥若人有病得聞是經
病即消滅不老不死宿王華汝若見有
受持是經者應以青蓮華盛滿末香供
散其上散已作是念言此人不久必當

10

散其上散已作是念言此人不久当
取草坐於道場破諸魔軍当吹法螺擊
大法鼓度脱一切衆生老病死海是故
求佛道者見有受持是經典人應當如
是生恭敬心説是藥王菩薩本事品時
八萬四千菩薩得解一切衆生語言陀
羅尼多寶如来於寶塔中讃宿王華
菩薩言善哉善哉宿王華汝成就不可
思議功徳乃能問釋迦牟尼佛如此之

15

事利益無量一切衆生
妙法蓮華經妙音菩薩品第二十四
尒時釋迦牟尼佛放大人相肉髻光明
及放眉間白毫相光遍照東方百八萬
億那由他恒河沙等諸佛世界過是數

㉓

已有世界名淨光莊嚴其國有佛号淨
華宿王智如来應供正遍知明行足善
逝世間解無上士調御丈夫天人師佛
世尊為無量無邊菩薩大衆恭敬圍繞
而為説法釋迦牟尼佛白毫光明遍照

妙法蓮華經妙音菩薩品第二十四

尒(の)時(に)、釋迦牟尼佛、大人相の肉髻△の光明を放ち、及(ひ)、眉間の白豪相の光を放(ち)たまひき。遍く東方の百八萬億那由他恒河沙等の諸佛の世界を照(したま)ひき。是㉓の數を過(き)「已(り)て、世界有(り)、淨光莊嚴と名(つく)。其(の)國に佛有(いま)(し)て、淨華宿王智如來・應供・正遍知・明行足・善逝・世間解・無上士・調御丈夫・天人師・佛・

5 世尊と號(つ)く。無量無邊の菩薩大衆を爲(て)以也(も)恭敬し圍繞(せら)れて、而も、爲に法を説

5 10 15 ㉔

而為說法釋迦牟尼佛白毫光明遍照
其國尓時一切浄光荘嚴國中有一菩
薩名曰妙音久已植衆德本供養親近無
量百千萬億諸佛而悉成就甚深智
慧得妙幢相三昧法華三昧浄德三昧
宿王戲三昧無緣三昧智印三昧解一
切衆生語言三昧集一切功德三昧清
浄三昧神通遊戲三昧慧炬三昧荘嚴
王三昧浄光明三昧浄藏三昧不共三
昧日旋三昧得如是百千萬億恒河沙
等諸大三昧釋迦牟尼佛光照其身即
白浄華宿王智佛言世尊我當往詣
娑婆世界礼拜親近供養釋迦牟尼佛
及見文殊師利法王子菩薩藥王菩薩
勇施菩薩宿王華菩薩上行意菩薩荘
嚴王菩薩藥上菩薩尓時浄華宿王智
佛告妙音菩薩汝莫輕彼國生下劣想
善男子彼娑婆世界高下不平土石諸
山穢悪充滿佛身卑小諸菩薩衆其形

(き)たまふ。釋迦牟尼佛の白豪の光明遍く其(の)國を照す。尒(の)時(に)、一切淨光莊嚴國の中に一(り)の菩薩有(り)、名(つけ)て妙音と曰(ふ)。久(しくより)已に衆の德の本を植(ゑ)たり。無量百千萬億の諸佛を供養し親近(し)て、而も、悉(く)甚深の智慧を成就せ
10り。妙幢相三昧・法華三昧・淨德三昧・宿王戯三昧・無縁三昧・智印三昧・解一切衆生語言三昧・集一切功德三昧・清淨三昧・神通遊戯三昧・慧炬三昧・莊嚴王三昧・淨光明三昧・淨藏三昧・不共三昧・日旋三昧を得たり。是(くの)如(き)等〈天黒補〉の百千萬億恒河沙
15等の諸(の)大三昧を得たり。釋迦牟尼佛の光、其(の)身を照(し)たまふときに、卽(ち)淨華宿王智佛に白(して)言(さく)、「世尊、我(れ)當に娑婆世界に往詣(し)て、釋迦牟尼佛を禮拜し親近し供養し、及(ひ)、文殊師利法王子菩薩・藥王菩薩・勇施菩薩・宿王華菩薩
㉔・上行意菩薩・莊『嚴王菩薩・藥上菩薩を見む。」と。尒(の)時(に)、淨華宿王智佛、妙音菩薩に告(けたまはく)、「汝、彼(の)國を輕(みし)て、下劣の想を生(する)こと莫れ。善男子、彼の娑婆世界は高下不平なり。土石諸山あり。穢惡充滿せり。佛身卑小なり。諸の菩
5薩衆も其(の)形亦小なり。而(る)を、汝か身は四萬二千由旬なり。我か身は六百八十萬由旬なり。汝か身は第一端正に(し)て、百千萬の福あり。光明珠妙なり。是(の)故(に)、汝往(き)て、彼(の)國の、若(しは)佛・菩薩、及(ひ)、國土を輕(みし)て、下劣の想を生(する)こと莫れ。」と。妙音菩薩、其(の)佛(に)白(して)言(さく)、「世尊、我(れ)今娑婆世
10界に詣(る)ことあり。皆是(れ)如來(の)〔之〕力ならむ。如來の神通遊戯と如來の功德智慧とをもて莊嚴せむ。」と。是(こに)〔於〕、妙音菩薩、座を〔于〕起(た)不(す)、身動搖(せ)不(して)、〔而〕三昧に入(り)ぬ。三昧力を以(て)耆闍崛山に(し)て〔於〕、法座を去ること遠(から)不(し)て、八萬四千の衆寶の蓮華の閻浮檀金を莖と爲(し)、白銀を葉と爲(し)、金剛を鬚(ヒゲ)と爲(し)、
15甄叔迦寶を以(て)其(の)臺と爲(せ)るを化作す。尒(の)時(に)、文殊師利法王子、是の蓮華を

山穢惡充滿佛身卑小諸菩薩衆其形
亦小而汝身四萬二千由旬我身六百八
十萬由旬汝身第一端正百千萬福光
明殊妙是故汝往莫輕彼國若佛菩薩
及國土生下劣想妙音菩薩白其佛言
世尊我今詣娑婆世界皆是如來之力
如來神通遊戲如來功德智慧莊嚴於
是妙音菩薩不起于座身不動搖而入
三昧以三昧力於耆闍崛山去法座不
遠化作八萬四千衆寶蓮華閻浮檀
金爲莖白銀爲葉金剛爲鬚甄叔迦寶
以爲其臺尒時文殊師利法王子見是
蓮華而白佛言世尊是何因緣先現此
瑞有若干千萬蓮華閻浮檀金爲莖
白銀爲葉金剛爲鬚甄叔迦寶以爲其臺
尒時釋迦牟尼佛告文殊師利是妙音
㉕菩薩摩訶薩欲從淨華宿王智佛國
與八萬四千菩薩圍繞而來至此娑婆
世界供養親近禮拜於我亦欲供養聽法

見て、〔而〕佛(に)白(して)言(さく)、「世尊、是れ何の因緣そ、先つ此の瑞を現(し)て、若干の千萬の蓮華の閻浮檀金を莖と爲(し)、白銀を葉と爲(し)、金剛を鬚と爲(し)、甄叔迦寶を以(て)其(の)臺と爲(せ)る有(る)。」と。尒(の)時(に)、釋迦牟尼佛、文殊師利に告(けたまはく)、「是れ㉕妙音『菩薩摩訶薩の、淨華宿王智佛の國(より)〔從〕、八萬四千の菩薩の與(ため)に圍繞(せら)れて、〔而〕此の娑婆世界に來至(し)て、我(れ)を〔於〕供養し親近し禮拜せむと欲して、亦、法華經を供養し聽(きたてまつらむ)と欲(し)てなり。」と。文殊師利、佛(に)白(して)言(さく)「世尊、是の菩薩(は)、何の善の本を種へ、何の功德を修(め)てか、〔而〕是の大神通力有る。何の三昧をか行する。願(はく)は、我(れ)等か爲に是の三昧の名字を說(き)たまへ。我(れ)等、亦、勸(め)て之を修行(し)て、此の三昧を行し、乃(ち)能(く)是の菩薩の色相と大小と威儀と進止とを見むと欲ふ。唯(たし)願(はく)は、世尊、神通力を以(て)彼(の)菩薩(を)來(らし)めて、我(れ)に見ること得令(めたま)へ。」と。尒(の)時(に)、釋迦牟尼佛、文殊師利に告(けたまはく)、「此(の)久(しく)滅度(したま)ひし多寶如來(は)、當に汝等の爲に〔而〕其の相を現(し)たまふ(へ)し《再讀》。」時に多寶佛、彼の菩薩に告(けたまはく)、「善男子、來れ。文殊師利法王子、汝か身を見(むと)欲(ふ)なり。」と。時(に)〔于〕妙音菩薩、彼(の)國(にして)(より)〔於〕沒(し)て、八萬四千の菩薩(と)〔與〕俱(とも)—共に發來(し)て、經たる所の諸國六種に震動す。皆悉(く)七寶の蓮華を〔於〕雨(り)、百千の天樂鼓(せ)不(る)に自(をのつか)(ら)鳴(な)る。是の菩薩(の)目(は)、廣大の靑蓮華(の)葉の如(し)。正(たと)—使ひ百千の滿月を和合せらむ。其の面貌の端正なること、復(た)、此(れに)〔於〕過(き)たり。身眞金の色に(し)て、無量百千の功德をもて莊嚴せり。威德熾盛なり。光明照曜せり。諸㉖(の)相具足せり。那羅延の堅固(の)〔之〕『身の如(し)。七寶の臺に入(り)て、虛空に上昇(し)て、地を去ること七多羅樹(にして)、諸の菩薩衆に恭敬し圍繞(せら)れて、〔而〕此の

5　10　15　㉖

衆欲供養親近礼拜於我亦欲供養聽法
華經文殊師利白佛言世尊是菩薩種
何善本修何功徳而能有是大神通力
行何三昧願為我等説是三昧名字我
等亦欲勤修行之行此三昧乃能見是
菩薩色相大小威儀進止唯願世尊以
神通力彼菩薩來令我得見尒時釋迦
牟尼佛告文殊師利此久滅度多寶如
來當為汝等而現其相時多寶佛告彼
菩薩善男子來文殊師利法王子欲見
汝身于時妙音菩薩於彼國沒與八萬
四千菩薩俱共發來所經諸國六種震
動皆悉雨於七寶蓮華百千天樂不
鼓自鳴是菩薩目如廣大青蓮華葉正
使和合百千萬月其面貌端正復過於此
身真金色無量百千功徳莊嚴威徳熾
盛光明照曜諸相具足如那羅延堅固
之身入七寶臺上昇虚空去地七多羅
樹諸菩薩衆恭敬圍繞而來詣此娑婆

娑婆世界の耆闍崛山に來詣す。到(り)已(り)て七寶の臺よ(り)下リて、價(ヲ)ひ百千に直(あた)(る)瓔
5 珞を以(て)、持(も)て釋迦牟尼佛のみ所に至(り)て、頭面をもて足を禮(し)て、瓔珞を奉上
(し)て、〔而〕佛(に)白(して)言(さく)、「世尊、淨華宿王智佛、世尊を問訊(し)たまはく、
『少病少惱(に)いますや。起居輕利に、安樂に行(し)たまふヤ不や。四大調和な(り)や不や。
世事忍(ふ)可しや不や。衆生度し易(し)や不や。貪欲・瞋恚・愚癡・嫉妬・慳慢多きこと
無(し)や不や。父母に孝(せ)不(す)、沙門を敬(せ)不(す)、邪見な(り)、不善心なるものは無(し)や
10 不や。五情を攝(め)た(り)や不や。世尊、衆生は能(く)諸の魔怨を降伏せ(り)や不や。久(し)
く滅度(したま)ひし多寶如來、七寶の塔の中に在(いま)して、來(り)て法を聽(きたまひ)き(や)
不や。』又、問訊(し)たまはく、『多寶如來、安隱少惱に(し)て、堪忍(し)て久住(し)たま
ふや不や。』世尊、我れ今多寶佛の身を見たてまつらむと欲ふ。唯(たし)願(はく)は、世尊、
15 我(れ)に示(し)て見令(めたま)へ。」と。尒(の)時(に)、釋迦牟尼佛、多寶佛に語(り)たまは
く、「是の妙音菩薩(は)、相ひ見ること得(む)と欲へ(り)。」と。時に、多寶佛、妙音(に)告
(けて)言(はく)、「善哉、善哉。汝能(く)釋迦牟尼佛を供養し、及(ひ)、法華經を聽き、
幷(せ)て、文殊師利等を見(る)を爲〈以也〉(も)(て)の故(に)、此(こ)に來至(せる)な(り)。」と。尒(の)
時(に)、華德菩薩、佛(に)白(して)言(さく)、「世尊、是の妙音菩薩(は)、何の善根を種
㉗ ゑ、何の功德を修(め)てか、『是の神力有る。』」佛、華德菩薩に告(けたまはく)、「過去に佛
有(いま)しき。雲雷音王・多陀阿伽度・阿羅呵・三藐三佛陀と名(つけ)き。國をは現一切世間と
名(つけき)。劫をは憙見と名(つけ)き。妙音菩薩(は)、萬二千歳(に)〔於〕、十萬種の伎樂
5 を以(て)、雲雷音王佛に供養(し)て、幷(せ)て、八萬四千の七寶の鉢を奉上しき。是の因
緣果報を以(て)、今淨華宿王智佛の所〈天白〉國〈ィ〉に生れて、是(の)神力有(り)。華德、汝
か意(に)於(て)云何そ。尒(の)時(に)、雲雷音王佛のみ所に、妙音菩薩として、伎樂を

もて供養し、寶器を奉上せし者は、豈(に)異人(な)らむ(や)〔乎〕。今の此の妙音菩薩摩訶薩是(れ)なり。華德、是の妙音菩薩(は)、已に曾し無量の諸佛を供養し親近(し)て、久(しく)德の本を植(ゑ)たり。又、恒河沙等の百千萬億那由他の佛に値へり。華德、汝但(た)妙音菩薩は其の身此(こ)に在(り)とのみ見ル。而も、是の菩薩は、種種の身を現(し)て、處處に諸の衆生の爲に、是の經典を説く。或(るいは)梵王の身を現し、或(るいは)帝釋の身を現し、或(るいは)自在天の身を現し、或(るいは)大自在天の身を現し、或(るいは)天大將軍の身を現し、或(るいは)毘沙門天王の身を現し、或(るいは)轉輪聖王の身を現し、或(るいは)諸の小王の身を現し、或(るいは)長者の身を現し、或(るいは)居士の身を現し、或(るいは)宰官の身を現し、或(るいは)婆羅門の身を現し、或(るいは)比丘・比丘㉘尼・優婆塞・優婆『夷の身を現し、或(るいは)長者・居士(の)婦女の身を現し、或(るいは)宰官(の)婦女の身を現し、或(るいは)婆羅門(の)婦女の身を現し、或(るいは)童男・童女の身を現し、或(る)ときは天・龍・夜叉・乾闥婆・阿脩羅・迦樓羅・緊那羅・摩睺羅伽〔の〕、人・非人等の身を現(し)て、而も、是の經を説く。諸の地獄・餓鬼・畜生(と)、及(ひ)、衆の難處(と)に有(り)て、皆能(く)救濟す。乃至、王の後宮(にして)〔於〕、變(し)て女身と爲(り)て、而も、是の經を説く。華德、是(の)妙音菩薩は、能(く)娑婆世界の諸の衆生を救護する者なり。是の妙音菩薩は、是(くの)如(く)種種に變化(し)て身を現(し)て、此の娑婆國土に在(り)て、諸の衆生の爲に是の經典を説く。神通變化の智慧に於いて、損減する所無(し)。是の菩薩(は)、若干の智慧を以(て)、明(か)に娑婆世界を照(し)て、一切衆生に各(の)所知を得令(む)。十方恒河沙の世界の中に(し)ても〔於〕、亦復(た)是(くの)如(し)。若(し)聲聞(の)形を以(て)度を得應き者には、聲聞の形を現(し)て、而も、爲に法を説く。辟支佛(の)形を以(て)度を得應き者には、辟支佛(の)形を現(し)て、而も、爲に法を

㉗
是神力佛告華德菩薩過去有佛名雲
雷音王多陁阿伽度阿羅呵三藐三佛
陁國名現一切世間劫名憙見妙音菩
薩於萬二千歳以十萬種伎樂供養雲
雷音王佛并奉上八萬四千七寶鉢以
是因緣果報今生淨華宿王智佛所有
是神力華德於汝意云何尒時雲雷音
王佛所妙音菩薩伎樂供養奉上寶器
者豈異人乎今此妙音菩薩摩訶薩是
華德是妙音菩薩已曾供養親近無量
諸佛久植德本又值恒河沙等百千萬
億那由他佛華德汝但見妙音菩薩其
身在此而是菩薩現種種身處處爲諸
衆生說是經典或現梵王身或現帝釋
身或現自在天身或現大自在天身或
現天大將軍身或現毗沙門天王身或
現轉輪聖王身或現諸小王身或現長
者身或現居士身或現宰官身或現婆
羅門身或現比丘比丘尼優婆塞優婆

説く。菩薩(の)形を以(て)度を得應き者には、菩薩(の)形を現(し)て、而も、爲に法を説く。佛(の)形を以(て)度を得應き者には、即(ち)佛(の)形を現(し)て、而も、爲に法を説く。是(くの)如(く)種種に度(す)應き所の者〈天黒補〉に隨(ひ)て、而も、爲に形を現す。㉙乃至、滅度を以(て)〔而〕度を得應(き)者には、滅度を示現す。華德、妙音菩薩摩『訶薩は、大神通智慧(の)〔之〕力を成就せること、其の事是(くの)如(し)。」尒(の)時(に)、華德菩薩、佛(に)白(して)言さ(く)、「世尊、是の妙音菩薩は、深(く)善根を種(ゑ)たり。世尊、是の菩薩(は)、何の三昧に住(し)てか、〔而〕能(く)是(くの)如(く)變現する所在(り)て衆生を度脱する。」佛、華德菩薩に告(げたまはく)、「善男子、其の三昧をは現一切色身と名(つく)。妙音菩薩(は)、是の三昧の中に住(し)て、能(く)是(くの)如(く)無量の衆生を饒益(す)。」と。是の妙音菩薩品を説(き)たまひし時に、妙音菩薩(と)〔與〕俱に來れる者の八萬四千の人、皆一切色身三昧を現(すること)得てき。此の娑婆世界の無量の菩薩も、亦、是の三昧(と)、及(ひ)、陀羅尼(と)を得てき。尒(の)時(に)、妙音菩薩摩訶薩、釋迦牟尼佛(と)、及(ひ)、多寶佛塔(と)を供養(し)たてまつ(り)已(り)て、本土に還歸しき。所經の諸國六種に震動(し)て、寶蓮華を雨(ら)て、百千萬億の種種の伎樂を作(こ)す。既(に)本國に到(り)て、八萬四千の菩薩の與に圍繞(せら)れて、淨華宿王智佛のみ所に至(り)て、佛(に)白(して)言(さく)、「世尊、我(れ)娑婆世界に到(り)て、衆生を饒益し、釋迦牟尼佛を見たてまつ(り)、及(ひ)、多寶佛塔を見たてまつ(り)て、禮拜し供養しつ。又、文殊師利法王子菩薩を見、及(ひ)、藥王菩薩・得勤精進力菩薩・勇施菩薩等を見つ。亦、是の八萬㉚四千の菩薩を(し)て、一切色身三昧を現(すること)得令(め)つ。」と。『是の妙音菩薩來往品を説(き)たまひし時に、四萬二千の天子(は)無生法忍を得てき。華德菩薩(は)法華三昧を得てき。

㉘

羅門身或現比丘比丘尼優婆塞優婆
夷身或現長者居士婦女身或現宰官
婦女身或現婆羅門婦女身或現童男
童女身或現天龍夜叉乾闥婆阿脩羅
迦樓羅緊那羅摩睺羅伽人非人等身
而說是經諸有地獄餓鬼畜生及衆難
處皆能救濟乃至於王後宮變為女身
而說是經華德是妙音菩薩能救護娑
婆世界諸衆生者是妙音菩薩如是種
種變化現身在此娑婆國土為諸衆生
說是經典於神通變化智慧無所損減
是菩薩以若干智慧明照娑婆世界令
一切衆生各得所知於十方恒河沙世界
中亦復如是若應以聲聞形得度者
現聲聞形而為說法應以辟支佛形得
度者現辟支佛形而為說法應以菩薩
形得度者現菩薩形而為說法應以佛
形得度者即現佛形而為說法如是種
者
種隨所應度而為現形乃至應以滅度

妙法蓮華經卷第七

15 10 5 ㉙

者
種隨所應度而爲現形乃至應以滅度
而得度者示現滅度華德妙音菩薩摩
訶薩成就大神通智慧之力其事如是
尒時華德菩薩白佛言世尊是妙音菩
薩深種善根世尊是菩薩住何三昧而
能如是在所變現度脫衆生佛告華德
菩薩善男子其三昧名現一切色身妙
音菩薩住是三昧中能如是饒益無量
衆生說是妙音菩薩品時與妙音菩薩
俱來者八萬四千人皆得現一切色身
三昧此娑婆世界無量菩薩亦得是三
昧及陁羅尼尒時妙音菩薩摩訶薩供
養釋迦牟尼佛及多寶佛塔已還歸本
土所經諸國六種震動雨寶蓮華作百
千萬億種種伎樂既到本國與八萬四
千菩薩圍繞至淨華宿王智佛所白佛
言世尊我到娑婆世界饒益衆生見釋
迦牟尼佛及見多寶佛塔礼拜供養又
見文殊師利法王子菩薩及見藥王菩

㉚

見文殊師利法王子菩薩及見藥王菩
薩得勤精進力菩薩勇施菩薩等亦令
是八萬四千菩薩得現一切色身三昧
說是妙音菩薩來往品時四萬二千天
子得無生法忍華德菩薩得法華三
昧

妙法蓮華經卷第七

①妙法蓮華經觀世音菩薩普門品第二十五　八

尒(の)時(に)、無盡意菩薩、卽(ち)座(より)〔從〕起(ち)て、偏に右の肩を袒れ、掌を合せ佛に向(ひたてまつり)て、〔而〕是(の)言(を)作(さく)、「世尊、觀世音菩薩(は)、何の因緣を以(て)か觀世音(と)名(つくる)。」。佛、無盡意菩薩に告(けたまはく)、「善男子、若(し)無量百千萬億の衆生有(り)て、諸の苦惱を受(け)む、是(の)觀世音菩薩を聞(き)て一心に名を稱せは、觀世音菩薩(は)卽(そ)の時に其(の)音聲を觀て、皆解脫を得(し)めてむ。若(し)是の觀世音菩薩の名を持(つこと)有らむ者(もの)は、設(たと)ひ大(き)なる火に入(る)とも、火燒(く)こと能(は)不(し)。是の菩薩の威神力に由(る)か故(に)。若(し)大(き)なる水に漂(はさ)所ることを爲(被也)(かふ)れらむに、其(の)名號を稱(せ)は、卽(ち)淺き處を得てむ。若(し)百千萬億の衆生有(り)て、金・銀・瑠璃・車渠・馬腦・珊瑚・虎珀・眞珠等の寶を求(むる)を爲(以也)(も)(て)、大海に〔於〕入れらむ、假(たと)使ひ黑風の其(の)船舫を吹(き)て、羅刹鬼の國に漂墮せむ。其(の)中に若(し)乃至一人(も)有(り)て、觀世音菩薩の名を稱せは〔者〕、是の諸の人等も皆羅刹(の)〔之〕難を解脫(す)ること得てむ。是の因緣を以(て)觀世音と名(つく)。若(し)復(た)②人有(り)て、害(せ)被(る)當きに臨めらむに、觀世音菩薩の名を稱せ『は〔者〕、彼(れの)執れらむ刀・杖尋(つ)(きて)段段に壞(れ)て、〔而〕解脫(す)ること得てむ。若(し)三千大千の國土に中(に)夜叉・羅刹滿(ち)て、來(り)て人を惱(まさむ)と欲むに、其の觀世音菩薩の名を稱するを聞かは〔者〕、是の諸の惡鬼(すら)尙(ほ)惡(し)き眼を以(て)之を視ること能(は)不(し)。況(や)復(た)害を加(へ)むや。設(ひ)復(た)、人有(り)て、若(しは)罪有(り)ても、若(しは)罪無(くし)ても、杻械・枷鎖に其の身を檢(トラ)へ撃(つな)(かれむ)に、觀世音菩薩の名を稱せは〔者〕、皆悉(く)に斷壞(し)て、卽(ち)解脫を得てむ。若(し)三千大千國土に中に

三千大千國土滿中夜叉羅刹欲來惱
人聞其稱觀世音菩薩名者是諸惡鬼
尚不能以惡眼視之況復加害
設復有人若有罪若無罪杻械枷鎖檢
繫其身稱觀世音菩薩名者皆悉斷壞
即得解脫若三千大千國土滿中怨賊
有一商主將諸商人齎持重寶經過險
路其中一人作是唱言諸善男子勿得
恐怖汝等應當一心稱觀世音菩薩名
號是菩薩能以無畏施於衆生汝等若
稱名者於此怨賊當得解脫衆商人聞
俱發聲言南無觀世音菩薩稱其名故
即得解脫無盡意觀世音菩薩摩訶薩
威神之力巍巍如是
若有衆生多於婬欲常念恭敬觀世音
菩薩便得離欲若多瞋恚常念恭敬觀
世音菩薩便得離瞋若多愚癡常念恭
敬觀世音菩薩便得離癡無盡意觀世

怨賊滿(て)らむ、一(り)の商主有(り)て、諸の商人を將らむ、重寶を齎(ツツ)ミ〔み〕持(も)て險路を經過(せ)む、其(の)中に一人ありて、是の唱言(こと)(を)を作(さ)く、『諸の善男子、恐怖を得ること勿(れ)。汝等當に一心に觀世音菩薩の名號を稱(す)應(し)。是の菩薩、能(く)無畏を以(て)衆生(に)〔於〕施(し)たまふ。汝等、若(し)名を稱せは〔者〕、此(の)怨賊に於(お)いて、當(に)解脫(す)ることを得てむ。』衆の商人聞(き)て、倶に聲を發(し)て言(ま)う)さ(く)、『南無觀世音菩薩。』と。其(の)名を稱(する)か故(に)、即(ち)解脫を得てむ。無盡意、觀世音菩薩摩訶薩(は)、威神(の)〔之〕力巍巍なること是(くの)如(し)。若(し)衆生有(り)て婬欲〔於〕多(か)らむ、常(に)念(し)て觀世音菩薩を恭敬(せ)は、便(ち)欲を離(る)ること得てむ。若(し)瞋恚多(か)らむ、常(に)念(し)て觀世音菩薩を恭敬せは、便(ち)瞋を離(る)ること得てむ。若(し)愚癡多(か)らむ、常(に)念(し)て觀世音菩薩を恭敬せは、便(ち)癡を離(る)ること得(て)む。無盡意、觀世『音菩薩は、是(くの)如(き)等の大威神の力有(り)て、饒益する所多し。是(の)故(に)衆生常に心に念す應(し)。若(し)女人有(り)て、設(たと)ひ男を求(めむ)と欲(し)て、觀世音菩薩を禮拜し供養せは、便(ち)福德智慧(の)〔之〕男を生(み)てむ。設(たと)ひ女を求(めむ)と欲はは、便(ち)端正有相(の)〔之〕女の、宿(むか)し德の本を植(ゑ)て、衆人に愛敬セラるるを生(み)てむ。無盡意、觀世音菩薩は、是(くの)如(き)力有(り)。若(し)衆生有(り)て觀世音菩薩を恭敬し禮拜せは、福唐捐(なら)不(し)。是(の)故(に)、衆生(は)皆觀世音菩薩の名號を受持(す)應(し)。無盡意、若(し)人有(り)て六十二億恒河沙の菩薩の名字を受持せむ、復(た)形を盡(す)までに飲食・衣服・臥具・醫藥を供養せむ、汝か意(に)於(て)云何そ。是の善男子・善女人の功德は多しや不や。」無盡意の言(ま)う)さ(く)、「甚(た)多し、世尊。」と。佛の言(の(たま))(はく)、「若(し)復(た)人有(り)て、觀世音菩薩の名號を受持(し)て、乃至、一時も禮拜し供養せむ、是の二(り)の人の福

③

音菩薩有如是等大威神力多所饒益
是故衆生常應心念
若有女人設欲求男礼拜供養觀世音
菩薩便生福德智慧之男設欲求女便
5 生端正有相之女宿植德本衆人愛敬
無盡意觀世音菩薩有如是力若有衆
生恭敬礼拜觀世音菩薩福不唐捐是
故衆生皆應受持觀世音菩薩名号無
盡意若有人受持六十二億恒河沙菩
10 薩名字復盡形供養飲食衣服臥具醫
藥於汝意云何是善男子善女人功德
多不無盡意言甚多世尊佛言若復有
人受持觀世音菩薩名号乃至一時礼
拜供養是二人福正等無異於百千萬
15 億劫不可窮盡無盡意受持觀世音菩
薩名号得如是無量無邊福德之利
無盡意菩薩白佛言世尊觀世音菩薩
云何遊此娑婆世界云何而為衆生說

15 (は)、正等に(し)て異(なること)無(くし)て、百千萬億劫(に)〔於〕窮(め)盡(す)可(から)
不(す)。無盡意、觀世音菩薩の名號を受持せは、是(くの)如(き)無量無邊の福德(の)〔之〕利を
得てむ。」無盡意菩薩、佛(に)白(して)言(さく)、「世尊、觀世音菩薩は、云何(にし)てか
此の娑婆世界に遊(ひ)たまふ、云何(にし)てか而も衆生の爲に法を說(き)たまふ。方便の
④〔之〕力、其(の)事云何そ。」佛、無盡意菩『薩に告(けたまはく)、「善男子、若(し)國土の衆
生有(ら)て、佛身を以(て)度を得應(き)者は、觀世音菩薩卽(ち)佛身を現(し)て、而も爲に
法を說(き)たまふ。辟支佛身を以(て)度を得應き者は、卽(ち)辟支佛身を現(し)て、而も
5 爲に法を說く。應(まさ)に聲聞身を以(て)度を得(べ)き《再読》者は、卽(ち)聲聞身を現(し)て、
而(も)爲に法を說く。應に梵王身を以(て)度を得(べ)き《再読》者は、卽(ち)梵王身を現(し
て)、而も爲に法を說く。應に帝釋身を以(て)度を得(べ)き《再読》者は、卽(ち)帝釋身を現
(し)て、而(も)爲に法を說く。應に自在天身を以(て)度を得(べ)き《再読》者は、卽(ち)自
10 在天身を現(し)て、而(も)爲に法を說く。應に大自在天身を以(て)度を得(べ)き《再読》者
は、卽(ち)大自在天身を現(し)て、而も爲に法を說く。應に天大將軍身を以(て)度を得
(べ)き《再読》者は、卽(ち)天大將軍身を現(し)て、而も爲に法を說く。應に毘沙門身を以
(て)度を得(べ)き《再読》者は、卽(ち)毘沙門身を現して、而も爲に法を說く。應に小王身
を以(て)度を得(べ)き《再読》者は、小王身を現(し)て、而も爲に法を說く。應(に)長者身
を以(て)度を得(べき)者は、卽(ち)長者身を現(し)て、而も爲に法を說く。應(まさ)(に)居士身
15 を以(て)度を得(べき)者は、卽(ち)居士身を現(し)て、而も爲に法を說く。應(に)宰官身
を以(て)度を得(べき)者は、卽(ち)宰官身を現(し)て、而も爲に法を說く。應に婆羅門身
を以(て)度を得(べ)き《再読》者は、卽(ち)婆羅門身を現(し)て、而も爲に法を說く。應に
⑤比丘・比丘尼・優婆塞・優婆夷身以(て)度を得(べ)き《再読》者は、卽(ち)『比丘・比丘尼・優婆

法方便之力其事云何佛告無盡意菩
薩善男子若有國土衆生應以佛身得
度者觀世音菩薩即現佛身而為説法
應以辟支佛身得度者即現辟支佛身
而為説法應以聲聞身得度者即現聲
聞身而為説法應以梵王身得度者即
現梵王身而為説法應以帝釋身得度
者即現帝釋身而為説法應以自在天
身得度者即現自在天身而為説法應
以大自在天身得度者即現大自在天
身而為説法應以天大将軍身得度者
即現天大将軍身而為説法應以毗沙
門身得度者即現毗沙門身而為説法
應以小王身得度者即現小王身而為
説法應以長者身得度者即現長者身
而為説法應以居士身得度者即現居
士身而為説法應以宰官身得度者即
現宰官身而為説法應以婆羅門身得

塞・優婆夷身を現(し)て、而も為に法を説く。應に長者・居士・宰官・婆羅門婦女身を以(て)度を得(べ)き《再読》者は、卽(ち)婦女身を現(し)て、而(も)為に法を説く。應(に)童男・童女身を以(て)度を得(べき)者は、卽(ち)童男・童女身を現(し)て、而も為に法を説く。應に天・龍・夜叉・乾闥婆・阿脩羅・迦樓羅・緊那羅・摩睺羅伽・人・非人等の身を以(て)度を得(べ)き《再読》者は、卽(ち)皆之を現(し)て、而も為に法を説く。應に執金剛神を以(て)度を得(べ)き《再読》者は、卽(ち)執金剛神を現(し)て、而も為に法を説く。無盡意、是の觀世音菩薩は、是(くの)如(き)功徳を成就(し)て、種種の形を以(て)諸の國土に遊〈行也〉(ゆ)(き)て、衆生を度脱す。是(の)故(に)、汝等、當(に)一心に(し)て觀世音菩薩を供養(す)應(し)。是の觀世音菩薩摩訶薩は怖畏急難(の)〔之〕中(にして)〔於〕、能(く)無畏を施す。是(の)故(に)、此の娑婆世界に、皆之を號(つけ)て施無畏者と為〈名也〉(な)(つ)く。」無盡意菩薩、佛(に)白(して)言(さく)、「世尊、我(れ)今當に觀世音菩薩を供養(す)べし《再読》。卽(ち)頸の衆の寶珠瓔珞の價ひ百千兩の金に直(あた)(る)を解(き)て、〔而〕以(て)之に與(へ)て、是(の)言を作(さ)く、「仁者、此の法施の珍寶の瓔珞を受(けたま)へ。」と。時に觀世音菩薩、肯(へ)て之を受(けたまは)(す)不。無盡意、復(た)觀世音菩薩に白(して)言(さく)、「仁者、我(れ)等を愍(みたまふ)か故(に)、此の瓔珞を受(け)たまへ。」と。尒(の)時(に)、佛、

⑥觀『世音菩薩に告(けたまはく)、「當(に)此の無盡意菩薩と、及(ひ)、四衆と天・龍・夜叉・乾闥婆・阿脩羅・迦樓羅・緊那羅・摩睺羅伽〔の〕・人・非人等とを愍(む)か故(に)、是の瓔珞を受(け)よ。」と。卽の時に觀世音菩薩、諸の四衆(と)、及(ひ)、天・龍・人・非人等(と)を〔於〕愍(れむ)として、其の瓔珞を受(け)て、分(ち)て二分に作して、一分をは釋迦牟尼佛に奉(る)、一分をは多寶佛塔に奉(る)。「無盡意、觀世音菩薩は、是(くの)如(き)自在神力有(し)て、娑婆世界に〔於〕遊(ひ)たまふ。」

⑤　5　10　15

度者即現婆羅門身而為說法應以比
丘比丘尼優婆塞優婆夷身得度者即
現比丘比丘尼優婆塞優婆夷身而為
說法應以長者居士宰官婆羅門婦女
身得度者即現婦女身而為說法應以
童男童女身得度者即現童男童女身
而為說法應以天龍夜叉乾闥婆阿脩
羅迦樓羅緊那羅摩睺羅伽人非人等
身得度者即皆現之而為說法應以執
金剛神得度者即現執金剛神而為說
法無盡意是觀世音菩薩成就如是功
德以種種形遊諸國土度脱衆生是故
汝等應當一心供養觀世音菩薩是觀
世音菩薩摩訶薩於怖畏急難之中能
施無畏是故此娑婆世界皆号之為施
無畏者無盡意菩薩白佛言世尊我今
當供養觀世音菩薩即解頸衆寶珠瓔
珞價直百千兩金而以與之作是言仁

10

尒(の)時(に)、無盡意菩薩偈を以(て)問(ひて)曰(まう)さく、

「世尊の妙相具(し)たまゐるに、　我(れ)今重(ね)て彼(れ)に問(ひ)たてまつる。

『佛子をは何(な)(に)の因縁をもてか　名(つけ)て觀世音と爲(す)る。』

妙相を具足(し)たまゐる尊、　偈をもて無盡意に答(ゐたま)はく、

『汝、聽け。觀音と行との　善く諸の方所に應するを。

弘誓の深(き)こと海の如(し)。　劫を歷ても、思議(す)ゐ(から)不(す)。

多(く)の千億の佛に侍(つか)(ゐ)て　大清淨の願を發せゐ。

我(れ)汝か爲に略(し)て說(か)む。　名を聞き、及(ひ)、身を見(み)

心に念するには空(し)く過(き)不して　能(く)諸有の苦を滅す。

15

假(たと)—令ひ害の意を興して　大(き)なる火の坑に推し落(す)とも、

彼(の)觀音を念(せ)む力に　火の坑變(し)て池と成(ゐ)なむ。

或(若也)(も)(し)は巨(き)なる海に漂ひ流れて　龍・魚と諸の鬼難とアらむに、

彼(の)觀音を念(せ)む力に　波浪(も)沒(す)ること能(は)不(し)。

或(若也)(も)し(は)須彌の峯に在(ゐ)て　人に推し墮(さ)所ることを爲(被也)(かふ)れらむに、

彼(の)觀音を念(せ)む力に　日の如(くし)て虛空に住(し)なむ。

或(る)いは惡人に逐ハ(ヲ)被(れ)て　金剛山よゐ墮落せむに、

彼(の)觀音を念(せ)む力に　一(つ)の毛をも損(す)ること能(は)不(し)。

⑦

或(る)いは怨賊の繞(ゐ)て　『各(の)刀を執(ゐ)て害を加(ふる)に値ゐゐとも、

彼(の)觀音を念(せ)む力に　咸く即(ち)慈心を起(し)てむ。

或(る)いは王難の苦に遭(ひ)て　刑(コロ)サルゝに臨(み)て壽終(ゐ)なむと欲(せ)むに、

彼(の)觀音を念せむ力に、　刀尋(き)て段段に壞れなむ。

15　　10　　5　　⑥

者受此法施珎寶瓔珞時觀世音菩薩
不肯受之無盡意復白觀世音菩薩言
仁者愍我等故受此瓔珞尓時佛告觀
世音菩薩當愍此無盡意菩薩及四
衆天龍夜叉乾闥婆阿脩羅迦樓羅緊
那羅摩睺羅伽人非人等故受是瓔珞即
時觀世音菩薩愍諸四衆及於天龍人
非人等受其瓔珞分作二分一分奉釋
迦牟尼佛一分奉多寶佛塔無盡意
觀世音菩薩有如是自在神力遊於娑
婆世界尓時無盡意菩薩以偈問曰
世尊妙相具　我今重問彼　佛子何因縁
名為觀世音　具足妙相尊　偈答無盡意
汝聽觀音行　善應諸方所　弘誓深如海
歴劫不思議　侍多千億佛　發大清淨願
我為汝略説　聞名及見身　心念不空過
能滅諸有苦　假使興害意　推落大火坑
念彼觀音力　火坑變成池　或漂流巨海
龍魚諸鬼難　念彼觀音力　波浪不能沒

15　　10　　5

或(る)いは枷と鎖とに囚(トラ)へ禁(マモ)ラレ、手・足に杻と械とを被(かふ)らむには、
彼(の)觀音を念(せ)む力に　釋然として解脫を得てむ。
呪咀と諸の毒藥とに、　身を害せむ(と)欲(せ)所れむ者(もの)
彼(の)觀音を念(せ)む力に　還(を)て本人に〔於〕著(き)てむ。
或(る)いは悪羅刹と　毒龍と諸の鬼等とに遇ゐをとも、
彼(の)觀音を念(せ)む力に　時に悉(く)敢(ゐ)て害(せ)不(し)。
若(しは)悪獸に圍繞(せら)れて　利き牙(キハ)・爪の怖(る)可(か)らむに、
彼(の)觀音を念(せ)む力に　疾(く)無邊の方に走らむ。
蚖・蛇と、及(ひ)、蝮と蠍と　氣毒の烟火の然(モ)ユ〈ヘモユ〉　天〈ヘ〉(る)かことくアラムニ、
彼(の)觀音を念(せ)む力に　尋(きて)聲(き)(聞也)て、　自(ら)に　廻をて去らむ。
雲雷鼓(イカツチナリ)〈ヘイ〉　鼓の〈ヘ〉　掣電(イナヒカリ)　シ〈ヘイ〉　電の〈ヘ〉、　雹を降(ら)し、大(き)なる雨を澍(フ)ラムに、
彼(の)觀音を念(せ)む力に　時に應(し)て消散(す)ること得てむ。
衆生の困厄を被(を)て　無量の苦に身を逼(めら)(せ)れむに、
觀音妙智力をもて　能(く)世間の苦を救ふ。
神通力を具足(し)て　廣(く)智の方便を修(め)て
十方の諸の國土に　刹として身を現(せ)不(す)(といふこと)無し。
種種の諸の悪趣の　地獄・鬼・畜生と
生老病死の苦と　以(て)漸(く)悉(く)滅(せ)令めむ。
眞觀と清淨觀と　廣大の智慧觀と
悲觀と、及(ひ)、慈觀とあを。　常に願(ひ)て常に瞻仰す。
無垢清淨の光の　慧日をもて諸(の)闇を破ル。

⑦

龍魚諸鬼難　念彼觀音力　波浪不能沒
或在須彌峯　為人所推墮　念彼觀音力
如日虛空住　或被惡人逐　墮落金剛山
念彼觀音力　不能損一毛　或值怨賊繞
各執刀加害　念彼觀音力　咸即起慈心
或遭王難苦　臨刑欲壽終　念彼觀音力
刀尋段段壞　或囚禁枷鎖　手足被杻械
念彼觀音力　釋然得解脫　呪詛諸毒藥
所欲害身者　念彼觀音力　還著於本人
或遇惡羅刹　毒龍諸鬼等　念彼觀音力
時悉不敢害　若惡獸圍繞　利牙爪可怖
念彼觀音力　疾走無邊方　蚖蛇及蝮蠍
氣毒煙火然　念彼觀音力　尋聲自迴去
雲雷鼓掣電　降雹澍大雨　念彼觀音力
應時得消散　衆生被困厄　無量苦逼身
觀音妙智力　能救世間苦　具足神通力
廣修智方便　十方諸國土　無刹不現身
種種諸惡趣　地獄鬼畜生　生老病死苦

能(く)災の風火を伏(し)て　普く明(か)に世間を照す。
悲の體の戒《イ》ムコトは雷(の)ことく震ひ、　慈の音〈天白　意ィ〉は妙に大(き)なる雲
(の)ことく(し)て、
甘露の法の雨を澍《ソ、》イて、　煩惱の焰を滅除す。
諍《アラ(そ)》ひ訟《ウタ》へて官處に經《ゐ》、　軍陣の中に怖畏せむにも、
『彼(の)觀音を念(せ)む力に　衆の怨《アタ》悉(く)退散(し)なむ。
妙音と觀世音と　梵音と海潮音と
彼(の)世間に勝(れ)たる音とあ(り)。　是(の)故(に)常に念(す)須《ゐ》し。
念念に疑(ひ)を生(する)こと勿れ。　觀世音の淨聖は
苦惱死厄に於《お》いて　能(く)爲に依怙と作《な》る。
一切の功德を具(し)て　慈眼をもて衆生を視ル。
福聚の海無量な(り)。　是(の)故(に)頂禮す應(し)。』」

⑧

尒(の)時(に)、持地菩薩卽(ち)座(より)〔從〕起(ち)て、前《(すす)》むで佛(に)白(して)言(さく)
「世尊、若(し)衆生有(り)て、是の觀世音菩薩品の自在(の)〔之〕業たる普門示現の神通力
を聞(か)む者《もの》は、知(る)當(し)、是の人(の)功德少(から)不《し》。」佛、是の普門品を說(き)
たまひし時に、衆の中の八萬四千の衆生は、皆無等に等(し)き阿耨多羅三藐三菩提の心を
發(し)てき。

以漸悉令滅　真觀清淨觀　廣大智慧觀
悲觀及慈觀　常願常瞻仰　無垢清淨光
慧日破諸闇　能伏災風火　普明照世間
悲體戒雷震　慈意妙大雲　澍甘露法雨
滅除煩惱焔　諍訟經官處　怖畏軍陣中
念彼觀音力　衆怨悉退散　妙音觀世音
梵音海潮音　勝彼世間音　是故須常念
念念勿生疑　觀世音淨聖　於苦惱死厄
能為作依怙　具一切功德　慈眼視衆生
福聚海無量　是故應頂礼
尒時持地菩薩即從座起前白佛言世
尊若有衆生聞是觀世音菩薩品自在
之業普門示現神通力者當知是人功
德不少佛說是普門品時衆中八萬四
千衆生皆發無等等阿耨多羅三藐
三菩提心
妙法蓮華經陀羅尼品第二十六
尒時藥王菩薩即從座起偏袒右肩合

妙法蓮華經陀羅尼品第二十六

尒(の)時(に)、藥王菩薩、卽(ち)座(よ)〔從〕起(ち)て、偏に右の肩を袒れ、掌を合せ佛に向(ひ)て、而も佛(に)白(して)言(さく)、「世尊、若(し)善男子・善女人の、能(く)法華經を受持(す)ること有らむ者(もの)は、若(しは)讀誦し通利し、若(しは)經卷を書寫せむは、幾所(いくはく)の福をか得む。」と。佛、藥王に告(けたまはく)、「若(し)善男子・善女人有(り)て、八百萬億那由他恒河沙等の諸佛を供養せむ、汝か意(に)於(て)云何そ。其(の)所得の福、寧(ろ)爲(こ)れ多(し)や不や。」「甚(た)多し、世尊。」と。佛の言(はく)、「若(し)善男子・善⑨女「人の、能(く)是の經に於(お)いて、乃至、一四句偈を受持し讀誦し義を解り、說の如(く)修行せむは、功德甚(た)多し。」と。尒(の)時(に)、藥王菩薩、佛(に)白(して)言(さく)、「世尊、我(れ)今當に說法者に陀羅尼呪を與(へ)て、以(て)之を守護(せ)む。」と。即(ち)呪を說(き)て曰(まう)さ(く)、

「安尒一 曼尒二 摩禰三 摩摩禰四 旨隸五 遮梨第六 賒咩羊鳴音七 賒履内雉反 多瑋八
羶輸千反 帝九 目帝十 目多履十一 娑履十二 阿瑋娑履十三 桑履十四 娑履十五 叉裔
十六 阿叉裔十七 阿耆膩十八 羶帝十九 賒履二十 陀羅尼二十一 阿盧伽婆娑蘇奈反 簸
蔗毗叉膩二十二 禰毗剃二十三 阿便哆都餓反 邏禰履剃二十四 阿亶哆(ラ) 波隸輸地途買反二十五
漚究隸二十六 牟究隸二十七 阿羅隸二十八 波羅隸二十九 首迦差初几反三十 阿三磨三履三十一
佛馱毗吉利袠(チリ) 帝三十二 達磨波利差猜離反 帝三十三 僧伽涅(リ) 瞿沙禰三十四 婆舍婆
舍輸地三十五 曼哆邏三十六 曼哆邏叉夜多三十七 郵樓哆三十八 郵樓哆憍舍略來加反三十九
⑩惡叉邏四十 「惡叉冶多冶四十一 阿婆盧四十二 阿摩若荏蔗反 那多夜四十三」

「世尊、是の陀羅尼神呪は、六十二億恒河沙等の諸佛の所說なり。若(し)此の法師を侵

多波餘輸地 遮買反 二十五 漚究餘 二十六 牟究
餘 二十七 阿羅餘 二十八 波羅餘 二十九 首迦差
初九反 三十 阿三磨三履 三十一 佛䭾毗吉利秦
帝 三十二 達磨波利差 猜離反 三十三 帝 僧伽
涅瞿沙祢 三十四 婆舍婆舍輸地 三十五 曼
多邏 三十六 曼多邏叉夜多 三十七 郵樓多
三十八 郵樓多僑舍略 來加反 三十九 惡叉邏 四十
惡叉冶多冶 四十一 阿婆盧 四十二 阿摩若
荏蔗反 那多夜 四十三
世尊是陀羅尼神呪六十二億恒河沙
等諸佛所說若有侵毀此法師者則爲
侵毀是諸佛已時釋迦牟尼佛讃藥王
菩薩言善哉善哉藥王汝愍念擁護此
法師故說是陀羅尼於諸衆生多所饒
益
尓時勇施菩薩白佛言世尊我亦爲擁
護讀誦受持法華經者說陀羅尼若此
法師得是陀羅尼若夜叉若羅刹若富

毀(す)ること有らむ者(もの)は、則(ち)爲(こ)れ是の諸佛を侵毀し已(り)ぬ。」時に釋迦牟尼佛、藥王菩薩を讃(し)て言(はく)、「善哉、善哉。藥王、汝此の法師を愍念し擁護するか故(に)、是の陀羅尼を説(き)て、諸の衆生に於(お)いて、饒益する所多きこと。」

尓(の)時(に)、勇施菩薩、佛(に)白(して)言(さく)、「世尊、我(れ)も、亦、法華經を讀誦し受持する者(もの)を擁護(せ)むか爲に、陀羅尼を説(か)む。」と。「若(し)此の法師是の陀羅尼を得て、若(しは)夜叉、若(しは)羅刹、若(しは)富單那、若(しは)吉蔗、若(しは)鳩槃荼、若(しは)餓鬼等其(の)短を伺ひ求(むる)に、能(く)便を得ること無(か)らむ」と。即(ち)佛前〔に〕に(し)て〔於〕、而も呪を説(き)て曰(はく)、

「痤(誓蝶反)隷一 摩訶痤隷二 郁枳三 目枳四 阿隷五 阿羅婆第六 涅隷第七 涅隷多婆第八 伊緻(猪履反)柅九 韋緻柅十 旨緻柅十一 涅隷墀柅十二 涅犂墀婆底十三」

「世尊、是の陀羅尼神呪は、恒河沙等の諸佛の所説なり。亦、皆随喜(し)たまふ。若(し)此⑪(の)法師を侵毀(す)ること有らむ者(もの)は、則(ち)爲(こ)れ『是(の)諸佛を侵毀し已(り)ぬ。」

尓(の)時(に)、毘沙門天王護世者、佛(に)白(して)言(さく)、「世尊、我(れ)も、亦、衆生を愍念し、此(の)法師を擁護(せ)むを爲(以也)(て)の故(に)、是の陀羅尼を説(か)む。」と。即(ち)呪を説(き)て曰(はく)、

「阿梨一 那梨二 㝹那梨三 阿那盧四 那履五 拘那履六」

「世尊、是の神呪を以(て)法師を擁護(せ)む。我(れ)、亦、自(みつか)(ら)當(に)是の經を持(た)む者(もの)を擁護(し)て、百由旬の内に諸の衰患無(から)令めむ。」と。尓(の)時(に)、持國天王、此の會の中に在(いま)(し)て、千萬億那由他の乾闥婆衆の與(ため)に、恭敬し圍繞(せられ)

⑪

單那若吉蔗若鳩槃荼若餓鬼等伺
求其短無能得便即於佛前而説呪曰
痤（又 搓螺）鯠一 摩訶痤鯠二 郁枳三 目枳四
阿鯠五 阿羅婆第六 涅鯠第七 涅鯠多
婆第八 伊緻（又 猪履）柅九 韋緻柅十 旨緻
柅十一 涅鯠墀柅十二 涅犁墀婆底十三
世尊是陀羅尼神呪恒河沙等諸佛所
説亦皆隨喜若有侵毀此法師者則為
侵毀是諸佛已
尒時毗沙門天王護世者白佛言世尊
我亦為愍念衆生擁護此法師故説是
陀羅尼即説呪曰
阿梨一 那梨二 㝹那梨三 阿那盧四 那
履五 拘那履六
世尊以是神呪擁護法師我亦自當擁
護持是經者令百由旬内無諸衰患
尒時持國天王在此會中與千萬億那
由他乾闥婆衆恭敬圍遶前詣佛所合

て、前(すす)(み)て佛前に詣(り)て、掌(を)合(せ)佛(に)白(して)言(さく)、「世尊、我(れ)も、亦、陀羅尼神呪を以(て)、法華經を持(た)む者を擁護(せ)む。」と。卽(ち)呪を説(き)て曰(はく)、

「阿一 伽禰一 伽禰二 瞿利三 乾陀利四 栴陀利五 摩蹬耆六 常求利七 浮樓莎柅八 頞底九」

⑫「世尊、是の陀羅尼神呪は、四十二億の諸佛の所説なり。若(し)此の法師を侵毀(す)ること有らむ者は、則(ち)爲れ是の諸佛を侵毀し已(り)ぬ。」

尒(の)時(に)、羅刹女等有(り)き。一をは藍婆と名(つけ)、二をは毘藍婆と名(つけ)、三(をは)曲齒と名(つけ)、四(をは)華齒と名(つけ)、五をは黒齒と名(つけ)、六(をは)多髮と名(つけ)、七(をは)無厭足と名(つけ)、八(をは)持瓔珞と名(つけ)、九(をは)皐帝と名(つけ)、十(をは)奪一切衆生精氣と名(つく)。是の十羅刹女(と)、鬼子母(と)〔與〕、并(せ)て其の子と、及(ひ)、眷屬と、倶に佛所に詣(り)て、聲を同(しくし)て佛(に)白(して)言(さく)、「世尊、我(れ)等も、亦、法華經を讀誦し受持(せ)む者を擁護(し)て、其(の)衰患を除(かむ)と欲ふ。若(し)法師の短を伺(ひ)て求(む)ること有らむ者に、便を得不(ら)令めむ。」卽(ち)、佛前に。(し)て。〔於〕、〔而〕呪を説(き)て曰(さく)、

「伊提履一 伊提泯二 伊提履三 阿提履四 伊提履五 泥履六 泥履七 泥履八 泥履九 泥履十 樓醯十一 樓醯十二 樓醯十三 樓醯十四 多醯十五 多醯十六 多醯十七 兜醯十八 㝹醯十九」

「寧(ろ)我(か)頭の上には上クとも、法師を。〔於〕惱(ます)こと莫(れ)。若(しは)夜叉、若(しは)羅刹、若(しは)餓鬼、若(しは)富單那、若(しは)吉蔗、若(しは)毘陀羅、若(しは)

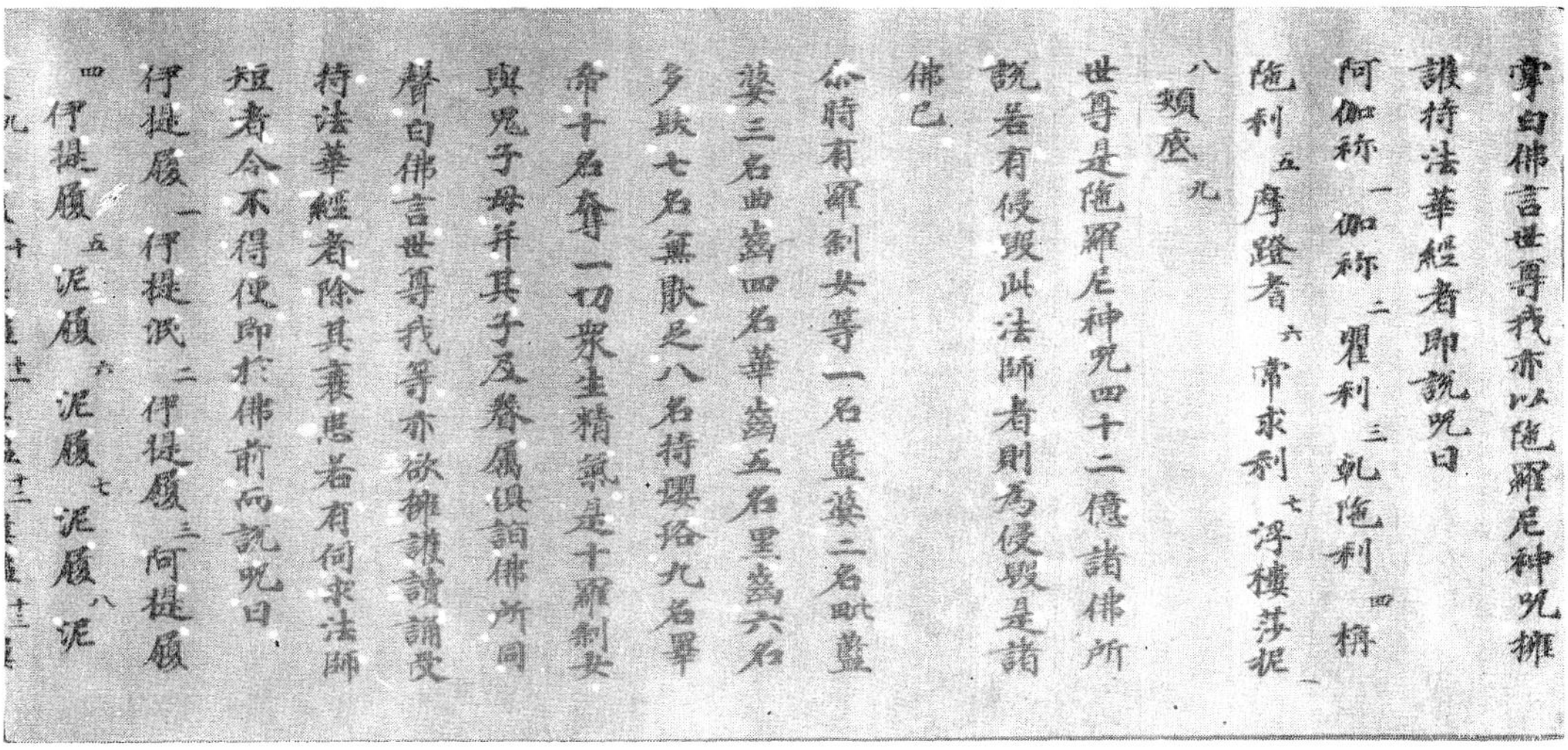

⑬揵駄、若(しは)烏摩勒伽、若(しは)阿跋摩羅、若(しは)夜『叉の吉蔗、若(しは)人の吉蔗、若(しは)熱病(す)ること、若(しは)一日、若(しは)二日、若(しは)三日、若(しは)四日、乃至七日し、若(しは)常に熱病し、若(しは)男形と、若(しは)女形と、若(しは)童男形(と)、若(しは)童女形と、乃至、夢の中にも、亦復(た)悩(ます)こと莫(か)らむ。」と。即(ち)、佛前に(し)て〔於〕、而も偈を説(き)て言(さく)、

「若(し)我(か)呪に順(は)不(し)て　説法者を悩亂せは、
頭の破(れ)て七分に作(る)て　阿梨樹の枝の如(くな)らむ。
父母を殺(す)罪の如く　亦、油を厭(す)殃(つみ)の如(く)アらむ。
斗稱をもて人を欺誑し、　調達か僧を破せる罪の(ことくあらむ)。
此(の)法師を犯さむ者(もの)は　當に是(くの)如(き)殃を獲(る)し《再読》。」

諸の羅刹女、此の偈を説(き)已(る)て、佛(に)白(して)言(さく)、「世尊、我(れ)等も、亦、當に身自(みつか)(ら)是(の)經を受持し讀誦し修行(せ)む者(もの)を擁護(し)て、安隱なること得て、諸の衰患を離れ、衆の毒樂を消(た)令めむ。」と。佛諸の羅刹女に告(けたまはく)、「善哉、善哉。汝等但(た)能(く)法華の名を受持(せ)む者(もの)を擁護すとも、福量(る)可(から)不(す)。何(に)況(や)、具足(し)て經卷を受持し供養するに、華・香・末香・瓔珞・塗香・燒香・幡蓋・伎樂と、種種の燈の蘇燈・油燈・諸(の)香油燈・蘇摩那華油燈・瞻蔔華油燈・婆師迦華油燈・優鉢羅華油燈(を)然(た)(く)とを、是(くの)如き等の百千種をもて供養(せ)む者(もの)をは擁護⑭(せ)むは。皐諦、汝等(と)、及(ひ)、眷屬(と)、當に是(くの)如(き)法師を擁『護(す)應(し)。」是の陀羅尼品を説(き)たまひし時に、六萬八千の人無生法忍を得てき〔はは・する〕。

15 履九 泥履十 樓醯十一 樓醯十二 樓醯十三 樓
醯十四 多醯十五 多醯十六 多醯十七 兜醯十八
㝹醯十九
寧上我頭上莫惱於法師若夜叉若羅
刹若餓鬼若富單那若吉蔗若毗陀羅
若犍䭾若烏摩勒伽若阿跋摩羅若夜
⑬ 又吉蔗若人吉蔗若熱病若一日若二
日若三日若四日乃至七日若常熱病
若男形若女形若童男形若童女形乃
至夢中亦復莫惱即於佛前而說偈言
5 若不順我呪 惱亂說法者 頭破作七分
如阿梨樹枝 如殺父母罪 亦如壓油殃
斗秤欺誑人 調達破僧罪 犯此法師者
當獲如是殃
諸羅刹女說此偈已白佛言世尊我等
10 亦當身自擁護受持讀誦修行是經者
令得安隱離諸衰患消衆毒藥佛告諸
羅刹女善哉善哉汝等但能擁護受持

法華名者福不可量何況擁護具足受
持供養經卷華香瓔珞末香塗香燒香
幡蓋伎樂然種種燈蘇燈油燈諸香油
燈蘇摩那華油燈瞻蔔華油燈婆師
迦華油燈優鉢羅華油燈如是等百千
種供養者睪帝汝等及眷屬應當擁
護如是法師說是陀羅尼品時六萬八
千人得無生法忍
妙法蓮華經妙莊嚴王本事品第二十七
尒時佛告諸大衆乃往古世過無量無
邊不可思議阿僧祇劫有佛名雲雷音
宿王華智多陀阿伽度阿羅訶三藐三
佛陀國名光明莊嚴劫名憙見彼佛法
中有王名妙莊嚴其王夫人名曰淨德
有二子一名淨藏二名淨眼是二子有
大神力福德智慧久脩菩薩所行之道
所謂檀波羅蜜尸羅波羅蜜羼提波羅
蜜毗梨耶波羅蜜禪波羅蜜般若波羅

妙法蓮華經妙莊嚴王本事品第二十七

尒(の)時(に)、佛、諸の大衆に告(けたまはく)、「乃往古世に無量無邊不可思議阿僧祇の劫を過(き)て、佛有(いま)しき。雲雷音宿王華智・多陀阿伽度・阿羅訶・三藐三佛陀と名(つけ)き。國をは光明莊嚴と名(つけ)、劫をは憙見と名(つけ)き。彼(の)佛法の中に、王有(り)て妙莊嚴と名(つけ)き。其(の)王の夫人を名(つけ)て淨德と曰(ひ)き。二(り)の子有(り)き。一をは淨藏と名(つけ)、二(をは)淨眼と名(つけ)き。是の二(り)の子は、大神力と福德と智慧と有(り)き。久(しく)菩薩の所行(の)〔之〕道を修(し)き。謂(は)所(る)檀

蜜方便波羅蜜慈悲喜捨乃至三十七
助道法皆悉明了通達又得菩薩淨三
昧日星宿三昧淨光三昧淨色三昧淨
照明三昧長莊嚴三昧大威德藏三昧
於此三昧亦悉通達尒時彼佛欲引導
妙莊嚴王及愍念衆生故說是法華經
時淨藏淨眼二子到其母所合十指爪
掌白言願母往詣雲雷音宿王華智佛
所我等亦當侍從親近供養礼拜所以
者何此佛於一切天人衆中說法華經
宜應聽受母告子言汝父信受外道深
著婆羅門法汝等應往白父與共俱去
淨藏淨眼合十指爪掌白母我等是法
王子而生此邪見家母告子言汝等當
憂念汝父為現神變若得見者心必清
淨或聽我等往至佛所於是二子念其
父故踊在虛空高七多羅樹現種種神
變於虛空中行住坐臥身上出水身下

波羅蜜と尸羅波羅蜜と羼提波羅蜜と毗梨邪波羅蜜と禪波羅蜜と般若波羅蜜と方便波羅蜜と慈悲喜捨と、乃至、三十七の助道法とを皆悉(く)明了に通達せりき。又、菩薩の淨三昧・日星宿三昧・淨光三昧・淨色三昧・淨照明三昧・長莊嚴三昧・大威德藏三昧を得たりき。此の三昧に於いて、亦悉(く)通達せりき。」尒(の)時(に)、彼(の)佛、妙莊嚴王を引導し、及(ひ)、衆生を愍念(せ)むと欲(ほす)か故(に)、是(の)法華經を説(き)たまひき。時に淨藏・淨眼⑮二(り)の子、其(の)母の所に到(り)て、十の指・爪・「掌を合(せ)て、白(して)言(さく)、「願(はく)は、母、雲雷音宿王華智佛のみ所に往詣(し)たまへ。我(れ)等、亦、當(に)侍從して親近し供養し禮拜(し)たてまつらむ。所以は〔者〕何(に)、此の佛、一切天人衆の中に(し)て〔於〕、法華經を説(き)たまふ。宜(しく)聽受(す)應(し)。」と。母子に告(け)て言(はく)、「汝か父は、外道を信受(し)て、深(く)婆羅門の法に著せり。汝等、往(き)て父に白(し)て與サは、共シく倶に去ク應(し)。」と。

淨藏・淨眼、十の指・爪・掌を合(せ)て、母に白(さ)く、「我(れ)等は、是れ法王(の)子なり。而(る)を、此の邪見の家に生(れ)たり。」と。母、子に告(け)て言(はく)、「汝等、當に汝か父を憂念せは、爲に神變を現(す)へし《再読》。若(し)見ること得ては〔者〕、心必(す)清淨になりなむ。或(し)は我(れ)等か佛所に往至(す)ることを聽(し)てむ。」と。是(こに)〔於〕、二(り)の子、其(の)父を念(する)か故(に)、虚空に踊在(し)て、高さ七多羅樹(にし)て、種種の神變を現す。虚空の中に(し)て〔於〕、行住坐臥し、身の上より水を出し、身の下より火を出す。身の下より水を出し、身の上より火を出す。或(る)ときは大身を現(し)て、虚空の中に滿てり。而(も)復(た)小を現し、小に(し)て復(た)大を現す。空の中(にして)〔於〕滅(し)て、忽然に地に在(り)。地に入ること水の如し。水を履ムこと地の如(し)。是(くの)如(き)等の種種の神變を現(し)て、其の父の王を(し)て心淨く(し)て信解

出大身下出水身上出火或現大身滿
虛空中而復現小小復現大於空中滅
忽然在地入地如水履水如地現如是
等種種神變令其父王心淨信解時父
見子神力如是心大歡喜得未曾有合
掌向子言汝等師爲是誰誰之弟子二
子白言大王彼雲雷音宿王華智佛今
在七寶菩提樹下法座上坐於一切世
間天人衆中廣說法華經是我等師我
是弟子父語子言我今亦欲見汝等師
可共俱往於是二子從空中下到其母
所合掌白母父王今已信解堪任發阿
耨多羅三藐三菩提心我等爲父已作
佛事願母見聽於彼佛所出家修道尒
時二子欲重宣其意以偈白母
願母放我等　出家作沙門　諸佛甚難值
我等隨佛學　如優曇鉢華　值佛復難是
脫諸難亦難　願聽我出家

(せ)令(め)つ。

時に、父、子の神力是(くの)如(くな)るを見て、心大(き)に歡喜(し)て未曾有(な)ることを得て、掌を合せ、子に向(ひ)て言(はく)、「汝等の師は、爲(まさ)に[當也]是れ誰そ。誰か〔之〕弟子そ。」と。二(り)の子白(し)て言さく、「大王、彼(の)雲雷音宿王華智佛、今七寶の菩提⑯樹下に在(いま)して、法座の上に坐(し)て、一切世『間天人衆の中に(し)て〔於〕、廣(く)法華經を説(き)たまふ。是れ我(れ)等か師なり。我(れ)は、是れ弟子なり。」と。父、子に語(り)て言(はく)、「我(れ)、今亦、汝等の師を見(たてまつらむ)と欲ふ。共(をな)[同也](し)く倶に往(く)可(し)。」と。是(こに)〔於〕、二(り)の子空の中(より)〔從〕下(り)て、其(の)母の所に到(り)て、掌を合(せ)て母に白(さ)く、「父の王、今已に信解(し)て、阿耨多羅三藐三菩提の心を發(す)に堪任しぬ。我(れ)等、父の爲に已に佛事を作(し)つ。願(はく)は、母聽サ(ユル)(れ)見よ。彼(の)佛のみ所〔に〕に(し)て〔於〕出家(し)て道を修(め)む。」と。尒(の)時(に)、二(り)の子重(ね)て其(の)意を宣(べ)むと欲(し)て、偈を以(て)母に白さく、

「願(はく)は、母、我(れ)等を放(し)て　出家(し)て沙門と作(し)たまへ。

諸佛には甚(た)値(ひたてまつること)難し。　我(れ)等佛に隨(ひたてまつり)て學(せ)む〔と〕。

優曇鉢羅《天白訂》の如(く)　佛に値(ひたてまつる)ことは、復(た)、是(れ)よりも難し。

諸(の)難を脫(する)こと、亦、難し。　願(はく)は我か出家を聽(したま)へ。」


母卽(ち)告(け)て言(はく)、「汝か出家を聽(ユル)す。所以は〔者〕何(に)、佛には値(ひたてまつること)難(き)か故(に)。」と。是(こに)〔於〕、二(り)の子、父母に白(して)言(さく)、「善哉、父母、願(はく)は時に雲雷音宿王華智佛のみ所に往詣(し)て、親近し供養(し)た

15 ⑰ 5 10

母即告言聽汝出家所以者何佛難值
故於是二子白父母言善哉父母願時
往詣雲雷音宿王華智佛所親近供養
所以者何佛難得值如優曇鉢羅華又
如一眼之龜值浮木孔而我等宿福深
厚生值佛法是故父母當聽我等令得
出家所以者何諸佛難值時亦難遇彼
時妙莊嚴王後宮八萬四千人皆悉堪
任受持是法華經淨眼菩薩於法華三
昧久已通達淨藏菩薩已於無量百千
萬億劫通達離諸惡趣三昧欲令一切
衆生離諸惡趣故其王夫人得諸佛習
三昧能知諸佛秘密之藏二子如是以
方便力善化其父令心信解好樂佛法
於是妙莊嚴王與羣臣眷屬俱淨德
夫人與後宮婇女眷屬俱其王二子與
四萬二千人俱一時共詣佛所到已頭面
礼足繞佛三帀却住一面尒時彼佛爲王

てまつり(たまゑ)。」と。「所以は〔者〕何(に)、佛には値(ひたてまつる)こと得ること難
15 し。優曇鉢羅華の如(し)。又、一眼〔の〕〔之〕龜の浮木の孔に値ゑるか如(し)。」と。「而(る)
を、我(れ)等宿〈昔也〉(むかし)の福深く厚(くし)て、生(れ)て佛法に値ゑり。是(の)故(に)、父母、當に
我(れ)等を聽(し)て、出家(す)ることを得令(め)たまゑ。所以(は)〔者〕何(に)、諸佛には値
(ひたてまつること)難し。時ありても亦遇(ひたてまつる)こと難し。」と。彼(の)時に、妙
⑰莊嚴王の後宮の八萬四千の人(は)、皆悉(く)『是の法華經を受持するに堪任しぬ。淨嚴菩
薩は、法華三昧に於(お)いて、久(しく)已に通達せり。淨藏菩薩は、已に無量百千萬億劫(に)
〔於〕、離諸惡趣三昧を通達せり。一切衆生をして諸の惡趣を離(れ)令(めむ)と欲(ふ)か
5 故(に)。其(の)王の夫人(は)、諸佛習三昧を得て、能く諸佛の秘密(の)〔之〕藏を知(り)ぬ。
二(り)の子(は)、是(くの)如(く)方便力を以(て)善く其(の)父を化(し)て、心に信解(し)て
佛法を好樂(せ)令(む)。是(こに)〔於〕、妙莊嚴王は群臣眷屬(と)〔與〕俱なり。淨德夫人は
後宮の采女・眷屬(と)〔與〕俱なり。其の王の二(り)の子(は)、四萬二千の人(と)〔與〕俱な
10 りき。一時に共に佛所に詣(り)ぬ。到(り)已(り)て、頭面をもて足を禮(し)て、佛を繞る
こと三匝して、却(き)て一面に住せりき。

尒(の)時(に)、彼(の)佛、王の爲に法を説(き)て、示教利喜(せし)めたまふ。王大(き)に歡
悅(し)たまふ。尒(の)時(に)、妙莊嚴王(と)、及(ひ)、其の夫人(と)、頸の眞珠瓔珞の價ひ百
千に直(あた)(る)を解(き)て、以(て)佛(の)上に散(したてまつ)りき。虛空の中に(し)て〔於〕、
15 化(し)て四柱の寶臺と成(り)ぬ。臺の中に大寶牀有(り)、百千萬の天衣を敷(き)て、其
(の)上に佛有(いま)して結跏趺坐(し)たまひて、大光明を放(ち)たまひき。尒(の)時(に)、妙莊嚴
王是の念を作(さ)く、「佛身は希有に(し)て、端嚴殊特なり。第一微妙(の)〔之〕色を成就せ
り。」時に、雲雷音宿王華智佛四衆に告(け)て言(のたま)(はく)、「汝等、是の妙莊嚴王の、我

說法示教利喜王大歡悦尒時妙莊嚴
王及其夫人解頸眞珠瓔珞價直百千
以散佛上於虚空中化成四柱寶臺臺
中有大寶牀敷百千萬天衣其上有佛
結跏趺坐放大光明尒時妙莊嚴王作
是念佛身希有端嚴殊特成就第一微
妙之色時雲雷音宿王華智佛告四衆
言汝等見是妙莊嚴王於我前合掌立
不此王於我法中作比丘精勤修習助佛
道法當得作佛号娑羅樹王國名大
光劫名大高王其娑羅樹王佛有無量
菩薩衆及無量聲聞其國平正功德如
是其王即時以國付弟與夫人二子并
諸眷屬於佛法中出家修道王出家已
於八萬四千歳常勤精進修行妙法華
經過是已後得一切淨功德莊嚴三昧
即昇虚空高七多羅樹而白佛言世尊
我此二子已作佛事以神通變化轉我

⑱(か)前(にして)〔於〕、合掌(し)て立(てる)を見(る)や『不や。此(の)王(は)、我(か)法の中(にして)〔於〕、比丘と作(り)て、佛道を助(く)ル法を精勤修習(し)て、佛と作ること得當(し)。娑羅樹王と號(つく)。國をは大光(と)名(つけ)、劫をは大高王と名(つけ)む。其(の)娑羅樹王佛(は)、無量の菩薩衆(と)、及(ひ)、無量の聲聞(と)有らむ。其の國平正ならむ。5功德是(くの)如(し)。」と。其(の)王、卽の時に、國を以(て)弟に〔き〕付(し)て、夫人(と)〔與〕二(り)の子と、并(せ)て諸の眷屬と、佛法の中(にして)〔於〕、出家(し)て道を修(し)き。王出家(し)已(り)て、八萬四千歲(に)〔於〕、常(に)勤(め)て精進(し)て、妙法華經を修行(し)き。是を過(き)已(り)て後に、一切淨功德莊嚴三昧を得てき。卽(ち)虛空に昇(り)10て、高さ七多羅樹(にして)、〔而〕佛(に)白(して)言(さく)、「世尊、此の我か二(り)の子は、已に佛事を作しつ。神通變化を以(て)我か邪心を轉(し)て、佛法の中(に)〔於〕安住(す)ること得て、世尊を見たてまつること得令(め)つ。此の二(り)の子は〔者〕、是れ我か善知識なり。宿世の善根を發起(し)て、我(れ)を饒益(せむ)と欲(ふ)を爲(て)の故(に)、來(り)て我か家に生(れ)たるなり。」と。

尒(の)時(に)、雲雷音宿王華智佛、妙莊嚴王に告(けて)言(はく)、「是(くの)如(し)、15是(くの)如(し)。汝か言ふ所の如(く)、〔若〕善男子・善女人は、善根を種(ゑ)たるか故(に)、世世に善知識を得。其の善知識は、能(く)佛事を作(り)て、示教利喜して、阿耨多羅三藐三菩提に入(ら)令(めむ)。大王、知(る)當(し)、善知識は〔者〕、是(れ)大因緣なり。謂(はゆる)〔所〕化導して、佛を見(たてまつる)こと得て、阿耨多羅三藐三菩提の心を⑲發(さ)令(むる)なり。大『王、汝、此の二(り)の子を見(る)や不や。此の二(り)の子(は)、已に曾し六十五百千萬億那由他恒河沙の諸佛を供養して、親近し恭敬(し)て、諸佛のみ所に(し)て〔於〕、法華經を受持(し)て、邪見の衆生を愍念(し)て、正見に住(せ)令(めむ)。」

15　⑲　5

邪心令得安住於佛法中得見世尊此
二子者是我善知識為欲發起宿世善
根饒益我故来生我家尒時雲雷音宿
王華智佛告妙荘嚴王言如是如是如
汝所言若善男子善女人種善根故世
世得善知識其善知識能作佛事示教
利喜令入阿耨多羅三藐三菩提大王
當知善知識者是大因緣所謂化導令
得見佛發阿耨多羅三藐三菩提心大
王汝見此二子不此二子已曾供養六
十五百千萬億那由他恒河沙諸佛親
近恭敬於諸佛所受持法華經愍念邪
見衆生令住正見妙荘嚴王即従虚空
中下而白佛言世尊如来甚希有以功
徳智慧故頂上肉髻光明顯照其眼長
廣而紺青色眉間豪相白如珂月齒白
齊密常有光明脣色赤好如頻婆菓尒
時妙荘嚴王讃歎佛如是等無量百千
萬億功徳已於如来前一心合掌復白

5　と。妙莊嚴王、卽(ち)虛空の中(より)〔從〕下りて、〔而〕佛(に)白(して)言(さく)、「世尊、如來は甚(た)希有なり。功德智慧を以(て)の故(に)、頂上の肉髻の光明顯照(し)たまふ。其(の)眼は長く廣(くし)て、〔而〕紺靑の色なり。眉間の豪相は白(き)こと珂と月との如(く)、齒は白く齊(ヒト)シク密(キヒ)シク(し)て、常に光明有(り)。脣の色は赤く好(うるは)(しくし)て頻婆

10　果の如(し)。」尒(の)時(に)、妙莊嚴王、佛の是(くの)如(き)等の無量百千萬億の功德を讃歎(し)たてまつり已(り)て、如來のみ前(にして)〔於〕、一心(に)合掌(し)て、復(た)佛(に)白(して)言(さく)、「世尊、未曾有なり〔也〕。如來(の)〔之〕法は、具足(し)て不可思議の微妙の功德を成就(し)たまへり。教と戒と所行安隱快善にいます。我(れ)今日(より)〔從〕復(た)自(みつか)(ら)心に隨(ひ)て行(せ)不(し)。邪見・憍慢・瞋恚(の)諸惡(の)〔之〕心を生

15　(せ)不(し)。」と。是の語を説(き)已(り)て、佛を禮(し)たてまつりて〔而〕出(て)き。佛、大衆に告(けたまはく)、「意(に)於(て)云何(に)ぞ。妙莊嚴王は豈(に)異人(な)らむ(や)〔乎〕。今の華德菩薩是(れ)なり。其の淨德夫人は、今の佛前の光照莊嚴相菩薩是(れ)なり。妙莊嚴王(と)、及(ひ)、諸の眷屬(と)を哀愍するか故(に)、彼(の)中(にして)〔於〕生レたり。其(の)

⑳　二(り)の子は〔者〕、今の藥王『菩薩・藥上菩薩是(れ)なり。是の藥王・藥上菩薩(は)、此(くの)如き諸の大功德を成就(し)〔て〕已(り)て、無量百千萬億の諸佛のみ所(にして)〔於〕、衆の德の本を植(ゑ)て、不可思議の諸の善功德を成就せり。若(し)人有(り)て、是(の)二

5　(り)の菩薩の名字を識(り)ぬるときは〔者〕、一切世間の諸(の)天・人民亦禮拜(す)應(し)。」と。

佛、是(の)妙莊嚴王本事品を説(き)たまひし時に、八萬四千の人は、遠塵し離垢(し)て、諸法の中(にして)〔於〕、法眼淨を得てき。

10
萬億功德已於如來前一心合掌復白
佛言世尊未曾有也如來之法具足成
就不可思議微妙功德教戒所行安隱
快善我從今日不復自隨心行不生邪
見憍慢瞋恚諸惡之心說是語已礼佛
15
而出
佛告大衆於意云何妙莊嚴王豈異人
乎今華德菩薩是其淨德夫人今佛前
光照莊嚴相菩薩是哀愍妙莊嚴王
及諸眷屬故於彼中生其二子者今藥王
⑳
菩薩藥上菩薩是是藥王藥上菩薩
成就如此諸大功德已於無量百千萬
億諸佛所植衆德本成就不可思議諸善
功德若有人識是二菩薩名字者一切
5
世間諸天人民亦應礼拜佛說是妙莊
嚴王本事品時八萬四千人遠塵離垢
於諸法中得法眼淨
妙法蓮華經普賢菩薩勸發品第二十八
念誦普賢菩薩以自在神通威德名聞

妙法蓮華經普賢菩薩觀發品第二十八

10 15 ㉑ 5

尒時普賢菩薩以自在神通威徳名聞
與大菩薩無量無邊不可稱數從東方
來所經諸國普皆震動雨寶蓮華作無
量百千萬億種種伎樂又與無數諸天
龍夜叉乾闥婆阿脩羅迦樓羅緊那羅
摩睺羅伽人非人等大衆圍繞各現威
徳神通之力到娑婆世界耆闍崛山中
頭面礼釋迦牟尼佛右繞七帀白佛言
世尊我於寶威徳上王佛國遥聞此娑
婆世界説法華經與無量無邊百千萬
億諸菩薩衆共來聽受唯願世尊當
為説之若善男子善女人於如來滅後云
何能得是法華經佛告普賢菩薩若
善男子善女人成就四法於如來滅後
當得是法華經一者為諸佛護念二者
植衆徳本三者入正定聚四者發救一
切衆生之心善男子善女人如是成就
四法於如来滅後必得是經

10 尒(の)時(に)、普賢菩薩、自在と神通と威徳と名聞とを以(て)、大菩薩の無量無邊に(し)
て稱數(す)可(から)不(ると)〔與〕、東方(よ𛀁)〔從〕來れ𛀁。所經の諸國普(く)皆震動す。
寶蓮華を雨(𛀁)て、無量百千萬億の種種の伎樂を作す。又、無數の諸の天・龍・夜叉・乾闥
婆・阿脩羅・迦樓羅・緊那羅・摩睺羅伽・人・非人等の大衆の與(ため)に圍繞(せら)れて、各
15 (の)威徳神通(の)〔之〕力を現(し)て、娑婆世界の耆闍崛山の中に到(𛀁)て、頭面をもて釋迦
牟尼佛を禮(したてまつ𛀁)て、右に七帀繞𛀁き。佛(に)白(して)言(さく)、「世尊、我(れ)
寶威徳上王佛の國に(し)て〔於〕、遙(か)に此の娑婆世界に法華經を説(き)たまふを聞(き)
㉑ たまゑて、無量無邊百千萬『億の諸の菩薩衆(と)〔與〕共に來(𛀁)て聽受す。唯(たし)願
(はく)は、世尊、當に爲に之を説(きたま)ゑ。若(し)善男子・善女人、如來の滅後(に)

〔於〕、云何(にし)てか能(く)是の法華經を得ゑき。」と。佛、普賢菩薩に告(けたまはく)、
5 「若(し)善男子・善女人四法を成就(し)て、如來の滅後(に)〔於〕、是(の)法華經を得當
(し)。一は〔者〕諸佛の護念を爲(え)(得也)(たる)、二は〔者〕衆の德の本を植(ゑ)たる、三は〔者〕正定
聚に入レル、四は〔者〕一切衆生を救(スク)フ〔之〕心を發せるな𛀁。善男子・善女人、是(くの)如
(く)四法を成就(し)て、如來の滅後(に)〔於〕、必(す)是の經を得ゑし。」と。尒(の)時
10 (に)、普賢菩薩、佛(に)白(して)言(さく)、「世尊、後の五百歲の濁惡世の中(に)〔於〕、
其(の)是の經典を受持(す)ること有(らむ)者は、我(れ)當に守護(し)て、其(の)衰患を除
(き)て、安隱(な)ることを得令(むゑ)し《再読》。伺ひ求(め)て其(の)便を得(る)者(もの)無(から)
使めむ。若(しは)魔、若(しは)魔(の)子、若(しは)魔(の)女、若(しは)魔(の)民、若(し
は)魔の所著を爲(かふ)(被也)れらむ者(もの)、若(しは)夜叉、若(しは)羅刹、若(しは)鳩槃荼、若(しは)毘
15 舍闍、若(しは)吉蔗、若(しは)富單那、若(しは)韋陀羅等の諸の人を惱(ま)す者(もの)、皆便を
得不(し)。是の人、若(しは)行し、若(しは)立(ち)て、此(の)經を讀誦せは、我(れ)尒(の)

10　15　㉒　5

尒時普賢菩薩復白佛言世尊於後五
百歳濁悪世中其有受持是經典者我
當守護除其衰患令得安隠使無伺求
得其便者若魔若魔子若魔女若魔
民若為魔所著者若夜叉若羅刹若鳩
槃荼若毗舍闍若吉蔗若富單那若韋
陁羅等諸惱人者皆不得便是人若行
若立讀誦此經我尒時乘六牙白象王與
大菩薩衆倶詣其所而自現身供養守
護安慰其心亦為供養法華經故是人
若坐思惟此經尒時我復乘白象王現
其人前其人若於法華經有所忘失一
句一偈我當教之與共讀誦還令通利
尒時受持讀誦法華經者得見我身甚
大歡喜轉復精進以見我故即得三昧
及陁羅尼名為旋陁羅尼百千萬億旋
陁羅尼法音方便陁羅尼得如是等陁
羅尼世尊若後世後五百歳濁悪世中
比丘比丘尼優婆塞優婆夷求索者受
持者讀誦者書寫者欲修習是法華經

時(に)六牙の白象王に乘(ゞ)て、大菩薩衆(と)〔の〕〔與〕倶に其(の)所に詣(ゞ)て、而も自《み(つか)》(ら)身を現(し)て、供養し守護(し)て、其(の)心を安慰(せ)む。亦、法華經を供養(せ)むを爲《以也(も)》(て)の故(に)。是の人、『若(しは)坐(し)て此(の)經を思惟(せ)む、尒(の)時(に)、我(れ)復(た)、白象王に乘(ゞ)て、其(の)人の前に現せむ。其(の)人、若(し)法華經に於《お》いて、一句一偈を忘失せる所有らは、我(れ)當(に)之を敎(ゑ)て、與《(とも)》─共に讀誦(し)て、還(ゞ)て通利(せ)令めむ。尒(の)時(に)、法華經を受持し讀誦(せ)む者《もの》、我(か)身を見ること得て、甚(た)大(き)に歡喜(し)て、轉《(いよいよ)》復(た)精進(せ)む。我(れ)を見(る)を以(て)の故(に)、卽(ち)三昧を得む。及(ひ)、陀羅尼の名(つけ)て旋陀羅尼・百千萬億旋陀羅尼・法音方便陀羅尼と爲《す》る、是(くの)如(き)等の陀羅尼を得む〔こ〕。世尊、若(し)後世の後の五百歳の濁惡世の中の比丘・比丘尼・優婆塞・優婆夷の求索者・受持者・讀誦者・書寫者の、是の法華經を修習(せむ)と欲(せ)は、三七日の中(に)〔於〕、一心に精進(す)應(し)。三七日を滿(て)已(ゞ)て、我(れ)當(に)六牙の白象に乘(ゞ)て、無量の菩薩の與《(た)め》に而も自(ら)圍繞(せら)れて、一切衆生の見(む)と意《(ねか)》(ふ)所の身を以(て)、其の人の前に現(し)て、而も爲に法を說(き)て、示教利喜せしめむ。亦復(た)、其(れ)に陀羅尼呪を與(ゑ)む。是の陀羅尼を得(る)か故(に)、非人の能(く)破壞する者《もの》有(ること)無けむ。亦、女人に〔之〕惑亂(せ)所(る)ることを爲《被也(かふ)》(ら)不《し》。我か身、亦、自《み(つか)》(ら)常に是の人を護らむ。唯(たし)願(はく)は、世尊、我か此(の)陀羅尼呪を說(く)ことを聽(し)たま(ゑ)。」卽(ち)佛前に於《あ》(ゞ)て、〔而〕呪を說(き)て曰《まう》さ(く)、

㉓ 阿檀地《タイ》一《途買反》 檀陀婆地二 檀陀婆帝『三 檀陀鳩舍隷四 檀陀脩陀隷五 脩陀隷六 脩陀羅婆底七 佛駄波羶禰八 薩婆陀羅尼阿婆多《ラ》尼九 薩婆婆沙阿婆多《ラ》尼十 脩阿婆多《ラ》尼十一 僧伽婆履叉尼二十 僧伽涅《リ》伽陀尼三十 阿僧

持者讀誦者書寫者欲修習是法華經
於三七日中應一心精進滿三七日已
我當乘六牙白象與無量菩薩而自
圍繞以一切衆生所憙見身現其人前
而為說法示教利喜亦復與其陀羅尼呪
得是陀羅尼故無有非人能破壞者亦
不為女人之所惑亂我身亦自常護是
人唯願世尊聽我說此陀羅尼呪即於
佛前而說呪曰
阿檀地一 途賣反 檀陀婆地二 檀陀婆帝
三 檀陀鳩舍隷四 檀陀脩陀隷五 脩陀隷
六 脩陀羅婆底七 佛馱波羶祢八 薩婆陀
羅尼阿婆多尼九 薩婆婆沙阿婆多尼
十 脩阿婆多尼十一 僧伽婆履叉尼十二 僧
伽涅伽陀尼十三 阿僧祇十四 僧伽波伽地
十五 帝隷阿惰僧伽兜略 盧遮反 阿羅帝
波羅帝十六 薩婆僧伽三摩地伽蘭地
十七 薩婆達磨脩波利刹帝十八 薩婆薩
[illegible]

祇十四 僧伽波伽地十五 帝隷阿惰僧伽兜略盧遮反 阿羅帝波羅帝十六 薩婆僧伽三摩地伽蘭地十七 薩婆達磨脩波利刹帝十八 薩婆薩埵樓馱憍舍略阿㝹伽地十九 辛阿毗吉利地帝二十

「世尊、若(し)菩薩有(る)て是の陀羅尼を聞(く)こと得む者は、知(る)當(し)、普賢の神通(の)〔之〕力あると。若(し)法華經の閻浮提に行(は)れむを受持(す)ること有らむ者は、此(の)念を作(す)應(し)、『皆是れ普賢の威神(の)〔之〕力なる。』と。若(し)受持し讀誦し正憶念し、其(の)義趣を解(る)〔らむ〕、說(くか)如(く)修行(す)ること有(ら)むは、知(る)當(し)、是の人は普賢の行を行するならむ。無量無邊の諸佛のみ所(にして)〔於〕、深く善根を種(ゑ)て、諸の如來に手をもて其(の)頭を摩(つ)ること爲(かふ)被也(る)てむ。若(し)但(た)書寫せは、是(の)人命終(し)て、當に忉利天上に生れむ。是の時に、八萬四千の天女衆の伎樂を作して、〔而〕來(る)て之を迎ゑむ、其(の)人卽(ち)七寶の冠を著(け)て、采女の中(にして)〔於〕娛樂し快樂(せ)む。『何(に)況(や)、受持し讀誦し正憶念し、其(の)義趣を解る、說(くか)如(く)修行せは、若(し)人有(る)て、受持し讀誦し其(の)義趣を解(ら)は、是(の)人命終(しなむ)ときに、千佛に手を授(く)ること爲得也て、恐怖(せ)不、(す)惡趣に墮(せ)不(ら)令めむ。卽(ち)兜率天上の彌勒菩薩の所に生(れ)む。彌勒菩薩三十二相有して、大菩薩衆に共に圍繞せ所れて、百千萬億の天女眷屬有らむ、而も、於(これか)中(に)生れむ。是(く)の如(き)等の功德利益有(らむ)。是(の)故(に)、智者は當に一心に自(ら)書し、若(し)は人を(し)て書(せ)使め、受持し讀誦し正憶念し、說(くか)如(く)修行(す)應(し)。世尊、我(れ)今神通力を以(て)の故〈天黒補〉(に)、是(の)經を守護(し)て、如來の滅後(に)〔於〕、閻浮提の內に、廣(く)流布(せ)令(め)て、斷絕(せ)不(ら)使めむ。」と。尒(の)時(に)、釋迦牟尼佛讚(し)て言(はく)、『善哉、善哉。普賢、汝能

10　15　㉔　5

利地帝 二十
世尊若有菩薩得聞是陁羅尼者當知
普賢神通之力若法華經行閻浮提有
受持者應作此念皆是普賢威神之力
若有受持讀誦正憶念解其義趣如說
修行當知是人行普賢行於無量無邊
諸佛所深種善根為諸如來手摩其
頭若但書寫是人命終當生忉利天上是
時八萬四千天女作衆伎樂而來迎之其
人即著七寶冠於采女中娯樂快樂
何況受持讀誦正憶念解其義趣如說
修行若有人受持讀誦解其義趣是人
命終為千佛授手令不恐怖不墮惡趣
即生兜率天上弥勒菩薩所弥勒菩薩
有三十二相大菩薩衆所共圍繞有百
千萬億天女眷属而於中生有如是等
功徳利益是故智者應當一心自書若
使人書受持讀誦正憶念如說修行世
尊我今以神通力守護是經於如來滅

(く)是(の)經を護助(し)て、衆生を(し)て安樂し利益する所多(から)令めむ。汝已に不可思議の功德を成就(し)て、深大の慈悲あゐて、久(し)く遠(くよゐ)〔從〕來(このかた)、阿耨多羅三
15 藐三菩提の意を發(し)て、〔而〕能(く)是(の)神通(の)〔之〕願(ひ)を作(し)て、是(の)經を守護す。我(れ)當に神通力を以(て)、能(く)普賢菩薩の名を受持せむ者(もの)を守護(せ)む。普賢、若(し)是の法華經を受持し讀誦し正憶念し修習し、書寫(す)ること有らむ者(もの)は、知(る)當(し)、是の人は則(ち)釋迦牟尼佛を見たてまつるなゐ。佛口(よゐ)〔從〕此の經典を
㉕聞(く)か如(し)。知(る)當(し)、是(の)人は、釋迦牟尼『佛を供養(し)たてまつるなゐ。知(る)當(し)、是(の)人は佛善哉と讚(し)たまふ。知(る)當(し)、是の人は釋迦牟尼佛の(み)手に其(の)頭を摩(てらる)ること爲(得也)(え)(む)。知(る)當(し)、是の人は釋迦牟尼佛の(み)衣に〔之〕覆(は)所ること爲(得也)(え)む。是(くの)如(き)〔之〕人は、世の樂(しひ)に貪著(せ)不(し)。外
5 道の經書・手筆を好(ま)不(し)。亦復(た)、憙(コノ)ムて其(の)人と、及(ひ)、諸の惡者と、若(しは)屠兒と、若(しは)豬・羊・鷄・狗を畜(ヤシナ)フと、若(しは)獵師と、若(しは)女色を衒(テラ)ヒ賣(ウ)ルとに親近(せ)不(し)。是(の)人心意質直ならむ。正憶念有らむ、福德力有らむ、是(の)人(は)三毒に惱(まさ)所ることを爲(カフ)ラ不(し)。亦復(た)、嫉妬と我慢と邪慢と增上慢とに惱(まさ)所ることを爲(カフ)ラ不(し)。是(の)人(は)少欲知足に(し)て、能(く)普賢(の)〔之〕行を修せむ。普賢、
10 若(し)如來滅後の後の五百歲に、若(し)人有(ゐ)て、法華經を受持し讀誦(せ)む者(もの)を見ては、是の念を作(す)應(し)、『此(の)人は、久(しから)不して當(に)道場に詣(ゐ)て、諸の魔衆を破(ゐ)て、阿耨多羅三藐三菩提を得て、法輪を轉(し)て、法の鼓を擊(う)ち、法の螺を吹き、法の雨を雨(ゐ)て、當に天人大衆の中の師子の法座の上に坐(せ)む。』普賢、若
15 (し)後世(に)〔於〕、是(の)經典を受持し讀誦(せ)む者(もの)は、是(の)人は、復(た)、衣服・臥具・飲食・資生(の)〔之〕物を貪著(せ)不(し)。所願虛(しから)不。亦現世(に)〔於〕、其の福報

10 15 ㉕ 5

尊我今以神通力守護是經於如來滅
後閻浮提内廣令流布使不斷絶尓時
釋迦牟尼佛讃言善哉善哉普賢汝能
護助是經令多所衆生安樂利益汝已
成就不可思議功德深大慈悲從久遠
來發阿耨多羅三藐三菩提意而能作
是神通之願守護是經我當以神通力
守護能受持普賢菩薩名者普賢若有
受持讀誦正憶念修習書寫是法華經
者當知是人則見釋迦牟尼佛如從佛
口聞此經典當知是人供養釋迦牟尼
佛當知是人佛讃善哉當知是人為釋
迦牟尼佛手摩其頭當知是人為釋迦
牟尼佛衣之所覆如是之人不復貪著
世樂不好外道經書手筆亦復不喜親
近其人及諸惡者若屠兒若畜猪羊雞
狗若獵師若衒賣女色是人心意質直
有正憶念有福德力是人不為三毒所
惱亦復不為嫉妬我慢邪慢增上慢所

を得む。若(し)人有(ゐ)て、之を輕毀(し)て言（イ）ハマク、『汝は狂ゐる人(ならくのみ)〔耳〕。空(し)く是(の)行を作(し)て、終に獲(る)所無けむ。』是(くの)如(き)罪報、當に世世に眼無(か)らむ。㉖若(し)之を供養し讃歎(す)ること有らむ者（もの）は、當(に)『今世(に)〔於〕現の果報を得む。若(し)復(た)、是(の)經〔を〕典〈天白補〉(を)受持(せ)む者（もの）を見て、其(の)過惡を出すこと、若(しは)實にマレ、若(しは)不實にマレ、此(の)人は、現世に白癩の病を得む。若(し)之を輕笑(す)ること有〈天白補〉らむ者（もの）は、當に世世に牙齒踈に缺(けた)らむ、唇醜(くか)らむ。鼻平め(な)らむ、手・脚繚（アシマト）ハレ戻（モト）レらむ、眼目角睞（スカメ）ならむ、身體臭穢ならむ、惡瘡膿血アらむ、水腹し短氣せむ、諸惡重病(な)らむ。是(の)故(に)、普賢、若(し)是(の)經典を受持(す)ることアらむ者（もの）を見ては、當(に)起(ち)て遠(く)よゐ迎ゐて、佛を敬(する)か如(く)す當(し)。」是の普賢勸發品を説(き)たまひし時に、恒河沙等の無量無邊の菩薩、百千萬億の旋陀羅尼を得てき。三千大千世界の微塵等の諸の菩薩は、普賢の道を具(し)てき。佛是の經を説(き)たまひし時に、普賢等の諸の菩薩・舍利弗等の諸の聲聞(と)、及(ひ)、諸の天・龍・人・非人等の一切の大會皆大(き)に歡喜し、佛語を受持(し)て、禮を作（つ(く)）(ゐ)て而も去ゐき。

妙法蓮華經卷第八

(白) 願以此緣　生密嚴國　佛子明算

10　15　㉖　5

惱亦復不為嫉妬我慢邪慢增上慢所
惱是人少欲知足能修普賢之行普賢
若如來滅後後五百歲若有人見受持
讀誦法華經者應作是念此人不久當
詣道場破諸魔衆得阿耨多羅三藐三
菩提轉法輪擊法鼓吹法螺雨法雨當
坐天人大衆中師子法座上普賢若於
後世受持讀誦是經典者是人不復貪
著衣服臥具飲食資生之物所願不虛
亦於現世得其福報若有人輕毀之言
汝狂人耳空作是行終無所獲如是罪
報當世世無眼若有供養讚歎之者當
於今世得現果報若復見受持是經者
出其過惡若實若不實此人現世得白
有
癩病若輕笑之者當世世牙齒疎缺醜
脣平鼻手脚繚戾眼目角睞身體臭穢
惡瘡膿血水腹短氣諸惡重病是故普
賢若見受持是經典者當起遠迎當如敬

10

佛説是普賢勸發品時恒河沙等無
量無邊菩薩得百千萬億旋陀羅尼三
千大千世界微塵等諸菩薩具普賢道
佛説是經時普賢等諸菩薩舍利弗
等諸聲聞及諸天龍人非人等一切大會
皆大歡喜受持佛語作礼而去

妙法蓮華經巻第八

南海寄歸内法傳卷第一

沙門義淨撰

①水平川に溢ヲ、決(ヲ)て深き井に入れて、飲(み)て息ハムことを懐フこと有るもの、命を濟ふに由無きに譬(ふ)。律の文に准　ゐ驗　フルに、則(ち)此(くの)如くに(あ)ら不。斷の〈右朱淡　タチ〉輕重を論する、但(た)數　行することを用(ゐ)たヲ。罪の方便を説くに、半日に煩ヒ無し。此(れ)則(ち)西方南海の法─徒(の)〔之〕大─歸なヲ〔矣〕。神州(の)〔之〕地の如きは、禮教盛(ヲ)に行ナハル。君親(に)敬事し、耆長に尊讓〈地朱　或本遵〉す。廉素謙順、義あヲて〔而〕後に取る。孝子忠臣、身を謹シミ用を節す。皇上は則(ち)兆庶を恩育し、納─隍して慮を明發(に)〔於〕軫す。□志を通宵　ラに〔於〕呈ハス。或る時は、大き(に)三乘を啓　き、廣く百坐(を)開く。□識(る)こと有る者、咸─悉く心を歸す。伽藍を九宇に〔於〕散す。□皆廻向す。皇皇焉として猷(の)〔之〕中　(に)農歌し、濟濟焉として舟車(の)〔之〕上　に商〈地朱訂〉詠す。遂─使(に)雞貴象尊(の)〔之〕國、顙　を丹墀に頓し、金隣玉嶺(の)〔之〕鄕、誠を碧砌に投ス。無爲を爲し、無事を事とす。斯(こ)に固　に以て加(ふる)こと無(し)〔也〕。【雞貴とは〔者〕、西方には高麗國と名(つ)く。俱俱吒毉説羅と爲す。羅俱俱吒は是れ雞そ。毉説羅は是(れ)貴そ。西方に傳(ゐ)て云(は)く、「彼の國、雞の神を敬(ひ)て〔而〕尊を取る。故　らに翎〈天朱訂〉─羽を戴(き)て〔而〕飾リを表す〔矣〕。」象尊と言(ふ)は〔者〕、西國の君王、象を以(て)最レたヲと爲す。五天並に悉(く)同然す。】其の出家の法侶の講説(の)軌儀、徒衆儼─然にして、誠(を)極旨に欽シム。自　(ら)幽─谷に屏レ居て、樊籠を脱─屣し〈右朱淡　シ〉、巖流に

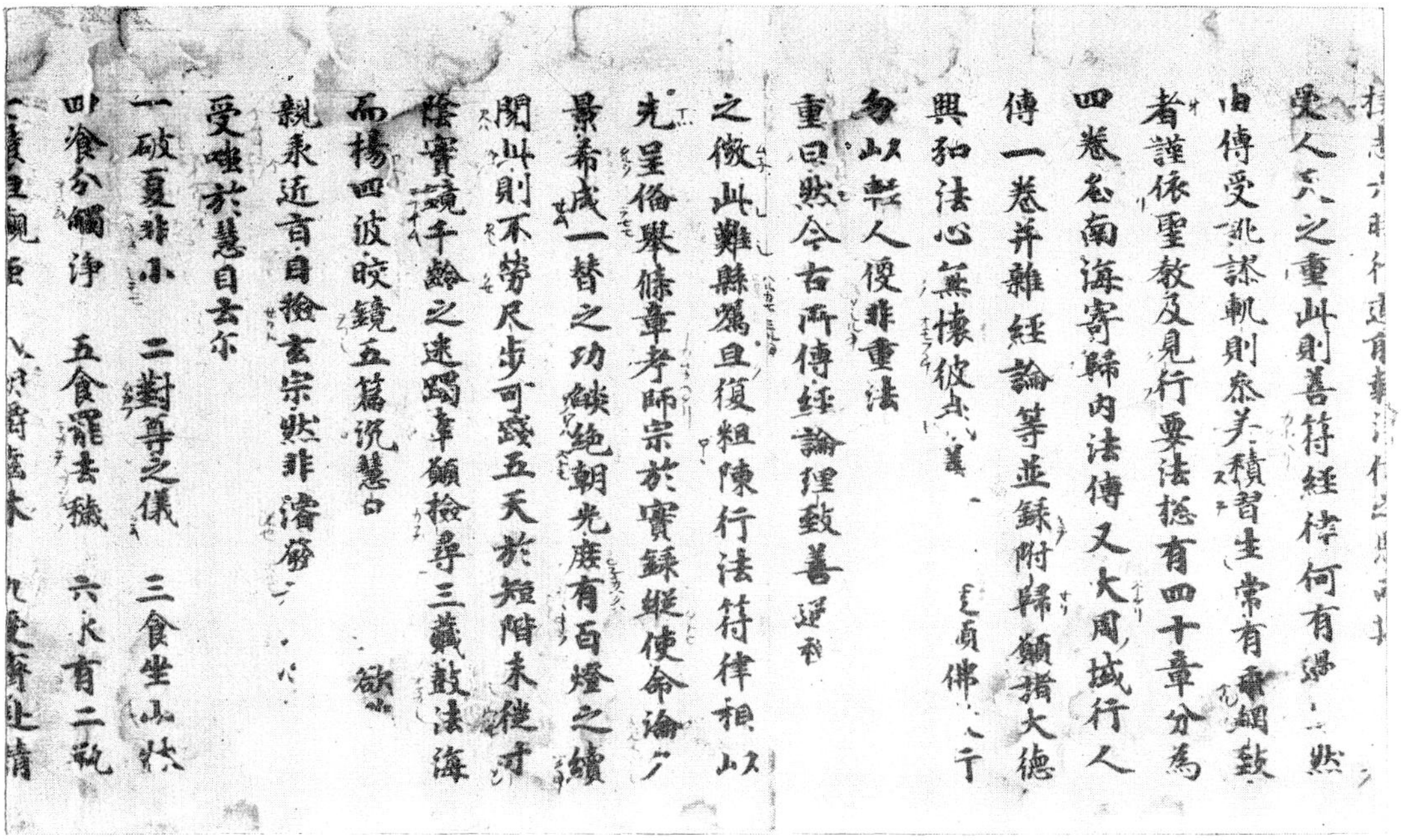

漱イて□志を棲マシムル□。六時行道して、能(く)淨信(の)〔之〕恩を報し、□人天(の)〔之〕重きを受(くる)に□。此(れ)則(ち)善く經律に符(ゐ)ゑ。何そ過有(ら)む〔焉〕。然も、傳受訛謬し、軌則參差たるに由(ゑ)て、積習して常を生すに、綱致に乖ける者有(ゑ)。謹(み)て聖教に依ゑ、及(ひ)、見く要法に行ふ。總して四十の章有(ゑ)。分(かち)て四卷と爲す。名(つけ)て南海寄歸內法傳と爲〈天朱補〉(ふ)。又、大周(の)西〈地朱補〉域の行人傳一卷、并に雜經論等を附〈朱補〉(け)タリ。並に錄して附歸せゑ。願(はく)は諸の大德、弘法の心を興して、彼〔れ〕我(を)懷フこと無(か)れ。□度ラフて佛の教行に順(ふ)。輕一人を以て便(ち)重法を非すること勿レ。

25 重(ね)て曰(は)く、然も、今古に傳(ゐ)たる所の經論・理致、善く□、②□(の)「〔之〕微、此れ縣ナリと矚ルこと難(し)〈天朱 雖懸矚〉、且く復(た)、粗行法の律相(に)符フて、以て先つ呈ハレたるを陳して、備に條章を擧(け)て、師宗を實錄に〔於〕考(ゐ)たゑ。縱使ヒ〔ひ〕命は夕の景に淪ムトモ、希ハクは一替(の)〔之〕功を成(さ)む。谿は朝の光に絕ユトモ、庶(はく)は百燈(の)〔之〕續くこと有らむこと。此れを閲レは、則(ち)尺歩を勞しくせ不して、五天を

5 短階に〔於〕踐(み)つ可(し)。寸陰を徙サ未して、實に千齡(の)〔之〕迷躅を鏡シテム。幸に願(はく)は三藏を檢へ尋ネ、法海を鼓して〔而〕四波を揚け、皎カに五篇を鏡て、慧舟(を)泛(ゐ)て□。親匠旨を承ケ、目に玄宗を檢すと雖(も)、然も、濬ク〔く〕巧心(を)〔於〕發(すに)非す(は)、□嗤リを慧目に〔於〕受(け)むこと□。云フコト尒り。

一(は)夏を破スレトモ小に非(さる)　二(は)尊に對ふ(之)儀ヲイフ。

コトヲイフ。

三(は)食坐の小(さ)き牀(訓)ヲイフ。

四(は)浪フに觸淨(を)分(かつ)コトヲ(いふ)。

五(は)食罷(音)ヲハ(て)穢(を)去クルコトヲ(いふ)。

六(は)水に二(つ)の瓶有ルコトヲイフ。

七(は)晨旦蟲を觀ルコトヲイフ。

八(は)朝に齒木(を)嚼(か)ムコトヲイフ。

九(は)齊を受(け)て請に赴クコトヲイフ。

十(は)衣食の所須ヲイフ。

十一(は)衣を著る法式ヲイフ。

十二(は)尼衣の喪制ヲイフ。

十三(は)淨地(を)結する法をイフ。

十四(は)五衆の安居をイフ。

□(は)意に隨(ひ)て規(を)成スコトヲイフ。

十六(は)髭著の合不ヲイフ。

十七(は)時を知(る)て〔而〕禮(することをいふ)。

□

十九(は)戒を受(く)るの規則ヲイフ。

二十(は)洗浴時に隨(ふ)コトヲイフ。

二十一(は)坐具□。

二十二(は)臥息の方法ヲイフ。

二十三(は)經行して病少キ(訓)コトヲイフ。

二十四(は)禮するに相ひ扶(け)不(る)コトヲイフ。

二十五(は)師資(の)〔之〕道ヲイフ。

二十六(は)客舊相ひ遇(ふ)コトヲイ

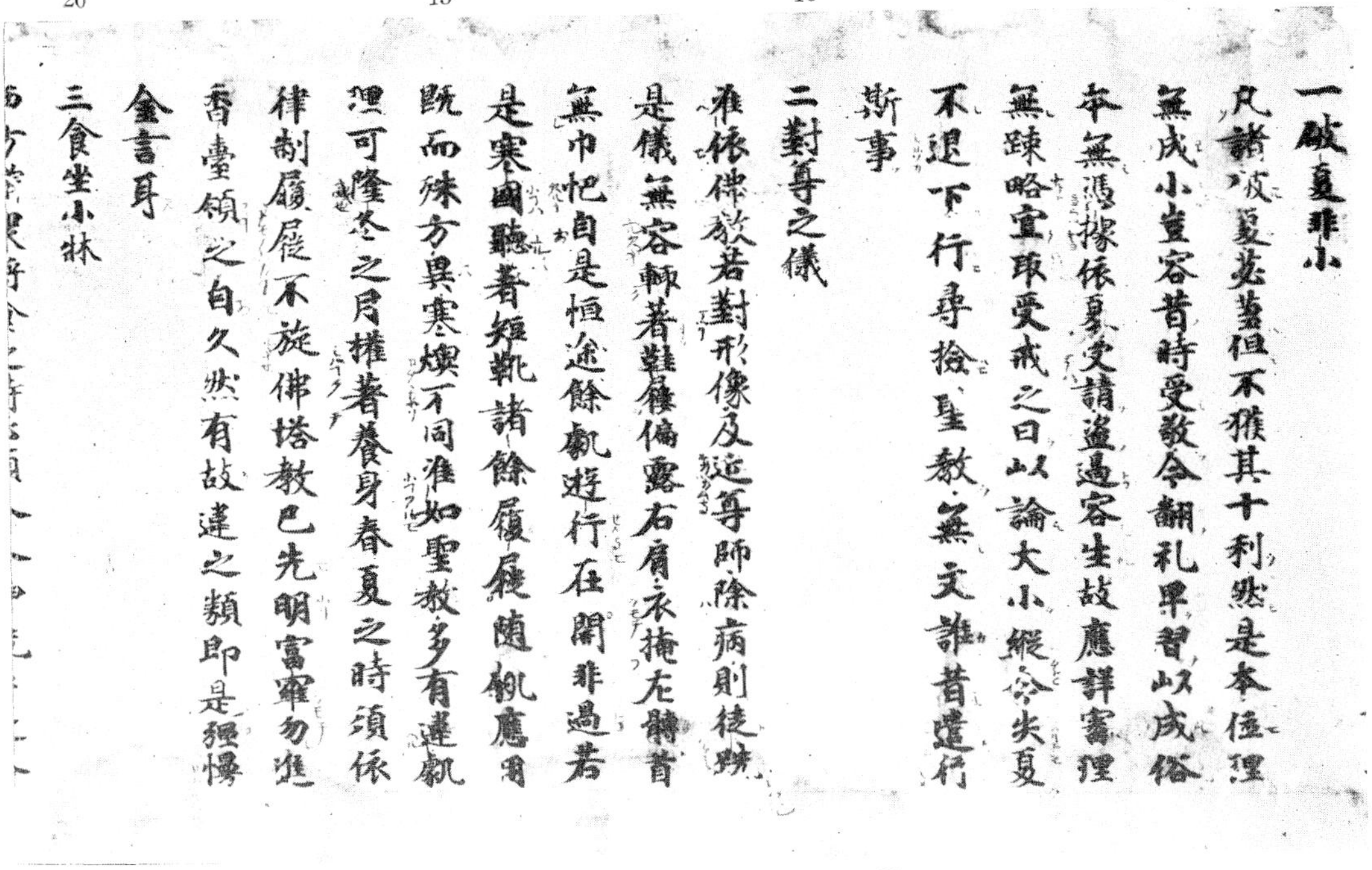
一破夏非小
凡諸破夏苾芻但不獲其十利然是本位理
無成小豈容昔時受敬今翻礼卑習以成俗
本無憑據依夏受請盜過容生故應詳審理
無疎略宜取受戒之日以論大小縱令失夏
不退下行尋撿聖教無文許昔遣行
斯事
二對尊之儀
准依佛教若對形像及近尊師除病則徒跣
是儀無容輒著鞋履偏露右肩衣掩左髆首
無巾帊自是恒途餘處遊行在開非過若
是寒國聽著短靴諸餘履屣隨處應用
既而殊方異域寒熱不同准如聖教多有違亂
理可隆冬之月權著養身春夏之時須依
律制履屣不旋佛塔教已先明富羅勿進
香臺頒之自久然有故違之類即是獨慢
金言耳
三食坐小牀

③

フ。

二十七(は)先づ病の源(を)體ルコトヲイフ。

二十八(は)藥(を)進(む)る方法ヲイフ。

二十九(は)其の弊藥(を)除ツルコトヲイフ。

三十(は)右サマに旋リ時(を)觀(る)コトヲイフ。

三十一(は)尊儀(を)灌沐することを〈右朱淡　タテマツルコトヲ〉(いふ)。

三十二(は)讃詠(の)〔之〕體ヲイフ。

三十三(は)尊敬の式に乖(そむ)クコトヲイフ。

三十四(は)西方の學儀ヲイフ。

三十五(は)長髪の有無ヲイフ。

三十六(は)亡則僧現ヲ(いふ)。

三十七(は)僧の衣(を)受用スルコトヲイフ。

三十八(は)身を燒く合不(をいふ)。

□九(は)傍人(の)罪(を)獲(ること をいふ)。

四十(は)古德爲サ不(る)コトヲイフ。

凡(そ)此の論する所、皆根本説一切有部に依る。餘部の事を將て斯(れ)に〔於〕糅テ〈右朱消　ラル〉見ル可(から)不(す)。此(れ)は十誦(と)〔與〕大歸相ひ似レリ。有部の所分は、三部(の)〔之〕別なり。一は法護、二(は)化地、三(は)迦攝卑なり。此(れ)は並に五天に行せ不(す)。唯た『烏長〈同音也〉〈天朱　萇〉那國、及(ひ)、龜茲于闐に、雜セテ行する者有(り)。然も、十誦律は、亦是れ根本有部(にあら)不(す)〔也〕。

西方僧衆將食之時必須人人淨洗手足各
各別踞小床高七寸方纔一尺藤繩織内脚
圓且輕卑幼之流小枯隨事雙足蹋地前置
盤盂地以牛糞淨塗鮮葉布上坐去一肘互
不相觸未曾見有於大床上跏坐食者且如
聖制牀量長佛八指以倍之長中人廿四指
當笏尺尺半東夏諸寺牀高二尺已上此則
元不合坐坐有高床之過時衆同此欲如之
何護罪之流須觀尺樣然靈巖四禪牀高
一尺古德所製誠有由來即如連坐跏趺排
膝而食斯非本法幸可知之聞夫佛法初來
僧食悉皆踞坐至乎晉代此事方訛自茲已
後跏坐而食然聖教東流年垂七百時經十
代代有其人梵僧既継踵來儀漢德乃排肩
受業亦有親行西國目擊是非雖還告言
誰能見用又經云食已洗足明非床上坐來
食棄足邊故知垂脚而坐是佛弟子宜應
遵佛繼不能依多生輕笑良以敦中方坐
難為護淨殘宿惡觸無由得免又復斂衆

一には夏を破して小に非(さる)コトヲイフ。

凡(そ)諸の夏を破する苾芻は、但(た)其の十利を獲不(す)。然も、是れ本位は理(ゑ)小に成(る)こと無し。豈(に)昔の時 敬を受(け)し、今飜(ゑ)て卑シフル(を)禮(す)容ケムヤ。習(ひ)て以て俗を成す。本 憑‐據 無し。夏に依(ゑ)て請を受ケムイハ、盗の過 生(す)容(し)。故に詳‐審ニス應し。理(ゑ)踈略にすること無(か)れ。受戒(の)〔之〕日を取(ゑ)て、以(て)大小 を論す宜し。縱‐令ひ夏を失ゑとも、下の行に退 ケラレ不れ。聖教を尋(ね)檢 ふるに、文無(し)。誰(れ)か昔遺し(て)斯の事を行(はしめし)。

二(には)尊に對する〔之〕儀ヲイフ。

佛教に准ゑ依るに、若(し)形像に對(ひ)たてまつゑ、及(ひ)、尊師に近つかむときにに、病を除 (き)ては、則(ち)徒跣する、是れ儀なゑ。輒 く鞋履〈天朱履具遇反〉を著クことを容スこと無し。偏に右の肩を露 し、衣をもて左の髆を掩ひ、首 ゑに巾‐帊 すること無(か)れ。自 (ら)是れ恒の途(なゑ)。餘の處に遊行せむときには、開に在ゑ過 に非す。若(し)是れ寒き國ならは、短靴を著クことを聽 す。諸の餘の履屣ヲ處に隨(ひ)て用(ゐ)る應し。既(に)して〔而〕方殊に、處〈天朱補〉異(な)れは、寒燠同(しか)ら不(す)。聖教の如きには准ゑて、多く違ゑる處有(ゑ)。理、隆冬(の)〔之〕月には、權 く著イて身を養ふ可し。春夏(の)〔之〕時には、須(ら)く律制に依る(ゑ)し《再読》。屣‐屣ナカラ佛塔を旋 ら不れ。教已に先つ明(か)なゑ。富 羅をもて香臺に進(むこと)勿れ。之に順 〈天朱訂〉すること自 (ら)久(し)。然も、故 (ら)に之に違ふ類有(ら)むに、卽(ち)是れ強 に金言を慢ツル(らくのみ)〔耳〕。

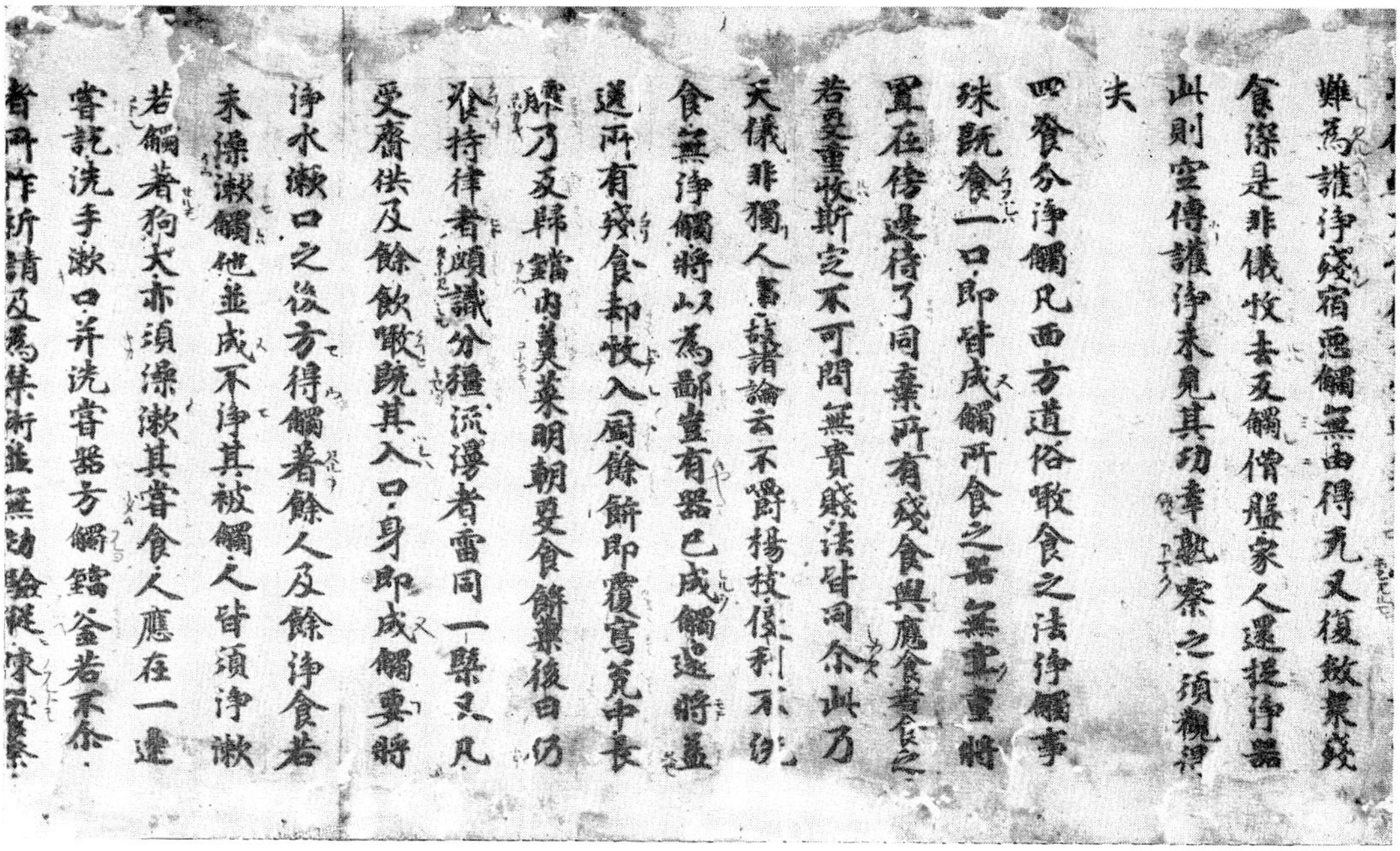

三(には)食坐の小牀ヲイハヽ

西方の僧衆、將に食せむとする〔之〕時に、必ー須ス人人手足を淨め洗(ひ)て、各別に小(さ)き牀に踞ー坐〈天朱訂〉ル。高さ七寸、方纔(か)に一尺なり。藤の縄〈天朱訂〉をもて內に織メり。脚圓にして且タ輕し。卑幼(の)〔之〕流は、小ー枯〈朱訂、右朱淡 ツクエ〉をもて事に隨ふ。足を雙へて地を蹋ム。前(ま)へに槃盂を置けり。地をは牛糞〈地朱訂〉を以(て)淨め塗り、鮮葉を上(へ)に布けり。坐去れること一肘、互に相ひ觸れ不。曾(むかし)にも見未(りき)、大牀の上に〔於〕跏坐して食すること有る者を。且く聖ー制の如クは、牀の量(はか)り長さ佛の八指なり。三〈右朱補〉倍セレは〔以・之〕、長さ中ー人の廿四指なり。『笏ー尺ノ尺ー半に當れり。東ー夏の諸寺は、牀の高さ二尺已ー上、此(れ)則(ち)元〈天朱訂〉坐するに合ハ不(す)。坐すれは高ー牀(の)〔之〕過(とか)有(り)。時の衆此(れ)に同(しか)らは、欲ー如之ー何。罪を護らむ〔之〕流(ともから)、尺の様を觀る須(し)。然も、靈ー巖の四禪の牀の高さは一尺なり。古ー德の製せる所、誠に由ー來有(り)。卽(ち)連〈地朱 或蓮〉坐の如く、跏趺(し)て膝を排イて〔而〕食すること、斯(れ)本ー法に非(す)。幸クは之を知る可(し)。聞ケは、夫れ、佛ー法初(めて)來(り)しトキ、僧食することに悉(く)皆踞坐せり。晉の代に〔乎〕至(り)て、此の事方に訛せり。玆(こ)(れ)よ(り)〔自〕已ー後、跏坐して〔而〕食す。然も、聖ー教東流して、年七百に垂ヽムトス。時十ー代を經ヌ。代に其の人有(り)。梵ー僧旣(に)踵を繼(き)て來ー儀し、漢ー德乃(ち)肩を排へて業を受く。亦、親リ西國に行イて、目ー擊スハカリニシテ

10 是非する(もの)有(ヲ)。還(ヲ)て告ケ言ふと雖(も)、誰(れ)か能く用ヰ見ルゝ。
又、經に云(は)く、「食し已は(ヲ)て足を洗へ。」牀の上に坐して、菜〈地朱訂〉食
足(の)〔に〕邊に棄スに非(す)といふこと明らケシ。故に知(ヲ)ヌ、脚を垂れて
〔而〕坐するは、是(れ)佛弟子なヲ。宜(しく)佛に學す應(し)。縱ひ依(る)こと能
(は)不とも、輕み笑フことを生すこと勿れ。良——以レハ、巾を敷(き)て方
に坐するは、護淨を爲ること難(し)。殘—宿惡—觸、免〈地朱 或□〉(るる)こと得
るに由無(し)。又復(た)、衆の殘—食を斂ムルは、深く是(れ)儀に非(す)。收リ
15 去(るら)くは、反(ヲ)て僧の盤に觸れ、家の人還(ヲ)て淨—器を捉(る)〔ツ〕。
此(れ)則(ち)空(し)く護—淨を傳(ふ)るなヲ。其の功を見未。幸ハクは熟ク之を
察して、得—失を觀る須(し)。

四に(は)飡するに淨觸(を)分(か)ツことをいふ。

凡そ西—方の道—俗、噉—食(の)〔之〕法、淨—觸事殊なヲ。既(に)一—口
を飡(ひ)つれは、卽(ち)皆觸に成る。所—食(の)〔之〕器し、宜(しく)重
20 (ね)て將(ゐる)こと無(かれ)。傍—邊ニ置—在イテ、了リを待(ち)て同しく棄
ツ。所—有の殘—食をは、食す應き者に與へて之を食セシむ。若(し)更に重(ね)
て收〈天朱訂〉(む)るは、斯(れ)定(め)て不可なヲ。貴賤を問(ふ)こと無く、法皆同
(し)く尓す。此(れ)乃(ち)天の儀なヲ。獨ヲ人—事のみに非(す)。故に、諸—論
に云(は)く、「楊枝を嚼マ不、便利して洗ハ不、食に淨—觸無きを、將に以て鄙
シと爲す。」豈(に)器已に觸に成れるを、還(し)て將(て)益タ送ヲ、所—有の殘
(ヲ)の食を却シ收(ヲ)て厨に入れ、餘レル飯ひを卽(ち)瓮〈天朱訂〉の中に覆—

25 ⑥ 5 10

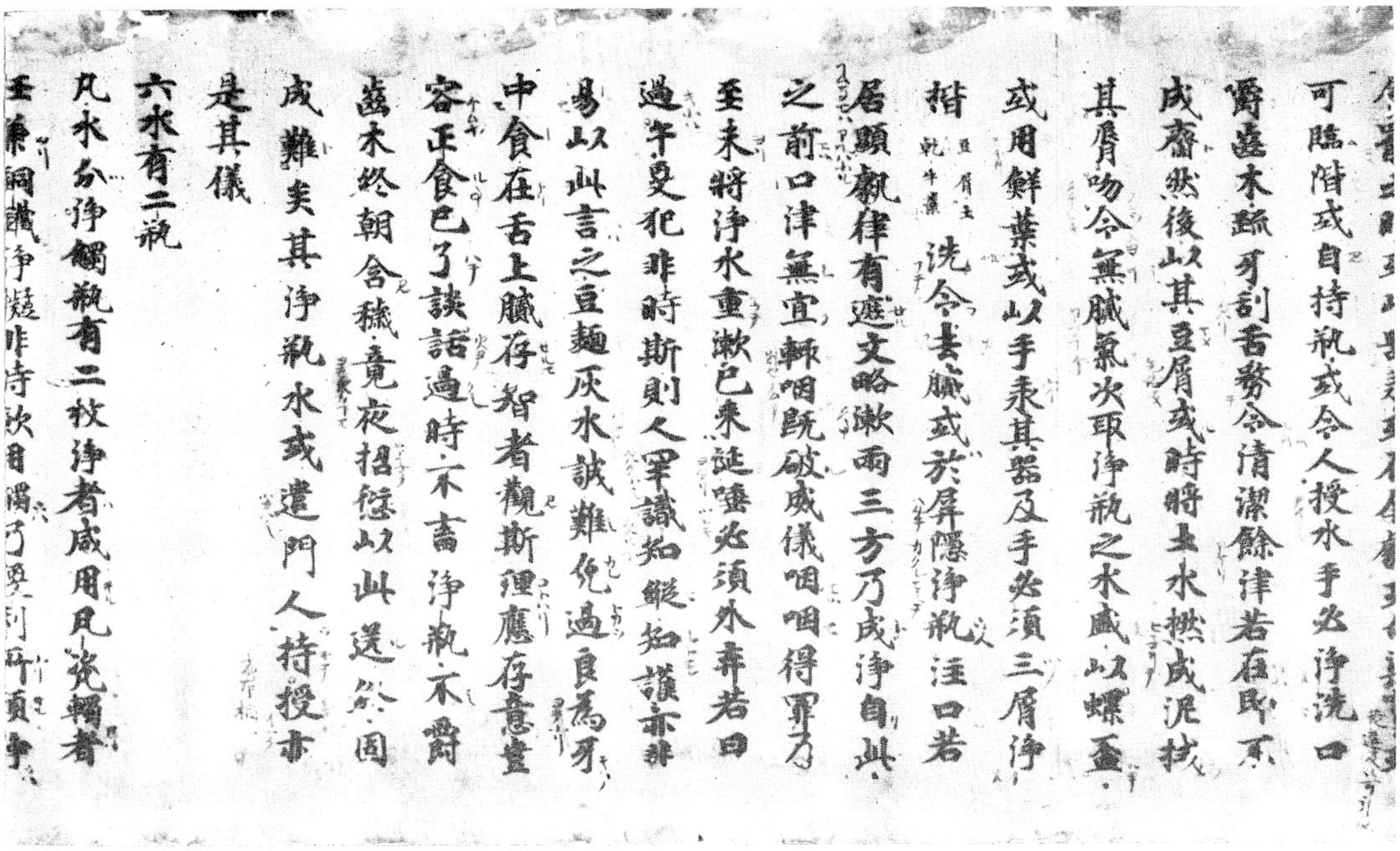

[illegible]
可臨時或自持瓶或令人授水手必淨洗口
齒嚼木疏牙刮舌務令清潔餘津若在即不
成齋然後以其豆屑或時將土水撚成泥拭
其脣吻令無膩氣次取淨瓶之水盛以螺盃
或用鮮葉或以手承其器及手必須三屑淨
揩（豆屑土乾牛糞）洗令無膩或於屏隱淨瓶注口若
居顯處律有遮文略漱兩三方成淨口此
之前口津無宜輒咽既破威儀咽咽得罪乃
至未將淨水重漱已來延唾必須外棄若日
過午更犯非時斯則人罕識知縱知讓亦非
易以此言之豆麵灰水誠難免過良為牙
中食在舌上膩存智者觀斯理應存意豈
容正食已了談話過時不畜淨瓶不嚼
齒木終朝含穢竟夜招愆以此送終固
成難矣其淨瓶水或遣門人持授亦
是其儀
六水有二瓶
凡水分淨觸瓶有二枚淨者咸用瓦瓷觸者
任兼銅鐵淨擬非時飲用觸乃便利所須

寫シ、長レル耀を乃(ち)鐺の内に反—歸シ、羹—菜を明—朝に更に食し、餅—

25 菓を後の日に仍ホ湌ら(ふ)こと有(ら)むや。持—律の者、分—疆(を)識(る)こと

頗ナミ、流—漫の者、一概に雷—同す。又、凡(そ)齋—供及(ひ)餘—飲を受(け)

⑤ て噉らひ、既(に)其(れ)口に入(れ)つれは、身卽(ち)觸に成る。要(かなら)す『淨き水

を將(も)て口を漱イて〔之〕後、方に餘—人及(ひ)餘の淨—食に觸著すること得。若

(し)澡—漱セ未して他に觸れて(は)、並(に)不淨に成る。其の觸れ被(らる)る人、皆

淨—漱す須(し)。若(し)狗—犬ニ觸著しては、亦澡—漱す須(し)。其の食を嘗(ナメ)ム

人、一—邊に在る應(し)。嘗メ訖(をは)ナハ、手を洗ひ口を漱ケ。并に嘗器を洗(あら)(ひ)

5 て、方に鐺—釜ニ觸れよ。若(し)尓(しか)セ不は〔者〕、所—作の祈—請及(ひ)禁—術

を爲スに、並に效—驗無ケム。縱(たと)ひ饗祭を陳すれは、神—祇受ケ不(し)。此れを以

(て)之を言ふは、所—造の供—設(を)、三寶に獻(たてまつ)る、靈祇に奉し、及(ひ)尋常

の飲食を欲〈天朱訂〉ハゝ、皆清—潔にす須(し)。若(し)身淨く澡—漱(せ)未(す)、及

(ひ)大小便利して洗—淨め不は〔者〕、皆食を作る合(から)不(す)。俗すら亦云ふるこ

と有(る)。清く齊(つつし)ムて方に釋—奠〈天朱訂〉す。爪(を)剪ラムこと肌ヲ侵スマ

10 テにして塵を捨ツ宜し。或タ、孔—顏斯(く)の如き等の類、亦、是(の)事清—潔

にす須(し)。殘—食(を)以(て)〔而〕歆〈地朱 許今反〉饗セ不(れ)〔也〕。凡そ齊

—供及(ひ)僧(の)常—食を設ケは、人をもて檢校す須(し)。若(し)齊ノ了テムを

待〈地朱訂〉(た)むに、恐(るら)くは時過キヌヘクハ〔者〕、道—俗を論すること無

く、薦—奉ら未(す)と雖ふ(とも)、取—分か(ち)て先つ食す。斯(れ)は是(れ)佛(の)

教なる。罪—咎無(し)と許シたまふる。比—僧—尼の助して檢—校する者を見

れは、食すること多く午を過(く)す。福に因(る)て罪を獲(う)。事可(か)ら未(す)〔也〕。

任兼銅鐵淨擬非時飲用觸乃便利所須淨
則淨手方持必須安著淨處觸乃觸手隨執
可於觸處置之唯斯淨瓶及新淨器所盛之
水非時合飲餘器盛者名爲時水中前受飲
即是無愆若於午後飲便有過其作瓶法
蓋須連口頂出尖臺可高兩指上通小
穴麁如銅著飲水可在此中傍邊則別開
圓孔擁口令上竪高兩指孔如錢許添水
宜於此處可受二三升小成無用斯之二
穴恐虫塵入或可著蓋或以竹木或將布
葉而裹塞之彼有梵僧取製而造若取水
時必須洗內令塵垢盡方始納新豈容水則
不分淨觸但畜一小銅瓶著蓋插口傾水流
散不堪受用難分淨觸中間有垢有氣
不堪停水一升兩合隨事皆闕其瓶袋法
式可取布長二尺寬一尺許角攝兩頭對
瓶縫合於兩角頭連施一襻纔長一搩
內瓶在中挂將而去乞食鉢袋樣亦同
此上掩鉢口塵土不入由其底尖鉢不動

然も、五—天(の)〔之〕地の、諸國(と)〔與〕別—異有(ゑ)と〔いふ〕云ふこと(は)〔者〕、此の淨—觸を以(て)初—基と爲らくのみ〔耳〕。昔、北方の胡地よ(ゑ)、使—人有(ゑ)て行イて西國に至る。人に多く笑ハ見た(ゑ)。良(まこと)に以(おも(ひ)み)れは、便—利して洗(あら)(は)不(す)、餘(ゑ)の食を盆に內レ、食の時に叢リ坐て、互に相(ひ)振—觸れ、猪犬を避ラ不(す)、齒—木を嚼(ま)〈右朱淡カ〉不(す)、遂に譏議を成せ(ゑ)。故(に)、行—法—者極(め)て意に存(す)須(し)。以(て)輕むことを爲(す)ること勿れ。然(も)、東—夏は、食に淨觸無きこと、其の來れること久し〔矣〕。此の說を聞(く)と雖(とも)、多(く)其の儀を體ラ未(す)。面リ言ふに非すよ(ゑ)〔自〕は、方に能く解悟せむや。

五(には)食罷(ゑ)テ穢(を)去クルことをいふ。

食罷ル(て)〔之〕時に、或(る)い(は)器を以(て)承ケ、或(る)い(は)屛レたる處に在キ、或(る)い(は)渠竇に向ふ。或(る)い(は)階に臨む可(し)。或(る)い(は)自(みつから)瓶を持タリ、或(る)い(は)人をして水を授サ令(む)。手必(す)淨め洗ひ、口に齒木を嚼ミ、牙を疏ヒ舌を刮リ、務メて淸—潔(なら)令(む)。餘の津、若(し)在らは、卽(ち)齋と成ら不(す)。然して後(に)、其(の)豆の屑を以(て)し、或る時は土・水を將(も)て撚(ゑ)て、泥と成して、其(の)脣—吻〈地朱 吻武粉〉を拭(ひ)て、膩氣無(か)ら令(め)よ。次に、淨—瓶(の)〔之〕水を取(ゑ)て、盛ルに螺—盃⑥を以(て)し、【或(るいは)鮮—葉を用(もち)ヰ、或(る)い(は)手を以(て)承く。其の器及(ひ)手を、必(かなら)—須す三つの屑〈地朱 屑先結、碎〉ヲモテ淨め揩リ、【豆の屑、土の乾ケル、牛の糞そ。】洗(あら)(ひ)て膩无〈右朱訂〉(か)ら令(め)よ。或(るいは)屛—隱

此上掩鉢口塵土不入由其底尖鉢不動
轉其貯鉢之袋與此不同如餘處述所有
瓶鉢隨身衣物各置一肩通覆加沙擎傘
而去此等並是佛教出家之儀有暇手執錫
瓶并革屣袋錫杖斜挟進止安祥鳥喩月
經雅當其況至如王城覺樹鷲嶺鹿園娑
羅鶴變之所蕭條鵠封之處礼制底時四方
僧湊日覩千數咸同此式若那爛陀寺大德
多聞並皆乘轝無騎鞍乘者及大王寺金
亦同尓所有資具咸令人擔或遣童子擎持
此是西方僧徒法式
七晨旦觀虫
每於晨旦必須觀水水有瓶井池河之別觀
察事非一准亦既天明先觀瓶水可於白淨
銅盞銅疊或蠡杯漆器之中傾取掬許安
竪博上或可别作觀水之木以手掩口良
久視之或於盆罐中看之亦得虫若毛端必
須存念若見虫者倒寫瓶中更以餘水再三
滌器無虫方罷有池河處持瓶就彼寫虫

ニシテ〔於〕淨―瓶をもて口を注ケ。若(し)顯なる處に居ラムときには、律に遮せる文有(ヱ)。略して漱クこと兩―三して、方に乃(し)淨と成る。此(れよヱ)〔自・之〕前は、口の津宜(し)く輒チ咽ムこと無(かれ)。既(に)威儀を破る。咽―咽するに罪を得。乃至、淨―水を將て重(ね)て漱カ未る(よヱ)已―來ハ、涎―唾必(す)外に棄ツ須(し)、若(し)日午に過(く)るは、更に非―時を犯す。斯(れ)則(ち)人識―知ルコト罕〈天朱 罕呼□反 呼桿反 稀也 牢魯刀反 養牛馬 □□堅〉シ。縱ひ護を知れとも、亦、易ラ非。此(れ)を以(て)之を言ゐは、豆―麺灰―水すとも、誠に過を免れ難(し)。良に牙の中に食在(ヱ)、舌の上に膩存せるに爲(ヱて)なヱ。智者斯(れ)を觀(て)、理(ヱ)意に存す應(し)。豈(に)正(し)く食すること已に了(ヱ)て、談―話して時を過くし、淨瓶を畜へ不、齒木を嚼(ま)不して、終―朝ニ穢を含み、竟―夜ニ愆を招く容(け)むや。此(れ)を以(て)終を送る。固に難と成る〔矣〕。其の淨瓶の水、或(る)い(は)門人をして持て授サ遣ム。亦是(れ)其の儀なヱ。

六(には)水に二(つ)の瓶有(る)こと(を)いふ。

凡(そ)水に淨―觸を分(か)つ。瓶に二枚有(ヱ)。淨には〔者〕咸く瓦瓷を用(ゐ)る。觸(には)〔者〕任に銅鐵を兼(ね)たヱ。淨をは非―時の飲―用に擬ツ。觸(は)乃(ち)便利に須(ゐ)る所なヱ。淨は則(ち)手を淨めて方に持つ。必(す)淨處に安―著ク須(し)。觸は乃(ち)觸の手をもて、隨(ひ)て執(ヱ)て觸―處に〔於〕之を置く可(し)。唯(た)斯の淨―瓶、及(ひ)新―淨の器に、盛れる所(の)〔之〕水を、非―時に飲(む)合(し)。餘の器に盛れる者をは、名(つけ)て時水と

⑧

滌器無虫方罷有池河處持瓶就彼寫去虫
水濾取新淨如但有井准法濾之若觀井水
汲出水時以銅盞於水罐中酌取掬許如
上觀察若無蟲者通夜隨用若有同前濾
漉池河觀水廣如律說凡濾水者西方
用上白疊東夏宜將密絹或以米柔或可微
煑若是生絹小虫直過可取熟絹笭尺四
尺捉邊長挽襵取兩頭刺使相著即是
羅樣兩角施帶兩畔置句中安橫杖張
開尺六兩邊鑿柱下以盆承傾水之時罐
底須入羅內如其不尔虫隨水落墮地盆還
不免殺凡水初入羅時承取觀察有虫即
須換却若淨如常用之水既足已即可翻羅
兩人各捉一頭翻羅令入放生器內上以水
洗三遍外邊更以水淋復安水承取觀察若
無虫者隨意去羅此水經宵還須重察凡是
經宿之水旦不看者有虫無虫律云用皆得
罪然護生取水多種不同井亂施行此羅最
要河池之亂或可安捲用陰陽瓶揲時濟事

為す。中—前に受飲するは、即(ち)是(れ)愆(トカ)無(し)。若(し)午後に〔於〕飲(み)(訓)て(は)、便(ち)過(とか)有(り)。其(れ)瓶を作る法、蓋(フタ)(は)頂(に)達(イタ)〈二字右朱補〉ルマテニ口を連(トホ)シ、頂に尖(セム)臺〈天朱 尖子廉反〉を出す須(し)。高さ兩—指可リ、上(かみ)に小(ハカ)き穴を通(トホ)セ。麁(フト)さ銅の著(ハシ)(訓)如リ、水を飲(む)こと此の中に在(オ)イてす可(し)。傍(カタハラ)—邊には則(ち)別に圓なる孔(アナ)(訓)を開ケよ。口に擁(ムカ)へて上(カミサマ)に竪(タタサマ)に高さ兩—指(に)セ令(め)よ。孔(アナ)錢(訓)許(ハカ)(はか)(り)(の)如くせよ。水を添(ソ)ヘムことは此の處に於い(て)す宜し。二三升受く可リせよ。小(チヒサ)きは無用に成る。斯の〔之〕二(つ)の穴よ(り)、恐(るら)くは蟲(訓)・塵(訓)入(イ)ラムものぞ。或(るいは)蓋(フタツ)(訓)を著ク可(し)。或(る)い(は)竹—木を以(て)し、或(る)い(は)布(ホ)葉(も)(を)將て〔而〕之を裹(ツヽ)ミ塞(フサム)ク。彼コ(カシ)に梵僧有(り)。製を取(り)て〔而〕造る。若(し)水を取らは、時(には)必(かなら)須(す)内を洗(あら)(ひ)て、塵—垢をして盡(く)サ令(め)て、方に始(め)て新(し)きを納(イ)レよ。豈(に)水に則(ち)

⑦「淨觸を分か(た)不して、但(た)一(つ)の小(さ)き銅の瓶を畜(たくは)(訓)(へ)、蓋(フタツ)を著ケて口に挿(サシハサ)(み)(む)(け)ム容(む)や。水(を)傾(カタ)(ぶ)(く)れは、流—散して受—用に堪(トト)(へ)(す)不。淨觸を分(か)チ難(く)、中間に垢有(り)、氣有るは、水を停(トト)ムル(る)に堪(へ)(す)不。一升兩—合なるは、事に隨(ひ)て皆闕す。其の瓶の袋(フクロ)の法—式、布の長さ二—尺、寛さ一—尺許(はか)(り)なるを取る可(し)。角(スチカヘ)に兩つの頭(ハシ)を襵(ヒタ)メて、對(むか)(へ)る處を縫(ひ)合せよ。兩(つ)の角の頭(スミ)(ハシ)に〔於〕、一(つ)の襻(ヒホ)を連(ツラ)ヌキ(き)施(オ)ケ、纔(か)に長さ一磔(チヤク)せよ。瓶を內レて中に在(イ)いて、髆(カタ)に挂(カ)ケて〔而〕去(り)て、乞—食せよ。鉢の袋の樣(タメシ)、亦、此(れ)に同し。上には鉢の口を掩(オホ)ヒて、塵—土を入れ不れ。其の底(ソコ)尖(スルト)なるに由(り)て、鉢動(カヒロ)—轉(す)カ不。其の鉢を貯(イ)ル〔之〕袋、此(れと)〔與〕同(しから)(す)不。餘—處に述するか如し。所—有の瓶—鉢、隨—身の衣—物、各(の)一(つ)の肩

[illegible]
要河池之觀或可安揲用陰陽瓶推時滴事
又六月七月其虫更細不同餘時生絹十
重虫亦直過樂生者理應存念方便令免
或作瓦盆子羅亦是省要西方寺家多用
銅作咸是聖制事不可輕其放生器作小水
罐令口直開於其底傍更安兩鼻雙絕放下
到水覆牽三入水然後抽出若是寺家池
羅大僧元不合觸房内時水亦復同然未受
具人取方得飲非時飲者須用淨羅淨瓶淨
器方堪受用存人乃是怪哉可誰中重十急
居普理雖輕忽水羅是六物之數不得不持
若得行三五里無羅去不若知寺不濾水不
合飡食渇死長途足為龜鏡豈容恒用水皆
不觀察雖有濾羅虫還死内假敬存救罕識
其儀井口之上翻羅未曉放虫之器設令
到水虫死何疑時有作小圓羅纔受一升兩
合生疎薄絹元不觀虫懸著鉢邊令他知見
無心護命日日招愆師弟相承用為傳法誠
哉可歎良是悲嗟其觀水器人人自畜故

に置(き)て、通(し)て加沙を覆フて、傘を擧ケて〔而〕去れ。此(れ)等は並(に)是(れ)佛(の)教なり。出家(の)〔之〕儀なり。有―暇クハ、手に觸―瓶、幷に革屣袋を執れ。錫杖は斜に陜ムて、進―止安―祥にせよ。鳥喩月經、雅カに其の況に當れり。王―城・覺―樹・鷲―嶺・鹿―園・娑―羅鶴―變(の)〔之〕所、蕭―條鵠―封(の)〔之〕處、制―底を禮する時に至(り)て、四―方倶に湊(り)て、日〻に千―數(を)觀るに、咸く此の式に同し。那爛陀寺の大德多聞の若きは、並に皆轝に乘(り)て、鞍―乘に騎ル者無(し)。及(ひ)大―王寺、僉亦、同(し)く尒す。所―有の資具、咸く人をして誓ハ合メ、或(る)い(は)童子をして驚ケ持(た)遣ム。此(れ)は是(れ)西方の僧―徒の法式なり。

七(には)晨旦ニ蟲を觀ること(をいふ)。

每に晨―旦(に)必(す)水を觀る須(し)。水に瓶・井・池・河(の)〔之〕別有(り)。觀―察の事一―准に非(す)。亦既(に)天明ケヌれは、先つ瓶水を觀る。白―淨(の)銅―盞・銅―疊に於い(て)す可(し)。或(る)い(は)蠃〈天朱訂〉坏・漆器(の)〔之〕中(に)、掬―許りを傾ケ取(り)て、堅〈天朱訂〉き塼(の)上に安く。或(る)い(は)別に觀―水(の)〔之〕木を作る可(し)。手を以(て)口を掩(ひ)て、良―久シク之を視ヨ。或(る)い(は)盆―鑵(の)中に於い(て)、之を看ルこと、亦、得。蟲、若(し)毛の端ハカリモアラは、必(す)念ひを存す須(し)。若(し)蟲見エは〔者〕、倒に瓶の中よりを寫シて、更に餘の水を以(て)再―三器を滌イて、蟲無きマテニシテ方に罷メ。池河有らむ處は、瓶を持(ち)て彼コに就(き)て、蟲アラム水を寫し去ケて、新ラシク淨からむを濾ヒ取れ。如(し)但(た)井

10 哉可歎良足悲嗟其觀水器人人自畜放
生之器誰在觀須有
八朝嚼齒木
毎日旦朝須嚼齒木揩齒刮舌務令如法盥
漱清淨方行敬礼若其不然受礼礼他悉皆
15 得罪其齒木者梵云憚哆家瑟詑憚哆譯之
為齒家瑟詑即是其木長十二指短不減八
指大如小指一頭緩須熟嚼良久淨刷牙
關若也逼近尊人宜將左手掩口罷擘破
屈而刮舌或可別用銅鐵作刮舌之篦或
20 取竹木薄片如小指面許一頭纖細以剔斷
牙屈而刮舌勿令傷損亦既用罷即可俱洗
弃之屏處凡弃齒木若口中吐水及以洟唾
皆須彈指經三或時聲欬過兩如不尓者弃
便有罪或可大木破用或可小條截為近山
25 莊者則柞條葛蔓為先處平疇者乃楮桃槐
柳隨意預收備擬無令闕乏溼者即須他受
乾者許自執持少壯者任取嚼之耆宿者乃
捶頭使碎其木條以苦澀辛辣者為佳嚼頭

⑧(のみ)有らは、法に准ゐて之を濾へ。若(し)井の水を觀は、『水を汲ミ出サム時、
銅の盞を以(て)水—罐の中に於い(て)、掬—許(り)を酌ミ取(り)て、上の如く
觀察せよ。若(し)蟲無くは〔者〕、通—夜隨(ひ)て用(ゐ)よ。若(し)有らは、前に
同(し)く濾ヒ漉メ、池河にして水を觀すること、廣く律に說(く)か如し。凡(そ)
水を濾ふこと〔者〕、西—方には上の白疊を用(ゐ)る。東—夏は密カなる絹を將て
5 す宜し。或(る)い(は)米を以(て)柔ケ、或(る)い(は)微シ煮ル可(し)。若(し)是
(れ)生シキ絹は、小き蟲直に過(く)す。熟—絹ノ笏—尺ノ四尺を取る可(し)。邊を
捉リて長く挽キ、兩の頭を襵メ取(り)て、刺シて相—著ケ使(め)よ。卽(ち)是(れ)
羅の様なり。兩の角に帶を施キ、兩の畔に帕〈朱訂〉ヲ置ケ。中(に)横
なる枝を安イて、尺—六を張リ開ケ。兩つの邊(を)柱に繫ケヨ。下に盆を以(て)
承ケよ。水を傾クる〔之〕時、罐の底を羅の内に入る須(し)。如し其(れ)尒
せ不れは、蟲水に隨(ひ)て落フル。地に墮チ盆より墜〈右朱補〉チヌレハ、還(り)
10 て殺を免れ不(し)。凡(そ)水を初(め)て羅に入れむ時、承ケ取(り)て觀—察せよ。
蟲有らは、卽(ち)換へ却ク須(し)。若(し)淨くは、常の如く之を用(ゐ)よ。水既
(に)足り已ハ、卽(ち)羅を翻ス可(し)。兩(り)の人各(の)一—頭を捉(り)て、
羅を翻シて放—生の器の内に入れ令(め)よ。上をは水を以(て)三—遍洗
ゐ。外—邊は更に水を以(て)淋メ、復(た)、水を安イて承ケ取(り)て觀—察せよ。
若(し)蟲無くは〔者〕、意に隨(ひ)て羅を去ケヨ。此の水宵を經ナハ、還(り)て重
15 (ね)て察ル須(し)。凡そ是の宿オ經たる〔之〕水を、旦に蟲有(り)や蟲無(し)や
と看不る者は、律に云はく、「用(ゐ)るに皆罪を招く。」と。然も、生を護るい、水
を取(る)こと多—種不—同なり。井ある處に施—行するは、此の羅最も要な
り。河池(の)〔之〕處に、或(る)い(は)棬を安く可(し)。陰—陽—瓶を用(ゐ)るは

⑩

搥頭使碎其木條以苦澀辛辣者為佳嚼頭
成絮者為最麁胡葈根極為精也
堅齒口香消食去癊用之半月口氣頓除牙
疼齒憊三旬即愈要須熟嚼淨揩令涎癊
流出多水淨漱斯其法也次後若能鼻中飲
水一抄此是龍樹長年之術必其鼻中不串
口飲亦佳久而用之便少疾病然而牙根宿
穢積久成堅刮之令盡苦湯淨漱更不腐敗
自至終身牙疼西國迥無良為嚼其齒木豈
容不識齒木名作楊枝西國柳樹全稀譯者
輒傳斯號佛齒木樹實非楊柳那爛陀寺
目自親觀既不取信於他聞者亦無勞致惑
檢涅槃經梵本云嚼齒木時矣亦有用細柳
條或五或六全嚼口內不解漱除或有吞汁
將為殄病求清潔而返穢棄去疾而招痾或
有斯亦不知非在論限然五天法俗嚼齒木
自是恒事三歲童子咸即教為聖教俗流俱
通利益既申臧否行捨隨心
九受齋軌則

時を權（ゑ）て事を濟ス。又、六月七月、其の蟲更に細くシクして、餘の時に同（しか）ら不。生—絹十—重ナレトモ、蟲、亦、直に過くす。生を護＜右朱補＞ルコトヲ樂ふ者、理存—念して、方便をもて免ら令（む）應（し）。或（る）い（は）瓦—盆の子—羅を作る。亦是（れ）省—要なゑ。西方の寺—家、多く銅を用（ゐ）て作るは、咸く是（れ）聖—制なゑ。事輕るむ可（から）不。其の放—生の器、小（さ）き水—罐を作（ゑ）て、口をして直ク開ケ令（め）よ。其の底の傍らに〔於〕、更に兩の鼻を安ケ。縄を雙ゑ＜イ雙ヘル縄ヲ＞放チ下シて、水（を）到して覆シ牽クこと、再—三して水に入れよ。然して後に抽キ出タセ。若（し）是（れ）寺—家の濾—羅ナラハ、大—僧元觸る合（から）不。房の内の時—水も、亦復（た）、同（し）く然なゑ。具を受（け）未る人は、取（ゑ）て方に飲（む）こと得。非—時に飲（む）には〔者〕、淨—羅・淨—瓶・淨—器を用（ゐ）て、方に受用に堪ふ須（し）。存せる人は乃⑨（ち）是（れ）性—戒なゑ。護る可きか中に重なゑ。十惡に『首に居せゑ。理（ゑ）、誰＜天朱訂＞（れ）か輕—忽せむ。水—羅は、是（れ）六物（の）〔之〕數なゑ。持せ不ること得不（し）。若（し）三五里を行クこと得むトキ、羅無くは去ら不れ。若（し）寺水を濾は不と知（ゑ）ナハ、湌—食す合（から）不。渴（し）て長—途（に）死（に）たる（は）龜—鏡と爲るに足れゑ。豈（に）恒に水を用ヰて、曾（つ）て觀—察（せ）〔す〕不る容（け）むや。濾—羅有（ゑと）雖（も）、蟲還（ゑ）て内に死ナは、假ひ存—救せむと欲すとも、其の儀を識ルこと罕＜地朱訂＞なゑ。井の口の〔之〕上に羅を翻スこと、放—生（の）〔之〕器を曉ラ未。設ひ水に到ら令（む）れとも、蟲（の）死ヌる、何（に）ソ疑はむ。時に有るひと小く圓なる羅の、纔（か）に一—升兩—合（を）受（く）るを作（ゑ）て、生シく踈キたる薄き絹をもてして、元よゑ蟲を觀

九受齋軌則
凡論西方赴請之法并南海諸國略顯其儀
西方乃施主預前禮拜請僧齋日來白時至
僧徒器坐量准時宜或可淨人自持或受他
淨物器乃唯銅一色須以灰末淨揩塗乃各
別小牀不應連席相觸其牀法式如第三章
已言若其瓦器曾未用者一度用之此成無
過既被用訖弃之坑塹爲其受觸不可重收
故西國路傍設義食處殘器若山曾無再用
用即如襄陽瓦器食了更收向若弃之便同
淨法又復五天元無瓷漆瓷若油合是淨無
疑其漆器或時賈客將至西方及乎南海皆
不用食良爲受觸故也必若是新以淨灰洗
令無膩氣用亦應得其木器元非食物新者
一用固亦無愆重觸有過事如律說其施主
家設食之處地必牛糞淨塗各別安小牀坐
復須請淨瓦盆預多貯水僧徒既至解開衣
紐安置淨瓶即宜看水若無蟲者用之濯足

不(す)。鉢の邊(カタハラカ)に懸ケ著ケて、他をして知(ら)ヲ見令(め)て、心、命を護るに無(し)。日(ひひ)—日に愆(トカ)を招く。師—弟相(ひ)承(け)て、用て傳法と爲す。誠なるかナ〔哉〕、歎く可(し)。良(まこと)(訓)に悲—嗟するに足れヲ。其の觀〈左朱訂〉—水の器(うつはもの)(訓)(を)、人(ひと)—人(ひと)自(みつから)(訓)畜(タクハ)へたヲ。放—生(の)〔之〕器—罐、在處に有る須(し)。

八(には)朝に齒木(を)嚼(カ)ムことを(いふ)。

毎—日の旦(アシタ)—朝ニ、齒—木を嚼(む)須(し)。齒を揩(ス)リ舌を刮(カ)イて、務(ツト)メて法の如くナラ令(め)よ。盥(クワニ)—漱すること清淨にして、方に敬—禮を行せよ。若(し)其(れ)然ら不(す)は、禮を受ケ他を禮するに、悉(く)皆罪を得(ウ)。其の齒—木といふは〔者〕、梵には憚(タ)哆家(ケ)瑟(ス)詑(い)と云ふ。憚哆をは譯して〔之〕齒と爲す。家瑟詑は、即(ち)是(れ)其の木なヲ。長さは十—二—指、短さは八指に減(オト)サ不(す)。大(き)さ(は)小指の如し。一—頭(カタハシ)緩(ヒロ)クして熟(ヨ)(訓)く嚼(む)須(し)。良(ややひさ)—久(しく)して、淨く牙(キハ)の關(キハ)を刷(ハラ)へ。若(し)〔也〕鼻(も)—人に逼(チカ)—近クハ、左の手を將て口を掩(オホ)ふ宜し。用〈右朱補〉(ゐ)ルコト罷(ヤ)ミナハ、擘(サ)キ破(ワ)(ヲ)テ、屈(カ、)メて〔而〕舌を刮(カ)ケ。或(るいは)別に銅—鐵を用(ゐ)て、舌を刮(カ)ク〔之〕篦(ヘラ)に作(つく)る可(し)。或(るいは)竹—木の薄(アヲヒエ)を取(ヲ)て、片(カタツカタ)ハ(は)小—指の面(オモ)許(はか)ヲの如くせよ。一—頭(カタハシ)は纖(ソヒヤ)カニ〔に〕細(ホソ)クして、以(て)斷(ハシ)ノ牙(キハ)を剔(サク)レ。屈(カ、)メて〔而〕舌を刮(カ)ケ。傷損せ令(むる)こと勿れ。亦、既(に)用(ゐ)ること罷(ヤ)ミナハ、卽(ち)俱に洗(あら)(ひ)て、之(を)屛(カク)レたる處に棄つ可(し)。凡(そ)齒—木を棄(ス)テ、若(し)は口の中よヲ水及(およひ)—以(イ)洟(テイ)—唾を吐(ハ)カムトキ、皆彈—指すること三(た)ひを經(ふ)須(し)。或る時には、謦〈左朱訂〉—欬すること兩(フタ)ヽヒに過キヨ。如(も)(しか)尓セ不(す)は〔者〕、棄(つ)(訓)るに便(ち)(訓)罪有(ヲ)。或(る)い(は)

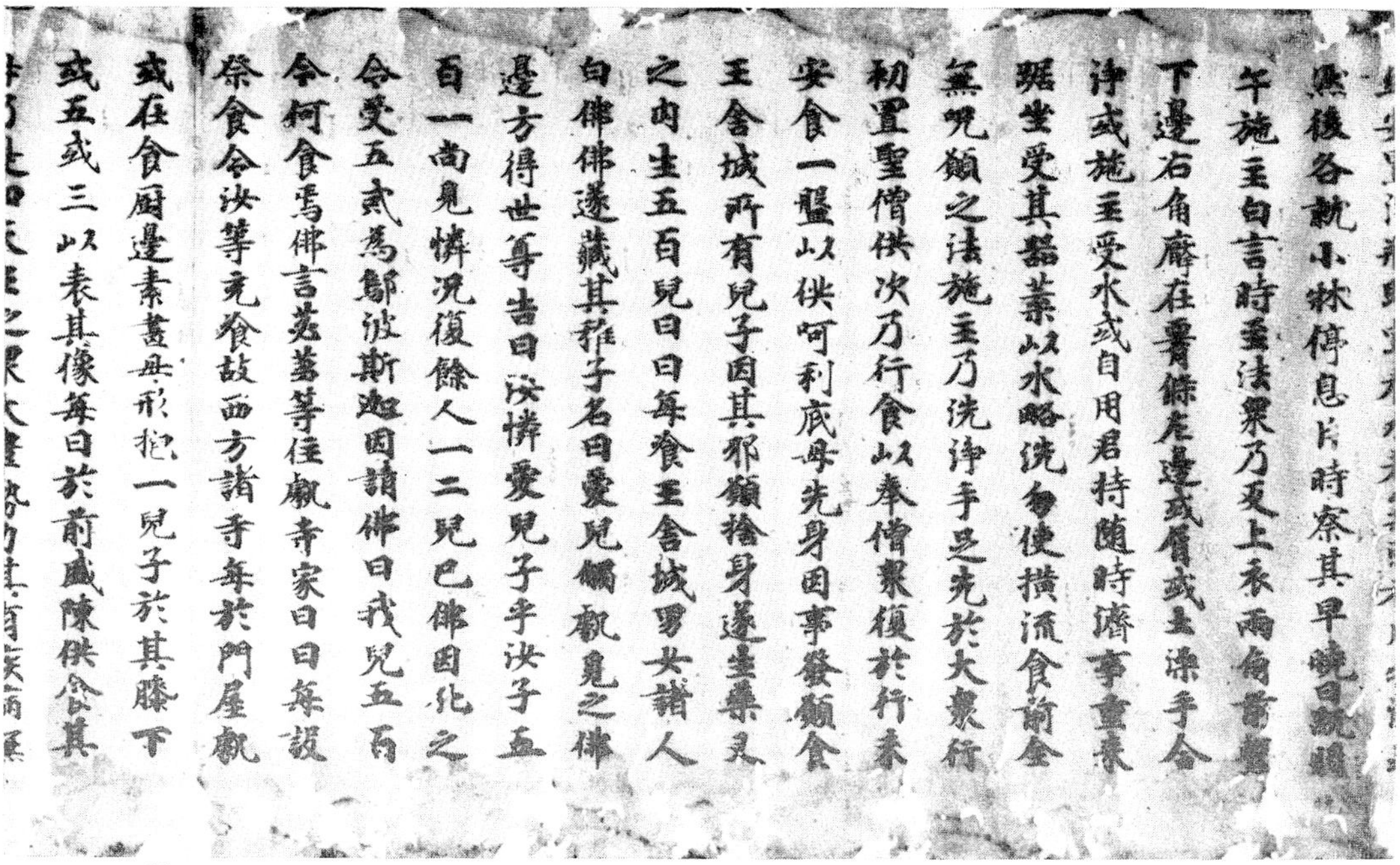

大(き)なる木を破(を)テ用(ゐ)る可(し)。或(るいは)小(さ)き條〈朱訂〉ヲ截(を)て爲ル可(し)。山―莊に近くは〔者〕、則(ち)柞〈天朱　柞倉古反〉條・葛―蔓を先きと爲す。平疇に處セラ(は)〔者〕、乃(ち)楮・桃・槐・柳意に隨ゑ。預メ收め備ゑ擬テゝ、闕―乏セ令(むる)こと無(か)れ。濕へるをは〔者〕卽(ち)他に受ケシム須(し)。乾キたるをは〔者〕、自(ら)執―持することを許す。少ク壯リなる者は、任に取(を)て之を嚼メ。耆―宿の者ハ、乃(ち)『頭を搥(ち)て碎(け)使(め)よ。其の木―條は、苦ク澁ク辛ク辣(き)者を以(て)住シと爲す。頭を嚼(む)に絮ノコトクに成る者を最も麁(し)と爲(す)。胡―葈ノ根を極(め)て精と爲す〔也〕。』【倉〈朱訂〉―耳ノ根を取る。幷(に)地に入れること二寸なるを截リ取る。】齒を堅メ口香しく、食を消し飮を去く。之を用(ゐ)ること半―月すれは、口の氣頓カニ除コル。牙疼キ齒艬クこと、三―旬すれは卽(ち)愈エヌ。要す熟ク嚼(む)須(し)。淨く揩リて涎・癊をして流―出セ令めて、多く水をもて淨く漱ク、斯(れ)其の法なを〔也〕。次後に、若(し)能く鼻の中に水を一抄飮□レヨ。此(れ)は是(れ)龍樹の長―年(の)〔之〕術なを。必(す)其の鼻の中に串□不は、口に飮(む)こと亦佳シ。久(し)く而も之を用(ゐ)れは、便(ち)疾―病少ナシ。然―而も、牙の根宿―穢積リ久(し)くして堅く成サは、之を刮ケて盡サ令(め)て、苦キ湯をもて淨く漱へ。更(に)腐チ敗ハレ不して、自(ら)に身を終ふるに至る。牙疼クこと西―國に逈ク無(き)ことは、良に其の齒―木を嚼(む)に爲(を)テなを。豈(に)齒木を識ラ不して、名(つけ)て楊枝と作ス容(け)むや。西國には柳の樹全ら稀シ。譯―者輒ク斯の號を傳ふへケム。佛の齒―木の樹(は)、實に楊柳に非(す)。那爛陀寺に自(ら)の目に親リ觀たを。旣(に)信を他―聞に〔於〕

毋乃是四天王之衆大豊勢力其有疾病無
兒息祭食薦之咸皆遂願廣縁如律此陳大
意耳神州先有名鬼子母焉又復西方諸大
寺觚咸於食厨柱側或在大庫門前彫木表
形或二尺三尺爲神王狀坐把金嚢却踞小
牀一脚垂地毎將油拭黒色爲形号曰莫訶
哥羅即大黒神也古代相承云是大天之部
屬性愛三寶護持五衆使無損耗求者稱情
但至食時厨家毎薦香火所有飲食隨列
於前曽親見説大涅槃處般彈那寺毎常
僧食一百餘春秋二時礼拜之際不期而
至僧徒五百臨中忽来正到中時无宜更
煮其知事人告廚家曰有斯倉卒事欲如何
于時有一淨人老母而告之曰此乃常事無
勞見憂遂乃多然香火盛陳祭食告黒神
曰大聖涅槃尓徒尚在四方僧至乃礼聖
蹤飲食供承勿令闕乏是仁之力幸可知時
尋即総命大衆令坐以寺常食次第行
之大衆咸足其餐所長還如常日咸皆唱善

取ら不る者なり。亦、勞(し)く惑(マトヒ)〈朱訂〉ヲ致(す)こと無(か)れ。涅槃經の梵本を
檢(カムカ)フるに、齒木を嚼(む)時と云へ(い)り〔矣〕。亦、細(ホソ)キ柳の條(エタ)(を)用(ゐ)る(こと)
有(り)。或(る)い(は)五つ、或(るいは)六つ。全(もは)ら口の内に嚼(カ)メトモ、漱除する
ことを解(サト)ら不(す)。或(る)い(は)汁(シル)を呑(ノ)ムこと有(り)て、將(も)て病を弥(ウシナ)フと爲す。清
潔を求(め)て〔而〕返(り)て穢(ケカ)レ、疾(ヤマ)ヒ(を)去(サ)ケムことを冀(ネカ)〈左朱訂〉フて〔而〕痾(ヤマヒ)
を招く。或(マ)タ、有るひと斯(れ)を亦知ら不(す)。論する限りに在るに非(す)。然も、五
—天の法俗、齒木を嚼(む)こと、自(おのつか)(ら)是(れ)恒の事なり。三—歳の童子、
咸く即(ち)教へて爲(セ)シム。聖—教・俗—流倶に通して利益あり。既(に)滅(ヨ)サ不(アシ)サ
を申(の)ふ。行捨心に隨へ。

九(には)齊を受(く)る軌則をいふ。

凡(そ)西方の請に赴く〔之〕法、幷(に)南—海の諸國を論して、略して其の儀を
顯サム。西方は、乃(ち)施—主預(アラカシ)メ前むて禮拜して僧を請す。齊—日に來
(り)て時至(り)ヌと白す。僧徒の器—坐、量(ハカ)ラフて時の宜(しき)に准す。或(る
いは)淨—人自(みつか)(ら)持す可(し)。或(る)い(は)他の淨—物を受く。器(うつはもの)は乃
(ち)唯(タ)ゝ〈訓〉銅—一色なり。灰—末〈朱訂〉を以(て)淨め楷(ス)ル須(し)。座〈朱訂〉は乃(ち)
各(の)別に小(さ)き牀をもて(し)、席(シキ)を連(つら)(ね)て相(ひ)觸る應(から)不(す)。其の牀
の法—式(は)、第三の章に已(に)言(ひ)つるか如し。若(し)其(の)瓦—器は、曾(か)(つ)
て用せ未る者(もの)を、一(ひとた)—度ひ之を用(ゐ)る。此(れ)過(とか)無きに成る〈訓〉。既(に)用ひ被(ら)れ
訖(ナ)ハ、之を坑(アナ)・壍(ホリキ)〈訓〉に棄(て)よ。其(の)觸を受(け)たるに爲(ヨ)(り)て、重(ね)て收(ト)ル
⑪可(から)不(す)。「故に西國の路(みち)の傍(かたはら)〈訓〉の美〈右朱訂〉き食を設(け)たる處は、殘—器

之大衆咸見其飡所長還如常日咸皆嘗善
讃天神之力親行礼觀故都黒神見在其
前食盛大聚問其何意報此所由淮北雖
復先無江南多有置觀求者交驗神道非
虚大覺寺目真鄰陁龍亦同斯異矣其行
食法先下薑鹽薑乃一片兩片大如指許
鹽則全匕半匕藉之以葉其行鹽者合掌
長跪在上坐前口唱三鉢羅佉哆譯為善
至舊云僧跋者訛也上坐告曰平等行食
意道供具善成食時復至准其字義合當
如是然而佛與大衆受他毒食佛教令唱
三鉢羅佉哆然後方食所有毒藥皆變
成美味以此言之乃是秘密言詞未必目
其善至東西兩音臨時任道并汾之地唱時
至者頗有故實其受食之人必須當前並足
恭敬曲身兩手執器及以餅葉去手一磔即
須懸放自餘器食或一寸二寸若異此途理
不成受隨受隨食無勞待遍等供食遍不
是丟斷食罷隨意亦非聖說次受乾糀飯

山の若(こと)し。曾て再ひ用(ゐ)ること無(し)。卽(ち)襄陽の瓦器の如きは、食し
了(ゑ)て更に收ム。向若ク之を棄(つ)るは、便(ち)同(し)く淨法なゑ。又復(た)、
五天は元(もと)〈左朱訂〉瓷漆無(し)。瓷の若(し)油合せるは、是(れ)淨きこと疑(ひ)無
(し)。其の漆—器、或る時には、賈—客(も)將て西方に至る。南海(ま)テに〔及・乎〕
皆食するに用ヰ不(す)。良(まこと)に膩(を)受(け)たるに爲ルか故なゑ〔也〕。必(す)若
(し)是(れ)新(し)きナラハ、淨き灰を以(て)洗(あら)(ひ)て、膩—氣無(か)ら令(め)
て、用(ゐ)ること亦得應(し)。其の木の器(うつは)もの は、元(もと)食の物にセ非(す)。新(し)き
者は、一(た)ひ用(ゐ)るに、固(まこと)〈天朱訂〉に亦愆無(し)。重(ね)て觸するは過有
(ゑ)。事律に說(く)か如し。其の施—主の家、食を設(く)る〔之〕處、地に必(す)牛
—糞をもて淨め塗(ゑ)て、各(の)別に小(さ)き牀座〈朱訂〉を安(お)く。復(た)、清淨の
瓦〈左朱訂〉—瓮〈天朱 □古貢反 斤貢反〉を須(もち)(ゐ)る。預め多く水を貯レよ。僧—徒既
に至(ゑ)て、衣の紐を解キ開ク。安—置の淨—瓶に、卽(ち)水を看る宜(し)。若
(し)蟲無くは〔者〕、之を用(ゐ)て足を濯フ。然して後に各(の)小(さ)き牀に就(き)
て、停—息すること片—時、其の早—晩〈地朱訂〉を察ヨ。日既(に)午に將ムトす
るに、施—主白シて時至(ゑ)ヌと言す。法—衆乃(ち)上—衣の兩の角を反して、
前(ま)ゑに下邊に〈イヲ〉繫ケて、右の角を腰—條の左の邊(ほと)ゑに壓シ在ケ。或(る)い
(は)屑、或(る)い(は)土をもて、手を澡(あら)(ひ)て淨(か)ら令〈朱訂〉ム□。或(る)
い(は)施主水を授〈朱訂〉く。或(る)い(は)自(みつか)(ら)君—持を用(ゐ)る。時に隨
(ひ)て事を濟ス。重(ね)て來(ゑ)て踞—坐して、其の器葉を受く。水を以(て)略
カに洗(あら)(ひ)て、橫シク流(なか)(れ)使(むる)こと勿れ。食の前(さ)きに全(もは)ら呪願
(の)〔之〕法無(し)。施—主乃(ち)手足を洗ひ淨めて、先つ大衆よゑ〔於〕行ク。初

是以齋食罷隨意亦非聖說次受乾粥米
餅飯豆臛洗以熱蘇手攪令和投諸助味
食用右手纔可半腹方行餅菓後行乳酪及
以沙糖渴飲冷水無間冬夏此乃僧常食并
設齋供大略皆尒然其齋法意存殷厚所餘
餅飯盈溢盤盂蘇酪縱横隨著皆受故佛在
日勝軍王親供佛衆行其飲食及以蘇酪乃
至地皆流湯律有成文即其事也初至東印
度耽摩立底國欲依彼素設僧齋供時人止
日若纔足而已何為不得然而古來相承設
須盈富若但滿腹者恐人致笑聞師從大國
來觀所豐贍若無盈長不如不設是以還依
彼法矣斯乃施心弘廣得報還復豐多無乖
理也必其貧窶及食罷行餅隨力所能既其
⑭ 食了以片水漱口咽而不棄將少水置器
淨右手然後方起欲起之時須以右手滿掬
取食持將出外不簡僧私之物聖遣普施衆
生未食前呈律無成教又復將食一盤以上
先上又余中鬼子母之須豫在 [illegible]

(め)には聖僧の供を置く。次(に)乃(ち)食を行《ヒ》(き)て以(て)僧衆に奉《たてまつ》る。復(た)、行《ツラ》ノ末《スヱ》に〔於〕食一《ヒトサラ》―盤ヲ安(お)(き)て、以(て)呵利底《テイ》母に供す。其(の)母〈二字右朱補〉先―身に、事の因《チナミ》(訓)に願を發シゝク、「王舎城の所有の兒子を食《クラ》ハム」と。其の邪願に因(リ)て、身を捨《カ》へて遂に藥叉(の)〔之〕内に生れたリ。五百の兒を生《ウ》メリ。日日に毎(つね)に王舎城の男女を湌(くら)ふ。諸―人佛に白シゝカハ、佛遂に其の稚《チ》―子の名(つけ)て愛―兒と曰《い》ふを藏《カク》シたまひリ。處觸《コト》に之を覔(もとむ)(訓)るに、佛の邊にして方に得つ。世尊告(け)て曰(のたまは)く、「汝、兒―子を憐《アハレ》(訓)―愛フヤ〔乎〕。汝か子五百なリ。一リを尙(ほ)憐《アハレ》(は)見《る》。況(や)復(た)、餘人の一(リ)二(リ)の兒をや〔已而〈右朱補〉〕」。佛因(リ)て之(を)化して、五戒を受ケ令(め)たまふに、鄔波斯迦と爲《ナ》(リ)ヌ。因(リ)て佛に請(ひ)て曰(さ)く、「我か兒五―百、今何《ナニ》ヲカ食せむ〔焉〕」。佛の言(のたま)(は)く、「苾蒭等の住―處・寺―家に、日日に毎(つね)に祭―食を設く。

⑫汝―等《タチ》に湌を充《ア》テ令メム」。故に、西方の諸―寺に、門―屋の處〔に・於〕毎に、『或(る)い(は)食厨《チウ》の邊に在(お)くに、素《キヌハシ》に母―形を畫《カ》イて、一(リ)の兒―子を抱《イタ》キ、其の膝《ヒサ》ノ下《シタ》に〔於〕、或(る)い(は)五《イト》リ、或(る)い(は)三リ、以(て)其の像を表せリ。毎―日に前(ま)へに〔於〕盛(リ)に供―食を陳す。其の母は、乃(ち)是(れ)四天王(の)〔之〕衆なリ。大―豐勢―力あリ。其(の)疾―病有(リ)て兒息無き者《モノ》〈右朱補〉は、饗《スヽ》―食をもて之(に)薦ムルに、咸く皆願に遂《カナ》フ〈イ トク〉。廣き緣は律の如し。此(れ)大意を陳すらくのみ〔耳〕。神州に先(さ)き よリ鬼子母と名(つく)るもの有(リ)〔焉〕。又復(た)、西方の諸大寺の處に、咸く食―厨の柱の側《ホトリ》(に)〔於〕、或(る)い(は)大庫―門の前(ま)へ に在(お)くに、木を彫《エ》(リ)テ形を表せリ。或(る)い(は)二―尺三―尺なリ。神王の形〈左朱訂〉に爲《ツク》(リ)て、坐《ス》(訓)エて金―囊《ナウ》《ト》を把(リ)て、却《カヘ》(リ)て小

⑮

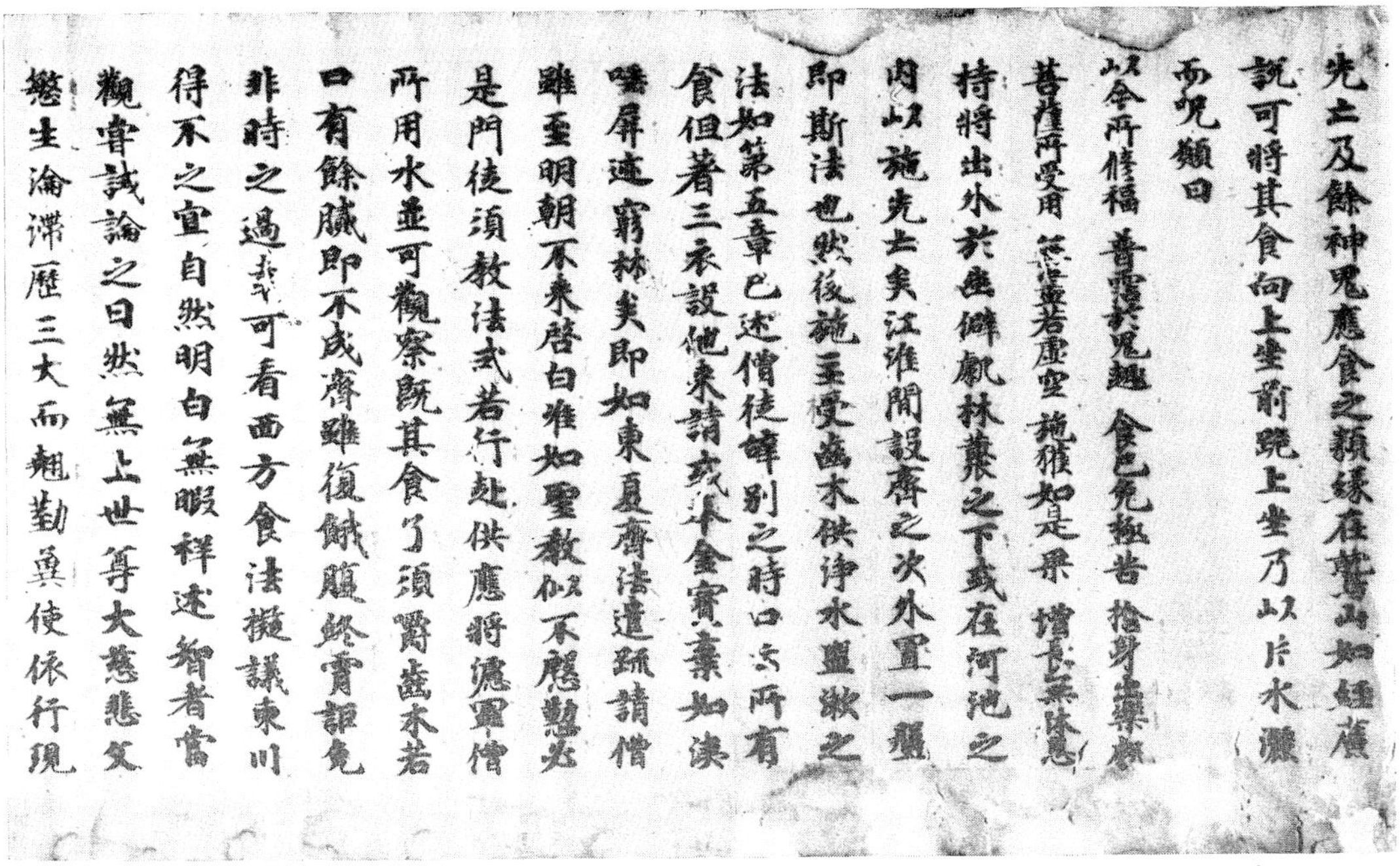
先亡及餘神鬼應食之類縁在鷲山如經廣
説可將其食向上坐前跪上坐乃以片水灑
而呪願曰
以今所修福 普霑於鬼趣 食已免極苦 捨身生樂處
菩薩所受用 無盡若虚空 施獲如是果 增長無休息
持將出外於幽僻叢林之下或在河池之
内以施先亡矣江淮間設齋之次外置一盤
即斯法也然後施主授齒木供淨水盥漱之
法如第五章已述僧徒噂別之時口云所有
食但著三衣設他來請或斗金寶棄如涕
唾屏迹窮林矣即如東夏齋法遣疏請僧
雖至明朝不來啓白准如聖教似不慇懃必
是門徒須教法式若行赴供應將濾羅僧
所用水並可觀察既其食了須嚼齒木若
口有餘膩即不成齋雖復餓腹終宵詎免
非時之過哉可看西方食法擬議東川
得不之宜自然明白無暇詳述智者當
觀審識論之曰然無上世尊大慈悲父
愍生淪滞歴三大而翹勤冀使依行現

(さ)き牀に踞ケたり。一(つ)の脚は地に垂れり。毎に油を將(も)て拭(ひ)て、黒—色を形(かた)と爲り。號(つけ)て莫訶哥羅と曰(ふ)。卽(ち)大黒神なり〔也〕。古—代に相—承(け)て云(は)く、「是(れ)大天(の)〔之〕部屬なり。性三寶を愛し、五—衆を護—持して、損—耗無(か)ら使(む)。求(む)る者情に稱フ。但(た)食—時に至(り)て、厨—家毎(つね)に香火を薦ム。所有の飲—食、隨(ひ)て前(まへ)に〔於〕列ヌ。曾(むか)し親リ常<右朱補>ニ見たり。大涅槃を説く處あり。般—彈—那寺なり。常の僧の食する毎に一百有<右朱補>餘なり。春秋二時の禮拜(の)〔之〕際(訓)に、期(せ)不して〔而〕至るに、僧—徒五百。中に臨(み)て忽に來れり。正<左朱訂>(音)(しく)中—時に到(り)ヌレハ、更に煮ク宜きこと无(し)。其の知—事の人、厨—家に告(け)て曰(は)く、「斯の倉卒カナル事有(り)。如(い)—何欲むとする。」時に〔于〕、一(り)の淨—人の老—母有(り)て、〔而〕之に告(け)て曰(は)く、「此(れ)乃(ち)常の事なり。勞(し)く憂へ見(ら)(るる)こと無(か)れ。」といふ。遂に乃(ち)多く香—火を然キ、盛(り)に祭<右朱補>食を陳ネて、黒—神に告(け)て曰(は)く、「大—聖涅—槃しタマヘレとも、尒(なむ)チ徒尙(ほ)在り。四—方の僧至(り)て乃(ち)聖の蹤を禮(し)たてまつる。飮—食供—承闕乏セ令(むる)こと勿(か)らむこと、是(れ)仁か〔之〕力なり。幸に時を知る可(し)。」と。尋(つ)(き)て卽(ち)、總、大—衆に命して坐セ令(む)。寺の常の食を以(て)次第に之を行クニ、大—衆咸く足(り)ヌ。其の飡の長レル所、還(り)て常の日の如し。咸く皆善と唱へて、天神(の)〔之〕力を讃す。親リ禮—覲を行して、故チ黒神を覩<朱訂>ルニ、見ク其の前(まへ)に在(り)て、食大聚を成<天朱訂>セリ。其れ何ノ意そと問ふに、此の所—由を報フ。淮<朱訂>北には復(た)先(さ)きより無(し)と雖へ(とも)、江南に多く置ケ

緇素論滯歷三大而翹勤奠使依行現
七紀而揚化以為住持之本衣食是先恐
長塵勞嚴施戒檢制在聖意理可遵行豈
以輕心道其無罪食噉不知受觸但護婬
戒一條即云我是無罪之人何勞更煩學
律唱噉者既無不開情直指空門將為佛
意寧知諸戒非佛意焉一貴一輕出乎聽
斷門徒遂相踵習判不窺看戒經焉得而
卷空門便謂苞三藏不思咽喉當有流襞
之苦誰知步步見招賊住之殃浮囊不洩
乃是菩薩本心勿輕小愆還成罪後之嗤
理合大小雙修方順慈尊之訓防小罪觀
大空攝物澄心何過之有或恐自迷誑
衆難教鄙陳一隅空法信是非虛律典
何因見慢宜應半月說戒洗懺恒為勸誡
門徒曰三礼白佛法住世日日衰微察巳
童年所覩乃與老時全異目驗斯在幸
可存心矣飲食之累乃是常須幸願敬
奉之倫無輕聖敎耳畫曰

ル處有(ヲ)。求(む)る者 交カニ驗 あ㋾。神―道虛に非(す)。大―覺寺の目―眞―鱗―陀―龍、亦、斯の異に同し(矣)。其の食を行ク法は、先つ薑 鹽を下ウ。

⑬薑は乃(ち)一―片兩―片、大きさ指―許(ゆひはか)(ヲ)の如し。『鹽ハ則(ち)全―匕〈左朱訂〉半―匕。之を籍クニ葉を以(て)す。其の鹽を行ク者、合掌長跪して、上―坐の前(ま)㋓に在(ヲ)て、口に三鉢羅佉〈朱訂〉哆と唱ふ。譯して善至と爲す。舊く僧跋と云㋓る(は)(者)訛せるな㋾(也)。上坐告(け)て曰(は)く、「平等に食を行ケ。」ト。意の道ハク、供具善く成㋾、食―時復(た)至(ヲ)ヌと。其の字〈左朱訂〉の義に准セは、是(くの)如きに當れる合(し)。然(しか)―而も、佛、大衆(と)(與)他の毒食を受(け)たまふトキ、佛、教㋓て三鉢羅佉〈朱訂〉哆と唱㋓令(め)たまひき。然して後に方に食するに、所有の毒―藥、皆變(し)て美き味ひと成れ㋾。此(れ)を以(て)之を言(ふ)に、乃(ち)是(れ)秘密の言―詞な㋾。必(す)しも其(の)善至と目ツケ未(し)。東西兩音、時に臨(み)て任ニ道フ。幷汾(の)(之)地、時至(ヲ)ヌと唱ふるは(者)、頗シ故―實有(ヲ)。其の受―食(の)(之)人、必(す)前(さ)きに〈イ(ま)へニ〉當(ヲ)て足を並㋓、恭敬して身を曲ム須(し)。兩の手をもて器(うつはもの)及(およひ)―以餅菓を執(ヲ)て、手を去ケムこと一磔 して、卽(ち)懸ケ放ツ須(し)。自餘の器―食は、或(る)い(は)一寸、二寸せよ。若(し)此(の)途に異するは、理(ヲ)、受を成さ不(す)。受(く)るに隨(ひ)て隨(ひ)て食して、勞(し)く遍ハルを待(つ)こと無(か)れ。等―供食―遍といふは、是(れ)正〈左朱訂〉―翻に(あら)不(す)。食―罷隨―意といふも、亦、聖説に非(す)。次(に)乾(き)たる秔―米(の)餅・稠―豆(の)臛を受(け)て、洗クニ熱―蘇を以(て)し、手をもて攪キ合〈朱訂〉セて和テヽ諸の助―味□投ル。食(する)に(は)右の手を用(ゐ)て、纔(か)に半―腹可リして、方に餅

5　10　15

奉之倫無輕聖教耳重曰
聖教八万要唯一二外順俗途內凝真智何
謂俗途奉禁去罪何謂真智見境俱棄遵
勝諦而無着滅緣生之有累勤積集於多
修證圓成之妙義重容不習三藏教理俱迷
罪若河沙之巨量寔道已證於菩提菩提是
覺感累皆亡不生不滅号曰真常寡得同
居皆海陽說我住西方常理欲希我淨為
基護囊穿之小隙慎針穴之大非大非之
首衣食多咎奉佛教則解脫非遥陽尊
言乃說論自久聊題行法略述先模咸依
聖檢豈曰情齒幸無嫌於直說庶有益
於疑途若不確言其進不誰復輙鑒於精
麁

南海寄歸內法傳卷第一

―菓を行ケ。後に乳酪及(およひ)―以沙―糖を行ケ。渇して冷カなる水を飲むこと、冬・夏と問(ふ)こと無(し)。此(れ)乃(ち)僧の常の食なゑ。幷(せ)て齊供を設(くる)こと、大略皆尒(しか)ゑ。然も、其の齋法は、意に殷厚(を)存す。所餘の餅―飯〈朱訂〉盤―盂に盈溢せゑ。蘇―酪縦―横なる、著ウルに隨(ひ)て皆受く。故に佛在(い)マシ(ひ)ゝ日、勝―軍―王親リ佛―衆を供(し)たてまつるトキ、其の飲―食及(およ)ひ―以蘇―酪を行ヒシに、乃至、地マテに皆流―漫せゑ。律に成文有(るは)、即(ち)其の事なゑ(也)。淨〈右朱補〉初(め)東―印度の耽摩立底國に至(ゑ)て、廉―素に依(ゑ)て僧の齋供を設(け)むと欲キ。時に人止めて曰(ひ)しく、「若(し)纔(か)に足ルハカリ而―已スルコトニ〈ハイ□ラムコト〉何―爲ソ得不らむ。然も(而)古(いにし)―ゑよゑ來(このかた)、相―承(け)て、設(く)るに盈―富を須(ゐ)る。若(し)但(た)腹(はら)に滿つハカリナラハ(者)、恐(るら)くは人(笑)ふことを致(し)てむ。聞(くなら)く、『師、大國(よゑ)(從)來れゑ。』と。處(ところ)―所豐―贍なゑ。若(し)盈長なること無くは、如か不、設ケ不ラムニハ。」トいふ。是ゝを以(て)、還(ゑ)て彼の法に依る(矣)。斯(れ)乃(ち)施―心弘―廣(な)れは、報を得(む)ことも還(ゑ)て復(た)豐(か)なゑ。多く理に乖(そむ)(く)こと無(し)(也)。必す其の貧(し)く寠キは、

⑭食罷ムに及(ひ)て儭を行すること、力の能ヘタル所に隨ふ。既(に)其(れ)『食し了(ゑ)て、片―水(を)以(て)口を漱(き)て、咽ムて(而)棄(て)不(す)。少―水を將(も)て器(うつはもの)に置(き)て、略右の手を淨(きよ)む。然して後に方に起ツ。起ム(と)欲る(之)時、右の手を以(て)掬に滿テゝ食を取(ゑ)て持―將チて外に出つ須し。僧―私(の)(之)物を簡は不(す)。聖、普く衆生に施セ遣メたまゑ。食セ未る前―呈は、律に成―教無(し)。又復(た)、食一―盤以―上を將(も)て、先―亡及(ひ)餘の神

20　25　5

鬼・應―食(の)〔之〕類に施〈右朱補〉ス。縁、鷲山に在(り)。經に廣く設ケるか如(し)。其の食を將て、上―坐の前へに向(ひ)て跪(つく)可(し)。上坐乃(ち)片―水を以(て)灑イて、〔而〕呪―願して曰(は)く、

「今の所―修の福を以(て)普く鬼趣に〔於〕霑ホス。

食し已(り)て極苦を免れ身を捨へて樂―處に生〈右朱補〉レヨ。

菩薩の受用する所無―盡なること虛空(の)若(し)。

施(し)て是(くの)如き果を獲。增長して休息すること無(し)。」

持リ將(ち)て外に出テヽ、幽僻の處、林叢(の)〔之〕下(に)〔於〕、或(るい)は河池(の)〔之〕內に在いて、以(て)先亡に施す〔矣〕。江―淮の間、設―齊(の)〔之〕次てに、外に一盤を置け。卽(ち)斯の法なり〔也〕。然して後に、施主歯木を授〈朱訂〉け、淨水を供す。盥―漱(の)〔之〕法、第五の章に已に述するか如し。僧―徒辭―別(の)〔之〕時、口に云はく『所有

(以下五枚分缺)

⑮『食する(に)但(た)三衣を著(け)たり。設ひ他(の)來(り)て請し、或(る)い(は)金寶を奉(る)とも、棄(つる)こと洟唾の如くして、迹を窮林に屛ス〔矣〕。卽(ち)東―夏(の)齊―法の如き(は)〔て〕、疏を遣リて僧を請す。明朝に至ると雖(も)、來(り)て啓―白サ不。聖教の如きに准へて、慇―懃ナラ不るに似たり。必(す)是(れ)門徒(には)、法式を敎ふ須(し)。若(し)行イて供に赴かは、濾―羅ヲ將たる應(し)。僧の用(ゐ)る所の水、並(に)觀察す可(し)。既(に)其(れ)食し了(り)ナハ、歯木を嚼(む)須(し)。若(し)口に餘(り)ノ膩有るは、卽(ち)齊と成ら不。復(た)腹餓シと雖へ(とも)、終―宵詎(れ)か非時(の)〔之〕過を免れ

む。幸ハクは西方の食法を看イて、東―川に議せむと擬フ可(し)。得―不(の)〔之〕宜、自―然に明―白なり。詳<朱訂>ラカに述すること暇　無(し)。智者觀す當(し)。嘗　ク試　ミに之を論して曰はく、「然(も)無上世尊、大慈悲父、生の淪―滯を愍シムたまふ。三大を歴へて〔而〕翹勤して、冀フて依り―行ナハ使め、七紀を現して〔而〕化を揚ケて、以(て)住持(の)〔之〕本と爲したまへり。衣―食是(れ)先なれとも、塵―勞を長サムことを恐チて、嚴　(し)く戒―檢を施す。制、聖意に在(り)。理り、遵―行ふ可(し)。反(り)て以(て)心を輕ム。其(れ)罪無(し)と道フて、食噉するに受―觸を知ら不。但(た)婬―戒一條をのみ護(り)て、卽(ち)云ふ、「我(れ)是(れ)罪無き〔之〕人なり。」と。何ソ勞　(し)く更(に)煩　ハシク律を學する。咽―噉・著―脫、元<右朱訂>ヨリ情に關　レ不。直に空―門を指して將(も)て佛意と爲ハ、寧(ろ)諸の戒佛意に非(す)と知ラムヤ〔焉〕。一をは貴ひ一をは輕むこと、臆―斷に〔乎〕出(て)たり。門―徒遂に相―踵キ習　(ひ)て、則<右朱訂>(ち)戒經を窺　ヒ看　不。兩卷の空門を寫―得て、便(ち)三藏を苞ネたりと謂フ。咽咽するに、當に流―漿(の)〔之〕苦有らむことを思は不。誰(れ)か歩歩に見に、賊―住(の)〔之〕殃(を)招くことを知(ら)む。浮―囊洩リ不るは、乃(ち)是(れ)菩薩の本心なり。小シノ愆を輕むこと勿れ。還(り)て最後(の)〔之〕唱と成る。理(り)、大小雙へ修して、方(に)慈尊(の)〔之〕訓　に順す合へ(し)。小罪を防し大空を觀て、物を攝し心を澄マサムに、何　ノ過　か之(れ)有らむ。或(る)い(は)自　(ら)衆を迷ひ誤　タムカト恐チて、教に准(へ)て聊(か)に一―隅を陳す。
⑯空―法は信　ニ是(れ)虛に非(す)。律―典しも『何に因(り)てか慢　ラ見ム。宜(しく)半―月に說―戒洗―懺して、恒に勸メテ門―徒を誡　ムルことを爲す應

(し)。日に三(た)ひ禮して白サマク、「佛—法世に住すれとも、日日に衰—微なるを。己か童—年(の)所—觀を察ルに、乃(ち)老の時(と)〔與〕全ら異なるを。目に驗ク斯(れ)在(るを)。幸に心に存す可(し)。」と。夫(れ)飲食(の)〔之〕累、乃(ち)是(れ)常(に)須(ゐ)るものなるを。幸に願(は)く(は)、敬—奉(の)〔之〕倫、聖教を輕むこと無(か)ら(まく)のみ〔耳〕。重(ね)て曰(は)く、

聖教八萬なれとも、要は唯(た)一・二なるを。外には俗—途に順し、内には眞智を凝ラスなるを。何ヲカ俗—途と謂ふ。禁を奉ケテ辜亡キなるを。何をか眞智と謂ふ。境を見て倶に棄つるなるを。勝諦に遵ヒて〔而〕著すること無ケレハ、縁生(の)〔之〕有—累を滅し、積—集を多—修に〔於〕勤ムれは、圓成(の)〔之〕妙義を證す。豈(に)三藏を習(は)不して、教理倶(に)迷ひ、罪、河沙(の)〔之〕巨量の若くして、妄に己れ菩提を〔於〕證せるト道フ容むや。菩提は是(れ)覺なるを。惑—累皆亡す。不—生不—滅を號(つけ)て眞常と曰ふ。寧(ろ)同(し)く苦海に居して、漫シク我れ西方に住すと說くこと得むや。常—理は戒—淨を欲—希するを基ト爲す。囊—穿(の)〔之〕小シキなる隙ヲ護るを、針—穴(の)〔之〕大(き)なる非ヲ愼シム。大非(の)〔之〕首、衣—食(に)咎多し。佛教を奉クルは、則(ち)解脫遙(か)なるに非(す)。尊言を慢ツルは、乃(ち)沈—淪自久し。聊(か)に行—法を題して、略して先—模を述ふ。咸く聖檢に依れるを。豈(に)情—圖と曰(は)むや。幸に直說を〔於〕嫌ふこと無(か)れ。庶ハクは疑途に〔於〕益有(ら)むことを。若(し)確ク其の進—不を言(は)不は、誰(れ)か復(た)輒ク精—麁を〔於〕鑒ミム。

南海寄歸内法傳卷第一

僧成禪之本

卷一　聲點例

平川（1/1）半日（1/3）法徒（1/4）禮教（〃）敬事（〃）尊讓（1/5）耆長（〃）廉素（〃）謙順（〃）義（〃）孝子（〃）節用（1/6）皇上（〃）恩育（〃）兆庶（〃）納隍（〃）八澤（1/8）歸心（1/9）九宇（〃）皇皇焉（1/10）農歌（〃）畎畝（〃）濟濟焉（〃）商詠（〃）舟車（1/11）鶏貴象尊（〃）丹墀（〃）金隣（〃）碧砌（1/12）無爲（〃）俱俱吒殴説羅（1/13注）羅俱俱吒（〃）軌儀（1/15）徒衆（〃）儼然（〃）極旨（〃）幽谷（1/16）脱屣（〃）樊籠（〃）巖流（〃）林薄（〃）訛謬（1/19）參差（〃）綱致（〃）大周（1/21）並錄（1/22）附歸（〃）今古（1/25）理致（〃）

微（2/1）條章（2/2）一替（2/3）功（〃）尺歩（2/4）短階（〃）寸陰（〃）千齡（2/5）迷躅（〃）四波（2/6）慧舟（〃）匠旨（2/7）巧心（〃）儀（2/9）五衆（2/13）匙箸（2/14）讚詠之體（2/19）匕則（2/20）迦攝卑（2/26）

烏長那國（3/1）龜兹（〃）理（3/4）禮卑（3/5）理（3/6）踈略（3/7）徒跣（3/11）鞋履（3/12）短靴（3/14）履屣（〃）寒燠（3/15）理（3/16）隆冬（〃）春夏（〃）富羅（3/17）金言（3/19）卑幼（3/23）槃盂（3/24）鮮葉（〃）

東夏（4/1）霊巖（4/3）訛（4/6）東流（4/7）人事（4/21）羹菜（4/24）臛（コナカキ）（〃）分疆（4/25）頗（スクナミ）（〃）流漫（〃）一概（〃）

饗祭（5/5）清潔（5/7）歆饗（5/10）猪犬（5/18）螺盃（5/26）延唾（6/5）豆麵（6/7）灰水（〃）成難（6/11）尖臺（6/20）兩指（〃）

流散（7/1）革屣袋（7/11）烏喩月經（〃）鷲嶺（7/12）千數（7/14）鞍乘（7/15）僧徒（7/17）天明（7/20）白淨銅器（7/20～21）贏坏（7/21）瓫罐（7/23）

東夏（8/4）換（カヘ）却（サク）（8/11）濟事（8/17）

長途（9/3）龜鏡（〃）盥漱（9/12）憚眵家瑟詫（9/14）洟唾（9/21）山莊（9/24）柞條葛蔓（〃）平疇（〃）楮桃槐柳（〃）耆宿（9/26）

木條（10/1）爲精（10/2）一抄（10/6）揚柳（10/11）

襄陽（11/2）瓦瓮（11/9）或屑（11/13）呵利底母（11/18）鄔波斯迦（11/24）

大庫門（12/6）古代（12/9）般彈那寺（12/12）唱善（12/21）禮覲（12/22）神道（12/24）自眞鱗陀龍（12/25）葺塩（12/26）
下スゥ（〃）半七（13/1）幷汾（13/8）秔米（13/13）殷厚（13/17）盤盂（13/18）縱橫（〃）供佛衆（13/19）流漫（13/20）耽摩
立底國（13/21）廉素（〃）豐贍（13/24）行儀（13/26）
幽儀（14/10）盥漱（14/12）
洟唾（15/1〜2）東川（15/7）見（15/19）
巨量（16/10）先模（16/15）精麁（16/17〜18）

巻一　黑點拔書

有アルモノ（1/1）濟タスクルニ（〃）准驗ヘニ（1/2）如ニ（〃）論ルニ（〃）用タリ（1/3）行事ヲ（〃）煩ワツラヒトシテ（〃）法徒ト（1/4）行オコナハル（〃）尊讓ス（1/5）
義アリテ（〃）取ル（〃）節ス（1/6）皇上ハ（〃）軫ス（〃）有識者ノ人（1/9）九宇（〃）皇皇美良也焉トシ農歌シ（1/10）畎畝ケン（〃）濟濟焉セイトシテ（〃）
商□詠（〃）舟車シウ（1/11）頓イタシ（〃）顙オトカヒ（〃）丹墀ロ也（〃）投ナク（1/12）碧砌セイ（〃）爲無爲（〃）雞貴者云ハ（1/13注）說セイ（〃）雞ソ（〃）
貴ソ（〃）取テ尊トス（1/15注）戴イタヽイテ（〃）鍛羽ツハサ（〃）言イフ象尊者云ハ（〃）最タリト（〃）同然ク（〃）講說（1/15）儼然ケムトオニソカニシテ（〃）極—
旨（〃）脫シ屣樊籠リヨウ（1/16）漱ス、イチ〈天或本口ノ字〉巖カム流（〃）符カナヘリ（1/18）軌則（1/19）參差サタルニ（〃）積習スウ（〃）生シ（〃）乖ケル
（〃）綱致（〃）者物（1/20）依リ（〃）見行ク要フ法（〃）南海寄歸內法傳（1/21）附ツケタリ（〃）大周ノ（〃）錄附シテ歸セリ（1/22）無ク
懷オモフ事ムネ彼我ト（1/23）非レ（1/24）曰ク（1/25）然モ（〃）理致善ク（〃）
微（2/1）此難シハルカニ懸ソシル事囑ミル事（〃）且ク（〃）粗ホヽ（〃）先マツ呈タルヲ（2/2）備ツフサニ（〃）考カムカヘタリ（〃）縱使タトヒ（〃）淪シツミヌレトモ（〃）成セム（2/3）
談ホノホハ絕ヌトモ（〃）庶（朱コ）ヒネカハクハ有事ヲ（〃）續ツク事（〃）閱ミハ（2/4）不勞スシ（〃）未クセ徒シウツサソンケム事ヲ寸陰（〃）鏡テラサム（2/5）鼓オコカシ（〃）揚アケ（2/6）鏡テラシ
（〃）慧舟（〃）承匠ケ旨（2/7）檢セリト（〃）濬深也發スルニ（〃）巧コウ心（〃）受嗤アサケリヲ（2/8）云シカ尒イフ（〃）非事ヲ云小シモニ（2/9）對ムカフ
（〃）儀ヲ云（〃）小サキ（〃）分事ヲ云（2/10）罷マカテ（〃）去事ヲ云穢ヲ（〃）有事ヲ二瓶（〃）晨且觀事ヲ云蟲ヲ（2/11）嚼カム事ヲ云齒木ヲ（〃）受ケ（〃）赴オモフ
ク事ヲ云（〃）所須ヲ云（2/12）衣ノ法式ヲ云（〃）喪サウ制ヲ云（〃）結スル淨地法ヲヲ云（2/13）五衆（〃）隨（ま）カセ（〃）規（〃）匙カヒ著ハシノ合不ヲ云（2/14）

禮（〃）受―戒規―則（2/15）隨（〃）儭（〃）方法（2/16）少（〃）禮不相扶（〃）道（2/17）相遇（〃）
體病源（〃）進藥方法（2/18）除其弊藥（〃）旋右（〃）觀時（〃）灌沐尊―儀（2/19）。體（〃）乖
式（〃）西―方學―儀（2/20）受―用僧衣（2/21）燒―身合―不（〃）傍―人獲非（〃）不爲（2/22）將（2/24）見棎
（〃）此（〃）迦攝卑（2/26）此（〃）
烏長那國（3/1）亀兹（〃）雜（〃）行者（〃）凡諸破夏苾芻（3/4）但（〃）十利（〃）然（〃）本位（〃）成
（3/5）昔（3/5）受敬（〃）飜（〃）卑（〃）習（〃）成（〃）無憑―據（3/6）依夏受請（〃）盜過容生（〃）詳審
（〃）無踈略（3/7）宜（〃）日（〃）論大小（〃）縱令失夏（〃）不退下行（2/8）尋檢聖敎（〃）無文
（〃）誰昔遵行斯事（3/9）准依（3/11）對（〃）近（〃）除（〃）徒―跣（〃）容輙著鞋―履（3/12）衣
掩（〃）無巾帊（3/13）自（〃）遊―行（〃）過（〃）寒―國（3/14）聽著短―靴（〃）諸―餘履―屣。（〃）異（3/15）寒
燠（〃）准―如（〃）違―處（〃）隆冬（3/16）權著（〃）履屣（3/17）不旋（〃）先明（〃）富―羅勿進（〃）
順（3/18）自（〃）故（〃）慢（〃）耳（3/19）將食（3/21）必須（〃）淨―洗（〃）踞坐（3/22）繩織（〃）圓
（3/23）流（〃）小枯（〃）前置槃―盂（3/24）淨塗（〃）鮮―葉布上（〃）去（〃）未曾（3/25）大牀上跏―坐
食（〃）者（〃）且（〃）長佛八指（〃）長中人（〃）
當（4/1）高二尺（〃）元不合坐（4/2）坐（〃）同（〃）欲如―之―何（〃）護罪之流（4/3）須（〃）靈。巖。
（〃）所製（4/4）如（〃）連―坐跏―趺（〃）食（4/5）初來（〃）食（4/6）踞―坐（〃）。晉代（〃）訛（〃）自兹已
後（〃）垂（4/7）排（4/8）受（4/9）親（〃）是―非（〃）告―言（〃）見用（4/10）食已（〃）非（〃）棄（4/11）
坐（〃）弟子（〃）學（4/12）縱不能依（〃）勿生輕笑（〃）良以（〃）坐（〃）難爲（4/13）。殘宿（〃）
收去（4/14）觸（〃）傳（4/15）幸熟察之（〃）湌（4/18）成（〃）宜（〃）重收（4/20）尒（〃）獨（4/21）有（4/22）
成（〃）將益送（〃）殘食（4/23）收―入（〃）覆―寫（〃）臛（4/24）鐺（〃）羹菜（〃）仍湌（4/24～25）持律者頗

識分彊(4/25)流。漫(〃)畋(4/26)入(〃)成(〃)要(〃)
方得觸著(5/1)未澡。漱觸他(5/2)成不淨(〃)若觸著狗。犬(5/3)須澡漱(〃)嘗(〃)漱(5/4)嘗器
(〃)觸鐺釜(〃)爲(5/5)縱陳(〃)。饗祭(〃)供設。(〃)欲獻(5/6)靈。祇(5/7)飲食(〃)清潔。(〃)
未淨澡漱、(〃)洗淨(5/8)不合作(〃)俗(〃)云(5/9)清齊。(〃)宜侵肌捨塵(〃)糞〈定也(〃天)〉或孔顏如
斯(〃)須清潔(5/10)不……歆〈神食□飲酒也〉饗〈湌也祭也〉(5/10~11)須人檢校(5/11)待齊了(〃)恐時過(5/12)
無論(〃)雖霑薦奉(〃)先(〃)許無罪咎(5/13)見……助檢校(〃)食多過午(5/13~14)獲罪(〃)
未。可(〃)然(〃)云(〃)有別異者(5/15)爲初基耳(〃)胡地使人(5/16)行至(〃)見笑(〃)良以
(〃)[illegible]坐(5/17)相棖觸(〃)猪。犬(5/18)成。譏議(〃)行法者(〃)須存(〃)勿以爲輕(5/19)無淨觸
(〃)來久(〃)雖聞(5/20)自非面言(〃)解悟(〃)或以器(5/22)屛所(〃)或向瀆。竇〈徒遘反以可引水〉(〃)
或可臨階(5/22~23)自(5/23)令人授水(〃)淨洗(〃)刮舌(5/24)務、令清潔(〃)餘津(〃)若在(〃)不成
齋(5/25)以其豆屑〈先結反〉(〃)或時(〃)土水(〃)撚(〃)拭其脣。吻(5/26)令無膩氣(〃)以。蠡。盃(〃)
用(6/1)承(〃)三屑(〃)淨揩(〃)乾牛糞(6/2)洗令无膩(〃)或(〃)屛隱(〃)淨瓶(〃)居
顯處(6/3)遮。文(〃)漱(〃)成(〃)自此(〃)前(6/4)無宜輒〈則也〉咽(〃)破(〃)咽。咽(〃)未……重
漱已來(6/5)涎唾(〃)過。午(6/6)罕識知(〃)縱知(〃)非易(6/6)言之(〃)。豆麵。灰水(6/7)
難免過(〃)爲(〃)牙中食在(6/8)存(〃)觀(〃)理(〃)容(6/9)食正已了(6/9)談。話過時
(〃)不嚼(〃)含(6/10)竟夜(〃)招(〃)送(〃)成難。(6/11)遣門人(〃)持授〈或本相ヒ〉分(6/14)淨者(〃)
用瓦。瓷(〃)觸(〃)任兼銅鐵(6/15)觸乃便利所須(〃)淨則淨手方持(6/15~16)須安著(〃)觸乃觸
手(〃)器所盛(6/17)合飲(6/18)餘器盛者(〃)時水(〃)受飲(〃)午後(6/19)飲(〃)作(〃)蓋須達頂
〈或本也〉連口頂出尖。臺(6/20)高(〃)通小穴(〃)麁(6/21)可在此中(〃)傍邊(〃)開圓孔(6/22)

令上堅高兩指(〃)孔如錢許(〃)添水宜於此處(6/22~23)可受(6/23)小成無|用(〃)二
穴恐蟲塵入(6/24)或…或或(〃)取水時(6/25~26)須(6/26)令塵垢盡(〃)納新(〃)
容……畜一小銅瓶著蓋挿口(6/26~7/1)傾(7/1地)難(7/2)有垢(〃)有氣(〃)。停水(7/3)兩合(〃)
可取(7/4)長(〃)寬一尺許(〃)角襵(〃)對|處縫合(7/4~5)連|施(7/5)長一磔(〃)乞食
(7/6)上(7/7)不入(〃)底尖(〃)不同(7/8)述(〃)加沙〈或本袈裟〉(7/9)擎(〃)去(7/10)佛教
(〃)儀(〃)有暇(〃)執(〃)革。屣(7/11)斜(〃)安祥(〃)雅當其。况(7/12)至如(〃)鶴變(7/13)。蕭
。條鵠封(〃)禮(〃)湊集也(7/14)觀千。數(〃)同此式(〃)若(〃)多|聞(7/15)無騎鞍。乘者(〃)僉皆也(〃)令
人擔(7/16)或遣童子齎持(〃)僧徒法式(7/17)晨旦(7/18)晨|旦(7/19)瓶|井池|河之別(〃)明先觀瓶
|水(7/20)可於(〃)銅盞(7/21)或羸|落菓反見也。坏漆。|器(〃)傾|取掬許安堅塼上(7/21~22)或(7/
22)良|久(〃)。盆罐。寛反(7/23)看之亦得(〃)存念(7/24)見蟲者(〃)倒寫瓶中(〃)餘|水(〃)滌
器無蟲方罷(7/25)有池河處(〃)持瓶(〃)彼(〃)蟲水(〃)濾音慮洗也取新淨(7/26)如但有
井(〃)准法(〃)觀(〃)
汲|出(8/1)酌|取掬許(〃)如上觀察(8/1~2)無蟲者(8/2)通夜隨用(〃)

15　10　5　①

① 南海寄歸内法傳卷第二　　沙門義淨撰

十に(は)衣食の所須をいふ

察（アキラ）メミレは、夫(れ)、有―待の累―形は、衣食を假(ヱ)て〔而〕始(め)て濟す。無生の妙智は、滅理に託して〔而〕方に興る。若(し)其(の)受―用儀に乖（そむ）(く)＜右朱淡 ソ＞ときには、便(ち)歩歩(の)〔之〕罪を招き、澄―心軌（ノリ）(訓)を失(ひ)ツレに、遂に念念(の)〔之〕迷(訓)(ひ)を致ス。此(れ)に爲（よ）(ヱ)て受―用の中に於い(て)脱を求(む)る者（モノ）(訓)は、聖言に順(ひ)て〔而〕受用し、澄＜天朱訂＞心の處に在(ヱ)て理を習(ふ)者は、先敎に符（カナ）(訓)フて以(て)心を澄(訓)(ま)す。卽(ち)〔須〕俯(訓)(し)て生―涯を視(訓)レは、是(れ)迷―生(の)〔之〕牢＜天朱 或本窂＞―獄ナリ。仰(き)て寂―岸を睎（み）れは、悟寂＜右朱補＞(の)〔之〕虛＜天朱 靈作虛字＞―關爲（た）(ヱ)。方に法□―舟を苦津に〔於〕艤（ヨソ）ヒ、慧―炬を長夜(に)〔於〕秉（ト）ル可(し)〔矣〕。然も、所著(の)衣服(の)〔之〕製、飮食(の)〔之〕儀に於い(て)、若(し)持犯昞（ヘイ）＜天朱訂＞―然たるは、律(に)成―則有(ヱ)。初―學(の)〔之〕輩、亦、重輕を識れ＜右朱淡 レ＞。此(れ)則(ち)得―失(は)局（かき）(訓)(ヱ)て別―人に在(ヱ)。固（まこと）に乃(ち)商（カク）榷＜地朱訂＞に煩(訓)ひ無し。自（オ（のつか））(ら)現

形儀我住東川離俗者習東川之軌則詎能
移州之雅服受印度之殊風者聊爲此徒粗
詮衡世凡是衣服之儀斯乃出家綱要理須
具題其製豈得輕而略諸且如法衆三衣
五天並皆刺葉獨唯東夏開而不縫親問
北方諸國行四分律處俱同刺葉全無開
者西方若得神州法服縫合乃披諸部律
文皆云刺合然而充身六物自有嚴條十三
資具且廣如律說言六物者一僧伽胝譯爲複衣也
二嗢呾囉僧伽譯爲上衣三安呾婆娑譯爲內衣此之三衣皆名支伐羅北方諸國多名衣爲袈裟乃是赤色之義非律文典語也四波呾囉鉢也五
尼師但那坐卧具也六鉢里薩囉伐拏濾水羅也受戒之時要須具斯六物
十三資具者一僧伽胝二嗢呾囉僧伽
三安呾婆娑四尼師但那五裙六副裙七
僧腳崎掩腋衣也八副僧腳崎九拭身巾十拭
面巾十一剃髮衣十二覆瘡疥衣十三藥
資具衣頌曰
三衣并坐具　裙一帔有兩　身面巾剃髮
遮瘡藥具衣

に違(ふ)こと有らは〈右朱淡 ラ〉、律をもて検して、〔而〕将て指—南と爲よ。或—可(は)習—俗常を生して、其(れ)過 無(し)と謂り。或(るいは)道ハク、「佛、西國に生レたまり。彼(の)出家の者ハ、西國(の)〔之〕形—儀に依(る)。我(れ)東—川に住す、俗を離(れ)たる〈右朱淡 タル〉者、東川(の)〔之〕軌—則を習(ふ)。詎(れ)か能(く)神〈右朱補〉州(の)〔之〕雅服を移して、印度(の)〔之〕殊—風を受(け)む者。」と。聊(か)に此の徒 の爲に、粗〈地朱訂〉詮—衡す〔也〕。凡そ〈右朱淡 ソ〉是(の)衣服(の)〔之〕儀は、斯(れ)乃(ち)出家の綱〈地朱訂〉要なり。理(り)須く〈朱淡〉具に其の製を題す(り)し《再読》。豈(に)輕むて〔而〕諸 (を)略することを得むや。且 く法衆の三衣の如き、五天並に皆葉を刺セリ。獨(り)唯ゝ東夏のみ開い(て)〔而〕縫ハ不。親 リ北方の諸—國の四分律(を)行する處を問(ふ)に、俱に同(し)く葉を刺せり。全ラ開ケル『者無し。西方、若(し)神州の法服を得ては、縫—合(はせ)て乃(ち)披ル。諸部の律文には、皆刺—合すと云り。然—而も、充—身の六—物、自 (ら)嚴條に有(り)。十三の資—具、〔且〕廣(く)は律に説(く)か如し。六物と言(ふ)は〔者〕、一は僧—伽—胝【譯して複—衣と爲す(也)】。二(は)嗢〈天朱訂〉呾囉僧伽 【譯して上衣と爲(す)】。三(は)安呾婆娑【譯(して)內衣(と)爲(す)。此(の)〔之〕三衣を皆支—伐—囉と名(つく)。北方の諸—國は 多(く)法〈右朱補〉衣を名(つけ)て加沙と爲(す)。乃(ち)是(れ)赤—色(の)〔之〕義なり。律文の典語に非す〔也〕。】。四(は)波呾囉【鉢〈地朱訂〉なり〔也〕。】五(は)尼師但那【坐臥(の)具なり〔也〕】。六(は)鉢里薩囉伐拏【水(を)濾ム羅 なり〔也〕。受〈地朱訂〉—戒(の)〔之〕時、要 す斯の六物を具す須し。】。十三の資具と(は)〔者〕、一は僧—伽胝。二(は)嗢—呾囉僧伽。三(は)安呾婆娑。四(は)尼師但那。五(は)裙。六(は)

遮瘡藥具衣
十三種衣出家開畜既有定格即須順教用
之不比自餘所有長物此之十三咸須別牒
其事點淨守持隨得隨持無勞揔足餘外長
衣量事分別若氈褥紩席之流但須作其
委付他心而受用也有云三衣十物者蓋是
譯者之意離爲二處不依梵本別道三衣折
開十物然十數不能的委致使猜卜皆悉憑
虛訓什爲雜未符先旨其藥直衣佛制畜者
計當用絹可二丈許或可一疋既而病起無
恒卒求難濟爲此制畜可預備之病時所須
無宜輒用然修行利生之門義在存寺通濟
既而根有三等不可局爲一途四依四作十
三杜多制唯上行畜房受施十三資具盖兼
中下遂使少欲者無盈長之過多求者去闕
事之咎大哉慈父巧應根機善誘人天稱調
御者而云供身百一四部未見律文雖復經
有其言故是別時之意且如多事俗徒家
具尚不盈五十豈容省緣釋子翻乃

副—裙。七(は)僧脚崎【腋を掩フ衣(き)(也)】。八(は)副僧脚崎。九(は)拭身巾。十(は)拭面巾。十一(は)剃髮衣。十二(は)覆瘡疥依。十三(は)藥資具衣なり。頌(に)曰(はく)、

三衣並坐具　裙一帔有兩　身面巾剃髮　遮瘡藥具衣

十三種の衣は、出家(に)畜フルこと＜朱淡 タクハフル、クハフル 消＞を開せり。既(に)定格有(り)。卽(ち)教に順(ひ)て之を用(ゐ)る＜朱淡 ル＞須(し)。自—餘の所—有の長物に比へ不。此(の)(之)十三をは、咸(く)別に牒す須し。其の事點—淨して守り＜朱淡 リ＞持て。得るに隨(ひ)て隨(ひ)て持ツ。勞(し)く＜朱淡 シク＞總ネ足スこと無(か)れ＜朱淡 レ＞。餘—外の長—衣は、事を量らひて＜朱淡 ハカラ＞分別せよ。若(し)氈—褥・紩席(の)(之)流は、但(た)其の他に委—寸する心を作して、(而)受用す須し(也)。有(る)ひとノ云(はく)、「三衣十物は(者)、蓋(し)是(れ)譯者(の)(之)意なり。離して二處と爲るは、梵本に依(ら)不。別して三衣と道ハ、折(ち)て十物を開(す)なり。然も、其＜右朱補＞(の)十—數(は)、的ラカに委カに＜朱淡 ニ＞すること能(は)(不)。致に猜—卜(を)して皆悉(く)憑—虛ナラ(シムルこと)使メツ。什を訓して雜と爲ること先旨に符は未。其(の)藥具＜地朱訂＞衣は、佛(の)畜(ゑ)よと制(し)たまゑる者なり。計レは當(に)絹を用(ゐる)こと二—丈許り＜朱淡 ハカリ＞す可(し)。或(る)い(は)一—疋す可(し)。既—而にして病(ひ)起(る)こと恒無し。卒カに求(む)るに濟し難(し)。此(れ)に爲(り)て畜(する)ことを制(し)たまゑり。預シメ之を備ふ可(し)。病の時の所—須、(宜)輒く＜朱淡 ク＞用(ゐる)こと無(か)れ。然も、修—業利—生

5 10 15 20

具尚不盈五十豈容省縁釋子翻乃
過其百數准驗道理通塞可知凡論
絁絹乃是聖開何事强遮徒為節目斷
之以意欲省招繁五天四部並皆著用
詐可弃易求之絹絁覓難得之細布防道
之極其在斯乎非制强制即其類也遂使好
事持律之者増己慢而輕餘無求省欲之賓
内起懟而外恧斯乃避身長道亦復何事
云云而彼意者將為害命亂來傷慈之極
悲愍含識理可絶之若尒者著衣噉食縁多
損生螻蚓曽不寄心蛹蠶一何見念若其揔
誰者遂使存身靡託捉命何因以理推徵此
不然也而有不噉蘇酪不履皮鞋不著絲綿
同斯類矣凡論教者先以故意斷彼命根方
成業道必乖故思佛言無犯三亂清淨判在
上徵設乖斯旨但招輕過無敎心故因乃極
衣宗自顯三支道理且已皎然況復金口自
言何勞更為穿鑿遂使五日之疑出於作
者之筆三家之謗傳乎信受之言若其自危

25 (の)〔之〕門、義、通—濟を〔乎〕存するに在(り)。既(すでに)而して根に三等有(り)。
局(かきり)て一途に爲ス可(から)不(す)。四—依・四—作、十三杜多、制、上に准〈朱訂〉へて行
③ せよ。畜—房受—施、十三資具、並(また)『中下を兼(ね)たり。遂(に)少欲の者をして
盈長(の)〔之〕過(とか)無く、多—求の者をして闕—事(の)〔之〕咎(とか)亡カラ使む〈朱淡 メ
ヨ〉。大—哉(なるかナ)、慈—父、巧に根—機に應(かな)(ひ)て、善(く)人天を誘メて、調御と稱
(し)たまふ者(もの)。而も供—身百—一と云ふこと、四—部に律の文に見未(みす)。復(た)、經に
其の言有(り)と雖へ(とも)、故ホ是(れ)別—事(の)〔之〕意なり。且ク事多(き)俗
—徒の如きすら、家—具尚(ほ)五十に盈タ不(す)。豈(に)縁を省ケル釋—子、翻(かへ)(り)
5 テ〔て〕乃(ち)其の百數に過く容(け)むや。道理に准—驗して、通塞して知(り)ヌ可
(し)。凡(そ)絁(シ)—絹を論すれは、乃(ち)是(れ)聖の開なり。何(なにこと)—事ありてか、强ヒ
て遮して、徒(いたつら)に節目することを爲る。之を斷(つに)〔て〕意を以(て)して、省
(か)むと欲(おも)(ひ)て繁(シケ)キ〈朱 い〉ことを招ク。五天の四部、並に皆著—用せり。
誰〈天朱訂〉(れ)か求め易き〔之〕絹—絁を棄てて、得難き〔之〕細—布を覓(もと)む可(け)
10 む。道を防する〔之〕極、其(れ)斯(こ)に在るか〔乎〕。制に非(さ)ル〈ル 淡〉を强(あなかち)
に制する、卽(ち)其の類なり〔也〕。遂(に)好—事持—律(の)〔之〕者(もの)をして、己か慢
を増して〔而〕餘を輕み〈朱淡 ミ〉、無—求省—欲(の)〔之〕賓をして、内に懟を起し
て〔而〕外に恧(ハツカ(し))使む。斯(れ)乃(ち)身を遮し道を長(マ)スこと、亦復(た)、何(なにのこと)—事
かあらむ云云。而も、彼の意は〔者〕、害—命の處よりり來れり、慈を傷(ヤフ)ル〔之〕極爲(た)
るを將(も)て、含—識を悲—愍するい、理(り)、之を絶つ可(し)。若(し)尒(しからは)—者、衣
15 を著(キ)、食〈朱淡 クラフニ〉を噉(クラ)フに、縁、多(く)生を損す。螻(ロウ)—蚓(イン)には曾(か)(つ)て
〈朱淡 カツ〉心を寄(ヨ)セ不(す)。蛹(ヨム)余腫反—蠶(サム)をしも一—何(ナ(に))ソ念(オ(も)ル)は見ゝ。若(し)其(れ)、總へて

言何勞更為穿鑿遂使五日之疑出於作
者之筆三家之謬傳乎信受之言若其自乞
生繭目驗損蟲斯則俗士尚不應行何況清
希出離引斯為證深成未可若有施主淨意
持來即須唱隨喜以受之用資身而育德實
無過也五天法服任刺任縫衣縷不問
縱橫為曰無過三五計絹一疋作得七條
內葉三指外緣一寸外緣有刺三道內葉憑
昝縫合充事表儀亦何假精妙若著納衣
者意存省事或拾遺於糞聚或取棄於屍
林隨得縫用祛寒暑耳而有説云律中卧具
即是三衣見制野蠶便生異意刺謂法衣非
絹遂即覓布膠勤寧委本文元來是褥高
世邪乃是蠶名作絹還受斯号體是貴物制
不聽用作褥之法有其兩種或縫之作袋貯
毛在中或可用絲織成即是氍毹之類其褥
樣闊二肘長四肘厚薄隨時自乞乃遮他
施無罪全不許用太事嚴科此諸教具
非三衣也又復律云正命謂是口腹為先
耕墾須得其宜種植無違教細應法食用

護らは〔者〕、遂に、存―身をして託(ツ)クこと靡(なか)ら〈朱淡ラ〉使メ、命(を)捉(ト)ルこと
何(ナ(に))の因そ〈朱淡ソ〉。理を以(て)推―徴するに、此(れ)然ら不(す)〔也〕。而も、有
(る)ひと蘇酪を噉は不(す)、皮鞋(カイ)を履(ハイモノ)に(せ)不(す)、絲(シ)―綿を著(キ)不(す)、斯の類に同し〔矣〕。
凡(そ)殺を論する者は、先つ故―意を以(て)彼の命―根を斷つ、方に業道を成す。
必(す)故―思に匪(あら)すは、佛、「犯無(し)」と言(のたま)ゑり。三―處清淨なるは、判して
愆亡(トカ(な))キに在ク。設(ひ)(たと)斯の旨を乖(そむ)ケとも、但(た)輕き過(とか)を招(かくのみ)。殺―
心無(き)か故に、因乃(ち)極成せり。猶(ほ)餘を受(く)るか若(こと)し。喩便(ち)彰―著(チヨ)
なり。因―喩既に其(れ)明―白にして過(とか)無し。表〈天朱訂〉―宗自(おのつか)ら顯(あらは)な
り。三支の道―理、且夕(マ)已に皎―然なり。況(や)復(た)、金口に自(みつか)ら〈朱淡ミ〉
言(のたま)ゑり。何そ勞(し)く更に穿―鑿することを爲む(せ)〈朱淡セム〉。遂(に)五日
(の)〔之〕疑(ひ)をして作―者(の)〔之〕筆より出(た)サシメ、三―家(シ)(の)〔之〕謬(アヤマ)
リをして、信受(の)〔之〕言に〔乎〕傳ゑ使めたり〈朱淡シメタリ〉。若(し)其(れ)、
自(みつか)ら生―繭(ケニ)(を)乞ふて、目に驗(ウツ)ラ蟲を損す。斯(れ)則(ち)俗―士すら尚(ほ)行
す應(から)不(す)。何(に)況(や)、情(こころ)〈朱訂〉に出―離を希(ねか)(ふ)ひと〈イ歟〉ヲヤ。
斯(れ)を引(き)て證と爲(す)ること、深(く)可ナ(ら)未るに成る。若(し)施主有(り)
て、意を淨くして『持(ち)て來らは、即(ち)隨喜と唱(ゑ)て、以(て)之を受(け)
て、用(ゐ)て身を資け、而も德を育す須(し)。實に過無(し)〔也〕。五天の法―服
は、任(ほし)マゝニ刺(サ)し任(ル)に縫ゑり〈朱淡ヘリ〉。衣―縷縱橫(トサマカウサマ)にすることを問(は)
不(す)。三―五に過(トカ)無しと曰(い)ふことを爲す。絹一―疋を計れは、七條に作り〈朱淡
リ〉―得ウ〈朱淡〉。內―葉は三枝、外―緣は一寸なり。外緣は三道に刺(ヌ)ヘルこ

15 非三衣也又復律云正命謂是口腹為先
耕墾須得其宜種植無違教細應法食用
不生其罪始曰立身能長其福依如律教僧
家作田須共淨人為其分數或可共餘人戸
咸並六分抽一僧但給牛與地諸事皆悉不
20 知或可分數量時斟酌西方諸寺多並如
是或有貪婪不為分數自使奴婢躬撿營
農護戒苾芻不噉其食意者以其僧自經
理邪命養身駈使傭人非瞋不可壊種墾
地虫蟻多傷日食不過一升誰復能當百罪
25 是以耿介之士失其事繁攜瓶挾鉢棄
之長鶩獨坐靜林之野惟與鳥鹿為儔絶名
利之諠覧修涅槃之寂滅若為衆家經求取
⑤ 利是律所聽墾土害命教門不許損虫防業
寧復過此有罪邪生之十須著作則不見為
疎條無過正行之三衣遂復弊勞於文墨嗚
呼可為信者説難與疑者言由恐傳法之家
尚懐固執耳初至耽摩立底國寺院之外有
5 一方地忽見家人取菜分為三分與僧一分
自取兩歸未解其故問大乘燈師曰斯何意

5 と有(り)。內葉は悉(く)皆縫(ひ)合(せ)て、事に充てゝ儀を表す。亦、何ソ精妙(を)假(ら)む。若(し)納─衣を著る者は、意、事を省くこと(に)〔を〕存せり。或(るい)は遺レたる(を)糞─聚に〔於〕拾ひ、或(るい)は棄テたるを屍─林に〔於〕取(り)、得るに隨(ひ)て隨〈天朱訂〉(ひ)て縫(ひ)て、用(ゐ)て、寒─暑を社クル(らくのみ)〔耳〕。而(も)、有(る)ひと說(き)て云(はく)、「律の中の臥─具は、卽(ち)是(れ)三衣そ。」と。制せる野─蠶(を)見て、便(ち)異─意を生ス。剩(ち)法衣を絹に非(す)と謂(ひ)て、遂に卽(ち)布を覓(むる)こと慇─懃なり。寧(ろ)

10 本─文に委ハムヤ。元─來よ(り)是(れ)褥は喬奢邪〈天朱訂〉なり〈朱淡ヤ〉。乃(ち)是(れ)蠶の名なり。絹を作(り)て還(り)て斯の號を受く。體(は)是(れ)貴物なり。制(し)て用(ゐる)ことを聽(さ)不。褥を作る〔之〕法、其(れ)兩─種有(り)。或(る)い(は)縫(ひ)て〔之〕袋に作(り)て、毛を貯レて中に在けり。或─可は絲を用(ゐ)て織─成せり。卽(ち)是(れ)氈─毹(の)〔之〕類なり。其の褥の樣は、闊サ二─肘、長サ四肘、厚─薄時に隨(ふ)。自(ら)乞(ふ)は乃(ち)遮す。他の施するは罪無(し)。全ラ用(ゐる)ことを許(さ)〈朱淡こと〉不して、太─事として嚴(し)

15 ク科ナフ。此の諸の敷─具は、三衣に非す〔也〕。又復(た)、律に「正命」と云ゑり。是(れ)口─腹をもて先と爲と謂ふ。耕─墾すること其(の)宜を得須(し)。種─植教─網〈天朱訂〉に違(ふ)こと無(し)。法に應(ひ)て食─用するは、其の罪を生さ不。始(め)て曰ふ、「身を立てて能く其の福を長す。」(と)。律─教の如き〈朱淡キ〉に依らは〈朱淡ラ〉、僧─家の田を作ること、淨─人(と)共に其の分數を爲ス須(し)。或─可るトコロハ餘の人戸(と)共に、咸く並に六─分して一を抽

20 ツ。僧は但(た)牛と地と〔與〕を給ふ。諸の事は皆悉(く)に知(ら)不。或─可(る)

10　15　20　25

一方地忽見家人取菜分爲三分與僧一分
自取兩歸未解其故問大乘燈師曰斯何意
焉答曰此寺僧徒並多戒行自爲種植大聖
所遮是以祖地與他分苗而食方爲正命省…
緣自活無其耕墾誑灌殺生之罪矣又見知
事苾芻晨旦井邊觀水無虫得用一日有命
即須羅濾又見但是外人取與下至一鑯菜
並須問衆方用又見寺內不立綱維但有事
來合衆量許若緣意獨斷隨情損益僧
徒不遵衆望者此名俱羅鉢底衆共駈之又
見尼入僧寺白乃方前僧向尼坊問而後
進若出寺外兩人方去必有緣須至俗舍者
白衆許已四人共去又見每月四齋之日合
寺大衆晡後咸集俱聽寺制遵而奉行深
生敬仰又見有一小師遣其童子將米二外
送與家人婦女情涉曲私有人告衆喚來對
勘三皆承引雖無惡事而自貧慙心即出寺
門棄名長去師遣餘人送衣物但是衆法
共遵未勞官制又見婦人入寺不進房中廊
下共語暫時便去又見寺內有一苾芻名曷

トコロハ分―數時を量(り)て斟―酌す。西方の諸―寺多く並に是(くの)如し。或(あ)
有るトコロハ食―婪∧天朱 婪盧含反∨(に)して分―數を爲サ不。自(ら)奴―婢を
使カヒ、躬ラ營―農を檢す。戒を護る苾芻は其の食を噉(は)不。意は〔者〕、其の
僧自(ら)邪命を經―理ムテ身を養ひ、傭―人を駈リ使ふに瞋(ら)非れは可カ不。
種を壞リ地を墾ルに、蟲―蟻多く傷ルれはなり〔以〕。日の食は一升に過き不。誰
(れ)か復(た)能く百　の罪に當ラム。是(を)以(て)、耿―介(の)〔之〕士は其の事の
25
繁キことを疾∧天朱訂∨ム。瓶を携　ケて鉢を挾　ムて、之を棄て丶長く騖ク。獨
(り)靜林(の)〔之〕野に坐て、鳥―鹿と〔與〕儔爲ラムことを懼　フ。名『利(の)〔之〕
⑤
誼―囂を絕(ち)て、涅槃(の)〔之〕寂滅を修す。若(し)衆―家に爲(り)テ經求め利
を取るは、是(れ)律の聽　す所なり。土を墾リ命を害するは、教―門に許サ不。蟲
を損し業を防すること、寧(ろ)復(た)此(れ)に過(き)むヤ。有―罪邪―生(の)
〔之〕十―項∧天朱訂∨、著―作に則(ち)見エ不、跡―條と爲ること。無―過正―行
(の)〔之〕三衣、遂∧天朱訂∨ニ復(た)幾(は)クか文―墨に〔於〕勞　ハシクせむ。嗚(あ)―
呼、信―者の爲に說く可(し)、疑はむ者の與　には言ひ難し。傳―法(の)〔之〕家、
5
尙(ほ)固執(を)懷けるを∧朱淡 ケル∨恐ル丶に由(り)てのみ〔耳〕。淨∧右朱訂∨は初
(め)躭―摩―立底國に至る。寺―院(の)〔之〕外に一(つ)の方―地有(り)。忽　に
家の人の、菜を取(り)て分(ち)て三分と爲して、僧に一分を與ヘ∧朱淡 ヘ∨自
(ら)兩ツを取(り)て歸るを見て、其の故を解(ら)未して、大乘∧朱訂∨燈師に問
(ひ)て曰(は)く、「斯(れ)何　(の)意そ〔焉〕。」と。答(ヘ)て曰(はく)、「此の寺の
10
僧―徒、並に多く戒―行あり。自　(ら)種―植を爲ることは、大―聖の遮(め)た
まヘる所なり。是(こを)以(て)、祖―地を他に與(ヘ)て、苗を分(かち)て〔而〕食

共遵未勞官制又見婦人入寺不進房中廊
下共語暫時便去又見寺内有一苾蒭名曷
羅戶羅審呾羅手時年可卅操行不群名稱
高遠一日誦寶積経有七百頌閑内典之三
藏洞俗言之四明東聖方龕推為上首自從
受具女人曾不面言母姉設来出觀而已當
時問日斯非聖教何為然乎荅日我性多
染非此不杜其源雖復不是聖遮防邪亦復
何爽又見多聞大德或可一藏精研衆給上
房無與淨人供使講説尋常放免僧事
出多乗輿鞍畜不騎又見客僧創来入寺
於五日内和衆与其好食冀令解息後
乃僧常若是好人和僧請住准其夏歳
臥具是資無學識則一體常僧具多聞
乃准前安置名挂僧籍同舊住人矣又見
好心来至具問因如求出家和僧剃髮名字
不干王籍衆僧自有部書後若破戒行
非鳴揵稚而駈遣為此衆僧自相撿察
趣過難為萌漸于時歎日昔在神州自言
明律寧知到此反作迷人向若不移此

す。方に正―命と為す。縁を省いて自(ら)活(ら)ふ。其の耕墾・漑灌、殺生(の)(之)罪無し(矣)。」と。又、見レは、知―事の苾芻、晨―旦に井の邊に水を観る。蟲無(け)レは用すること得。一―日も命有(る)ときには、即(ち)羅をもて濾ム須(し)。又、見レは、但(た)是(の)外―人(のみ)取(り)〈朱淡 リ〉與ふ。下一―(鐵)莖の菜に至るマテ、並に須ス衆に問(ひ)て方(に)用(ゐ)る。又、見レは、寺の内に綱―維を立(て)不。但(し)事來ること有(る)ときには、衆合(り)て量―許す。若(し)獨カ意に縁(り)て處―斷せるをは、情に隨(ひ)て損益す。僧徒の衆望に遵(は)不る者をは、此(れ)を倶〈天朱 但〉羅鉢底と名(つ)く。衆共に之を駈ル。又、見レは、尼、僧―寺に入るときに、白して乃(ち)方(に)前む。僧、尼坊に向ふときに、問(ひて)(而)後に進む。若(し)寺の外に出(つる)ときに(は)(者)、人兩リして方(に)去る。必(す)縁有(り)て、俗舍に至る須(き)ときに(は)(者)、衆に白(し)て許され〈朱淡 サレ〉已(り)て、四―人共に去る。又、見レは、月毎に四―齊(の)(之)日、寺合〈地朱訂〉(り)て大衆晡の後に、咸く集(り)て倶(に)寺の制を聽キ、遵(ひて)(而)奉行して、深く敬仰を生ス。又、見レは、一(り)の小―師有(り)。其の童子を遣(り)て、米二升(を)將て家人婦女に送―與ふ。情曲―私に涉レリ。人有(り)て衆に告く。喚ヒ來(し)て對―勘するに、三タリナカラ皆承―引す。惡事無しと雖(も)、而も、自(ら)慙心を負(ひ)て、即(ち)寺の門を出て〻名を棄て〻長く去(り)ヌ。師餘―人を遣(り)て彼〈右朱補〉ノ衣―物を送る。但(た)是(れ)衆―法なれは共に遵ふ。官―制を勞(し)クセ未。又、見レは、婦人寺に入る。房中に進マ不。廊下にして共に語ら(ひ)て〈朱淡 ラ〉、暫(く)の時

趣過難爲萌漸于時歎曰昔在神州自言
明律寧知到此反作迷人向若不移步
西方何能鑒斯正則此乃式是寺家
衆制式是別行要心餘並著在律文未
代任持拯要此皆是耽摩立底跋羅訶寺
之法式也其那爛陁寺法乃更嚴遂使僧
徒數出三千封邑則村餘二百並是積代
君王之所奉施紹隆不絶非律而誰者哉
亦未見有俗官乃當衙正坐僧徒爲行側立
欺輕呼喚不異凡流送故迎新幾倦途路
⑦
若點撿不到則走赴公門求命曹司無問
寒暑夫出家之人本爲情希離俗捨五畏
之危道遵八正之平衢豈有反更驅馳重
嬰羅網欲求簡寂寧能遂意可謂全乖併
胧不順蕭然者予理須二六杜多十三資
具隨緣濟命蠲除業習報師僧父母之
鴻澤酬天龍帝王之深慈斯則雅順調御
之儀善愜策修之路因論護命之事且復言
其見行頗諸大徳勿嫌煩重耳然四部之殊

⑥ありて便(ち)去(りぬ)。又、見レは、寺の内に一(り)の苾芻有(り)。『羯羅戸羅蜜咀羅と名(つ)く。時(に)〔于〕、年卅可リ、操—行不—群なり。名—稱高—遠なり。一—日に寶積經を誦す。七百の頌有(り)。內典(の)〔之〕三藏を閑ヒ、俗言(の)〔之〕四明を洞せり。東の聖—方—處に、推(し)て上—首と爲す。自(ら)具を受ケシ(より)〔從〕、女人と曾て面—言せ不。母—姉設ひ來レとも、出(てて)觀る(らく)のみ〔而—已〕。時に當(り)て問(ひ)て曰(は)く、「斯(れ)聖教に非(す)。何(なに)—爲ソ然る〔乎〕。」答(へて)曰(はく)、「我(れ)性染多し。此クセ非しては、其の源を杜セカ不。復(た)是(れ)聖—遮(なら)不と雖(へとも)、邪を防すること亦復(た)何ナ(に)ソ爽ハム。」又、見レは、多—聞の大—徳、或—可(る)い(は)一—藏精研せるには＜朱淡セル＞、衆、上房を給し、亦＜右朱訂＞淨人を與(へて)供—使せしむ。講説すること尋—常なるには、僧事を放—免ス。出(つる)トキは多く輿＜朱訂＞に乘る。鞍—畜には騎ラ不。又、見レは、客僧創(はし)(め)て寺に來—入すれは、五日の內に〔於〕、衆(に)和して其(れ)に好キ食を與ふ。冀フて解—息せ令(む)。後に乃(ち)僧の常にす。若(し)是(れ)好き＜朱訂キ＞人なるときには＜朱淡ナル＞、僧(に)和して請して住せしむ。其の夏—歳に准(へて)臥—具是(れを)資(たす)く。學識無(き)をは、則(ち)常の僧に一體にす。多—聞を具せるをは、乃(ち)前(さき)に准(へて)安置す。名を僧—籍に桂ケて舊—住人に同(し)くす〔矣〕。又、見レは、好き心をもて來—至せるをは、具に因—由＜右朱補＞ヲ問ふ。如(し)出家を求(む)るときには、僧(に)和して髮を剃ル。名—字(を)干メ不。王—籍の衆—僧は、自(ら)部—書有(り)。後に若(し)戒を破(り)非を行するときには、揵稚を鳴ラして〔而〕駈—遣る。

10　15　20　25

其見行頒諸大德多嫌煩重耳然四部之殊
以着裙表異一切有部則兩邊向外雙襵大
衆部則右裙蹙在左邊向內插之外不合
其墮西方婦女着與大衆部無別上坐
正量製亦同斯但以向外直翻傍插爲異
腰條之製亦復不同尼則准部如僧全無
別體且如神州祇支偏袒覆膊方裙禪袴
袍襦咸乖本製何但同袖及以連脊至於
披着不稱律儀服用並皆得罪頗有着至西方
人皆共笑懷慙内恥裂充雜用此即皆是非
法衣服也若點而不說知者無由如欲直言
復恐聞者見怨是以杼軸於短懷說吟於
進退頗智祥察識衣服之本儀也又西方俗
侶官人貴勝所着衣服唯有白疊一雙貧
賤之流只有一布出家法衆但畜三衣六
物樂盈長者方用十三資具東夏不許
同袖及連脊衣者蓋是自習東川妄談西
國耳即如贍部洲中及諸邊海人物衣服
持來即須隨喜以受之用資身而育德實

此(れ)に爲(よ)(り)て衆僧自(みつか)(ら)(訓)相(ひ)檢─察す。過─難を起(オコ)スを萠─漸と爲(す)。
時(に)〔于〕歎して曰(は)く、「昔神─州に在(り)しときに、自(みつか)(ら)律に明(か)な
りと言(オモ)ヒキ。寧(ろ)此(コ)ゝに到(り)て(訓)、反(り)て迷(ひ)の人と作(ナ)ルことを知(ら)むや
＾朱淡ヤ∨。向(さき)に＾朱淡キ∨若(し)歩を西方に移(さ)(訓)＾朱淡サラ∨不(サ)ラましかは、
何そ＾朱淡ソ∨能く斯の正則を鑒(カ)ミマシ。此(れ)乃(ち)或(るいは)＾朱淡マヌ∨△
是(れ)寺家の衆制なり。或(る)い(は)是(れ)別─行の要─心なり。餘は並に著(アラハ)
レて律の文に在(り)。末─代は住─持の極─要なり。此(れ)は皆是(れ)耽(タム)摩立底
の跋(ハ)羅訶寺(の)〔之〕法式なり〔也〕。其の那爛陀寺の法は、乃(ち)更(に)嚴(いつか)しく、
遂(に)僧─徒をして數(かす)(訓)二千に出サシメ、封─邑(音)(音)をして則(ち)(訓)村二百に餘(アマ)ラシム
〔使〕。並(に)是(れ)積─代君─王(の)〔之〕奉施せる所なり。紹─隆絶(え)(す)不。律
に非(す)は、而も誰者(ナニもの)ソヤ〔哉〕。亦見(み)(す)末、俗─官＾朱淡あゝて∨有(り)て乃(ち)
苟(アタ)(我反)(訓)に當(り)て正(し)く坐(ヰ)て、僧─徒は行(ツラ)を爲(ナ)シテ側(ホトリ)に立(ち)て、欺─輕呼─喚す
ること、凡流に異(なら)＾朱淡ラ∨不(る)ことを。故(ふる)(訓)き＾朱淡キ∨を送り新(し)
⑦
きを＾朱消キ∨迎(ふ)るに幾(はく)か途─路に倦(ウ)(訓)マム。『若(し)點─檢して到
(ら)不るときには、則(ち)公─門に走─赴(オ(もむ))(訓)△(き)て、命を曹─司に求め、寒─暑
を問(ふ)こと無(し)。夫(れ)、出家(の)〔之〕人は、本(もと)(訓)、情、俗を離レて五─畏(の)
〔之〕危(アヤ)フキ道を捨て、八正(の)〔之〕平なる衢(ミチ)(したか)(訓)に遵(ク)フことを希(ネカ)フか爲なり。豈(に)
反(り)て更(に)駈馳して、重(ね)て羅─綱に嬰(カヽ)ルこと有(ら)むや＾朱淡ヤ∨。簡
─寂を求メムと欲(オ(も))(訓)はむに、寧(ろ)能く意に遂(カナ)ハムヤ。謂(ひつ)可(し)、全く解脱
に乖(ソ(む))(訓)(き)て、蕭─然とカスカナルニ順(シタカ)(訓)ハ〔か〕不る者(もの)か〔乎〕。理(コ(とわ))(訓)(り)、二

⑧

可略言之且從莫訶菩提東至臨邑有二
十餘國正當驩州南界也西南至海北齊羯
濕弥羅并南海中有十餘國及師子洲並著
二敢曼矣既無腰帶亦不裁縫直是闊布
兩尋繞腰下抹西天之外大海邊隅有波刺
斯及多氏國並著衫袴裸國則迥無衣服男
女咸皆赤體從羯濕弥羅已去及速利諸胡
土蕃突厥大途相似不著敢曼氈裘是
務少有劫貝時存著者以其寒地衫袴是
常即此諸國之中唯波剌斯及裸國土蕃突
厥元無佛法餘皆遵奉而於衫袴之鄉咸不
洗淨由是五天之地自恃清高也然其風流
儒雅礼節逢迎食噉淳濃仁義豐贍其唯
東夏餘莫能加但以食不護淨便利不洗不
嚼楊枝事殊西域而有見著非法衣服將為
无過引彼略教文云此方不淨餘方清淨得
行无罪者斯乃譯之謬意不然矣具如別
執若余神州志蓋除三衣外並非聖儀既
其有犯理難服用者且如西方暖地單布
自可終年雪嶺寒鄉欲遣苦爲存濟身安

六の杜多、十三の資具、縁に隨(ひ)て命を濟して、業—習を盪—除し、師—僧・父
母(の)〔之〕鴻澤に報し、天龍・帝主(の)〔之〕深慈を酬ユ須し。斯(れ)則(ち)雅カ
に調御(の)〔之〕儀に順ひ、善く策—修(の)〔之〕路に愜ヘリ。因に、護—命(の)
〔之〕事を論する、且く復(た)其の現〈天朱訂〉行を言ふ。願(はく)は、諸の大德、
煩—重なㇾと嫌(ふ)こと勿レ〔耳〕。然も、四部(の)〔之〕殊、裙(を)著ルを以(て)
異を表す。一切有部は、則(ち)兩邊外に向ゑて雙ヘて襵メ、大—衆部は、則(ち)右
の裙を躄ヘて左の邊に在く。內に向ヘて插ムて〔之〕、〈外消〉其(れ)をして墮サ令
〈地朱訂〉(め)不。西方の婦女の帬〈地朱訂〉を著ること、大衆部(と)〔與〕別無(し)。
上坐・正量は、製い亦斯(れ)に同(し)。但(し)、外に向ヘて、直に翻シて傍ラに
插ムを以て異と爲す。腰絛〈天朱訂　絛勒高反〉(の)〔之〕製、亦復(た)同(しか)ら
不。尼は則(ち)部に准ゑて僧の如し〈朱淡　ク〉。全ら別體無(し)。且く神州の祇
支・偏—袒・覆—膊・方—帬〈朱訂〉・褌・袴・袍襦、咸く本—製に乖ゑㇾ。何ぞ但ゝ
同—袖及—以(ひ)連脊(のみ)ならむ。披—著に〔於〕至(ㇾ)て、律儀に稱ハ不。服
用するに並に皆罪を得。頗シ著て西方に至ること有レハ、人皆共に笑ふ。慙(を)
懷(き)て內に恥つ〈朱淡　ツ〉。裂イて雜—用に充ツ。此(れ)卽(ち)皆、是(れ)
非—法の衣服なㇾ〔也〕。若(し)黠して〔而〕說(か)不は、知る者由無けむ。如シ直—
言せむと欲スレは　復(た)恐(る)ラ(く)は聞く者の怨ミ〈朱淡　ラレム〉見レムこと
を。是(こを)以(て)、短懷に〔於〕杼軸し、進—退に〔於〕沈吟す。願フ、智—者〈右朱
補〉、祥(かに)に察して衣服(の)〔之〕本儀を識レ〔也〕。又、西方の俗—侶・官—
人・貴—勝の所著の衣服は、唯ゝ白—疊一雙有(ㇾ)。貧—賤(の)〔之〕流(ともか)

其有犯理難服用者曰如西方暖地單布
自可終年雪嶺寒鄉欲遣若為存濟身安
業進聖有誠言苦體勞勤乃外道教去取
之理其欲如何然聖開立播之那遙被寒鄉
斯乃是得養身亦復何成防道梵云立播者
譯為裹腹衣其所製儀略陳形樣即是去
其正背直取偏袒一邊不應著袖唯須一
幅纔穿得手肩袖不寬著在左邊無宜闊
大右邊交帶勿使風侵多貯綿絮事須
厚煖亦有右邊刺合貫頭紉腋斯其本
製目驗西方有胡地僧來多見攜著那爛
陀亂不覩斯衣良由國熱人咸不用准斯
開意直為寒鄉考其偏袒正背元是踵斯
而作剩加右畔失本威儀非製自為定招
越法至如立播抱腹自免嚴寒厚被通披是
遮隆涷形像之亂礼佛對尊露髆是恒掩
便雅罪然則出家者事冬月居房床炎
隨時詎勞多服必有病緣要須著者臨
時亂斷勿使非儀然而東夏寒嚴脾分裂

らは ∧朱淡 ラ∨、只(た)一—布有(ヱ)。出家の法衆は、但(た)三衣六物を
畜(タ(くは))ふ。盈—長を樂(ねか)(訓)ふ者(もの)は、方に十三の資具を用(ゐ)る。東—夏の、同—
袖及(ひ)連脊(セキ)の衣を許(さ)不(す)といゐるは〔者〕、蓋し是(れ)(訓)自(み(つか))(ら)東川に習(ひ)(訓)
て、妄(ヱ)(訓)に西—國に談す(ら)くのみ〔耳〕。卽(ち)贍部の洲の中((う)チ)、及(ひ)諸の邊
⑧—海の人—物・衣服の如きを ∧朱淡 キ∨『略して之を言ふ可(し)。且く莫訶(マ)菩
提(よヱ)〔從〕東のカタ、臨—邑(イフ)に至るに、二十餘の國有(ヱ)。正に驩—州の南界
に當れヱ(訓) ∧朱淡 レリ∨〔也〕。西南は海に至リ、北は羯濕彌羅(カシフ)幷に南—海に齊(カキ)レ
リ。中に十餘の國、及(ひ)師子洲有(ヱ)。並に二(つ)の敢(カム)—曼を著たヱ(訓)〔矣〕。既
に腰—帶無(し)。亦、裁(タチ)—縫(は)不(す)。直(タ)ゝ是(れ)闊(ヒロ)△キ布兩—尋をもて(訓)、腰を繞(マツ)フ(訓)
て袜(マヘタレ) ∧天朱訂 袜多作抹也∨ を下(タ)レたヱ。西天(の)〔之〕外(ホ(か))(訓)、大—海の邊—隅に波刺(ラ)
斯、及(ひ)(訓)多—氏國有(ヱ)。並に衫(サム)—袴(コ)を著たヱ(訓)。裸國は則(ち)迥(ナカ)く衣服無(し)。
男女咸く皆赤(アカハタカ)—體なヱ。羯濕彌羅(よヱ)〔從〕已(をち)—去、及(ひ)速利(シ)の諸の胡・土
—蕃・突厥(トックヱチ)△△、大—途相(ひ)—似たヱ。敢—曼を著不(す)。氈裘(セニキウ)是(れ)務(ツト)ム。少(スコ)シ劫貝有
(ヱ)。時に著ることを存する者(もの)は(訓)、其の寒地なるを ∧朱淡 ナル∨ 以(て)、衫—袴
是(れ)常なヱ。卽(ち)此(の)諸—國(の)〔之〕中に、唯(タ)ゝ波刺(ラ)斯及(ひ)裸—國・土—
蕃・突厥(のみ)元よヱ佛—法無(し)。餘は皆遵—奉す。而も、衫—袴(の)〔之〕鄉に
於い(て)、咸(く)洗淨せ不(す)。是(れ)に由(ヱて)、五天(の)〔之〕地は、自(み(つか))(ら)清
高△□を恃む〔也〕。然も、其の風—流儒—雅、禮—節逢(ホウ)—迎(ケイ)、食噉淳濃、仁—義豐
—贍なること、其(れ)唯(タ)(た)東夏(のみ)なヱ。餘は能く加(ふる)こと莫し。但
(し)食(ふ)に護淨せ不(す)、便利して洗(あ)ラハ不(す)、楊枝(を)嚼(カ)マ不るを ∧朱淡 ル∨以て、

時執斷勿使乖儀然而東夏寒嚴冬節
身體若不煖服交見羸亡既爲難緣理須知
濟方將偏袒形簡俗流准擬乘寒冬暫
著知非本製爲命權開如車置油肉豈貪
厚必其不著極是佳事自餘祇支偏衫禪袴之
類咸悉決須遮斷嚴寒既謝即是不合擐
身而復更著偏衫實非開限斯則若繁得要
卻順聖情自隨作可一身傳授恐爲誤衆如
能改斯故轍務執新蹤者即可謂蟬聯少
室禁想嵩岑而並峻排批王舍通帝鄉而共
圖瀉河則合泗於文池細柳乃同暉於覺樹
變桑田而勝茂盡劫石而揚輝誠可務哉但
佛日既沉教留後季行之則大師對面背教
則衆過見前故經云若能奉戒則我存無異
或云舊來上德並悉不言今日後人何事穿
則國不然矣依法非人教有細說考之律藏
衣食先罪者方可耶也非知之艱行之爲
難聞若不行導者寡過重曰
含生之類衣食是先斯爲枷鎖控制生田奉
聖言則篇然出離任恩意乃罪累相牽智者

事(訓)西―域に殊なり。而も、現〈朱淡〉に非―法の衣―服(訓)を著て、将(も)て過(とか)无しと爲し
て、彼の略―教(の)文を引(き)て、「此の方は不浄なり、餘―法は清浄なり、行す
ること得るに罪无(し)。」と云ふ者有(り)。斯(れ)乃(ち)譯者〈右朱補〉(の)〔之〕謬(訓)
りなり〈朱淡 リ〉。意然(に)は〈朱淡 ラ〉(あら)不(す)〔矣〕。具ラカに別處の如し。
若(し)尓(しから)は、神州の苾芻、三衣を除(き)て外は、並に聖―儀に非(す)。既(に)其
(れ)犯有(り)、理(り)、服用すること難しといはは〔者〕、且く西方の如きは、暖(訓)(か)
ナル地ナレ(は)〔て〕、單布をもて自(おのつか)(ら)年を終ふ(つ)可し。雪―嶺寒郷は、若
―爲ニシテカ存―濟し、身をして安ムし、業をして進マ(訓)遣メムト欲ル。聖に誠言有
(り)。體を苦シマシメて勞―勤するは、乃(ち)外道の教なり。去―取(の)〔之〕理
(り)、其(れ)如―何(いか)欲ムトスル。然も、聖、立播(の)〔之〕服を開して、通して寒
郷に被サシム。斯(れ)乃(ち)身を養(訓)(ふ)こと得るに足れり〈朱淡 レリ〉。亦復(た)、
何(なに)ソ道を妨〈天朱訂 諸本作妨字〉するに成らむ〈朱淡 ナラム〉。梵に、立―
播と云ふは〔者〕、譯して裹―腹衣と爲フ。其の所―製の儀、略して形―様(を)陳
せむ。卽(ち)是(れ)其(の)正背を去ケて、直く偏―袒の一邊を取る。(訓)袖を著ク應
(から)不(す)。唯(た)一―幅を須(ち)テ、纔(か)に手を穿―得(訓)(訓)ヲ肩・袖を寛くせ不
して、左の邊に著ケて在く。宜(し)く闊ク『大(き)にスルこと〈朱淡 スル〉無
(か)レ。右―邊は(訓)帶に交ムて、風をして侵サ(訓)使(むる)こと勿レ。多く綿―絮(を)
貯レて、事、須(ら)くは厚く暖カニス(へし)。亦、右―邊は刺―合(せ)て、頭(かしら)を
貫キ腋(わき)(訓)に紐セル有(り)。斯(れ)其の本―製なり。目に驗ラ西―方よ(り)胡―地の
僧來(る)こと有レは、多く攜―著を見る。那爛陀の處には、斯の衣を覩不(みすまこと)。良

含生之類衣食是先斯為枷鎖控制生田牽
聖言則蕭然出離任思意乃罪累相牽智者
須鑒事在目前如玉觚涅若水居蓮八風既
離五怖寧纏衣繞蔽驛食但定懸專求解
脱不顧人天桂多畢命拯物窮年棄九門
之虚為希十地之圓堅合受施於五百為福
利於三千
十一著衣法式
其著三衣及施鉤紐法式依律陳之可取五
肘之衣疊作三襵其肩頭疊處去緣四五
指許安其方帖可方五指周刺四邊當中以
錐穿為小孔用安衣鉤或條或帛麁細如衫
鉤相似可長兩指結作同心餘者截却將鉤
穿孔向外牽出十字反蟠便成兩鉤內紐孔
中其胸前疊處緣邊安紐亦如衫紐即其法
也先呈本製衣略准大綱若欲妙驛其法終須
對面而授衣之下畔鉤紐亦施隨意到披是
聖開許兩頭去角可八指許各施一鉤一紐
此為食時所須反襵胸前紐使相合此成要
也凡在寺內或時對衆必無帶紐及籠肩披

に國熱クして、人咸く用(ゐ)不るに由(ヱ)てなヱ。斯の開意に准(ゐ)は、直ゝ寒郷
の爲なヱ、其の偏—袒・正背を考フるに、元(もと)、是(れ)斯(れ)に踵イて〔而〕作(つ)くレ
リ。剩(ア(ま)サヘ)右の畔リに加(ふ)るは、本の威の儀を失ふ。製に非(さる)に自(みつか)(ら)
爲るは、定(め)て越法を招く。立—播・抱—腹の如キに至(ヱ)ては、自(みつか)(ら)嚴—
寒を兎(まぬ)かる。厚—帔は通して披テ隆—凍を遮するに足レリ。形—像(の)〔之〕處
に、禮—佛對尊するには、膊(を)露(に)するは是(れ)恒なヱ。掩フは便(ち)罪を
獲(う)。然(ら)は則(ち)、出家は事を省イて、冬の月房に居ては、炭—火時に隨ふ。
誰(たれ)か多服を勞(し)クセム。必(す)病縁有(る)ときには、要(かなら)(す)須(ら)く著ム者(もの)、
時に臨(み)て處—斷して、儀に乖か〈朱淡 ソ〉使(む)ること勿る(ゐ)し《再読》。然
も〔而〕、東夏は、寒嚴シクして身—體を劈—裂す。若(し)煖かに服不レは、
交に羸—亡セ見る。既(に)難—縁の爲に、理(ヱ)、弘—濟す須(し)。方—訒〈朱
訂〉偏—袒〈左朱訂〉は、形(かた)チ俗流に簡フ。唯(た)〈朱訂 朱淡 へ〉立—播—衣は、寒
—冬に暫く著ル。本製に非(す)と知れ。命の爲に權く開す。車に油を置けヱ
〈朱淡 ヲケリ〉、內に慙〈地朱訂〉を生すこと厚きか〈朱淡 キ〉如し。必(す)其
(れ)著不るは、極(め)て是(れ)佳キ事なヱ。自—餘の袍袴・褌衫(の)〔之〕類、
咸(ことごと)—悉く決(さた)めて、遮斷す須(し)。嚴—寒既(に)謝(ヱ)ナは、卽(ち)是(れ)身に擐
ル合(ゐ)(から)不(す)。而も、復(た)更(に)偏—衫を著るは、實に開する限リに非(す)。
斯(れ)則(ち)繁を去ヱ〈朱淡 サリ〉要を得る、仰(き)て聖—情に順ふ。自(みつか)(ら)
墮せむは、乍タ一身に可なヱとし、傳—授せむは、恐(るらく)は衆を誤ツことを
爲テむ。如(し)能く斯の故(ふる)き〈朱淡 キ〉轍を改(らた)めて、新タナル蹤を軌トセ(は)

此爲食時所須反攝胷前紐使相合此成要
也凡在寺内或時對衆必無帶紐及籠肩披
法若向外遊行并入俗舍方須帶紐餘時但
可搭肩而已屏私執務隨意反抄若對尊
容事須齊整以衣右角寛搭左肩垂之背
後勿安肘上若欲帶紐即須通肩披已將
紐内鉤迴向肩後勿令其脱以角搭肩衣便
繞頸雙手下出一角前垂阿育王像正當其
式出行執傘形儀可愛即是依教齊整
著上衣也其傘可用竹織之薄如竹簟一
重便得大小隨情寛二三尺頂中複作擬施
其柄其柄長短量如蓋闊或可薄拂以漆或
可織葦爲之或如藤帽之流夾紙亦成寧矣
神州雖不先行爲之亦是其要驟雨則不霑
衣服赫熱則實可招涼既依律而益身寧之
國亦無損斯等所論要事多並神州不行知
沙角垂正當象鼻梵僧縱至亦雷同良爲
鮹滑隨肩遂令正則訛替後君三藏來傳搭
肩法然而古德嫌者尚多黨舊之迷在執皆
有其三衣若要短紐而截長條則違教之徵

〔者〕、卽(ち)謂ふ可(し)、蟬—聯の少—室、鷲—峯を架へて〔而〕峻シキことを並へ、櫛—枇の王—舍、帝—鄕(を)通して〔而〕匝を共ニス。鴻—河は則(ち)沘〈右朱是ィ〉を文—池に〔於〕合せ〈朱淡アハセ〉、細—柳は乃(ち)暉を覺樹に〔於〕同(し)くす。桑—田を變して〔而〕茂キことを騰ケ、劫—石(を)盡して〔而〕輝を揚ク。誠に嗟〈天朱訂〉ス可(きかな)〔哉〕。但(し)、佛日旣(に)沈(み)て、教後季に留マレリ〈朱淡マレリ〉。之を行すれは〈朱淡ヒ〉、則(ち)大師に對—面(する)なり。教を背ケは、則(ち)衆—過現〈朱淡〉前す。故(に)經(に)云(はく)、「若(し)能く戒を奉クルは、則(ち)我か存せるに〈朱淡セル〉異(な)ること无し。」と。或(る)ひとの〈朱淡い〉云(はく)、「舊來の上德も、並に悉(く)言(は)不(なき)。今—日(の)後の人、何事ありてか則を移す」と。固に然(に)は(あら)不〔矣〕。法に依(り)て人に非(す)といふこと、教に弘く說くこと有(り)。之を律藏に考(ふ)るに、『衣食罪无キ者をは、方に取る可し〔也〕。之を知(る)こと難〈朱訂 朱淡キ〉きに非(す)。之を行するを難(し)と爲す。聞くもの、若(し)行(せ)不は、導—者寧(ろ)過アラムヤ。重(ね)て日(は)く、

含—生(の)〔之〕類(は)、衣—食是(れ)先なり。斯(れ)を枷鎖と爲(す)。生—田に控制セラル。聖言を奉くるは、則(ち)蕭—然として出—離す。自〈右朱訂〉意に任するは〈朱マゝ、(ほし)ママ(に)するは歟〉、乃(ち)罪—累相—牽く。智—者鑒ミる須し。事、目—前に在(り)。玉の涅に處するか如く、水—居の蓮の若(し)。八—風旣(に)離レヌ。五—怖寧(ろ)纒ハムヤ。衣は纔(か)に體を蔽スハカリ、食は但(た)懸ケタルを支フハカリ。專ラ解脱を求(めて)、人天を

肩法然而古德嫌者尚多棄舊之迹在龜背
有其三衣若安短紐而截長條則違教之愆
見免著横郡而去疊縁乃針線之勞交息行
有亂針谷挂兩肩繞至腋下不合交給其襟
不長但容穿髆而已若交絡胸前令人氣急
允非本製即不可鉢袱之儀如下當辯北方
速利諸人多行交絡隨方變改實非佛制設
有餘衣長搭肩上然後通披覆其衣鉢若共
向寺及詣俗家要至房舍安置傘蓋方始
解紐挂其衣鉢房前壁上多置象牙勿使
臨時安物無亂餘向同第廿六客舊相遇章
説也然其薄絹爲加沙者多滑不著肩乳拜
遂便落地任取不墮物爲之紐自疊即其要
也其僧脚崎衣即是覆髆更加一肘始合本
儀其披著法應出右肩交絡搭左髆房中恒
著唯此与帶出外禮尊任加餘服其著衣法
式聊陳大況即如有部製製横五肘竪兩肘
絁絹及布隨有作之西國並悉單爲神州任
情複作横竪竟繞身既訖擡使過齊右手牽
其右邊上角在内牽向臂之右邊左邊上掘

願(は)不。杜—多して命を畢へ、物を搌ヒ〈天朱訂〉年を窮め、九—門(の)〔之〕虚—僞を棄テゝ、十地(の)〔之〕圓堅を希ひ、施を五百に〔於〕受(け)て、爲に三千を〔於〕福利す〈朱淡 スヘ〉合し。

十一に(は)著—衣の法式をいふ。

其(の)三衣を著、及(ひ)帢—〈天朱訂〉紐を施ク法—式、律に依(り)て之を陳ゑ。五肘(の)〔之〕衣を取(り)て、疊むて三—褶に作ス可(し)。其の肩の頭の疊メル處、縁を去れること四五指許リ、其の方帖を安ケ。方五—指可リして、周ラシて四邊を刺セ。中に當テて、錐を以(て)穿(ち)て小(さ)き孔を爲レ。用て衣の絢を安ケ。其〈右朱補〉(の)絢〈右朱補〉、或(るいは)縚〈天朱訂〉、或(るいは)帛をもて、麁—細衫の絢の如く、相—似セて長サマにす可し。兩(つ)の指をもて結むて同—心ニ作セ。餘リは〔者〕截リ却テヨ。絢(を)將て孔を穿(ち)て、外ニ向へて牽—出(し)て、十—字に反シ繫ケヨ。便(ち)兩(つ)の絢に成る。紐を此の中に內レヨ。其の胸の前の〈朱淡 ヘ〉疊メル處の縁の邊に紐を安カムこと、亦、衫の紐の如くする、卽(ち)其の法な(り)〔也〕。先ツ本製を呈ス。略(し)て大—綱を准(ゑ)よ〈朱淡 ヘヨ〉。若(し)妙に其の法を體ラムと欲ハは、終に對—面して〔而〕授く須(し)。衣(の)〔之〕下—畔に、絢—紐(を)亦施イて、意に隨(ひ)て到サマに披ヨ。是(れ)聖の開—許な(り)。兩(つ)の頭は、角を去(ら)ムこと八指許リして、各(の)一(つ)の絢・一(つの)紐を施ク可(し)。此(れ)は食—時の所—須と爲す。反に胸の前に褶ムて、紐を相—合セ使(む)る、此(れ)要に成る〔也〕。凡(そ)寺の內に在(り)、或る時には衆に對するに、必(す)帶—紐し、及(ひ)肩を籠メて披ル法無

情複作横竪意繞身既訖擡使過齊右手牽
其左邊上角在内牽向胷之右邊左邊上裾
取外邊而掩左畔（近右手邊爲右腨 近左手邊爲左腨）兩手二
畔擧使正平中間聶（勒之）直即成三襵後以
兩手各麼至胷俱將三疊向後掩之兩角各
擡三指俱插向脊使下入胷間可三指許斯
則縱未繫絛亦乃著身不落後以胷絛長五
肘許鉤取正中擧向齊下抹帬上緣向後雙
排交度前抽傍牽左右各以一手罕臍兩邊
纏彼兩條可令三度有長剩却少則更添絛
帶之頭不合綃綵斯謂圓整著帬成薩婆多
之部別鉢履曷柰羅著泥婆娑即其真也譯
爲圓整著郎矣其條闊如指面則靴條欄帶
之流或方或圓雙亦無損麻繩之流律文不
許凡踞坐小牀及拈之時牽帬上裾下角急
抹帬緣撥於膝下但掩雙膝露脛無傷高須
上蓋齊輪下至踝上四指斯乃俗舍之義若
在寺中半踹亦得此之齊限佛自親制非是
人意輒爲高下寧合故違教旨自順凡情所
著帬衣長申拂地一則損信心之淨施二乃

(し)。若(し)外に向(ひ)て遊ー行し、幷に俗舍に入(る)ときには、方に帶ー紐す須(し)。餘ー時は、但(た)肩に搭く可(か)らくのみ〔而ー已〕。屛ー私ニシテ執ー務せむときには、意に隨(ひ)て反ニ抄レ。若(し)尊ー容に對せむときには、事齊シク整ふ須(し)。衣の右の角を以(て)、寛く左の肩に搭ケて、之を背ー後ニ垂(れ)よ。肘〈朱淡 ヒチ〉の上に安くこと勿れ〈朱淡 レ〉。若(し)帶ー紐せむと欲⑪ハは、卽(ち)肩に通して披已(り)て、『紐を將て約に內レて、廻ラシテ肩の後に向ふ須し。其(れ)をして脫レ令(む)ること勿レ。角を以(て)肩に搭ケて、衣を便(ち)頸に繞ラシテ〔て〕雙ツの手をもて下ー出(し)て、一(つ)の角を前に垂る。阿ー育王の像、正(し)く其の式に當レリ。出ー行せむときには傘を執る。形ー儀可愛なり。卽(ち)是(れ)教に依(り)て齊(し)く整へて、上衣を著ルなり〔也〕。其の傘は、竹を用(ゐ)て之を織る可(し)。薄サ竹ー簟の如し。一ー重ニスルコト便(ち)得。大ー小情に隨ふ。寛さ二三尺、頂の中に複ー作れ。其の柄を施ケムと擬フなり。其の柄の長ー短は、量(り)蓋の闊さの〈朱淡 ヒロサ〉如し。或(る)い(は)薄ラカに拂クに漆を以(て)す可し。或(るいは)葦を織(り)て之を爲る可(し)。或(るいは)藤ー帽(の)〔之〕流の如キ、紙を夾〈天朱訂〉セて、亦、牢キことを成ス〔矣〕。神州先よリ行(せ)不と雖(も)、之を爲ること、亦、是(れ)其の要なり。驟ー雨するときには、則(ち)衣服を霑サ不。赫ー熱するときには、則(ち)實に凉を招(き)つ可(し)。既(に)律に依(り)て〔而〕身を益す。之を擊(け)たる、固(に)亦損無(し)。斯ー等の論する所の要ー事は、多く並に神州に行(せ)不。加沙の角は垂れたり。正(しく)象の鼻に當レリ。梵僧縱ひ〈朱淡 ヒ〉

人意輙為高下寧合故違教旨自順凡情所
著帬衣長申排地一則擯信心之浄施二乃
慢大師之搭言設告慇懃誰能見用万人之
内頗一存心西國帬衣並皆横著彼方白疊
幅寛二肘若其半故貧者難求即須縫兩頭
令相合割内闊以充事此著衣儀律文具有
其制但旦略陳綱要細論非面不可叉凡是
出家衣服皆可染作乾陁或為地黄黄屑或
復荊蘗黄等此皆宜以赤土赤石研汁和
之量色浅深要而省事或復单用棠心
或赤土赤石或棠梨土黕一染堪破亦
何事求餘而棄頗青緑正是遮條真紫褐
色西方不著鞋履之屬自有成教長靴縷
鞋全為非法彩繍文章之物佛皆制斷如皮
革事中具説
十二尼衣喪制
東夏諸尼衣皆涉俗所有著用多並乖儀准
如律説尼有五衣一僧伽胝二嗢呾羅僧伽
三安呾婆娑四僧脚崎五帬四衣儀軌与大
僧不殊唯帬片有別覩梵云倶蘇洛迦譯

至れは〈朱淡　レ〉、皆、亦、雷—同す。良(まこと)に絹の滑ナメラカニして肩よ(り)墮(つ)るに爲(り)てなり。遂に正則をして訛リ替ラ令(む)〈朱淡　シム〉。後に、唐の三—藏來(り)て、肩に搭クる法を傳(へ)たり。然(しか)—而も、古—德の嫌ふ者(もの)尚(ほ)多し。黨舊(の)〔之〕迷ひ、在—處に皆有(り)。其の三—衣、若(し)短き紐を安(きて)〔而〕、長き條を截ルときには、則(ち)違教(の)〔之〕愆現〈朱訂〉に免れ〈朱淡　レ〉、横(よこさ)マナル帔〈天朱訂〉を著(て)〔而〕、腰の縁を去るときには、乃(ち)針線(の)〔之〕勞(音)交に息(み)ヌ。所有の瓶—針、各(の)兩(つ)の肩に挂ク。纔(か)に腋の下(し)タに至れは、交絡〈天朱訂〉す合(へ)(から)不(す)。其(の)襻を長くス(へから)不(す)。但(た)膊を穿ス容(へ)(か)らく(のみ)〔而—已〕。若(し)胸の前(ま)へに交—絡スレは、人をして氣急ナラ令(む)。元よ(り)本—製に非(さら)むをは、卽(ち)行〈右朱補〉ス可(から)不(す)。鉢の帒(の)〔之〕儀は、下(し)もに當(に)辯(せむ)か如し。北方の速—利の諸の人、多く交絡を行す。方に隨(ひ)て變—改す。實に佛—制に非す。設シ餘—衣有らは、長へて肩の上に搭ケよ〈朱淡　ヨ〉。然して後に、通して披テ、其の衣鉢に覆(へ)。若(し)其(れ)寺に向ひ、及(ひ)俗の家に詣ラムときには、要(かなら)す房—舍に至(り)て、傘—蓋を安—置して、方に始(め)て紐(ほ)を解イて、其の衣鉢を挂(か)(け)よ〈朱淡　ヨ〉。房の前(ま)(へ)〈朱淡　へ〉(の)壁の上に、多く象—牙を置ケリ。時に臨(み)て物を安くに處無から〈朱淡　カラ〉使(む)ること勿れ。餘は〈向　消〉第二十六の客—舊相—遇ル章の説に同し〔也〕。然も、其の薄き絹を加沙と爲る者、多く滑ラカにして、肩(に)著キ不—肯〈右朱補〉。禮拜(の)〔之〕時〈二字右朱補〉ニ、遂(に)便(ち)地に落つ。任(ほし)マヽに墮チ不る物を取(り)て之を爲(つ)くれ。絁紬・白〈右朱訂〉—疊、

三安呾婆娑四僧脚崎五帬四衣儀軌與大
僧不殊唯帬片有別歟梵云俱蘇洛迦譯
為篅衣以其兩頭縫合形如小篅也長四肘
寛二肘上可蓋齊下至踝上四指著時入内
擡使過齊各蹙兩邊雙排脅於協反脊竪襵
之法量與僧同胸腋之間迴無襻抹假令
少壯或復衰年乳高内起誠在無過豈得著
人不窺教撿溫為儀飾著祇招譏臨終之時
罪如潒兩万中有一時復能改然其出外及
在僧前并向俗家受他請食加沙繞頸覆身
不合解其肩紐不露胸臆下出手飡祇支偏
袒衫袴之流大聖親遮元宜服用南海諸
國尼衆別著一衣雖復制焉西方共名僧
脚崎服長二肘寛二肘兩頭縫合留一尺
許角頭剌著一寸舉上穿髆貫頭拔出
右肩更無襻帶掩腋蓋乳下齊過膝若
欲此服著亦無傷線則唯貴兩條弥堪掩
障形醜若不樂者即可還須同大衆著
著僧脚崎服其寺内房中俱籍蘇洛迦
及僧脚崎兩事便足准撿梵本元覆肩衣名即是僧脚崎衣此乃

卽(ち)其の要なり〔也〕。其の僧―脚―崎―衣は、卽(ち)是(れ)膊に覆ふ。更(に)
⑫一―肘を加(へ)て、始(め)て本『儀に合フ。其の披著の法(は)、右(の)〔し〕肩を出
して、交―絡して左の膊に搭(うちか)(く)應(し)。房―中に恒に著るものは、唯(た)此
(れ)と裙(と)〔與〕なり。外に出(て)て尊を禮するときには、任(ほし)ま、に餘の服を加ふ
〈朱淡フ〉。其の裙を著ル法―式、聊(か)に大概〈天朱訂〉を陳せむ。卽(ち)有部
の裙―製の如きは、横に五―肘、竪(に)兩―肘、絁絹及(ひ)布、有るに隨(ひ)て之
を作る。西國には並に悉(く)單(に)爲ル。神州には情に任せて複ネて作る。横
―竪意に隨〈右朱補〉(ひ)テ身を繞スこと既(に)訖(り)て、擡ケて齊を過(す)サ使
(む)。右の手をもて其の左の邊を牽(き)て、上(うへ)の角をは內に在く。牽キ(て)腰
(の)〔之〕右邊・左邊に向ふ。上―裙〈地朱訂〉は、外邊を取(り)て〔而〕左の畔に掩
ふ。【右の手の邊に近キをは右裾と爲(す)。左の手の邊に近(き)をは左裾と爲す。】
兩(つ)の手をもて二(つ)の畔に擧ケて、正シク平シカら使(む)。中間は矗【敕
又反】直にして、三―襵に成す。後に、兩(つ)の手を以(て)各(の)襞メ(て)腰に至
して、俱に三疊を將(も)て後に向(へ)て之を掩ふ。兩(つ)の角に各(の)擡ケて、三(つ)
の指をもて俱に挿(み)て、脊に向(へ)て下シて腰の間に入レ使(むる)こと、三―
指許(はか)(り)す可(し)。斯(れ)則(ち)縱(たと)ヒ條を繫ケ未れとも〈朱淡レトモ〉、亦、
乃(ち)身に著イテ落チ不(す)。後に、腰―條〈朱淡〉の長さ五―肘許(はか)(り)なるを以
(て)、正中を鉤―取(り)て、齊の下の抹に擧―向ふ。裙(の)上(かみ)の緣は、後
に向(へ)て〈朱淡〉雙(なら)(へ)〈朱淡〉―排ネて、前(ま)(へ)に〈朱淡〉交(まし)(へ)〈朱淡〉度し、

25　20　15　10

著僧脚崎服其寺内房中俱轄蘇洽迦
及僧脚崎兩事便足 準梵本元覆肩衣名即是僧脚崎衣此乃祇支之本号既不道祢多是傳譯參差矣
應捨違法之服著順教
之衣僧脚崎取一幅半或絹或布可長四
肘五肘如披五條更搭肩上即其儀也若
向餘觀須好覆形如在屏房袒膊非事春
夏之節此可充軀秋冬之時任情煖著擊
鉢乞食足得養身雖曰女人育丈夫志豈
容恒營機杼作諸雜業廣爲衣服晝夜
晝禪誦曾不致心驅驅鎮惱情志同俗粧飾
不顧戒經宜可門徒共相檢察西國尼衆斯
事全無並皆乞食資身居貧守素而已若
尒出家尼衆利養全稀所在居寺多
無衆食若不隨分經求活命無路輙
違律教便爽聖心進退兩途如何折中身
安道盛可不詳聞答奉契出家希情解
脱絶三株之害種傴四瀑之漂流寔應畢
志杜多除苦樂之邪途歛心少欲務開寂
之真途奉式昏旦斯即道隆無念身安將
為穩理若能守律淩鍊貞鑠則龍鬼天

傍(カタハラ)に抽(ヌキイタ)シて左右を牽(ヒ)キ、各(の)一(つ)の手を以(て)牢(カタ)ク兩(つ)の邊に壓(ハサ)ム。彼の兩ー條〈朱訂〉を纒フこと、三ー度(たひ)せ〈朱淡 ヒセ〉令(む)可し。長きこと〈朱淡 キ〉有らは割リ却テ、少(ミシカ)クは則(ち)更に添(ソ)ヘヨ。條〈朱訂〉ー帶(の)〔之〕頭(ハシ)、綷(カサ)リ綵(ウルワシ)くす合(から)〈朱淡 ヘ〉不(す)。斯(れ)を圓ー整の著ー帬と謂ふ。薩婆多(の)〔之〕部別を成す。鉢履・曼荼羅・著ー泥婆娑(チヨティサ)、即(ち)其の眞なり〔也〕。譯して圓ー整(の)著ー帬と爲(す)〔矣〕。其の條の闊(ひろ)さ指の面の如し。則(ち)靴(クワ)ー條。韈〈地朱 韈望發反 足□□〉帶(の)〔之〕流なり。或(るい)は方(ケタ)ニ、或(るいは)圓(マロ)にして、雙(フタ)(つ)ナカラ亦損無(し)。麻縄(の)〔之〕流(ル)は、律の文に許(ゆ)る(さ)不(す)。凡(そ)小ー牀

15

及(ひ)枯(ツクエ)に踞(コ)ー坐する〔之〕時には、帬の上(モ)、裾の下(モ)の角を牽(ヒ)キて、急に帬の縁を抹(ト)チ、胯(モ)の下に〔於〕壓(オシハサ)メ。但(た)雙ツの膝を(のみ)掩ふ。脛(ハキ)を露(アラハ)ニするは傷(イタ)ミ無(し)。高さは齊ー輪に上ケ蓋(オホ)ヒ、踝(ツフ)の上(うへ)に下シ至(イタ)サムこと四ー指す須(し)。斯(れ)乃(ち)俗ー舍(の)〔之〕義なり。若(し)寺ー中に在らは〈朱淡 ラ〉、踹(ハキナカハ)半ニすること亦得。此(の)〔之〕齊ー限は、佛自(みつか)(ら)親(マノアタ)リ制(し)たまへり。是(れ)人の意〈イ 人事〉ニ關(アツ)ケテ輙(タヤス)ク高下を爲(ナ)スニ非(す)。寧(ろ)故(ことさ)らに〈朱淡 ラ〉教の旨に違ふて、自(みつか)(ら)凡情に順(したか)ふ合(け)むや。所ー著

20

の帬衣、長く申へて地を拂(はラ)ふ。一は則(ち)信心(の)〔之〕淨施を損し、二は乃(ち)大師(の)〔之〕格ー言を慢(アナツ)ル。設(たと)(ひ)告(く)ること〈朱淡 ツクル〉慇(ネム)ー懃(コロ)ナリトモ、誰(れ)か能く用ひ見れむ(ら)〈朱淡 レ〉。萬人(の)〔之〕内に、一リモ心に存し頗(カタ)シ。

25

⑬西ー國の帬ー衣、並に皆横(キ)サマニ著たり。彼の方の白ー疊(は)、『幅の寛さ二ー肘、若(しは)其(の)半ナルか故に、貧(し)き〈朱淡 キ〉者(もの)は求め〈朱淡 メ〉難

之真途奉式昏旦斯即道隆豈唯身安將
為稱理若能守律決錬貞蹤則龍鬼天
人自然尊敬何憂不活徒事華飾至如五
衣瓶鉢足得全軀一口小房弥堪養命簡
人事省門徒若玉處泥如蓮在水出下
衆賓智等上人矣
又復死喪之際僧尼漫設礼儀或復与俗同
哀將為孝子或靈房設机用作供尊或披緋
布而乖恒式留長髮而異則或攖喪杖或
寢苫廬斯等咸非教儀不行无過理應為
其亡者淨飾一房或可隨時權施蓋幢讃
經浴像具設香花冀使亡魂託生善
處方成孝子始是報恩豈可泣血三
年將為償德不飡七日始符酬恵者
乎斯乃重結塵勞更嬰枷鎖從暗入暗不
悟緣起之三節從死趣死詎證圓成之十地
歎然依佛教苾芻亡者觀知決死當日舉
向燒處尋即以火焚之當燒之時親友咸
集在一邊坐或結草為坐或聚土作臺或
置甎石以充坐物令一能者誦無常經半紙

し。卽(ち)兩(つ)の頭を縫(ひ)て、相—合(は)セ令む須(し)。內を割いて開(き)て以(て)事に充ツ。此の著—衣の儀、律の文に具に其の制有(ゑ)。但(た)且く略して綱要を陳せむ。細く論せむことは、面に非すは不—可なゑ。又、凡(そ)是(の)出家の衣服は、皆染(め)て乾—陀に作ス可(し)。或(るいは)地—黄黃—屑に爲ヨ。或(るいは)復(た)荊蘖〈天 蘖 胡麥反 奚列反〉黃等にセヨ。此(れ)皆宜(し)く赤土・赤石・硏—汁を以(て)之に和セヨ。色の淺—深(を)量(ゑ)て、要 す而も事を省け。或(るい)は復(た)單 に棟〈左朱訂、右朱淡 キヤフ〉心を用(ゐ)る。或(るいは)赤土・赤石、或(るいは)棠梨・土紫をもて、一(た)ひ染(め)ツレは破ル〉マテに至る。亦、何 事あゑてか餘を求メム。而も、桑の皴〈天朱訂 皴 且旬反 桑皮也〉の青く 綠 ナル、正(し)く是(れ)遮—條なゑ。眞—紫・褐—色は、西方(に)著不。鞋履(の)〔之〕屬ヒ、自 (ら)成—敎有(ゑ)。長—靴・線—鞋は、全ら〈朱淡 ラ〉非—法と爲す。彩繡文—章(の)〔之〕物、佛、皆、制斷(し)たまゐゑ。皮—革の事の中に具に說くか如し。

十二(には)尼衣の喪制をいふ。

東夏の諸の尼の衣は皆俗に涉レリ。所—有の著—用、多く並に儀に乖けゑ。律の說の如きに〈朱淡 キ〉准ゐて、尼は五衣有(ゑ)。一は僧伽胝、二(は)嗢呾羅僧伽、三(は)安呾婆娑、四(は)僧脚崎、五(は)郡なゑ。四—衣の儀—軌は、大僧(と)〔與〕殊(な)ら不。唯(た)郡は片 に別なる處有(ゑ)。梵には倶蘇洛迦と云ふ。譯して篅〈時見反〉—衣と爲す。其の兩(つ)の頭を縫—合(はせ)たるを〈朱淡 タル〉を

⑯

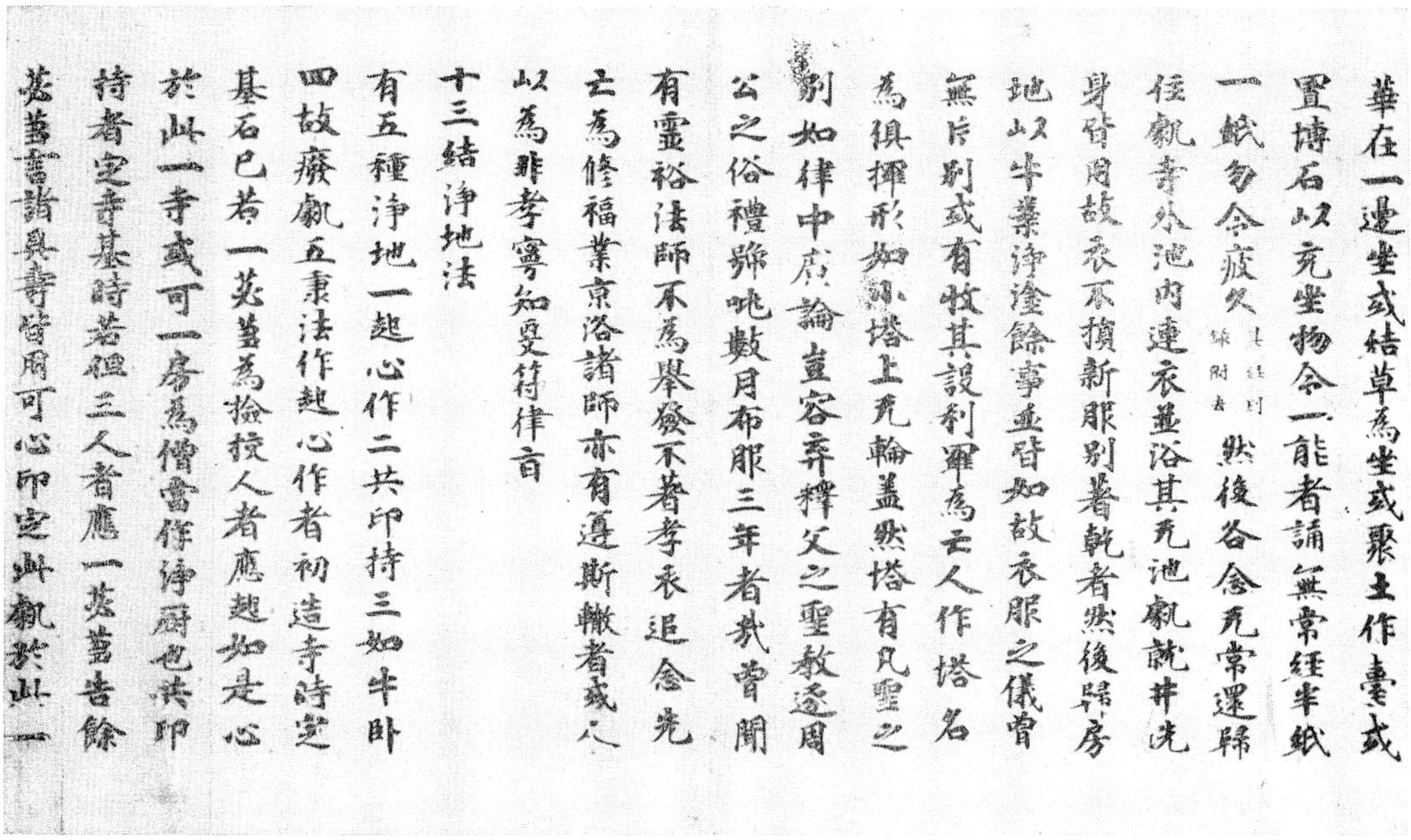
華在一邊坐或結草爲坐或聚土作臺或
置塼石以充坐物令一能者誦無常經半紙
一紙勿令疲久(其經自 條附去)然後各念無常還歸
住處寺外池内連衣並浴其无池處就井洗
身皆用故衣不損新服別著乾者然後歸房
地以牛糞淨塗餘事並皆如故衣服之儀曾
無片別或有收其設利羅爲亡人作塔名
爲俱攞形如小塔上无輪蓋然塔有凡聖之
別如律中廣論豈容棄釋父之聖教逐周
公之俗禮號咷數月布服三年者哉曾聞
有靈裕法師不爲擧發不著孝衣追念先
亡爲修福業京洛諸師亦有遵斯轍者或人
以爲非孝寧知更符律旨
十三結淨地法
有五種淨地一起心作二共印持三如牛臥
四故廢處五秉法作起心作者初造寺時定
基石已若一苾芻爲撿授人者應起如是心
於此一寺或可一房爲僧當作淨廚也共印
持者定寺基時若徑三人者應一苾芻告餘
苾芻言諸具壽皆用可心印定此處於此一

以(て)、形チ小—篇の如し〔也〕。長さ四肘、寛さ二肘、上は齊を蓋フ可(し)。下(は)踝の上に至(る)こと四指、著る時に內に入れて、擡ケて齊を過(く)さ使む。各(の)兩—邊を甓メ、雙へて〈朱淡〈〉〉脊に排—擪【於協反】ム。繫—條(の)〔之〕法は、量り僧(と)〔與〕同し。胸—腋(の)〔之〕間は、迴く衤〈朱訂〉を繫クルこと無(し)。假—令ヒ少壯、或(るいは)復(た)衰—年、乳高くして內に起テリとも、誠に過無(き)に在(り)。豈(に)人に羞チて教—檢を窺不ること得むヤ。漫〈朱訂〉シク儀飾を爲スは、著—脫に愆を招く。臨—終(の)〔之〕時に、罪—濛—兩の如し。萬か中に一リも有らは〈朱淡ラ〉時に復(た)能く改メヨ。然も、其の外ニ出(て)て、及(ひ)僧の前に在(り)て、幷に俗の家に向ヒ、他の請を受(け)て食せむときには、加—沙を頸に繞ヒ身に覆へ。其(の)肩の紐を解ク合(から)不。胸臆を露(に)セ不れ。下より手を出して湌す。祇—支・偏—袒・衫袴(の)〔之〕流は〈朱淡ヒ〉、大聖親遮(め)たまへり。宜(しく)服用すること

⑭无(か)れ。南海の諸『國の尼衆は、別に一衣を著たり。復(た)、制匪なりと雖へ(とも)、西方は共に僧脚崎服と名(つ)く。長さ二肘、寛さ二肘、兩(つ)の頭縫—合(はせ)て、一—尺許(り)を留めたり。角の頭刺シ著(け)たり。一—寸上(か)に擧ケて、膊を穿チ頭を〈朱淡ラ〉貫(き)て、右の肩を抜キ出す。更(に)腰—帶の腋を掩ヒ乳を蓋ヒ、齊より下り膝に過(き)たるは無(し)。若(し)此(れ)を服せむと欲ハ〆、著ルにも亦傷ミ無(し)。線は則(ち)唯(た)兩—條を費ヤス。彌形の醜キを掩—障(ふ)るに堪(へ)たり。若(し)樂(は)不(は)〔者〕、卽(ち)還(り)て、須(らく)大苾芻(と)同しく、僧脚崎服を著る可(し)。其の寺—內房—中

持者定寺基時若但三人者應一苾芻告餘
苾芻言諸具壽皆用可心印定此處於此一
寺或可一房為僧作淨厨第二第三應知
是説言如牛臥者其寺屋舍猶如牛臥房
門無有定所縱使元不作法此處即成其淨
言故廢處者謂是經久僧捨廢處如重來者
至舊觸處便為淨也 然此不得經宿即須作法也 言秉法作
者謂秉白二羯磨結也文如百一羯磨中
説如前五種作淨法已佛言令諸苾芻得二
種安樂一在內煑在外貯二在外煑在內貯
並無過也撿驗四部衆僧目見當今行事并
復詳觀律首大同如此並淨但未作淨之前
若共飲食同界宿者咸有煑宿之過既
其加法雖共界宿無煑宿之罪斯其教也
言一寺者總唱但處以為淨厨房房之內並
執皆貯如其不聽內宿豈可遣僧盡外而住
一則僧不讓宿二乃貯畜元經西國相承皆
總結一寺為淨厨也若欲局取一邊並在開
限不同神州律師見矣且如來結衣界離宿
招愆僧若結已離便元失淨厨亦尒既其聖

には、倶〈籍消〉—蘇—洛〈朱訂〉—迦、及(ひ)僧脚崎、兩(つ)の事便(ち)足る。【梵本を准検するに、覆肩衣の名无(し)。卽(ち)是(れ)僧脚崎衣なり。此(れ)乃(ち)祇支(の)〔之〕本號なり。既(に)䏶〈朱訂〉ト道ハ不。多(く)是(れ)傳—譯の參—差とカタゝカヒナルナリ〔矣〕】違法(の)〔之〕服を捨てゝ順教(の)〔之〕衣を著る應(し)。僧脚崎は一幅半を取る。或(るいは)絹、或(るいは)布、長さ四肘・五肘す可(し)。如し五條を披ルときには、反(し)て肩の上に搭クる、卽(ち)其の儀なり〔也〕。若(し)餘處に向(ふ)ときには、好く形を覆フ須し。如(し)屏(れ)たる房に在(り)て、膊を袒ニするは非事なり。春夏(の)〔之〕節には、此(れ)軀に充ツ可(し)。秋冬(の)〔之〕時には、情に任せて燸カに著る。鉢を擎ケ乞—食して、足クマテ身を養(ふ)ことを得。女人と曰ふと雖(とも)、丈—夫の志有(り)。豈(に)恒に機杼を營ム(て)〔の〕、諸の雜業を作し、廣く衣服を爲ること、十重五重して、禪—誦に曾て心を致さ不、驅驅として鎭に情志を惱マシ、俗の粧飾に同(しく)して、戒經を顧ミ不る容(け)むや〈朱淡ケムヤ〉。宜(し)く門—徒共に相ヒ檢—察す可(し)。西國の尼衆は、斯の事全(ら)無し。並に皆乞—食して身を資く。貧に居て素を守るラクのみ〔而—已〕。若(し)尒(ら)は、出—家の尼—衆は、利養全く稀シ。所—在の居—寺多く衆食無(し)。若(し)隨—分に經—求せ不は、命を活すること路無ケム。輙く律教に違すれは、便(ち)聖—心に爽ヒヌ。進—退兩—途〈右朱訂〉、如—何折—中ニセム。身を安ラカにして道盛なること、詳かに聞か不る可(け)むや〈朱淡ケムヤ〉。答、本出家を契(り)シこと、情に解脱を希ヒて、三—株〈天朱訂 袾陟輸反〉の〔之〕害—種を絶チ、四—瀑(の)〔之〕洪流を偃ムトなり。宜(しく)志を杜多に畢へて、苦樂(の)〔之〕邪逕□(を)除

⑰ 限衆同神州律師見矣且如来結衣界離宿
揔随僧若結已離便犯失浄厨亦尒既其聖
許無浄犯情足復護衣之法界有樹等不同
但護界分意非防於浄人来入厨内重得即
是村設假令身入村坊持衣犯不護女舜耶
持衣捨捉斯亦濫為傷急矣
5 十四五衆安居
若前安居謂五月黒月一日後安居則六月
黒月一日唯斯兩日合作安居於此中間文
犯許興至八月半是前夏了至九月半是後
10 夏了此時法俗盛興供養従八月半已後名
哥栗底迦月江南迦提設會正是前夏了時
八月十六日即是張羯絺那衣日斯其古法
又律文云凡在夏內有如法縁須受日者随
有多少縁来即須准日而受一宿事至受其
15 一日如是至七皆對別人説有縁乗律遣重
請而無如過七日齊八日已去乃至四十夜
中間羯磨受八日等無数不得過半夏在外
而宿為此但聴四十夜矣必有病縁及諸難
20 事須向餘処雖不受日不破安居出家五衆

25 キ、心を少欲に敦クして、閑〈地朱訂〉―寂(の)〔之〕眞―途を務ム應(し)。戒を昏旦に奉ク、斯(れ)即(ち)道隆(ヱ)なヱ。豈(に)身の安(らか)ナラムことを念ふを將(も)て、理に稱フに爲(せ)むや。若(し)能く律を守(ヱ)て、貞―躁を決―錬するときに⑮は、則(ち)龍鬼・天『人、自然に尊敬す。何ぞ活セ不ることを憂(ゑ)て、徒(いたつ)ラに辛苦を事とせむ。五衣・瓶鉢の如きに至(ヱ)て(は)、足クマテに軀を全くすること得。一―口小―房、彌命を養ふに堪(ゑ)たヱ。人―事を簡(ゑら)ヒ門―徒を省クこと、玉の泥に處ルか若(こと)く、蓮の水に在るか如し。下―衆と云(ふ)と雖(ゑ)(とも)、實―智(は)上人に等(ひと)し〔矣〕。

5 又復(た)、死―喪(の)〔之〕際に、僧―尼慢シく禮儀を設ク。或(る)い(は)復(た)、俗(と)〔與〕哀シヒを同(し)くするを將(も)て、孝子と爲す。或(るいは)龕―房に机を設ケて、用て供尊を作ス。或(るいは)黲〈七感反〉〈地朱黲七歳闇□〉キ布を披て〔而〕恒に乖く。或〈朱訂〉(るいは)長―髪を留めて〈朱淡メ〉〔而〕則を異(こと)(に)す。或(るいは)哭―杖を柱キ、或(るいは)苫廬に寢ス。斯(れ)―等咸く教儀(に)非(す)。行(せ)不るに過(とか)无(し)。理(ヱ)其の亡―者の爲に、淨く一房を飾リ、或(あ)―可

10 (る)い(は)時に隨(ひ)て、權に蓋―幔を施イて、經を讀ミ像を浴シ、具に香花を設ケて、冀(ひ)て亡―魂をして善―處に託―生セ使(め)む。方に孝子に成る。始(め)て是(れ)報恩なヱ。豈(に)血に泣クこと三―年して、將(も)て徳に賽〈天朱訂〉ユルこと爲む、湌セ不(る)こと七日にして、始(め)て恩〈地朱訂〉を酬ユルに符(か)へ可ケム者か〔乎〕。斯(れ)乃(ち)重(ね)て塵―勞を結ひ、更に枷鎖に嬰ル。暗き〈朱淡キ〉(よヱ)〔從〕暗(き)に入(ヱ)て、緣―起(の)〔之〕三節を悟ら不(す)。死(よヱ)

20 而宿爲此但聽四十夜無必有病緣及諸難
事須向餘處雖不受日不破安居出家五衆
既作安居下衆有緣囑授而去未至夏前預
分房舍上坐取其好者以次分使至終那爛
陁寺見行斯法大衆年年毎分房舍世尊
25 親教深爲利益一則除其我執二乃普護
僧房出家之衆理宜須作然江左諸寺時有
⑱ 分者斯乃古德相傳尚行其法豈容住
得一院將爲己有不觀合不遂至盡形
良由上代不行致使後人失法若能准教分
者誠有深益矣
十五隨意成規
5 凡夏罷歲終之時此日應名隨意即是隨他
於三事之中任意舉發說罪除愆之義舊云自
恣者是義翻也必須於十四日夜請一經師
昇高座誦佛經于時俗士雲奔法徒霧集
然燈燭明香花供養明朝總出旋繞村城各
10 並虔心礼諸制底棚車輿像鼓樂張天幡
蓋縈羅飄揚蔽日名爲三摩近離譯爲和
集凡大齋日悉皆如是即是神州行城法也

15 〔從〕死に趣イて、詎(れ)か圓成(の)〔之〕十地を證せむ〔歟〕。
然も、佛教に依(り)、苾芻、亡者を決(め)て死(に)たりと、觀知ニナハ、當
一日に轝を燒處に向ゐて、尋即チ火を以(て)之を焚ケ。燒かむ〔之〕時に當
(り)て、親友咸く華(り)て、一邊に在(り)て坐す。或(るいは)草を結(び)て坐と
爲し、或(るいは)土を聚(め)て臺に作り、或(るいは)塼石を置(き)て以(て)
坐物に充つ。一(り)の能ヘタル者をして無常經の半紙一紙を誦セ令(め)よ。
疲レ久(しか)ら令(むる)こと勿れ。【其の經は別錄に附(し)たり。〔去〕】然して
20 後に、各(の)无常を念(し)て住處に還歸す。寺外の池の內にして、連衣
ニ並に浴す。其(の)池无キ處は、井に就(き)て身を洗ふ。皆故き〈朱淡キ〉衣を
用(ゐ)る。新(し)き服を損(せ)不(し)となり。別に乾ケル者を著ル。然して後に、
房に歸(り)て、地に牛糞を以(て)淨め〈朱淡メ〉塗る。餘事は並(に)皆故の
如し。衣服(の)〔之〕儀(は)、曾よ(り)片も別ニすること無(し)。或(るいは)其
の設利羅を收メて、亡人の爲に塔を作る(こと)有(り)、名(つけ)て俱攞と爲
25 (す)。形小塔の如し。上に輪蓋无し。然も、塔に凡聖(の)〔之〕別有(り)。律
の中に廣く論するか如し。豈(に)釋父(の)〔之〕聖教を棄テゝ、周公(の)〔之〕
俗禮に逐ヒ、號晀することを數月し、布服三年す容(け)むや〔者・哉〕。曾聞
⑯ く、『靈祐〈天朱訂〉法師といひしもの有(り)。擧發することを爲不。孝衣を
著不。追(ひ)て先亡を念(し)て、爲に福業を修せり。京洛(の)諸師、亦、斯
の轍に遵ふ者有(り)。」或る人以爲ヘラク、孝に非すと。寧(ろ)更に律の旨に符
フことを知(ら)むや。

然燈燭明香花供養明朝總出旋繞村城各
並虔心礼諸制底棚車輿像鼓樂張天幡
蓋縈羅飄揚蔽日名為三摩近離譯為和
集凡大齋日悉皆如是即是神州行城法也
10 禺中始還入寺日午方為大齋過午咸集各
取鮮華可一把許手執足蹈作隨意事
先乃苾芻後方尼衆次下三衆若其衆
大恐延時者應差多人分受隨意被他舉
罪則准法說除當此時也或俗人行施或衆
15 僧自為所有施物將至衆前其五德應問上
坐云此物得與衆僧為隨意物不上坐
答云得所有衣服刀子針錐之流受已均
分斯其咸也此日所以奉刀針者意求聰明
利智也隨意既訖任各東西即是坐夏已周
20 無勞更經一宿廣如餘處此不詳言言說罪
者意欲陳罪說已先愆改往修來至誠懇責
半月半月為褒灑陀朝朝暮暮憶所
犯罪 褒灑是長養義陀是淨義意明長養淨除破戒之過昔云布薩者訛略也 初篇若犯
25 可略言之旦從莫訶菩提東至臨邑有二
十餘國正當驩州南界也西南至海北齊羯

十三に(は)結淨地の法をいふ。

5 五種の淨地有(り)。一は起—心作、二(は)共—印持、三(は)如—牛臥、四(は)故—廢處、五(は)秉—法作なり。起—心作と(は)〔者〕、初(めて)寺を造る時に、基—石を定め已(り)て、若(し)一(り)の苾芻、檢校の人爲る者、是(くの)如き心を起す應(し)、此の一—寺、或—可(る)いは一—房に於い(て)、僧の爲に當(に)淨厨を作る(べし)〔也〕。共—印持(とは)〔者〕、寺の基を定(む)る時に、

10 若(し)但ゝ三人(のみ)アラは〔者〕、一(り)の苾芻、餘の苾芻に告(け)て言ふ應(し)、諸の具—壽皆用心して此の處を印—定す可(し)。此の一—寺、或可(る)いは一房にして〔於〕、僧の爲(に)淨—厨を作らむ。第二、第三、是(くの)如く說く應(し)、如—牛臥と言(ふは)〔者〕、其の寺の屋—舍、猶(ほ)牛の臥せる房の如くして、門定—所有(る)こと無きは、縱—使ひ元よ(り)作—法せ不とも、此の處を卽(ち)其の淨に成す。故—廢處(と)言(ふは)〔者〕、謂(はく)、是(れ)經—久シ

15 ク僧の捨—廢せる處ソ。如し重(ね)て來る者、舊の觸—處に至るに、便(ち)淨と爲る〔也〕。【然も此(れ)は經宿すること得不。卽(ち)作法す須(し)〔也〕。】

秉—法作(と)言(ふは)〔者〕、謂(は)く、白二羯磨を秉(り)テ結するなり〔也〕。文、百一羯磨の中に說くか如し。前の如く、五種淨法を作り已れは、佛の言(は)く、「諸の苾芻をして二—種の安—樂を得令(む)。一は內に在(り)て煮、外に在(り)て貯フ。二(は)外(に)在(り)て煮、內(に)在(り)て貯(ふる)こと、並に過無(し)〔也〕。四部(の)衆僧を檢—驗して、當—今(の)行—事を目—見、幷(せ)

20 て復(た)、詳(らか)に律の旨を觀るに、大(き)に此(くの)如き立—淨に同し。

但(た)作淨セ未る〔之〕前きに、若(し)共に飲—食し、同界に宿する者は、咸(く)

煮—宿(の)〔之〕過有(り)。既(に)其(れ)法を加(へ)ツレは、界を共(に)して宿すと雖(へ)(とも)、煮—宿(の)〔之〕罪無(し)。斯(れ)其の教なり〔也〕。一寺と言(ふは)〔者〕、總して住—處に唱(へ)て〈朱淡ヘ〉、以(て)淨—厨を爲ルときには、房(の)〔之〕内に、生—熟皆貯ふ、如(も)し其(れ)内—宿を聽(さ)不は、豈(に)僧を遣(し)て、外(に)出して〔而〕住せしむ可(け)むや。一は則(ち)僧、宿を護(ら)不(る)、二(は)乃(ち)貯畜すること愆无(き)。西國は相承して、皆一—寺(を)總—結して、淨厨を爲(つく)る〔也〕。若(し)一邊を局—取せむと欲ハゝ、並(に)開する

25

⑰「限(り)に在(り)。神州律師の見に同(しか)ら〈朱淡ラ〉不(す)〔矣〕。且く如(も)し衣—界を結セ未るときには離—宿に愆を招く、僧若(し)結し已レは、離する(に)便(ち)失(と)か无(し)。淨—厨も亦尒(しか)なり。既(に)其(れ)聖—許なり。凡—情に滯ルこと勿れ。又復(た)、護—衣(の)〔之〕法界に樹—等の不—同有(り)。但(たし)界—分を護る。意(こころ)は、女の淨—人の厨—内に來—入するを防カムとには非(す)、豈

5

(に)卽(ち)是(れ)を村ニ收ムルこと得むや。假—令(たと)ひ〈朱淡ヒ〉身村—坊に入(る)とも、持—衣せれは、元より女を護ら不(す)。維—那持衣をもて檢—校す。斯(れ)は、亦、漫に傷—急フコトヲ爲るなり〔矣〕。

十四に(は)五衆の安居をいふ。

若(し)前—安居は、謂(はく)、五—月の黑月一日なり。後—安居は、則(ち)六—月の黑月一日なり。唯ゝ斯の兩—日に、安居を作(つ)くる合し。此の中間に於いて

10

は、文、許せる〈朱淡セル〉處无(し)。八月半に至れは、是(れ)前—夏了る。九月半に至れは、是(れ)後—夏了る。此の時に法—俗盛(り)に供養を興ス。八月半

(より)〔從〕已―後を哥―栗底迦月と名(つ)く。江―南の迦提の設―會は、正(し)
く是(れ)前夏の了る時なり。八月十六日は、即(ち)是(れ)羯―絺那衣を張ル日な
り。斯(れ)其(の)古法そ。又、律文に云(は)く、「凡(そ)夏の內に在(り)て如―
15 法緣有るは、以下註也 日を受く須しといふは〔者〕、多少の緣來(る)こと有るに隨
(ひ)て、即(ち)日に准(へ)て〔而〕受く須(し)。一―宿事至(り)ナハ、其の一日を
受く。是(くの)如くして七に至る。皆別人(に)對す。更に緣來(る)こと有るは、
律に重ネて謂フ(て)〔而〕去ら遣(む)。如し七日を過キ、八日に齊(り)てより已―
去、乃至四十夜の中間に、羯の磨して八日等を受(け)て去る。然も、半夏を過キ
て、外に在(り)て〔而〕宿すること得不、此(れ)に爲(り)て但(た)四十夜を
20 聽(ゆ)る す〔矣〕。必(す)病―緣及(ひ)諸の難―事有らは ^朱淡 ラ∨、餘處に向ふ須
(し)。受―日セ不と雖ふ(とも)、安居を破(せ)不。出家の五衆は、既に安居を
作(つ)くる。下―衆は、緣有れは囑―授して〔而〕去る。夏に至ら^朱淡 ラ∨未る前(さ)きに
^朱淡 キ∨預(らかし)メ房―舍を分かつ。上坐其の好キ者を取(り)て、次を以(て)分か
(ち)て終りに至ら使(む)。那爛陀寺現^朱訂∨に斯の法を行ふ。大―衆年(とし)―年每に
房―舍を分(か)つ ^朱淡 カツ∨。世尊の親―教、深く利益を爲ス。一は則(ち)其
25 の我執を除く。二(は)乃(ち)普く僧房を護す。出家(の)〔之〕衆、理(り)宜(しく)
作(つ)くる須(し)。然も、江左の諸―寺、時に分(か)つ者有(り)。斯(れ)乃(ち)、古
⑱―德相―傳(へ)て、尚(ほ)其の法を行す。豈(に)『一院を住し得て、將(も)て己か有
と爲して、合―不を觀不して、遂に形を盡すに至る容(け)むや。良(こと)に上―代行
(せ)不るに由(り)て、後の人をして法を失は使(むる)ことを致す。若(し)能(く)
教に准(へ)て分(か)タハ〔者〕、誠に深キ益有(り)ナム〔矣〕。

十五(には)意に隨(ひ)て規(を)成すことをいふ。

凡(そ)夏罷ミ、歳終る〔之〕時、此の日を隨意と名(つ)く應(し)、卽(ち)是(れ)他に隨(ひ)て、三—事(の)〔之〕中に〔於〕、意に任(せ)て＜朱淡マカセ＞擧(け)＜朱淡ケ＞發し、罪を説き＜朱淡キ＞愆を除く〔之〕義なり。舊く自—恣と云へるは〔者〕、是(れ)義—翻＜朱淡ホニ＞なり〔也〕。必(す)十四日の夜に於い(て)、一りの經の師を請して、高座に昇けて、佛經を誦せしむ須(し)。時に〔于〕俗—士雲のことくニ奔リ、法—徒霧のことくニ集(まり)て、燈を燃＜朱訂＞イて明に續＜右朱補＞ツキ、香花供養す。明朝に總出テて村—城を旋—繞して、各(の)並に虔—心をもて諸の制底を禮す。棚—車ニ像を輿セテ、鼓—樂天に張リ、幡—蓋縈羅、飄—揚して日を蔽ス。名(つけ)て三摩近離と爲す。譯して和—集と爲す。凡(そ)大齊日は、悉(く)皆是(くの)如し。卽(ち)是(れ)神州の行城の法なり〔也〕。隅—中に始(め)て還(り)て寺に入る。日—午に方に大齊を爲ス。午を過(し)て咸く集(り)て、各(の)鮮ナル茅一把可—許(り)を取る。手に執り足に蹈(み)て、隨意の事を作ス。先には乃(ち)苾芻、後には方に尼—衆、次には下三衆なり。若(し)其の衆大(く)〔カラは〕、時を延(はす)こと(を)恐ら(は)＜朱淡ラ＞〔者〕、多く(の)人を差して、分(ち)て受(く)ること意に隨ふ應(し)。他に罪を擧ケ〔イハ〕被ル丶(いは)、則(ち)法に准へて説(き)て除け。此の時に當(り)て〔也〕、或(る)い(は)俗—人施を行し、或(る)い(は)衆—僧自(ら)爲す。所—有の施物を將て衆の前に至る。其の五—德、上—坐に問(ひ)て云ふ應(し)、「此の物は、衆僧の與に隨意の物と爲ること得(む)や不や。」上—坐等答(へ)て云(はく)、「所—有の衣—服・刀—子・針—錐(の)〔之〕流は、受け＜朱淡ケ＞已(り)て均—分すること得。」

と。斯(れ)其の教なり〔也〕。此の日に刀—針を奉る所—以は〔者〕、意、聴—明利—智を求(む)るなり〔也〕。意に隨(ひ)て既(に)訖(はり)て、任に各(の)東西す。卽(ち)是(れ)坐—夏已に周ハ(り)て、勞(し)く更に一宿を經ルこと無(け)れはなり。廣くは餘處の如し。此ゝに詳(か)に言(は)不(す)。說—罪と言ふ(は)〔者〕、意に罪を陳(へ)て、己か先(の)愆を說き〈朱淡キ〉、往を改め來を修せむと欲(ふ)なり。誠を至して懇に請メて、半月半月に褒灑陀を爲シ、朝朝暮暮〈語順朱訂〉に所犯の罪を憶フ。【褒灑は、是(れ)長—養(の)義なり。陀(は)、是(れ)淨の義なり。意の明サク、善を長し、破—戒(の)〔之〕過を淨除するなり。昔、布薩と云へる(は)〔者〕、訛略せるなり〔也〕。】初篇若(し)犯アラハ、

25

………………

………………

南海寄歸內法傳卷第二

巻二　聲點例

始濟（1/8）生涯（1/12）虛關（1/13）靈（〃天）法舟（1/13）苦津（〃）衣服之製（1/14）眄然（1/15）成則（〃）商權（1/16）習俗（1/17）生常（〃）東川（1/19）雅服（1/20）殊風（〃）詮衡（1/21）細〈地朱訂 綱〉要（〃）其製（1/22）東夏（1/23）

嚴條（2/2）僧伽胝（2/3）喝〈天朱訂 嗢〉呾囉僧伽（2/4）安呾婆娑（〃）支伐囉（2/5注）波呾囉（2/5）尼師但那（2/6）鉢里薩囉伐拏（〃）僧伽胝（2/7）裙（2/8）副裙（〃）僧脚崎（2/9）副僧脚崎（〃）覆瘡疥依（2/10）一帔（2/12）氈褥毯席（2/17）猜卜（2/20）憑虛（〃）先旨（2/21）難濟（2/23）畜房（2/26）

盈長（3/1）細布（3/9）非制（3/10）好事（〃）持律（3/11）省欲之賓（〃）皮鞋（3/17）絲綿（〃）彰著（3/21）明白（〃）皎然（3/22）三家（3/24）生繭（3/25）驗ウツラ（〃）

育德（4/1）衣縷（4/2）三五（4/3）外緣（4/4）精妙（4/5）寒暑（4/7）野蠶（4/8）喬奢耶（4/9〜10天）蠶名（〃）氈毺（4/12）科ツミナフ（4/14）耕墾（4/16）其宜（〃）人戶（4/18）貪婪（4/21）檢營農（〃）經理イトナムテ（4/22）傭人（4/23）耿介之士（4/25）靜林（4/26）鳥鹿（〃）

諠囂（5/1）衆家（〃）十頃（5/3）疎條（5/4）文墨（〃）躭摩立底國（5/6）耕墾（5/11）溉灌（〃）綱維（5/14）衆望（5/16）俱〈天朱 但〉羅鉢底（〃）晡後（5/20）寺制（〃）曲私（5/22）承引（5/23）官制（5/25）廊下（5/25〜26）曷羅尸羅蜜呾羅（5/26〜6/1）操行不群（6/1）母姉（6/4）精研（6/7）鞍畜（6/9）部書（6/15）揵稚（6/16）萠漸（6/17）住持（6/21）躭摩立底（〃）跋羅訶寺（〃）封邑（6/23）積代君王（6/23〜24）行ツラ（6/25）欺輕呼喚（6/26）凡流（〃）途路（〃）

點檢（7/1）公門（〃）曹司（〃）駈馳（7/3）蕭然（7/5）杜多（〃）濟命（7/6）盪除（〃）鴻澤（7/7）策修（7/8）煩重（7/9）腰修〈天朱訂 絛〉（7/14）祇支（7/15）偏袒（〃）覆膊（〃）方䙰（〃）褌袴（〃）袍襦（7/16）本製（〃）同袖（〃）連脊（〃）披著（7/17）沈吟（7/20）進退（7/21）官人（7/22）貧賤（7/22〜23）盈長（7/24）東夏（〃）同袖（7/25）連脊（〃）東川（〃）妄談（7/25）

莫訶（8/1）敢曼（8/4）兩尋（8/5）波剌斯（8/5〜6）多氏國（8/6）衫袴（〃）裸國（〃）速利（8/7）胡・土蕃・突厥
（8/7〜8）大途（8/8）氈裘（〃）波剌斯（8/10）裸國（〃）土蕃（〃）突厥（〃）衫袴之鄉（8/11）清高（8/12）風流儒雅
（8/12〜13）禮節逢迎（8/13）食敢淳濃（〃）仁義豐贍（〃）東夏（8/14）雪嶺・寒鄉（8/20）立播（8/23）裹腹（8/24）
綿絮（9/1）携著（9/3）寒鄉（9/5）踵ツイて（9/5）立播・抱腹（9/7）嚴寒（〃）隆凍（9/8）東夏（9/11）寒嚴
（〃）袍袴・褌衫（9/15）偏衫（9/17）蟬聯小室（9/19〜20）櫛枇王舍（9/20）通帝鄉（〃）鴻河（9/21）文池（〃）細柳
（〃）同暉（〃）桑田（9/22）後季（9/23）舊來上德（9/25）
是先（10/3）枷鎖（〃）控制生田（〃）蕭然（10/4）水居（10/5）虛僞（10/8）去縁（10/12）方帖（10/13）方五指（〃）
衫絢（10/14）縁邊（10/17）大綱（10/18）帶紐（10/22）
竹簟（11/4）帽ホウ（11/7）薫舊（11/13）腰縁（11/15）針線之勞（11/15）速利（11/19）絁紬（11/25）僧脚崎（11/26）
絁絹及布（12/4）上縁（12/12）兩條（12/14）條帶（12/14〜15）鉢履・曼荼羅著泥婆娑（12/16）其眞（〃）靴條・韈帶
之流（12/17）方ケタニ（12/18）
荊蘖黄（13/5）研汁（〃）棗棘〈左朱訂〉心（13/6）棠梨（13/7）眞紫・褐色（13/8）鞋履（13/9）長靴・線鞋（〃）彩繡
文章（13/10）皮革（13/10〜11）東夏（13/13）片カタサキに（13/16）俱蘇洛迦（〃）篅衣（13/17）繫縧（13/19）胸腋（13/20）
衰年（13/21）儀飾（13/22）祇支（13/25）
兩條（14/5）俱蘇洛迦（14/7）機杼（14/15）驅驅（14/16）情志（〃）粧飾（〃）隨分ナフサナフサに（14/20）兩從
〈右朱訂〉途〉（14/21）三抹〈天朱訂袜〉（14/23）洪流（〃）邪逕（14/24）決錬貞踈（14/26）
禮儀（15/5）柱ツキ（15/7）哭杖（〃）亡魂（15/10）周公（15/25）俗禮（15/26）號跳（〃）數月（〃）布服（〃）
靈裕〈天朱訂祐〉（16/1）舉發（〃）孝衣（〃）京洛（16/2）
哥栗底迦（17/12）羯絺那衣（17/13）
虔心（18/10）制底（〃）棚車ヤカタクルマニ（〃）鼓樂（〃）縈羅（18/11）飄揚（〃）三摩近離（18/11）隅中（18/13）
日午（〃）刀子（18/20）褒灑（18/25）初篇（18/26）若犯（〃）

① 見聞莫不深讃雖復事非過大而能者固
亦尠矣六法師之策勵也讀八部般若
各並百遍轉一切經屢訖終始修淨
方業日夜翹勤瑩佛僧地希生不動大
分塗跣恐損衆生運想摽心曽无懈替掃
灑香臺類安養之蓮開九品莊嚴經室若
鷲嶺之天雨四花其有見者无不讃歎
功德躬自忘倦畢命爲期又轉讃之餘
念阿彌佛四儀无闕寸影非空計小豆
粒可盈兩載弘濟之端固非一品七法師
之知命也法師將終先一年内所有文章
雜史書等積爲大聚裂作紙泥寺造金剛
兩軀以充其用門人進而諫曰尊必須紙敢
以空紙換之師曰欸者斯文久來誤我豈於
今日而誤他我譬乎令食鴆毒指往嶮途
其未可也廢正業習傍功聖闇上品欸成大
過也所不欲勿施他矣門徒稱善而退其
説文及字書之流章衆曲賜乃盡誨曰汝
略披經史文字薄識宜可歇情賖與勿著
②

南海寄歸内法傳巻第四

沙門義淨撰

・・・・・・・・・・・・・・・・

①見━聞して深く讃せ不(す)といふこと莫(し)。復(た)、事過━大に非(す)と雖(とも)、(而)能くする者(もの)固(まこと)に亦尠(スクナシ)(矣)。六(は)法師(の)(之)策━勵(レイ)(なり)(也)。八部の般若を讀(む)こと、各(の)並に百遍、一切經を轉(し)て、屢(シハく)終━始を訖(ヲ)フ。淨━方の業を修して、日━夜に翹(ケウ)━勤す。佛僧の地を瑩(キヨ)メテ、不動に生れ(む)と希ふ。大(オホカタ)━分塗跣すること、衆生を損せむことを恐チてなり。想(おもひ)〈訓〉を運ひ心を標するに、曾(かつ)て懈━廢〈左朱訂〉无(し)。香臺を掃━灑(サウ)すること、安養(の)(之)蓮(はちす)〈訓〉の九品を開(く)に類し、經室を莊━嚴すること、鷲嶺(の)(之)天の四花を雨れるか若(こと)し。其(の)見る(こと)有る者(もの)、功德を讃━歎せ不(す)といふこと无(し)。躬(みつか)ら自ら倦(む)こと(を)忘れて、命を畢(ヲ)フるを期と爲す。又、轉讃(の)(之)餘に、阿彌佛を念すること、四━儀闕〈訓〉くこと无く、寸影(エイ)空(し)くせ非(す)。小豆の粒(ツヒ)を計(カソ)フルこと、兩載(フタクルマ)ニ盈(ミ)ツ可(ハカ)リ。弘濟(の)(之)端固(まこと)〈訓〉に一つ品に非(す)。七(は)法師(の)(之)知命なり(也)。法師將に終セムとして、一年許(はかり)〈右朱補〉なり先(サイタ)ち(て)、〈内消〉所有の文章、雜史書等を積むて大聚と爲す。裂(ヤ)リて紙泥を作(つく)(り)て、寺に金剛兩軀(ク)を造(つく)(り)て、以(て)其の用に充つ。門━人進(ス)み(て)(而)諫(イサ)メて曰(はく)、「尊者〈右朱補〉必(す)紙を須(もち)〈訓〉ヰは、敢(て)空━紙を以(て)之(に)換(カ)へヨ。」師の曰(は)く、「斯の文に躭━著して、久(ヒサ)シクヨリ(く)來(このかた)(せれは)我(れ)を誤(アヤ)マテり。豈(に)今(けふ)━日に於い(て)(而)他を誤(また)むや(哉)。鴆(チム)━毒を

略披經史文字薄識宜可歡情勝典勿著
斯累將欲終時先告門人曰五三數日定
當去矣然於終際必把掃箒而亡我之餘骸
當遺廣澤後於晨朝俯臨清澗蕭條白楊之
下彷徨緑篠之側孑然獨坐執箒而終門人 5
慧力禪師侵明就謁佐聲宗尒乃將手親附
但見熱氣衝頭足手俱冷遂便大哭四遠咸
集手時法侶悲啼若金河之流血灑地俗
徒號慟等玉嶺之摧碎明珠傷道樹之早
凋歎法舟之遽沒空於寺之西園春秋六十 10
三矣身亡之後緣身資具但有三衣及故鞋
履二量并隨宜卧具而已法師亡日淨年十二
矣大象既去无所依投遂棄外書歡情内
典十四得霑緇伍十八擬向西天至卅七方
遂所願淨來日就墓辭礼于時已霜林半 15
拱霜草填塋神道雖疎展如在之敬周
環企望述遠涉之心冀福利於幽靈報慈
顏之厚矣
禪師則專意律儀澄心定凝晝夜精勤六
時不卷[illegible] 20

淩ら(は)令め、嶮を徑(フ)ル途(みち)(訓)を指すに〔乎〕譬ふ。其(れ)可(な)ら未(す)〔也〕。正業を廢
②(め)て傍—功を習(なら)(訓)ふて、聖イ、上品の就は大—『過を成す、已か欲セ不る所を他
に施すこと勿れと開(し)たまゐ〔矣〕。」門—徒善と稱して〔而〕退(サ)リヌ。其の説—
文及(ひ)字—書(の)〔之〕流(は)、幸に曲(け)て賜□蒙れ(ゑ)〔たゑ〕。乃(ち)誨を垂
れて曰(は)く、「汝、略(ほほ)經—史を披(ヒラ)ケ。文—字薄—識にして、宜(しく)情を勝—
典に欽(ツ、)シム可(し)。斯の累(ワツラ)ヒに著(ツ)クこと勿れ。」と。將(に)終セムと欲(す)る時に、
先つ門—人に告(け)て曰(は)く、「吾〈朱訂〉(れ)三—數—日にして、定(め)て去る 5
當(し)〔矣〕。然も、終らむ際(アヒタ)に〔於〕、必(す)掃(ハ、キ)箒(ト)を抱リて〔而〕亡せむ。我か
〔之〕餘の骸(カハネ)は廣—澤に遺(オク)ル當(し)。」後に晨—朝に〔於〕、俯(し)て清—澗(カニ)(に)臨
(み)て、白—楊(の)〔之〕下(モト)に蕭條(セウテウ)たゑ。綠—篠(テウ)(の)〔之〕側(ホトリ)(訓)に彷徨す。孑(ケチ)〈天朱訂〉孑
居列反〉—然として獨ゑ坐(し)て、箒(ハ、キ)を執(ゑ)て〔而〕終(ゑ)たゑ。門—人慧—力
禪—師、侵(アケホノ)—明に謁(エチ)に就く。聲の寂〈左朱訂〉(訓)—尒たゑを佐(しひ)て、乃(ち)手を
(も)將て親(チカ)ク附(ヨ)ス。但(タ)ゝ熱(アタ、)カにして氣衝(イキツ)キ、頭・足・手俱に冷(ヒ)エたるを見て、遂に便 10
(ち)大きに哭(ナ)ク。四—遠咸く集(ま)る。時に〔于〕〈右朱訂〉法—侶悲啼(テイ)すること、金河
(の)〔之〕血を流(なか)(訓)して地に灑(ソ、)イシか若(こと)く、俗—徒號慟(カウ)すること、玉—嶺(の)〔之〕
明珠を摧—碎するに等し。道—樹(の)〔之〕早く凋(シホ)ミヌル(こと)を傷(イタ)ミ、法舟(の)
〔之〕遽(ニハ)カニ沒(シツ)ミヌル(こと)を歎く(訓)。寺(の)〔之〕西—園に〔於〕窆(ウツ)〈天朱訂〉ム。春—
秋六十三〔矣〕。身亡(せ)(訓)て〔之〕後に、緣—身の資—具、但(タ)ゝ三衣及(ひ)(訓)故き鞋—
履二量、并(せて)隨—宜の卧具のみ〔而巳〕有(ゑ)。法師亡する日い、淨か(訓)年十二 15
〔矣〕。大—象既(に)去(ゑ)て、依(ゑ)(イタ)—投ル所无(し)。遂に外—書を棄テゝ、情(こころ)(訓)を
内—典に欽(ネカ)フ。十四にして緇伍に霑(ウル)フこと得(エ)、十八にして西—天に向(は)むと擬(シ)

禪師則專意律儀澄心定㵼晝夜精勤六
時而不倦旦夕引四輩而忘疲可謂觚乱
非諠鬧而逾静道俗咸委非曲親世誦法
花經六十餘載毎日一遍計二万餘遍縦經
随季版蕩逐命波遷然此契心曽无有廢
現得六根清善四大平和六十年中了无他
疾毎俯潤誦經便有靈禽華上堂隅轉讀
則感鳴鷄就聽善緣情體音律尤精草隸
唱導无盡雖不存心外典而天縦其然所造
六度頌及發願文並書於士窟寺燈臺案
乃虔心潔浄寫法花經極銓名手盡其上施
含香吐氣清浄洗浴忽於經上更感舎利
經成乃怗以金字共函盛之寶函
与玉軸而交暎　駕幸太山　天皇幷妻
請將入内供養斯二師者即是継隨光程朗
禪師之後也朗禪師乃睍生二条之時楊
聲五衆之表命身受供身流供者之門隨
事導機事恆機情之願但為化趣物外故
以神通而命寺写神德難思廣如別傳所載

キ。三十七に至(り)て、方に所願を遂ケたり。淨、來る日い、墓に就(き)て辭―禮しき。時(に)、〔于〕已に霜の林拱に半に、宿〈左朱訂〉草瑩〔エ〕に塡テリ。神―道踈なりと雖(も)、如―在(の)〔之〕敬を展へ、周―環企―望して、遠―渉(の)〔之〕心を述ふ。幽―靈を〔於〕福―利することを冀(ね)かひ、慈―顏(の)〔之〕厚德〈右朱補〉ヲ報シキ〔矣〕。

禪師は則(ち)意を律義に專(らに)し、心を定瀲に澄(ま)シメたり。晝夜六時を〈精　消〉勤して〔而〕倦マ不。旦夕、四輩を引(き)て〔而〕疲ル丶ことを忘る。謂ふ可(し)、亂に處すとも諠―鬧に非(す)して〔而〕逾靜(か)なり、道俗咸く委レとも、曲―親に非(す)〔也〕。法花經を誦すること六十餘―載。日每に一周、計フれは二萬餘遍(なり)。縦ひ季に隨(ひ)て版蕩して、命を逐フて波のごとくニ遷(り)シことを經シカトモ、然も、此(の)契―心を曾て廢ムこと有(る)こと无(か)りき。現に六根清(な)ることを得、善く四―大平和なり。六十年の中に、了に他の疾ひ无(し)。每に潤に俯(し)て經を誦するに、便(ち)靈―禽有(り)て萃リ止ム。堂の隅に轉―讀すれは、『則(ち)鳴―鷄就(き)て聽くことを感〈朱訂〉す。緣―情に善し。音―律を體れり。尤(も)草―隸に精シク、唱―導盡(く)ること无(し)。心に外典を存せ不と雖ゐ(とも)、〔而〕天其の然を縦セリ。所―造の六度の頌、及(ひ)發―願の文、並に士―窟寺の燃―臺に書せり〔矣〕。乃(ち)虔―心潔―淨にして、法花經を寫(す)。極マ(り)て名アル手〈右朱訂〉ヲ銓〈朱訂〉ムて、其の上―施を盡す。香を含(み)て氣を吐き、清淨にして洗浴せしむ。忽に經の上に、爰に舍利を感せり。經成(り)て乃(ち)帖するに金字を以(て)す。共に之を寶函に盛ル〔る〕。玉軸(と)〔與〕暎を交ふ。太―山に駕―幸して、天

15　　　　20　　　　25

此神通而命寺爲神德難思廣如別傳所載
當是時也君王稽首僚庶虔心初欲造寺創
入則見虎叫北川將出復聞馬鳴南谷天井汲
水而不減天倉去米而隨平雖神跡久湮而餘
風未殄及親教二師并餘住持大德明德禪
師等並可謂善閑律意妙體經心燒指焚肌
曾无此教門徒訓匠判不許爲並是親承
固非傳說又復詳觀往哲側聽前規白
馬停轡之初青象桂鞍之後騰蘭啓曜作神
州之日月會顯垂則爲天府之津梁安遠則
虎踞於江漢之南休勵乃鷹揚於河濟之北
法徒紹繼惠澈猶清俗士讃稱芳塵靡歇
曾未聞遺行燒指亦不見令使焚身規鏡
目前智者詳悉

—皇知委して、請して將て內に入れて供養す。斯の二—師(は)〔者〕、卽(ち)是
10 (れ)踵を先聖に繼けり。朗禪師(の)〔之〕後なり〔也〕。朗禪師は、乃(ち)生を二—
秦(の)〔之〕時に現し、聲を五衆(の)〔之〕表に揚けたり。身を分か(ち)て供を受
く、身、供者(の)〔之〕門に流かれ、事に隨(ひ)て機を導く、事機情(の)〔之〕願
(ひ)に愜へり。但(た)化、物の外に超(え)たるか爲に、故レ、神通を以(て)〔而〕
寺に命ツケたり〔焉〕。神德思ひ難し。廣(く)は別傳に載(せ)たる所の如し、是の
時に當(り)て〔也〕、君—王首を稽セ、僚—庶心を虔シム。初(め)寺を造ら(む)
と欲(し)て、創て入れは、則(ち)虎の北—川に叫フを見る。將に出(て)ムトす
15 れは、復(た)、馬の南—谷に嗚クを聞く。天—井には水を汲メトモ〔而〕減セ不(す)。
天—倉には米を去セトモ〔而〕隨(ひ)て平テリ。神—跡久(し)く湮ヒニたりと雖も
(とも)、〔而〕餘—風殄セ未(す)。及ひ親—教二—師、並に餘の住—持・大—德明—德禪
師等、並に謂ふ可(し)、善く律の意を閑ヒ、妙に經(の)〔を〕〔之〕心を體れり。指
を燒き肌を焚クこと、曾て此の教无(し)。門—徒訓—匠判(り)て爲ることを
許サ不(す)。並に是(れ)親承レリ。固に傳說(に)非(す)。
20 又—復、詳(か)に往—哲を觀、側カニ前規を聽けり。白—馬轡を停メシ〔之〕
初(め)より〔自〕、靑—象鞍を挂ケシ〔之〕後(まて)、騰—蘭曜を啓イて神州(の)
〔之〕日月と作り、會—顯則を垂れて天—府(の)〔之〕津—梁と爲れり。安—遠は則
(ち)虎のことくニ江—漢(の)〔之〕南に〔於〕踞ケ、休勵は乃(ち)鷹のことくニ河
—濟(の)〔之〕北に揚れり。法—徒紹—繼イテ、惠—澈猶(ほ)淸(し)〔と〕。俗—士讃
—稱して、芳—塵歇ルこと靡し。曾よ指燒(く)こと行ナハ遺メたることを聞

25
（か）未（す）、亦、身を焚ヤカ令（し）―使（め）たる（こと）を見不（す）。規キ―鏡目（訓）の前（まへ）なる。智―者祥ア（きら）（か）に悉せよ。

・・・・・・・・・・・・・・

・・・・・・・・・・・・・・

南海寄歸内法傳巻第四

卷四　聲點例

策―勵（1/2）終―始（1/3）䎗―勤（1/4）不―動（〃）塗―跣（1/5）掃―灑（〃）寸―影（1/9）空―紙（1/14）嫣―表（1/15）可

（1/16）傍―功（〃）

善（2/1）流（2/2）門―人（2/4）三―數―日（〃）亡（2/5）淸―澗（2/6）蕭―條（〃）綠―篠（2/7）彷―徨（〃）子―然

（〃）謁（2/8）四―遠（2/9）悲―啼（2/10）號―慟（2/11）玉―嶺（〃）法―舟（2/12）西―園（〃）緇―伍（2/16）拱（2/18）

塋（〃）神―道（〃）如―在（〃）周―環（2/18―19）企―望（2/19）遠―涉（〃）幽―靈（〃）厚―德（2/20）定　激（2/21）

曲―親（2/23）版―蕩（2/25）契―心（〃）靈―禽（2/27）萃　アツマリ止スム（〃）

鳴―鷄（3/1）音―律（〃）草―隷（〃）天（3/2）然（〃）士―窟（3/3）太―山（3/7）知―委（〃）二―秦（3/9）君―王

（3/13）僚―庶（〃）北―川（3/14）天―井（〃）天―倉（3/15）神―跡（〃）餘―風（3/15―16）住―持（3/16）訓―匠（3/18）前

規（3/19）靑―象（3/20）騰―蘭（〃）日―月（3/21）天―府（〃）津―梁（〃）江―漢（3/22）休―勵（〃）河―濟（〃）芳―塵

（3/23）規―鏡（3/24）

解説・論考篇

妙法蓮華經の訓點について

龍光院藏

高野山竜光院所蔵の国宝妙法蓮華經は、写経に関する識語を欠き、書写年代・筆者共に不明であるが、雄渾にして豊麗、かつ謹厳な楷書で記され、奈良朝の書風を伝へた逸品である。八巻あるべきところ、巻三を佚して七巻現存する。また、巻一の料紙十四枚の次に一枚分の、二十七枚目の次に一枚分の、巻二の料紙十枚目の次に三枚分の脱落がある。料紙の数は、巻一・三十三枚、巻二・三十七枚、巻四・三十一枚、巻五・三十四枚、巻六・三十三枚、巻七・三十枚、巻八・二十六枚。一枚の行数は長行は十五字を基準として、一・二字の増減があり、偈誦は四字句・五字句共に三句で、十二字乃至十五字である。長行十七字を原則とした奈良朝の写経に比べると、総体に文字が大きく、迫力に富んでゐる。

全巻に白墨の訓点がある。本文の文字に釣り合ふやうに、肉太のヲコト点と仮名が施され、保存も良好で、極めて鮮明である。初めて巻を繙いた時、「これは素晴しい。」と、私は、思はず感歎の声を発したほどである。加点者は、巻一・二・八の巻末に存する白墨の識語によつて、明算であることが知られる。

（巻一）願以此縁　不經三祇　一念之間　速證佛位　釋子明算

（巻二）同

（巻八）願以此縁　生密嚴國　佛子明算

明算について、「竜谷大学編 佛教大辭彙」の説明を借りると、次の如くである。

真言宗、中院流の始祖。俗姓は佐藤、治安元年紀伊神崎に生る。十一歳高野山に登り、翌年雉髪す。菩薩練行四度の大法を成就し、山城小野に往いて成尊に師事す。延久四年十二月尊より伝法灌頂を受け、尋で諸尊の儀軌、真然の印信秘訣を伝へて高野に帰る。乃ち山内に金剛殿を開きて法幢を樹立す。之を中院流と称す。寛治四年維範の後を承けて検校に補せられ、第十一世の座主となる。山務を領すること十七年、壽承元年十一月十一日寂す。壽八十六。付法に教真、良禅あり。

竜光院には、明算の奥書を持つ点本がなほ二点ある。「大毗盧遮那成佛經（以下大日經と呼ぶ）」七帖と、「大毗盧遮那經供養次第法疏（以下大日經疏と呼ぶ）巻下」一帖とである。前者には天喜六年、小野阿闍梨御房の許で、大師の御点本によつて読んだといふ識語があり、後者には康平二年、曼荼羅寺で受学したといふ識語がある。小野阿闍梨御房とは、前記成尊のことであり、成尊は曼荼羅寺に住んでゐたから、明算は、曼荼羅寺で修業中、成尊に随つて訓読し加点したわけである。

大日經と大日經疏とは、このやうに、加点の年月日も場所も、受学の系統も明白であるが、法華經の方は、その点について何も記してゐない。高野に帰山した後、明算一人の工夫で加点したといふのであらうか。三者の訓法を比較すると、必ずしも同一でなく、法華經と他の二者との間には、幾つかの相違点を指摘することができる。例へば、訓点語特有の格助詞イは、大日經には頻用され、大日經疏にも若干用ゐられてゐるが、法華經には一度も用ゐられてゐない。また、受身を表はす「為――所――」を、大日經と大日經疏では、普通の通り、――ノタメニ――ル・ラルと読んでゐるが、法華經では――ルル・ラルルコトヲ・カブル、または――ルル・ラルルコトヲ・ウと読んでゐる。「為」をウ(得)と読むのは、極めて珍しい例である。同じ明算の加点で、このやうな相違があるといふのは、大日經と大日經疏は、先学の訓法に従ひ、法華經は自らの訓法によった結果なのであらうか。

法華經について、今一つ注意すべきは、明算の加点であるにしても、清書本ではないか、といふことである。法華經の加点は、丁寧に行はれたらしく、読み誤りを直したり、足らぬところを補ったりした迹がなく一見いかにも整然としてゐるが、その割合ひには、ヲコト点の形や位置に不正確なものが混ってゐる。これは、他の本について訓読を工夫し加点した後、改めて、この本に清書したため、機械的な移点の際に、ヲコト点の乱れが生じたのではあるまいか。

法華經には、白点の他に、朱点も一部施されてゐる。巻二譬喩品の前半、料紙でいへば、一枚目から十五枚目までの間である。ヲコト点は三論点系のもの（星点は全く同じ。）で、仮名字体は、明算のものよりやや複雑で、明算点にないものもあるから、明算以外の誰かが白点の前に加へたものであらう。

本点（法華經に加へられた白点のこと。以下同じ。）については、早く、春日政治博士が「高野山にて観たる古点本一二」（「文学研究」第七輯、昭和九年一月、「古点本の研究」所収）と題する論文の中で、大矢透博士の調査された摘書によって紹介され、また、遠藤嘉基博士も、その著、「訓点資料と訓点語の研究」（昭和二十七年三月）の中で、しばしば本点に言及してゐられる。大矢透博士の「仮名遣及仮名字体沿革史料」には、本点は収録されてゐないが、大日經の一部が引用されてゐる。わたしは、昭和三十六年の秋、二回に亘って竜光院に参籠し、初めて本点を調査する機会を得て、その結果を「竜光院本妙法蓮華經の訓点について」（「島大論集・人文科学」十五・十六号、昭和四十年十二月・四十一年十二月）といふ小論に発表した。その際、「いづれ、何かの形で訓読文の全部を発表する積りである」といっておいたが、昭和四十一年春、三度竜光院に参籠し、自分の訳文を原典と対校して、不審の箇所を確かめることができたので、ここにその約束を果すことにした。

一　ヲコト点

ヲコト点は、先学によって指摘されたやうに、点図集所収の中院僧正点にほぼ一致するが、遠藤博士が、「訓点資料と訓点語の研究」（一一九・一二〇頁）に掲げられた点図に比較すると、若干相違するものがある。

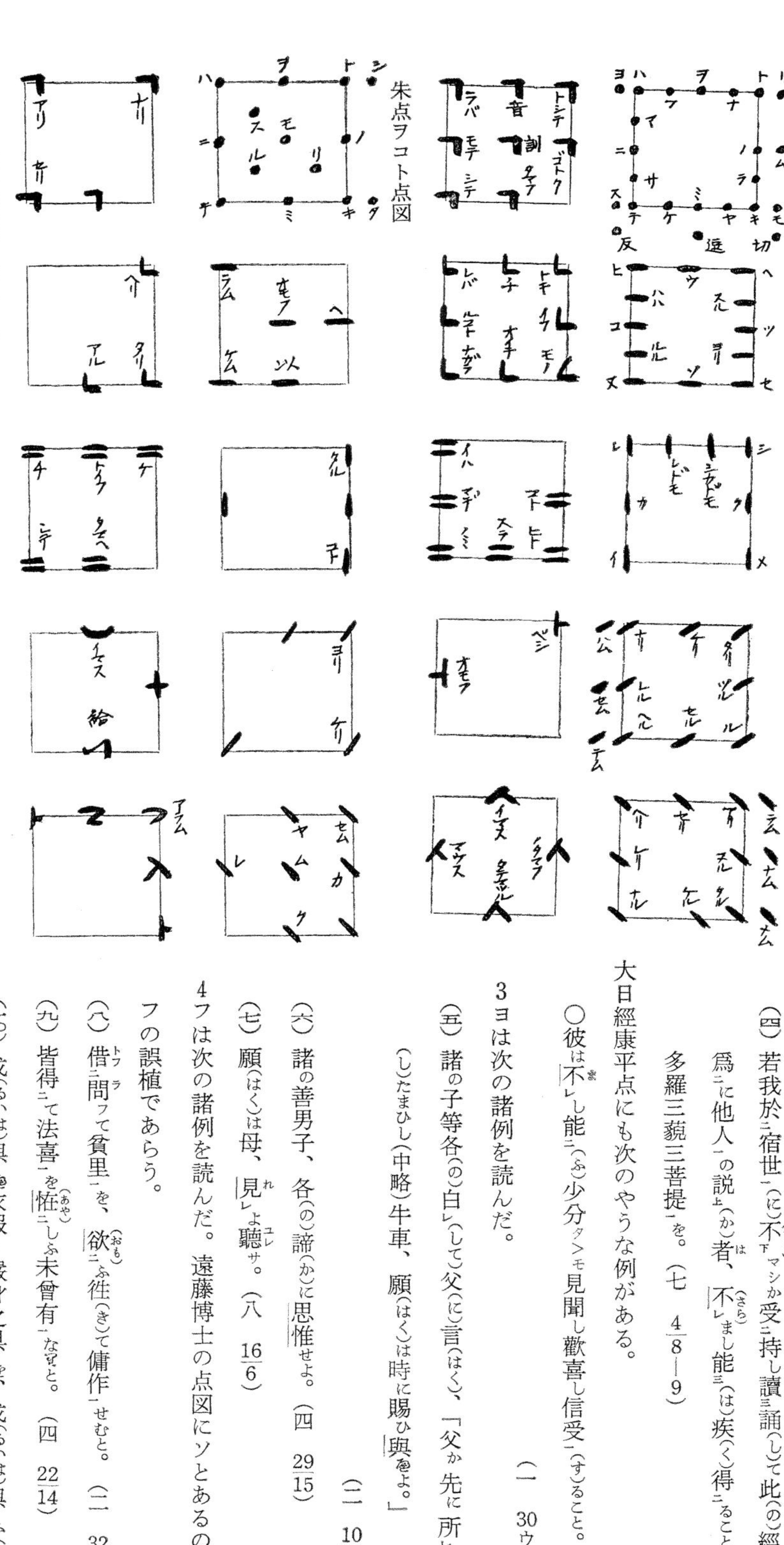

1サは次の諸例を読んだ。

(一) 犯二さむ此(の)法師一を者(もの)は、當レに獲二如レ(き)是(くの)殃一を。 (八 13/7)

(二) 作二(し)て師子吼一を而發(おこ)二さく誓言一を、(五 10/2)

(三) 佛前に有二(る)七寶の塔一。高さ五百由旬なり。(四 21/16)

2マは次の例を読んだ。

(四) 若我於二宿世一(に)不下(さら)マシか受二持し讀三誦(し)て此(の)經一を、爲二に他人一の説上(か)者(は)、不レ(さら)まし能三(は)疾(く)得二ること阿耨多羅三藐三菩提一を。(七 4/8—9)

大日經康平点にも次のやうな例がある。

○彼は不レし能二(ふ)少分ダ>モ見聞し歡喜し信受一(す)ること。(一 30ウ1)

3ヨは次の諸例を読んだ。

(五) 諸の子等各(の)白レ(して)父(に)言(はく)、「父か先に所レの許(し)たまひし(中略)牛車、願(はく)は時に賜ひ與へよ。」(二 10/6)

(六) 諸の善男子、各(の)諦(か)に思惟せよ。(四 29/15)

(七) 願(はく)は母、見(れ)レよ聽(ユレ)サ。(八 16/6)

4フは次の諸例を読んだ。遠藤博士の点図にソとあるのは、フの誤植であらう。

(八) 借(トフラ)二問フて貧里一を、欲(おも)二ふ往(き)て傭作一せむと。(二 32/1)

(九) 皆得二て法喜一を怪(あや)二しふ未曾有一なりと。(四 22/14)

(一〇) 或(るいは)與二へ衣服・嚴身之具一を、或(るいは)與二ふ(中略)象馬・車乘と奴婢・人民一とを。(五 20/9)

5リは次の諸例を読んだ。

(一一) 衆の采(イロ)ある雜(へ)たる飾(かさ)り周匝し圍繞せり。(二 16/9)

(一二) 世尊往昔に説レ(きたまふ)こと法を既(に)久(し)かりき。(二 24/7)

(一三) 我有(も)二てゐ種種の珍玩之具たる妙寶の好車一を。(二 15/7)

6モは次の諸例を読んだ。

(一四) 汝等不レして聞レ(か)此を、但(た)謂二ゐをも我滅度一(す)と。(六 7/2)

(一五) 破二(ゐ)て魔の兵衆一を、而も撃二つ法の鼓一を。(一 7/12)

(一六) 耶輪陀羅比丘尼も亦與二眷屬一倶なゐき。(一 1/14)

7ラは次の諸例を読んだが、確実ではない。

(一七) 不レ厚(く)も(あら)不レ大(き)にも(あら)、亦不三黧ミ黒一(め)ら。(六 20/19)

(一八) 復故(ことさら)らに往(き)て禮拜し讃歎(し)て而作二(さ)く是(の)言一を、(七 2/14)

8ルルは次の諸例を読んだ。

(一九) 無レ(く)して罪而被二(う)るる囚ゐ執(トラ)一ゐ、此(れ)必定(し)て死するなゐと。(二 26/14)

(二〇) 設ひ欲レはは求レ(め)む)と女を、便(ち)生二(み)てむ端正有相之女の(中略)衆人に愛敬一セラるるを。(八 3/4―5)

(二一) 爲(え)四得也む(中略)諸佛如來に所三るることを共に讃歎(し)て稱二せ其の功德一を。(四 10/12)

9コは次の諸例を読んだ。

(二二) 菩薩大衆は從二何所(いつこ)一よゐ來れるそ。(五 29/16)

(二三) 諸天の伎樂(中略)一時に倶に作(をこ)(ゐ)て、雨二(る)衆の天華一を。(二 7/2)

10ヘルは次の諸例を読んだ。遠藤博士の点図にはラムとあるが、ラムは別の点で示されてゐる。

(二四) 世尊の妙相具(し)たまゐるに、我今重(ね)て問レ(ひ)たてまつる彼に。(八 6/9)

(二五) 以二(て)是の因縁一を値(あ)二ゐるは無數の佛一に、(中略)今於(あ)二ゐて我(か)前一に聽レ(き)なむ法を者(もの)是なゐ。(七 6/4―6)

(二六) 毒氣深(く)入(ゐ)て失(うしな)二ゐるか本心一を故(に)。(六 5/10)

11レルは次の諸例を読んだ。遠藤博士の点図にはヘル・レル二つの読みを示すものとされてゐるが、位置に上下の相違がある。

(二七) 是れ從二何所(いつこ)一よゐ來れるそ。以二(て)何の因縁一を集(ま)れるそ。(五 28/5)

(二八) 是(の)人は去二れること阿耨多羅三藐三菩提一を尚(ほ)遠し。(四 19/3)

12テムは次の諸例を読んだ。

(二九) 竊(か)に作二(さ)く是(の)念一を、「(中略)或(若也)(も)(し)見(ら)二れて逼迫一(せ)、強ひて使(しめ)二てむかと我を(し)て作一(さ)」(二 26/6)

(三〇) 觀二て其(の)音聲一を、皆得二(し)めてむ解脱一を。(八 1/7)

(三一) 毋告レ(け)て子に言(い)(はく)、「(中略)若得レて見ること者(は)、心必(す)清淨になゐなむ。或(若也)(し)は聽三(し)てむと我等か往二至(す)ることを佛前一に」(八 15/9)

13ハムは次の諸例を読んだ。遠藤博士の点図には、点図集のまま、イハムとあるが、言ハム以外にも用ゐられてゐる。

(三二) 指二して年少一なるを、言(い)三はむ是れ我(か)父なゐと、生二育せゐと我等一を。

(三三) 得二て清淨の身一を、如二(くし)て淨瑠璃一の、衆生憙(ねか)レはむ見(む)と。 (五 32|16)

(六 31|7)「憙」右、「願也」の注がある。

(三四) 百千の諸佛以二(て)神通力一を共に守二護(し)たまはむ汝一を。 (七 21|7)

14ナムは次の諸例を読んだ。遠藤博士の点図にナスとあるのは、この点の誤りなのではないか。

(三五) 若説二かは是(の)事一を、一切世間の天・人・阿脩羅(は)皆當(に)驚疑(し)なむ、増上慢の比丘(は)將に墜二(ち)なむ於(に)大(き)なる坑一。 (一 20|9)

(三六) 若有レ(ら)て人得レて見二ること此(の)塔一を、禮拜し供養せは、當レ(し)知(る)、是等は皆近二くな(ら)なむ阿耨多羅三藐三菩提一に。 (四 18|11)

(三七) 能(く)於二未來世一(に)讀二持せは此(の)經一を、是れ眞の佛子として住二しなむ淳善地一に。 (四 31|12)

15ラバは次の諸例を読んだ。遠藤博士の点図にはテハとあるが、点図集のままで差支へない。

(三八) 若説法の者(もの)在二らは空閑の處一に、我(中略)聽二(か)しめむ其(の)説法一を。 (四 20|4)

(三九) 若有二らは能(く)持一(つ)こと、則(ち)持二つな(ら)む佛身一を。 (四 31|4)

(四〇) 若於(お)二いて此(の)經一に忘二失せらは句逗一を、我還(り)て爲に説(き)て、 (四 20|7)

16チは次の諸例を読んだ。点図集にはタマヒ、遠藤博士の点図にはタ

マヒキとあるが、共に当ってゐないやうである。

(四一) 釋迦牟尼佛放(はな)二ち大人相の肉髻の光明一を、及(ひ)放二(ち)たまひき眉間の白豪の光一を。 (七 22|17)

(四二) 此(の)人は不レして久(しから)(中略)轉二(し)て法輪一を撃二ち法の鼓一を、吹二き法の螺一を、雨二(ら)て法の雨一を、當に坐二(せ)む天人大衆の中の師子の法座の上一に。 (八 25|11—13)

(四一)の「放(ち)たまひき」の「たまひき」は、タマフ・ヒ・キの三点を組み合せて示されてをり、(四二)の「撃ち」は、文脈から見て、敬語を用ゐるべき場合ではない。

句読点と反点とは、訓点資料としての普通の形式が用ゐられてゐる。反点は、左下の星点を多く用ゐ、返るべき上の文字の左に星点を打って上下呼応することがあり、複雑な構文では、「一・二」や「上・下」を併用する。

(四三) 所以者何・我昔從佛・聞如是・法・見諸菩薩受記作佛・而我等不預斯事・甚自感傷失如來無量知見・ (二 1|4—6)

所以者何(に)、我昔從レ(ひ)たてまつ(り)て佛に、聞二(きたま)へ(て)如レ(き)是(くの)法一を、見二(し)かとも諸の菩薩の受レ(け)て記を作レ(る)を佛に、而我等不レ(し)て預二(ら)斯(の)事一に、甚(た)自(みつから)感二傷しき失二(ゑ)ることを於如來の無量の知見一を。

(四四) 若見無量億千衆生以佛教門・出三界苦怖畏險道・得涅槃樂・ (二 11|7—8)

若見下つ無量億千の衆生の以二(て)佛の教門一を、出二(て)て三界の苦の怖畏險

道一を、得中つと涅槃の樂上を。

(四五) 譬如童子・幼稚無識　捨父・逃逝遠到他土・(中略)甚大歡喜　得未曾有・佛亦如是・(二 30/13―33/11)

譬(ゑは)如下(し)童子幼稚に(し)て無レ(く)識ること、捨レて父を逃(け)逝(き)て、遠く到二(ゐ)ぬ他土一に。(中略)甚(た)大に歡喜(し)て得中(つ)とイハムか未曾有上(な)ることを。佛も亦如レ(し)是(くの)。

(四五)の「中略」は、実に五十二行に及ぶ長文で、これを挾んで「上・下」が返るべきことを示してゐる。

朱点のヲコト点は、用例が少いため、星点以外、確かなことはわからない。

二　仮　名

仮名は、大矢透博士の「仮名遣及仮名字體沿革史料」に挙げられた大日經天喜点のそれと全く同一である。真仮名も草仮名もなく、すべて簡易な省文仮名に統一され、平安末期の仮名の特徴をよく示してゐる。この他、大日經天喜点にはヌに「ヌ」、ロに「ロ」があり、大日經疏康平点には、ヰに「ゐ」、ヱに「十」が用ゐられてゐる。

実字はなく、特殊な記号として、撥音を示すものが用ゐられてゐる。

朽邁(くまい)しくた(ゐ)　壯サカくなる　喪ホロヒくた(ゐ)

右は〔n〕を示してゐると見られるが、大日經天喜点や大日經疏康

白点仮名表

ア	カ	サ	タ	ナ	ハ	マ	ヤ	ラ	ワ	重点
アア	カク	サ	タタ大	ナ	ハ	ア	ヤ	ララ	ロワ	丶
イ	キ	シ	チ	ニ	ヒ	ミ	イ	リ	ヰ	撥音
イ	キ	しし	チ	ニ	ヒ	三		リ	井	>
ウ	ク	ス	ツ	ヌ	フ	ム	ユ	ル	ウ	
于テ	ソ	スス	川		フ	ム	ユ	ル		
エ	ケ	セ	テ	ネ	ヘ	メ	エ	レ	ヱ	
	介	七	テ	ネ	ヘ	メ	エ	レ		
オ	コ	ソ	ト	ノ	ホ	モ	ヨ	ロ	ヲ	
オ	コ	ソ	ト	ノ	小	モ	ヨ	ロ	ツ	

朱点仮名表

ア	カ	サ	タ	ナ	ハ	マ	ヤ	ラ	ワ	重点
ア	カ	さ	タ	七	ハ	丁万	ヤ	ラ		ゝ
イ	キ	シ	チ	ニ	ヒ	ミ	イ	リ	ヰ	[illegible]
イ		し	矢		ヒ	三				耳
ウ	ク	ス	ツ	ヌ	フ	ム	ユ	ル	ウ	[illegible]
	ソ		川	ヌ	フ不	ム	ユ	ル		乍
エ	ケ	セ	テ	ネ	ヘ	メ	エ	レ	ヱ	
	介			ユ		メ		レ		
オ	コ	ソ	ト	ノ	ホ	モ	ヨ	ロ	ヲ	
乇	己	ソ								

点には、〔ŋ〕を示す記号「∨」も用ゐられてゐる。例へば

營キャく（康平点）　嬰ヤく　響カく　蜣カく　盈エく　芳カくハシク（天喜点）

のやうに。

重点記号は、一音の反復には「ヽ」を用ゐるが、二音の反復には「ヽ一」を用ゐる。

毎シハヽヽ　益マスヽヽ　會タマヽヽ　轉イヨヽヽ

濁音記号は、法華經古点にはないが、大日經天喜点や大日經疏康平点には、右肩に「ヽ」を打つて濁音を示した例がある。例へば

戟ゲキ　魚ギヨ　範ボム　搏ダ〳〵（天喜点）　亞（ア）ノゴトクシテ　壌ジヤ

爾チ（康平点）

三 漢字の義注

難解な文字に対し、漢字で意義の注を加へたものが多い。次に挙げる例は、括弧の中の数字と同じ番号の例文中に見られるもので、片仮名は私の推定した読み方を示してゐる。ただし、同じ文字に対し同じ注を加へたものは、初出の例しか挙げない。

逮至也、及也（イタル・オヨフ・四六）為得也（ウ・四七）修治也（ヲサム・四八）跏重也（カサヌ・四九）靡无也（ナシ・五〇）導師佛也（五一）處居也（キルまたはヲリ・五二）適始也（ハシメテ・五三）為是也（コレ・五四）嘗試也（ココロミニ・五五）為定也（サダメテ・五六）領預也（アヅカル・五七）觀見也（ミル・五八）盡任也（マカセテ・五九）脱離也（ハナル・六〇）逮至也（イタル・六〇）為當也（マサニ・六一）佳吉也（ヨシ・六二）為名也（ナヅク・六三）為以也（モテ・六四）尠少也（スクナシ・六五）於隨也（シタガフ・六六）以是也（コレ・六七）蔽覆也（オホフ・六八）行連也（ツラナル・六九）適叶也（カナフ・七〇）不无也（ナシ・七一）騃愚也（ホル・七二）而即也（スナハチ・七三）内入也（イル・七四）或若也（モシ・七五）於居也（キルまたはヲリ・七六）適叶也（カナフ・七七）朽老也（オユ・七八）故今也（イマ・七八）與為也（タメニ・七九）故尚也（ナホ・八〇）以用也（モチキル・八一）若汝也（ナムヂ・八二）巨大也（オホキナリ・八三）希願也（ネガフ・八四）既悉也（コトゴトク・八五）須求也（モトム・八六）已止也（ヤム・八七）齎以也（モテ・八八）却抜也（ヌク・八九）有持也（タモツ・九〇）詣至也（イタル・九一）捨止也（ヤム・九二）愛惜也（ヲシム・九三）起出也（イヅ・九四）於與也（タメニ・九五）在處也（ヲリ・九六）為被也（カブル・九七）頗若也（モシ・九八）狂愚也（オロカナリ・九九）應宜也（ヨロシ・一〇〇）意念也（オモヒ・一〇一）成得也（ウ・一〇二）須用也（モチキル・一〇三）脩長也（ナガシ・一〇四）如若也（モシ・一〇五）且又也（マタ・一〇六）憙願也（ネガフ・一〇七）乗上也（ノボル・一〇八）故本也（モト・一〇九）遊行也（ユク・一一〇）聲聞也（キク・一一一）共同也（ヲナジ・一一二）宿昔也（ムカシ・一一三）

（四六）逮（およ）レ得ニ（る）に己（れ）か利一を。（一 1|4天）

（四七）常に為ニたモ諸佛に之所ニ（る）ることを稱歎一（せ）。（一 2|2）

（四八）以レ（て）慈を修レ（め）たモ身を。（一 2|2）

（四九）佛説ニ（き）此（の）經一を已（モ）て、結ニひ跏（ね）て趺一を、坐（して）入ニ（モ）て於無

量義處三昧一(に)、(一 3/16)

(五〇) 照二(し)たまふに東方の萬八千の世界一を、靡レ(くし)て不二(といふこと)周遍一(せ)、下は至二ゑ阿鼻地獄一に、(一 4/6)

(五一) 文殊師利、導師(は)何か故(に)か眉間の白豪の大光の普(く)照(し)たまふ。(一 5/9)

(五二) 獨(ゑ)處二て閑靜一に樂(しひ)て誦二す經典一を。(一 7/4)

(五三) 適(め)て從二(ゑ)三昧一起(ち)て、(一 14/18)

(五四) 汝(は)爲れ世間の眼なゑ。(一 14/18)

(五五) 見二(れ)は佛子一を、未二(し)て嘗にも睡眠一(せ)、(一 7/16)

(五六) 所レの得(たま)ゐる妙法、爲(め)て欲レ(し)てか説レ(かむ)と此(れ)を、爲(め)て當に授記(し)たまはむとか。(一 9/12)

(五七) 八王子威德自在に(し)て各(の)領二(ゑ)き四天下一を。(一 11/2)

(五八) 歡喜し合掌(し)て一レ(にし)て心を觀レたてまつる佛を。(一 11/16)

(五九) 盡レ(せ)て思に共に度量(す)とも、(一 17/9)

(六〇) 告下(くらく) 諸の聲聞衆と (中略) 我(か)令レ(め)て脱二(れ)苦縛一を、逮レ(ゑ)たる得二(る)に涅槃一を者上(もの)(と)に、(一 18/4—5)

(六一) 是(の)事爲に云何そ。(一 19/11)

(六二) 如レ(き)是(くの)增上慢の人は退(ゑ)ぬる(も)亦佳し矣。(一 21/13)

(六三) 是を爲下(つ)く諸佛は以二(て)の一大事の因緣一を故(に)出中現(し)たまふと於世上(に)。(一 22/9)

(六四) 諸の有二(る)は所作一とし、常(に)爲二(て)なゑ一事一を。(一 22/11)

(六五) 斯(の)人尠二く(し)て福德一、不レ堪レ(ゐ)受二(くる)に是(の)法一を。(一 24/19)

(六六) 於二(ひ)て諸の無量の佛一に不レ(し)て行二(せ)深妙の道一を、(一 25/8)

(六七) 入二(る)に大乘一に爲(こ)れ本なるを、以を(もて)の故(に)説二く是(の)經一を。(一 25/13)

(六八) 以二(て)貪愛一を自(つから)蔽(ひ)て、盲瞑に(し)て無レ(し)所レ見(る)。(一 29/9)

(六九) 其(の)傍に各(の)有二らむ七寶の行(な)れる樹一。(二 4/13)

(七〇) 聞三(く)か父か所レの説(き)たまふ珍玩之物の適二ゐるを其(の)願一に故(に)、(二 10/1)

(七一) 是(の)諸の衆生は皆是(れ)我か子なゑ。等(し)く與二(ゐ)む大乘一を、不レけむ令三(む)ること有る人獨(ゑの)み得二滅度一を。(二 11/11)

(七二) 聾ひ騃(れ)無レ(くし)て足、宛轉し腹行(せ)む。(二 21/2)

(七三) 設ひ服二(す)とも良藥一を、而(ち)復增レ(さ)む劇(タシナ)キことを。(二 21/13)

(七四) 出し内れ取ゑ與(ゐ)たまふ。(二 26/1)

(七五) 此れ或(し)是(れ)王か、或(し)是(れ)王と等(し)きものか。(二 26/3)

(七六) 時に富長者於二て師子の座一に、見レて子を便(ち)識(ゑ)て、心大に歡喜す。(二 26/7)

(七七) 甚(た)適二ひたゑ我か願一に。(二 26/9)

(七八) 我雖二(も)年朽一(い)たゑと、猶故貪惜す。(二 26/10)

(七九) 窮子先(づ)取二(て)其(の)價一を、尋(ち)與に除レ(ハラ)フ糞を。（二 27/8）

(八〇) 然(も)其(の)所止は故在二ゐ本處一に。（二 28/13）

(八一) 世尊以二(ゐ)たまふこと方便力一を、説二(き)たまはむとしてなゐ如來の智慧一を。（二 29/15）

(八二) 又以二(て)軟語一を、若如二(し)といふ我か子一の。（二 32/16）

(八三) 其(の)家巨(き)に富(み)て、（二 30/17）

(八四) 如下(し)彼の窮子の得レて近二(つくこと)其(の)父一に、雖レ(も)知二(ゐ)ぬと諸物一を、心不中か希ひ取上(ら)。（二 34/4）

(八五) 我か願も既(く)滿(ち)、衆の望も亦足らむと。（四 9/15）

(八六) 有レ(ゐ)て人渇乏(し)て、須レ(めむ)として水を於二彼の高原一(にして)穿(ホ)リ鑿(ウカ)チて求レむ之を。（四 18/18）

(八七) 知二(ゐ)て水尚遠一(し)と、施レ(し)て功を不レ已(ま)。（四 19/1）

(八八) 各(の)齎二て寶の華一を滿レて掬に而告レ(け)て之に言(の(たま)は)く、（四 26/16）

(八九) 如下(し)却二(き)て關鑰一を開中(く)か大城の門上を。（四 27/7）

(九〇) 我有二てゐ微妙の法一を。世間に所二なゐ希有一なる。（五 2/4）

(九一) 住二(し)て虚空の中一に詣二(ゐ)ぬ靈鷲山一に。（五 4/5）

(九二) 瞻二仰(し)て尊顔一を、目不二暫(く)も捨一(ま)。（五 8/7）

(九三) 我不レ愛二(しま)身命一を、但(た)惜二(し)む無上道一をのみ。（五 11/7）

(九四) 從二禪定一(よゐ)起(て)て（中略）説二(か)むに斯(の)經典一を、（五 15/15）

(九五) 於二には一切衆生一の起二し大悲の想一を、於二には諸の如來一(の)起二し慈父の想を一、（五 18/3）

(九六) 不三樂(ひ)て在二(ら)人衆一に、常(に)好(み)て在二(ゐ)禪定一に。（五 34/7）

(九七) 爲二(ゐ)て毒に所一ることを中(ヤフ)ラ、心皆顛倒したゐ。（六 5/11）

(九八) 頗(し)有レ(ゐ)て人能(く)説二(か)むや此の良醫の虚妄の罪一を不や。（六 6/4）

(九九) 醫の善方便をもて爲レ(て)の治二するを狂(か)なる子一を故(に)、（六 7/18）

(一〇〇) 隨レ(ひ)て所二に應(し)く可一(き)度(す)、爲に説二く種種の法一を。（六 8/4）

(一〇一) 每(シハ)、、自(み)(つから)作二(さ)く是(の)意一を、（六 8/4）

(一〇二) 餘ゐ有二る一生一在(ゐ)て、當レ(し)成二一切智一を。（六 10/16）

(一〇三) 不レれ須下(ゐ)（中略）以二(て)四事一を供中養(す)ることを衆僧上を。（六 14/9）

(一〇四) 鼻は脩く高(く)直からむ、（六 21/3）

(一〇五) 如(し)有二(ゐ)て大施主一、（中略）隨二ゐむ意之所欲一に、（六 21/12）

(一〇六) 鼻高く脩(くし)て且(た)直(か)らむ。（六 22/7）

(一〇七) 爲二(得也)(え)む人に所一ることを憙レ(は)見むと。（六 22/8）

(一〇八) 後に生二(まれ)て天と人との中一に、（中略）乘二らむ天の宮殿一に。（六 22/12）

(一〇九) 令ニ(めたま)ゐ我か兩(つ)の臂を(し)て還復(し)て如レ(くあら)故の。(七 17/11)

(一一〇) 以ニ(て)種種の形一を遊ニ(き)て諸の國土一に、度ニ脱す衆生一を。(八 5/10)

(一一一) 念ニ(せ)む彼(の)觀音一を力に、尋(きて)聲(き)て自(に)廻ゑ去らむ。(八 7/9)

(一一二) 我今亦欲レふ見ニ(たてまつらむ)と汝等の師一を。可ニ(し)共(しく)倶に往一(く)。(八 16/3)

(一一三) 我等宿の福深く厚(くし)て、生(れ)て値ニゐゑ佛法一に。(八 16/15)

四 音韻

漢字音に関するものは、殆んどなく、仮名で読み方を示したものが二例あるに過ぎない。

甲コフ(四 30/7) 鞞ヘイ(六 26/12)

国語音では、先づア・ハ・ヤ・ワ四行にかなりの混乱が見られる。

1オをヲとするもの

除をく(二 5/6、五 27/8) 起をきて(四 8/15) 在ヲカは(六 29/13) 共ヲナシく(八 15/5) 憧ヲチ(二 12/16) 謂をもゐゑ(六 7/2) 謂をも(ひ)て(二 31/17) 謂を(もひ)つ(四 7/4) 謂をもゐゑ(六 1/11) 欲を(もほ)す(五 30/4) 作を(こ)す(六 7/9、七 29/12) 作をこ(ゑ)て(二 7/2) 下を(ゑ)て(八 16/3) 自を(のつから)に(五 4/10、一 27/6、二 30/13) 自を(のつから)(六 9/16、七 25/16)

2ヒをフとするもの

排ハラフて(二 10/1) 修ナラフて(二 21/10) 傭ツクノフて(二 26/4) 喚ヨハフて(二 26/12、32/4) 覆カヘサフて(二 31/18) 借—問トフラフて(二 32/1) 欲ネカフて(四 4/4 4/6)

3フをウとするもの

願(ねか)う(一 6/15) 瘂ヲウシ(二 22/2)

4ワをハとするもの

皺シハメル(五 34/1)

5ヰをヒとするもの

基(もと)ひ(二 12/7)

6ヱをヘとするもの

種(う)ゑ(む)(四 11/3)

7ヲをホとするもの

薫カホリ(四 29/2)

いふまでもなく、1は〔o〕と〔wo〕、3は〔Fɯ〕と〔ɯ〕、4は〔Fa〕と〔wa〕、5は〔Fi〕と〔wi〕、6は〔Fe〕と〔we〕、7は〔Fo〕と〔wo〕との混同で、1は語頭の〔o〕が次第に〔wo〕に変って来たこと、3・4・5・6・7は語中・語尾の〔F〕が〔w〕に変じたことを示してゐるやうである。

音便には、次のやうな例がある。

8キ・ギをイといふもの

然タイて（七 18/1） 澎ソ、イて（八 7/17） 販ヒサイて（五 14/13） 浄（きよ）いこと（六 33/13）

9 リを零表記とするもの

濟ワタて（四 8/15） 擧コソて（五 34/3） 無かつ（二一 26/9）

10 ミをムといふもの

信ツ、シムて（二一 28/5） 默ツ、ムて（四 8/14） 皺（しわ）むて（六 19/4）

前（すす）むて（八 8/6） 憙コノムて（八 25/4）

11 リを零表記とするもの

止ト、マぬ（二一 25/2） 識しぬ（二一 32/2）

12 ニ・リを特殊記号∧で示すもの（括弧の中の数字と同じ番号の例文中に見える。）

朽邁（くまい）シ∧たゐ（一一四） 壯サカ∧なる（一一五） 喪ホロヒ∧たゐ（一一六）

（一一四） 我等居二し僧之首一めに、年並に朽邁。（二一 24/5）

（一一五） 譬（ゑ）は如下く少ワカク壯人の年始て二十五なる、示二（し）て人に百歳の子の髪（かみ）白（く）して而面皺シハ一メルを、是等は我か所生なゐ（といひ）、子も亦説二（か）む是れ父一なゐと。父は少（く）して而子は老（い）たるを擧コソレて世所上レの不レ（る）信（せ）、世尊も亦如レ（し）是（の）。（五 33/19）

（一一六） 父作二（さ）く是（の）念一を、「此の子は可レし愍カナシフ。爲二（ゐ）て毒に所被也一レること中ヤフラ、心皆顚倒したゐ。雖三（も）見レて我を喜（ひ）て求二索（す）と救療一を、如レき是（くの）好藥を而も不二肯て服一（せ）。我今當に設二（け）て方便一を令レ（めむ）と服二（せ）此（の）藥一を。」即（ち）作二（さ）く是（の）言一を、「汝等當レ（し）知（る）、我今衰老して死の時已に至（ゐ）ぬ。是の好き良藥を今留（め）て在レく此に。汝可二し取（ゐ）て服一（す）。勿二けむ憂として不一レ（といふこと）差（え）。」作二（し）是（の）教一を已（ゐ）て、復至二（ゐ）て他國一に、遣レ（ゐ）て使を還（ゐ）て告（け）しむ。「汝か父已に死ぬ。」と。是の時に諸の子聞二（き）て父背喪一（し）ぬと、心大（き）に憂惱（し）て而作二（さ）く是（の）念一を、「若（し）父在いまさマシか者は、慈二愍（し）て我等一を、能（く）見二（る）れナマシ救護一せ。今者捨レ（て）て我を遠く喪二他國一に。自みつから惟（ふ）に孤露として無二（く）なゐぬと復（た）恃怙一。」常（に）懷二（き）て悲感一を、心遂に醒悟して、乃（し）知二（ゐ）て此の藥の香味色美一を、即（ち）取（ゐ）て服レ（し）て之を、毒病皆愈（え）ぬ。（六 5/11―6/2）

8はイ音便、9は促音便、10・11・12は撥音便、その中、10は〔m〕を、11・12は〔n〕を示してゐる。即ち、本点では〔m〕〔n〕は正しく区別されてゐたと考へられる。これは大日經天喜点や大日經疏康平点に存する漢字音の表記と一致してゐる。例へば

〔m〕 塩エム　嵐ラム　敦トム　龕カム　懺サム（天喜点）　恬テム（康平点）

〔n〕 摶タ∧　盥クワ∧　諠クワ∧　煥クワ∧（天喜点）　槃ハ∧　悍カ∧　喧クワ∧（康平点）

等のやうに。しかるに、これまで「喪ホロヒ∧たゐ」の「∧」は推量の助動詞ムを示すものとされ、語尾の〔m〕が〔n〕になつた確実な例と見做されて来た。春日政治博士は、大矢透博士の抄出された資料に基づいて本点に言

及し、

法華經点には字音は出てゐないが、国語の未来助動詞や撥音便にこのフを用ひてゐる跡が見える。国語の〻〻助動詞は勿論撥音便も古くはムを以て表されてゐたが、n撥音に充てられた音符の之に代るやうになつたことは注意してよい事実である。之はムといふ未来助動詞もnに近づき、撥音便にはmのみでなくnの種類の生じて来たことを表すに至つたことであつて、国語音の歴史の上には注意すべきことである。この明算加点の法華經には

少壮人(ワカクサカフ)　喪(ホロヒフ)

とあるやうに大矢博士の摘書に見えるのである。これは更に実地調査によつて確認したい。（「古訓点の研究」八七頁）

といはれ、遠藤嘉基博士はこれを強調して

mがnになつたのはいつか。これについては、平安初期の資料に、それを推測させるようなものがありはするが、こんにち確実な資料としてあげうるのは、高野山竜光院蔵の国宝妙法蓮華經にある喪(ホロヒ<)と・少壮(サカ>)なるの例になろうか。尤も、この例は大矢透博士の調査摘要によってなるの例になろうか。春日博士が未見ゆえに確言をさけつつも紹介されたところであったが、昭和十九年十一月に再確認の機をえたので、ここに報告しておく（「訓点資料と訓点語の研究」一三一頁）

といひ、更に例文として

今者捨我遠喪他國――今者(は)我を捨て遠く他國に喪(ホロ)ビ>と（解読）

譬如少壮人年始二十五示人百歳子髮白而面皺是等我所生子亦説是父父少而子老擧世不信――譬（へ）は少(ワカ)ク壮(サカ>)なる人の年始て二十五なる、人に百歳の子の髪み白して面皺(シハ)メルを示（し）て、是等は我い生れ(ママ)所子、亦是れ父といはむと説も、父は少して而子は老たるを、擧(コソ)て世信不所如し（解読）（同一三二頁）

を挙げてゐられる。私もかつてこの立場に立つて撥音の変遷を考へたこともあつた（「訓点語の研究」所収「不肯の古訓」三二九―三三〇頁）が、本点を調査するに及んで、その誤りであることを知つた。大矢博士に始まる誤謬の原因は、「喪」には「ホロヒ>」の訓の他に、タリを示すヲコト点が右上にあることに気づかれなかつたか、または、トと読み誤られたことにあるやうである。ここは、父の訃報を受けた子どもたちが、「父は死んでしまつた」といふところであつて、ホロビ・ムといふ未来形を取るべきではなく、ホロビ・ニ・タリといふ完了形でなければ、文意が通じない。（一四）の「朽邁（くまい）し>た(ヲ)」も同様に解すべきである。

因に、本点で〔m〕〔n〕が区別されてゐたといふことになると、大日經天喜点に見える副助詞ダンモの例

○　彼(は)不(ま)レし能二（ふ）少分タ>モ見聞し歡喜し信受一（す）ること。（一　30ウ）

も、ダモに〔m〕の加はつた〔dam mo〕ではなく、ダニモのニの〔n〕に変じた〔dan mo〕と解すべきではあるまいか。

以上の他、前記2のヒをフと記した一群の例が、〔Fi〕の転じた〔ɯ〕を示してゐればウ音便であるが、〔Fi〕の〔i〕の落ちた〔F〕を示してゐるならば、一種

の促音便とならう。大日經疏康平点に

○如二(く)十二因緣を者一フツルか、一切の諸法も亦如レ(く)是(くの)說け。（28ウ）

○二來意と者は、前品之中に依二(て)於法則一(に)持誦(せ)よとイフツ。（49オ）

の例があり、遠藤嘉基博士は促音便と解してゐられる（「訓点資料と訓点語の研究」一三八―一四五頁）。

五　特殊な漢字の用法

一　若・頗

「若」は仮設の副詞として用ゐる。付訓例はないが、モシと読んだのであらう。モシを持つ従属文の述語は、用言（助動詞を含む。以下同じ。）未然形＋バの他、用言連用形＋テハ、用言連体形、用言連体形＋トキハ・トキニ・ニハ・モ・モノハ、用言已然形＋バ等、種々な形を取り、これに応ずる主文の述語も、常に推量の助動詞を伴ふとは限らず、単に用言の終止形で結ぶこともある。

（一一七）若說二かは其(の)罪一を、窮レ(む)とも劫を不レし盡(き)。（二 22/8）

（一一八）若得レては爲ること人と、諸根暗鈍ならむ。（二 21/5）

（一一九）若說レ(か)む法を時は、無レれ得二ること戯笑一を。（五 14/16）

（一二〇）若得二てむときには聞解し思惟し修習一(す)ること、必(す)知レ(る)ゐし得レつと近二(つく)こと阿耨多羅三藐三菩提一に。（四 19/4）

（一二一）若有二(て)衆生一來二至せるには我(か)所一に、我以二(て)佛眼一を觀二す其(の)信等の諸根の利鈍一を。（六 2/16）

（一二二）若接(サ)二ケて須彌一を擲二(け)置(か)むも他方の無數の佛土一に、亦未(す)二爲れ難一(き)に(あら)。（四 29/18）

（一二三）若能(く)隨喜せむ者(もの)は、爲に得二ゐき幾(イク)ハクの所福一をか。（六 18/1）

（一二四）若滅二(し)つれは貪欲一を、無レ(く)なゐぬ所二依止一する。（二 18/17）

（一二五）若說二(か)む此(の)經一を時に、有レ(て)人惡口をもて罵(ノ)り、加二(ふ)とも刀・杖・瓦・石一を、念レするか佛を故(に)應レ(し)忍(ふ)。（四 20/19）

（一二五）は逆態であるから、タトヒと読んだかも知れない。

「若」はまた選擇の接続詞として用ゐる。ハを添へた例がないのは、単にモシといったのであらうか。

（一二六）若坐し、若行(き)て、毎(ツネ)ゝ作二(さ)く是(の)念一を、（一 1/7）

（一二七）出二すこと其(の)過惡一を、若實にマレ、若不實にマレ、此(の)人は現世に得二む白癩の病一を。（八 26/2）

「頗」を疑問・仮設の副詞として用ゐ、モシ・タトヒと読む。「頗」は程度を表はす副詞としてスコブルと読むのが普通であるが、康熙字典（以後単に字典と呼ぶ）によると、集韻に「疑辭」とあり、疑問を表はし、また、転じて仮設を示すこともある。

（一二八）頗(若也)(し)有レ(て)人能(く)說二(か)むや此の良醫の虛妄の罪一を不や。（六 6/4）

（一二九）頗(タト)ヒ有二(て)衆生一勤(め)て加(マ)二シて精進一を修二行せは此(の)經一を、速に

得レてむや佛を不や。（五 5/4）

（一二九）はタトヒと読んでも、意味は順態を表はし、モシと同じである。西大寺本金光明最勝王經古点には、「若」をタトヒと読み、モシと同義に用ゐた例がある。

二 當・應・須・宜

いづれもベシと読み、または読まずして下にベシを添へる。「當」はニを送つてマサニと読むこともあるが、下は必ずしもベシで応ぜず、ムで代用し、または、用言の終止形で結ぶこともある。

（一三〇）多寶如來（は）當下しに爲二に汝等一の而現中（し）たまふ其の相上を。（七 25/11）

（一三一）當に於二如來（の）餘の深法の中一（に）示教利喜（す）べし。（七 11/14）

（一三二）當に以二（て）三車一を隨二べむ汝か所欲一に。（二 16/3）

（一三三）要す當に說二（き）たまふ眞實一を。（一 18/4）

「應」はニを送つて同じくマサニと読む他、クを送つて「宜也」と注した例があり、ヨロシクと読んだことが知られる。「應」をヨロシと読むことは、すでに石山寺本辨中邊論朱点（大同頃の加点）や、石山寺本妙法蓮華經玄賛古点（中期初の加点）に例がある。

（一三四）應下きに以二（て）聲聞身一を得上レ度を者は、即（ち）現二（し）て聲聞身一を而爲に說レく法を。（八 4/4）

（一三五）隨レ（ひ）て所二に應（宜也）（し）く可レ（き）度（す）、爲に說二く種種の法一を。（六 8/4）

（一三五）は「應可」と重ねて用ゐてゐるが、「應當」と重ねる場合は、「應」をベシ、「當」をマサニと読むのが例である。

（一三六）應三し當に如レ（く）是（の）生二（す）恭敬の心一を。（七 22/9）

「須」は動詞にしてモチヰル・モトムと読むことがある。（六六）（一〇三）参照。

三 將・欲

共に——ムトスと読むが、「將」は、マサニと読み、下にムトスまたはムを添へる。

（一三七）死ぬる時將に至（ら）なむとす。（二 31/7）

（一三八）增上慢の比丘（は）、將に墜二（ち）なむ於大（き）なる坑一に。（一 20/9）

「欲」は、それ自身をスと読み、下にムトを添へるのが普通で、稀に読まずして下にムトスを添へる。

（一三九）轉輪聖王（の）（に）欲下するに以二（て）威勢一を降中伏（せ）むと諸國上を、而も諸の小王不レ順二（は）其（の）命一に。（五 20/5）

（一四〇）欲下爲二に四衆一の說中（かむ）とせむ是の法華經上を者は、云何（にし）てか應レき說（く）。（四 19/13）

（一四一）欲レはは捨二（てむ）と諸の懈怠一を、應三（し）當に聽二（く）此（の）經一を。（四 20/9）

「欲」はオモフ・オモホス・ネガフと読むこともある。

（一四二）如來今欲四を（もほ）す顯二發し宣三示（せむ）と（中略）諸佛の威猛大勢之力一とを。△（五 30/6）

なほ（四五五）（四五六）参照。

四　設・假使・正使

共に仮設の副詞として用ゐられ、タトヒと読む。この語を持つ従属文の述語は、終止形にトモを伴ふのが普通であるが、未然形＋バ、連用形＋テハの形を取ることもある。この場合は、順態でモシの意味を表はしてゐる。

（一四三）設ひ衆の惡來を加(ふ)とも、其(の)心不ニらむ傾動一(せ)。（六　12/12）

（一四四）假使ひ國城妻子をもて布施(す)とも、亦所レなを不レ(る)及(は)。（七　14/16）

（一四五）正使ひ出ニ(て)たまふとも于世一に、說ニ(き)たまふこと是(の)法一を復(た)難し。（一　31/7）

（一四六）設ひ欲レはは求レ(めむ)と女を、便(ち)生ニ(み)てむ（中略）衆人に愛敬一セラるるを。（八　3/4）

（一四七）設ひ得ニては授記一を、不ニらむ亦快一(から)乎。（四　9/9）

タトヒに応ずる述語が、用言の連体形、連体形＋モで、全体が提示語の形を取ることがある。

（一四八）假使ひ有レ(ら)て人手に把ニきて虛空一を而も以(て)遊行せむ、亦未ニ爲れ難一(し)と(せ)。（四　30/4―5）

（一四九）假使ひ劫の燒(け)むときに、擔ニひ負(ひ)て乾(れ)たる草一を入レ(り)て中に不レらむも燒(け)、亦未ニ爲れ難一(きにあら)。（四　30/9―10）

五　豈

反語を示す。付訓例はないがアニと読んだのであらう。文末はムヤで結ぶ。

（一五〇）汝已に慇懃に三(た)ひ請(し)つ。豈得レむや不レること說(か)。（一　21/5）

六　況・何況

共に付訓例はないが、イハムヤ・イカニイハムヤと読んだのであらう。前文を受けて、後文を強調する抑揚形式で、文末はヲヤ・ムヤの他用言の終止形で結ぶこともある。

（一五一）如レ(く)是(の)展轉(して)聞(かむ)、其(の)福尚無量ならむ。何況於ニ(して)法會一初に聞(き)て隨喜(せ)む者をや。（六　22/2）

（一五二）甚(た)可三(し)怖ニ畏す此(の)苦難の處一を。況復(た)大火をや。（二　15/1）

（一五三）乃至爲レ(に)も法の猶不ニれ親厚一にせ。況復(た)餘事をや。（五　13/9）

（一五四）是の法華經をは（中略）名字をタモ不レ可レ(から)得レ聞(く)こと。何況得レて見ること受持し讀誦せむや。（五　20/3）

（一五五）若是の施主但(た)施ニ(さむ)衆生に一切(の)樂具一を、功德無量なぞ。何況令レ（めや）得二阿羅漢果一を。（六　19/12）

（一五六）勸ニめて於一人一を令ニめむ往(き)て聽レ(か)法を功德如レ(し)此(の)。何況一レ(にし)て心を聽き說き（中略）如レ(く)說(くか)修行せむや。（六　21/7）

（一五七）若聞ニ(き)て是(の)經一を而不ニ(し)て毀呰一(せ)起ニ(さ)む隨喜の心一を、當レ(し)知(る)、已に爲ニ(つ)く深信解の相一と。何況讀誦し受持(せ)む之者は、

斯の人則(ち)爲れ是也頂に戴二(く)なを如來一を。（六 14/7）

初期の訓法に従へば、(一五一)は者ハ、(一五二)は大火ヲバ、(一五三)は餘事ニハと読み分けるところ、これを一様にヲヤといったのは、中期以後訓法が画一化した結果である。(一五四)は純粋の反語であるが、(一五五)は反語ではない。初期のものならば、得シメテハ・得シメムニハ・得シメムハなどといふところで、中期以後の訓法では、やはりヲヤを用ゐて得シメムヲヤとあるのが普通である。

七 寧

二者撰一を表はす副詞で、「寧」を持つ方が取られる。付訓例はないが、ムシロと読んだのであらう。

(一五八) 寧上アニクとも我(か)頭の上一には、莫レ(れ)惱二(ます)こと於を法師一。（八 12/17）

(一五九) 我寧不レとも説レ(か)法をは、疾(く)入二(ら)マシ(む)と於に涅槃一。（一 30/1）

(一五九)は捨てられる方が省略されてゐる。

「寧」には次のやうな用法もあるが、何を意味してゐるかわからない。

(一六〇) 是の大施主の所レの得む功徳は、寧爲れ是也多(し)や不や。（六 19/9）

劉湛の助字弁略には

今日之會、寧干卿有光榮乎（後漢書儒林伝）太祖問曰、「胡通達長也、寧有子孫不」（魏志胡質伝）孺子孺子、黄中通理、寧自知不（劉廙伝）

の例を引き、「諸寧字、並訓曾也」と注してゐる。「曾」はスナハチと読む文字である。ただし、訓点語では、この種の「寧」もやはりムシロと読んだらしく、西大寺本金光明最勝王經古点には

○是の人の所獲の功徳をは、寧ロ多しとヤ爲する、(あら)ず〔不〕とヤする。（三五二頁）

の例がある。

八 曾・嘗

「曾」はシを送ってムカシと読むことが多いが、「未」に続く時は、テを送ってカツテと読む。

(一六一) 曾し見二(たてまつ)しかは此の瑞一を、放二(ち)斯(の)光一を已(を)ては、即(ち)説二(きたま)ひき大法一を。（一 10/1）

(一六二) 佛曾し親二近(し)たまひを百千萬億の無數の諸佛一に。（一 15/18）

(一六三) 我自レ昔來(た)、未三曾て從レ(ひ)て佛に聞二(き)たまひ如レ(き)是(の)説一を。（一 18/17）

「昔」と熟語してムカシと読むこともある。

(一六四) 我昔—曾し於に二(して)二萬億の佛のみ所一、(中略)常(に)教二化しき汝一を。（二 3/18）

「嘗」は、「未」に続く場合ココロミニと読む。(一五五)参照。

九 但・唯

共に付訓例はないが、タダと読んだのであらう。下にノミを伴ふことが多い。

（一六五）但盡二(し)て生死一をのみ、而實には不レ滅(せ)。（二 18/7）

（一六六）唯我一人のみ能(く)爲二す救護一を。（二 17/6）

「唯」にウ・ハルなどを送ったものがある。「唯然」の場合に限られてゐるのを見ると、ハイ、ソウデスの意味で、ウケタマハル、シカナリと讀んだのではあるまいか。

（一六七）佛告二(けたまはく)阿難一に、「汝見二ルや是(の)學・無學の二千の人一を不や。」「唯ハル、然なり、已に見(る)と。」（四 13/2）

（一六八）唯、然なり、世尊、願樂(しくし)て欲レ(す)と聞(きたまへむ)と。（一 21/14）

（一六九）向レ(ひ)て佛に倶に發レ(し)て聲を言さ(く)、「如二(く)世尊の勅一(し)たまふか、當二しに具に奉行一す。唯、然なり、世尊、願(はく)は不レ(れ)〔し〕有レさ慮(ひ)たまふこと。」（七 11/19）

（一七〇）唯、然なり、世尊、願(はく)は爲に解説(し)て除二(き)たまへ我等か疑一を。（五 33/10）

山田本妙法蓮華經古点（平安初期の加点）に

○唯る然かなり。世尊、願—樂シクシテ欲レはしとまうす聞カマク。（4/6）

とあるのも同様に読んだのであらう。「唯」をウケタマハルと読むことは、黒板本金剛般若集験記古点（平安初期の加点）に

○又云ヒテ一生已來雖作功德未抄金剛波若經諸佛覺悟弟子唯ウケタマハルト、

（古典保存会複製本一ノ七オ）

といふ完全な付訓例がある。「諸佛覺悟弟子」といふところが、よく分らないが、「唯」には、朱点・白点共にウケタマハルトの仮名があり、「云」には、白点でイヒテの仮名が加へられてゐる。また、「唯」には、左に反転の記号があつて、ウケタマハルトイヒテと読んだことにま違ひない。「唯」は、副詞にしてタダと読むことが多いが、説文に「諾也」と注し、楊樹達の「詞詮」に

唯、應諾副詞、諾也、然也、讀上聲。

楚襄王問二宋玉一曰、「先生、其有二遺行一與。何士民衆庶不レ譽之甚也。」

宋玉對曰、「唯然、有レ之。」（楚策）

按「唯然」重言也。

といつてゐるやうに、受諾の意味を表す応答の感動詞としても用ゐられる。これを、古くヲ、またヲヲと読んだのは、感動詞に訳したもので、口語のハイ、またはハイハイに当り、ウケタマハルと読むのは動詞に訳したもので、口語の承知シマシタに当るのであらう。ところで、「然」にも同じ意味があつて、「唯然」は、重言的な熟語である。日本書紀の

○大己貴神問曰、「然則汝是誰耶。」對曰、「吾是汝之幸魂奇魂也。」大己貴神曰、「唯然、廼知二汝是吾之幸魂一。今欲二何處住一耶。」（神代巻）

「唯然」を、古訓でシカリ・シカナリと讀んでゐるのは、熟語として一語に訳したものであるが、本点や山田本妙法蓮華經古点のやうに、ウケタマハル・シカナリと讀むのは、二語に訳したものである。ただし、大日經天喜点には

○唯し然なり、世尊、願—樂(はく)は欲レ(ふ)聞(きたまへむ)と。（二 3ノウ）

の例があり、タダシ・シカナリと讀んでゐる。「唯然」の、「唯」をタダシと讀むのは、全くの直訳であるが、院政期以後は、むしろ、この訓の方が普通だつたやうである。

十　爲

代名詞にしてコレ、動詞にしてウ（得）・ナヅク（名）・被（カブル）、副詞にしてマサニ（當）・サダメテ（定）、助詞にしてモテ（以）等と読む。（四七）（五四）（五六）（六一）（六三）（六四）（九七）参照。コレは、助字弁略に「爲、猶是也」とあり、「是」に通じて読むが、代名詞といふよりは、語調を調へる感動詞に近く、助詞を伴はないのが普通である。本点で「爲」に「是也」と注する例二十九、その内、助詞を伴ふものは左の一例のみである。

（一七一）天・龍恭敬（す）れとも、不㆓以（て）爲（是也・これ）を喜（ひ）㆒。（一 7/14）

ウは何に基づく訓か知らない。管見では、西大寺本不空羂索神呪心經寛徳二年点に

〇證㆓し不空智㆒を、而爲（エ）㆓ム上首莊嚴等持㆒を。（14/3）

とあるのが早く、本点はこれに次ぐ例であるが、類聚名義抄にも、この訓はない。同じ例十九。ナヅクは、王引之の経伝釈詞に「爲、曰也」とあるやうに、イフと読むのが普通であるが、これを意訳したのであらうか。同じ例十。カブルは、助字弁略に「此爲、猶云被也」といひ、斐學海の古書虚字集釈に「爲、猶被也、受也」といつてゐるやうに、「被」に通じて受身の意味で読んだもの。古くはカガフルといつたが、本点の仮名書はすべてカブルである。カガフル＞カウブル＞カブルと変化したのであらう。マサニは、経伝釈詞に「爲、猶將也」といひ、詞詮に「時間副詞、與將字義同」とあり、「將」に通じてマサニ――ムトスと読むが、「當」の意味でマサニと読むのは、何に基づくのであらう。古書虚字集釈に「爲、猶當也、一爲應當之義」とするのがそれであらうか。同じ例六。サダメテも何に基づく訓か知らない。サダメテは、普通には「定・決」等を読み、確信を表はす副詞であるが、（五六）の「爲」は疑問または推測を表はしてをり、モシ――カ、または――トヤセムと読むべき場合である。このやうな「爲」をサダメテと読むのは、果して適訳なのであらうか。同じ例五。モテは、経伝釈詞に「爲、猶以也」とある義による。同じ例五十三。

十一　有・或

「有」を名詞にしてモノと読むことがある。所有物の意味であらう。

（一七二）一切の財物は皆是（れ）子の有（モノ）なり。（二 29/2）

「或」は疑問・選択の副詞として、モシ・アルイハ・アルトキハ等と読む。

（一七三）若久（しく）住（せ）は此に、或（若也）（し）見（ら）㆓れて逼迫（せ）㆒強ひて使㆓（め）てむか我を（して）作（さ）㆒。（二 26/5）

（一七四）或（る）ときは說㆓き已身㆒と、或（る）ときは說㆓く他身㆒と。（六 3/7）

（一七五）假―使ひ興㆓して害の意㆒を推㆓し落（す）とも大（き）なる火の坑㆒に、念㆓（せ）む彼（の）觀音㆒を力に火の坑變（し）て成㆑（る）なむ池と。

或(若也)(し)は漂ひ流れて巨(き)なる海に、龍魚と諸の鬼難とアらむに、念(せ)む彼(の)觀音を力に波浪(も)不(し)能(は)沒(す)ること。

或(若也)(し)は在(を)て須彌の峯に爲(被也)れらむに人に所ることを推し墮(さ)、念(せ)む彼(の)觀音を力に如(く)して日の虛空に住(し)なむ。

或(る)いは被(れ)て惡人に逐(ヲ)ハ墮落せむに金剛山よを、念(せ)む彼(の)觀音を力に不(し)能(は)損(す)ること一(つ)の毛をも。


（八 6/14―19）

(一七五) の三例は、アルイハマタの意味で、モシハ・モシ・アルイハの三種の読み方を併用してゐる。

十二　故

「故」は形式名詞ユヱの他、名詞にしてモト、副詞にしてイマ・ナホ、動詞にしてフルと読む。(七八)(八〇)(一〇九) 参照。モトは助字弁略に「此故字、猶云本也」とあり、イマは古書虛字集釈に「故、今也」とあり、ナホは助字弁略に「故在、猶云尚在」とある義による。

十三　已・既

「已」は動詞にしてヤム・ヲハル、副詞にしてスデニと読む。スデニの場合は下の動詞に完了の助動詞ツ・ヌ・タリ・リを伴ふことが多く、稀に過去の助動詞キを伴ふ。

(一七六) 如(く)是(の)布施(し)て滿(て)八十年を已らむ。（六 19/2）

(一七七) 畢(ゐ)是(の)罪を已(を)て、復(た)遇(ひ)て常不輕菩薩に、（七 4/15）

(一七八) 汝已に慇勤に三(た)ひ請しつ。（一 21/5）

(一七九) 如(きは)我か昔の所願の、今者已に滿足しぬ。（一 26/12）

(一八〇) 我今已に具に得たを。（一 18/1）

(一八一) 諸漏已に盡せを。（一 1/4）

(一八二) 若有らむ侵毀(す)ること此の法師を者(もの)は、則(ち)爲れ侵毀し是の諸佛を已(ぬ)。（八 10/4）

(一八二) は、ヲハリヌと読んだか、単にヌと読んだかわからない。

「既」は副詞にしてコトゴトクと読む。(八五)参照。助字弁略に「既、盡也」とある義によるのであらう。「既已」を熟語にしてスデニと読み、また個別的にコトゴトク・スデニといふこともある。

(一八三) 汝等既已に知(を)て諸佛の世之師の隨宜方便の事を、無(く)なを復(た)諸の疑惑。（一 32/3）

(一八四) 最初の威音王如來よを既(悉也)く已に滅度(し)たまひて、正法の滅後に、於像法の中(に)增上慢の比丘の有(を)き大勢力なる。（七 2/6）

十四　於

「於」は動詞にしてアリ・ヰル（またはヲリ）・イマス・シタガフ、名詞にしてタメ、助詞にしてニ・ヨリ・ヲ、複合助詞にしてニオイテ・ニシテなどと読む。

(一八五) 我等今於(あ)を て佛前に聞(きたま)ゐて授(けたまふ)を聲聞に阿耨多羅三藐三菩提の記を、（二 24/13）

(一八六) 時に佛（中略）於(いま)して諸の大衆の中に、而爲(に)廣(く)分別(したま)ひ

き。（一 13/16）

（一八七）通達の大智あり、到(れ)りき於彼岸に。（一 2/2）

（一八八）諸天の伎樂（中略）於(よ)り虚空の中に一時に倶に作(を)こ(り)て、（二 7/2）

（一八九）終に不下以(て)小乘を濟中度するには(あら)於衆生上を。（一 26/4）

なほ、(六六)(七六)(九五)(一八六)～(一八九)参照。シタガフは何の義に基づくのか知らない。(六六)は、場所を示すものと見て、ミモトニシテと読むことも可能な場合である。唐招提寺本妙法蓮華經古点（平安初期の加点）では

○於(みもと)にアリシカトモ諸の无量の佛の、不レ行(せ)深妙の道を。（一 3/13）

と読んでゐる。なほ、(七六)は、前稿（「訓点語と訓点資料」第二十五輯『於』の訓について」）でヰテと読んでおいたが、ヲリテの訓も考へられる。東大寺本大般涅槃經古点に

○我昔於(ヲリキ)拘尸那城に。（二十五 6/15）

といふ例のあることに気付いた。以上の他、大日經天喜点には、ウヘ・コレと読んだ例もある。

○第二の正覺の句は於(ウヘ)にして鏡漫荼羅の大蓮華王座の、深邃にて住(し)たまへる三昧に。（一 8オ）「座」の左、ノウヘニ、

○於(ウヘ)に彼か建(て)よ大幢を。（五）

○於(コレ)が中に(し)て諦誠に想へ。（三 1ウ）

前のは「於」を名詞にしてウヘと読み、更に場所を表はすニシテを補読したものである。

十五 而・然

「而」は接続詞にしてシカモ・シカルヲ・シカレドモ・スナハチ等と読む。シカモは順逆いづれにも用ゐる。

（一九〇）破(し)て魔の兵衆を、而も撃つ法の鼓を。（一 7/12）順態

（一九一）雖(も)未レと得無漏の智慧を、而も其の意根清淨なること如し此(の)。（六 32/16）逆態

単に語調を調へるだけで、国語としては殆んど無意味な用法もある。

（一九二）從無量劫(よ)り來(た)而も行(し)て菩薩の道を、（五 34 4―5）

（一九三）如(き)是(の)等の功德を而も我皆已に失へり。（二 2/11）

（一九四）云何(にし)てか而も爲に衆生の説(き)たまふ法を。（八 3/18）

シカルヲ・シカレドモは逆接に用ゐる。

（一九五）我等は是れ法王(の)子なり。而を生(れ)たり此の邪見の家に。（八 15/7）

（一九六）爲(以也)(て)の度するを衆生を故(に)、方便(し)て現めす涅槃を、而れとも實には不して滅度(せ)、常(に)住(し)て此(こ)に説く法を。（六 6/13）

「然」はシカモと読んで逆態に用ゐる。

スナハチは(七三)参照。経伝釈詞に「而、猶則也」とある義に基づく。

（一九七）我已に施(し)て衆生に娯樂之具を、隨ふ意の所欲に。然も此の衆生皆已に衰老(し)て（中略）將に死(な)むこと不レ久(し)から。（六 19/3）

十六　等

付属辞として、ナドの意味で、ゴトシと読む。ただし、連用・連体の二形しかない。

（一九八）我説ニき然燈佛（との）等（こと）一く、又復（た）言（い）三ひき其（れ）入ニれぬと於涅槃一（に）。（六　2/15—16）

（一九九）悉（く）與ニふ諸佛の禪と定と解脱との等き娯樂之具一を。（二　11/13）

大日經疏康平点では、イフに続ける場合、ゴトキ・イフといつてゐる。

○攝下す（中略）現前に觀ニよとの羅字一を等（こと）きいふ三偈半上を。（1ウ）

○一切法不生との等（こと）きいふ二句は現ニ（はす）なり阿字の義一を也。（9ウ）

比況の助動詞ゴトシの接続が乱れ、連用形の代りに連体形を用ゐるやうになつたことの影響なのであらう。

六　文　法

一　体言

上に感動詞がある場合、下の述語に接尾語ク・ラクを添へて上・下呼応し、感動の意味を明了にするのが初期から中期にかけての訓法であつたが、末期になると、ク・ラクの衰微に伴ひ、形式名詞コトを用ゐることが多くなつた。本点も同様である。

（二〇〇）善哉、善哉、阿逸多、乃（し）能（く）問ニ（ひ）たてまつること佛に如レ（き）是（くの）大事一を。（五　30/2—3）

（二〇一）善哉、善哉、藥王、汝愍ニ念し擁三護するか此の法師一を故（に）、説ニ（き）て是の陀羅尼一を、於（お）ニいて諸の衆生一に多レきこと所ニ饒益一する。（八　10/5—7）

代名詞にココ・イヅレがある。

（二〇二）何か故そ至レ（り）ぬる此（コ）レに。（二　31/17）

（二〇三）受ニ持し行ヨする誰（イツレ）（の）經一をか。（五　29/3）

「尒來」の「尒」をコレヨリと読む。「來」はコノカタと読むのであらう。

（二〇四）尒（コレ）よりこのかた來（た）無量劫なり。（六　6/12）

（二〇五）尒（コレ）よりこのかた來（た）尚（ほ）未レ久（しから）。（五　33/14）

二　副詞・接続詞

動詞の連用形を副詞に転用する場合、接続助詞テに続けて、例へば、ミダリテといふのが古用で、今日のやうにミダリニといふのは新しい用法であるが、本点は後者に従つてゐる。

（二〇六）長夜に守護（し）て不ニ妄に宣説一（せ）。（五　21/14）

（二〇七）我常（に）守護（し）て不ニ妄に開示一せ。（五　22/16）

「是」をカクと読む。

（二〇八）佛何（か）故（に）か説レ（き）たまふ是（か）く。（一　19/8）

（二〇九）佛説レ（き）たまひし是（か）く時に、（五　25/2）

「幷」はアハセテと読む。

（二一〇）當下（し）受ニ持し是（の）經一を、幷て供中養（す）持者上を。（四　16/12）

「及・及與・及以」は、仮名を送つた例がなく、確かなことはわからないが、「及―與」「及―以」のやうに、熟語の縦線を加へたものがあつて、オヨビと読んだことが推定される。これに準じて、本書では、「及」もすべてオヨビと読むことにした。オヨビの前後には、並立助詞トを用ゐることが多い。

（二二一）我と及（ひ）衆僧と倶に出二つ靈鷲山一に。（六 6/18）

（二二二）不レ求二（め）大勢の佛と及―與（ひ）斷苦の法一とを。（一 29/10）

（二二三）亦不レ（ま）き爲二（に）せ已か身と及―以（ひ）五欲の樂一と（の）（を）。（五 2/9）

「乃至」は付訓例がないが、ナイシと音読したと思はれるものと、「乃」を不読にし、「至」をイタルマデと読んだと思はれるものとがある。

（二二四）然二タイて手の指、乃至足の一の指一を、供二養（す）るし佛塔一に。（七 18/1）

（二二五）如レ（く）是（の）展轉し上（る）て、乃至二（る）までにの於梵世〈イ天〉一（に）入禪出禪の者を、（六 28/18）

三　助詞

本点に用ゐられた助詞は、格助詞のガ・ト・ニ・ノ・ヨリ・ヲ、副助詞のダモ・ノミ・マデ、係助詞のカ・ゾ・ナ・ハ・モ・ヤ、間投助詞のシ、終助詞のヲヤ、接続助詞のシテ・テ・トモ・ドモ・ナガラ・ニ・バ・ヲ、並列助詞のトの二十四種、及びニオイテ・ニシテ・トシテ・ヲシテ等がある。

1 格助詞

イは本点には一度も用ゐられてゐない。同じ明算の加点と見られる大日經天喜点や大日經疏康平点には用ゐられてゐるから、明算が訓読にイを全く用ゐなかつたわけではない。この相違は注目すべき事実である。

ノを準体助詞として用ゐる。

（二二六）十方世界の中には尚無二（し）二の乘一タモ。何況有レらむや三の。（一 23/15）

（二二七）是（れ）我等か咎なり。非二（さ）る世尊一のには也。（二 1/9）

（二二八）演二説したまふこと正法一を、初のも善に中のも善に後のも善なりき。（一 10/8）

（二二九）中に有二（り）四（たり）の導師一。一のをは名二（つけ）上行一と、二（のをは）名二（つけ）無邊行一と、（五 26/11）

「自」をヨリと読む場合、特殊な用法がある。

（二三〇）自レ今已後に、如二（くせ）む所生の子一の。（二 28/2）

（二三一）自レ見レて子を來（た）、已に二十年なり。（二 33/5）

（二三二）自レは捨二いて如來一を、無三（し）能く盡二（す）もの其（の）言論之辯一を。（四 1/16）

（二三〇）（二三一）は起点を示す普通のヨリであるが、（二三二）は如来ヲ除イテハの意味で、ヨリは格助詞ではない。「自」は経伝釈詞に「自、猶苟也」とあり、「苟」に通じて仮説の意味を表はす副詞である。従って、文意に即して読めば、モシ如來ヲ除キタテマツラバとでもいふべき場合である。それを、「自」をヨリと読むことが多いため、ヨリの訓をそのまま充てはめた結果、本来のヨリにはなかった特殊な用法を派生したのであらう。詳しくは、拙稿「助詞ヨリのある場合」（「国語学」六六集、昭和四一年九月）を参照されたい。

ヲをガといふべき場合に用ゐることがある。

（二二三）以二（て）汝か神力一を觀二よ我を成一らむを佛と。（五 6/15）

2 副助詞

ダモの例が五つ。

（二二四）汝、舍利弗タモ尚於二は此（の）經一以レ（て）信を得レ（む）入ること。況餘の聲聞は。（二 19/17）

（二二五）如レき是（くの）第五十の人の展轉（し）て聞二（き）て法華經一を隨喜（せ）む功德タモ尚無量無邊阿僧祇なるを。何況最初に於二して會の中一聞（き）て而隨喜（せ）む者は、（中略）不レ可レ得レ比フ（ること）。（六 20/3）

（二二六）此（の）經者は、如來現に在すタモ猶多二し怨嫉一。況滅度（し）たまひて後をや。（四 17/18）

なほ、（一五四）（二一六）参照。

私の分類（「訓点語の研究」一一六～一一八頁）によると、（二一六）（二二四）（二二五）（二二六）の四例はAの構文に属し、その中（二二四）（二二五）（二二六）はaに、（二一六）はbに相当する。従って、スラとダモを使ひ分けた初期の訓法によれば、（二一六）はダモでよいが、（二二四）（二二五）（二二六）は、むしろスラを用ゐるべき場合である。大日經天喜点にもダモだけでスラはないから、明算はスラを用ゐず、ダモで通したといふことになりさうである。ダモはまたダンモといふこともあつた。これについては「四 音韻」の項参照。

ノミは、接尾語のク・ラクを受け、――スルダケダの意味で、文を終止することがある。

（二二七）如來は（中略）能（く）與二（へ）たまふ一切衆生に大乘之法一を。但（た）不レ（あら）くのみ能二（は）盡く受一（く）ること。（二 12/1）

（二二八）彼（の）佛の分身の諸佛の在二（し）て於十方世界一（に）說レ（く）を法を盡く還（し）て集二（め）て一處一に、然（し）て後に我（か）身乃し出現せ（まく）耳のみ。（四 23/19）

3 係助詞

ゾには疑問詞と共に文中に用ゐられるものと、疑問詞を受けて文末に用ゐられ、指定の意味を表すものがある。

（二二九）諸人云何そ不二らむ勤（め）て爲レせ法を。（四 28/8）

（二三〇）以二（て）何の因緣一を集（ま）れるそ。（五 28/5）

（二三一）所レの化せる衆生、其（の）數幾イクハク何そ。（五 4/8）

カには、疑問詞と共に文中に用ゐられるものと、文末に用ゐられるものとがあり、共に疑問を表はす。反語の用法はない。

（二三二）世尊、何（か）故（に）か放二（ち）たまふ斯の光明一を。（一 9/9）

（二三三）誰か能（く）護レらむ法を。（四 29/9）

（二三四）以二（て）か何の因緣一を而有二る此（の）瑞一。（一 4/15）

（二三五）何の所二アラムとか饒益一（し）たまふ、演二（べ）たま（へ）る斯の光明一を。（一 9/11）

（二三六）爲て是（れ）究竟の法か、爲て是（れ）所レの行（する）道か。（一 19/13）

(一三七) 此れ或(し)是(れ)王か、或(し)是(れ)王と等(し)きものか。(二 26/3)　〔或の右に「若也」〕

(一三八) 若有二(ら)て懐妊者一未レらむを辨二(へ)其(の)男か女か無根か及(ひ)非人一かと、聞レ(き)て香を悉(く)知らむ。(六 28/5)

カを重用することがあつた。

(一三九) 云何なるをか爲レ(つくる)失とか。(二 9/10)　〔爲の右に「名也」〕

ヤは文中・文末にあつて疑問を表はすものと、「豈・況」等を受け、文末におかれて反語を示すものとに分れる。

(一四〇) 汝但(た)見二ル妙音菩薩は其の身在レ(る)とのみや此(こ)に。(七 27/12)

(一四一) 我常に於二日夜一(に)毎 思二惟(して)〔たまはく〕是(の)事一を、欲三ひき以(て)問二(はむ)と世尊一に、爲レむ失(ひ)てやとや、爲レむ不レとや失(は)。(二 2/14)

(一四二) 當(に)以二(て)や衣裓一を、若以二(て)や几案一を従レ舎出レ(さ)マシ之を。(二 9/1)

「爲」の右白点「定也」

(一四三) 世尊、安樂にいますや、少病・少惱にいますや、教二化(し)たまふに衆生一を得レ(たま)ひてや無二(き)こと疲倦一。(五 26/19)

(一四四) 是の諸の世界を可レしや得三思惟し校計(し)て知二ること其(の)數一を不や。(六 2/3)

(一四五) 云何そ而自 欺カムヤ。(二 2/7)　〔自に「みつから」、欺に「アサム」〕

なほ、(一五〇)(一五四)参照。

禁止のナは、すべて――コト・ナの形を取る。ナカレといふこともある。

(一四六) 如レ(き)是(の)之人に皆勿二親近一(す)ること。(五 14/14)　〔勿に「な」〕

(一四七) 汝等有智の者、勿二れ於レ此生一レ(す)こと疑を。(六 7/17)　〔者に「もの」〕

(一四八) 計二する我見一を者には、莫レれ説二(く)こと此(の)經一を。(二 19/20)　〔者に「ひと」〕

4 間投助詞

シは、――トシアルの例と、「乃」に続けてイマシといふ例だけで、「唯・尚」に添へたものは見当らない。

(一四九) 有レ(る)は所二とし言説一(し)たまふ、意趣難レ(く)知(る)、(一 18/11)

(一五〇) 諸の有二(る)は所作一とし常(に)爲二(て)な(る)一事一を。(一 22/11)　〔爲に「以也」〕

(一五一) 如レ(き)是(くの)之人に、乃し可二(し)爲に説一(く)。(二 23/2)

5 終助詞

(一五一)(一五二)(一五三)のヲヤ参照。

6 接続助詞

トモは用言の終止形に接続して、逆態の仮定条件を、ドモは用言の已然形に接続して、逆態の確定条件を表はす。

(一五二) 如レ(く)是(くの)分二別すとも種種の音聲一を、而も不レし壞二(ら)耳根一を。(六 24/11)

(一五三) 或(る)いは値二(あ)(は)とも怨賊の繞(り)て各(の)執レ(り)て刀を加レ(ふる)に害を、念二(せ)む彼(の)觀音一を力に咸く即(ち)起二(し)てむ慈心一を。(八 6/19)

(一五四) 我常に思二念シツレとも此(の)子一を、無レか(り)つ由レ見レ(るに)之を、(二 26/9)

(一五五) 奉事(す)ること經二しかとも於千歳一を、爲二(て)の於法一を故(に)精勤し給侍　〔爲に「以也」〕

(して)、(五 1/15)

ニ・ヲは同じやうに用ゐられるが、ニの用例は多く、ヲの用例は少い。

(二五六) 我等說ㇾく本無ニきに心に有ㇾ(ること)所ニ希求ーする、今法王の大寶自然に而至ㇾ(ぬ)ぬと。(二 31/7)

(二五七) 瞻ニ仰(し)たてまつるに尊顏ーを、目不ニ暫(く)も捨ー(ま)。(四 1/7)

(二五八) 我等も同(しく)入ニれるを法性にー、云何そ如來の以ニ(て)小乘の法ーを而見ニれてむ濟度ー(せ)。(二 1/8)

ニがなく、活用語の連體形だけで、同じ意味を表すことがある。

(二五九) 若人有ㇾらむ病、得ㇾは聞ニ(く)こと是(の)經ーを、病即(ち)消滅(し)て、不ㇾ老(い)不ㇾ死(な)。(七 22/3)

(二六〇) 若有ニ(る)て無量百千萬億の衆生ー、受ニ(け)む諸の苦惱ーを、聞ニ(き)て是(の)觀世音菩薩ーを、一心に稱せは名を、觀世音菩薩(は)、即(の)時に觀ニて其(の)音聲ーを皆得ニ(しめてむ)解脫ーを。(八 1/5～7)

「有らむ」はアラムニ、「受(け)む」はウケムニの意味である。

ナガラの例は少い。

(二六一) 生(れ)なから輒(即也)(ち)聾・瘂にして、諸根不ㇾ具(せ)。(二 21/18)

7 並列助詞

トは接續詞「及・及與・及以」等の前後に用ゐる他、文意によって讀み添へることが多い。他の格助詞、指定の助動詞等に續き、――トノ、――トニ、――トヲ、――トヲモテ、――トナリなどといふ。

(二六二) 一時、佛住ニ(したま)へりき王舍城と耆闍崛山との中ーに。(一 1/1)

(二六三) 欄と楯と華蓋と軒飾とをもて布施す。(一 6/17)

(二六四) 若香(し)く若臭き物を種種に悉(く)聞き知らむ。須曼那と闍提と多摩羅と栴檀と沈水と及(ひ)桂香と種種の華菓の香となる。(六 27/10)

8 その他

ニオイテ・ニシテ・ヲシテ・ヲモテ等を格助詞的に用ゐる。ニオイテは、ニと特定の点とで示されることが多いが、ニシテはニ・テ二つのヲコト点で示され、シを補讀するのが普通である。

(二六五) 於ニいて一乘の道ーに隨ㇾ(ひ)て宜(しき)に說ㇾ(き)たまふ三と。(二 36/11) ――ニツイテ

(二六六) 於ニいて一切衆生ーに平等に說ㇾ(く)へし法を。(五 18/6) ――ニ対シテ

(二六七) 雖ㇾ(も)聞ニ(く)と此(の)香ーを、然(も)於ニいて鼻根ーに不ㇾ壞(ら)不ㇾ錯(アヤ)(また)。(六 27/5) ――ヲ

(二六八) 於ニいて此の好き色香藥ーに而も謂ㇾ(をも)へり不ㇾと美(ウマ)(から)。(六 5/10) ――ハ

(二六九) 於ニ(し)て千萬の佛(み)の所ーに殖ニ(ゑ)てき諸の善の本ーを。(一 11/5)

(二七〇) 於ニ(し)て十方の國ー各(の)得ㇾむ成ㇾ(ること)佛と。(四 13/5)

同じ「於」を讀んでも、ニオイテは、――ニ就イテ、――ニ対シテ、――ヲ、――ハ等広い意味を表はし、ニシテは、場所を示すといふ相違がある。詳しくは、拙稿『「にして」と「において」』(「島大論集」人文科学」第十四号、昭和

（三十九年十二月）を参照されたい。

ヲシテは使役の対象に用ゐる。ヲ・テ二つのヲコト点で示し、シは補読である。

（二七一）我久(しく)令三めむ汝等を(し)て種二ゑ佛の善根一を。（四 8/4）

（二七二）當(に)設二(け)て方便一を、令三めむ諸子等を(し)て得レ免二(る)ること斯(の)害一を。（二 9/13）

ヲモテは、名詞を受けて手段・方法を、用言の連体形を受けて原因・理由を表はす。後者は一種の接続助詞である。「以・將・持・齎・用」等を読む他、文意によつて補読することが多い。

（二七三）諸佛各(の)將二て一(を)の大菩薩一を、以(て)爲二(し)て侍者一と、（四 24/19）

（二七四）人中の上供をもて而供二養(す)ゐし之一を。應下(し)持二て天寶一を而以(て)散上レ(す)之。（四 16/5）

（二七五）以二(て)八十種の好一を用て莊二嚴(し)たまゐる法身一を。（五 6/1）

（二七六）佛說二(き)たまふをもて聲聞を當レ(しと)得レ作レること佛と。（二 30/12）理由

トシテは、――デアツテの意味を表はし、格助詞より指定の助動詞に近い。

（二七七）除下く爲二して王子一未レらむ作レ(ら)佛と時上をば。（二 5/6）

（二七八）諸經の中に寳として世に所二な希有一なる。（五 5/4）

（二七九）商と估と賈との人無二(し)處として不レ(といふこと)有(ら)。（二 31/2）

（二七九）は、下から返つて、有ラザル處無シといふのと同じである。

モ・アレの融合したマレを、並列助詞的に用ゐることがある。

（二八〇）若實にマレ、若不實にマレ、此(の)人は現世に得二む白癩の病一を。（八 26/2）

四　助動詞

本点に用ゐられた助動詞は、使役のシム、受身のル・ラル、推量のム・マシ・ベシ、否定のズ・ザリ・ジ、過去のキ・ケリ、完了のツ・ヌ・タリ・リ、指定のナリ・タリ、比況のゴトシの十八種である。

1使役

「使・令・教・遣」等を読む他、文意によつて補読する。

（二八一）若使二めむ人を(し)ても書一(か)、是れ則(ち)爲れ難し。（四 30/6）

（二八二）令三めむ諸の聽(か)む者を(し)て得二六神通一を。（四 30/13―14）

（二八三）若自(みつから)持し、若教二め人を(し)て持一(せ)、若自(みつから)書し、若教二め人を(し)て書一(か)、（六 13/15）

（二八四）我遣下むるならむ在二(らし)めて人中一に、行中(せ)於如來の事上を。（四 17/2）

（二八五）云下(ふ)當に相ひ雇(ひ)て除二ハラはしめ諸の糞穢一を、倍(し)て與中(ゐむ)と汝か價上を。（二 32/9）

（二八六）誰か爲レに其か說レ(き)て法を教化(し)て而成就セシメシ。（五 29/2）

「教―令」と重用する時は、「教」をヲシヘテと読み、「令」をシムと読む。

(二八七) 開示して教レ(へ)て人に令レ(め)き住二(せ)涅槃一に。（七 6/8）

2受身

「被・見・所」をル・ラルと読む他、文意によって補読する。

(二八八) 或(る)いは被二(れ)て悪人に逐一ハ(ヲ)墮二落せむに金剛山一より。（八 6/18）

(二八九) 無レ(くし)罪而被二るる囚(トラ)執一(へ)、此(れ)必定(し)て死するなり。（二 26/14）

(二九〇) 數數見二れて擯出一(せ)、遠二離せむ於(を)塔寺一。（五 11/10）

(二九一) 何ぞ爲レ(む)見レ(る)ることを捉(トラ)へ。（二 26/12）

(二九二) 常(に)爲三(得也)たり王者に所二(る)ることを愛念一せ。（二 31/3）

(二九三) 當(に)墮落(し)て爲二(カフ)らむ火に所一レ(る)ることを燒(か)。（二 9/4）

(二九二)(二九三)は、「爲」をタメニと読み、王者ノ爲ニ愛念セラレンタリ、火ノ為ニ焼カレムと読むのが普通である。(二九三)のやうに、――ルルコトヲ・カブルと読むと、受身の二重表現となるが、初期以来用ゐられた古い訓法である。これに対し、(二九二)のやうに、「爲」をウと読むのは、極めて珍しい訓法で、本点の特徴の一つに挙げられよう。

(二九四) 與(ため)二に八萬四千の菩薩一の圍繞(せられ)て、而來二至(し)て此の裟婆世界一に、（七 25/2）

(二九五) 或(る)いは遭二(ひ)て王難の苦一に臨レ(み)て刑(コロ)サルヽに欲二(せ)むに壽終一(ら)なむと、（八 7/2）

3推量

ベシ、上述したやうに、「可・當・應・須」等を読む他、文意によって補読する。

(二九六) 非二(す)口の所レに宜(ふ)べき、非二(す)心の所にレ測(る)べき。（五 4/9）

(二九七) 爲に得二べき幾所(イクハク)の福一をか。（六 18/2）

マシの例が七つ。――マシカバ――マシと呼応するもの五、ある仮定条件の下に、非現実的な事柄を述べるといふ、本来の用法を守ってゐる。

(二九八) 若我等有二(ら)マシかは樂レ(ふ)大を之心一、佛則(ち)爲レに我か説二(き)たまひてマシ大乘の法一を。（二 30/4—5）

(二九九) 若我等待レ(た)マシカ説三(き)たまふを所因たる成二就(す)ること(を)阿耨多羅三藐三菩提一を者(は)、必(す)以二(て)大乘一を而得二てマシ度脱一(す)ること。（一 1/10—11）

なほ、(一六)参照。他の二例は、疑問の係助詞ヤと共に用ゐられ、遅疑逡巡する心持を表はす派生的用法である。(一五九)(二四二)参照。

4過去

ケリの例四、いづれも詠歎の意味を表はしてゐる。

(三〇〇) 佛は實に以二(て)大乘一を教化(し)たまひけり。（二 30/7）

(三〇一) 自(みつから)以二(て)小知一を爲レ(し)けり足りぬと。（四 7/7）

5完了

ツ・ヌを比較すると、ツは他動詞を、ヌは自動詞を受けることが多い。また、ツは使役の助動詞を受けることがある。ヌが受身の助動詞を受けた例は見当らない。

（三〇二）観世音菩薩（は）即の時に観二て其（の）音聲一を、皆得二（し）めてむ解脱一を。（八 1/7）

ツはキ・ム・マシ・ナリに続いた例があり、ヌはム・タリに続いた例がある。ニタリは（二四）（二六）参照。ヌの命令形を次の形で用ゐる。

（三〇三）止ヤミネ、善男子、不レ須シ三（ゐ）汝等の護二持（せ）むことを此（の）經一を。（五 24/15）

リは、キ・ム・ナリ等に続く。ラム・ラバの例がある。

（三〇四）佛有二（し）て大威德一、名聞滿二てらむ十方一に。（四 10/18）

（三〇五）若於二いて此（の）經一に忘二失せらは句逗一を、我還（る）て爲に説（き）て令レ（めむ）得二具足一（す）ること。（四 20/7）

6指定

ナリの他タリが用ゐられ、連用・終止・連体の例がある。

（三〇六）此（の）經も亦復如レ（し）是（くの）。諸經の中の王たり。（七 19/11）

（三〇七）我本著二（し）て邪見一に、爲タ二りき諸の梵志の師一。（二 2/17）

7比況

ゴトシは、「如」を読む他、文意によって補読する。アリに続いてゴトク・アリといひ、スに続く場合、ゴトキ・スといふことがある。

（三〇八）悲の體の戒イムコトは雷（の）ごとく震ひ、慈の音∧天白 意イ∨は妙に大なる雲（の）ごとく（し）て、澍ソソ二イて甘露の法の雨一を、（八 7/18）

（三〇九）氣毒の烟火の然モユ（る）かごとくアラムニ、念二（せ）む彼（の）觀音一を力に、尋（きて）聲聞也（き）て自に廻（り）て去らむ。（八 7/9）

（三一〇）安住（し）て不レること動（か）如二きすへし須彌山一の。（五 15/8）

「等」をゴトシと読む場合にも、ゴトキ、スといった例がある。

（三一一）若有、若無との等きす。（一 26/19）

五 敬譲語

本点に用ゐられた敬譲語には、尊敬語のイマス・ノタマフ・ミソナハス・シロシメス・タマフ、謙譲語のマウス・タテマツル、丁寧語のタマフルがある。

イマスは「有・在・於」等を読む他、文意によって補読することが多く、専らヲコト点で示す。

（三一二）彼（か）中に有イマレしき佛。（四 23/2）

（三一三）世尊、在イマ二して大衆一に、敷二演（したま）ひき深法の義一を。（一 14/8）

（三一四）多寶如來於イマ二して寶塔の中一に、讃二（し）て宿王華菩薩一を言（は）く、（七 22/12）

（三一五）諸佛は神力と智慧と希有にいます。（一 9/6）

ノタマフは、「言・云」を読む他、文意によって補読することが多い。ヲコト点で示す。

（三一六）佛も亦如レ（し）是（くの）。知二（し）め（し）て我樂レ（ふ）と小を、未三曾（て）説（き）て言ノタ二まは汝等作レらむと佛と。（二 34/12）

（三一七）世尊方に云ノタ二まふ（中略）令レ（めむ）と向二せ阿耨多羅三藐三菩提一に。（五 33/4）

（三一八）世尊、何の因、何（の）緣（を）もてカ慇勤に稱二歎（し）て諸佛の第一の方便

を、「甚深微妙、難解之法なるとのたまふ。（一 18/17）

ミソナハスは、「見・觀」を讀む。仮名で示す。

（三〇） 如來は如ㇾく實の知下見(したま)ふる（中略）不ㇾして如ニ(く)に(あら)三界一の見ミソナハスことを於三界上。（六 3/12）

（三一） 導師見ㇾれて捨(て)觀ミソナハニせるか我か心一を故(に)。（二 34/18）

シロシメスは「知」を讀むが、完全な付訓はない。

（三二） 佛知ニ(し)め(し)て此等か心之所念一を、告ニ(けたまはく)摩訶迦葉一に、（四 5/12）

「見」をル・ラルと讀み、尊敬の助動詞として用ゐることがある。

（三三） 願(はく)は母見ㇾれよ聽ユルサ。（八 16/6）

（三四） 我等愚癡に(し)て誤(ま)て服ニせる毒藥一を。願(はく)は見ニれて救療一せ、更(に)賜ニへ壽命一を。（六 5/2）

（三五） 世尊(は)於ニ長夜一(に)常(に)愍(み)て見ニれて教化一せ、令ㇾ(めたま)ひき種ニ(ゑ)無上の願一を。（四 9/2）

（三六） 云何そ如來の以ニ(て)小乘の法一を而見ニれてむ濟度一(せ)。（二 1/9）

（三六） は、レが受身であれば、ヌを用ゐて濟度セラレナムといふべきであり、テムを用ゐたのは異例であるが、レが受身から転じ、敬語として意識されるやうになつた結果であらうか。

マウスは「曰・言」等を讀む。

（三七） 善男子、汝（中略）如ニ(くし)て我(か)辭一の曰マウスらし、「(中略)聲聞衆は悉(く)安隱なりや不や。」（四 26/18）

（三八） 是の菩薩衆の中に有ニ(る)四(たり)の導師一。（中略）各(の)共に合掌(し)て觀ミニたてまつる釋迦牟尼佛一を。而問訊(し)て言まうさ(く)、「(中略)不(や)ㇾ令ニ(め)世尊を(し)て生ニ(さ)疲勞一を耶。」（五 26/10―16）

タテマツルはすべて補讀である。

（三九） 合掌し一ㇾ(にし)て心を觀ㇾたてまつるき佛を。（一 4/5）

（四〇） 復見ニ(れ)は菩薩一を、智深く志固(くし)て、能(く)問ニ(ひ)たてまつりて諸佛一に、聞(きたま)へて悉(く)受持す。（一 7/9）

タマフルは、尊敬のタマフのヲコト点を利用し、活用語尾のヘ・フレ等を書き添へて示すが、また、単に活用語尾のヘだけを送つて推讀させることもある。

（四一） 今聞ニ(き)たまふれは佛の音聲一を、隨ㇾ(ひ)て宜(しき)に而説ㇾ(き)たまふ法を。（二 2/16）

（四二） 我自ㇾ昔來(た)未ニ曾て從ㇾ(ひ)て佛に聞ニ(き)たまへ如ㇾ(き)是(くの)説一を。（一 18/17）

（四三） 富樓那彌多羅尼子、從ㇾ(ひ)て佛に聞ニ(き)たまへ是(の)智慧方便隨宜の説法一を、又聞ㇾ(きたま)へ授ニ(け)たまふを諸の大弟子に阿耨多羅三藐三菩提の記一(を)、復(た)聞ニ(きたま)へ宿世の因縁之事一を、復(た)聞ニ(きたま)へて諸佛に有いまニすを大自在神通之力一、得ニて未曾有一なること、心淨く踊躍(し)て、（四 1/2―6）

（四一） は舍利弗が仏に捧げる偈の中にあり、（四二） は同じく舍利弗が仏に対する問の中にあつて、共に話手たる一人称の行為についてタマフルを用ゐてゐるが、(三三)は地文で三人称たる富樓那彌多羅尼子の行為についてタマフルを用ゐてゐる。タマフルが三人称にも自由に用ゐられる点からいへば、用途が広いが、接続する動詞は「聞ク」に限られてゐる。これは、訓点語に共通の現象である。

六　特殊な接頭語・接尾語

尊敬のミを頻用するが、前の語にミの点を打つことが多い。

(三四)今於て世尊のみ前に、聞(きたま)ゐて所を未(を)し聞(か)、(二　8/1)

(三五)梵のみ音深妙に(し)て、令(め)たまふ人(をし)て樂(は)聞(かむ)と。(一　6/2)

(三六)爲む如來のみ手をもて摩(つ)ること其(の)頭を。(四　18/4)

ク・ラク・マクには、引用文を導くものと、文末にあって文を終止するものとの二つがある。前者の場合、古くは、イハク——トイフのやうに、トイフを終りに補読して、首尾呼応するのが普通であったが、本点では、トイフは殆んど省略されてゐる。

(三七)我等亦自誓願すらく、「於て異國土に廣(く)説(か)むと此(の)經を。」(五　7/18)

(三八)使者語はく之に、「我今放つ汝を。隨(ゐ)と意の所趣に。」(二　26/19)

(三九)若有(ゐ)て人輕毀(し)て之を言ハマク、「汝は狂ゐる人(ならくのみ)耳。空(し)く作(し)て是(の)行を、終に無けむ所獲(る)。」(八　25/17)

(四〇)而を年朽邁して益憂念す子を。夙夜に惟念すらく、「死ぬる時將に至(ゐ)なむとす。癡なる子捨(て)て我を五十餘年なゐ。庫藏諸物を當(に)如之何せむとする。」(二　31/6)

(四一)尓時、阿難と羅睺羅と而作(さ)く是(の)念を、「我等毎自思惟すらく、『設ひ得ては授記を不らむ亦快(から)乎。』」(四　9/9)

文を終止するのは、(三七)(三八)のやうに、副助詞ノミを伴ふものに限られる。

七　語　彙

傍訓を持つ語彙の内、注意すべきものを五十音順に挙げ、若干の説明を加へる。

アガル　(四二)唇不下り垂(れ)。亦不褰り縮マレラ。(六　20/18)

(四三)唇不厚く褰り缺(け)。(六　22/6)

「褰」は慧琳の一切經音義に、「去乾反、舉也」と注してゐる。ここでは唇が上にめくれることをいったのであらう。

アグ　(四四)接ケて諸の大衆を在く虛空に。(四　28/2)

「接」は、新選字鏡に「支也、持也」とあり、トリアゲル・モチアゲルの意味でアグと読んだのであらう(山田忠雄氏教示)。ただし、心空の法華經音訓(至徳三年成立)にはヲサム、法華經単字(保延二年写)にはヲサム・マシフ・ノコフ・サシハサム等の訓を示し、アグとは読んでゐない。

アクタ　(四五)雇フことは汝を除ハセムとなゐ糞を。(二　27/6)

アバク　(四六)牆壁圮ヒハ坼サケ、泥塗褫アハケ落つ。(二　12/7)

「褫」は、集韻に「音豸、奪衣也」とあつて、衣をハグ意味、「褫落」は壁土の落ちることである。日本霊異記の訓注に、中巻第十七話の「塗金褫落」の「褫落」を「音太伊、阿波計」と読んでゐる。

アマクチネズミ（三四七）狖（イタチ）・〈天白鼬〉貍（タヽケ）・鼷（アマクチネズミ）―鼠、諸の悪蟲の輩ひ交横馳走す。（二 12/12）

和名類聚抄に

説文云鼷鼠上音奚、和名阿末久知禰須美小鼠也、食二人及鳥獸一、雖レ至レ盡不レ痛、今謂二甘口鼠一。

とあり、アマクチネズミが「甘口鼠」の訓読語らしいことを示してゐる。石山寺本妙法蓮華經玄賛古点には「鼦」を読んだ例がある。

○鼬は似レて鼦（アマクチネズミ）に琰レ(ふ)といゑを鼠を。（六 3/3）

アマビコ（三四八）蜈（ムカデ）―蚣・蚰（ノツチ）―蜒・守（キモリ）―宮・百（アマヒコ）―足、（二 12/11）

本草和名に

馬陸一名百足、（中略）和名阿末比古。

とあり、類聚名義抄に「馬陸・百足」をアマビコと読んで、ヒに浊点を打ち、新選字鏡には「蝹」を「阿万比古」と読んでゐる。アマビコは、今のヤスデのことで、ムカデ・ゲジゲジ等に似てこれより小さい。大言海には、雨後多く発生するから、古名を「雨彦（アマビコ）」といふのだといつてゐる。

イカヅチナル（三四九）雲雷（イカツチナ）鼓り掣電（イナヒカリ）シ、降レ(ら)し雹を澍（フ）ニラムに大なる雨一を、（八 7/10）「鼓・電」には別にノの点がある。

イカム（三五〇）鬪ひ諍ひ摣（ツカ）ミ掣（ヒ）キて嘊（イ）―喍（カ）ミ嘷―吠す。（二 12/17）

「嘊喍」は、慧琳の一切經音義に

上五佳反、下音柴、犬鬪也、（中略）説文、玉篇作齖、謂開口見齒曰齖、（中略）有云、嘊喍齴唇露齒之皃

とあり、犬が怒つて歯をむき出しにしてゐる状態をいふ。

イクサ（三五一）諸の將（イクサ）與レ之共に戰フ。（五 20/15）

イタチ（三四七）参照。

「狖」は、慧琳の一切經音義に

余繡反、（中略）郭璞云、似獮猴而大、蒼黒色、尾長四五尺、似獺、尾頭有兩岐、天雨即倒懸於樹、以尾塞鼻、江東養之捕鼠、爲物捷健、爾雅蜼昂鼻而長尾

とあり、尾長猿の類で、いはゆるイタチとは別物である。大正新修大藏經の校異によれば、一本に「鼬」に作る。心空の法華經音訓は、これに從つてイタチと読んでゐる。

イナビカリ（三四九）参照。

「掣電」は、慧琳の一切經音義に

上昌制・尺折二反、陰陽激耀也、釋名云、掣引也、電殄也、謂乍見殄滅

とある。

イヒドヨ（三五二）鵄（トヒ）・梟（イヒトヨ）・鵰（クマタカ）・鷲（ワシ）、（二 12/10）

和名類聚抄に

説文云、梟 古堯反、和名布久呂不、辨色立成云左介 食二父母一不孝鳥也、爾雅注云、鴟梟者
分別二大小一之名也。
といひ、また
張華博物志云、鵂鶹鳥 休留二音、漢語抄云以比止與 人截二手足爪一棄レ地、則入二其家
一拾二取之一。
とあつて、フクロフとイヒドヨは別の鳥のやうであるが、明算は両者を
混同したのであらうか。心空の法華經音訓はフクロフと読んでゐる。類
聚名義抄は、「鵂鶹」をイヒトヨと読み、トに濁点を打つてゐる。

イヘハト(三七五)参照。

イ　ユ　(三三三) 其(の)父聞二(き)て子悉(く)已に得レつと差イユること、(六 6/3)

イロフ　(三五四) 衆の采イロ雜(ゐ)たる飾を周匝し圍繞せり。(二 16/9)

ウズクマル(三五五) 鳩槃荼鬼は蹲ウスクマ二踞リ(て)土埵一に、(二 13/4)

ウタフ　(三五六) 諍アラ(そ)ひ訟ウタへて經二官處一に、怖二畏せむにも軍陣の中一に、(八 7/19)

ウチトル(三五七) 群(り)たる狗競ひ來(り)て搏ウチ撮トリて飢(ゑ)羸(れ)て憧ヲチ惶オソリて處
處に求レむ食を。(二 12/16)

オ(コ)ス(三五八) 常(に)作を(こ)二す衆の伎樂一を。(六 7/9)

(三五九) 雨二(り)て寶蓮華一を作を(こ)二す百千萬億の種種の伎樂一を。(七 29/12)

(三六〇) 雨二(り)て寶蓮華一を作を(こ)二す無量百千萬億の種種の伎樂一を。(八 20/11)

オコル　(三六一) 作を(こ)二して衆の伎樂一を而來(り)て迎レゐむ之を。(八 23/18)

カカル　(三六二) 一時に倶に作を(こ)(り)て、雨二(る)衆の天華一を。(二 7/2)

カ　ク　(三六三) 横(さま)に羅カ、二らむ其(の)殃ワサハヒ一に。(二 21/14)

(三六四) 形體姝好なり、以(て)駕カ二ク寶車一を。(二 16/12)

(三六五) 其(の)車高廣に(し)て衆寶をもて莊校せり。(中略) 駕カクルに以二
(て)せり白牛一を。(二 10/7)

(三六六) 以レ(て)脚を加カレケて頸に、怖レ(し)て狗を自み(つから)樂(し)フ。(二 13/6)

(三六七) 寶網を羅カレケたり上に。(四 24/7)

カ　グ　(三六八) 以二(て)是の清淨の鼻根一を聞カ、二む(中略)種種の諸香一を。(六 26/1)

(三六九) 雖レ(も)住二せりと於此一(ここ)に、亦聞カ、二む(中略)種種の抹香と諸
の雜華香一とを。(六 26/1)

(三七〇) 所レ有諸香を悉(く)皆得レて聞カクこと、(六 26/11)

(三七一) 男女の身の香を、皆悉(く)遙(か)に聞カ、む。(六 27/1)

(三七二) 若香(し)く、若臭き物を、種種に悉(く)聞かき知らむ。(六 27/9)

カクス　(三七三) 諸の悪(し)き禽獸孚乳し産生(し)て、各(の)自み(つから)藏カクし護(る)。(二 13/1)

カクル　(三七四) 莫二れ獨(り)屏カクレたる處に(し)て、為レに女の說レ(く)こと法を。

（五　14/16）

カササギ（三七五）悪獸毒蟲藏(カクレ)ニ竄(カク)ル孔穴一に。（二　14/2）

カササギ（三七六）烏(カラス)・鵲(カササキ)・鳩(ヤマハト)・鴿(イヘハト)、（二　12/10）

カシク（三七七）多レ(くし)て病痟(カシ)ケ瘦(せた)らむ。（二　21/8）

カツラノミ（三七八）採二(を)て薪及(ひ)菓蓏(カツラノミ)一を、隨レ(ひ)て時に恭敬(し)て與(へき)。（五　2/7）

カナシブ（三七九）此の子は可レし愍(カナ)シフ。爲(被也)二(を)て毒に所レることを中(ヤフ)ラ、心皆顚倒したを。（六　5/11）

カブト（三八〇）當に著二む忍辱の鎧(カフト)一を。（五　11/6）

カブロナリ（三八一）若狗・野干として其(の)形頷(カフロ)ニ瘦(せ)て、黧(ツシ)ミ黮(ロク)ミて疥癩アらむ。（二　20/11）

「頷」は、玄応の一切經音義に

説文口没反、三蒼云、頭禿無毛也、通俗文白禿曰頷

とあるによれば、犬や狐の毛が脱けて皮膚の露はになつた状態をいふやうであるが、石山寺本妙法蓮華經玄賛古点には、「頷瘦」を

○頷瘦(ヤセヤワ)ヘリといふは者、皮肉の乾レ枯(れ)たる之皃ソ。（六　20/31）

と、ヤセヤワヘリと読み、心空の倭点法華經（嘉応元年成立）には、「頷瘦」をクヒカタヽカヒニヤセと読み、法華經音訓には、「頷」をクヒカタヽカヘナリと、読んでゐる。ヤワフは形容詞ヤワシと同じ語根の、飢ゑる意味の動詞と推定されるから、ヤセヤワヘリの訓は、「頷瘦」を飢ゑて瘦せてゐる状態と解したものと思はれるが、クヒカタタカヒニ・クヒカタタカヘナリは、どういふ意味の語かわからない。

カム（三八二）狐と狼と野干と咀(カ)ミ嚼(カ)ミ踐(フ)ミ蹋(フ)ム。（二　12/14）

カヘサウテ（三八三）覆(カヘサ)フて自(みつから)念(し)て言(はく)、（二　31/18）

「覆」は「反覆」の「覆」を副詞に用ゐたもので、クリカヘシテの意。これを古くは動詞のままカヘス（終止形か）と読んだ。日本霊異記の訓注に、中巻第三十三話の「覆思レ之」をカヘスと読み、石山寺本大般涅槃經治安四年点にも

○覆(カヘス)復(た)問(ひ)て言(は)く、「其の狀何にか似たをし。」（八　6）

の例がある。石山寺本大智度論天安二年点に

○沙彌覆す後思惟すらく「（中略）早く入二(を)なむ(と)おもふ涅槃一(に)。」（七九　6/21）

とある「覆す」も恐らく同様に読んだものであらう。しかるに、末期に入ると、動詞カヘサフ（カヘスのいはゆる延言）の連用形に接続助詞テを添へたカヘサヒテ、またはそのウ音便カヘサウテが用ゐられ出した。

○覆(カヘサ)ウて復(た)生レさく疑を、（東大寺本大般涅槃經古点　一四　13/31）

○覆(カヘサ)ウて復(た)問(ひ)て言(はく)、（同八　5/15）

本点もその新しい読み方に従ったのである。

キカフ（三八四）椽・梠差(キカ)ヒ(ひ)脱(ハツ)ル。（二　12/8）

「差」にハらしいヲコト点が、右にキカヒと読むべき仮名がある。ハがヒの誤点とすれば、ヒはキカヒのヒを示すもので、キカヒは、「差」の訓キカフの連用形といふことになる。延喜式祝詞「大殿祭」に

掘堅谿柱・桁・梁・戸・牖乃錯比古語云佐加比動鳴事無久、

東大寺諷誦文稿に

○梁ムネ・棟ウツハリ傾カタ（ふ）（き）差キカヒ、柱ノ毀コホ（ち）壞ヤフ（るる）者三身、

とあつて、キカフは古くから用ゐられた語である。ただし、國語大辞典や大言海が、キカフを、キシル・スレアフの意味にとつてゐるのはどうであらう。類聚名義抄を見ると、「齟・錯」をキカフ、「差脱」をキカヒオツと読んでゐる。「差・齟・錯」は、共に事物が乱れて相ひ交錯してゐる状態を表はす文字であるから、キカフは、タルキやヒサシが壊れて、脱れたり、喰ひ違つたりしてゐることをいふのであらう。

キビシ（三八五）歯は白く齊ヒトシク密キビシク（し）て、常に有二（る）光明一。（八 19/8）

キビシは、古くはク活用であつたが、末期になつてシク活用に変じた。年代明白なものでは、西大寺本不空羂索神呪心經寛徳二年点に始まるやうである。

○歯は白キこと齊（し）く密キビクして珂と雪との如し。（西大寺本金光明最勝王經古点の國語学的研究一〇二〇頁）

○五（には）者、密キビシク護マホニラム諸根一を。（不空羂索神呪心經寛徳点5/22）

本点も新しい活用に従つてゐる。

クソムシ（三八六）蜣蜋クソムシの諸の蟲而も集二れを其（の）上一に。（二 12/13）

本草和名、石山寺本妙法蓮華經玄賛古点、大東急紀念文庫本大日經義釋延久六年・承保二年点等に「蜣蜋」をクソムシと読み、本草和名には、別名として「轉丸・諸羌・糞蟲」等を挙げてゐる。即ちクソムシは糞虫の意である。

クチヒビ（三八七）脣（中略）不二瘡クチヒシ―緊一アラ。（六 20/18）

和名類聚抄に

唐韻云、胗音軫、久智比々脣瘡也。

とあり、類聚名義抄に、「胗・胗」をクチヒビと読んでゐる。クチヒビは「口皹クチヒ、」の義で、口のあたりに出るヒビやハレモノのことである。

クヒタツ（三八八）狐と狼と野干と（中略）齰クヒタニチ齧クヒヤフを（て）死屍一を、骨肉狼藉くせり。（二 12/15）

クヒタツは食ヒ断ツで、カミキルことであらう。

クマダカ（三五二）参照。

和名類聚抄に「角鷹久万太加」とあり、類聚名義抄に同じ文字をクマタカと読み、タカに濁点を打つてゐる。カの濁点は衍か。

クロム（三八一）参照。

「黧黮」は、慧琳の一切經音義には「梨黮」に作り

上力脂反、方言面色似凍梨、切韻梨斑駁色、有作黧、字林力奚反、黒黄也、通俗文班黒曰黧、（中略）下説文杜感反、與潭同、切韻黔黮色、又徒感反、桑黮之色、葚食朕反、有作於斬反、青黒色

と注してゐる。即ち、「黧」は凍梨のやうな黄に黒の混つたまだらをいひ、「黮」は熟した桑の実のやうな青黒い色をいふやうであるが、今は、犬や狐の毛の汚れて黒くなつたことをいつてゐるのであらうか、それとも毛の脱けた皮膚の見苦しいことをいつてゐるのであらうか。

コ　ト　（三八九）當ニレに信ニ解(す)如來の誠諦之語(こと)一を。　（六 1/3）

コトドモリ（三九〇）若得レては爲レること人と、聾ひ盲ひ瘖(コトヽモリ)瘂(ヲウシ)ならむ。　（二 22/2）

コトヽモリは「瘖瘂」二字の左に、ヲウシは「瘂」の右にある。「聾盲」をミミシヒ・メシヒと読んだのに対して、「瘖瘂」を二語にコトヽモリ・ヲウシと読んだのであらう。ただし、和名類聚抄に

説文云、瘖瘂音鴉於布之二音不レ能レ言也。

といひ、また

聲韻云、吃居乞反和名古度々毛利重言也、説文云、言語難也。

とあるやうに、「瘖瘂」は二字共にオフシで、今のオシのこと、「吃」はコトドモリで、今のドモリのことである。さうすると、今の場合、「瘖瘂」は熟語にしてオフシと読むべきで、「瘖」をコトドモリと読んだのは誤りといふことになる。なお、ヲウシはオフシの仮名遣ひの誤り。

コ　フ　（三九一）若以ニ(て)大地一を置ニ(き)て足の甲(コフ)の上一に、昇ニらむも於梵天一(に)、亦未ニ爲(れ)難一(きにあらず)。　（四 30/7）

サ　ク　（三四六）参照。

サ　ク　（三九二）栴檀樹の華の敷(サ)ケルと、衆生の在レ(る)中に者とを、　（六 27/19）

「圮」は、字典によると、説文に「毀也」、「坼」は、集韻に「裂也」とあり、「圮坼」はヤブレサケルこと。

ササグ　（三九三）若接(サヽ)ニケて須彌一を擲ニ(け)置(か)むも他方の無數の佛土一に、

サトル　（三九四）心に相ひ體(サト)リ信(ツヽシ)ムて、入出に無レ(し)難(ハヽカ)リ。　（四 29/18）

（三九五）當レしに體(サト)ニル此(の)意一を。　（二 28/5）

（三九六）汝等見(サト)ニルや是の富樓那彌多羅尼子一を不や。　（四 1/12）

（三九七）汝見(サト)ニルや是(の)學・無學の二千の人一を不や。　（四 13/1）

（三九八）不レ(し)て知(サト)ニラ佛の方便の隨宜の所説の法一を。　（五 11/9）

サハノカミ（三九九）有ニ(り)て魑(ヤマノカミ)・魅(サハノカミ)・魍(ミツハ)—魎・夜叉・悪鬼一、食ニ噉す人の肉一を。　（二 12/18）

和名抄に

山海經云　魑魅和名須太万鬼類也。

左傳注云　魍魎罔両二反日本紀云和名美豆波水神也。

とある。サハノカミは沢ノ神で、水神を意味し、ミヅハの別名なのであらう。

サ　ル　（四〇〇）起(ち)て禮レ(したてまつりて)佛を退(サ)リき。　（一 21/9）

（四〇一）捨レて吾を逃(サ)リ走(り)て踉蹡し、　（二 28/18）

シ　ナ　（四〇二）梁・棟傾き斜に(し)て、基ひ陛(シナ)隤れ毀ル。　（二 12/7）

シバラク（四〇三）且(マテ)—待、須(シハラク)—臾。有ニ(り)て菩薩摩訶薩の名(つけ)て曰ニ(ふ)彌勒一と、（中略）已に問ニ(ひ)たてまつりつ斯(の)事一を。　（五 29/18）

（四〇四）善男子、且(マテ)—待、須(シハ)—臾(ラク)。此(こ)に有ニ(り)菩薩の名ニ(つくる)文

師利」と。（五 3/19）

（四〇五） 且(マ)ー待(テ)、須ー臾(シハラク)。自(をのつから)に當に有レ(る)なむ證。（五 4/10）

シブシブシ（四〇六） 脣（中略）不ニ麁(アラ)ク(く)澁(シフヽ)一シ(から)。（六 20/18）

シブシブは、単独に、またはシブシブト・シブシブニの形で副詞として用ゐられ、形容詞としてはシブシといふのが普通であるが、これは、シブシブを形容詞化した珍しい例。説文に「歮、不滑也」とあり、シブシブは滑らかでない状態をいふ。

スガメ（四〇七） 眼目角睞(スカメ)ならむ、身體臭穢ならむ。（八 26/4）

日本霊異記の訓注に、上巻第十九話の「眼目角睞者」の「角睞」を興福寺本に「須可爾」とあるのはいかが。

スズシ（四〇八） 以ニ(て)冷(スヽ)シき水一を灑レ(き)て面に、令レ(めよ)得ニ醒悟一(す)ること。（二 26/16）

ス ム（四〇九） 百千の比丘於ニ其(の)中一(に)止(ス)ミて、（六 15/1）

（四一〇） 與ニ柔和の者(もの)一(と)而共に同(し)く止(ス)ミ、（六 15/17）

セ ム（四一一） 苦痛切(セ)レムれとも己を、心不ニ厭患一(せ)。（二 8/18）

（四一二） 苦に切ニ責(セメ)(セ)メ之一を已(て)、示(す)に以ニ(て)す所レの繫(け)し珠一を。（四 8/18）

タシナシ（七三） 参照。

タシナシは苦痛の甚しいこと。石山寺本大智度論天安二年点に、同じ「劇」を読んだ次の例がある。

〇云何ソ還(て)嗽ハむ。此(の)事は劇(タシナ)レシ(と)おもふ死ヨリ。（二 11/22）

タシナム（四一三） 常(に)困(タシナ)ニム(て)飢渇一に、（二 20/13）

タタケ（三四七） 参照。

石山寺本妙法蓮華經玄賛古点に、「野狸」の「狸」をタタケと読んだ例があり、本草和名には

狸骨揚玄操音力之反 虎狸、猫狸、（中略）一名鼠狼出遺拾 和名多々介。

家狸一名猫、和名禰古末。

といひ、家猫をネコマ、野猫をタタケといって区別してゐる。ただし、心空の法華經音訓には、「貍」をタタケ・タヌキ・ネコマと読んで、両者を混同してゐる。

タフス（四一四） 捉ニリ狗の兩の足一を、撲(タフ)シて令レむ失(ハナ)レタ聲を。（二 13/6）

タフル（四一五） 柱の根摧け朽(タフ)ル。（二 12/6）

タマタマ（四一六） 遊行(し)て遇(タマ、)向ニひぬ本國に一。（二 25/1）

（四一七） 傭賃をもて展轉(し)て、遇(タマタマ)到ニ(る)て父か舍一に、（二 25/14）

（四一八） 親友會(タマ、)遇(ひ)て見レて之を、（四 7/12）

ツカハス（四一九） 密に遣(ツカハ)下ス（中略）無ニき威徳一者(もの)上を。（二 27/3）

ツカム（三五〇） 参照。

「攎」は、玄応の一切經音義に

字林側加反釋名云、攎叉也、謂五指俱往叉取也

とあり、トル・ツカムの意。

ツクノフ（四二〇） 非ニ(す)我か傭(ツク)レノフて力を得レゐき物を之處一には。

（二 26/4）

「傭」は、玄應の一切經音義に

勸學注云、傭賣力也、莊子傭於人者、孟子曰、傭役也、謂役力受直曰傭

とあり、労力を提供して報酬を得ることをいふ。類聚名義抄にも「傭」にツクノフの訓を収めてゐるが、今の場合果して適訳なのであらうか。

ツシム （四二一） 唇不二下リ垂一（れ）。（中略）不レ厚（く）も（あら）、不レ大にも（あら）、亦不二黳ミ黒一（め）ら。（六 20/19）

なほ（三八一）参照。新選字鏡に

黯䵷（「鮑」を訂す） 上千定反、下巳定反、去、阿乎弥豆志牟

とあり、類聚名義抄に「䵝・黯」等をツシム、「黳・黮・梨」等ツシメムと読み、色葉字類抄に「黮・梨黒」をツシミクロシと読み、國語大辞典は「つじむ」とシを濁り、新選字鏡によって「肌に色づきにじむ。肌に青黒く斑点つく。」と説明してゐる。「䵷」は青黒であるが、「黳」は前述したやうに黄黒であるから、ツシムを直に青黒イと見るのはどうであらうか。

ツツシム（三九四）参照。

ツツム（四二二） 或（るい）は有二（き）て阿練若一に、納レみて衣を在二（き）て空閑一に、（五 10/12）

「納衣」は法衣の一種、納袈裟或は糞掃衣ともいふ。「納」は補綴の意味で、世人の棄てた古布を綴り合せて製したものが「納衣」である。その「納」をツツムと読むのは、直訳に堕して文義に適はない。

ツツム （四二三） 齎二持て重寶一を、經二過（せ）む險路一を。（八 2/8）

「齎」は、集韻に「持也、付也、装也」等とある。「齎持」は熟語で持参スル、持チ運ブ意であるが、ツツムと読んだのは、「装」の義に基くのであらうか。類聚名義抄にもツツムの訓を収めてゐる。

ツツム （四二四） 以二（て）無價の寶珠一を繫二著（し）て内衣の裏一に、默ムて與（き）て而捨て去（き）ぬ。（四 8/14）

このツツムは、事情ヲ説明シナイデの意味である。類聚名義抄には「𥨊」にツツムの訓がある。ツツミカクスのツツムと同じ語であらう。

ツミキ （四二五） 以二（て）海此岸の栴檀一を爲レて積と、（七 16/11）

「積」は草を積むこと、また「積」に通じて用ゐる。ツミキは積ミ木の意。類聚名義抄・法華經単字・法華經音訓等にも同様に読んでゐる。

テラヒウル（四二六） 販レイて肉を自 活ラひ、衒二ひ賣ル女色一を。（五 14/13）

（四二七） 不四憙ムて親三近（せ）其（の）人と及（ひ）諸の惡者と、（中略）若（しは）衒二賣ルとに女色一を。（八 25/6）

「衒」は、字典によると、韻會に「自矜」とあり、一切經音義は慧琳・玄應共に「行且賣也」と注してゐる。前者に従へば、「衒賣」は自慢して売ることであり、後者によれば、売りに歩くことである。

トカゲ （四二八） 蚖―虵・蝮―蝎・蜈―蚣・蚰―蜒、（二 12/11）

和名類聚抄に

崔豹古今注云、玄蚖・緑蛇音元、字亦作蚖、内典云、蚊蛇加良須倍三各隨其色名之。

といひ、心空の法華經音訓は、「蚖」をトカケ、「蛇」をヲロチと読み、

左に「蚖蛇」の二字をカラスヘヒと読んでゐる。カラスヘビは、「烏蛇」で、黒い蛇をいふらしい。本点がこれをトカゲと読んだのは、「蚖」の文字に引かれたのであらうか。もっとも、諸橋轍次博士の「大漢和辞典」は、「蚖」をキモリと読んでゐる。

トドマル（四二九）求レ（むる）に之を既（に）疲（れ）て頓《トヽマ》ニリ止（ま）ぬ一の城一に。（二 30/16）

トビ（三五二）参照。

トブラフ（一八）参照。

トホシ（四三〇）佛道は懸《ハル》カに曠《トホ》ク（し）て經ニて無量劫一を、（五 6/7）

トマ（四三一）覆るる苫《トマ》亂れ墜つ。（二 12/8）

トラフ（四三二）杻械・枷鏁に撿《トラ》ニへ繫（か）れむに其の身一を、（八 2/5）

トラフ（四三三）或いは囚《トラ》ニへ禁《マモ》ラレ枷と鏁一とに、手足に被ニらむには杻と械一とを、（八 7/3）

ナラフ（四三四）若修《ナラ》ニフて醫道一を、順レ（ひ）て方に治レせは病を、（二 21/10）

ナラフ（四三五）佛子の所行の道は、善（く）學《ナラ》ニフか方便一を故（に）、（四 3/19）

ネガフ（四三六）雖ニ（も）小を欲《ネカ》フて懈怠一なりと、漸（く）當レ（し）令（む）作レ（ら）佛と。（四 4/4）

ネガフ（四三七）少を欲《ネカ》フて厭ニ（ゐ）と（も）生死一を、實は自《みづから》淨ニむ佛土一を。（四 4/6）

ネムゴロナリ（四三八）如レ（く）是（の）苦《ネムゴロ》に言《こと》をもて、汝當ニ（し）とのたまふ勤（め）て作《つ》一（くる）。（二 32/15）

ノツチ（四二八）参照。

諸橋博士の大漢和辞典によると、「蝮蠍」はマムシとサソリ、「蚰蜒」はゲヂゲヂのことである。三種の異った動物を同じくノツチといったのは、ノツチは嫌悪すべき虫の総称なのであらうか。新選字鏡には「蠍」を「乃豆知」、類聚名義抄には「蝮」をノツチと読んでゐる。（山田忠雄氏の教示によれば、「蚖蛇」はカラスヘビ、「蝮蠍」はマムシ、「蚰蜒」はゲヂゲヂのことで、この区別を誤ったのは、本点の大きな特徴として把握されるべきものであるといふ。）

ノブ（四三九）不《し》レ如（か）、往ニき至（り）て貧里一に肆《ノ》レフルに力を、（二 26/4）

ノボル（四四〇）及（ひ）乘《ノホ》ニらむ天の宮殿一へ〈天黒補〉に。（六 20/8）

ハタメク（四四一）爆《ハタ》メク聲震ひ裂く。（二 13/17）

ハナツ（四四二）世尊先に知ヨ（しめ）して我等（中略）樂ニ（ふ）と於小法一を、便（ち）見ニれて縱《ハナ》チ捨一（て）、（二 29/14）

なお（四一三）参照。

ハバカリ（三九四）参照。

ハラフ（四四三）除《ハラ》ニハしめ諸の糞穢一を、倍（し）て與ニ（ゐむ）汝か價一を。（二 32/9）

（四四四）爲に除《ハラ》ニひ糞穢一を、淨ニむ諸の房舍一を。（二 32/10）

（四三五） 心各（の）勇ミ（み）鋭（トカ）りて、互に相ひ推し排（ハラ）フて競（ひ）て、共に馳（せ）、（二 10/1）

なほ（七九）（三四五）参照。「推排」は人を推しのけて前に出ること。法華經單字は「排」一字をヲシハラフと讀んでゐる。

ハ　ル　（四四六） 於二其の門の內一（にして）施（ハ）二りて大寶帳一を、處二（たまひき）師子の座一に（二 31/13）

ハルカナリ（四三〇）参照。

ヒハル　（三四六）参照。

ヒラム　（四四七） 鼻不二〔月扁〕（ヒ）（し）─䏲（ラ）一メラ、亦不二曲み戾（モト）（し）一レラ。（六 21/2）

「〔月扁〕䏲」は、集韻に「䏲、天黎切、音梯、〔月扁〕䏲鼻不正」とあり、諸橋博士の大漢和辭典には「鼻すぢがまがる」と説明されてゐるが、今の場合、次の「曲戾」がマガルことであるから、「〔月扁〕䏲」は他の意味であることが望ましい。慧琳の一切經音義は「匾㔸」に作り、「集韻・切韻、上鞭沔反、下體奚反、纂文薄也、今俗呼廣薄爲匾㔸、（中略）有作〔月扁〕䏲、近字耳」と注してゐる。ヒラメラは、動詞ヒラムの已然形に完了の助動詞リの加はつたもので、ヒラムは平ムで、平らな状態をいひ、鼻が扁平であることを指してゐるのであらう。法華經單字は「〔月扁〕・䏲」をそれぞれヒラム、法華經音訓は「匾㔸」をヒラシ・ウスシと讀んでゐる。なほ、徒然草の「仁和寺の法師」の條に

かたはらなるあしかなへをとりて頭にかづきたれば、つまる樣にするを、鼻をゝしひらめて貌を指入れて舞出たるに（五十三段）

とある「をしひらむ」は押して平らな状態にすることで、これは下二段活用の他動詞であり、（四四七）は四段活用の自動詞である。

フ　ル　（四四八） 堂閣朽（ち）故（フ）りり、墻壁頽（クツ）レ落つ。（二 8/12）

フ　ル　（四四九） 降レし雹を澍（フ）ニラムに大なる雨一を、（八 7/10）

ヘリクダル（四五〇） 謙（ヘリ）ニ下（クダ）り諸の比丘一に、遠ニ離し自（みつから）高フル心一を、（六 17/6）

京大本蘇悉地羯羅經延喜九年点にも

○不下れ自（ら）謙（ヘ）り下（て）云（い）中は多ニし愆犯一、無ト（けむと）由（よし）レ得レるに成ニすこと三種の悉地上を。（12/26）

の例がある。

ホロブ　（一一六）参照。

マカス　（四五一） 捐ニ捨（し）て國の位一を、委（マカ）ニせき政を太子一に。（五 1/9）

マシフ　（四五二） 頭面を接（マシ）レへて足に禮し、（六 17/9）

マ　ス　（四五三） 勤（め）て加（マ）ニシて精進一を、修ニ行せは此の經一を、（五 5/5）

（四五四） 此に有ニ（る）作（す）（る）き處一、倍（マ）シて與ニ（ふる）汝か直一を。（二 27/4）

マスマス（四五五） 年既（に）長大なり、加（マス〻）復（た）窮困（し）て馳ニ騁（し）て四方一に以（て）求ニめ衣食一を、（二 24/19）

（四五六） 年朽邁して益（マス〻）憂ニ念す子一を。（二 31/6）

マタス　（四五七） 皆遣（マタ）ニして侍者一を問ニ訊（したまはむ）として釋迦牟尼佛一を、

(四五八) 諸佛遺(マタ)シたまふこと使を亦復(た)如(し)是(くの)。　(四 26/15)

(四 27/2)

マ　ツ　(四〇三)〜(四〇五)参照。

「且待」は、二語にシバラク・マテと読むべきものであるが、後に、「須臾」が来るので、シバラクの意味は「須臾」に譲って、「待」だけをマテといったのであらうか。もっとも、類聚名義抄には「且」にマツの訓がある。本点のやうな読み方が普通に行はれてゐて、名義抄の編纂者が、そのまま収録したのであらうか。

マトフ　(四五九) 手脚繚(アシマト)ハレ戻(モト)レらむ。　(八 26/4)

マミラカス(四六〇) 塵土に坌(マミラカ)して身を、右の手に執ニ持す除糞之器一を。　(二 27/12)

マモル　(四三三) 参照。

ミヅハ　(三九九) 参照。

ムカデ　(四二八) 参照。

モトヨリ(四六一) 無量百千萬億の舊(モト)よを住ニせる裟婆世界一に菩薩摩訶薩、　(七 7/3)

モドル　(四六二) 脣不(し)ニ下(クタ)リ垂一(れ)、(中略) 亦不(し)ニ喎(モト)リ斜(ユカ)一∧天白邪イ∨メ(ら)。　(六 20/19)

「喎」は、玉篇に「同咼」とあり、「咼」は、説文に「口戻、不正也」とある。つまり「喎斜」は口もとが斜めに歪んでゐる状態なのであらう。

モドルは「戻」の義。(四四七)(四五九) 参照。日本霊異記の訓注に、上巻第十九話の「沙彌口喎斜」の「喎斜」をユカミテ、中巻第十八話の「白衣口喎斜」の「喎斜」をユカミヌと読み、法華經単字・法華經音訓共に「喎」にユカムの訓がある。「繚戻」は手足の彎曲してゐることであらう。日本霊異記の訓注に、上巻第十九話の「手脚繚戻」の「繚戻」をモトリテと読んでゐる。

ヤ　(四六三) 後復(た)告(けて)言(はく)、「咄(ヤ)、男子、汝常に此(こ)に(し)て作れ。勿(な)ニ復(た)餘に去一ること。(中略) 自レ今已後に 如ニ(くせ)むと所生の子一の。」(二 27/15)

このヤは呼掛の感動詞である。

ヤブル　(四六四) 爲ニ(被也)(を)て毒に所レることを中(ヤフ)ラ、心皆顛倒した(り)。　(六 5/12)

(四六五) 其(の)宅久(しく)故(り)て、而復(た)頓(ニハカ)ニ弊(ヤフ)ル。　(二 12/6)

ヤマシ　(四六六) 自(みつから)知ニ(り)て豪貴に(し)て爲(是也)れ子の所レな(る)と難(ヤマ)シキ、　(二 26/18)

「豪貴にして」は「豪貴は」とあるべきところ。「難」は、妙法蓮華經玄賛に「奴旦反、患也、痾也」と注してゐる。

ヤマバト(三七五) 参照。

ヤ　ル　(四六七) 更(に)遣(ヤ)ル下 (中略) 無ニき威徳一者上を。　(二 32/8)

ユガム　(四六二) 参照。

ユ　ク　(四六八) 時に貧窮の子遊(ユ)ニイて諸の聚落一に、經ニ歴し國邑一に、　(二 25/7)

（四六九）汝等應ニ(し)往(き)て白レ(し)て父に與(ユル)サは、共(ヲナ)シく倶に去(ユ)ク。（八 15/5）

ユルス　（四七〇）願(はく)は母見(れ)よ聽(ユル)サ。（八 16/6）

（四七一）聽(ユル)ニス汝か出家ーを。所以者(は)何(に)。（八 16/11）

なお、（四六九）参照。「與」は、「詞詮」に「許也」といつてゐるやうに、ユルスといふ意味がある。ただし、法華經音訓は三字をトモニと讀んでゐる。

ヨ　シ　（四七二）不ニれ稱レ(け)て名を讃ニ歎(せ)其(の)美(ヨ)ーキことを。（五 16/6）

なお（六二）参照。

ヨバフ　（四七三）稱レ(し)て怨なりと大に喚(ヨハ)フて、我は不ニ相ひ犯ー(さ)。何ぞ爲レ(む)と見レ(る)ることを捉(トラ)へ。（二 26/12）

（四七四）窮子驚き喚(ヨハ)フて、迷悶(し)て躄レ(れ)ぬ地に。（二 32/3）

ワキマフ（四七五）又復(た)別(ワキマヘ)ニ知(り)て（中略）童女香と及(ひ)草木叢林香ーとを。（六 26/8）

ワザハヒ（三六三）参照。

ワタラフ（四二六）参照。

ワタル　（四七六）求ニ(め)て衣食ーを自(みつから)濟(ワタ)(り)て、資生に甚(た)艱難す。（四 8/15）

ヰモリ　（三四八）参照。

ヲ　バ　（四七七）佛の姨母(ヨバ)摩訶波闍波提比丘尼、（五 8/5）

終りに、朱点の語彙を擧げておく。

アバク（1）泥塗褫(アハ)け落ツ（二 12/8）

アラソフ（2）爭(あらソ)ヒ走(り)て出レ(つ)穴(より)。（二 14/7）

オコル（3）一時に倶(に)作(オコ)(り)て、（二 7/2）

（4）忽然と火起(オこ)る。（二 13/16）

オ　ツ（5）椽(はるき)・梠　差(ヌレスけ)カヒ脱(オ)チたり。（二 12/8）

カ　キ（6）周ー障(かき)屈曲し、（二 12/9）

カクル（7）藏ニれ竄(かく)る孔穴ー(に)。（二 14/2）

カタチハフ（8）愛(メコ)ムに無ニし偏に黨(カタチハ)ー(ふ)こと。（二 10/16）

カタム（9）寶の繩をもて交(を)絡(カタ)メ、（二 10/9）

カハヘ（10）膚(かはを)(の)色充潔し、（二 10/10）

カ　ム（11）咀(カ)み嚼み踐み蹋(フにし)り、（二 12/14）

クヅル（12）基陛隤(くつ)れ毀(ヤフ)る。（二 12/7）

サケブ（13）叫(さけ)ヒ呼(ひ)て求レ(む)食(を)。（二 13/9）

ソコナフ（14）殘(ソコナ)ヒ害し兇險(して)、（二 13/11）

タグヒ（15）最勝に(して)無ニけむ倫匹(タクヒ)ー。（二 6/10）

チマタ（16）有ニ(らむ)八(の)交道(チマタ)ー。（二 4/12）

ツカム（17）鬪ヒ諍ヒ攄(ツか)み掣(ヒ)き、（二 12/17）

トラフ（18）捉(とラ)ニへて狗(の)兩(の)足ー(を)、（二 13/6）

ニハカナリ（19）而も復(かへ)(り)て頓(には)かに斃(やフ)ル。（二 12/6）

△△△
ヌレスケ（5）参照。

ハグクム（20）孚(ハクヽ)乳ミ産生し、（二 13/1）

ハ　ス（21）交はを横を馳せ走(る)。（二 12/12）

ハタメク（22）爆はタメク聲震ヒ裂け、（二 13/17）

ハヘギ（5）参照。

新選字鏡に

桷謂二之榱一、又椽也、波戸木。

和名類聚抄に

釋名云榱首襄、和名大流岐、楊氏漢語抄云波閉岐

とあり、類聚名義抄は「榱」をハヘキと読み、キに濁点を打ってゐる。

ハヘギは「延木」で、棟木から下に延へる意に基づくのであらう。

フ　サ（23）垂二(れたを)諸(の)華瓔フサ一(を)。（二 10/9）

フミニジル（11）参照。

マレラナリ（24）少マレ下ラ(なを)有二(る)能(く)信一(すること)者上。（二 7/8）

メゴム（8）参照。

ヤブル（12）参照。

以上、本点の概要について述べたが、

一、仮名字体が簡易な省文仮名に統一されてゐること。

二、仮名遣ひに、ワ∨ハ、オ∨ヲ、ヲ∨ホ、キ∨ヒ、ヱ∨ヘ等の誤りがあること。

三、イ音便、ウ音便、促音便、撥音便等の各種の音便が用ゐられ、撥音便の内、〔n〕を特殊記号で示してゐること。

四、文法の面では

1格助詞イを用ゐてゐないこと。

2格助詞ヨリに特殊な用法が見られること。

3副助詞スラを用ゐず、スラを用ゐるべき場合も、ダモで代用してゐること。

4間投助詞シを、イマシの場合しか用ゐてゐないこと。

5比況の助動詞ゴトシの連体形を、連用形と同様に用ゐた例があること。

6「況・何況」等を受けて文を結ぶ場合、――ヲヤを用ゐて、――ハ・ヲハ等を用ゐてゐないこと。

7――カナ（詠歎）を受けて文を結ぶ場合、――コトを用ゐて、――ク・ラクを用ゐてゐないこと。

8引用句を導く――ク・ラクを受けて文を結ぶ場合、――トイフ・トオモフ等を補読しないこと。

等を考へ合せると、本点は、やはり平安末期の加点と見られ、明算は、古訓を踏襲せず、自分の考へで訓読加点したものと思はれる。

天理大學圖書館・國立京都博物館藏

南海寄歸内法傳古點について

南海寄歸内法傳四巻は、略して南海寄歸傳・寄歸傳・南海傳等ともいひ、唐の義淨三藏の著。義淨は、高宗の咸亨二年（西紀六七一 天智一〇年）、印度及び南海諸国を訪ね、各地を遍歴すること二十五年、則天武后の證聖元年（六九五）に帰朝した。南海寄歸傳は、帰朝に先立ち、則天武后の天授二年（六九一）、南海室利仏誓国（今のスマトラ島の一部）に滞在中、大唐西域求法高僧傳二巻・雜經論等十巻と共に、母国の道友に送ったもので、諸国歴訪の間に親しく見聞した彼の地の仏教徒の僧院生活の実際と、仏教流通の状態とを述べ、母国のそれと比較して、反省の資料としてゐる。ただし、玄奘三藏の大唐西域記のやうに、道順を追って地理書風に記述するのではなく、「破夏非小」「對尊之儀」「食坐小牀」「飡分淨觸」「食罷去穢」等の四十項目について、問題別に纒めて記述する形式を取ってゐる。即ち、巻一に序文と、「破夏非小」から「受齋赴請」に至る九章とを、巻二に「衣食所須」から「便利之事」に至る九章を、巻三に「受戒軌則」から「旋右觀時」に至る十二章を、巻四に「灌沐尊儀」から「古徳不爲」に至る十章を収めてゐる。記述は詳細かつ専門的で、予備知識のない者にはかなり難解な書である。

本書に収めた南海寄歸傳の写本は、天理大学附属図書館及び国立京都博物館に分蔵されてゐるもので、前者は、巻一と巻二との大部分、後者は、巻四の一部分であって、共に国宝に指定されてゐる。巻一は、巻首若干、料紙にして凡そ四枚分と、途中五枚分とを欠き、序文の後半から「受齋軌則」の中途まで、大正新修大蔵経でいへば、二〇六頁上段一行目「溢平川決入」から二一〇頁上段二七行目「云所有」までと、同章二一一頁下段一行目「食但著三衣」から巻末「輒鑒於精麁」までとが、料紙十六枚に記されてゐる。巻二は、巻頭の「衣食所須」から「隨意成規」の中途、大正新修大蔵経で、二一七頁下段一三行目「初篇若犯」まででであり、巻尾凡そ四枚分を佚し、料紙十八枚に記されてゐる。後世補修の際に、料紙の継順を誤ったと見え、十八枚が

1 2 3 6 7 4 5 10 11 12 13 14 15 16 17 18 8 9

といふ順序に乱れてゐる。本書では、写真・訳文共に原形に復して取り扱った。巻四は、「古徳不爲」の一部分で、大正新修大蔵経でいへば、二三二頁上段二六行目「見聞莫不」から、二三三頁上段九行目「者詳密」までの、料紙三枚足らずの断簡である。三巻とも、料紙の長さ五七・二センチ、幅二五・八センチ、罫高二一・三センチ、天二・五センチ、地二センチ、罫幅二・二センチで、一枚に凡そ二十六行を収め、一

行に凡そ十七字を記す。書写に関する識語を欠くが、すべて同一の筆蹟で、雄渾謹厳な楷書は、一見して奈良朝の写経たることを思はせるもので、現存する南海寄歸傳の伝本中、最古の写本である。

巻一の末、巻軸に近いあたりに

　　僧成禅之本

と墨書され、巻二の末には

　　明治二十六年夏日江州石山寺法輪院主
　　之所贈　巻首有知足菴印是同寺
　　中古好古之師也云
　　比巻蓋亦同寺一切經中之零巻也已
　　　　　　隨心院門跡智滿誌 印

とあつて、巻一がかつて「成禅」といふ僧の所有であつたこと、また、巻二が、明治二十六年夏まで石山寺に蔵せられてゐたことがわかる。因に、大矢徳城氏の「石山写経選」（大正十三年発行）を見ると、巻一の末尾十二行が写真に収められてゐるから、巻一も、大正末期まで、同じく石山寺の所有であったわけである。この両巻は、恐らく石山寺一切経の一部として、古くから同寺に伝へられたものに違ひない。巻四もまた同様だったのであらう。

巻二と巻四とは、早く複製本が出てゐる。前者は、大正十三年、鳩居堂から、内藤虎氏の序文、神田信暢氏の解説で出されたもの、後者は、昭和十八年、古典保存会から、田山信朗氏の解説で出されたものである。いづれも精巧な出来栄えだから、経験者ならば、これで一応は訓読できるだらう。巻一は、前記「石山写経選」に一頁の写真があるだけで、全文の写真を公開するのは、本書が初めてである。

この南海寄歸傳三巻には、全巻に詳密な朱点が施されてをり、巻一の初め七枚ばかりには、黒点も加へられてゐる。共に加点の識語を欠くが、院政初期を降らないものと推定され、国語史研究上重要な文献である。この点について研究したものに、次のやうな資料がある。

一、中田祝夫　「古点本の国語学的研究　総論篇」（昭和二十九年）
二、大坪併治　「国宝南海寄帰内法伝の訓点」（昭和三十年、「島大論集・人文科学」五号）
三、木下正俊　「元鳩居堂蔵本南海寄帰内法伝に見える寳幢院点と西墓点との関係考証」（昭和三十年、「訓点語と訓点資料」五号）
四、築島　裕・小林芳規　「天理図書館蔵南海寄帰内法伝の訓点」（昭和三十一年、「ビブリヤ」七号）
五、築島　裕　「平安時代の漢文訓読語につきての研究」（昭和三十九年）

中田博士は、南海寄歸傳の朱点が宝幢院点であること、従つて、ヲコト点の系譜上、加点年代は平安前期に遡り得ず、加点者は天台宗の学僧であるべきことを注意され、大坪は、三巻全部についての調査の結果を紹介し、朱点を同じく宝幢院点としたが、木下氏は、巻二の複製本によって、朱点には、宝幢院点の他に、西墓点が用ゐられてゐる事実を指摘された。また、築島・小林両氏は、朱点の特徴を概観して、国語資料としての価値を述べられ、更に、築島氏は、その著書の中で、朱点の加点年代を西紀一〇六〇年頃のものと推定し、訓点例三十ばかり引用してゐられる。本書は、これら諸氏の学恩を受け、更に調査を重ねて成つたものであるが、特に、木下氏に対しては、深甚な謝意を表するものである。

なほ、本書に収めた石山寺旧蔵本の他に、四巻揃つた胡蝶装の古写本がある。昨春大阪で偶然に見ることのできたもので、まだ詳しい調査はしてゐないが、全巻に同じ宝幢院点系の朱点が加へられてゐて、全文を訓読することが可能である。書写・加点共に石山寺旧蔵本より新しいが、ヲコト点が同じばかりでなく、読み方もよく似てゐるから、同系統の訓を伝へたものであらう。時代に多少の新古の差はあるにしても、石山寺旧蔵本の欠けた所を補ふことができ、いろいろな意味で注目すべき資料である。本書でこれに言及する場合には、「別本」と呼ぶことにする。

一 ヲコト点

ヲコト点は、朱点だけで、黒点にはない。朱点のヲトコ点は、宝幢院点を基礎として、若干の西墓点が混用されてゐる。

宝幢院点は、点図集所収のものに殆んど一致し、相違するのはマ・トモ・スレドモの他、解読不明の点が二・三あるに過ぎない。

1 マは次の例を読んだ。点図集にナとあるのは、マの誤写ではないか。

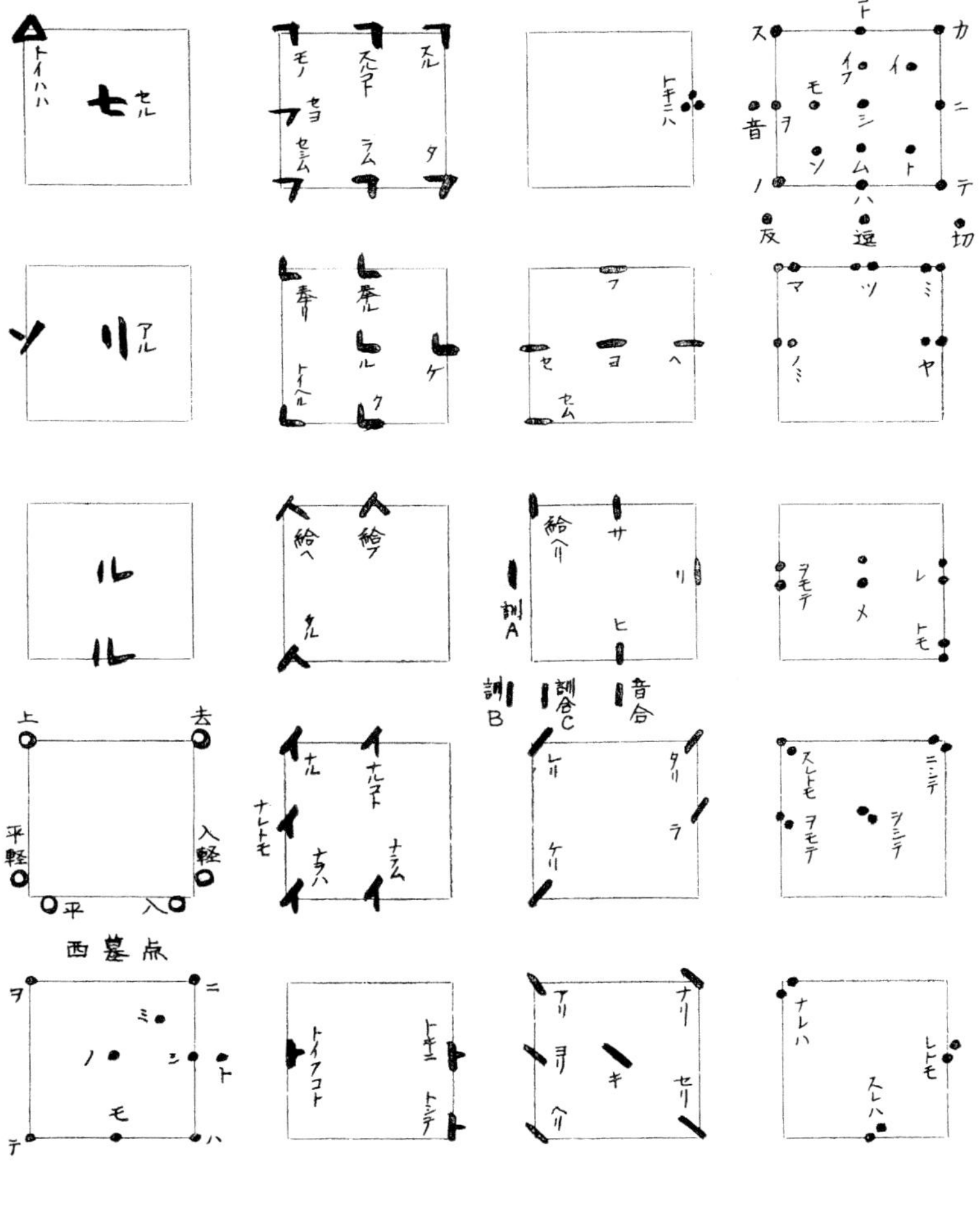

西墓点

(一) 若(し)不(サ)レラましかは移ニ(さ)〈朱淡 サラ〉歩を西方ニに、何ぞ〈朱淡 ソ〉能く鑒(カ)ニミマシ斯の正則一を。(二 6/19)

木下氏は、「移(さ)不(サ)ラしめなは」(前記論文、三九頁下段)と読まれたが、使役の助動詞シムと、完了の助動詞ヌとは、一緒に用ゐないのが原則である。

2　トモは次の諸例を読んだ。点図集にマレとあるのは当らない。

（二）縦ー使ひ元よ不ニとも作ー法ーせ、此の處を即(ち)成(訓)ニす其の淨ーに。（二　16/13）

（三）縦ー令ひ失レゐとも夏を、不レれ退シリソニケラレ下シモの行ツラーに。（一　3/7）

（四）大ー聖涅ー槃しタマヘレとも、(なむ)尓チカ徒トモカラ尚(ほ)在す。（一　12/18）

3　スレトモは次の例を読んだ。点図集のナレハ・ルヲモテ、共に当らない。

（五）日ヒに三(たひ)禮して白サマク、佛法住レすれとも世に、日日に衰ー微なす。（一　16/2）

4　左中のソは次の例に用ゐられてゐる。中上内の星点がイフであるのに対し、イヒシとでも読むのであらうか。

（六）曾し聞く、有ニ(す)靈ー祐ユ〈天朱訂〉法師ーといひしもの。（二　16/1）

5　中央のルは、次の例に用ゐられてゐる。ルと読むべき場合であるが、⌞と誤つたのであらうか。

（七）或(あ)るトコロ有ハ貪ー婪(に)して、不レ爲ニサ分ー數ーを。（二　4/21）

6　中下のルは、次の例に用ゐられてゐる。ナルコトと読めさうであるが、ナルコトは、中上のイで示すのが普通である。ヲコト点ではなく、本文の「高」を「亮」に改めたのであらうか。

（八）五天之地は、自(みつから)恃ニむ清高ーを也。（二　8/12）

西墓点は、濃淡不同で確認しがたいものもあるが、テ・ヲ・ニ・ハ・シ・モ・ノ・ミ・トの九種が用ゐられてゐるやうである。

1　テは、単独に用ゐられるもの四、宝幢院点と重複するもの二、合計六例ある。

觀みて（一　6/8）　准〈朱訂〉ゐて（二　2/26）　營イトナムて（二　14/15）　在(す)て（二　17/18）　⌞受(け)て。て〈淡〉（二　10/8）　立(ち)て。て〈淡〉（二　6/25）

2　ヲは、単独に用ゐられるもの三、宝幢院点と重複するもの二、合計五例ある。

曲賜を（四　2/2）　資具を（二　7/5）　縁を（一　12/20）　⌞軌ノリを。(訓)を〈淡〉（二　1/10）　者を。をして〈淡〉（二　3/1）

3　ニは、単独に用ゐられるもの八、宝幢院点と重複するもの五、合計十三例ある。

遂に（二　3/1　3/10　3/23　6/22　11/25）　外に（二　7/10）　離するに（二　17/2）　坐に（二　18/19）　⌞十に。にに〈淡〉（二　1/7）　遂にに。〈淡〉（二　1/10）　一日に。にに〈淡〉（二　6/2）　上(う)へ。にに〈淡〉（二　10/26）　等に。にに〈淡〉（二　13/5）

4　ハは、単独に用ゐられるもの五、宝幢院点と重複するもの二、合計七例ある。

如きは（一　15/2）　出(つる)ときには（二　5/18）　地ナレは（二　8/19）　者もの(は)(訓)（二　11/13）　⌞須(ら)くは。は〈淡〉（二　9/1）　准(ゐ)は。は〈淡〉（二　9/4）

5　シは、単独に用ゐられるもの一、宝幢院点と重複するもの四、合計五例ある。

使メ依テ行フ(オコナハし) (一 15/10) 無し。〈淡〉 (二 3/21) 若し。〈淡〉 (二 3/21) 如し。〈淡〉 (二 7/14) 合し。〈淡〉 (二 17/9)

6 モは、単独に用ゐられるものはなく、宝幢院点と重複するものが一例ある。

上徳も。〈淡〉 (二 9/25)

7 ノは、単独に用ゐられるもの三例がある。

自(おのつから) (二 8/20) 右の (二 12/1) 篇の (二 13/17)

8 ミは、単独に用ゐられるものだけで、三十五例ある。

未レ見み (一 4/15 二 3/3 6/25) 不レ観み (一 9/7) 不レ観み (二 9/4) 観みて (一 6/8) 観みたて(訓) (一 10/12) 見みエは (一 7/24) 睎みれは (二 1/13) 自み(つから) (一 5/23 9/9 9/26 10/22 11/14 15/22 二 3/22 3/24 4/13 4/21 4/22 5/8 5/9 5/11 5/23 6/3 6/16 6/17 7/25 8/12 9/6 9/7 9/18 12/22 12/23 18/18)

9 トは、単独に用ゐられるものが一例ある。

長すと (二 4/17)

即ち、西墓点は、単星点の内、右上方に位置するものに集中する傾向があり、殊にミが著しい。ミは、西墓点の全用例の半数近くを占めるばかりでなく、宝幢院点のミの七例よりも、遥かに多く用ゐられてゐる。しかも、西墓点のミは、常に単独に現はれ、宝幢院点と重複することはない。他の点の場合、重複するものを見ると、西墓点は総じて朱が淡く、宝幢院点は濃い(そのため、見落した例もあるかも知れない)。恐らく、初め西墓点を加へたのを消して、宝幢院点に書き改めたものであつて、西墓点を混用しながらも、宝幢院点に統一しようとする態度が窺はれるのである。ところが、ミは、むしろこの逆で、意識的に西墓点を用ゐようとしてゐる。両者点の位置が近く、しかも、複星点よりも単星点の方が簡単であるため、加点者は、好んで西墓点を用ゐたのではあるまいか。

句読点は、最も普通な形式を取つてゐる。木下氏は、次のやうな例を挙げて、左下の点は、不読字を示すのではないかと疑はれた(前記論文、二四頁下段〜二五頁上段)が、やはり反点と見てよいやうである。

假衣食而・ (二 1/8)
託滅理而・ (二 1/9)
順聖言而・ (二 1/11)
符先教以・ (二 1/12)
除愆之・義 (二 18/6)
當此時也・ (二 18/17)

これらの例は、いづれも上に返る場合、たまたま「而・以・之・也」などが直ぐ下にあつたため、これらを含めて、その左下に反転記号を施したものである。なぜ上に含めたか、といふ理由に、それは――これらの文字が不読字であつたから――といふ説明が成り立てば、反点が間接的に不読字を示す役割を荷ふことになるだらう。しかし、それは、結果的にさうなるのであつて、不読字を示す本来の記号といふことにはならない。その証拠に、同じ不読字でも、上に返らない時は用ゐないのである。

（九）義あ(ず)て而後に取る。（一 1/5）

（一〇）檢して而將て爲せ(ニ)よ指―南(一)と。（二 1/17）

（一一）若(し)也逼チ(ニ)―近カクは尊―人(一)に、（一 9/17）

（一二）如(ニ)きは神州之地(一)の、禮教盛(ず)に行オコナハル。（一 1/4）

（一三）俯(し)(訓)て視(ニ)(訓)レは生―涯(一)を、是(れ)迷―生之牢―獄ナリ。（二 1/12）

また、上に返る場合でも、直接返る文字の左下に反点を打ち、不読字を顧みない例も少くない。例へば、「而」について見ると、三巻を通じて、「而」の左下に反点を持つもの二十四例、直接返るべき文字の左下に反点を持つもの十七例、両者共に反点のないもの二例といふ状態である。

（一四）鼓法海・而揚四波・（一 2/6）（法海を鼓して〔而〕四波を揚け）

（一五）踵斯・而作・（二 9/5）（斯(れ)に踵ツイテ〔而〕作くレリ。）

（一六）増己慢而輕餘・（二 3/11）（己か慢を増して〔而〕餘を輕み〈朱淡ミ〉）

また、「之」は、三巻を通して、「之」の左下に反点を持つもの二例、直接返るべき文字の左下に反点を持つもの八例、両者共に反点のないもの一例である。

（一七）二對尊・之儀（一 3/10）（二(には)尊に對する〔之〕儀ヲイフ。）

（一八）誰〈天朱訂〉可棄易求・之絹―絁・覓難得・之細―布。（二 3/9）（誰(れ)か求め易き〔之〕絹―絁を棄シテすゝ、得難き〔之〕細―布を覓む可(け)む。）

また、「以」は、不読字かどうか問題であるが、送り仮名がなく、不読の可能性のあるものについて見ると、直接上に返るべき文字の左下に反点を持つもの九例、「以」の左下に反点を持つもの一例で、その唯一の例が、木下氏の挙げられたものである。

（一九）宜取受戒之日・以論大小・（一 3/7）（受戒(の)〔之〕日を取(り)て、〔以〕大カミシモ小を論す宜し。）

（二〇）總唱住―處・以・爲淨―厨・（二 16/23）（總して住―處に唱ゑ〈朱淡へ〉て、〔以〕淨―厨を爲ツクルときには）

従つて、左下の反点が、不読字を示すとはいへないが、「而」の場合、直接上に返るべき文字に施すよりも、「而」に施されることが多いといふ事実は、確かに注目すべき用法である。加点の位置を誤つたにしては、余り用例が多く、しかも、「而」に集中してゐるのはをかしい。やはり、「而」が不読字であるため、上に含めてその左下に反点を施したと見る他はあるまい。なほ、「也」は、考察の対象となる用例が甚だ少く、「也」の左下に点を持つものは、木下氏が指摘された例の他に、今一つ次の例がある。直接返るべき文字に施した例は見当らない。

（二一）當是時也・君―王稽首・僚―庶虔心・（四 3/13）（是の時に當(り)て〔也〕、君―王(かう)ゑ首を稽せ、僚―庶心を虔ソンシム。）

訓を示す記号三種の内、A（漢字の左に縦線を引くもの）は一字を訓読することを、B（漢字と漢字との間、左外側に縦線を引くもの）は二字をそれぞれ別個に訓読することを、C（漢字と漢字との間、左寄りに縦線を引くもの）は二字を熟語として訓読することを示してゐる。木下氏は、Bの例を挙げて、「全く思ひつくところが無い」といつてゐられる（前記論文、三一頁上段）が、わたしの解釈で、全部の例が説明できるやうである。

(二二) 金隣玉嶺之郷(サト)、投(イタ)ニス誠(まこと)を碧砌一に。（一 1/12）A

(二三) 習(なら)レ(ふ)理を者(は)、符(カナ)ニフて先教一に以(て)澄(す)レ(ま)す心を。（二 1/11〜12）A

(二四) 白—馬停(ト)ヽレメシ轡(クツハミ)を之初、（四 3/20）A

(二五) 病の時の所—須、無ニ(か)れ宜(しく)輒(やす)く〈朱淡 ク〉用(もち)一(ゐる)こと。（二 2/25）B

(二六) 欲(オモ)レ(ひ)て省(か)むと招(まね)レク繁(シケ)キ〈朱点 い〉ことを。（二 3/8）B

(二七) 身を安(や)スラカにして道盛なること、可レ(け)むや〈朱淡 ケムヤ〉不ニる詳(つはひら)かに聞(き)一か。（二 14/22）B

(二八) 西方南海の法—徒(ツ)之大(オホムネ)—歸なり矣。（二 1/4）C

(二九) 兩(つ)の指をもて作(ナ)ニセ結むて同(ヒトツサマ)—心一ニ。（二 10/15）C

(三〇) 慧—力禪—師、侵(アケホノ)—明ニ就レく謁(エチ)に。（四 2/8）C

二・三字続く文字を、それぞれ訓読する場合には、Aを繰り返し、文字の左側に一つづつ縦線を引くこともある。Bは恐らくこれを省略したものであらう。

(三一) 縦ひ不レとも能レ(は)(訓)依(る)こと、勿レれ生(な)ニすこと輕(かる)み笑(ワラ)一フことを。（一 4/12）AAA

(三二) 何ぞ憂レをて不レることを活セ、徒(いたつ)ラに事(こと)ニとせむ辛苦一を。（二 15/1）AA

漢字の音調を示す声点は、六声（木下氏は、前記論文で八声を想定されたが、わたしには、上・去に軽重の区別を認めることができなかつた。）に分かれ、円の他、鉤・点等を用ゐる。

(1) ○ ○ ○ ○

(2) └ レ ┐ ㇇ ＞ ┘ ノ

(3) ・ ，

加点の実際は、各巻の訳文の末尾に纏めた「声点例」を見られたい。わたしの拾つた声点例九〇九個の内、(1)四九七、(2)四〇五、(3)七で、(1)が最も多く、(2)がこれに次ぐが、(1)が(2)より多いのは巻一と巻四とで、巻二は(2)が(1)より多い。詳しくいふと、巻一は(1)二〇九、(2)七二。巻二は(1)二〇四、(2)三一六。巻四は(1)八四、(2)一七である。そして、巻一は、(1)より(2)が多いといつても、一様に多いのではなく、三枚目までと四枚目以後とで、かなり様子が違つてゐる。三枚目までは、(1)四四で、(2)はなく、四枚目以後は(1)六五、(2)七二で、僅かながら(2)が(1)よりも多く、巻二の加点状態に近づく。つまり、巻一と巻二との両巻についていへば、初めは専ら(1)を用ゐたが、中途で(2)を併用し出し、後では却つて(1)よりも(2)を多く用ゐるやうになつたといふことになる。そして、(2)の初出が巻二の四枚目であることは、西墓点の初出と一致してゐて面白い。

なほ、(1)(2)(3)は、それぞれ異つた音調を表す記号ではないか、といふ疑ひもあらうが、わたしは、ただ記号の形が違ふだけで、すべて同じ音調を表すものと見た。それは、同一語を異つた記号で示した多くの例があるからである。例へば

僧・伽・胝（二 2/7） 僧 伽 胝（二 2/3） 吒 摩 立 底國（一 13/21） 吒 摩 立 底 國（二 5/6） 東 夏（一 8/4） 東 夏（二 8/14） 突 厥（二 8/8） 突 厥（二 8/10） 士蕃（二 8/7） 士 蕃（二 8/10） 寒 鄕（二 8/20） 寒 鄕（二 9/5） 立 播（二 8/23） 立 播（二 9/7）

同一文字に、二つの声点を、同じ記号で示したものと、異つた記号で示したものとがある。どちらでもよいといふのか、書き違ひをそのままにしたものか、よくわからない。

羸 杯（二 7/21） 柞 條（二 9/24） 楮 桃（二 9/24） 一抄（一 10/6） 般 彈 那 寺（二 12/12） 祇 支（二 7/15） 禪 袴（二 7/15） 薫 舊（二 11/13）

二 仮名

仮名字体は、かなり簡易化の進んだもので、真仮名らしい真仮名もなければ、草仮名らしい草仮名も殆んど用ゐられてゐない。ただし、十分に整理統一されてゐるとはいひがたく、同音を示すのに、母字を異にする二つ以上の仮名を用ゐるもの、同じ母字を利用しながら、省文の方法、程度の違ふもの、他に例の少い珍奇な字形を取るもの等がある。即ち、

ケは「計・介」、タは「多・太」、チは「千・知」、ネは「子・祢」、マは「万・末」、ミは「三・見」と、それぞれ二つの母字を用ゐ、また、キは「幾」、サは「左」、スは「須」、ナは「奈」（または「七」）、ラは「良」、ヰは「井」の、同じ母字に基づきながら、省文の方法・程度を異にする、二・三の字体を併用してゐる他、セ及び下段のチ・ナ・ネ・ヰ等のやうに、一般に余り用ゐられない字体も見える。セは「世」の初画を、チは「知」の扁「矢」の初め二画を、ナは「奈」の第三画（または「七」の第二画）を取り、ネは「祢」の扁「ネ」の終画を、ヰは「井」の第三画または第四画を省いたものであらう。セ・ナ・ネの三体は、大矢透博士の「仮名遣及仮名字体沿革史料」に見えず、チは、石山寺蔵菩薩戒経長和五年点に、ヰは孝文本紀延久五年点に見えるに過ぎない。中田祝夫博士の「古点本の国語学的研究　総論篇」別冊の仮名字体表には、セ・ヰの二体がなく、チは佛眼院蔵觀無量壽經古点に見えるに過ぎず、ナは東大寺蔵地藏十輪經元慶七年点、正倉院蔵辨中邊論天曆八年点、光明院蔵蘇悉地羯羅經寛弘五年点等に見え、ネは宝寿院旧蔵大日經隨行儀軌天曆二年点、石山寺旧蔵金剛頂瑜伽修習三摩地法天曆三年点に見えてゐる。なほ、ロは「呂」の上下いづれかの「口」を取つたもので、普通のロのやうに見えるが、筆法は全く異つて、むしろワに近い。これも珍しい字体である。

ただし、実際をいふと、上記の仮名は、皆一様に用ゐられてゐるのではない。

黒点仮名表

ン	ワ	ラ	ヤ	マ	ハ	ナ	タ	サ	カ	ア
レ	ロ	フ	ヤ	ア	ハ	小	タ	七 イ	カ	ア
コト	ヰ	リ	イ	ミ	ヒ	ニ	チ	シ	キ	イ
ヌ	井	リ		ミ 尼	ヒ	ニ	千	シ	毛 キ	尹
モノ	ウ	ル	ユ	ム	フ	ヌ	ツ	ス	ク	ウ
才		ル		ム	フ	ヌ	川	久 爪	ク	宀
トキ	ヱ	レ	エ	メ	ヘ	ネ	テ	セ	ケ	エ
ゟ		レ	エ	メ	ヘ	子	チ	セ	介	
モテ	ヲ	ロ	ヨ	モ	ホ	ノ	ト	ソ	コ	オ
人	ツ		ヨ	モ	保	ノ	ト	ソ	コ	お お オ

朱点仮名表

ン	ワ	ラ	ヤ	マ	ハ	ナ	タ	サ	カ	ア
丶	ロ	ラ フ	ヤ	示	ハ	セ 丶	タ タ ナ	セ セ	カ	ア
同	ヰ	リ	イ	ミ	ヒ	ニ	チ	シ	キ	イ
） ゝ	井 キ	リ		ミ ア	ヒ	ニ	千 千△ 人	シ	サ ヤ 丶	イ
ン	ウ	ル	ユ	ム	フ	ヌ	ツ	ス	ク	ウ
レ		ル	上	ム	フ	ヌ	川	ス 丨	ク ク	于
トキ	ヱ	レ	エ	メ	ヘ	ネ	テ	セ	ケ	エ
人	ロ	レ	エ	メ	ヘ	子 オ	テ	一	十 介	
	ヲ	ロ	ヨ	モ	ホ	ノ	ト	ソ	コ	オ
	ふ	ワ	ヨ	モ	保	ノ	ト	ソ	コ	オ

1 下段のタ・ミ・ヰ、及び△印のチは、三巻を通じて、それぞれ一回しか用ゐられてゐない。

膊カタに（二 11/26） 少ミシカクは（二 12/14） 屛カクレ居ヰて（一 1/16） 彰―著チョなる（二 3/21）

2 キの三体の内、上段の二体は、巻一の初め、三枚目までに用ゐられ、四枚目以降は、専ら下段の方を用ゐる。

皎アキラカに（一 2/6） 衣キヌ（一 2/12） 少（すくな）キコト（一 2/16） 巾帊チキリカウフリすること（一 3/13）

以上四例上段のキ

來（きたる）しトキ（一 4/5） 瓮ホトキ（一 4/23） 朧コナカキ（一 4/24） 彊キャウ（一 4/25） 嘗器ナメツキ（一 5/4） 剪キラムこと（一 5/9） 歆キム（一 5/10） 齋トキ（一 5/11） 過スキヌヘクハ（一 5/12） 振ツキ觸れ（一 5/17） 等以下下段のキ

3 ケの二体の内、上段のは、巻一の初め、三枚目の前半まで用ゐられ、それ以後は、下段のを用ゐる。

承（う）ケ（一 2/7） 嗤アサケリ（一 2/8） 容（ゐ）ケムヤ（一 3/5） 受（う）ケムイハ（一 3/6） 以上四例上段のケ

不レれ退シリソケラレ（一 3/8） 踞シリウタケ坐ヰル（一 3/22） 明（あきら）ケシ（一 4/10） 漱ススケ（一 5/4）

無(な)ケム（5/5）不レ受(う)ケ（一 5/6）助コトウケして（一 5/13）
等以下下段のケ

4　スは、三体の内、上段のは、巻一の初め、三枚目の前半まで用ゐられ、それ以後は、下段のを用ゐる。

投イタス（一 1/12）漱クチス丶イて（一 1/16）棲スマシムル（一 1/17）
破スレトモ（一 2/9）成(な)スコトヲ（一 2/13）受用スルコト（一 2/21）詳—審ツハヒラカニス（一 3/6）以上七例上段のス
容ユルスこと（一 3/12）欲—如之—何イカ丶セムトスルムトス（一 4/2）垂ナ、ムトス（一 4/7）踵クヒスを（一 4/8）目撃メクハスハカリニ（一 4/9）
棄アフスに（一 4/11）棄スツ（一 4/19）侵ヲカスマテに（一 5/9）
等以下下段のス

5　チの三体の内、上段の（△印を除く）は、巻一の初め、一枚目だけに限られ、二枚目以後は、専ら下のを用ゐる。

斷タチての＜三字淡＞（一 1/2）中(う)チ(に)（一 1/10）丹—墀チに（一 1/11）見イチシルく（一 1/20）以上四例上段のチ
躅チヨク（一 2/5）已—後ノチ（一 4/6）中(う)チに（一 4/23）
用(も)チヰ（一 6/1）輒スナハチ（一 6/4）小チヒサキ（一 6/23）
角スチカへに（一 7/4）等以下下段のチ

6　ナの二体の内、上段のは、巻一の初め、三枚目まで用ゐられ、下段のは、同巻の二枚目と、及び四枚目以後とに用ゐられる。

行オコナハル（一 1/4）符カナヘリ（一 1/18）爲ナす（一 1/21）履—屣ハイモノナカラ（一 3/17）慢アナツル（一 3/18）以上五例上段のナ
縣ハルカナリ（一 2/1）符カナフて（一 2/1）不レ合カナハ（一 4/2）
膧コナカキ（一 4/24）鐺カナへ（一 4/24）仍ナホ（同）頗スクナミ（一 4/25）嘗ナメミム（一 5/3）等以下下段のナ

7　ネの二体の内、上段のは、巻一の初め、二枚目まで用ゐられ、下段のは、四枚目以後用ゐられる。

大—歸オホムネ（一 1/4）希ネカハクは（一 2/3）尋(たつ)ネ（一 2/5）大—歸オヲムネ（一 2/25）以上四例上段のネ
幸ネカハクは（一 4/5 4/15）撚ヒネ(ず)て（一 5/25）終—朝ヒネモスニ（一 6/10）熟—絹ネリキヌ（一 8/5）根ネ（一 10/2）等以下下段のネ

即ち、一回限りのタ・チ・ミ・ヰは別として、他のキ・ケ・ス・チ・ナ・ネは、巻一の初め、二・三枚目までと、それ以後と、仮名字体が入れ代つてゐるのである。曾田文雄氏は、下段のスは、西墓点系の資料に多いから、南海寄歸傳にこの仮名字体が用ゐられてゐるのは、西墓点の影響によるものであり、ヲコト点が、宝幢院点と西墓点とを混用してゐる事実に対応するものであると説かれた（「国語国文」昭和三一年二月、「仮名字体の伝授」）。仮名はヲコト点に比べて実用性が高く、それだけ一般化しやすいため、ヲコト点のやうに、その特徴を維持することは困難であるが、スに限つていへば、曾田氏が指摘されたやうな傾向は存在するやうである。さうすると、その場合、加点者は宝幢院点系のスで加点し始めたが、何かの理由で、直ぐに中止し、西墓点系の直線形に改めたといふことになりさうである。もし、さうだとすれば、スと前後して交代した他の仮名、キ・ケ・チ・ナ・ネ等についても、同様な説明が与へられるはずであるが、どうであらうか。ともかく、仮名字体表のやうに、全体では、同音を表す異った仮名字体があるが、それらの多くは、前後交代して現はれ、共存することがないから、実際には、混乱の危険はない。下段のキ・ナも、形は全く同じであるが、それがキを示すのは巻一の三枚目までで、以後はすべてナを示すから、判読に迷ふことはない。

黒点は、巻一の八枚目の二行まで施され、朱点の仮名に比べ、やや大型の文字が、粗暴な筆致で書き付けられてゐる。朱点の訓と同じものもあれば、違ったものもあるが、朱点の上に書き付けたり、朱点の訓の不足を、その上下に補ったりすることがあるから、朱点より後の加筆であらうと思はれる。

朱点同様、真仮名らしい真仮名はないが、オ・ス・セ・ミ等に草仮名の名残りを留め、サ・ス・ミはそれぞれ二つの母字を取ってゐる。ニは極めて珍しい字体で、管見によれば、石山寺本妙法蓮華經玄賛古点、同辨中邊論延長八年点、同蘇悉地羯羅經略疏天暦五年点等、いはゆる淳祐点に初めて現はれる。橋本進吉博士の「仮名の字源に就いて」（橋本進吉著作集三、一五頁）を読むと、「尼」の異体字の「ヒ」に当る部分を取ったものと説かれ、中田祝夫博士の「古点本の国語学的研究　総論篇」別冊、「略体仮名総合字体表」には、「ニ」の項に入れてある。因に、石山寺蔵仁王經呪願文一巻は、淳祐筆と伝へられ、全部に黒点（ただし、ヲコト点はテ・ニ・ヲだけ）を持ち、吉沢義則博士の「点本書目に」も、延喜の欄に入れてあるが、ヲコト点も仮名も、いはゆる淳祐点とは異なってゐる。短いものなので、仮名はエ・オ・ソ・チ・ニ・ネ・ミ・ユ・ワ・ヱの十音を欠く三十七音しか見えないが、その限りでは、南海寄歸傳の黒点と一致してゐる。両者の間には、何か関係があるのかも知れない。なほ、黒点は、仮名の他、コト・モノ・トキ・モテを示す実字を持ち、一見したところ、朱点よりも却って古体の感じを与へる。

朱点について、なほ、表記上注意すべきものを挙げると、重点記号の内、）は、(A)訓の右側に書く場合と、(B)直接漢字の右側に書く場合とがある。次に挙げる例の括弧の中は、わたしの推定した読み方であるが、訳文では、(A)は片仮名の下に「く」を添へ、(B)は平仮名の右に「・」を打って示しておいた。

屡シハ）（シハシハ　四　1/3）　逾イヨ）（イヨイヨ　四　2/23）　捨て）（ステテ　二　14/9）　進む）（ススム　二　5/18）　立）（タテテ　二　4/17）　彌）（イヨイヨ　二　15/2）

また、長い語でわかりやすいものは、注意すべき部分だけを記し、他は音節の数だけ点を打つ、といふ方法を頻用してゐる。次に挙げる例は、括弧の中の数字と同じ番号の例文中に見えるもので、片仮名は、わたしの推定した読み方を示してゐる。

羅フ・・（フルヒ　三三）　傍｜邊カ・・・（カタハラ　三四）　改ア・・め（アラタメ　三五）　親・・アタリ（マノアタリ　三六）　承・・タマハレリ（ウケタマハレリ　三六）　漫ミタリ・・・く（ミタリカハシク　三七）　良｜久ヤ・・・・・（ヤヤヒサシク　三八）　預ア・・・・（アラカシメ　三九）

（三三）　凡(そ)水を初(め)て入レれむ羅に時、承ウケ取(そ)て觀｜察せよ。（一　8/10）

（三四）　傍｜邊には則(ち)別に開アニケよ圓なる孔アナ一を。（一　6/21）

（三五）　欲オ(も)下(ふ)なヲ説二き∧朱淡　キ∨己か先(さき)(の)愆トカ一を、改レ往ムカシを修上レせむと來ユクスヱを。（二　18/24）

（三六）　並に是(れ)親承。（四　3/18）

（三七）　僧｜尼漫マウ設ニク禮儀一を。（二　15/5）

（三八）　以レ(て)手を掩レ(ひ)(訓)て口を、良｜久視ミレヨ之を。（一　7/22〜23）

（三九）　施｜主預スヘ前むて禮拜して請レす僧を。（一　10/21）

このやうな例を、訳文では、私意をもつて推読し、右に・を付けて、普通の補読と区別しておいた。黒点には見られない。

三　加点事情

加点には、(1)自分で訓読して書き入れる場合と、(2)他人の訓読を聞いて書き入れる場合と、(3)他人が書き入れたものを借りて写す場合とがある。(1)(2)は狭義の加点、(3)は移点である。狭義の加点では、ヲコト点と

仮名は自分のものを用ゐるが、移点では、他人のものをそのまま写すのが原則である。従つて、狭義の加点では、たとひ筆使ひは粗暴でも、訓点は正確であるが、移点では、筆使ひは丁寧に見えても、ヲコト点の形や位置が曖昧だつたり、仮名字体にごまかしがあつたりする他、誤読に基づく写し違ひも加はつて、訓点は不正確になりやすいものである。

ところで、本点（南海寄歸傳に加へられた朱点をいふ。以下同じ。）は狭義の加点であらうか、それとも、移点なのであらうか。この問題を考へる上で、判断の資料となりさうなものを、次に列挙してみる。

一、全体の印象

丁寧な筆使ひで、綿密に加点されてゐる。他人の講義を聞きながら、急いで書き込んだといふ感じはない。

二、ヲコト点

1宝幢院点を基礎として、西墓点を混用してゐる。

2西墓点は、星点のテ・ヲ・ニ・ハ・モ・ノ・ミ・シ・トの九種に限られ、ミは、宝幢院点よりも多く用ゐられてゐる。

3西墓点は、巻一の四枚目に初めて現はれ、以後、全体に亘つて用ゐられるが、巻二が最も多い。

4西墓点は、単独で用ゐられる場合と、宝幢院点と重複して用ゐられる場合とがあるが、ミは常に単独で現はれる。

5宝幢院点と重複して用ゐられる西墓点は、一般に朱が淡く、擦り消されたやうである。

6宝幢院点は、形も位置も明瞭で、曖昧なものは、極めて少い。

三、仮名

1キ・ケ・ス・チ・ナ・ネ・ヰに二体があり、巻一の三〜四枚目を境界として、前後交代してゐる。

2スの直線形は、専ら西墓点系の資料に用ゐられる仮名である。

3ヰの一体は巻一に、ナ・チ・ミの一体は、巻二にそれぞれ一回しか用ゐられてゐない。

4ロが変つた字体で、ホとの区別がつきにくく、判読に迷ふものがある。

略オロソカニ（一 11/15） 闊ヒロサ（二 4/13） 闊ヒロク（二 8/26） 闊ヒロキ（二 8/4） 圓マロニ（二 12/18） 螻—蚓ロウイニ（二 3/15） 襷ヒホ（二 11/16） 或—可(ある)トコロハ（二 4/21） 脊ウシロ（二 12/10）

右のオロソカニ・ヒロサ・ヒロク・ヒロキ・マロニ・ロウインのロは、全くホの字体で、忠実に読めば、オホソカニ・ヒホサ・ヒホク・ヒホキ・マホニ・ホウインとなりさうだし、逆にヒホのホは、どう見てもロの字体で、むしろ、ヒロを読むべきかも知れない。（ある）トコロ・ウシロのロもホに似た怪しい字体である。

四、ヲコト点と仮名の運用

1宝幢院点で、同じ文字に異つた読み方を示すことがあり、この場合、一方を消すのが普通である。

左の邊にを〈淡〉（二 12/6） 直にしてに〈淡〉（二 12/8） 人をしてを〈淡〉（二 18/2）

2宝幢院点と仮名とが全く同じ読み方を示すことが多く、巻二に四十五例ばかりあるが、この場合、一般に仮名の方が消されてゐる。

凡そソ〈淡〉（二 1/21） 故きキ〈淡〉（二 9/19） 未れともレトモ〈三字淡〉（二 12/11） 見レらる糅カテラル〈下二字淡〉（一 2/24）

3宝幢院点で示した読み方の一部を、更に仮名で示すことがあり、この場合、仮名の消されるのが普通である。

人なるときにはナル〈淡〉（二 6/11） 懐けるをケル〈淡〉（二 5/6） 謬てなりリ〈淡〉（二 8/17）

4仮名で示した読み方の一部を、更にヲコト点で示すことがあり、この場合、仮名は、全部または一部消されるのが普通である。

可(け)むやケムヤ〈三字淡〉（二 14/22） 搭カケヨよ〈淡〉（二 11/20）

5宝幢院点と仮名と、補ひ合つて読み方を示してゐると思はれる場合、仮名の全部、または一部を消すことがある。

不レ簡エラ(訓)〈二字淡〉は（一 14/3） 任マカセ〈三字淡〉て（二 18/6） 量ハカラらひて〈三字淡〉（二 2/17） 告ツクルること〈三字淡〉（二 12/25） 闊ヒロサさの〈三字淡〉（二 11/6）

6仮名で音と訓を示し、訓を消した例がある。

小—枯セム（一 3/23）「小枯」を訓合の縦線で結び、右にツクヱの訓があり、共に消す。

7仮名で音または訓を示し、これを消した例がある。

義—翻(ホニ)<二字淡>（二 18/7） 作(ミ)|<朱淡 リ>得(ウ)<淡>（二 4/3）

肘(ヒチ)<二字淡>（二 10/26） 食(クラ)フニ<四字淡>（二 3/14）

8仮名で正しい訓を示しながら、これを消して、省記法に改めた例がある、

畜タクハフルことを（二 2/14） タクハフルのクハフルを消し、代りに点四個を打つ。

9明かに書き誤りと見るべき例がある。

褌衫クミム（二 9/15）ミムはサムの誤り

五、声点

1〇 ┛• 及びその変形を混用してゐる。

2〇とその変形は全体に用ゐられ、┛とその変形は、巻一の四枚目から現れる。

3 •とその変形は、巻二にだけ用ゐられてゐる。

上記の二十三項を通覧すると、本点の加点状態が甚だ複雑で、狭義の加点か移点かを識別することは、容易ならぬ難事であることが分る。しかし、どちらかといへば、狭義の加点と見る方が、説明がつきやすいやうだ。木下氏が想像されたやうに、加点者は、本来西墓点系の人であったが、今は、何かの理由で、宝幢院点を用ゐるやうになった。ただし、西墓点の記憶が根強く残ってゐて、星点のごときは、両者を混用しがちであった。殊に、ミは、位置が近い上に、西墓点の方が宝幢院点よりも簡単なので、むしろ、意識して代用する傾向があった。本点を加点する際にも、初めの内は、注意して宝幢院点を用ゐてゐたが、次第に注意力が薄れ、平素の癖が出て、西墓点を混用した。ただし、気がついたものは、消して宝幢院点に書き改めた。仮名も、宝幢院点と共に新しく学んだ字体を用ゐようとしたが、キ・ケ・ス・チ・ナ・ネ・ヰなどは、従来の仮書が書きやすいので、ついこの方を多く用ゐた。声点も、たぶん同じような理由で混用したのであらう。そして、加点は一回だけでなく、後で更に手を加へたが、この時に、他の学者の研究を参酌したのではあるまいか。といふ風に考へて見たがどうだらう。

四 漢字の音義の注

難解な文字に対し、漢字で音義の注を加へたものが多い。音は反切、または類似音を持つ漢字で示す。

衙我反（二 6/25） 罕呼□反、稀也、呼桿反（一 6/6天） 歆許今反（一 5/10地） 屨具遇反（一 3/12天） 靴花音（一 3/14） 裹火反（二 8/24） 蘖胡麦反、奚列反（二 13/5） 畎犬音（一 1/10） 虔見反（二 18/10） 黪七感反（二 15/6） 絁式支反（二 3/7） 櫛七反（二 9/20） 譲成音（一 1/5） 脊次若反（二 7/16） 襦受反、仁喩反（二 7/16） 皴且旬反、桑皮也（二 13/8天） 屑説反（一 11/13） 屑先結反、砕（一 6/1地） 尖子廉反（一 6/20天） 篅時見反（二 13/17） 柞倉古反（一 9/24天）

紹勅高反（二 7/14） 株陟輸反（二 14/23天） 著（箸）猪（一 2/14） 長同音也（一 3/1） 韤望發反、足□也（二 12/17地） 吻武紛（一 5/26地） 蛹余腫反（二 3/15） 牢魯刀反、養牛馬、□□堅（一 6/6天） 婪盧含反（二 4/21天） 富羅麻鞋也（一 3/17）

右の内、「蘗」は、

㈣ 出家の衣服は、皆可ミ(し)染(め)て作ニ(ナ)スヘ乾―陀一に。或(るいは)爲ニ(セ)ヨ地―黄黄―屑(セチ)一に。或(るいは)復(た)荆蘗(ケチ)黄等にセヨ。（二 13/4―5）

の「蘗」の注として、天に朱書され、キハタの訓が添へられてゐる。廣熙字典（以下単に字典と呼ぶ）を見ると、「博厄切」「黄木也」とあり、ハク・ヒヤクの音で、キハタと読む。キハタの訓は類聚名義抄にも見えてゐる。「蘗」は、字典に「魚烈反」「斫木餘」とあり、ゲツ・ゲチの音でヒコバエのことであるが、「蘗」の俗字としても用ゐる。「胡麦反」は前者を、「奚列反」は後者を示してゐるはずであるが、「胡麦反」は、カク・キヤクとなつて合はない。「柞」の音も不審である。

㈣ 近ニく山―荘一に者(は)、則(ち)柞(ソ)〈朱訂〉條葛(テウカチ)―蔓(マニ)を爲(す)レ先(さき)と。（一 9/24）

の「柞」の注として、天に朱書されてゐる。「柞」は字典に「在各切」「疾各切」「仕下切」とあり、新選字鏡にも「子落反」とあつて、サク・サの音。「柞條」にはソテウの仮名も加へられてゐて、ソと読んだことは疑ひないが、何に基づく音であらう。「長」の「同音也」は

㈣ 唯た烏長那國及(ひ)亀茲・于闐に、雜(マ)セテ有ニ(る)行する者一。（一 3/1）

の「長」の右に書き付けられたものであるが、「長」の左に〇印を付け、天に「萇」を記してゐるから、本文は「萇」に改めるが、音は「長」と同音だといふ意味らしい。

黒点にも、漢字で音義の注を加へたものが若干ある。

盂羽俱反、杯也（一 3/24） 濬深也（一 2/7） 歆神食□、飲酒也、饗飡也、祭也（一 5/10～11） 僉皆也（一 7/15） 罐寛反（一 7/23） 幸願也（一 4/15） 皇皇焉美皃也（一 1/11） 湊集也（一 7/14） 奠定也（一 5/8天） 賨徒遘也、以可引水（一 5/22） 隆盛也（一 3/16） 益亦也（一 4/22） 濾音慮、洗也（一 7/26）

五 音韻

一 漢字音

仮名で漢字音を示した例は多い。

Ⅰ 三内鼻音

1 唇音〔m〕はムで示す。

塩エム（一 12/26） 敢カム（二 8/4） 函カム（四 3/6） 歆キム（一 5/10） 衫サム（二 8/6 10/14 13/26） 衫ミム△（二 9/15） 蠶サム（二 3/15） 參シム（一 1/19） 枯セム（三 3/23） 苫セム（二 15/8） 尖セム（一 6/20） 耽タム（一 13/21 二 6/21） 緂タム（二 2/17） 鴆チム（四 1/15） 簟テム（二 11/4） 廉レム（一 1/5 13/21） 瀲レム（四 2/21 3/23）

2舌音〔n〕は、一般にニで、稀に、特殊記号∨、及び零表記等で示す

蚓イニ（二 3/15） 嗢ウニ（二 2/4 13/14） 澗カニ（四 2/6）
鑵クワニ（一 7/23） 盥クワニ（一 9/12 14/12） 誼クワニ（四 2/23）
褌クヰニ（二 7/15） 裙クニ（二 2/8） 郡クニ（二 9/13） 繭ケニ（二 3/25） 墾コニ（二 4/16） 褌コニ（二 7/15） 羯コニ（二 16/16 17/18） 脣スヰニ（一 5/26） 蟬セニ（二 9/19） 線セニ（二 11/15） 氈セニ（二 2/17 8/8） 箭セニ（二 13/17） 袒タニ（二 9/5） 但タニ（二 2/6） 般ハニ（一 12/12） 版ハニ（四 2/25） 篇ヒニ（二 18/26） 片ヘニ（一 14/1） 翻ホニ∧二字消∨（二 18/7） 蔓マニ（一 9/24） 麵メニ（一 6/7） 鱗リニ（一 12/25） 聯レニ（二 9/19） 錬レニ（二 14/26）┗ 蓮レヌ（一 10/5）┗ 跣せく（一 3/11）┗ 近キ（二 18/11） 褌ク（二 9/15） 憚タ（一 9/14）

3喉音〔ŋ〕は、ウで示すが、時に他音に誤ることがある。（△印は誤例のしるし）

杭カウ（一 13/13） 羹カウ（一 4/24） 耿カウ（二 4/25） 郷キヤウ（二 9/5 9/20） 彊キヤウ（一 4/25） 薑キヤウ（一 12/26） 喪サウ（一 2/12 13/12 二 15/5） 瘡サウ（二 2/10） 粧サウ（二 14/16） 匠シヤウ（四 3/18） 襄シヤウ（一 11/2） 盪タウ（二 7/6） 湯タウ（四 2/25） 嚢ナウ（一 12/7） 秉ヒヤウ（二 16/6） 棠タウ（二 13/7） 逢ホウ（二 8/13） 濛モウ（二 13/23） 様ヤウ（二 8/24） 傭ヨウ（二 4/23） △蛹ヨム（二 3/15） △控クく（二 10/3）

唇音をム、舌音をニまたは零表記、喉音をウで示すことは、初期以来最も普通に行はれた方法であり、特殊記号∠を用ゐることも、中期以来一般化して来た。本点も、これに従ひ、〔m〕〔n〕は正しく区別し、〔ŋ〕は稀に誤ることがあつたやうである。

「羯コニ」は

㊸　四十夜の中間に羯コニの磨して受(け)て八日等を去る。（二 17/18）
㊹　秉ト(ま)て白二羯コニ磨一を結するな(ま)也。（二 16/16）

とあるもので、

㊺　如ニし百一羯コ・磨の中に説一くか。（二 16/16）

の「コ・」も、「・」は省筆記号で、同じやうに読んだのであらう。「羯磨」は、梵語の karmra、巴利語 kamma の音訳で、普通カツマと読むが、コンマと読むこともある。「羯」は、漢字としては「月」の韻で、ケチ・コチが正しいが、今は、特殊な用法としてコンに充てたのであらう。「蓮レヌ」は、

㊻　如ニく玉の處レするか涅クリに、若(こと)ニ(し)水一居の蓮レヌ一の。（二 10/5）

とあり、〔n〕にヌを用ゐた極めて珍しい例。「蛹ヨム」は

㊼　蛹ヨム余腫反一蠶サムをしも一一何ナソ見ルレ、念オ(も)は。（二 3/15）

とあるもので、反切の「余腫反」は正しいが、ヨムは誤りである。三内

鼻音を通じて、漢字による反切がすべて正しく、仮名の音注に誤りがあるのは、字音の区別が字書的知識に留まって、口頭の発音がこれに伴はなかつたことを示すのであらう。また、「控クく」は

(四八) 含—生之類（中略）控クく制セラル生田一に。（二 10/3）

とあるものであるが、「控」は、漢音コウ、呉音クと読み、クウ・クンの音はない。旁りの「空」に引かれた百姓読みなのであらうか。また、コウならば、「送」の韻で、喉音であるべきを、舌音に誤つてゐる。なほ鼻音に関係はないが、「篇ヒニ」も疑問である。

(四九) 初篇ヒニ若(し)犯アラハ、（二 18/26）

とあるものであるが、「篇」は、上記の「蓮」と共に「先」の韻で、漢・呉両音ともヘンである。

黒点は、〔m〕をム、〔n〕を特殊記号∨、〔ŋ〕をウで示す。

嚴カム（一 4/3）歆キム（一 5/10）儼ケム（一 1/16）」眹ケく（一 1/11）盞サく（一 7/21）殘サく（一 4/13）唇シく吻フく（一 5/26）跣セく（一 3/11）尖セく（一 6/20）寸ソく（一 2/4）盆フく罐クワく寛反（一 7/23）」彊キヤウ（一 4/25）靈リヤウ（一 4/4）龍リヨウ（一 1/17）

「盆」は、「元」「願」の韻で、漢音ホン、呉音ボンである。フンと読むのは「分」に引かれた百姓読みであらう。

II 三内入声音

1 唇音〔p〕はフで示す。

邑イフ（二 8/1）濕シフ（二 8/3）褔テフ（二 10/12）納ノフ（二 4/5）

2 舌音〔t〕はチ・ツで示す。

謁エチ（四 2/8）葛カチ（一 9/24）褐カチ（二 13/8）厥クエチ（二 8/8）蘗ケチ（二 13/5）孑ケチ（四 2/7）屑セチ（二 13/4）窟クチ（四 3/3）」突トツ（二 8/8）髮ホツ（二 2/10）

3 喉音〔k〕はキ・クで示す。

脊セキ（二 7/16 7/25）跡セキ（四 3/15）」燠イク（一 3/15）革カク（一 7/11）脚カク（二 2/9）擢カク（二 1/16）策サク シヤク（二 7/8）席シヤク（二 2/7）俗シヨク（一 3/5）拭ソク（二 2/9）色ソク（二 13/9）礫チヤク（一 7/5 13/10）褥ニク（二 4/9）軸チク（二 7/20）幅フク（二 8/26）樂ラク（一 14/8）

唇音をフ、舌音をチ、喉音をキ・クで示すことは、初期以来普通に行はれたところであり、舌音をツで示すことも、中期以後一般化して来た。本点もこれに従つてゐる。

黒点は、入声の用例が乏しく、〔t〕をツで示したものしか求められない。

咽エツ（一 6/4）設セツ（一 5/5）

III 拗音

1開拗音はヤ・ヨを添へて示す。

迦キャ（二 13/16） 脚キャ（三 2/9） 郷キャウ（三 9/5 9/20） 彊キャウ（一 4/25） 薑キャウ（一 12/26） 灑シャ（三 18/25） 匠シヤウ（四 3/18） 襄シャウ（一 11/2） 策シャク（二 7/8） 席シャク（二 2/17） 磔チャク（一 7/5 13/10） 秉ヒャウ（二 16/6）」 渠キョ（一 5/22） 俗ショク（一 3/5） 著チョ（二 3/21 12/16） 貯チョ（二 16/25） 杼チョ（二 7/20 14/15） 躅チョク（一 2/5）

2合拗音はワ・ヱを添へて示す。

靴クワ（二 12/17） 訛クワ（一 1/19） 淮クワイ（一 12/23） 盥クワニ（一 9/12 14/12） 罐クワニ（一 7/23） 諠クワニ（四 2/23）」

3合拗音クワの代りに、漢字の「火」を借用することがある。

厥クヱチ（二 8/8） 槐火イ（一 9/24）

4開拗音を直音にいふことがある。

脚カク（二 2/9） 拭ソク（二 2/9） 色ソク（二 13/8）

5止摂合転の文字で、後世、ウ列音にヰを添へて表すものは、イで示す。

錐スイ（二 18/20）

拗音の表記は、開・合共に普通行はれてゐる通りあるが、中には、無理に合拗音化したと見られるものもある。

褌クヰニ（コニ）—袴コ（一 7/15） 脣スヰニ—吻（一 5/26） 黒点シン

「褌」は左のコンが普通であり、「脣」はシュンまたはシンとあるべきであらう。その他、漢字音で、問題となるものに、次のやうな例がある。

局ク取せむ（二 16/26） 洪コル流（一 14/23） 靈—祐ユ〈天朱訂〉法師（二 16/1）

「局」はキョク・コクで、クの音はなく、「洪」はコウ・クで、コの音はないが、コウを短音化したのかも知れない。「祐」はイウ・ウで、ユの音はないが、イウの拗長音化したユウが、更に短音化したのであらうか。それにしては、例が早過ぎるやうに思はれる。

黒点も、拗音の表記は朱点に同じで、かつ、開拗音を直音化していふことがある。

彊キャウ（一 4/25） 磔チャク（一 7/5） 靈リャウ（一 4/3） 據キョ（一 3/5） 憑ヒョウ（〃） 龍リョウ（一 1/17）」 罐クワン（一 7/23） 話火イ（一 6/9） 鶴火ク（一 7/12）」 繡サウ（一 7/14）

二 国語音

Iア・ハ・ヤ・ワ四行

1語頭のハ・ワを誤ることはない。

著ハクこと（一 3/12 3/14） 端ハシ（一 7/23） 刮ハタケて（一 10/8） 了ハテム（一 5/12） 縣ハルカナリ（一 2/1）」 腋ワキ（二 2/9 14/4） 渉ワタレリ（二 5/22 13/13） 煩ワツラハシク（一 15/14） 絢

ワヒホ（二 10/15 10/20 11/1） 挾ワキハサムて（二 4/25）

2語中・語尾のハ・ワは、ウルハシ∨ウルワシ以外、誤ることはない。

行オコナハル（一 1/4） 塼カハラ（一 7/22） 全モハラ（二 1/24） 露アラハニ（二 12/20） 桑クハの脉カハ（二 13/8） △綵ウルワシく（二 12/15）┗ 判コトワ(ゑ)て（四 3/18）

3語頭のイ・ヒ・ヰを誤ることはない。

投イタス（一 1/12） 傷イタみ（四 2/12） 五イトリ（一 12/2） 鄙イヤシ（一 4/22） 鳴イナヽくを（四 3/14）┗ 輝ヒカリ（二 9/22） 平ヒトシク（二 12/8） 一重ヒトヘ（二 11/5） 終朝ヒネモスニ（一 6/10） 疼ヒヽラクこと（一 10/9）┗ 葦ヰ（二 11/7） 居ヰて（二 9/9） 將ヰて（四 3/8）

4語中・語尾のイ・ヒ・ヰも概して正しいが、稀に語尾のヰをヒに誤ることがある。

受(う)ケムイハ（一 3/6） 趣オモフイて（二 15/14） 先サイタ(ち)て（四 1/11） 竪タヽサマ（一 6/22） 排ヒライて（一 4/4）┗ 強シヒて（二 3/7） 屬タクヒ（二 13/9） 具ツハヒラカに（二 8/17） 遂ツヒニ（二 5/4） 盈モタヒ（一 5/17）┗ 叢アツマリ 坐ヰて（一 5/17） 用モチヰて（一 9/3） 基モトヰ（二 16/9） △見用(もち)ひ(ら)れむ（二 12/25） △被用(もち)ひ(ら)れ訖ナハ（一 10/26）

5語頭・語中・語尾共にウ・フを誤ることはない。

後ウシロ（二 11/1） 薄ウスラカに（二 11/6） 搭ウチカクる（二 11/13） 倦ウマム（二 6/26） 漆ウルシ（二 11/6）┗ 著スウルに（一 13/18） 巾_帊チキリカウフリする（一 3/13） 縱横トサマカウサマに（二 4/3） 設マウク（二 15/5） 不啓_白マウサ(す)（一 15/3）┗ 濬フカク(く)（一 2/7） 袋フクロ（一 7/3） 防フサカム（二 17/4） 兩フタリ（二 5/18） 麁フトさ（一 6/21）┗ 危アヤフキ（二 7/3） 計カソフれは（四 2/24） 踝ツフヽシ（二 12/21） 壞ヤフリ（二 4/23） 笑ワラフこと（一 4/12）

6ア・ヤ両行のエの区別がなく、ツクエ∨ツクヱの例を除けば、エ・ヱ・へは、語頭・語中・語尾共に誤ることはない。

得エ（四 2/16） 銓エラムて（四 3/4）┗ 柄エ（二 11/6） 枝エタ（一 8/7） 條シツエタ（一 9/23） 冷ヒエたる（四 2/9） 見みエは（一 7/24） △枯ツクエ（二 12/19）┗ 經ヘヌ（一 4/8） 箪ヘラ（一 9/18）┗ 以爲オモヘラク（二 16/3） 反カヘサマに（二 10/21） 能タヘタル（一 13/26 二 15/18） 訓ヲシヘ（一 15/12）┗ 彫エ(ゑ)テ（一 12/6）┗ 末スヱ（一 11/17） 坐スヱて（一 12/7） 來ユクスヱ（二 18/24）

7語頭のオ・ホ・ヲは概して正しいが、時にヲをオに誤ることがある。

施オク（二 10/20） 大_分オホカタ（四 1/5） 大_歸オホムネ（一 1/4） 面オモ（一 9/19） 謂オモフ（一 15/18）┗ 任ホシマヽに（一

9/26） 瓫ホトキ（一 4/23） 細ホソキ（一 10/13） 側ホノカニ（四 3/19） 墾ホルに（二 4/24）」 罷ヲハル（一 5/22） 居ヲラム（一 6/3） 訖ヲフ（四 1/3） △斂オサムル（一 4/14） △収オサム（一 11/2） △収オサムルこと（二 17/5）

その他、注意すべきものに、次のやうな例がある。

焔ヲノヲ ヲノカニ（一 2/3） 粗ヲヽ（一 2/1）

黒点を見ると、前者はホノホハ、後者はホヽと読み、朱点も、別な場所では正しく読んでゐる。

側ホノカニ（四 3/18） 粗ホヽ〈へ地朱訂〉（二 1/20）

従つて、当時の発音は、やはり〔Fonowo〕〔Fonokani〕〔Fobo〕が普通だつたと思はれるが、語中・語尾のホをすべてヲと発音するやうになつたため、語頭のホも、時にはヲといふことがあつたのであらうか。それとも、ホとヲの仮名字体の近似性による誤読・誤写と見るべきであらうか。

8語中・語尾のホも概して正しいが、時にヲに誤ることがある。

掩オホフ（二 12/7） 大分オホカタ（四 1/5） 霑ウルホス（一 14/8） 塩シホ（一 13/1） 仍ナホ（一 4/24） △掩オヲフ（二 2/10） △蓋オヲフ（二 13/18） △焔ヲノヲ（一 2/3） △粗ヲヽ（一 2/1）

以上を通覧すると、ア・ハ・ヤ・ワ四行の誤用の内、オ段が最も多くて七例、次にイ段が二例、ア段・エ段が一例づつ、ウ段はすべて正しく書き分けられてゐるといふことになる。ただし、ア段の唯一の誤例―ウルハシ＞ウルワシは、訓点資料では、初期以来、むしろウルワシの方が普通だつたから、本点の加点者もそれに従つたのであつて、これをもつて、ハ・ワ混同の例証とすることはできないであらう。また、エ段の唯一の誤例―ツクエ＞ツクヱも和名類聚抄に

唐韻云、机〈音與レ几同、和名都久恵〉案屬也。

とあるくらゐだから、中期以後は、ツクヱの方が一般的だつた可能性もあり、この一例だけで、加点者がエ・ヱを区別しなかつたとみるのは無理であらう。

黒点は、ア・ハ・ヤ・ワ四行の仮名遣はすべて正しく、一つも誤つてゐない。ただし、上記朱点の誤例には、ホノホ・ホヽ・モチヰ以外黒点の付訓を欠いてゐるので、黒点が朱点よりも実際どれだけ正確であつたか、速断しがたい。

Ⅱ音便

1四段活用動詞連用形語尾キ・ギ・シが、助詞テに続く場合、キ・ギは殆んどすべてイとなり、シは稀にイとなる。また、他の名詞・動詞に続いて複合語を作つたり、過去の助動詞キの連体形シに接する場合にも、イとなることがある。

裂サイて（二 7/18） 解トイて（二 11/22） 排ヒライて（一 4/4） 漱クチスヽイて（一 1/16） 灑ソヽイて（一 14/6） 踵ツイて（二 9/5） 燃トモイて（二 18/9）」 先サイタ(ち)て（四 1/11） 履屣ハイモノナカラ（一 3/17）「灑ソヽイシか（四 2/10）

2 ハ行四段活用動詞連用形語尾ヒが、助詞テに続く時、フとなることがある。

道イフて（一 15/13） 符カナフて（一 2/1） 遂オフて（四 2/25）

冀ネカフて（一 10/15） 繞マツフて（二 8/5）

3 副詞カクが、体言に続いて複合語を作る時、カウとなることがある。

縱横トサマカウサマ（二 4/3）

4 四段活用動詞連用形語尾チ・ヒ・リが、助詞テに続く時、一般にチ・リは省略され、ヒも前記のフとなるか、または省略される。

穿ウカて（二 10/14 10/16） 分ワカて（二 18/16） 析ワカて（二 2/19）」翻カヘて（二 3/5） 判コトワて（四 3/17） 爲ツクて（一 12/7） 捉トて（一 12/7） 爲ヨテなそ（一 10/9） 彫エテ（一 12/6）」洗（あ）らて（一 6/26） 謂いて（二 4/9） 欲オモて（二 3/8） 拭ノコて（一 12/8）

5 四段活用動詞連用形語尾リが、過去の助動詞キの連体形シに続く時、省略されることがある。

遷ウツシこと（四 2/25） 契チキシこと（二 14/22）

6 四段活用動詞連用形語尾キ・リが、他の動詞・助詞に接して複合語を作る時、省略されることがある。

携ヒサケて（二 4/25） 剩アマサヘ（二 9/6） 欲ホスレは（二 7/19）

7 四段活用動詞連用形語尾ビ・ミが、助詞テ・補助動詞給フ等に続く時、しばしばムとなる。

結（むす）むて（二 10/15）」經―理イトナムテ（二 4/23） 挿サシハサムて（二 7/11） 前スヽむて（一 10/21） 畳タヽムて（二 10/12） 咽ノムて（一 14/1）」愍カナシムたまふ（一 15/10）

8 四段活用動詞連用形語尾ミが、他の動詞に接して複合語を作る時、ムとなることがある。

安ヤスムし（二 8/20）

9 四段活用動詞連用形語尾リが、助詞ノ、完了の助詞動ヌ等に続く時、しばしば省略され、また、ニとなることがある。

餘アマノ食（一 5/17） 賦ノコノ営アフラ（一 15/6）」謝サナは（二 9/16） 爲ナヌ（一 11/24） 垂ナヽムトス（一 4/7） 將ナヽムトするに（一 11/12）」觀―知シニナハ（二 15/15）

10 四段活用動詞連用形語尾ヒ・リが、他の名詞・動詞に接して複合語を作る時、省略されることがある。

良以オモミレハ（一 4/12） 以オモミれは（一 5/16）」憑據ヨトコロ（一 3/6）

11 副詞ナニが、他の助詞・名詞・動詞等に続く時、ニは一般に省略される。

何ナノ意（一 12/23） 何ナの因（二 3/16） 何ナソ（一 9/6 二 15/14） 何―事ナ（こと）（二 3/7） 何爲ナスレソ（一 13/22）

以上の内、(1)はイ音便、(3)はウ音便、(2)はウ音便または促音便、(4)(5)(6)

は促音便、(7)(8)(9)(10)(11)は撥音便であらう。撥音便の内、(7)(8)は〔m〕を、(9)(11)は〔n〕を表してゐる。〔m〕音便にはムを、〔n〕音便には零表記を用ゐるといふ撥音表記の通則は、本点でもなほ守られてゐるわけである。ただし、(10)では、ヒの転じたものは〔m〕、リの転じたものは〔n〕のはずであるが、これを等しく零表記で表すことは、撥音〔m〕〔n〕の混同を示すものであらうか。それとも、オモヒミルは、平安初期の加点と推定される智恩院蔵玄奘法師表啓古点に

○竊に以(オモ)ミみれは、神―力無―方なず。（3/22）

と、すでにオモミルとなつてゐるから、特殊な例として取り扱ふべきであらうか。本点よりやや後の移点と見られる興福寺蔵三藏法師傳古点には

○意(オモ)欲(ミ)レハ、法師脱(ヌ)ニキ須菩提之染服ヲ、（六 9/18）

と、オモミルの他

○以(オモムミ)ニレハ其ノ明懿(イ)ヲ、足レレリ繼ニ（く）ニ世親ノ昆季之風ヲ。（二 15/15）

と、オモムミルの形があり、撥音〔m〕にいつてゐたことはま違ひないやうである。また

(五〇) 苾芻・亡者を觀(シ)ニ知ニナハ決（め）て死（に）たぞと、當―日に轝(アムタ)を向ニゐて燒―處に、在ニ（ず）て一邊に坐す。（二 15/15）

のアムタが、和名類聚抄に

漢書注云、箯輿上音鞭、和名阿美以太編ニ竹木ー爲レ輿也。

とあるアミイタの変化したもの（アミイタ＞アミタ＞アムタ）であれば、

ムは撥音〔m〕を表してゐると見るべきであらう。その上のシニナハを、前稿でミニナハと読み、ミ・ナ（完了の助動詞）・ハの間に、撥音〔n〕の添加したものと見たのは、わたしの誤読であつた。正しくはシニナハと読み、シル（知）の連用形語尾リが、撥音化して〔n〕となつたものと解すべきである。

黒点には、朱点の(1)に当るイ音便

戴イタヽイテ（一 1/14） 在オイテス（一 6/21） 漱スヽイテ（一 1/16）┗履屣ハイモノナカラ（一 3/16）

四段活用動詞連用形語尾ヒが、完了の助動詞ツに続く時、フに転するウ音便、または促音便

飡クラフツレバ（一 4/18）

四段活用動詞連用形語尾リが、完了の助動詞ヌに続く時、＜（撥音記号）に転する撥音便〔n〕

垂ナくナムトス（一 4/7）

(10)に相当する撥音便〔m〕

良ニ以オモミルニ（一 4/12） 良(マコト)ニ以(オモ)ミルニ（一 5/16）

(4)に相当する促音便

洗（あら）フテ（一 6/2）┗爲ヨテナリ（6/7） 了（を）ハテ（一 6/9）

等がある。

Ⅲ その他

1 〔b〕〔m〕相通

襻ヒホ（一　7/5　二　11/16）　帕ヒホ（一　8/7）　絢ヒホ（二　10/14　10/15）　紐ヒホ（二　11/1　10/20）　絢ワヒホ（二　11/1　10/15　10/20）

観智院本類聚名義抄（以下単に類聚名義抄といふ）には、ヒモ・ヒホ両形を載せてゐるが、本点はすべてヒホといひ、ヒモとはいはない。

2母音の長呼

乳チィ（二　13/21）　看ミイて（一　15/7）　不窺看ウカヽヒミイ(す)（一　15/17）　宿ヨォ（一　8/15）

単音節語の母音を長呼することは、初期からすでに例がある。チ・ミ・ヨを長呼して、チー・ミー・ヨーといつたのである。もつとも、最後の例は

(五一)　凡そ是の經(ゑ)レたる宿(ヨ)ォ之水を、旦(アシタ)に不レる看(み)二者三は有レ(ず)や蟲無レ(し)やと蟲、（一　8/15）

とあるもので、ヨオはヨヲの誤りなのかも知れない。もし、さうだとすれば、オ・ヲの混同が格助詞ヲに及んだ早い例として注目すべきものとなる。

3母音同化

親マナアタリ（二　1/23）　親マナ(あた)リ（二　13/16）　面マナアタリ（一　5/20）」親マノアタリ（二　12/22）　親アノアタリ（一　4/9　10/12）

除ノソコル（一　10/3）

マノアタリ・マナアタリ両形を用ゐてゐるが、マノアタリが原形で、マとアに挟まれたノが同化してアとなり、マナアタリができたのであらう。ノソコルは他動詞ノソクの未然形に、受身の助動詞ルの接続したノソカルが原形で、ノソの影響でカがコとなり、ノソコルとなつたのであらう。興福寺蔵三藏法師傳古点には、ノソコルの他、ノソカテの形を残してゐる。

〇因て漸く瘳(イ)ェ除(ノソ)カテ、得レタリ存(スルコト)二首領(シウレイ)一ヲ。（九　19/9）

ノソカテは黒点であるが、その右に朱でコリテを補つてゐる。ノソカリの他、ノソコリとも読めるといふのであらう。（築島裕博士の訳文ではヨリテと読んである。粗暴な字で書かれてゐて、ヨリテとも読めさうであるが、加点者はコリテのつもりで書いたのではあるまいか。）

4ハ行転呼

癊ツハキ（一　10/4）　唾タ（一　6/5）「唾」の左、黒点ツワキ

朱点はツハキ、黒点はツワキといつてゐる。ハ行転呼で〔tuFaki〕が〔tuwaki〕となつたのであらう。類聚名義抄を見ても、多くの例がすべてツハキで、アクセント記号はあつても、ハに濁点がないのは、今日のやうにツバ・ツバキではなく、本例同様のツワキといつたことを示すものではないか。

5アクセント

仮名の左上・下に星点を施し、語のアクセントを示すものがある。星点が極めて小さいので、うつかりすると見過すが、わたしの気付いたものは、次の十六例である。参考のため、類聚名義抄に見えるものは、括弧内に示しておく（〔　〕は高山寺本）。かなり一致してゐるやうである。

朧コナカキ（一　4/24）（糝コナカキ　餗・鬻コナカキ）
頗スクナミ（一　4/25）（少スクナシ　尠スクナシ）
換却カヘサク（一　8/11）（換カフ）〔易カフ〕
下スウ（一　12/26）（妥スヱテ）〔妥スヱテ〕
驗ウツラ（二　3/25）〔覺ウツ、〕
科ツミナフ（二　4/14）（誅ツミナフ）
經理イトナムテ（二　4/23）（經營トイトナム）〔佝イトナム〕
行ツラ（二　6/25）（列ツラ）
踵ツイテ（二　9/5）（踵ツク）
帽ホウ（二　11/7）（烏帽ホウ）
方ケタニ（二　12/18）（方ケタニ）
片カタサキ（二　13/6）
隨分ナフサナフサに（二　14/20）（隨分ナフサ、、、）
挂ツキ（二　15/7）（挂ツク）〔衝ツク〕
棚車ヤカタクルマ（二　18/10）（車蓋ヤカタ）

六　特殊な漢字の用法

一　若・設・頗・如

いづれも仮設の副詞として用ゐる。「若」は　付訓例はないが、モシ

と読んだのであらう。モシを持つ従属文の述語は、用言（助動詞を含む。以下同じ。）未然形＋バの他、用言連用形＋テ・テハ、用言連体形＋トキニハ・ハ・ヲハ、用言已然形＋バ、体言、体言＋ハ等、種々な形を取り、これに応ずる主文の述語も、常に推量の助動詞を伴ふとは限らず、単に用言の終止形や命令形で結ぶこともある。

(五二)　若(し)欲(オモ)ニハは帯紐一せむと、即(ち)須ミし（中略）(訓)廻ラシテ向ニふ肩の後(ウシロ)一に。（二　10/26）

(五三)　若(し)不(サ)レラましかは移ニ(さ)〈朱淡サラ〉歩を西方一に、何そ〈朱淡ソ〉能く鑒(カ、)ニ斯(ミマシ)の正則一を。（二　6/18）

(五四)　若(し)不(す)レは行(せ)、導—者寧(ろ)過(トカ)アラムヤ。（二　10/2）

(五五)　若(し)無レくは蟲(ムシ)者、通—夜(ヨモスカラ)隨(ひ)て用(ゐ)よ。（一　8/2）

(五六)　若(し)得ニては神州の法服一を、縫(ぬひ)—合(は)(せ)て乃(ち)披(キ)ル。（二　2/1）

(五七)　若(し)（中略）近ニつかむときには尊師一に、除(のぞ)レ(き)ては病を則(ち)徒跣(セン)する、是れ儀なず。（一　3/11）

(五八)　若(し)為(ヨ)ニ(ず)て衆—家一に經求め取レるは利を、是(れ)律の所レなず聴(ゆる)す。（二　5/1）

(五九)　若(し)縁ニ(ず)て獨(オノ)カ意一に處—斷せるをは、隨レ(ひ)て情に損益す。（二　5/15）

(六〇)　若(し)不ニレは煖(アタ、)カに服(キ)一、交(ニハ)カに見ニる羸—亡一せ。（二　9/12）

また、選択接続の副詞として用ゐる。付訓例はないが、モシハと読んだのであらう。

(六一) 幅の寛さ二―肘、若(しは)其(の)半ナルか故に、(二 13/1)

また、「如」に同じく、比況の助動詞としてゴトシと読む。

(六二) 殘―器若しし山の。(一 11/1)

(六三) 向若ク棄(つ)るは之を、便(ち)同(し)く淨法なる。(一 11/2)

また、「爲」と複合してイカニシテと読む。

(六四) 雪―嶺寒―郷は、欲ルル遣メムト若爲シテカ存濟し身をして安ムし業をして進マ。(二 8/20)

「設」は、字典に「仮借之辭」とあり、仮設の副詞として普通に用ゐられる。

(六五) 設シ有らは餘―衣、長へて搭ケよ〈朱淡ヨ〉肩の上に。(二 11/19)

「頗」は、字典に「疑辭」とあり、転じて仮設を表す。

(六六) 頗シ有レハ著て至ること西方に、人皆共に笑ふ。(二 7/17)

また、形容詞にして、スコシ・スクナシ・カタシと読む。

(六七) 並汾之地、唱ふるは時至(る)ヌと者、頗シ有(る)故―實。(一 13/9)

(六八) 萬人之内に頗シ一リモ存し心に。(二 12/26)

(六九) 持―律の者、頗ミ識(る)こと分―彊(を)、流―漫の者雷―同す一概に。(一 4/25)「頗」の左、黒点スクナミ

「如」は、字典に「若也」とあり、仮設の副詞として用ゐる。

(七〇) 如し其(れ)不レハ尓(しか)せ、蟲隨(ひ)て水に落ル。(一 8/9)

(七一) 如シ欲スレは直言せむと、復(た)恐(る)ラ(く)は聞く者の見レムことを怨ミラレム〈朱淡ラレム〉。(二 7/19)

(七二) 如し拔ルときには五條を、反(し)て搭クる肩の上(う)に、即(ち)其の儀なる也。(二 14/11)

また、動詞にしてシク、助動詞にしてゴトシと読み、「何」と熟語してイカガと読む。

(七三) 若(し)無くは盈長なること〈左ミチマサルコト〉、不如か、不ラムニハトいふ設ケ。(一 13/24)

(七四) 進―退兩―途〈右朱訂〉、如何折中ニセム。(二 14/21)

二 設・假・假令・縦・縦使・縦令

共に仮設の副詞として用ゐられ、タトヒと読む。この語を持つ従属文の述語は、用言の終止形にトモを伴ふのが普通であるが、未然形＋バ、已然形＋バ・ドモのこともある。もつとも、バを伴ふものは、順態でモシの意味を表してゐる。

(七五) 假ひ欲すとも存―救せむと、罕〈地朱訂〉なる識ルこと其の儀を。(一 9/4)

(七六) 縦使ヒ(ひ)命は淪ムトモ夕の景に、希ハクは成(さ)む一贊之功を。(一 2/2)「縦使」の右、黒点タトヒ、「淪」の左、黒点シツミヌレトモ

(七七) 假令ひ〈朱淡ヒ〉身入(る)とも村―坊に、持―衣せれは元よる不護ら女を。(二 17/5)

(七八) 縦令ひ失ゐとも夏を、不れ退ソケラレ下の行に。(一 3/7)「縦

令」の右、黒点タトヒ、「失」の右、黒点ヘリトモ

黒点ノフレトモ

(七九) 設ひ令レ(む)れとも到(いた)レら水に、蟲(の)死ヌる何ソ疑はむ。(一 9/5)

(八〇) 縦ひ陳二すれは饗祭一を、神一祇不レ受ケ。(一 5/5)「陳」の右、

(八一) 梵僧縦ひ〈朱淡ヒ〉至れは、皆亦雷一同す。(二 11/11)

三 豈・寧

共に反語を表す。「豈」は、付訓例はないが、アニと読んだのであらう。文末は、――ムヤで結ぶのが普通であるが、モノカで結ぶこともある。

(八二) 豈(に)念二ふを身の安一(らか)ナラムことを將て爲(せ)レむや稱(カナ)レフに理に。(二 14/26)

(八三) 豈(に)可二ケム泣(ナ)レクこと血に三一年して、將て爲レむ償(ムク)レ〈天朱訂〉ユルこと德に、不レ(る)こと浚せ七日にして、始(め)て符(か)(ナ)レフヘ酬(ムク)レユルに恩〈地朱訂〉を者(もの)か乎。(二 15/11)

「寧」も、付訓例がなく、何と読んだかわからない。古くは、選択の場合も、反語の場合も、等しくムシロと読んだが、後になると、後者にはイカニゾを充てるやうになつた。石山寺蔵成唯識論寛仁点には、反語にはすべてイカムゾを用ゐてゐる。

○故(に)見レ(る)と一と者(イ)ハ、既(に)有二(ず)三相一。寧(イカ)ムそ見レ(む)爲(ナ)レ(る)と一と。(五 5/20)

○表既(に)實に无なず。无表い寧(イカ)ムそ實ナラむ。(一 11/1)

大東急紀念文庫蔵成唯識論古点は、安和元年の点を、永久四年に移点したものであるが、白・朱両点あり、ムシロとイカニゾとを併用してゐる。

○因の義既に无(く)なずぬ。果の義寧ろ〈白点同〉有らむ〈白点同〉。无レ(く)因も无レ(く)なずぬ果も。豈(に)離二(れ)むや斷常一を。

○生と滅と相違せず。寧そ〈白点同〉同(し)ク現在なる。

興福寺蔵大慈恩寺三藏法師傳古点は、古訓を守つてムシロを用ゐてをり、イカニゾと読んだ確実な例は見られない。

○雖二(も)昔之履(リ)帝(イタ)呈レし祥を、捫(モン)天〈朱天ヲ捫(す)ヅ〉表レすと異を、寧ロ足下(ら)ムヤ以テ方(ナラ)ニヒ斯ノ感貺一ニ、近(ヒト)中シキニ此ノ英猷上ニ。(九 10/15)

○豈(に)直(タ)、秋の之爲(た)レること氣、良(まこ)(こ)トニ增レ(す)ノミナラムヤ歎ヲ矣。寧ロ惟レ孔(コウ)父之情(カ)(こ)ロナラムヤ〈朱〉。(九 16/1)

本点の場合も、これに倣つてムシロと読むことにした。

(八四) 直(タ)に指二して空一門一を將て爲(せ)二ハ佛意一と、寧(ろ)知ミラムヤ諸の戒非二(す)と佛意一に焉。(一 15/16)

(八五) 剩(ち)〈即也〉謂二(ひ)て法衣を非ヒ(す)と絹に、遂に即(ち)〈訓〉覓レ(むる)こと布を慇一懃なず。寧(ろ)委(カナ)二ハムヤ本一文一に。(二 4/9)

四 曾・嘗

「曾」は、ムカシ・カツテの両訓を持つが、カツテは「不・無」等の否定詞と共に用ゐられるものに限る。

(八六) 曾(し)よず未レ聞レ(か)遺(シ)レメたることを行(オコ)レナハ燒レ(く)こと指(ゆ)(ひ)。(四 3/24)

(八七) 十重五重して、禪―誦に曾（カツ）て不レ致レさ心を。（二 14/16）

(八八) 此（の）契―心を曾（かつ）て无レ（か）ずき有レ（る）こと廢（ヤ）ムことを。（四 2/25）

なほ、(六)(一〇三)の「曾」参照。

「嘗」は、シバラクと読んだ例がある。ココロミニの意味から出たものであらう。

(八九) 嘗（シハラ）ク試（コヽロ）ミに論レして之を曰はく、（一 15/9）

類聚名義抄・色葉字類抄共に「嘗」にシハラクの訓がある。ただし、「嘗試」は、熟語にしてココロミニと読んでよいところで、類聚名義抄は、二字をコヽロミニと読んでゐる。

五　但・唯・只・直・獨

「但・唯」は、限定の副詞としてタダと読む。「只」も、付訓例はないが、同様に読んだのであらう。下に「而已」を持つ場合の他は、ノミを添へないことが多い。

(九〇) 若（し）但（タ）、三人アラ者（は）、應下（し）一（ず）の苾芻告二（け）て餘の苾芻一に言（い）上ふ。（二 16/9）

(九一) 但（た）護二（ず）て婬―戒一條一をのみ、即（ち）云ふ。（一 15/13）

(九二) 身亡（せ）て之後に、縁―身の資―具、但、有二（ず）（中略）隨―宜の臥―具一のみ而已。（訓）（四 2/13）

(九三) 器（うつはもの）は乃（ち）唯（タ）、（訓）銅一―色なり。（一 10/23）

(九四) 獨（ず）唯、東夏のみ開（ヒラ）い（て）而不レ縫（ヌ）ハ。（二 1/23）

(九五) 貧―賤之流（ともがら）（訓）は〈朱淡ラ〉、只（た）有二（ず）一布一。（二 7/23）

また、「但」は、接続詞として用ゐる。付訓例はないが、タダシと読んだのであらう。

(九六) 又見レば、寺の内に不レ立二（て）（訓）綱―維一を。但（たし）有二（る）ときには事來一（昔）ること、合（コソ）（ず）て衆量―許す。（二 5/14）

「直」は、タダ・タダニと読む。タダニは、マツスグニ・ヂカニの意味に用ゐる。

(九七) 直（タ）、是（れ）闊（ヒロ）キ布兩―尋をもて、（訓）繞（マツ）レフて腰を下（タ）レしたず袜（マヘタレを）〈天朱訂〉。（二 8/4）

(九八) 若（し）是（れ）生（ナマ）シキ絹は、小（ヒ（ひさ））き蟲直（タ）、に過す。（一 8/5）

また、形容詞にしてナホシと読む。

(九九) 其の放―生の器（うつはもの）、作（つく）二（ず）て小（さ）き水―罐一を、令二（め）よ口をして直（ナホ）ク開（ア）一ケ。（一 8/22）

「獨」は、ヒトリと読む。限定の副詞として、「唯・但」に通じて用ゐられる場合と、「一人」の意味を表はす場合とがある。前者の場合には、下にノミを伴ふ。

(一〇〇) 此（れ）乃（ち）天の儀な（ず）。非二（す）獨（ず）人―事一のみに。（一 4/21）

(一〇一) 獨（ず）坐（ヰ）二て靜林之野一に、懼（ヨロコ）下フ與二鳥―鹿一と爲（タ）上レラムことを儔（トモ）。（二 4/26）

また、「唯」と複合して用ゐられることがある。(九四)参照。また、反射指示代名詞としてオノカと読むこともある。(五九)参照。

六　已・既・訖

「已」は、動詞の上にある場合はスデニ、動詞の下にある場合は、動詞にしてヲハルと読む他、完了の助動詞を充てることもある。

(一〇二) 其の牀の法—式(は)、如二し第三の章に已(に)言一(ひ)つるが。(一 10/25)

(一〇三) 器已に成レれるを觸に、(訓) (一 4/22)

(一〇四) 食し已は(り)て洗レへ足を。(一 4/10)

(一〇五) 僧若(し)結し已レは、離するに便(ち)无レ(し)失(と)か。(二 17/2)

また、「後」と複合して、ノチ、「來・去」と複合してコノカタと読む。

(一〇六) 自レ(り)茲(れ)已後、跏坐して而食す。(一 4/6)

(一〇七) 未下る將二て淨—水一を重(ね)て漱上カ已來ハ、涎—唾必(す)須二(し)外に棄一ツ。(一 6/5)

(一〇八) 過二キ七日一を齊二(り)てよ(り)八日一に已去、乃至四十夜の中間に、(二 17/17)

「既」は、単独でスデニ、「而」と複合してスデニシテと読む。

(一〇九) 僧—徒既に至(り)て、解二開ク衣の紐一を。(訓) (一 11/9)

(一一〇) 既(に)飡二(ひ)つれは一—口一を、即(ち)皆成レる觸に。(一 4/18)「飡」の右、黒点クラフツレハ

(一一一) 嚴—寒既(に)謝(り)ナは、即(ち)是(れ)不レ合(から)攪レル身に。(二 9/16)

(一一二) 既而にして病起(る)こと無レし恒。(訓)(訓)(訓) (二 2/22)

「訖」は、独立の動詞として用ゐられるものはヲハル・ヲフ、他の動詞の下にあって補助的に用ゐられるものは、ヲハル・ヲハリヌ、または、完了の助動詞ヌに読む。

(一一三) 繞レラスこと身を既(に)訖ハ(り)て、擡ケて使レ(む)過(す)レサ齊を。(二 12/5)

(一一四) 轉二(し)て一切經一を屢訖二フ終—始一を。(四 1/3)

(一一五) 嘗メ訖(り)ナハ、洗レひ手を漱レケ口を。(一 5/4)

(一一六) 既(に)被レれ用ひ訖ハ、棄二(て)よ之を坑塹一に。(一 10/26)

七　故

形式代名詞ユヱの他、名詞にしてモト、形容詞にしてフルシ、副詞にしてコトサラニ・ナホ、接続詞にしてスナハチ・カレ等と読む。

(一一七) 餘事は並(に)皆如レし故の。(二 15/22)

(一一八) 送レ(り)故き<朱淡キ>を迎レ(ふ)るに新(し)き<朱淡キ>を、(二 6/26)

(一一九) 故らに戴二(き)て翎<天朱訂>羽一を、而表レす飾りを矣。(訓)(訓) (一 1/15注)

(一二〇) 雖三(も)復(た)經に有二(り)と其の言一、故是(れ)別時之意な(り)。(二 3/4)

(一二一) 親リ行二して禮觀一を、故チ覩二<朱訂>ルニ黒神一を、(一 12/22)

(一二二) 但(た)爲三に化超二(え)たるか物の外一に、故レ以三(て)神通一を而命レケたり寺に焉。(四 3/11)

「故」をコトサラニと読むのは、劉湛の助辞弁略に「特也」と注し、ナホと読むのは、同書に「尚」とする義に基づく。また、スナハチは、王引之の経伝釈詞に「則也」といひ、助辞弁略に「乃也」とする義に拠る。

八　而・然・尒

「而」は、接続詞で、順態・逆態共に用ゐる。順態はテ、逆態はシカモ

と読むのが普通であるが、本点では、その区別は余り厳密ではなく、また、無意味と思はれる用法もある。テと読む場合は、上の語にテを添へ、「而」は不読とする。

(一二三) 廉(レム)素謙順、義あらて而後に取る。(一 1/5)

(一二四) 垂レれて脚(アシ)を而坐するは、是(れ)佛弟子なり。(一 4/11)

(一二五) 雖レ(も)無二しと悪事一、而も自(みつから)負(訓)二(ひ)て慙心一を。(二 5/23)

(一二六) 嚴—寒既(に)謝(サ)(り)ナは、即(ち)是(れ)不レ合レ(から)撰(キ)ル身に。而も復(た)更(に)著(訓)二るは偏—衫一を、實に非二(す)開する限一りに。(二 9/17)

(一二七) 須二(し)(中略)用(ゐ)て資レけ身を而も育レす德を。(二 4/1)

(一二八) 非レ(す)は律に而も誰者(ナニもの)ソ哉(や)。(二 6/24)

(一二九) 久(しく)而も用レ(ゐ)れは之を、便(ち)少(スクナ)二シ疾—病一。(一 10/7)

(一二七) は、「資ケテ」と読んで「而」を不読にし、(一二八) は、「非ズシテ」と読んで「而」を不読にすべきであり、(一二九) は、「而」を完全な不読にするのが、国語としては自然である。

「然」は、接続詞として逆態を表し、シカモと読む。

(一三〇) 順レ〈天朱訂〉すること之に自(ら)久(し)。然も、有二(ら)むに故(ら)に違レふ之に類(音)一、(一 3/18)

(一三一) 別して道(イ)二ハ三衣一と、折(ワカ)(ち)て開(訓)二(す)なり十物一を。然も、其〈右朱補〉(の)十—數(は)不レ能二(は)的(アキラ)カに委(サタ)一カに〈朱淡ニ〉すること。(二 2/20)

また、「而」と複合して、同じ意味を表はし、シカモと読む。

(一三二) 諸部の律文には、皆云二ふ刺—合一すと。然而も、充—身の六物、自(おのつから)有二(り)嚴條一に。(二 2/2)

また、動詞にしてシカリ、指定の助動詞ナリを伴ってシカナリといひ、「後」に続いてシカシテノチと読む。

(一三三) 若(し)其(れ)不レは然ら、受レけ禮を禮レするに他を、悉(く)皆得(ウ)レ罪を。(一 9/13)

(一三四) 房の内の時—水も、亦復(た)同(しく)然なり。(一 8/24)

(一三五) 將二て少—水一を置レ(き)て器(うつは)ものに、略(アラ)く(き)よ淨二む右の手一を。然して後に方に起(タ)ツ。(一 14/2)

「尒」は、代名詞としてナムチ、動詞にしてシカリ・シカス、指定の助動詞ナリを伴ってシカナリと読む。

(一三六) 尒チか徒(トモカ)ラ尚(ほ)在り。(一 12/18)

(一三七) 受二(け)むこと嗤(アサケ)リを於慧目一に□。云(イ)フコト尒(シカ)リ。(一 2/8)

(一三八) 法皆同(しく)尒かす。(一 4/20)

(一三九) 淨—厨も亦尒なり。(二 17/2)

九 爲

形式名詞タメの他、動詞にしてス・ナス・イフ・ツクル・ヨル・ナル、指定の助動詞にしてタリと読む。

(一四〇) 訓レして什を爲(す)レること雜と、未(す)レ符(訓)二(かな)は先旨一に。(二 2/21)

(一四一) 僧—徒は爲(ナ)レシて行(ツラ)を側(ホトリ)に立(ち)て、(二 6/25)

(一四二) 梵に云(い)二ふ立—播一と者(は)、譯して爲(イ)二フ裹(火反)—腹衣一と。(二 8/24)

(一四三) 西國には並に悉(く)單(ヒトへ)(に)爲(ツク)ル。(二 12/4)

（一四四）其の漆器（中略）皆不レ用ヰ食するに。良に爲レルか受レ(け)たるに膩を故なす也。（一 11/5）

（一四五）至二るに舊の觸處一に、便(ち)爲レる淨と也。（二 16/15）

（一四六）懽下フ與二鳥鹿一と爲上レラムことを儔。（二 4/26）

また、「以・何・若」と複合して、それぞれオモヘラク・ナンズレソ・イカニシテと讀む。

（一四七）或る人以爲ク、非レ(す)と孝に。（二 16/3）

（一四八）斯(れ)非二(す)聖教一に。何爲ソ然る乎。（二 6/5）

（一四九）若(し)纔(か)に足ルハカリ而已スルコトニ、何爲ソ不レらむ得。（一 13/22）

なほ、（六四）の「若爲」參照。

十　應・須・宜・合・容・可

いづれも、助動詞にしてベシと讀む。「應・宜・須」は、後世それぞれマサニ――ベシ、ヨロシク――ベシ、スベカラク――ベシと呼應させて讀むが、本点には、「應」をマサニと讀んだ例はなく、「宜」は、ヨロシクと讀みながら、ベシを以て應じたものはなく、「須」は、ベシのシと共に、クまたはハを持つものがあつて、スベカラク――ベシ、またはスベカラクハ――ベシと讀んだことがわかる。

（一五〇）諸の餘の履屣を、隨レ(ひ)て處に應レし用(ゐ)る。（一 3/14）

（一五一）宜下し取二(らず)て受戒之日一を、以(て)論中す大小上を。（一 3/7）

（一五二）正〈左朱訂〉(し)く到二(ら)ヌレハ中時一に、无レ(し)宜二きこと更に煮一ク。（一 12/14）

（一五三）皆宜(し)く以二(て)赤土・赤石・研汁一を和レせよ之に。（二 13/5）

（一五四）要(す)須二し著ム者、臨レ(み)て時に處斷して、勿レる使レ(む)ること乖レ〈朱淡ソ〉か儀に。（二 9/10）

（一五五）多く貯二レて綿絮一(を)、事須二(し)厚く煖一カニス。（二 9/1）

また、「須」は、動詞にしてモチヰル・モテ、副詞にしてカナラズと讀む。

（一五六）觸(は)乃(ち)便利に所レなす須(もち)(ゐ)る。（一 6/15）

（一五七）唯(た)須二テ一幅一を纔(か)に穿二チ得テ手一を、（二 8/25）

（一五八）並に須ス問レ(ひ)て衆に方(に)用(ゐ)る。（二 5/14）

「合」は、カナフ意でベシと讀む。

（一五九）斯の兩日に合レし作二る安居一を。（二 17/9）

また、動詞にしてカナフ・コゾルと讀む。

（一六〇）元〈天朱訂〉不レ合レハ坐するに。（一 4/2）

（一六一）合レ(ず)て衆量許す。（二 5/15）

「容」は、ウケイレル意味でベシと讀むが、本点では、ベケムの形を取ることが多い。

（一六二）豈(に)容二ケムヤ昔の時(とき)受レ(け)し敬を、今飜(へ)て禮レ(す)卑シフル(を)。（一 3/5）

（一六三）豈(に)容下(け)むや（中略）不レして觀二合不一を、遂に至上レる盡レすに形を。（二 18/1）

また、動詞にしてユルスと読む。

（一六四）無レし容ユルスこと輒く著ハクことを鞋―履クを。（一 3/12）「容」の左、

黒点ユルス事

「可」は、ベシの他、動詞にしてキクと読み、「或」と熟語してアルイハ・アルトコロなどと読む。

（一六五）理(ず)可ニし隆冬之月には、權シハラく著ハイて養レふ身を。（一 3/16）

（一六六）非レれは瞋い(か)(ら)不スレ可キカ。（二 4/23）

（一六七）或(ある)可い(は)習―俗生(訓)(音)レして常を、謂ニ(ゐ)ず其(れ)無レ(し)と過(訓)。（二 1/17）

（一六八）或(ある)可トコロハ共ニに餘の人戸一(と)、咸く並に六分して抽ヌレキイツ一を。（二 4/18）

また、助詞のバカリに充てて読む。このバカリは、事物の程度・範囲を表す。

（一六九）于レ時(に)、年可ハカレリ卅、操―行不―群なず。（二 6/1）

（一七〇）可ハカレリせよ受ニく一二三升一。小チヒサきは成ニる無用一に。（一 6/23）

「當」は、用ゐられてゐるが、ベシ、またはシを送った例がない。

十一　將・欲・垂・擬・謂・言

「將」は、マサニ――ムトスと読むが、マサニと読んでも、ムトスで応じない場合や、「垂」と同様、ナンナムトスと読むこともある。

（一七一）西方の衆僧、將に食せむとする之時に、（中略）各各別に踞シリウタケキニ―坐ル小(さ)き牀一に。（一 3/21）

（一七二）將に出(て)ムトすれは、復(た)聞ニく馬の鳴イナナクを南―谷一に。（四 3/14）

（一七三）食に無ニきを淨―觸一、將に以て爲レす鄙イヤシと。（一 4/22）

（一七四）日既(に)將ナントレムトするに(訓)午に、施―主白マウシて言マウニす時至一(ず)ヌと。（一 11/12）

また、動詞にしてモタリ・キルと読む。

（一七五）若(し)行ユイて赴レかは供に、應レ(し)將(も)たニる濾ミツフルヒ―羅一ヲ。（一 15/4）

（一七六）請して將キて入レれて内に供養す。（四 3/8）

また、「以」と同様、モテ・モテスと読むことがある。

（一七七）或(る)い(は)以ニ(て)し竹―木一を、或(る)い(は)將ニて布葉一(を)而裹ツツミニ塞フサク之一を。（一 6/24）

（一七八）東―夏は宜レし將ニてす密コマカなる絹一を。（一 8/4）

「欲」は、――ムトスの他、それ自身セムトスと読むことがある。

（一七九）去―取之理、其(れ)欲セニムトスル如(いか)カ何一。（二 8/22）

なほ、（六四）の「欲」参照。また、オモフ・ホツスとも読む。

（一八〇）所―造の供―設(を)、欲オモ下∧天朱訂∨ハ、獻たてまニつず三寶一に、奉ニし靈祇一に、及(ひ)尋―常の飲食上を、皆須ニ(し)清―潔一にす。（一 5/6）

（一八一）欲オモレ(ひ)て省(か)むと(訓)招レク(訓)繁シケキことを。（二 3/8）

なほ、（七一）（七五）の「欲」参照。

「垂」は、ナンナムトスと読む。朱点は∨を零表記にして、ナナムトスと書いてゐるが、黒点は特殊記号を用ゐて、ナ∨ナムトスと記してゐる。

（一八二）聖―教東流して、年垂ナニムトス七百一に。（一 4/7）「垂」の右、黒

点ナ＜ナムトス

「擬」は、――ムトオモフ、または――ムトスと読む。

(一八三) 擬(オモ)ㇾフなず施(ツ)二ケムと其の柄(エ)一を。(訓) (二 11/6)

(一八四) 十八にして擬(シ)ㇾキ向二(は)むと西天一に。(四 2/16)

「謂・言」も、オモフと読むことがある。

(一八五) 寫二―し得て兩巻の空門一を、便(ち)謂(オモ)ㇾフ苞(カ)二ネたずと三藏一を。(一 15/18)

(一八六) 自(みつから)言(オモ)ㇾヒキ明ㇾ(か)なずと律に。(二 6/18)

十二　使・令・教・遣

いづれも、使役の助動詞としてシムと読む。「使」は、それ自身をシムと読み、または読まずして下にシムを補読する。使役の対象には、すべてヲシテを用ゐる。

(一八七) 遂(に)使下む＜朱淡メヨ＞少欲の者(もの)をして無二く盈長之過(と)か一、多求の者をして亡(ナ)中カラ闕事之咎(と)か上。(二 3/1)

(一八八) 遂に使下僧―徒をして數(か)す出二(た)サシメ二千一に、封―邑をして則(ち)村餘(アマ)中ラシム二百上に。(訓)(訓) (二 6/22)

「令」は、それ自身をシムと読み、使役の対象には、常にヲシテを用ゐる。

(一八九) 所―有の資具、咸く合(シ)二メ人をして誓(ニナ)一ハ、或(る)い(は)遣(シ)二ム童子をして驚(サ、)ケ持一(た)。(一 7/16)

(一九〇) 令三(め)よ一(そ)の能(タ)ヘタル者(もの)をして、誦二セ無常經の半―紙一紙一を。(二 15/18)

また、「使」と熟語してシムと読み、「教」と熟語してヲシヘテ――シムと読み、「命」を承けて、命シテ――シムといふこともある。

(一九一) 亦不ㇾ見令二―使(め)たる(こと)を焚(ヤ)ㇾカ身を。(四 3/24)

(一九二) 佛教(を)て令ㇾ(め)たまひき唱二(を)三鉢羅佉＜朱訂＞哆一と。(一 13/5)

(一九三) 即(ち)總(ミナ)命二して大衆一に令ㇾ(む)坐せ。(一 12/20)

「教」は、用例が少い。それ自身をヲシヘテと読み、下の語にシムを補読する。

(一九四) 三歳の童子、咸く即(ち)教(を)て爲(セ)シム。(一 10/17)

「遣」は、それ自身をシムと読み、使役の対象には、同しくヲシテを用ゐる。

(一九五) 或(る)い(は)遣(シ)二ム門人をして持て授(イ)一サ。(一 6/11)

なほ、(六四)(一八九)の「遣」参照。また、動詞にしてユルス・ヤルと読む。

(一九六) 誰(れ)か昔遣(ユル)し(て)行二(はしめし)斯の事一を。(一 3/8)「遣」の左、黒点シテ、「行」の左、黒点シメ

(一九七) 遣(ヤ)ㇾリて疏を請ㇾす僧を。(一 15/2)

(一九八) 師遣(ヤ)二(ず)て餘―人一を送二る彼＜右朱補＞ノ衣―物一を。(二 5/24)

十三　被・見

受身の助動詞としてル・ラルと読む。

(一九九) 其の被ㇾ(る)る觸れ人、皆須二(し)淨―漱ㇾす。(一 5/2)

(二〇〇) 被ニルゝ(いは)他に擧レ ケ(イハ)罪一を、則(ち)准レ(へ)て法に説(き)て除け。 (二 18/17)

「擧」の右のアケイハは、このままでは文意が通じない。「被ルゝ」の下に記すべきイハを、誤つてここに書いたのではあるまいか。

(二〇一) 律—典しも何に因(り)てか見レム慢(アナ)ツラ。 (一 16/1)

(二〇二) 昔有二(り)て北方の胡地より使—人一、行(ユ)イて至二る西國一に。人に多く見レたり笑(ワラ)ハ。 (一 5/16) 「見」の右、黒点ル

ただし、「見」をル・ラルと読んでも、受身を表さない場合がある。

(二〇三) 螻(ロウ)—蚓(イニ)には曾(か)(つ)〈朱淡カツ〉て不レ寄(ヨ)レせ心を。蛹(ヨム)—蠶(サム)をしも一—何(ナ)(に)ソ見(ル)レゝ念(オ)(も)は。 (二 3/15)

(二〇四) 設(ひ)(訓)告(く)ること〈朱淡ツクル〉愍(ネム)—懃(コロ)ナリトモ、誰(れ)か能く見レれむ〈朱淡レ〉用ひ。 (二 12/25)

(二〇五) 汝か(訓)子五百なり。一(ツ)を尚(ほ)見(る)レ憐(アハ)レ(は)。 (一 11/23)

なほ、(七一)の「見」参照。(二〇三)(二〇五)では、受身の対象たるべき「蛹蠶」「一」は、共に格助詞ヲを取つて連用修飾語となつてをり、「見念」「見憐」の主語は、文に表現されてゐない「人々」、及び「汝」と呼ばれてゐる「呵利底母」である。従つて、これらの「見」を読んだル・ラルは、受身ではあり得ない。直訳から生まれた不自然な用法ではあるが、尊敬の一種と見る他はあるまい。(七一)(二〇四)の場合は、「見怨」「見用」の主語は、「聞者」「誰」ではあるが、意味は、単に「怨ミム」「用キム」といふのと同じで、ラルは、やはり受身ではなく、尊敬の一種と見る方がよからう。「見」は、また形容詞にしてイチシルシと読む。

(二〇六) 見(イチ)シルク在二(り)て其の前(ま)(へ)一に、食成(ナ)二〈天朱訂セリ〉大聚一を。 (一 12/22)

十四 也・矣・焉・耳・而已・乎・歟

「也」は、文末に用ゐられて指定を、文中に用ゐられて強勢を表す。前者の場合には、「也」を不読にして、用言は終止形または命令形で結び、後者の場合には、不読のままで、他に影響を及ぼさない。

(二〇七) 如し重(ね)て來る者(もの)、至二るに舊の觸(モト)—處一に、便(ち)爲レる淨と也。 (二 16/15)

(二〇八) 衣食无レキ(訓)罪者(もの)をは、方に可レし取る也。 (二 10/1)

(二〇九) 此の諸の敷—具は非二す三衣一に也。 (二 4/15)

(二一〇) 律に有二(るは)成文一、即(ち)其の事なり也。 (一 13/20)

(二一一) 願(コ)フ、智者〈右朱補〉(訓)祥(ツ)(はひ)(らか)に察して、識二レ衣服之本儀一を也。 (二 7/21)

(二一二) 若(し)也逼(チカ)二—近クハ尊—人一に、宜下し將二て左の手一を掩(オホ)上レふ口を。 (一 9/17)

(二一三) 當二(り)て此の時一に也、或(る)い(は)俗人行レし施を、或(る)い(は)衆—僧自(訓)(み)(つから)爲す。 (二 18/17)

なほ、(二一一)の「也」参照。

「矣」は、常に文末に用ゐられて断定を示す。不読にして、上の用言を終止形で結ぶ。

(三二四) 食に無二きこと淨觸一、其の來れること久し矣。(一 5/19)

(三二五) 檢(カムカ)二フるに涅槃經の梵本一を、云(い)下(ゐ)す嚼二(む)齒木一を時上と矣。(一 10/13)

(三二六) 並に著(訓)二たす二(つ)の敢曼(カム)一を矣。(二 8/4)

(三二七) 誠に有二(す)ナム深キ益一矣。(二 18/3)

(三二八) 此(れ)則(ち)西方南海の法―徒(ツ)之大歸(オホムネ)なす矣。(一 1/4)

(三二九) 是(れ)傳―驛の參―差とカタヽカヒナルナリ矣。(二 14/9注)

「焉」は、常に文末に用ゐられて指定を表す。肯定の場合には、不讀にして上の用言を終止形で結び、疑問の場合には、上の用言に推量の助動詞ムを伴ふことが多い。体言に終助詞ゾを添へることもある。

(三三〇) 此(れ)則(ち)善く符(カナ)二(ゑ)す經律一に。何そ有レ(ら)む過(訓)焉。(一 1/19)

(三三一) 我か子五百、今何(ナニ)ヲカ食せむ焉。(一 11/25)

(三三二) 斯(れ)何(ナ)(にの)意そ焉。(二 5/8)

なほ、(一三)の「焉」参照。

「耳」は、常に文末に用ゐられて、ソレダケダといふ限定的な指定を表す。それ自身をノミと讀むのが普通であるが、上の用言が命令形の場合には不讀とする。

(三三三) 廣き緣は如レし律の。此(れ)陳二すらく大意一を耳(のみ)。(一 12/5)

(三三四) 由レ(す)て恐三ルヽに傳法之家(訓)、尚(ほ)懷二けるを〈朱淡ケル〉固執一(を)耳(のみ)。(二 5/6)

(三三五) 諸の大德、勿レレ嫌(訓)二(ふ)こと煩―重一なすと耳。(二 7/9)

「而已」は、「耳」と同様に用ゐられるが、文中の句末に用ゐられることもある。

(三三六) 餘―時は但(た)可レ(か)らく搭(ウチカ)レク肩に而―已(のみ)。(二 10/24)

(三三七) 並に皆乞―食して資(タス)レく身を。居レて貧に守レるラク素を而―已(のみ)。(二 14/18)

(三三八) 汝か子(訓)五百なす。一すを尚(ほ)見レ(る)憐(アハ)レ(は)。況(や)復(た)餘人の一(す)二(す)の兒をや已而〈右朱補〉。(一 11/23)

なほ、(一四九)の「而已」参照。(三三八)は、「而已」を不讀にしてゐるが、ヲヤがこれに當るのであらう。ヲヤは、「況」を受けて、マシテーダの意を強調する終助詞である。

「乎」は、呼唱を表し、感歎・疑問等に用ゐられる。不讀にして、上の語に終助詞カを添へることもあり、不讀のままで他に影響を及ぼさないこともある。

(三三九) 防レする道を之極、其(れ)在レるか斯(こ)に乎。(二 3/10)感歎

(三四〇) 豈(に)可二けむ(中略)不レ(る)こと飡セ七日にして、始(め)て符(か)(ナ)ヒフヘ酬(ムク)レユルに恩〈地朱訂〉を者(もの)か乎。(二 15/13)反語

なほ、(一四八)の「乎」(疑問)参照。

「歟」は文末に用ゐられて疑問を表す。用例は少く、次の一例しかない。

(三四一) 從(よ)(て)レ死趣(オモフ)レイて死に、詎(れ)か證二せむ圓成之十地一を歟。(二 15/15)

七　文　法

一　代名詞

付訓のある代名詞を拾ふと、オノレ・ナムヂ・キミ・コレ・ココ・カシコ等がある。

(二三二)　豈(に)容四(け)むや　(中略)　妄(訓)(ま)に道(イ)三フヘ己れ證二せ(む)ト於菩提一を。　(一　16/10)

(二三三)　大―聖涅―槃しタマヘレとも、尒(チカ)徒(トモカラ)尚(ほ)在(り)。四―方の僧至(り)て、乃(ち)禮二(し)たてまつる聖の蹤(アト)一を。飲―食供―承勿レらむこと令二(むる)こと闕乏一セ、是(れ)仁(キミ)か之力なり。　(一　12/18〜19)

(二三四)　若(し)是れ寒き國ならは、聽レす著(ハ)二クことを短靴(花音)一を。　(一　3/14)

(二三五)　廣くは如二し處餘一の。此(コ)ゝに不二詳(訓)(か)に言一(は)。　(二　18/23)

(二三六)　彼(カシ)コに有二(り)梵僧一。取レ(り)て製を而造る。　(一　6/25)

ナムチとキミとは、同じ会話の中で、同じ相手に対して用ゐられてゐるが、本文の文字に即して読み分けたのであらう。「仁」をキミと読むこと、石山寺旧蔵・春日博士蔵「金光明最勝王經古点」(平安後期の加点)に例がある。

〇仁(キミ)、昔し如何にしてか行二せし菩提の行一を。　(巻五)

二　動詞

活用の仕方が、普通と異る動詞が若干ある。

(二三七)　咽―噉著―脱元〈右朱訂〉ヨリ下レ關(カヽハ)レレ情に。　(一　15/15)

(二三八)　此(の)之齊―限は、佛自み(つから)親(マノアタ)リ制(し)たま(へ)り。非下(す)關(アツ)二ケテ人事一二、輒(タヤス)ク爲(ナ)中スニ高下を上。　(二　12/22)

(二三九)　樂レふ護レ〈右朱補〉ルコトヲ生を者(もの)、理(り)應二(し)存―念して、方便をもて令レ(む)免ら。　(一　8/19)

(二四〇)　浮―囊不レるは洩(も)リ、乃(ち)是(れ)菩薩の本心なり。　(一　15/19)

カカハルは本来四段活用動詞であるが、(二三七)は下二段である。しかし、本点だけの誤用ではなく、平安末期にはこの形も行はれてゐたらしく、例へば興福寺蔵三藏法師傳古点に次のやうな例が見られる。

〇其(の)欲二ス(るものは)申レ(へ)て辭ヲ救レ(はむと)〔モノハ〕義ヲ、不レ拘(カヽハ)二レ此ノ限一(り)二。　(四　6/20)

〇理末レ弘二マラ於方外一二。事乃(ち)猶を拘(カヽ)二ハレタリ於城中一に。　(八　1/10)

(二三八)は、本文は「非是人意輒爲高下」で、朱筆で「是」の右に「關アツケテ」を、「意」の右に「事二」を書き付けてゐる。本文に訂正のしるしがなく、「人」にノの点が、「人」と「意」との間に訓合の縦線があるから、一応本文を認めて、ヒトノココロと読んでみたが、「是」とうまく繋がらないので、異本によつて校合し、これに基づく別訓を書き添へたのではあるまいか。アツケテは、文字面から考へると、関係サセテといつた意味に取れる。アヅカルが、関与スル意味の四段活用自動詞であるのに対し、アヅクは、関与サセル意味の下二段活用他動詞といふことにならうか。類聚名義抄に、「關」にアヅカルの訓はあるが、アヅクはない。(二三九)は、本来下二段活用のマヌガルを、四段に用ゐた例である。もつとも、本点よりも早く、石山寺藏法華義疏長保四年点に、すでに同じ例が見えてゐる。

○如來は必す用ニ(ゐ)て大乘一を以て濟ニ(ひ)て我か苦海一を而勉マヌカニラシメタマフヘカリケリ累縛一を。(五 4/26―27)

モルは、普通四段活用とされてゐるが、(二四〇)は上二段または上一段に活用させてゐる。

サ変動詞スに、注意すべき用法がある。

(二四一)有ニ(す)靈祐ユ〈天朱訂〉法師一といひしもの。不レ爲セニ擧發一することを。
(二 16/1)

(二四二)傳―授せむは、恐(るらく)は爲シレテむ誤アヤマレツことを衆を。(二 9/18)

(二四三)何ナ(に)―事あすてか強シヒとて遮して、徒いたつら(訓)に爲スニる節目一することを。
(二 3/7)

(二四四)行―法―者、極(め)て須レ(し)存レ(す)意に。勿ニれ以(て)爲スレること輕む(訓)ことを。(一 5/19)「爲」の右、黒点ル事、「輕」の右、黒点カロム事ヲ

(二四五)斯(れ)は亦漫ミタりに爲スニるなす傷アツカ―急一フコトヲ矣。(二 17/6)

国語としては、「挙発セズ」「誤チテム」「節目スル」「軽ンズルコト」「傷―急フナリ」といへばよいところ、つまり、單にスといふべきものを、わざわざ――コトヲ・スと重言的にいつたもので、原文の直訳によつて生れた翻訳文法の一つである。

(二四六)添ツレヘムことは水を宜レし於ニい(て)す此の處一に。(一 6/23)「於」の右、黒点テス

(二四七)飲レ(む)こと水を可レ(し)在オニイてす此の中一に。(一 6/21)

(二四八)或(る)い(は)可ニし薄ウスラカに拂ハクに以レ(て)す漆ウルシを。(二 11/6)

(二四九)東―夏は宜レし將ニてす密コマカなる絹(訓)一を。(一 8/4)

(二五〇)有るひと作ニ(つ)く(す)て小チヒサき圓マロなる羅ミツフルヒの纔(か)に受ニ(く)るを一―升兩―合一(を)、生ナマシく疎スキたる薄(訓)き絹をもてして、元より不レ觀みレ蟲を。(一 9/8)

單にスといへばよいところを、殊更に――シテスと複雑な表現をすることが、訓点語では古くから行はれた。モテスも同様で、モチ・テ・ス＞モテ・スとなつたもので、意味はモチヰルと同じだらうと思はれる。ただし、オイテスは、オク意味ではなく、――デ――ヲスルことであり、スは、今の場合、水ヲ添ヘルこと、水を飲ムことである。

(二五一)然も其の薄き絹を爲スニる加沙一と者もの、多く滑ナメラカにして(訓)不ニ一肯カヘニス著ツレキ肩(に)
(二 11/24)

「肯」は本文になく、「不」と「著」との間に○印をつけ、その右行間にカヘニスの訓と共に書き込まれてゐる。ちよつと見ると、カヘニスは「肯」の訓のやうに思はれるが、「不」の下やゝ左寄りに訓合の縦線があり、加点者は「不肯」の二字をカヘニスと読んでゐるのである。他の訓点資料の例を参酌すると、カヘニスはサ変に活用してゐて、サ変の動詞であり、別にカヘズの形もあつて、カヘは肯定の動詞であるから、ニに否定の意味があると見なければならない。さうすれば、カヘニスは、

鶯の待ち迦氏尓勢斯梅が花散らずありこそ思ふ児がため（万葉集
巻五　八四五）

桜散る花のところは春ながら雪ぞ降りつゝ消えかてにする（古今集
春下）

のカテニスと同じ構造で、動詞未然形＋否定助動詞ズ連用形ニ＋スといふことになる。つまり古い否定の助動詞のニにスの続いた珍しい例なのである。なほ、詳細は拙著「訓点語の研究」所収「不肯の古訓」を参照されたい。

三　形容動詞

ナリ活用は頻用されてゐるが、タリ活用もかなり用ゐられてゐる。

(二五二) 皇皇焉として農ニ歌し畎畝之中一(に)、済済焉として商ニ詠す舟車之上一(うへ)に。（一 1/11）上の「焉」の右、下の「焉」の左、黒点トシテ

(二五三) 孑—〈天朱訂〉然として獨(り)坐(し)て執レ(り)て箒を而終(り)たり。（四 2/7）

(二五四) 俯(し)て臨ニ(み)て清—澗一(に)、蕭ニ條たり白—楊之下一に。(訓)（四 2/6）

(二五五) 恡ニ(しひ)て聲の寂〈左朱訂〉—尒一たりを、乃(ち)將レて手を親附ス。（四 2/8）

(二五六) 由ニ(り)て傳受訛謬し、軌則參差一たるに、積習して生レすに常を、(訓)
（一 1/19）「差」の右、黒点タルニ

(二五七) 若(し)持犯眪〈天朱訂〉—然たるは、律(に)有ニ(り)成—則一。（二 1/15）

(二五五)の「寂尒タリヲ」は、「寂尒タルヲ」の誤りであらう。

ただし、後世ならば、——トシテといふべきを、——ニシテと読んだのや、一度音読して——トで受け、更に訓読してナリ活用に読む、いはゆる文選読みもあり、タリ活用の勢力はいまだ十分ではなかつたやうである。

(二五八) 徒衆儼—然にして、欽ニシム誠(を)極旨一に。（一 1/15）「儼然」の右、黒点トオコソカニシテ

(二五九) 是(れ)傳—譯の參—差とカタヽカヒナルナリ矣。（二 14/9注）

(二六〇) 全ク乖ニ(き)て解脱一に、不レる順ニハ(か)蕭—然一とカスカナルニ(に)者か乎。（二 7/5）

黒点にも文選読みの例がある。(二五八)の「儼然」の右に「トオコソカニシテ」とあるのがそれである。

四　副詞・接續詞

陳述の副詞に、次のやうなものがある。

1 断定を表はすもの
　カナラズ・サダメテ

2 当然を表すもの
　スベカラク・ヨロシク・マサニ

3 仮定を表すもの
　モシ・タトヒ

4推測を表すもの

ケダシ・オソルラクハ

5疑問・反語を表すもの

イカガ・イカニ・ナンズレソ・ナンゾ・アニ・ムシロ

6否定を表すもの

カツテ

7抑揚を表すもの

イハムヤ

8願望を表すもの

ネガハクハ・コヒネガハクハ

その大部分については、すでに「**六** 特殊な漢字の用法」の項で述べたから、ここでは、それ以外のものに限つて述べる。

サダメテは、「定・決」等を読む。

(二六一) 若(し)更に重(ね)て收〈天朱訂〉(む)るは、斯(れ)定(め)て不可なず。 (一 4/20)

(二六二) 苾蒭・亡者を觀ニシ知ニナハ決(め)て死一(に)たずと、 (二 15/15)

ケダシは、「蓋」を読んだのが一例ある。

(二六三) 東―夏の不レ(と)いゐる許ニ(さ)同―袖及(ひ)連脊(セキ)の衣一を者(は)、蓋し是(れ)自(みつから)習ニ(ひ)て東川一に妄(ず)に談ニず(ら)く西―國一に耳(のみ)。 (二 7/25)

黒点には次の例がある。

(二六四) 其(れ)作レル瓶を法、蓋(ケダシ)須ミシ連(トホシ)レ口(を)頂(イタヽキ)ニ出(イタ)ニス尖臺一(を)。

(一 6/20)

すべて黒点によつて読んでみた。朱点が名詞にしてフタと読んでゐる「蓋」を、黒点は、副詞にしてケタシと読んだのである。

オソルラクハ、動詞のオソルの終止形に、接尾語ラクの接続したものである。

(二六五) 若(し)待ニ〈地朱訂〉(た)むに齊ノ了(トキハ)一テムを、恐(るら)くは時過(ス)キヌヘクハ者、(中略) 取ず分か(ち)て先つ食す。 (一 5/12)「恐」の右、黒点クハ、「過」の左、黒点ヌヘクハ

(二六六) 斯の之二(つ)の穴よず恐(るら)くは蟲・塵入(イ)ラムものそ。(訓)(訓) (一 6/24)「恐」の右、黒点クハ、「入」の左、黒点ラムモノソ

イカカは、イカニカ∨イカンカ∨イカカと変化したもので、「如何」「如―何」等を読む。

(二六七) 時の衆此(れ)に同(しか)らは、欲(イカヽセ)ム如之何ムトスル。 (一 4/2〜3)

「欲」の左、黒点セムトスル、「之何」の左、黒点イカゝ

なほ、(七四)(一七九)の「如―何」参照。

イカニは、(六四)の「若―爲」参照。

ナンズレソは、(一四八)(一四九)の「何―爲」参照。副詞ナニ+サ変動詞ス已然形+係助詞ゾの複合した形で、接続助詞バがなくて、已然形だけで順態の確定条件を表はした古代の文法を伝へたものである。ナンスレゾと読むのが普通であるが、類聚名義抄に「胡爲・曷爲」をナスレカ、「害―」(「盍―」と同義)をナスンソと読み、スに濁点を打つてゐるのを見

ると、当時は、ナンズレソと読んでゐたのではないか。興福寺藏三蔵法師傳古点の

○何一為ナスレカ至レテ斯ニ而更ニ捨(てむ)也。（五 1/19）

○弟子先ノ時ニ請レ(し)キ師ヲ。何一為ナスレソ不レ(ず)シ來(ら)。（五 4/20）

について、築島裕博士はナズレカ・ナズレソと読んでゐられる（「興福寺本大慈恩寺三蔵法師伝古点の研究」）。

ナンゾは、「何、一何」を読む。

（二六八）何ナソ勞(いたは)(しく)更(に)煩ワツラハシク學レする律を。（一 15/14）

（二六九）螻ロウ蛄イニには曾(かつ)へ〈朱淡カツ〉て不レ寄ヨセ心を。蛹ヨム一蠶サムをしも一何ナソ見ルレ、念(オも)は。（二 3/15）

イハムヤは、反語の例はなく、抑揚の例が三つあるに過ぎない。

（二七〇）三支の道理、旦已マタに皎一然なり。況(や)復(た)金口に自(みつから)〈朱淡ミ〉言(のたま)ゐず。何ぞ勞(しく)更に為セニむ〈朱淡セム〉穿一鑿一することを。（二 3/22）

（二七一）斯(れ)則(ち)俗士すら尚(ほ)不レ應スレ(ら)行す。何(に)況(や)情〈朱訂〉に希ニ(ふ)ひとヲヤ出一離一を。（二 3/25）

なほ、（三八）の「況」参照。

ネガハクハ・コヒネガハクハは、それぞれ、動詞ネガフ・コヒネガフの未然形に、接尾語のクと係助詞のハとが添加したもので、「幸・希・庶」等を読む。

（二七二）幸ネカハクは熟ムマク察レして之を、須レ(し)觀(訓)ニる得一失一を。（一 4/15）「幸」の左、黒点願也

（二七三）幸に無レ(か)れ嫌ニふこと於直説一を。庶コヒネカハクは有レ(ら)むことを益ニ於疑途一に。（一 16/16）

なほ、（七六）の「希」参照。文末は、ム・ベシで結ぶのが普通である。ところで、（二七三）の「幸ニ」は、（二七二）同様ネガハクハと読んでもよいところである。「幸」は、劉湛の助字弁略に「冀幸也、義與ニ庶幾一相近」といってゐるやうに、ネガフ意味があるからである。これをサイハヒニと読むのは、この語をサイハヒと読むことが多いため、この訓を不用意に充てたのにすぎない。「幸願」と続けて用ゐる場合は、二字でネガハクハと読んでよいはずであるが、本点では、やはり二語に分けて、サイハイニ・ネガハクハと読んでゐる。

（二七四）幸に願(は)く(は)、敬一奉之倫トモカラ、無レ(か)ら(まく)輕ニむこと聖教一を耳(のみ)。（一 16/4）

接続詞には、アハセテ・ナラビニ・オヨビ・マタ・シカモ等がある。アハセテは「并」を、ナラビニは「并・並」を用ゐる。

（二七五）渇して飲ニむこと冷ヒヤカなる水一を、無レ(し)問ニ(ふ)こと冬一夏一と。此(れ)乃(ち)僧の常食なり。并て設ニ(くる)こと齊供一を、大略皆尓なり。（一 13/16）

（二七六）附ニ〈朱補〉(け)タリ大周(の)西〈地朱補〉域の行人傳一巻、并に雜經論等一を。並に録して附歸せず。（一 1/22〜23）

オヨビは、「及」を読む。「及以」と熟語し、両者の間に訓合の縦線を引いたのも、オヨビと読んだのであらう。

（二七七）雖ニ(とも)神一跡セキ久(し)く湮ホロ一ヒニたりと、而餘一風末すレ殄ウセ。及ひ親一

教二—師、幷に餘の住—持・大—德明—德禪師等、並に可レ(し)謂ふ。(四 3/16〜17)

(二七八) 將二て食一—盤以—上一を、施二〈右朱補〉ス先—亡及(ひ)餘の神—鬼應—食之類一に。(一 14/5)

(二七九) 兩(つ)の手をもて執二(ず)て器(うつは)もの及—以(ひ)餅菓一を、(一 13/10)

マタは、「又・復・亦・且・益・乍」等を読む。付訓例があるのは、下の三字である。

(二八〇) 脚(アシマロ)圓にして且(マ)タ輕し。(一 3/23)

(二八一) 豈(に)有二(ら)むや器(ツキ)已に成レれるを觸に、還(し)て將(て)益(マ)タ送ず、(中略)餅—菓を後の日に仍(ナ)ホ餐一ら(ふ)こと。(一 4/22) 「益」の左、黒点亦也

(二八二) 自(みつか)(ら)墮せむは、乍(マ)タ可二なずとし一身一に、(二 9/18)

「益・乍」は、何の義によつてマタと読むのか知らない。類聚名義抄には、「乍」にマタの訓がある。

五 助詞

本点に用ゐられた助詞で確認できるものは、格助詞のイ・ガ・ト・ニ・ノ・ヨリ・ヲ、副助詞のスラ・ノミ・バカリ・マデ、係助詞のカ・ゾ・ハ・モ・ヤ、間投助詞のシ、終助詞のカナ・ヲヤ、接続助詞のシテ・テ・トモ・ドモ・ナガラ・ニ・バ、並列助詞のトの二十七種、及びニオイテ・シテ・ニシテ・トシテ・ヲシテ・モテ等である。

1格助詞

イが四例、いづれも主格に用ゐられてゐる。

(二八三) 依レ(ず)て夏に受レケムイハ請を、盗の過(クワ)容レ(し)生す。(一 3/6) 「受」の左、黒点イハ、「請」の右、黒点ヲ

(二八四) 然も護レるい生を、取レ(る)こと水を多—種不—同なず。(一 8/16)

(二八五) 悲二愍するい含—識一を、理(ず)可レ(し)絶レつ之を。(二 3/14)

(二八六) 聖イ開ト(し)たまゐず上品の耽は成二す大—過一を。己か所レを不レる欲(ホ)セ勿よレれと施レすこと他に矣。(四 1/16)

(二八六) は、「イ」の左上に朱の星點らしいものが見える。上声を示す声点なのであらうか。

ヨリには、「自」を読んだ独特な用法がある。

(二八七) 自(よ)レは非二す面(マナアタ)リ言(い)一ふに、方に能く解悟せむや。(一 5/20) 「自」の右、黒点ヨリハ、「面」の左、黒点マノアタリ、「言」の右、黒点イフニ

格助詞ヨリは、体言、用言の連体形、用言の連用形に接続助詞テの加はつたもの等を受けて、動作の起点、経過する場所、比較の基準、手段、方法等を示すものが普通であるが、右の例は、否定の助動詞ズの連用形を受け、係助詞ハを伴つて、全体として——デナイカギリの意味を表してゐる。これは、本来仮設の副詞である「自」を、直訳してヨリと読んだところから生まれた、翻訳文法の一つで、平安末期から鎌倉初期の訓点資料に見え、今昔物語にもその影響が現れてゐる。詳細は、拙稿「助詞ヨリのある場合」(国語学六六輯所収)を参照されたい。

2副助詞

スラが三例あつて、ダニの例はない。

(二八八) 且ク如ニきすら多レ(き)事俗―徒一の、家―具尚(ほ)不レ盈ニタ五十一に。豈(に)容(る)ニ(け)むや省(ハフ)レケル縁を釋―子、翻(カヘ)(り)テ乃(ち)過ニく其の百數一に。(二 3/5)

(二八九) 斯(れ)則(ち)俗士すら尚(ほ)不レ應レ(から)行す。何(に)況(や)情に希ニ(ふ)ひとヲヤ出―離一を。(二 3/25)

(二九〇) 俗すら亦有レ(る)云ゐること。清く齊(つつ)シムて方に釋―奠〈天朱訂〉す。(一 5/9)「俗」の右、黒点スラ、「云」の右、黒点ヘル事

この三例は、いづれもスラの古用を守つてをり、ダニを用ゐるべき場合ではない。拙著「訓点語の研究」所収「平安初期の訓点語に伝へられた上代の文法、二副助詞のスラとダニ」を参照されたい。

ノミは、文中に用ゐられるものと、文末に用ゐられるものとがあり、前者は、(A)上に「唯・但・獨・纔」等を持ち、後者は、(B)――ク・――ラクを受けるものと、(C)――テを受けるものとがある。この中で最も多く用ゐられるのは(B)である。

(二九一) 唯(タ)ゝ東夏のみ開(ヒラ)い(て)而不レ縫(ヌ)(す)ハ。(二 1/23) A

(二九二) 此(れ)乃(ち)天の儀なり。非ニ(す)獨り人―事一のみに。(一 4/21) A

(二九三) 但(た)護ニ(り)て婬―戒一條一をのみ、即(ち)云ふ、(一 15/14) A

(二九四) 但ゝ有ニ(り)(中略) 隨―宜の臥具一のみ而已。(四 2/14) A

(二九五) 五―天之地の、云(い)下ふこと與ニ諸―國一有中(り)と(いふ)別―異上者、以ニ(て)此の淨―觸一を爲(す)ニらく初―基一と耳(のみ)。(一 5/15) B

(二九六) 由レ(り)て恐ミルゝに―傳法之家(訓)、尚(ほ)懷ニけるを〈朱淡ケル〉固執一(を) 耳(のみ)。(二 5/6) C

(二九七) 若(し)纔(か)に足(タ)ルハカリ而已(ノミ)スルコトニ、何爲(ナ(に)スレ)ソ不レらむ得。(一 13/22)

なほ、(三六)(三七)の「而已」、(三三)の「耳」参照。

バカリは、「許・可・如」を読むものと、文意によつて補読するものとがあり、また、名詞・数詞を受けるものと、動詞の終止形を受けるものとがある。共に、程度・範囲を表す。

(二九八) 去レれること縁を四五指許(ハカ)リ。安(オ)ニケ其の方(ホ)帖一を。(二 10/13)

(二九九) 計(カソ)ニフルこと小豆の粒(ツヒ)一を、可(ハカ)レリ盈(ミ)ニツ兩載(フタクルマ)一ニ。(四 1/10)

(三〇〇) 麁(フト)さ如(ハカ)ニリ(訓)銅の箸(ハシ)一、飲レ(む)こと水を可レ(し)在(オ)ニイてす此の中一に。(一 6/21)

(三〇一) 若(し)毛の端(ハシ)ハカリモアラは、必(す)須レ(し)存レす念ひを。(一 7/23)

(三〇二) 衣は纔(か)に蔽(カク)レスハカリ體(ミ)(訓)を、食は但(た)支(サヽ)レフハカリ懸(ウツ)ケタルを。(二 10/6)

マデは、マデとマデニとの両形があり、後者が多く用ゐられてゐる。

(三〇三) 擎(カ)レケ鉢を乞―食して、足(ア)クマテ得(ウ)レ養(訓)レ(ふ)ことを身を。(二 14/14)

(三〇四) 行ニヒシに其の飲―食及以(ひ)蘇―酪一を、乃至地マテニ皆流(ル)―漫せり。(一 13/20)

(三〇五) 再―三滌(スヽ)レイて器(うつは)ものを、無レきマテニシテ蟲方に罷(ヤ)メ。(一 7/25)

「無」の左、黒点キマテシ

係助詞カは、文中に在つて、「何・何事・誰・詎・若爲・幾」等を受けて疑問を表すことが多く、稀に文末に用ゐられて、疑問・詠歎を表すことがある。

(三〇六) 何をか謂ふ眞智と。(一 16/7)

(三〇七) 何事あつてか移す則を。(二 9/25)

(三〇八) 誰(れ)か復(た)能く當らむ百の罪に。(二 4/24)

(三〇九) 詎(れ)か能(く)(中略)受(け)む印度之殊—風を者。(二 1/19)

(三一〇) 遂〈天朱訂〉復(た)幾(は)くか勞はしくせむ於文—墨に。(二 5/4)

(三一一) 或(る)い(は)恐ちて自(みつから)迷誤たむかと衆を、准(ゐ)て教に聊(か)に陳す一—隅を。(一 15/23)

なほ、(六四)の「若爲」、(二三〇)の「者」、(二六〇)の「者」、(三九)の「在」参照。

ゾは、疑問詞と共に文中に用ゐられるものと、文末に用ゐられて指定の意味を表すものとがある。

(三一二) 何ぞ憂(ゑ)て不ることを活せ、徒らに事とせむ辛苦を。(二 15/1)

(三一三) 問ふに其れ何(に)ノ意そと、報ふ此の所—由を。(一 12/23)

(三一四) 言(ふは)故廢處(と)者、謂(はく)、是(れ)經—久シク僧の捨—廢せる處ソ。(二 16/14)

(三一五) 八月十六日は、即ち是(れ)張ル羯—絺那衣を日なり。斯(れ)其(の)古法そ。(二 17/13)

なほ、(一四八)(一四九)の「何—爲」、(二六八)の「何」、(二六九)の「一—何」、(二八八)の「誰者」、(二六六)の「入」参照。(二六六)は、形式名詞モノによつて、ゾの持つ指定の意味を強めてゐる。

ヤは、すべて文末に用ゐられ、「豈・寧」を受けて反語を表すものが多く、稀に単独で疑問・反語を表す。

(三一六) 豈(に)容(け)むや不して識ら齒木を、名(つけ)て作す楊枝と。(一 10/10)

(三一七) 寧(ろ)知ラムや諸の戒非(す)と佛意に焉。(一 15/16)

(三一八) 汝、憐ふや兒—子を乎。(一 11/22) 疑問

(三一九) 此の物は得(む)や與に衆僧の爲すること隨意の物と不や。(二 18/19) 疑問

なほ、(二八七)の「解悟」、(二八八)の「誰者」参照。

間投助詞シの用例は四つ。訓点語で普通に見られるタダシ・ナホシ・イマシ等の例はない。

(三二〇) 所—食之器(うつはもの)し、無(かれ)宜(しく)重(ね)て將(ゐる)こと。(一 4/18)

(三二一) 律—典しも何に因(り)てか見ム慢ら。(一 15/23)

(三二二) 未必(す)しも目ツケ其の善至と。(一 13/7)

なほ、(四七)の「蛹—蠶」参照。

終助詞カナの例が二つ。

(三二三) 大なる哉ナ、慈—父、巧に應(ひ)て根—機に、善(く)誘メて人天を稱(し)たまふ調御と者。(二 3/2)

（二二四）誠なる哉（訓）ナ、可レ（し）歎く。良に足二れず悲一嗟一するに。（一 9/8）

文頭に——カナがあると、文末の述語は——ク・コトで応ずるのが普通であるが、右の二例にはそれがない。（二二三）は、「調御者ト称シタマフコト」と読むべき場合と思はれるが、「調御ト称シタマフ者（モノ）」とは、どういふ意味であらう。モノはコトの代りであらうか。

ヲヤは、「況・何況」に応ずるものが二つある。（二七一）の「希」、（二二八）の「兒」参照。（二七一）は、古訓では「人ハ」、（二二八）は「兒ヲハ」とあるところ。ヲヤは、「況」の持つマシテの意味を強める働きをしてをり、反語ではない。

接続助詞のシテには、

A形容詞の連用形を受けるもの

B形容動詞の連用形を受けるもの

C否定の助動詞ズの連用形を受けるもの

D比況の助動詞ゴトシの連用形を受けるもの

等がある。

（二二五）東夏は、寒嚴（ハケ）シクして劈（ヒキ）二裂（サク）す身一體一を。（二 9/11）A

（二二六）爲（ヨ）二（む）てなむ絹の滑（ナメラ）カニして墮（オ）レ（つ）るに肩よむ。（二 11/12）B

（二二七）孑（ケチ）—〈天朱訂〉然として獨む坐（し）て執レ（む）て箒（ハヽキ）を而終（む）たむ。（四 2/7）B

（二二八）不レして勞二しくせ尺歩一を、可レ（し）踐二（み）つ五天を於短階一に。

（一 2/4）C 「不」の左、黒点スシ、「勞」の左、黒点クセ

（二二九）如レくして是（くの）至レる七□に。（二 17/16）D

トモは用言の終止形を受けて、仮定の逆態を示し、ドモは已然形を受けて、確定の逆態を示すのが普通であるが、ドモを仮定に用ゐることもあった。

（二三〇）設（ひ）乖二ケとも斯の旨一を、但（た）招二（かくのみ）輕き過（とか）一を。（二 3/20）

（二三一）縱（訓）ヒ未レれとも〈朱淡レトモ〉繋（カ）レケ條（タウ）を、亦乃（ち）著（ツ）レイテ身に不レ落（訓）チ。（二 12/11）

なほ、（七五）〜（七九）のトモ・ドモ参照。

ナガラは、名詞・数詞を受けて、ソノマヽの意味を表す。

（二三二）履屣（ハイモノ）ナカラ不レれ旋二ら佛塔一を。（一 3/17）黒点「履屣」の左、ハイモノナカラ

（二三三）喚（ヨ）ヒ來（し）て對—勘するに、三（ミタ）リナカラ皆承—引す。（二 5/23）

ニがなく、助動詞の連体形だけで、逆態を表したと見られる例がある。

（二三四）豈（に）容（念）二ケムヤ昔（の）時（とき）受レ（け）し敬を、今翻（カヘ）（む）て禮レ（す）卑（イヤ）シフル（を）。

（一 3/4）「受」の右、黒点シ、「敬」の右、黒点ヲ

受ケシは受ケシニの意味らしい。古くから見られる用法で、加点者の誤りではない。

バは、用言の未然形を受けて仮定の順態を、已然形を受けて確定の順態を表すのが普通であるが、已然形では仮定を表すことがある。

（二三五）若（し）交二絡スレは胸の前（まへ）一に、令二（む）人をして氣急一ナラ。（二 11/17）

（二三六）背レケは教を、則（ち）衆—過現〈朱訂〉前す。（二 9/23）

なほ、(八〇)の「陳」、(八一)の「至」、(六〇)の「不燮」参照。

以上の他、助詞に準じて用ゐられる若干の語がある。まづ、シテは、単独で用ゐられる他、格助詞のヲ、格助詞または指定助動詞連用形のニ・トと複合して、ヲシテ・ニシテ・トシテの形で用ゐられることが多い。

(三三七) 若(し)出二(つる)ときに寺の外一に、兩(フタ)レりして人方(に)去る。(二 5/18)

(三三八) 令三(む)諸の苾芻をして得二二一種の安一樂一を。(二 16/17)

(三三九) 或(るいは)於二屛一隱(カクレ)一ニシテ、淨一瓶をもて注(ス、)レケ口を。(一 6/2)

「屛隱」の左、黒点ヘタテカクレニシテ

(三四〇) 十四にして得(エ)レ霑(ウル)ニフこと緇伍一に、十八にして擬(シ)レキ向二(は)むと西一天一に。(四 2/16)

(三四一) 吾〈朱訂〉(れ)三一數一日にして、定(め)て當レ(し)去る矣。(四 2/4)

(三四二) 太一事として嚴(いつか)(し)ク科(ツミナ)フ。(二 4/14)

(三三七)は、動作を行ふ人の人数を示し、訓点語としては極めて珍しい例である。(三三八)は、使役の対象を示し、(三三九)は場所を、(三四〇)(三四一)は時間を示している。これらのシテは、前述した接続助詞と区別して、格助詞の一種として扱はれるのが普通である。なほ、次のやうに、副詞に続くものもあるが、全体で一つの副詞と見る方が無難であらう。

(三四三) 既(すで)一而にして病起(る)こと無レし恒。(二 2/22)

モテは、「以・将・用」等を讀む他、補読することが多く、次のやうに用ゐられる。

(三四四) 以二て牛糞一〈地朱訂〉を淨め塗り、(一 3/24)

(三四五) 將二て淨き水一を漱(ス、)レイて口を之後、(一 5/1)

(三四六) 其の器(ツキ)及(ひ)手を、必一須す三つの屑(クツ)ヲモテ淨め揩(ス)リ、(一 6/1)

(三四七) 彼の意者(は)、將(も)レて爲(た)二るを害一命の處より來れり、傷(ヤ)レフル慈を之極一、悲ニ一愍するい含識一を、理(り)可レ(し)絶レつ之を。(二 3/14)

(三四八) 凡そ設二ケは齊一供及(ひ)僧(の)常一食一を、須二(し)人をもて檢校一す。(一 5/11)

(三四九) 謂(い)二ふ是(れ)口一腹をもて爲レと先と。(二 4/15)

(三五〇) 習(ひ)て以て成レす俗(ショク)を。(一 3/5)

(三四四)(三四五)(三四六)は、動作を行ふ手段・方法を、(三四七)は、動作の原因・理由を、(三四八)は、動作を行ふために使用される人を示し、(三四九)は、格助詞ヲに通ずる。以上は、格助詞の一種として取り扱はれるのが普通であるが、(三五〇)は、口語のソウシテに当り、むしろ、順態の接続詞と見るべきであらう。

六 接尾語

——ク、——ラクの他、——マクが一例、——シクが二例あり、次のやうに用ゐられる。

A文の初めにあつて、——コトハの意味で、会話や心語を導くもの。

B文の終りにあつて、ノミを伴ひ、文を終止するもの。

その例、

(三五一) 經に云(は)く、「食し已はりて洗(アラ)レへ足を。」(一 4/10) A

(三五二) 或る人以（オモ）為ヘラク、「非レすと孝に。」（二 16/3）A

(三五三) 因（チナ）レミに事の（訓）發レシヽク願を、「食（クラ）二ハムと王舍城の所有の兒子一を。」（一 11/18）A

(三五四) 日（ヒヽ）に三（た）ひ禮して白サマク、「（中略）幸に可レ（し）と存レす心に。」（一 16/2）A

(三五五) 此（れは）陳二すらく大意一を耳（のみ）。（一 12/5）B

なほ、(三二六) の「可搭」、(三二七) の「守」、(二九五) の「爲」参照。なほ、問題とすべきものに次の例がある。

(三五六) 收（ト）リ去（るら）くは、反（かへ）（て）觸二れ僧の盤（サラ）（訓）一に、（一 4/14）「去」の右、

黒点ルハ

トリサルコトハの意味ならば、クの本来の用法を伝へたもので、訓点語としては極めて珍らしい例とならう。

形容詞の語根に付属して理由を表はすミが一例ある。訓点語としては、これまた珍しいものである。

(三五七) 持—律の者（もの）、頗（スクナ）レミ識二（る）ことと分—彊（キヤウ）一（を）、流—漫の者（もの）雷二—同す一概（カイ）一に。（一 4/25）「頗」の左、黒点スクナミ、「識」の右、黒点コト

七 助動詞

本点に用ゐられた助動詞で、確認できるものは、使役のシム、受身のル・ラル、否定のズ・ザリ・ジ、推量のム・マシ・ベシ、過去のキ、完了のツ・ヌ・タリ・リ、指定のナリ・タリ、比況のゴトシの十七種、敬語の補助動詞タマフ、タテマツルの二種である。

使役のシムは、「使・令・教・遣」等を読む他、文意によって補読する。シムに続く助動詞は、ム・ベシ・ツ・タリ、補助動詞のタマフ等である。

(三五八) 苦（クル）レシマシメて體を勞—勤するは、乃（ち）外道の教なり。（二 8/21）

(三五九) 必（す）須下（し）（中略）請二して一切の經の師一を、昇二けて高座一に誦中せしむ佛經上を。（二 18/8）

なほ、(一八七) の「使」、(一八八) の「餘」、(一八九) の「合」、(一九〇) の「令」、(一九四) の「爲」、(一九五) の「遣」参照。

受身のル・ラルは、「被・見」を読む他、文意によって補読する。ル・ラルに続く助動詞は、ズ・ヌ・タリ・ベシである。

(三六〇) 如二きは神州之地一の、禮教盛に行（オコナ）ハル。（一 1/5）

(三六一) 控（コ）二—制セラル生—田一に。（二 10/3）

なほ、(一九九) (二〇〇) の「被」、(二〇一) (二〇三) (二〇四) (二〇五) の「見」、(七八) の「退」参照。

否定のズ・ザリ・ジは「不・未・非」を読む。——ズアリの確例はなく、体言に続く場合は、すべてザルといってヌは用ゐず、已然形はザレといってネは用ゐない。ジは終止形の例だけである。

(三六二) 然も此（れ）は不（し）レ得二經宿一すること。（二 16/15注）

推量のムは、「將・欲・擬」等を、——ムトスと読む以外は、すべて補読である。未然形に接尾語の伴った——マクの例が一つある。(三五四) 参照。形容詞に続くものは、ナケムの例しかなく、助動詞に続くものは、

――ベケムの例しかない。

(三六三) 祈―請及(ひ)爲ニスに禁―術一を、並に無ニケム効シルシ―驗一。（一 5/5）

(三六四) 譯―者輙タヤスク傳ニふヘケム斯の號一を。（一 10/11）

なほ、(一六二)(一六三) の「容」参照。

マシは、――マシカバ――マシと呼応する例が一つある。

(三六五) 若(し)不レサラましかは移ニ(さ)ヘ朱淡サラレ歩を西方一に、何そヘ朱淡ソレ能く鑒カヽニミマシ斯の正則一を。（二 6/18）

ベシは、「可・應・宜・須・容・合」等を読むことが多く、文意によって補読することは少い。

(三六六) 有サリヌヘ―暇クハ、手に執これ觸―瓶、幷に革屣袋カクシタイ一を。（一 7/10）

「有暇」の左、黒点サリヌヘクハ

なほ、(一五〇)~(一六五)(二六五) 参照。

過去のキはすべて補読で、連体形のシは、接尾語クを伴って――シクといひ、ラ行四段活用動詞の連用形を受ける時、その活用語尾を促音化することがある。

(三六七) 時に人止めて曰(ひ)しく、「(中略)不レ如か、不レラムニハトいふ設ケ。」（一 13/22）

(三六八) 本(もと)契チキニ(す)シこと出家一を、(中略)偃フサニカムトなゞ四―瀑之洪流コル一を。（一 14/23）

(三六九) 縦ひ經ヘニシカトモ(中略)逐オレフて命を波のことくニ―遷ウツ一(さ)シことを、（四 2/25）

なほ、(三五三) の「發」参照。

完了のツ・ヌ・タリ・リは、「已・既」等を受けて補読することが多く、また、「已・訖」を直接ヌと読み、「訖」をヲハリヌと読むこともある。ツ・ヌを比較すると、ツは他動詞を、ヌは自動詞を受けることが多く、また、ツは使役の助動詞シムを、ヌは受身の助動詞ル・ラルを受ける。他動詞でヌを取るものは知ル・經の二語である。両者の区別は、よく守られてゐるやうである。

(三七〇) 致ツヒに使シニメツ猜サイ―ト(を)して皆悉(く)憑―虛一ナラ(シムルこと)。（二 2/20）

(三七一) 既(に)被レれ用ひ訖ナハ、棄ニ(て)よ之を坑アナ・塹ホリキ一に。（一 10/26）

(三七二) 年垂ナニ、ムトス七百一に。時經ヘニヌ十―代一を。（一 4/7）

次のやうに、他動詞を受ける「了」も、直ちにヌと読むのではなく、ヲハリヌと読むのであらう。

(三七三) 既(に)其(れ)食し了(を)ナハ、須レ(し)嚼ニむ齒木一を。（一 15/5）

なほ、(一〇二)(一〇三)(一〇五)(一一〇)(一一一)(一一五)(一一六) の「已・既・訖」参照。

ヌとタリを続けて、――ニ・タリとした例が一つある。

(三七四) 雖ニ(とも)神―跡セキ久(し)く湮ホロヒニたりと、而餘―風未レす殄ウセ。（四 3/15）

リに、未然形に接尾語クを伴った――ラクや、已然形の例がある。

(三七五) 或る人以オモ―爲ヘラク、非レすと孝に。（二 16/3）

(三七六) 以三〈右朱補〉倍セレは之長さ中一人の廿四指なり。（一 3/26）

なほ、(七七)の「持衣」参照。

指定のナリは、用言の連体形の他、種々な助詞を受ける。

A副助詞バカリを受けるもの

B接続助詞テを受けるもの

C接続助詞バを受けるもの

D格助詞トを受けるもの

E並列助詞トを受けるもの

(三七七) 可レ(し)取ニる布の長さ二一尺、寛さ一一尺許一(り)なるを。（一 7/4）A

(三七八) 大オホカタ一分塗跣すること恐レチてなり損ニせむことを衆生一を。（四 1/5）B

(三七九) 護レる戒を苾芻は、不レ噉ニら(は)其の食一を。意者は（中略）蟲一蟻多く傷ヤフル(訓)れはなり。（二 4/24）C

(三八〇) 皆用ニ(ゐ)る故き〈朱淡キ〉衣一を。不レ(し)となり損ニ(せ)新(し)き服一を。（二 15/21）D

(三八一) 房一中に恒に著るものは、唯(た)此(れ)と與レ(と)なり帔。（二 12/2）E

B・Cは、共に原因・理由を、Dは目的を、後から説明する形である。

比況のゴトシは、「如・若」を読む他、文意によつて補読し、連用形は、ゴトク・ゴトクニの両形を用ゐる。

(三八二) 揩スレリ歯を刮カレイて舌を、務ツトメて令レ(め)よ如レくナラ法の。（一 9/12）

(三八三) 嚼レ(む)に頭ハシを成レる絮イトスヂノコトクに者ものを、爲ニ(す)最も麁一(し)と。（一 10/2）

(三八四) 俗一士雲のごとくニ奔ハシリ、法一徒霧のごとくニ集(ま)て、（二 18/8）

なほ、(六二)(六三)の「若」参照。

八 提示語法

原文を逐語訳にした翻訳文法の一つとして、ある語句を無格のままで提示し、代名詞で受け、同時に特定の格を示す構文が多い。提示される語句は、体言または用言の連体形で、助詞を伴はないものと、係助詞ハまたはカを伴ふものとがある。そして、これを受ける代名詞は、コレ・ソレ・カシコ（または、ソコ）等で、コレが最も普通に用ゐられる。次の文の、括弧の中が提示された語句である。

(三八五)「防レする道を之極」、其(れ)在レるか斯(こ)に乎。（二 3/10）

(三八六)「此(れ)は」、是(れ)西方の僧一徒トの法式なり。（一 7/17）

(三八七)「飲一食供一承、勿レらむこと令ニ(むる)ごと闕乏一セ」、是(れ)仁キミか之力なり。（一 12/19）

(三八八)「何(に)ナノ過か」、之(れ)有らむ。（一 15/22）

(三八九)「若(し)爲ニ(す)ヨテ衆家一に經求ヘめ取レるは利を」、是(れ)律の所レなり聽(ゆ)るす。（二 5/1〜2）

(三九〇)「其(の)著ニキ三衣一を、及(ひ)施ニクオ絢ワ〈天朱訂〉紐ヒホ一を法一式」、依レ(り)て律に陳レゐむ之を。（二 10/11）

(三九一)「有ニらむ池河一處は」、持レ(ち)て瓶を就レ(き)て彼コに、（一 7/25）「彼」の右、黒点カシコ

代名詞が、その下の語に対する関係を見ると、(三八五)〜(三八九)は主語、(三九〇)(三九一)は連用修飾語である。なほ、次のやうな例は、提示語の

変形ともいふべきものである。

(三九二)「以二(て)寺の常の食一を」、次第に行ヒレクニ之を、大―衆咸く足(ゐ)ヌ。(一 12/20)

九　倒置法

述語の下に連用修飾語の来る構文を、下から返つて読まず、述語を先に読むと、国語としては倒置する結果になる。これも、直訳によつて生れた翻訳文法の一つである。

倒置される動詞は、見ル・言フ・如シク・請コフ等が多く、活用形は、殆んど終止形である。

(三九三)亦未レ見み、有二(ゐ)て俗官〈朱淡あ(ゐ)て〉一、(中略)欺―輕呼―喚することと不レことを異二(ら)〈朱淡ラ〉凡流一に。(二 6/25〜26)

(三九四)始(め)て曰いふ、「立レてて身を能く長二すと其の福一を。」(二 4/17)

(三九五)可レ(し)謂(ひつ)、全ク乖ソ(む)二(訓)(き)て解脱一に、不レる順シタカ二(訓)ハ蕭―然一とカスカナルニ者ものか乎。(二 7/4〜5)

(三九六)若(し)無二くは盈長一なること、不レ如しか、不レラムニハトいふ設ケ。(一 13/24)

(三九七)願コフ、智者〈右朱補〉、祥ツ(はひらか)(訓)に察して識二レ衣服之本儀一を也。(二 7/21)

八　語彙

加点が精密で、傍訓が豊富だから、多くの語彙を拾ふことができる。その内、注意すべきものを五十音順に挙げ、若干の説明を加へる。

アキラカナリ　(三九八)　然も其〈右朱補〉(の)十―數(は)、不(す)レ能二(は)的アキラカに委サタカに〈朱淡ニ〉一すること。(二 2/20)

「的」は、字典に「明也」とあり、類聚名義抄にも、「的」をアキラカナリと読んでゐる。

アケホノ　(三九九)　慧―力禪―師、侵アケホノ明ニ就レく謁エチに。(四 2/8)

諸橋轍次博士の大漢和辞典を見ると、「侵明」はないが、「侵早・侵朝・侵晨」等の熟語があり、別に、「凌晨」といふ熟語もあつて、「あかつきをしのぐ」と説明されてゐる。「侵」は「凌」の義で、「侵明」は「凌晨」に同じく、未明・早朝を意味する熟語のやうである。

アサ　(四〇〇)　其(の)絢〈二字右朱補〉或(るいは)縚アサ〈天朱訂〉、或(るいは)帛ネリキヌをもて(中略)相ひ似ニせて可レし長ナカサマにす。(二 10/14)

本文は、「條」で、アサはその右に書きつけられてゐるが、「條」の左に○印を記し、天に扁「糸」、旁「伯」らしい文字を朱書してゐるから、アサは、「條」の訓ではなく、訂正された文字の訓である。今は、これを「條」の異体と見たが、「縚」は「條」に同しく、クミヒモのことで、アサ(麻)ではない。大正新修大蔵經は「條」に作る。

アサノクツ　(四〇一)　富アサノクツ羅をもて勿レれ進二(むこと)香臺一に。(一 3/18)

「富羅」は、梵語〔Pūla〕の音訳で、靴の一種。左に「麻鞋也」と注してゐるから、アサノクツは麻の靴の意味であらう。

アツカフ　(四〇二)　斯(れ)は亦漫ミタリに爲すニるな(ゐ)傷アツカ一急フコトヲ矣。(二 17/6)

新選字鏡に

暍　於月反、傷熱也、阿豆加布

とあるアツカフは、暑熱に苦しむこと。三代実録所収の宣命、及び祝詞
に

因レ茲日夜無レ間憂礼比念保之熱加比御坐須。（貞観八年九月ノ条）

件事毛思保之熱可比憂歎岐御坐之間亦、（貞観十二年二月ノ条）

とあるアツカフは思ひ悩むことである。今は後者の意味で、無用な心づかひをいふのであらう。

アツシ（四〇三）苦(アツ)キ湯(訓)をもて浄く漱(ウカ)へ。（一 10/8）

「苦」にはキビシイといふ意味があるから、「苦湯」を意訳してアツキユと読んだのであらうか。

アツマル（四〇四）親―友咸く華(アツ)マ(ず)て、在ニ(す)て一邊一に坐す。（一 15/17）

（四〇五）有ニ(す)て靈―禽一萃(アツ)マリ止(ス)ム。（四 2/27）

（四〇六）道俗咸く委(アツ)マレとも、非ニ(す)曲―親一に。（四 2/23）

「華」は、字典に「草盛也」とあつて、草の茂る意味がある。アツマルと読んだのは、この意味に基づくのであらうか。それとも、「萃」の誤写を訂正しないで、訓だけは「萃」に従ったのであらうか。類聚名義抄には、「華」にアツマルの訓があり、大正新修大蔵經は「萃」に作つてゐる。「委」は、字典に「積牢米薪芻之名總名」とあり、ツム意味がある。アツマルは、これに基づく訓なのであらう。

アブス（四〇七）明らケシ非ミ(す)といふこと牀の上(うへ)に坐して、菜(サイ)ヘ地朱訂∨食棄(アブ)ニスに足(の)邊(訓)一に。（一 4/11）

アブル（四〇八）或(るいは)拾ニひ遺(アブ)レたる(を)於糞―聚一に、或(るいは)取ニ(す)棄(ス)テたるを於屍―林一に、（一 4/6）

なほ、（七〇）の「落」参照。アブルは自動詞アブスはその他動詞である。

ア(マ)サヘ（四〇九）剩(ア(ま)サヘ) 加ニ(ふる)は右の畔(ホト)リに、失ニふ本の威の儀一を。（一 9/6）

類聚名義抄に、「賸・剩」をアマリサヘと読んでゐて、これが原形と考へられる。右の例は省記であるが、恐らく促音に読んだのであらう。京大本蘇悉地羯羅經巻上延喜九年点に

○餘は忍ニひむ諸の苦一を。（8/9）

とある「餘」の右に、承暦三年の朱点で「アマサヘ」とあるのも同様である。

アマリ(モノ)（四一〇）不レ比(す)ニへ自―餘の所―有の長(アマリ(もの))物一に。（一 2/15）

「長物」はヨケイナモノのこと。「長」をアマルと読むのは、他にも「所レ長(アマ)レル」（一 12/21）「長(アマ)レル臛」（一 4/23）等の例がある。

アラアラ（四一一）將ニて少―水一を置レ(き)て器(うつはもの)に、略(アラく(き)よ)(訓)浄ニむ右の手一を。（一 14/1）

類聚名義抄に、「略・粗」を、色葉字類抄に「粗」をアラアラと読んでゐる。

アラハナリ（四一二）如(もし)在ニ(す)て屏(れ)たる房一に、祖(アラハ)レニするは膊(訓)を非事なす。（一 14/12）

「祖膊」はハダヌグこと。

アヲビエ（四一三）或（るいは）取二（て）竹一木の薄（アヲヒエ）一を、片（カタツカタ）ハ如二くせよ小一指の面（オモ）許一すの。（一 9/19）

和名類聚抄に

日本紀私記云、竹刀（阿平比衣）言以二竹刀一剪二金銀薄一也。

とあり、日本書紀の

時以二竹刀一截二其兒臍一。其所レ棄竹刀、終成二竹林一。故號二彼地一曰二竹屋一。（神代下　天孫降臨ノ条）

の「竹刀」を、古訓にアヲヒエと読み、類聚名義抄にも、「竹刀」にアヲヒエの訓を伝へ、ヒに浊点を打つてゐる。ただし、アヲヒエの原義は、青竹を薄くへいだものをいひ、必ずしも竹刀とは限らなかつたはずである。ヒエは、古事記の「許紀志斐恵泥（コキシヒエネ）」「許紀陀斐恵泥（コキタヒエネ）」（中巻　神武天皇ノ条）のヒエに古例があり、もとワ行下二段活用であつたが、和名類聚抄に「比衣」（和名抄にはア・ヤ両行のエの区別がない。）とし、類聚名義抄に「⿰亻析」をヘク・ヒユと読んでゐるのを見ると、やがてヤ行下二段活用に転じたやうである。別本も全く同様に読んでゐる。

イウツス（四一四）倒（サカサマ）に寫（イウツ）二シて瓶の中（う）チ一よ（ず）、更に以二（て）餘の水一を再一三滌（ス、）レイて器（うつはもの）を、（一 7/24）

イウツスは、辞書に見えない。ウツスに接頭語のイを添へたのであらう。黒点も同様に読んでゐる。

イス（四一五）或（る）い（は）自（みつから）持（モタ）レリ瓶を、或（る）い（は）令二（む）人をして授（イ）レサ水を。（一 5/23）

（四一六）其の浄瓶の水、或（る）い（は）遣二ム（シ）門人をして持て授（イ）一サ。（一 6/11）

黒点は、（四一六）をイサ（シ）ム、（四一七）をサツクと読んでゐる。それ故、サヅクと同義のイスといふ動詞のあつたことが知られ、別本も同様に読んでゐる。イスは辞書に見えない語である。

○或（るいは）令二人をして授（イ）レサシメ水を、手を必（す）浄く洗ひ、（別本）

○或（るいは）遣二（め）き門人をして持一以て相一（ひ）授（イ）一サ。（同）

イタス（四一七）雖貴象尊之國、頓二し顙（ヒタヒ）を丹墀（チ）一に、金隣玉嶺之郷（サト）（訓）、投（イタ）二ス誠を碧砌一に。（一 1/12〜13）

「丹墀」は赤イキザハシ、「碧砌」は青いキザハシで、共に宮廷を意味する。「頓顙」はヒタヒヲ地ニツケルことで、「投誠」と同じく、心から帰服する状態をいふ。黒点は、「顙」をオトカヒ、「頓」をイタシと読んでゐる。「顙」をオトカヒと読むのは誤りであらうが、朱点に「頓」にシの点があるのは、同様にイタシと読んだのであらう。「投」は、黒点に直訳してナクと読んでゐる。「頓・投」にイタスの訓は、類聚名義抄にも見えない。

イチシルシ（四一八）故（スナハ）チ覩（ミ）二∧朱訂∨ルニ黒神一を、見（イチ）シルク在二（ま）して其の前（まへ）一に、食成（ナ）二∧天朱訂∨セリ大聚一を。（一 12/23）

（四一九）目に驗（イチ）シルク斯（れ）在（ま）、幸に可レ（し）存レす心に。（一 16/3）

別本は、（四一九）の「目驗」を熟語にして「イチシルシ」と読んでゐる。

○目(イチシル)驗ク斯(れ)在(す)。（別本）

イトマアキ（四二〇）無(し)暇(イトマアキ)ニ詳(ツハヒ)〈朱訂〉ラカに述一すること。（一 15/8）

類聚名義抄に「假・暇」をイトマアクと読んでゐる。イトマアキはその連用形から転じた名詞である。

ウシナフ（四二一）或(る)い(は)有レ(す)て呑(ノ)レムこと汁(シル)を、將て爲レす弥(ウシ)レナフと病を。（一 10/15）

「弥」は、大正新修大蔵經に「殄」とあるに拠るべく、その意味は、飲光の解纜抄（宝暦八年成立）に「殄、滅也」としてゐる通りである。

ウスラカナリ（四二二）或(る)い(は)可ニし薄(ウス)ラカに拂(ハ)クに以(て)す漆(ウルシ)を。（二 11/6）

ウスラカナリは、源氏物語や枕の草子などに見えるが、訓点語としては、極めて珍しいものである。

○鈍色の直衣、指貫うすらかに衣更へして、（源氏 葵）

○雪のいと高うはあらで、うすらかに降りたるなどは、（枕 一六〇段）

ウツク（四二三）衣は纔(か)に蔽(カク)レスハカリ體(ミ)を、(訓) 食は但(た)支(サ)レフハカリ懸(ウツ)ケタルを。（二 10/6）

ウツケタルは、腹ガヘツテ力ノナイことをいふか。ただし、「懸」にウツク・ウツケタリの訓は、類聚名義抄・色葉字類抄・字鏡集共に伝へない。

ウツム（四二四）窆(ウツ)ニ〈天朱訂〉ム於寺之西一園一に。春一秋六十三矣。（四 2/12）

本文は「空」であるが、「空」をウツムと読むことはできない。天にその注と思しき三字が朱書され、その一に「窆」らしい文字が見える。大正新修大蔵經も「窆」である。「窆」は、字典に「葬下棺也」とあり、類聚名義抄にもウツムと読んでゐる。

ウツラ（四二五）若(し)其(れ)自(み(つから))乞ニふて生一繭(ケニ)一(を)、目に驗(ウツラ)損レス蟲を。（二 3/25）

（四二六）目に驗(ウツラ)西一方よ(り)有ニレは胡一地の僧來一(る)こと、多く見ニる攜(ケイ)一著一を。（二 9/3）

別本もやはり「驗」をウツラと読んでゐる。

○目に驗(ウツラ)西方に有ニ(る)胡地の僧來一レルコと。

（四一九）に、「目驗」をメニイチシルクと読んでゐるのを見ると、目ニウツラとは、目ノアタリ明(マ)ラカニといふ意味らしい。土佐日記、二月五日の条の「目にうつらうつら」、万葉集巻二十・四四四五の「宇都良宇都良(ウツラウツラ)」も、これに関係があらう。詳しくは拙著「訓点語の研究」所収「うつらうつら考」を参照されたい。

オゴカス（四二七）檢(カムカヘ)ニ尋ネ三藏一を、鼓(黒)オコカシニして法海一を、（一 2/5）

「鼓ニ法海一」とは、解纜鈔に「詳ニ相違不相違一之謂」と注してゐる。オゴカスはウゴカスに同じ。字典を見ると、「鼓」は「振動也」とあつて、フルヒウゴカス意味がある。類聚名義抄も「鼓」をオコクと読んでゐる。

オシハサム（四二八）各(の)躄(ヒツ)ニメ兩一邊一を、雙(な)らて〈朱淡へ〉排(オシ)ニ擪(ハサ)ム反於協 脊(ウシロ)一

に。（二 13/19）

（四二九）急に抹チ(ト)跡の縁ヲを、摩(オシハサ)メ於膀の下(モ、(し)モ)に。（二 12/20）

「摩」は、字典に「一指按也」とあり、指でオサヘルコトで、ハサム意味はない。類聚名義抄もオサフと読み、ハサムの訓を伝へてゐない。

オトス（四三〇）長さは十一二一指、短さは不レ減(オト)サ八指に。（一 9/15）

高山寺本彌勒上生經贊朱點に

○不レ過(き)てもシたまは不レあること減(ヘカ)りてもシたまは、猶し如し牛王の。（16/22）

とある「不減」を、白点にオトサゝルと読み、また、石山寺本蘇悉地羯羅經略疏天暦点に

○三に明下ス少し加ヘ減(オト)シて半ヲ、而作中(る)ことヲ分量上(を)也。（五 6/9）

の例がある。

カク（四三一）用ヘ右朱補ヘ(ゐ)ルコト罷(ヤ)ミナハ、擘(サ)キ破(ワ)(ぜ)テ、屈(カ)メて而刮(カ)ケ舌を。（一 9/18）

（四三二）一頭(カタハシ)は纖(ソヒヤ)カ(に)に細(ホソ)クして、（中略）屈(カ)メて而刮(カ)ケ舌を。（一 9/20）

「刮」はコソゲルこと。

カザル（四三三）條ヘ朱訂ヘ帯之頭(ハシ)、不レ合(から)ヘ朱淡ヘ綪(カサ)り綵(ウルワ)シくす。（二 12/15）

「綪」は、字典に「亦笮字、竹繩」とあり、諸橋轍次博士の漢和大辞典には「竹で作った、舟を牽く綱」と説明されてゐて、カザル意味はない。大正新修大蔵経は「緝」に作り、解纜抄は「糸扁」に「茸」の合字を用ゐ、「正作レ毦」といってゐる。「緝」はウム・ヌフなどの他、カガヤク・アキラカといふ意味があるから、意訳してカザルと読んだのかも知れない。「綵」は動詞にしてイロフ（イロドルこと）と読むのが普通であるが、意訳すれば、ウルワシクスと読めるのであらう。「毦」はケオリモノで、これと熟語する「綵」はアヤキヌであるから、解纜抄に従へば、條帯の頭をケオリモノやアヤギヌで作ってはならないといふ意味になる。ただし、字鏡集を見ると、「糸」扁に「茸」の合字を、やはりカサリと読んでゐる。

カタサキ（四三四）唯(た)跡は片(カタサキ)に有(き)別なる處。（二 13/16）

類聚名義抄・字鏡集・色葉字類抄等に、「髃」をカタサキと読んでゐるのは、「肩先」の義。ここは単にハシ（端）を意味してゐるやうである。

カタタガヒナリ（三五九）参照。

「參差」はソロハナイ状態。国会図書館蔵大日經治安二年点に

○擧(け)て二風輪を參差(カタヽカヒ)に相ヒ押(オサ)フ。（四 7）嘉承朱点 カヽタカヒ

の例がある。

カツ（四三五）不レ可(す)(から)將て餘部の事を見(ラ)レル糅(カ)テヘ朱淡ラルヘ於斯(れ)に（一 2/24）

（四三六）手をもて攪(カ)キ合(アハ)ヘ朱訂ヘせて和(カテ)ゝ、投(イ)ルニ諸の助一味一口。（一 13/14）

字典に「糅」は「雜也」とあり、カツはマゼクハヘル意味の下二段活用

動詞。万葉集巻十六・三八二九の「醤酢に蒜都伎合而」の「合而」をカテテ、推古紀三年四月の条の「以交レ薪焼二於竈一」の「交」を、古訓に同しくカテテと読んでゐる。

カヒロク（四三七）由二（よ）て其の底尖一（ソコスルト）なるに、鉢不二動-轉一（カヒロ）カ。（一 7/7〜8）

和名類聚抄に

舮 加比路久船不安也。

とあるカヒロクは、舟が動揺すること。枕の草子「草の花は」の段の「昔思ひ出で顔に靡きてかひろぎ立てる」のカヒロクは、風に揺らぐ薄の穂のことである。ここは、托鉢の底が尖つてゐるため、袋に入れて肩に掛けても、引つくり返らないといふのである。

カフ（四三八）捨（カ）レへて身を遂に生二（ま）れたゞ（訓）藥叉之内一に。（一 11/19）

（四三九）捨（カ）レへて身を生二〈右朱補〉（ま）レヨ樂（ラク）-處一に。（一 14/8）

「捨身」は命ヲ捨テル、即ち死ヌことであるが、今は、生レカハルことと見て、身ヲ変ヘテと読んだもので、巧みな意訳である。竹取物語の

そこらの黄金を給はりて、身をかへたるがごとなりにたり。

も、「身分が変つたやうに」ではなく、「生れ変つたやうに」ではあるまいか。

カワ（四四〇）河池之處に、或（る）い（は）可レ（し）安レく棬（カワ）を。（一 8/17）

「棬」は、字典に「屈木盂也」とあり、木を曲げて作つた盃器のこと。和名類聚抄に

陸詞切韻云、棬音與レ拳同、漢語抄云、佐須江器似レ斗、屬レ木爲レ之。

といひ、類聚名義抄・色葉字類抄共にサスエと読み、カワの訓を伝へてゐない。カワは、辞書に見えない語である。

キラフ（四四一）方-卹（クニ）〈朱訂〉偏-袒〈左朱訂〉は、形（かた）チキ簡二ラフ俗流一に。（二 9/13）

「簡」はエラブと読むのが普通であるが、類聚名義抄・色葉字類抄共に「蕳」（「簡」の異体）にキラフの訓を伝へてゐる。エラビトル意味のキラフといふ語のあつたことを認めなければならない。

クム（四四二）藤の繩〈天朱訂〉をもて織（ク）レメ（る）内に。（一 3/22）

黒点も、同じくクメリと読んでゐる。ここのクムは、クミイトのクムで、アム意味であらう。

コトウク（四四三）此（コノコロ）見二れは僧-尼の助（コトウケ）して檢-校する者（もの）一を、食すること多く過レ（ぐ）す午を。（一 5/13）

黒点も同しくコトウケシテと読んでゐる。後のものであるが、古今著聞集に

のがれがたなくて、いふまゝにことうけしぬ。（巻九、武勇伝、十二）

徒然草に

都の人はことうけのみよくて、実なし。（一四一段）

等とあるによれば、コトウクは「言受ク」で、返答承諾の意である。今の場合、そのままでは当てはまりにくいが、世話ヲヤクといふほどの意味であらうか。解纜鈔に、「檢校者、知事・典坐之類」と注してゐる。

コナカキ（四四四）長(アマ)レル臛(コナカキ)を乃(ち)反ニ帰(カヘ)シ鐺(カナヘ)の内ーに、羹(カウ)─菜を明─朝に更に食し、（一 4/24）「臛」「羹菜」の左、黒点コナカキ

（四四五）次(に)受ニ(け)て乾(き)たる秔(カウ)─米(の)餅、稠(マメツキ)─豆(の)臛(コナカキ)ーを、洗(ス、)クニ以ニ(て)し熱─蘇ーを、（一 13/14）

「臛」は本来肉ノアツモノ、「羹」は菜ノアツモノで、これに米や豆の粉を入れて攪きまぜたものがコナカキである。今は、後者の意味に読んだのであらう。

サク（四四六）縫(ひ)て用て社(サ)ニクル(らく)寒─暑ーを耳。（二 4/7）

「社」をサクと読むことはできない。大正新修大蔵経に「袪」に作るに拠るべきであらう。「袪」には「禳・遣・逐・散・去」等の意味があり、類聚名義抄にサルと読んでゐる。

サクル（四四七）水溢ニヲ平川ーに、決(サク)(ヲ)て入ニれて深き井ーに、（一 1/1）

サクルは、土を堀つて水が流れるやうにすること。仁徳紀の

○決ニ横源ー而通レ海。（十一年四月の条）

天智紀の

○決レ渠降レ雨。（元年十二月の条）

の「決」を、古訓にサクリテと読み、類聚名義抄に「決・泄・渫」等を、色葉字類抄に「決」をサクルと読んでゐる。

ササク（四四八）或(る)い(は)遣(シ)ニム童子をして驚(サ、)ケ持ー(た)。（一 7/16）「驚」の左、黒点サ丶ケ。

「驚」をササグと読むことはできない。大正新修大蔵経に「擎」に作るに従ふべきであらう。

サダカナリ（三九八）の「委」参照。

「委」をサタカナリと読むのは、「委曲」の「委」で、ツマビラカの意味であらう。

サリヌベシ（四四九）有(サリヌヘ)暇クハ手に執ニれ觸─瓶、幷に革(カクシ)屣(タイ)袋ーを。（一 7/10）

（四二〇）の「無暇イトマアキナシ」に対し、これは「有暇」を熟語にして、朱・黒両点ともサリヌベクハと読んでゐる。ヌは完了、ベクは推量の助動詞で、サリが「有暇」の意味を持つ動詞といふことになるが、他に全く所見がない。別本も、墨で「サリヌヘウハ」と読んでゐる。

シヂ（四五〇）卑─幼之流(トモカ)ラは、小─枯(セム)〈朱訂〉をもて隨レふ事に。（一 3/23）

本文は「小枯」、朱で「古」を「占」に改め、二字を音合の直線で結び、「枯」の右にセムを書きつけてゐるが、別に朱で淡く訓合の直線があり、「小枯」の右にツクヱの仮名が見える。初め訓読したのを、後に音読に改めたものらしい。黒点は、「枯」の右に訓でシチ、音でテウを記してゐる。「枯」は、字典に「知林切、音碪、與レ椹同、斫レ木櫍也」とあり、木を割る時におく台のこと。ここは、食事の時に、卑幼の輩の用ゐる、椅子代用の台を指してゐるらしい。センまたはチンの音で、黒点のテウは不審である。シチは、和名類聚抄に

唐韻云、榻 吐盍反、和名之知 床也。

とあるもので、牛車の轅の軛を支へ、また、乗降の際の踏み台となるもの。形が机に似てゐるから、ツクヱと読んでもシヂと読んでも大差ないやうであるが、今は腰を掛ける台であるから、ツクヱは相似しくない。

シバラク（四五一）可ㇾし隆冬之月には、權（シハラ）く著（ハ）イて養ㇾふ身を。（訓）（一　3/16）

「權」の左、黒点シハラク

「權」にシハラクの訓は、類聚名義抄にも見える。方便トシテの意。

シリウタク（四五二）各各別に踞（シリウタ）ケ坐（キ）〈天朱補〉ル小（さ）き牀一に。（一　3/22）

「踞」の右、黒点シリウタケキル

（四五三）坐（ス）ニて把（ト）ニ（ヲ）て金ー囊（ナウ）一を、却（カヘ）（ヲ）て踞（シリウタ）ニケたヲ小（さ）き牀一に。（一　12/7）

（四五四）安ー遠は則（ち）虎のごとくに踞（シリウタ）ニケ於江ー漢之南一に、（訓）（四　3/22）

（四三二）（四五三）はコシカケル、（四五四）ウズクマル意味。

スルドナリ（四三七）参照。

類聚名義抄・色葉字類抄共に「尖」にスルトナリの訓がある。常識的には、形容詞のスルドシが普通で、スルドナリは、これから派生した形容動詞のやうに考へられるが、辞書を見ても、古いところでは、却つてスルドシの例が見当らない。

ソヒヤカナリ（四三一）参照。

竹ベラの一方を削つて、細長くした状態。新選字鏡に

䏚助龍反、奈太良加爾、又曽比也加爾（享和本）

躰所巣反、細長之㒵、曽比也加爾

とあり、類聚名義抄に「䏚・躰・纎・嬋娟」等をソヒヤカナリ、色葉字類抄に「纎」をソヒヤカと読んでゐる。平安朝の物語で、容姿の形容に用ゐられるソヒヤカナリも、単に丈が高いのではなく、スラリト高いことをいつてゐるのであらう。

タカバカリ（四五五）當ニれヲ笏（タカハカリ）ー尺ノ尺ー半一に。（一　4/1）

（四五六）可ㇾ（し）取ニる熟（ネリキヌ）ー絹ノ笏（タカハカリ）ー尺ノ四尺一を。（一　8/5）

和名類聚抄に

辨色立成云、尺竹量也太加波加利

類聚名義抄に「尺」を、色葉字類抄に「尺・笏尺」をタカバカリと読んでゐる。タカバカリは竹デ作ツタモノサシの意なのであらう。

タトリ（四五七）兩の角に施（スミ）ㇾ（オ）キ帶を、兩の畔（タトリ）に置ㇾケ絢（ヒホ）〈朱訂〉ヲ。（一　8/7）

「畔」に当ると思はれるタトリは、辞書を探しても見当らない。

タメシ（四五八）護ㇾらむ罪を之流ら、須ㇾ（し）觀ニる尺の樣（タメシ）一を。（訓）（一　4/3）

（四五九）鉢の袋の樣（タメシ）亦同ㇾし此（れ）に。（一　7/6）

（四六〇）即（ち）是（れ）羅（フルヒ）の樣（タメシ）なヲ。（一　8/7）

タメシは、様式・規格の意。類聚名義抄に「様・模・本」等を、色葉字類抄に「様・本」をタメシと読んでゐる。

チキリカウブリ（四六一）衣をもて掩ニひ左の髆（カタ）一を、首（かう）べに無ニれ巾（チキリカウフ）ー帊一りすること。（一　3/13）

「帊」は、字典に「帛二幅曰ㇾ帊」といひ、また「幞也」「襆也」ともあ

つて、頭を包む黒絹、またはヅキンのこと。和名類聚抄に

幗古誨切、去声、又古獲反、和名知岐利加宇不利、今老媼戴之覆髻上者也、唐韻云、幗婦人喪冠也。

と見え、色葉字類抄には

幗チキリカウフリ 覆髪上者也、又婦人喪冠也。

とあり、類聚名義抄には、「幗」をチキリ、及ひカウブリと読んでゐる。孝徳紀の

○其撃鍾吏者、垂赤巾於前。（大化三年四月ノ条）

「赤巾」を、古訓にアカイロノチキリと読んでゐるのも同じ語で、チキリカウブリが正しく、チキリはその略称なのであらう。

ツク（四六二）其の傘は（訓）可（し）用（ゐ）て竹を織る之を。（中略）擬オモふなる施ツケムと其の柄エを（訓）。（二 11/5）

柄ヲツクは、柄ヲスゲルこと。

ツキフル（四六三）食の時に叢アツマリ坐キて、互に相ひ振ツキ觸れ、不避サラ猪犬を。

（一 5/17）「振觸」の右、黒点ツキフレ

諸橋轍次博士の大漢和辞典によると、「振」は物を以て物に触れる意味である。高山寺本彌勒上生經賛朱点に「棠觸」をツキ（フラハ）へと読み

○樹い棠ツキ觸へて、談演す如き是（の）等の法を。（7/5）

石山寺蔵大般涅槃經治安四年点に「抵觸」をツキフルと読んでゐる

○彼の力士以（て）頭を抵ツキ觸ルニ、其（の）額ヒタヒの上の珠尋（ち）没（す）膚ハタヘの中に。（七 14）

ツクと同じであらう。

ツクヱ（四六四）凡（そ）踞コ坐する小牀及（ひ）枯ツクヱに之時には、（二 12/19）

なほ、（四五〇）参照。ここの「枯」も、腰掛けの類で、ツクヱの訓は相応しくない。ヱの字体が曖昧でヨに近いため、前稿でツクヨと読み、ツクヱ（ヤ行のエ）の系統を引くものと考へたのは誤りであつた。（四五〇）の「小枯」の右に、消されて淡くなつてはゐるが、ツクヱの訓が読み取れるから、（四六四）も、ツクヨではなくて、ツクヱを示すものと見るのが穏かであらう。和名類聚抄以後は、やはりワ行のヱが一般化してゐたのである。

ツネニ（四六五）驅驅として鎮ツネに（訓）惱マシ情志を、（二 14/16）

「鎮」は、字源を見ると、「與常字之義略同、六朝人詩毎用鎮字、唐詩尤多」とあり、「常」に通じてツネニと読む。類聚名義抄にもツネの訓がある。

ツツセシ（四六六）其の貧（訓）（し）く窶ツツセキは、及（ひ）て食罷ヤムに行すること覩を随ふ力の所に能タヘタル。（一 13/26）

「窶」は、字典に「貧也、謂貧陋也」とあり、ツツセシは貧しい状態をいふ。この語は、類聚名義抄・色葉字類抄に載せず、字鏡集に見えるに過ぎない。

テラス（四六七）未して徒ウツサ寸陰を、實に鏡テラシテム千齢レイ之迷躅チョクを。

（一 2/5）「鏡」の左、黒点テラサム

「鏡」は、字典によると、「照」の意味があつてテラスと読む。ただし、類聚名義抄・色葉字類抄共にこの訓がなく、字鏡集応永本に見える。

トサマカウサマニ（四六八）衣―縷不レ問二（は）縱（トサマカウサマ）横一にすることを。（二 4/3）

「不問縱横」とは、あれこれと様式の定まつてゐないことをいふのであらう。色葉字類抄に「左右」を読み、雄略紀の

○恒使二闇夜東西覓一。（三年四月の条）

「東西」を、古訓に「トサマカウサマニ」と読んでゐる。

ナガシ（四六九）牙疼（ヒヽラ）クことは西―國に迥（ナカ）ク無（き）ことは、良に爲レ（を）テなむ嚼二（む）に其の齒―木一を。（訓）（一 10/9）

（四七〇）裸國は則（ち）迥（ナカ）く無二（し）衣服一。（二 8/6）

（四七一）胸―腋之間は、迥（ナカ）く無レ（し）繫（カ）クルこと袜（マヘタレ）〈朱訂〉を。（二 13/20）

「迥」は、字典に「遠也」とあり、ハルカナリ・トホシの意味でナガシと読む。もつとも、類聚名義抄には、ハルカナリの訓はあるが、ナガシの訓はない。

ナフサナフサニ（四七二）若（し）不二は隨（ナフサナフサ）分に經―求一セ、活すること命を無レケム路（トコロ）。（二 14/20）

語源は不明だが、国語大辞典に、伊勢物語真名本の「隨分オフナオフナ」を誤り読んだものとし、大言海にアブナアブナの転としてゐるのは、共にいかが。類聚名義抄にも同様に読んでゐる。

ナメツキ（四七三）幷に洗二（あ）（ひ）て嘗（ナメツキ）器一を、方に觸二れよ鐺（カナヘ）釜一に。（一 5/4）

ナメツキは食器のことであらうが、辞書には見えない語である。

ナモミ（四七四）胡（ナモミ）葈ノ根を極（め）て爲（す）レ精と也。（一 10/2）

（四七五）取二る倉（メナモミ）耳ノ根一を。（訓）幷（に）截（キリ）二取る入レれること地に二寸一なるを。（一 10/2注）

「倉」は、本文の「食」を朱筆で訂してゐる。ナモミは薬草で、本草和名に、

葈耳仁諝、音思以反上一名胡葈、一名地葵、（中略）一名蒼耳、（中略）和名奈毛美

和名類聚抄に

葈耳　陶隱居本草注云、葈耳一名羊負來葈音子、和名奈毛美

とあるもの。雌雄両種があり、雌をメナモミといふ。後のものであるが、徒然草に

めなもみといふ草あり。くちばみに螫されたる人、かの草をもみてつけぬれば、即ち、いゆとなむ。（九六段）

と見えてゐる。

ナラフ（四七六）閑（ナラ）ヒ内典之三藏一を、洞（トホ）二せる俗言之四明一を。（二 6/2）

（四七七）善く閑（ナラ）ヒ律の意一を、妙に體（サと）二れる經（の）（を）心一を。（訓）（四 3/17）

「閑」は、字典に「習也」とあり、ナラフと読む。類聚名義抄にこの訓を伝へてゐる。

ナラブ（四七八）准（なら）へて如二きには聖教一の、多く有二（る）違（たが）へる處一。（一 3/15）

黒点は、「准」と「如」の間に、訓合の直線を引き、左にナラフルニと読んでゐる。ナラフは「並」の意。

ハカル（四七九）用二（ゐ）るは陰―陽―瓶一を、權（ハカ）レ（り）て時を濟（セイ）ス事を。（訓）

「權」はハカリニカケル意味で、ハカルと讀む。（一 8/17）

ハダク（四八〇）牙の根(キハ)、宿—穢積(ツモ)リ久(し)くして成レサは堅く、刮(ハタ)レケて之を令レ(め)て盡サ、（一 10/8）(訓)

別本には、「堅く割(ハタ)ケて」とある。「刮」は、字典に「摩切」「削」とあり、スリキル・ケヅルこと。今は、齒石を削り取ることをいつてゐるらしい。「刮」をハダクと讀むことは、早く石山寺本大智度論天安点に

○知二ると刮(ハタ)ケ刷(ノコ)一フことを、知レると覆レ(ふ)こと(を)創を、（二 17/20）

の例があり、和名類聚抄には、また、「馬刷」を「于麻波太氣」と讀んでゐる。別本の「割」は「刮」の誤寫か。

ハラフ（四八一）口に嚼(カ)二ミ齒木一を、疏(ハラ)レヒ牙(キハ)を刮(ス)レリ舌を、（一 5/24）

「疏牙」は、齒に附いてゐる穢いものを取り除くこと。ハラフは除去の意である。

ハル（四八二）墾(ハ)レリ土を害レするは命を、教—門に不(す)レ許(ユル)サ。（二 5/2）

万葉集巻十四・三四四七の「波里(ハリ)之(シ)美知」、同巻十・二二四四の「岸乎田尓墾(ハリマキシ)蒔稲」等のハルである。

ヒク（四八三）先っ於二大衆一よ(り)行(ヒ)ク。（一 11/16）

（四八四）其の行(ヒ)レク食を法は、先っ下(ス)二ウ薑(キヤウ)鹽(エム)一を。（一 12/26）

（四八五）其の行(ヒ)レク鹽を者(ヒト)、合掌長跪して、（一 13/1）(訓)

なほ、(三九二)参照。食ヲヒクとは、食物を一人一人に配分すること、大東急紀念文庫藏大日經義釋延久・承保点に

○若(し)行(ヒ)レカム食(を)時に、錯誤して闕少(せ)らは、即(ち)應レ(し)補す之。

（六帖6オ）

とあるのは、ここと同じ意味であるが、東大寺藏百沙顯幽抄古点（平安中期初の加点）に

○王勅して令レ行(ヒカ)二シム黒と白との二(つ)の籌一を。（42/16）

とあるヒクは、クジヲヒクのヒクである。「行」を同じくヒクと讀んでも、時と場合によつて、意味に多少の違ひがあるやうである。

ヒダム（四八六）兩邊向レ(ひ)て外に雙へて襵(ヒタ)メ、（二 7/10）

（四八七）角(スチカヘ)に襵(ヒタ)二メて兩つの頭(ハシ)一を、對(ひ)る處を縫ひ合せよ。

（一 7/4）「襵」の左、黒点ヒタメ

（四八八）襵(ヒタ)二メ取(り)て兩(つ)の頭(ハシ)一を、使二(め)よ相(ひ)著(ツ)一ケ。（一 8/6）

和名類聚抄に

周禮注云、祭服朝服、襞積無數襞積二音辟積、訓比多米、見文選

とあり、類聚名義抄に「襵・襞積・襀・會」等をヒダメ、色葉字類抄に「會」をヒダメ、「襞積」をヒダ・ヒタメと讀んでゐるのは、すべて名詞で、メは折リメ。縫ヒメ等のメと同じものかと考へられるが、今は、ヒダヲツケル・ヲリタヽム意味の動詞として用ゐられてゐる。

ヒデリス（四八九）驟(ムラサメ)—雨するときには、則(ち)不レ霑(ウル)二ホサ衣服一を。赫(ヒテリ)—熱するときには、則(ち)實に可レ(し)招レ(き)つ涼を。（二 11/9）(訓)

傘があれば、にはか雨が降つても衣服を濡らさないですむし、日が照つ

て暑い時には、日蔭を作つて涼しい、といふところ。ヒデリスは、文字通り、日の照ることを意味し、旱魃のことではない。

ヒビラク（四九〇）牙疼キハヒヽラキ、齒癒ユルクこと、三一旬すれは、即(ち)愈イエヌ。　（一 10/4）

なほ（四六九）参照。和名類聚抄に

説文云、疼徒冬反、訓比々良久 動痛也。

とあるやうに、ヒリヒリスル・ヅキヅキイタム・ウヅクこと。

ヒロシ（四九一）（齒木）一一頭カタハシ緩ヒロクして須(し)熟ヨク嚼(む)(訓)。（一 9/16）

「緩」は、辞源に「寛也」とあり、ヒロシと読むことができるやうである。類聚名義抄にも、「緩」にヒロクの訓がある。ただし、今は、歯木について、太さは小指ぐらゐといつてゐて、更に広狭が問題になりさうな場合ではない。

フサグ（四九二）絶タチ三一株〈天朱訂〉の之害一種を、偃フサカムトなそ四一瀑之洪流コルを。（二 14/23）

「偃」は、字典に「與堰同、壅水也」とあり、水ヲフサグこと。「偃」にフサグの訓は、類聚名義抄・色葉字類抄共に載せないが、字鏡集三本に見える。

フセグ（四九三）非しては此カグセ、不杜フセカ其の源を。（二 6/6）

「杜」は、字典に「塞也」とあり、フサグと読む。ここのフセグは、フサグ意味でらあう。類聚名義抄は、「偃」にフセクの訓がある。

ホノカナリ（四九四）又(また)復詳(か)に観ミ(訓)往一哲を、側ホノカニ聴けそ前規キを。（四 3/19）

「側」は、「傾」で、「側聴」は耳ヲ傾ケテキクことであり、上の「詳觀」に対する。今の場合、ホノカニの訓は適切でない。

マカヅ（四九五）五(には)食罷(音)ヲハ(り)て去サクルコトヲ(いふ)穢(を)。（一 2/10）「罷」の左、黒点マカテ

「罷」は、字典に「休也・已也」とあり、ヤムと読む。朱点のヲハルはヤム意である。「罷」は、また「歸也」とあり、マカルとも読む。マカヅは、マカリイヅの約であるから、「罷」をマカヅと読むのは差支へない。類聚名義抄には「罷」をマカテムと読んでゐる。ただし、国語でマカル・マカヅといふのは、人についていふ語であり、今のやうに、食事の終ることに対して用ゐるのは異例であらう。

マカル（四九六）所一食之器(うつはもの)し、(中略)待(ち)て了マカリを同しく棄スツ。　（一 4/19）

類聚名義抄に「退・去・引」等をマカルと読んでゐるやうに、マカルは、退出スル、辞去スル等の意味である。右の「了」は、食事がヲハルことをいつてをり、マカルと読むべき場合ではない。それとも、食事が終つて、客が退出スル意味に解したのであらうか。

マサカナリ（四九七）鳥喩月經、雅マサカに當れそ其の況に。（一 7/12）「雅」の左、黒点マサカニ

（四九八）斯(れ)則(ち)雅マサカに順ひ調御之儀に、善く愜カナヘリ策シヤク一修之路に(訓)。（二 7/8）

「雅」は、字典に「正也」とあり、類聚名義抄には、マサシ・マサカナリの両訓がある。右のマサカニも、マサシクの意味で、訓点語では、マサシとマサカナリとを同義に用ゐてゐるのである。マサカは、本来は、万葉集の「今の麻佐可(マサカ)もうるはしみすれ」(巻十八・四〇八八)「真坂(マサカ)は君によりにしものを」(巻十二・二九八五)等について、本居宣長が「行ク末対へて今さしあたる時をいへり」(玉勝間巻八)といつてゐるやうに、「現在」を示す名詞、または副詞であるが、マサカニは、それから出て、現ニ∨確カニ∨正シクと転義したのであらうか。(四九八)は、別本も同様に読んでゐる。なほ、他の資料の例を挙げておく。

○世尊の行歩シたまふ進止は、儀と雅(かな)ること猶(ほ)如ニ(し)鵝王ーの。(高山寺本彌勒上生經賛朱点　16/22)「雅」の右、白点マサカなること

マタ(四九九)器(ツキ)已に成(訓)レれるを觸に、還(し)て將(て)益(マタ)送ヲ、(一　4/22)「益」の右、黒点亦也

(五〇〇)自(み(つから))墮せむは乍(マタ)可ニなぞとし一身ーに、(二　9/18)

(五〇一)脚(アシマロ)圓にして且(マタ)輕し。(一　3/23)

「且」は、字書に「又也」とあつて、普通にマタと読んでゐる。「乍」は、これを繰り返して「乍――乍――」の形を取る時、アルイハ――アルイハ――の意味で、マタハ――マタハ――と読むことはあるが、一字でマタと読むのは、どういふ意味であらう。

○乍(アルイハ/マタハ)行キ乍ハ止ル。(興福寺本大慈恩寺三藏法師傳古点　一　9/25)

ここは、むしろシバラクと読むべきところではあるまいか。「益」をマタと読むのは、何の義に基づくのか知らない。黒点に「亦也」と注してゐるが、さういふ説明は字典を探しても見当らない。類聚名義抄・色葉字類抄・字鏡集等共に「益」にマタの訓はない。更に加はる意味で、マタと読んだのであらうか。

マヘダレ(五〇二)鉤(カ)ニケ取(ヲ)て正中ーを、擧ニけ向ふ齊(ホソ)の下(シモ)の抹(マヘタレ)ーに。(一　12/12)

(五〇三)闊(ヒロ)キ布(訓)兩一尋をもて繞(マツ)レフて腰を下(タ)レした(ヲ)袜(マヘタレ)<天朱訂>を。(一　8/5)

なほ、(四七一)参照。三例とも、本文は「抹」。(四七一)は朱筆で直ちに「袜」に改め、(五〇三)は、天に朱筆で「袜」を記し、「多作抹也」と注してゐる。「抹」は、スル・ナヅ等と読むべき文字で、文意に適はないと思はれるが、大正新修大蔵経は三例共に「抹」に作つてゐる。「袜」は、字典に「袜肚」、「所ニ以束ヒ衣也」「脚衣」等とあり、諸橋轍次博士の漢和大辞典は、これに従つて、ハラマキ・オビ・タビ等と読んでゐる。ここは、腹や腰の辺で前に垂らす布のやうで、マヘタレは前垂レの義なのであらう。類聚名義抄は「袜・襟」を共にマヘタレと読み、前者にはへに、後者にはタに濁点を打つてゐるが、前者は恐らく誤りであらう。

マメツキ(四四五)参照。

和名類聚抄に

食療經云、大豆麨(尺紹反、字亦作レ麵、和名末女豆木)勿レ與ニ一歳已上十歳已下小兒一食レ之

氣壅而死

とあるもので、「豆搗」の義、今の黄粉のことである。

ミジカシ（五〇四）有らは長きこと〈朱淡キ〉〔訓〕割り却テ、少カクは則(ち)更に添ヘヨ。（二 12/14）

「少」にミジカシの訓は、文意によつて意訳したのであらうが、類聚名義抄・色葉字類抄・字鏡集共に見えない。

ミダリガハシ（五〇五）以(て)水を略オロソカに洗(あら)(ひ)て、勿れ使(むる)こと横ミタリカハシク流(なか)(れ)。（一 11/15）

「横流」は、諸橋轍次博士の大漢和辞典に、「ほしいままにあふれ流れること」とある。「横」にミタリカハシの訓は、類聚名義抄・色葉字類抄・字鏡集共に載せない。

ミヅフルヒ（五〇六）一日も有(る)ときには命、即(ち)須(し)羅ミツフルヒをもて濾シタム。（二 5/13）

（五〇七）若(し)行ユイて赴かは供に、應(し)將(もた)る濾ミツフルヒ羅ヲ。（一 15/4）

「羅」は、「帛」に同じくウスギヌのこと。これで袋を作り、水をこすのに用ゐるものがミヅフルヒである。和名類聚抄に

漉水囊、涅槃經云、漉水囊 和名美豆布流比

とあるのがそれである。從つて、（五〇七）のミツフルヒは正しい訓であるが、（五〇六）は單にキヌ、またはウスギヌと讀むべきである。類聚名義抄には「漉囊」をミツフルヒ、「濾・漉」を水フルヒと讀んでゐる。後者は、水ヲフルフコトを指してゐるやうである。色葉字類抄は、和名類聚抄と同じく「漉水囊」をミツフルヒと讀んでゐる。

ミツ（五〇八）天倉には去イタセトモ米を、而隨(ひ)て平ミテリ。（四 3/15）

「平」の右、朱点満也

「平」に「満」の意味はなく、類聚名義抄・色葉字類抄・字鏡集等にもミツの訓は求められない。ここは、倉から米を持出しても、その後が凹まないで、いつも平らになつてゐるといふ意味でミツ（充満）と讀んだのであらう。なほ、「去」のイタスは「出」の意。

ムカフ（五〇九）擁ムカへて口に令(め)よ上カミサマに堅タタサマに高さ兩指(に)せ。（一 6/22）

飲用水を入れる瓶の構造について説明したところで、解纜鈔には、「擁音勇、抱持也。擁口者、即瓶頸容手抱持故。」と注してゐるが、どうもぴつたりしない。「擁」をムカフと讀んだのは「對」の意味に解釈したのかとも思ふが、「擁」に「對」の意味はないやうだし、類聚名義抄・色葉字類抄・字鏡集共にこの訓を収めてゐない。大正新修大蔵経の校異を見ると、「罐口」としたものがあり、小野玄妙氏の訳文（大東出版社「国訳一切経」）は、これに従つて、「罐の口より上げしむることは堅に高さ両指なり。」と讀まれてゐるが、いかが。

ムクユ（五一〇）泣ナクこと血に三年して、將て爲む賽ムクユ〈天朱訂〉ユルこと德に。（二 15/12）

本文は「償」、天に朱筆で「賽」に改めてゐる。「賽」は、字書に「報

也」とあり、神から受けた幸に対して、報い祭る意味でムクユと読む。類聚名義抄にも同じ訓がある。

メクハス（五一二）有下(き)親(マノアタ・ユ)リ行ニイて西國一に、目(メクハ)撃スハカリニシテ是非上する(もの)。（一 4/9）

「目撃」は見ること、国語のメクハスは、目を動かして合圖すること で、両者必ずしも同義ではない。類聚名義抄は「眴・睚眦」を、色葉字類抄は「眴・目瞻」をメクハス、またはメクハセと読んでゐる。

モダス（五一三）若(し)黙(モタ)して而不レは説(か)(訓)、知る者(もの)無レけむ由、（二一 7/19）

「黙」にモダスの意味はない。「黙」に改むべきを、本文はそのままにして、訓だけ「黙」に従った例である。

ヤガタグルマ（五一三）棚(ヤカタクルマ)車ニ輿(ノ)レセテ像を、鼓(コ)樂(クカハ)張レリ天に、（二一 18/10）

和名類聚抄に

大戴禮云、車蓋（俗車屋形 夜加太）二十八轑、以象ニ列星一也。

とあり、車の屋根をヤガタ（屋形）といふ。ヤガタグルマは、屋根のある車のこと、類聚名義抄に「車蓋・車屋形」をヤガタ、色葉字類抄に「廬・車蓋」をヤカタと読んでゐる。

ヤワシ（五一四）雖ニ為(とも)復(た)餓(ヤワ)レシと腹、終(はらヨモスカラ)宵詎(れ)か免ニれむ非時之過一を。（一 15/6）

新選字鏡に「磽确」を「也和戸留所也」といひ、石山寺藏妙法蓮華經玄賛古点（平安中期初めの加点）に

○又、頷瘦(ヤセヤワ)へりといふは者、皮肉の乾レ枯(れ)たる之皃ソ。（六 20/31）

とあるヤワフは、ヤセル意味の四段活用の動詞。右のヤワシは、ウヱテヰル意味の形容詞である。そして、日本書紀

○又飢時生兒號ニ倉稲魂命一、（神代紀上）

の「飢」を、古訓にヤハシカリシ・ウヱマセルと読んでゐるのを見ると、ヤワシは、シク活用であったと考へられる。ただし、仮名遣は新選字鏡のヤワヘルに従って、ヤワシが正しく、ヤハシは誤りとすべきではあるまいか。類聚名義抄・色葉字類抄・字鏡集共に、ヤワフ・ヤワシの語を伝へない。

ユカ（五一五）下(シタ)に以レ(て)盆(ユカ)を承(ウ)ケよ。（一 8/8）

（五一六）墮(オ)レチ地に墜(オ)レ＜右朱補＞チヌレハ盆(ユカ)よ(き)、還(さ)て不レ免レれ殺を。（一 8/9）

和名類聚抄に

唐韻云、堈（音剛、楊氏漢語抄云、游堈由賀壅也、今案、俗人呼ニ大桶一為ニ由加一、是辨色立成云、於保美加）

とあり、カメ・ヲケの類をユカといふ。この語、類聚名義抄になく、色葉字類抄に「游堈」をユウ・ユカヲケと読んでゐる。

ユク（五一七）挾(ワキハサ)レムて鉢を棄レてゝ之を長く鶩(ユ)ク。（二一 4/26）

「鶩」は、字典に「奔也、疾也」とある。これをユクと読むのは、ハセユク意味なのであらう。大正新修大蔵経は「鶩」を「騖」に作ってゐるが、これは同字である。ただし、二字とも類聚名義抄・色葉字類抄・字鏡集等にユクの訓はない。

ユルグ（四九〇）参照。

「憊」は、字典に「愨也」「羸困也」「困病也」等とあつて、ツカル・クルシム・ヤム等の意味を持つ。ユルグは、ユレル、ユルクナル等の意味を表はす語で、「憊」をユルグと読む理由はない。ただし、右の例では、歯が痛んで、浮いたり、動いたりしてゐる状態を指してユルグといつたと思はれ、「憊」の意訳として認めるべきであらう。類聚名義抄・色葉字類抄・字鏡集共に「憊」にユルクの訓を収めてゐない。

ヨキホドニス（七四）参照。

別本には音便でヨイホトと読んでゐる。「折中」をヨキホトと読んだのは、巧みな意訳である。

ヨサ・アシサ（五八）聖一教俗一流、倶に通して利益あるを。既（に）申ニふ滅（ヨサ）不一（アシサ）を。行捨随レを心に。（一 10/18）

「滅」は、字典によると、「⿰氵臧」の譌字で、「⿰氵臧」は、集韻に「没也」とあり、シヅムと読む文字で、ヨシと読むことはできない。大正新修大蔵経に「臧」に作るのに拠るべきであらう。「臧」は、字典に「善也」とあり、ヨシと読む。「臧不」は「善悪」に同じ。ヨシ・アシに、接尾語のサを付けて名詞としたのが、ヨサ・アシサである。別本は、ヨシサ・アシサと読んでゐる。ヨシサは、アシサに引かれて誤つた形であらう。

以上、本点の概要を述べたが、その内

1仮名は、比較的簡易な省文仮名を用ゐてゐるが、普通用ゐられない珍奇な字体も混つてゐること。

2反復記号の〻を、仮名訓の他、漢字にも書き加へてゐること。

3長い語でわかりやすいものには、一部分を仮名で記し、残りは音節の数だけ点を打つ、といふ省記法を用ゐてゐること。

4訓読の記号にA・B・Cの三種があり、それぞれ頻用されてゐること。

5ウルハシ∨ウルワシ、ツクエ∨ツクヱの他、ヲ∨オ、ホ∨ヲ、ヰ∨ヒ等の仮名遣ひの誤りがあること。

6イ音便・ウ音便・促音便・撥音便等、各種の音便を頻用し、イ音便にシ∨イ、促音便にヒの零表記があり、撥音便の内、〔m〕をムで、〔n〕を零表記（稀にニ）で書き分けてゐること。

7単音節語を、チ∨チイ、ミ∨ミイのやうに、長呼した例があること。

8マノアタリ∨アナアタリ、ノゾカル∨ノゾコルのやうに、母音同化の例があること。

9アクセントの表記例があること。

10動詞に普通と違つた活用をするものがあること。

11動詞スに直訳から生れた特殊な用法があること。

12タリ活用の形容動詞（連用・終止・連体の三形）があること。

13文選読みがあること。

14助詞の中で

a格助詞イが用ゐられてゐること。

b格助詞ヨリに特殊な用法があること。

c副助詞ダモはないが、スラを正しく用ゐてゐること。

d副助詞マデニ・マデを併用し、前者を多く用ゐてゐること。

e間投助詞シを用ゐてゐること。

f格助詞シテに、二人シテのやうな用法があること。

15助動詞の中で

a否定のズ・ザリを併用するが、連体形はザルといつてヌを用ゐず、已然形はザレといつてネを用ゐないこと。

b推量のムに――ナケム・ベケムの例があること。

c推量のマシに――マシカバ――マシと呼応した例があること。

16接尾語で

a形容詞の語根について理由を表すミの例があること。

b引用句を導く――ク・ラクに、――マク・シクの例があること。

17上下の呼応で

a「況・何況」を受けて文を終止する場合、――ヲヤといつて、――ハ・ヲハを用ゐないこと。

b引用句を導く――ク・ラクを受けて文を終止する場合、――トイフ・トオモフ等を補読しないこと。

等は、本点の特徴を示すものとして注目すべき事項であらう。これらを通覧すると、本点には新旧種々な訓法が混在してゐるやうで、加点の時代を推定することが困難である。まづは、前述した竜光院蔵妙法蓮華経古点と前後するものと見てはどうであらうか。

（訂正　（四六）とその説明を除く。）

語彙索引

一、この索引は、本文・譯文篇の語彙を抜き出して五十音順に配列し、檢索の便に当てたものである。

一、助詞・助動詞・形式名詞等で、その用法のありふれたもの、または、同種類の用例の頻出するものは、全部または一部を省略した。

一、見出し語は、すべて歴史的仮名遣ひに従ひ、活用するものは終止形を用ゐた。

一、用例の所在を示す「法」は「法華經」、「寄」は「寄歸傳」の略称、また、〇印の数字は巻次を、分数の分子は料紙の枚数を、分母は行数を表してゐる。

委アツマレとも 寄④2/23
集(ま)れを 法②12/14
アツム
収アツメて 寄②15/23
聚む 法②33/3
アト
轍アト 寄②9/19 16/2
蹤アト 寄①12/19
踵アト 寄④3/8
アナ
孔アナ 寄①6/22
坑アナ 寄①10/26
アナガチニ
強アナカチに 寄①3/18
強ア(なかち)に 寄②3/10
強に 法②31/19
アナヅル
見慢アナツラレム 寄①16/1
慢アナツル 寄①3/19 ②12/25
慢アナツルは 寄①16/15
アバク
覵アハケ 法②12/8
アハス
相ひ合セ使(む)る 寄②10/21
合セ 寄②9/21
合せ 法②24/3 ⑤8/1 24/12 ⑦11/18 ⑧1/3 8/13 15/16
夾アハセて 寄②11/7
縫(ひ)合ア(はせ)て 寄②2/1
縫(ひ)合せよ 寄①7/5
アハセテ
幷(せ)て 法①4/9 29/17 ②33/10 ④16/12 24/13 ⑤9/8 10/1 28/2 ⑥9/13 12/7 23/12 27/2 ⑦6/5 10/5 12/7 16/3 26/17 27/5 ⑧12/8 18/5 寄①13/16
アハレブ
憐アハレ(は)見る 寄①11/23
愍ひ 法②23/3
憐愛アハレフヤ 寄①11/22
アヒダ
際アヒタ 寄①12/13 ④2/5
アフ
値を 法⑦27/11
値をとも 法⑧6/19
遇とも 法⑧7/6
値る 法⑦6/4
遇る 法②28/3
値るが 法⑧16/15
アフス
棄アフスに非(す) 寄①4/11
アブラ
膩アフラ 寄①6/2 8 11/5 15/6
アブラケ
膩氣アフラケ 寄①5/26
アブル
遺アフレたる 寄②4/6
落アフル 寄①8/9
アヘテ
敢(あへ)て 法⑦2/12 15 3/4 ⑧7/7 寄④1/13
肯(あへ)て 法②9/8 ⑧5/18
アマクチネズミ
鼷鼠アマクチネスミ 法②12/12
アマネク
遍く 法④9/6 24/7 16 25/16 17 26/8 9 ⑤5/19 ⑥9/18 ⑦7/9 8/13 14/11 22/18 23/5
周く 法⑦9/16
周ネく 法⑥9/19
普く 法④3/8 ⑧7/17 寄②17/24
アマビコ
百足アマヒコ 法②12/11
アマリ
餘アマリ 法⑥10/12 寄②10/15
餘ア(マ)を 寄①5/17 24
餘を 法⑥10/15
アマツサヘ
剰ア(ま)サヘ 寄②9/6
アマリモノ
長物アマリ(もの) 寄②2/15
アマル
餘アマラシム 寄②6/23
長アマレル 寄①4/23 12/21
アムス
浴アムシ 寄②15/10
アムタ
肈アムタ 寄②15/15
アメ
沙糖アメ 寄①13/16
アヤシブ
恠アヤシヒナムか 法⑤20/13
恠アヤシフ 法②27/9
恠しふ 法④22/14
アヤフシ
危アヤフし 法②12/6
危アヤフキ 寄②7/3
アヤブム
危フミ 法②8/13
アヤマツ
不錯アヤマタし 法⑥26/11
不錯アヤ(また)し 法⑥27/5
誤アヤマタムムカ 寄①15/23
誤アヤマツ 寄②9/18
誤アヤマテを 寄④1/14
アヤマリ
謬アヤマリ 寄②3/24
アヤマル
訛アヤマリ替カハハラ令(む) 寄②11/12
アラアラ
略アラ〳〵 寄①14/1
アラカジメ
預アラカシメ 寄①9/25 10/21 ②2/23
預アラカシめ 寄①11/9
預ア(らかし)メ 寄②17/21
アラシ
麁アラク 法⑥20/18
アラズ
匪すは 寄②3/19
非すは 寄②13/3
非すよをは 寄①5/20
非す 寄①3/13 ②2/6 4/15 11/19 16/3
非ぬは 法⑤5/15
非(さ)らむ 法②3/5
非(さ)ルを 寄②3/10
非(さ)れとも 法⑥3/19
非し 法①9/14 ②5/1
アラソフ
諍アラ(そ)ひ 法⑧7/19
爭ひ 法②13/2 14/7 ⑤18/3

エ

枝エタ　寄①8/7
條エタ　寄①10/14
エラブ
簡エラは不　寄①14/3
簡ラヒ　寄②15/3
銓エラムて　寄④3/4

オ

オイテ
於おいて　法②2/19　④1/10　2/3　⑤12/7　⑥2/2　5/10　⑦4/7　10/8　⑧2/12　8/3
於て　法①18/3　19/11　②2/19　12/3　⑤11/14
於(お)い(て)　寄②16/8　18/7
於い(て)す　寄①6/23
於てせは　法①26/6
在オイてす　寄①6/21
オク
在ヲカば　法⑥29/13
安オカム　寄②10/17
在オキ　寄①5/22
施オキ　寄①8/7
置在オイテ　寄①4/19
施オイて　寄②10/19　15/9
安オイて　寄①8/7/13
在いて　寄①14/11
施オク　寄②10/11/20
在オク　寄②3/20
在をく　法④28/2　⑥5/15
置く　法④25/10　26/2　寄①11/17
在く　寄②7/11　8/26　12/6

安く　寄①7/22　11/8　②10/26
安著オク須(し)　寄①6/16
置く可(し)　寄①6/17
安く可(し)　寄①8/17
藉オクニ　寄①13/1
安くに　寄②11/23
置オケリ　寄②11/22
置けを　寄①3/24　②9/14
在けを　寄②4/12
置ケル　寄①12/24
安オケ　寄②10/13/14
壓オシ在オケ　寄①11/13
連ツラヌキ施オケ　寄①7/5
安ケ　寄①8/22
置け　寄①14/11
置ケ　寄①8/7
オク
捨おいて　法④1/17
除をく　法①26/1　②5/6　⑤27/8　⑦21/8
除く　法②2/5　18/3　⑥11/18
オク
起オキて　法②27/1
起をきて　法④8/15
オクル
送ど　寄①4/23　①6/26
送り與ふ　寄①6/10　②5/24
送る　寄②5/22
遺オクル當(し)　寄④2/6
オコス
起し　法⑤18/4　⑥4/5
起して　寄②3/12
作を(こ)して　法⑧23/18

興して　法⑧6/14　寄①1/23
發(し)てき　法⑧8/10
發しつ　法⑥9/9　10/18
發シゝク　寄①11/18
興オコス　寄②17/11
作を(こ)す　法⑥7/9　⑦29/12　⑧20/11
起す　法①29/12
起オ(こ)す應(し)　寄②16/7
起オコスを　寄②6/17
發せを　法⑧6/12
オコナフ
行オコナハ遣シメ　寄④3/24
依を行オコナハ使め　寄①15/10
行オコナハル　寄①1/4
行ヒシに　寄①13/19
行ゐる　法①14/12
オコル
作をこ(を)て　法②7/2
興る　寄②1/9
オゴル
矜オコリ高ひ　法①27/2
オス
壓オシ在オケ　寄①11/13
排オシ壓ハサム　寄②13/19
壓オシハサメ　寄②12/20
推し排ハラフて　法②10/1
オソル
憚ヲチ惶オソリて　法②12/16
オソル
恐ルゝに　寄②5/6
オソルラクハ
恐(る)ゆ(く)は　寄②7/20
オツ

墮チ不る　寄②11/25
墮オチ　寄①8/9
墜オチヌレハ　寄①8/9
落つ　法②8/12　12/8　寄②11/25
墜つ　法②12/8
墮オ(つ)るに　寄②11/12
オヅ
憚ヲチ惶オソリて　法②12/16
恐オチて　寄①15/12
恐チて　寄①15/23　④1/5
オトス
減オトサ不　寄①9/16
墮サ令(め)不　寄②7/12
オドロク
驚き喚ヨハフて　法②32/3
オナジ
共ヲナシく　法⑧15/5
共〈同也〉(し)く　法⑧16/3
同(し)く　法④6/4　27/4　⑦3/18　寄①4/20　7/16　8/24　16/11
オナジカリ
同(しか)らは　寄①4/2
同(しか)ら不　寄①3/15　7/8
同(しか)らむと　法⑤13/10
オナジクス
同(しく)して　寄②14/16
同(し)くす　寄②6/13　9/21
同(し)くするを　寄②15/6
オノヅカラ
自を(のつから)　法②26/9　35/5　⑥9/16
自オ(のつから)　寄①1/15　②1/17　6/15　13/9

自(お)の(つから)　寄①3/13 10/17 16/15 ②2/2 3/22 8/20
自を(のつから)に　法①27/6 ②7/1 30/13 ⑤4/10 24/17 30/1
自(お)の(つから)に　寄①10/1
オノレ
己れ　寄①16/10
オフ
追ひ捉トラへて　法②32/3
オフ
負ひ　法②15/20
オフシ
瘂ヲウシ　法②22/2
逐オフて　寄④2/25
オホカタ
大分オホカタ　寄④1/5
オホカリ
多(か)らむ　法①20/16 ⑤31/11 ⑧2/16 17/18
オホキサ
大さ　法⑤4/3
オホキナリ
大きに　寄④2/9
巨＜大也＞(き)に　法②30/17
オホシ
多く　法②15/15 25/4 28/7 ⑤7/14 8/3 11/4 31/3
多し　寄①5/14 10/5 11/9 12/24 13/25 ②6/9 9/1 法②16/12 17/5 30/18 33/18 ⑦18/7 ⑧3/1 12 8/19 9/2 寄①16/14 ②6/6

衆し　法②31/5
多き　法①13/3 23/4 ⑦26/8 ⑧10/7
オホフ
蓋オホヒ　寄②14/4
掩ひ　寄①3/12 ②14/4
掩ヒ障(ふ)るに　寄②14/5
覆ひ　法⑥17/9
蔽＜覆也＞(ひ)て　法①29/9
掩オホヒて　寄①7/7
覆オホフて　寄①7/9
掩オホふ　寄②12/7
掩オヲフ　寄②2/10
掩ふ　寄②12/9 20
掩オホふ宜し　寄①9/17
蓋オヲフ可(し)　寄②13/18
覆フ須し　寄②14/12
覆ふを　寄②9/8
掩オホフは　法④25/16
覆へる　法②12/8
覆オホへ　寄②13/24
覆ふを　寄②11/20
オホムネ
大歸オホムネ　寄①1/4
オホヨソ
凡そ　寄①5/11 8/14 ②1/21
オモ
面オモ　寄①9/19
オモシ
重し　法④15/19
重き　法⑥3/3
オモヒ
想ひ　法⑥4/6
オモヒハカル

惟ひ付ハカルか　法①9/17
惟ひ付(る)に　法①13/8
オモヒミル
以オモ(ひ)ミれは　寄①5/16
良以(まこと)にオモ(ひ)ミレハ　寄①4/12
オモフ
欲オモハ＼　寄①5/7 ②16/26
欲オモハは　寄②10/18 26
欲もハ＼　寄②14/5
欲はは　法④16/10 20/9 ⑤12/3 14/1 16/1 18/15 22/18 ⑥27/5 30/17 ⑧3/4
謂はむ　法①24/1
謂おもは令む　法⑤26/8
欲オ(も)はむに　寄②7/4
念オ(も)は見ル＼　寄②3/15
謂ひ　法①21/10
念ひ　法⑤5/11
欲ひ　法①5/3
意＜念也＞　法⑥8/4
思ひ難(し)　寄④3/12
惟おもひて　法②11/5
謂をも(ひ)て　法②31/16
欲オモ(ひ)て　寄②3/8
言オモヒキ　寄②6/18
欲ひき　法①12/1 26/11 ②2/14
謂ひき　法②3/13
謂を(もひ)つ　法④7/4
懐オモフ　寄①1/23
欲ふ　法②32/1 ⑧16/2
謂おもふ可し　法②3/3
念ふを　寄②14/25
擬オモフなるを　寄②11/6

欲オ(もふ)なるを　寄②18/24
以爲オモヘラク　寄②16/3
謂おもへるを　法⑥1/11 5/11 7/2
謂へるを　法①12/6 ②4/3 8/1 28/4 29/12 ④8/5 ⑤6/5 寄②1/18
欲へるを　法①19/17 21/2 29/11 ⑦26/15
謂へるき　法②2/19 ④2/7
オモブク
赴かは　寄①15/4
趣オモブイて　寄②15/14
赴オ(もふき)て　寄②7/1
赴ク　寄①2/1
赴く　寄①10/20
オモホス
欲を(もほ)す　法⑤30/4
欲せるを　法①9/18 15/10 ④28/5
オユ
朽＜老也＞(い)たるを　法②26/10
オル
下ヲリて　法⑦26/3
下を(りて)て　法⑧16/3
下りて　法⑧19/5
オル
織る可(し)　寄②11/4
オロカナリ
狂＜愚也＞なる　法⑥7/18
オロス
下オロシ出(し)て　寄②11/2
下せるを　法②16/8
オロソカナリ
略オロソカに　寄①11/15

カ

キ

しかは　法①10/1 ⑦3/3
シク　寄①11/18
しく　寄①13/22

キ
樹　寄①10/10 11

キカフ
差キカヘ不し　法⑥20/17

キク
聞か者は　法⑧2/3
可キカ不す　寄②4/23
聞か不る　寄②14/22
聽(か)む　法②18/9
聞き　法⑥13/14 ⑦15/9 ⑧6/13
聽キ　寄②5/20
聽き　法①21/6 ④28/12 ⑥20/7 21/7 ⑦26/17
聲＜聞也＞(き)て　法⑧7/9
聞く　法①23/8 ⑥10/7 寄②7/20 10/2
聽く　法④28/9 寄④3/1
聞ケは　寄①4/5
聽けを　寄④3/19
聽け　法①25/1 ②20/8 ⑤30/13 ⑥1/10 23/9 ⑧6/11

キサ
象キサ　寄①1/14注

キズ
瑕キス　法①24/17

キタル
來を　法⑥11/4
來る　法②26/15 ⑦8/13 寄②5/15 16/14 ④2/17
來レとも　寄②6/4

繋カケ來れとも　寄②12/11
來れを　法②26/9 ⑧20/11
來れる　寄①5/19
來れ　法②9/18 15/9 16/2 ⑦25/12

キヌ
衣キヌ　寄①2/12
衣(き)ヌ　寄②2/9
衣(き)ぬ　法②27/12 32/12 ④19/15 20/16

キヌハシ
素キヌハシ　寄①12/1

キバ
牙キハ　法⑥21/3 ⑧7/7 寄①5/24 9/16 20/10 7

キハマリ
窮を　法⑦10/1

キハマリテ
極マ(を)て　寄④3/4

キバム
黄(は)め(ら)不し　法⑥20/17
黄(は)み　法⑥22/6

キハメテ
極(め)て　寄①5/18

キビシ
密キヒシク(し)て　法⑧19/8

キホフ
競ひ　法②12/16 13/2 14/5

キミ
仁キミ　寄①12/19

キモノ
服(き)もの　法①7/3

キヨカリ
淨からむ　寄①7/26

キヨシ
淨く　法④1/6 ⑥31/17 寄①5/7 10/5 8 ②3/26
淨く(し)て　法⑧15/15
淨し　法①25/13
淨き　法②23/1 寄①11/3
淨い　法⑥33/12

キヨム
洗ひ淨め不すは　寄①5/8
淨めむ　法④4/17
淨め洗(ひ)て　寄①3/21
淨め洗ひ　寄①5/23
淨め揩スリ　寄①6/1
淨め塗を　寄①3/24
淨め塗(を)て　寄①11/8
瑩キヨメテ　寄④1/4
淨めて　法②34/7 寄①6/16 11/16
淨む　法②32/10 ④4/6 15

キラフ
簡キラフ　寄②9/13

キラフ
嫌ふ　寄①16/16 ②11/13

キリ
錐キリ　寄②10/14

キル
著キ不す　寄②3/17
著キ不　寄②16/1
著キ不るは　寄②9/15
服キ不レは　寄②9/12
著キ　寄②3/14 10/11
抜キ已(を)て　寄②10/26
抜キテ　寄②9/7 11/20
抜キて　寄②15/7
著キ(て)　寄②11/15
著キたを　寄②12/26
被キル　法①7/3
著キル　寄②9/14 15/21
著キる　寄②14/13
抜キル　寄②2/1 10/22 14/11
著る　寄①2/12 ②4/5 12/2 2 13/18
擐キル合(ら)不　寄②9/17
著キる應(し)　寄②14/10
著る可(し)　寄②14/7
著キルにも　寄②14/5
著るは　寄②9/17
著キルを　寄②7/10
著キルなを　寄②11/4
抜キヨ　寄②10/19

キリ
剪キラム　寄①5/9
割キリ却ステ　寄②22/24
截キリ却ステヨ　寄②10/15
截キリ取る　寄①10/2
裂キリて　寄④1/12
截キ(を)て　寄①9/23
截キル　寄②11/14

ク

ク(接尾語)
ク　寄②18/26
く　法①4/17 5/2 ②1/8 8/19 ④1/8 5/10 ⑤2/4 7/12 ⑥1/8 ⑦2/11 3/1 ⑧2/9 5/16

マク　法⑧25/17 寄①16/2

ケ

コ

語彙索引（コムーサト）

一八

コ

籠コめて　寄②10/22

コユ　肥コエ

コラス　凝コラスなど　法②16/12

コレ　寄②10/22

爲へ是也∨れ

コレ　法②16/6　寄①16/6

爲へ是也∨〈れ　寄①16/6

爲れ

是れ

此れ　法①9/14　寄①1/13注

れ

此れ　法①9/14

コレヨリ　コレより來（このかた）

尓コレより來（このかた）　法⑤33/14⑥

サ

コレヲモテ　以へ是也∨を（もて）の　6/12

刑コロサルヽに　コロス　法①25/13

サイダツ　先サイタ（ち）て　寄④1/11

サイハヒニ　寄①7/24　②10/19

幸に　サカサマナリ　到サカサマリ　サカサマニ

サカリナリ

盛（を）に　盛（を）など

降サカ（を）など

壮サカリなる

盛（を）になる

サキ　サキ　向サキ　先サキ

向き　前き　先に　先き

サク（四段活用）

擘サキ破ワ（を）て

裂サイて

劈ヒキ裂サク

裂く（下二段活用）

サク　坼サケ　圻サケ　敷サケル　裂サケル

サクル　決サク（を）て　剝サクレ

ササグ　去サケム　叫ひ　叫サケブ

ササゲ　接サケて　撃サケて　驚サケて　懸サケて

支サヽフハカリ　ササフ

挿サシハサム　挿サシハサムて　挿サシハサムて

挿サシハサム容（け）むや　挿サシハサム容（け）て

サシハサム

サス　串サ□不は　刺サシ　刺サシ

刺サシ著ツ（け）たゞ　刺サシて

刺サセリ　刺サシて　刺せむ　刺セ　サス　サス

指して　指すに　サダカナリ　委サタカに　サダム　定め已（や）て　定め（め）て

サダメテ　定（め）て　定（む）る

爲へ定也∨（め）て　爲（め）て　決（め）て

サツク　サヅク　授け　授く　授（く）　授サ（つ）く須（し）

サト　郷サト　知サトラ不（し）て　サトル

悟ら不　悟ら不　解らむ　解サトラ未す　曉サトラ未　解サトら不

體サトル　體サトリ信ツシシムて　體サトラムと　體サトラム

解る　見サトルヤ

語彙索引（サト―シタ）

サ

體サトル（を）し／體サトれを
サハノカミ
魅サハノカミ
サムシ／寒き
サラ
盤サラ
サラ
サラニ／更に

ザリ（否定助動詞）
不らむ
不サラましかは
未らむ
不るは
不るには
不るに
不る
非れは
不れは
不しは
不るは
不るには
不るに
未る
不るに
未るに
不れ
不れ

サル
避サラ不
去ら不れ
去らむ

シ

去ら遺（む）
去ら

シ（間投助詞）
し
しも

ジ（否定助動詞）
不し

ジ
ら不し
ラ不し
未し

去れ
去れ
去る當（し）
去れる
去る
有暇サリヌヘクハ
退サリヌ
謝サ（を）ナは
去る
追サリ走（て）
逃サリ走（て）
避サリ走（て）
去サリキ
更に
去ら遺（む）
去ら

シカシテ
而（して）て
シカナリ
然シカ（に）は
然なむ
然も
而も
シカモ
然も
シカス
尒かせ不は
尒す
然して
然（して）後に
尒して

シカリ
然ら不す
尒らは
尒シカリ
シカルヲ
而（る）を
尒を
シカレドモ
而れとも
シキヰ
席シキヰ
シク
布け（を）
施シキて
敷き
シク
如シク
シタ
下シタ
不（し）タ
シタガフ（四段活用）
順シタカハ不る
遵シタカ（は）不る
隨ひ

語彙索引（シム―ス）

二一

（第一段）

しむるを　しむ（る）を　令（むれ）とも　令（めよ　使（めよ　シメス 示し　現しめして　示しめして　呈シメス　示す　現めす　現めす　シモ 下シモ　下（し）モ　下（し）モ　知らむ　知ら不　知らず不して　識シラ不して　シル　津シル　シル　後シリへ　シリへ　シリソケラレ不れ　退シリソケラレ不れ　シリゾク　踞シリウタケたま　踞坐シリウタケヌル　踞シリウタケ　シリウタグ

（第二段）

識らむ　知ラムヤ　知を　知を見令（めて　知已（を　觀知シニナハ　識し（を）ぬ　識知シル　識知シル　識シル　知ル　知る　識る　知る可（し）　知とも　知れ不ぞ　知れ　知れ　知れ　識れ　識レ　驗シルシ　シルシ　効驗シルシ　シロシ　白く　白（く）して　シロシメス

（第三段）

ス　せは　欲者せは　為セハ　せ不　せ未　せ非　セ未　セ非　せ不して　為セ不して　為不すは　セ不　せ不れは　セ不れ　為せ不らむ

知（し）めし已（を）て　知（し）めして　知（し）めし（し）て　知（し）めし　知（しめして　知（しめせ　鐡シハメルを　鐡むて　鐡むて　鐡み　シワム　白み　シロム　知（しめせを　知（しめす當（し）　知（しめして

（第四段）

ス　す　為す　ス（為し）

為せ不すき　為せ不れ　せ不れ　セム　せむ　為セシム　為せ令（む）や　為（＾定也＞む　為し　為して　為して　為しけむ　為シテム　欲しき　為せむ　擬シき　欲シキ

5 17/2 2 18/10 19/1
24/12 寄① 3/17 4/22
6/9 14/13 ④ 2/17
既に　寄① 11/9 ② 17/21
既已に　法① 32/3 ② 27/7
スナハチ
而〈即也〉(ち)　法② 21/13
スフ
嗅スヒ　法② 21/3
スベカラク
須(ら)く　寄② 1/22 9/10
スベテ
凡べて　法⑦ 2/9
総べて　寄② 3/15
釐スヘて　寄② 7/11
スマス
澄スマサムに　寄① 15/22
澄(ま)す　寄② 1/12
スミ
角スミ　寄① 7/5 ② 10/20
角ス(み)　寄① 10/25
スミヤカニ
速(か)に　法② 9/7 18 ④ 21/13 ⑤ 5/1 5 6/11 ⑥ 5/5 8/5
スム
棲スマシム　寄① 1/17
止スミ　法⑥ 15 1/17
スラ
すら　寄① 5/8 ② 3/4 25
スル
揩スリ　寄① 6/1 9/12
刮スリ　寄① 5/24

揩スリて　寄① 10/4
楷スル須(し)　寄① 10/23
スルドナリ
尖スルトなる　寄① 7/7
スヱ
末スヱ　寄① 11/17

セ

セム
切セメ責セメ　法④ 8/18
逼め　法② 8/18
讀セメて　寄② 18/24
責む　法② 2/6 ④ 7/4
切セムれとも　法② 8/18

ソ

ゾ(係助詞)
ソ——　寄② 3/15 4/5 6/5
そ——　法② 1/8 31/17 ④ 7/13 28/8 ⑤ 6/7 32/2 寄② 3/23 7/16 15/1
——ソ　寄② 16/14
——そ　法① 9/15 14/17 寄① 1/13 12/23 ② 4/8 16/14
——ムものそ　寄① 6/24
——ソャ　寄② 6/24
ソコ
底ソコ　寄① 7/7
ソコナフ
敗(そ)コナハレ不　寄① 10/8
ソシル

誇らむ　法② 22/8
ソソグ
灌ソヽ(か)見たる　法④ 14/2
澍ソヽイて　法⑧ 7/18
灑ソヽイて　寄① 14/6
灑ソヽイシが　寄④ 2/10
ソデ
袖ソテ　寄② 8/25
ソビヤカニ
織ソヒヤカニ　寄① 9/19
ソフ
添ソヘム　寄① 6/22
添ソヘヨ　寄② 12/14
ソムク
乖ソ(む)か使(む)る　寄② 9/11
乖ソ(むき)て　寄② 7/5
乖ク　寄② 2/19
乖く　寄② 15/7
乖ケとも　寄② 3/20
背ケは　寄② 9/23
乖けど　寄② 13/13
乖ケる　寄① 1/19
ソル
剃ど　法① 7/3
剃ソル　寄② 6/14
ソレ
其れ　法⑤ 32/18
夫れ　寄① 4/5

タ

タカサ
高さ　法④ 21/16 25/1 3 11/12 26/3 4 ⑤ 3/7 ⑥ 14/19 16/17 ⑦ 15/12 16/13 ⑧ 15/10 18/9 寄① 4/1
タカシ
高く　法① 8/17 ② 12/6 ⑥ 14/13 22/7
高くして　寄② 13/21
タカバカリ
笏尺タカハカリ　寄① 4/1 8/5
タガヒニ
互に　法② 10/1 寄① 5/17
タガフ
爽タカハム　寄② 6/7
違ふて　寄② 12/23
爽タカヒヌ　寄② 14/21
乖へど　寄② 7/16
違へる　寄① 3/15
タカブ
高ひ　法① 27/2
高フル　法⑥ 17/6
タク
然タキ　寄① 12/17
然タイて　法⑦ 18/1
然タキき　法⑦ 14/10
然タク　法⑦ 17/2
タクハフ
畜タクハヘ不　寄① 6/9
畜へ　寄① 7/1
畜タクハへたど　寄① 9/9
貯タクハフ　寄② 16/18
畜タ(くは)ふ　寄② 7/24
貯ふ　寄② 16/24
畜タクハフル　寄② 2/14

タグヒ
比タクヒ　法①20 14
屬タクヒ　寄②13 9
比(たく)ひ　法⑤25 16
屬ひ　法②12 19 14 4 27 16
輩(たく)ひ　法②12 12
流(たく)ひ　寄②13 26
タクラブ
比タクラフ(る)　法⑥20 5
タシナシ
劇タシナキ　法②21 13
タシナム
困タシナム(て)　法②20 13
タス
總フサネ足タス　寄②2 17
タスク
資タスク　寄②14 18
資すく　寄②6 12
助く　法④4 13 ⑥11 11
助(く)ル　法⑧18 1
タダ
直タ丶　寄②8 4 9 5
唯タ丶　寄①10 23 ②1 23 7 22 8 10 17 9
但タ丶　寄②7 16 16 9 ④2 9 13
唯タ(た)　寄②8 13
唯(た)た　寄①2 26
タタカフ
闘ひ　法②12 17
戰フ　法⑤20 15
タタケ
狸タ丶ケ　法②12 12
タタサマニ
竪タタサマニ　寄①6 22
タタシ
正タ丶シク　寄②12 8
正(し)く　法①31 1 ②16 3 ④28 4 ⑤22 16 寄①6 9 ②6 25
タダニ
直タ丶に　寄①8 5 19 15 15 ②7 13
タタム
襵タ丶ムて　寄②10 21
疊タ丶むて　寄②10 12
疊メル　寄②10 12 17
タダヨフ
漂ひ流れて　法⑧6 15
タチマチニ
忽に　法②26 9 29 1 ⑤5 18 寄④3 5
忽タ(ちまち)に　寄②5 7
タツ
起タツ　寄①14 2
起タ丶ム(と)欲る　寄①14 2
立てて　寄②4 17
タツ
絶タチ　寄②14 23
裁タチ縫(は)不　寄②8 4
斷つ　法②20 3 寄②3 18
タヅヌ
尋ネ念(ふ)に　法①30 2
檢カムカヘ尋ネ　寄①2 5
タテマツル
獻ど　寄①5 6
奉ど　法⑧6 6
上たてまつる　法⑤6 13
奉る　寄①11 17 ②18 21
タテマツル(補助動詞)
たてまつら不ぬ　法⑥4 9
たてまつらむ　法②23 3
たてまつら(む)　法④23 14
たてまつラク　法⑦15 13
たてまつゑ　法①4 8 5 18 ④4 16 24 2 ⑤5 3 25 19 ⑥4 8 寄①3 11
(たてまつ)ゑ　法①17 7 15 ②2 12
たてまつゑて　法①5 8 7 2 9 ②1 3 19 11 23 19
たてまつゑき　法①4 5 14 7
タテマツル　寄①2 19
たてまつる　法①9 13 11 16 ②1 3 6 17 ④1 7 8 10 寄①13 19
たてまつるとも　法②35 16 18
たてまつるを　法①14 6
たてまつるなど　法①31 11
たてまつれは　法⑤5 12
(たてまつ)れど　法①1 17
たてまつれ　法①15 12 ⑤13 7
タトヒ
頗タトヒ　法⑤5 4
設ひ　法②21 12 ④9 9 ⑥12 12 ⑧1 8 3 3 4 15 1 ②6 4 寄①9 5
假タトひ　寄①9 4
縦ヒ　寄②12 11
縦ひ　寄①4 12 5 5 6 6 ②11 11 ④2 24
假使ひ　法①17 8 ④30 4 9 ⑤32 11 ⑥1 16 ⑧1 12 6 14
正使ひ　法①17 10 31 7 ⑦25 17
假令ひ　寄②17 5
縦使ヒ　寄①2 2
縦使ひ　寄②16 13
縦令ひ　寄①3 7
タトフ
譬ふ　寄④1 15
タトヘバ
譬(ゑ)は　法①31 9 ②12 5 24 17 ⑥4 14 15 10 ⑦18 8
タトリ
畔タトリ　寄①8 7
タナココロ
掬タナココロ　寄①14 2
タノシミ
樂(し)み　法②11 14
タノム
恃む　寄②8 12
タハムル
戯(れ)て　法②9 10
タビ(助数詞)
(た)ヒ　法⑥1 7 9
(た)ひ　法①28 6 31 10 寄②13 7
度(た)ひ　寄①10 25 ②12 14
タフ
勝ふ不　法④29 2
堪へ不　寄①7 2 3
能タヘタル　寄①13 26 ②15 18
堪ふ須(し)　寄①8 26
タフス
撲タフシて　法②13 6
タフトブ

ニ

熟絹ネリキヌ　寄①8/5
帛ネリキヌ　寄②10/14

ノ

ノ（準体助詞）
の　法①23/15
のには　法②1/9
のも　法①10/8 8 17 17 17
のを　法④4/13 ⑦10/5
のをは　法⑤26/11
ノゴフ
拭ノコ(ひ)て　寄①12/8
ノコル
餘ノコレル　寄①4/23
ノス
輿ノセテ　寄②18/10
ノゾク
除キ　寄②14/24
除ノ(そき)て　寄②8/18
除の(そき)ては　寄①3/11
除く　法①17/6　寄②17/24 18/6
除け　寄②18/17
ノゾコル
除ノソコル　寄①10/3
ノゾム
臨む可(し)　寄①5/23
臨めらむに　法⑧1/17
ノタマフ
言のたまは未　法②33/12
言の(たま)はむ　法④23/6
言の(たまはく)　法④26/16 ⑤5/1 5 ⑦14/12 21/1 ⑧3/12 17/18
日の(たまはく)　法⑤3/19
のたまふ　法①18/17 19/7 32/5 ②32/16 33/15 ⑤27/12
言のたまふ　法④9/4 23/12 ⑥4/12
云のたまふ　法⑤33/5
言のたまふを　法④27/10
言たまゐを　寄②3/19
ノチ
巳後ノチ　寄①4/6
ノヅチ
蚰蜒ノツチ　法②12/11
蝮蝎ノツチ　法②12/11
ノブ
陳ゐむ　寄②10/11
宣(ゐ)む　法⑤9/13 18
宣ゐて　法⑦21/16
申ゐて　寄②12/24
述ふ　寄①16/15 ④2/19
申ふ　寄①10/18
宣(ふ)る　法④1/11
ノブ
肆ノフルに　法②26/4
展ノヘ　寄④2/18
ノボル
乗ノホらむ　法⑥20/8
乗＜上也＞らむ　法⑥22/12
昇らむも　法④30/7
上の(ほゑ)て　法⑥10/2
ノミ（副助詞）
のみ──　法①20/7 26/3 ②17/6 18/7 25/9 30/5 34/1 6 ⑤6/3 11/7 20/1 ⑥31/18 ⑦2/13 14　寄①15/14 ②1/23 ④2/14
(の)み──　法①16/12 21/13 22/2 11 23/9 25/1 19 29/18 30/9 31/3 ②8/10 9/2 11/11 ④1/11 9/11 12/16
のみやく　法⑦27/13
(の)みを　法②24/8
くのみ(而已)　寄②10/24
(まく)のみ(耳)　法④23/19
ラクのみ(而已)　寄②14/18
らくのみ(耳)　寄①5/15 12/5
(ら)くのみ(耳)　寄②7/26
(らく)のみ(而已)　寄②6/3
てのみ(耳)　法④23/19
のみに非(す)　寄①4/21
──のみなゑ　法②18/8
──(の)みなゑ　法①24/13 27/9
ノム
飲み　法②14/4
咽ノムて　寄①14/1
咽ノム　寄①6/4
呑ノム　寄①10/14
飲む　寄①13/16
ノリ
軌ノリ　寄②1/10 9/19
則ノリ　寄②9/26 15/7 ④3/21
規ノリ　寄①2/13
ノル
罵ノリ　法④20/19
罵ノリて　法④17/3
ノル
騎ノル　寄①7/15
乗る　寄②6/9
騎ノラ不　寄②6/9
ノル
似ノレリ　寄①2/25

ハ

ハイモノ
履ハイモノ　寄②3/17
履屣ハイモノナカラ　寄①3/17
ハカラフ
量ハカラフて　寄①10/22
度ハカラフて　寄①1/23
量らひて　寄②2/17
バカリ
ハカリ　寄②10/6 6
可ハカリ　寄①6/20 23 ②6/1 10/13 ④1/10
如ハカリ　寄①6/21
許ハカリ　寄②10/13
許ゑ　寄②2/22 10/20
ハカリノミ(而已)　寄①13/22
ハカリモ　寄①7/23
ハカル
權ハカ(ゑ)て　寄①8/17
量ゑ　寄①3/26
測る　法①17/9
惟ひ付ハカルが　法①9/17
計ハカレは　寄②2/22
計れは　寄②4/3
ハキ
脛ハキ　寄②12/20
踹ハキ　寄②12/22

ハク
吐ハカム 寄①9/21
吐き 寄④3/5
ハク
拂ハクに 寄②11/6
ハク
著ハイて 寄①3/16
著ハク 寄①3/12 14
ハゲシ
嚴ハケシクして 寄②9/11
ハコブ
運ひ 寄④1/5
ハサム
交ハサムて 寄②9/1
壓ハサム 寄②12/13
排オシ壓ハサム 寄②13/19
挿サシハサムて 寄②7/11
壓オシハサメ 寄②12/20
ハシ
頭ハシ 寄①7/4 5 8/6 10/1 ②10/20 12/15 13/1 17 14/2 3
邊ハシ 寄①8/6
端ハシ 寄①7/23
ハシ
斷ハシ 寄①9/19
ハシ
著(箸)ハシ 寄①6/21
ハシ
階ハシ 寄①5/23
ハジメ
首ハシメ 寄①9/1 16/14
ハジメテ
初(め)て 法②5/1 11/17 ⑤31/17
始(め)て 法②35/8 ⑤5/6 27/7 寄②15/12
創(め)て 寄④3/12
適<始也>(め)て 法①14/18 ⑦15/14
ハジメニ
首めに 法②24/5
初(め)に 法②11/15
ハシル
走らむ 法⑧7/8
奔ハシリ 寄②18/8
走戯(れ)て 法②9/10
奔競(ひ)て 法②15/11
ハタ
邊ハタ 寄①8/8
ハタク
刮ハタケて 寄①10/8
ハタメク
爆ハタメク聲 法②13/17
ハヅル
脱ハツル 法②12/8
ハツ
了ハテム 寄①5/12
ハヅ
恥つ 寄②7/18
羞ハチて 寄②13/22
ハヅカシム
恧ハツカ使む 寄②3/12
ハヅル
脱ハツレ令(む)る 寄②11/1
ハナツ
失ハナタ令(む) 法②13/6
縱ハナチ 法②29/14
放ち 法⑦22/17
放チ 寄①8/22
放ハナツ須(し) 寄①13/11
放つ 法②26/14
ハナル
離れ 法②22/16 ⑦19/19
離レて 寄②7/2
離レヌ 寄②10/5
ハハキ
篲ハハキ 寄④2/7
掃箒ハハキ 寄④2/5
ハバカリ
難ハヽカリ 法②28/5
ハブク
省ハフイて 寄②9/9
省いて 寄②5/11
省ハフク 寄②15/3
省く 寄②4/6
省ハフケル 寄②3/5
省け 寄②13/6
ハヤシ
早く 寄④2/11
ハラ
腹(はら) 寄①13/23 15/6
ハラフ
除ハラハセム 法②27/6
除ハラひ 法②32/10
排ハラフて 法②10/1
除ハラフ 法②27/8
疏ハラヒ 寄①5/24
拂ハラふ 寄②12/24
刷ハラヘ 寄①9/17
ハラフ
除ハラハしめ 法②32/9
ハル
張ハリ 寄②18/10
張ハリ開ヒラケ 寄①8/8
張せ 法②10/8 16/8
施ハリて 法②31/13
張ハル 寄②17/13
張れせ 法④24/7
ハルカナリ
懸ハルカに 法⑤6/7
遙(か)に 法②25/15 26/15 27/9 32/2 ⑤10/6 ⑥4/19 25/4 27/1 ⑦8/12 21/1 ⑧20/17
縣ハルカナリ 寄①2/1

ヒ

ヒカリ
輝ヒカリ 寄②9/22
暎ヒカリ 寄④3/7
ヒキイダス
牽ひ(き)出(し)て 寄②10/16
ヒキサク
劈ヒキ裂サク 寄②9/12
ヒツサグ
携ヒ(き)サケて 寄②4/25
ヒク
挽ヒキ 寄①8/6
牽ヒキ 寄②12/13
掣キてヒ 法②12/17
牽ヒキて 寄②12/19

ヘ

ホ

語彙索引　（ホシ―マサ）

三八

ホシ（任）マヽに　18 22　寄①6/2 11/25

ホゾ　齊ホソ
ホソシ
ホソ　細く
細ホソキ
ホツス
欲ホセ不る
欲す
欲す
欲して
欲すとも
欲ホスレは
ホトキ　瓮ホトキ
ホドコス
施し
布して
施し
施ス　施す
施せを
ホトリ
畔ホトリ
側ホトリ
邊を
側ホノカニ
ホノカナリ
傍ヲノカニ
傍ヲノカニ
ホノホ
傍ヲノヲ
ホボ
粗ホホ

マ

粗ヲヲ
ホリキ
塹ホリキ
ホル　穿ホリ鑿ウカチて
墾ホルに
ホロフ
渾ホロヒニたヲ
喪ホロヒンたヲ
マウク　設ケは
設ケ不ラム
設ケて
設マウケて
設マウク
設く
設（く）る
設（く）るに
マウス　啓白マウサ不
白サマウ
言まうさく
言まうさく
日まうさく
日まうさく（く）
言まうさく（く）
言さく
白さく

マカス
任マカせて
盡へ任也Ｖ（せ）て
委マカセキ
マカル　了マカリセＶ
罷マカ（デ）テ
マガル　曲マカレラ不し
マコト　誠マ（こと）
マコトニ　固マコトに
信マコトに
良マ（こと）に
マコトニオモンミレバ
良以にオモミレバ
良以にオモミれは
白（さ）く
言ま（うさく）
言まうして
白して
白シ,カハ
白マウす
日マウス處し
誠に
固に
誠に
良に
良（ま）に
實に

マコトナリ　誠なるかな
マサカナリ
雅マサカに
マサシク
正（し）く
マサニ　當に
當に……（あ）じ
當に……あきも
當に

ミ

語彙索引（モト〜ヤ）

四三

モトキ
基モト
下モト　寄①14/10　④2/7

故モト　寄①16/13
舊モト　寄①16/13

故モトの
故（本也）の
舊モトよ茅　モトム
モトム
干モトメ不
求メム　寄②15/22
須（求也）〈めむ〉として
求め
求め難し
求め易き
求め
求〈め〉き
求む
求〈め〉き
求〈む〉る
求〈む〉るに
求〈む〉るなを
覓む可〈け〉む
覓〈む〉るに
モツトモ
最も
モツトモ

モトキ
基ひ
基モトキ
モトル
戻モトレらむ
モノ
もの
者もの

モユ
モチ
百モチ
モモ
謗モヽ
モモ
胯モヽ
モモ
純〈ら〉に
全ら
全ラ
全ラ
専ラ
モハラ
全モハラ
モノクフ
湌モノクフに
モノクフ
者ものか
ものそ
ものなり
ものか
有モノ
ものか

ヤ
然モエて
然も〈ゆ〉る
然ユ〈るが〉
モル
盛モル
盛モルに
盛れる
モル
盛モリ不るは
浅モリ不るは
瓱モタヒ
モル
ヤ（係助詞）
咄ヤ
や―マシ
や―ヤ
や―不や
や―（たま）ぁぎや
や―ヤ
や―不や
や―ムヤ
や―むや
や―令むや
―不る可〈け〉むや
―てむや
―や
てむや―や
可しや―や
たゞや―や
ゞや―や
なぞや―や

大坪併治著「訓點資料の研究」正誤表

本文・譯文篇

頁	行	誤	正
凡1	19	「畜タ・・・は」「タ・ク・ハ・ル」	「畜タ・・・・」は「タ・ク・ハ・フ・ル」
3	4	逮べり	逮〈至也及也天〉べり
4	2	戸棄大梵	尸棄大梵
6	8	未曾有なる	未曾有(な)る
11	15	爲決也(さた)(め)て	爲定也(さた)(め)て
	〃	爲(定也)(さた)(め)て	爲定也(さた)(め)て
12	9	演說したま(ひ)し	演說(し)たまひし
14	〃	演說(したま)ひき	演べ說(きたま)ひき
	21	宣(べり)	宣(べむ)
16	〃	歸信(せ)所られて	歸信(せ)所(ら)れて
20	3	能(は)不(し)	能(は)不し
21	12	何(の)因、何(の)	何の因、何(の)緣
		緣(を)もてか	(を)もてカ
26	4	得ウ	得う
	5	菩提	菩薩
	8	有(る)を	有(る)を知(り)
			て
	14	諸佛は	諸佛(は)
	16	聞(か)不す、知(ら)	聞(か)不(す)、知(ら)
		不す	不(す)
27	11	護(り)	護り
	16	無力	無量
28	6	入ることを	入ること
	7	說(か)未す	說(か)未(す)
29	3	說(きたまふ)	說(き)たまふ
	21	以てせは	以(て)せは
32	15	衆生(をして)	衆生(をし)て
35	18	具(る)に	見(る)に
38	12	然(も)	然も
	15	終日(ひねもす)に	日終(ひねもす)に
	20	宣(べむと)欲(し	宣(べむ)と欲(し)
		て)	て
	〃	偈(を)說(きて)	偈を說(き)て
	21	法音(を)	法音を
39	1	心(に)大歡喜(を)	心に大歡喜を
43	2	行と	行(と)
44	〃	天龍	天・龍
45	7	昔(もの)	者(もの)
46	6	苦(しは)	若(しは)
	9	當に	當(に)
47	20	(以下四枚分欠)	(以下三枚半分缺)
49	16	狼藉く	狼藉△く
51	19	燒(か)所(る)	燒(か)所る
54	18	直(あた)(り)	直(あた)り
55	16	子なり	有なり
	17	有なり	子なり
60	11	佛の種	佛(の)種
61	6	躄ならむ	躄ならむ
65	〃	說(く)	說(きたまふ)
67	14	往(き)て	往き(て)

頁	行	誤	正
	18	欲(せ)ム	欲(せ)む
74	5	使(し)令めむ(と)なり	使(し)令めむとなり
	7	念(おも)(ひ)て	念(ひ)て
80	6	佛前(に)	佛前(に)〔於〕
83	8	大乘法	大乘の法
	13	供養す	供養(し)て
84	16	得(べ)し。	得(べ)し。∧再 讀∨
85	18	宣説(すべ)し	宣説(すべし)
	20	佛前(に)	佛前(に)〔於〕
86	1	今乃(いま)(し)〔て〕	今乃(いま)(し)
	2	而も	而(る)を
	5	他國(に)	他國(に)〔於〕
88	1	教化(せ)見(ら)れて	教化せ見(ら)れて
	21	知識せ見(ら)れたる	知識せ見られたる
92	7	塵數の如(く)	塵數の如(く)〔は〕
96	8	受持せ(む)む	受持せ(む)
	9	行(せ)遣しむるならむ	行(せ)遣△し△む△るならむ
98	12	無し	無(し)
99	6	此の經	此(の)經

頁	行	誤	正
	〃	説きて	説(き)て
	10	者	者(もの)
102	3	摩睺羅伽〔の〕	摩睺羅伽の
	4	寶塔を	寶塔に
	5	言(まう)さく	言(まう)さ(く)
	11	天人阿脩羅	天・人・阿脩羅
	16	行したまふ	行(し)たまひし
104	19	布(き)たり	布けり
106	1	多寶來如	多寶如來
107	11	坐(せ)しむるを	坐(せ)△し△む△るを
111	5	此れ	是れ
	〃	淳善池	淳善地
113	12	成ること	成ること得ること
121	13	作(さく)	作(さ)く
122	7	我(れ)	我(れ)は
124	4	耶羅等	那羅等
125	2	(觀)すべし	觀(す)べし
126	4	衒(テラ)ヒ賣(ウ)ル	衒(テラ)ひ賣(ウ)ル
129	8	一(にして)	一(にし)て
130	〃	起す(べ)し。	起す(べ)し。∧再 讀∨
132	〃	或(るは)・・・或(るは)	或(るいは)・・・或(るいは)

頁	行	誤	正
	9	或(るは)	或(るいは)
136	15	道場(に)	道場(に)〔於〕
	18	〔而〕	而も
140	19	是(れ)	是れ
	21	大忍力	大忍辱力
141	16	獨り	獨(り)
143	4	如來は	如來(は)
	11	今、	今、皆
144	15	志念	志念力
145	7	坐〔於〕(し)て	〔於〕坐(し)て
148	〃	是(くの)如く	是(くの)如(く)
	20	所(に)	所に
161	9	一切種智	能(く)一切種智
	17	斯(の)	斯の
	21	小にし(て)	小に(し)て
166	19	衰老して	衰老(し)て
167	15	得	得む
	21	瘖瘂(なら)〔の〕不し	瘖瘂(な)ら不し
168	6	曲メ(ら)不し	曲め(ら)不し
169	15	黒め(ら)不し	黒め(ら)不(し)

頁	行	誤	正
171	18	語原	語言
172	9	聲（と）	聲と
173	16	有頂夫	有頂天
174	19	錯アマ(ま)（た）不し	錯アヤ(ま)（た）不し
178	10	其の	其（の）
179	4	合掌し	合掌（し）
	19	欲（ほして）	欲（ほし）て
183	21	名（つく）る	名（つくる）
184	1	比(す)丘、凡りて	比丘、凡(す)りて
	6	輕（せ）不(す)	輕（みせ）不(す)
185	5	號（つくる）に	號（つくるに）
	19	輕（せ）し	輕（みせ）し
186	13	輕（せ）不(す)	輕（みせ）不(す)
189	15	摩睺羅迦〔の〕	摩睺羅迦の
190	5	瓔洛	瓔珞
	7	成り	成（り）
191	15	爲是也（れ）(こ)	爲是也れ(こ)
194	2	言まうさく	言(まう)さ（く）
	3	有いま（さ）不れ	有(いま)（さ）不れ
195	5	摩睺羅伽〔の〕	摩睺羅伽の
	7	有いま（し）き	有(いま)（し）き

頁	行	誤	正
201	20	後（の）	後の
207	9	勸（め）て	勤（め）て
	18	和合せらむ。	和合せらむ、
209	12	摩睺羅伽〔の〕	摩睺羅伽の
214	1	普閅品	普門品
216	21	優婆夷身	優婆夷身を
217	17	摩睺羅伽〔の〕	摩睺羅伽の
218	1	問（ひて）	問（ひ）て
	10	假(たと)ー令ひ	假(たと)ー使ひ
225	15	末香・瓔珞	瓔珞・末香
231	18	見（たてまつる）	見（たてまつ）る
233	1	觀發品	勸發品
234	7	法華經を	法華經（を）
235	13	自（ら）	自みつか（ら）
236	9	手	（み）手
238	7	平め（な）らむ	平めらむ
241	12	中(う)チ（に）	中(う)チに
242	21	一（は）	一は
246	7	以（て）	以て
248	14	爪（を）(訓)	(訓)爪（を）
249	4	餘アマ（り）の	餘アマ（り）ノ
	6	(す)爲ること	爲すること

頁	行	誤	正
	15	後（に）	後に
251	2	過とか	過(とか)
	3	上(か)み	上か(み)
	12	蓋フタ	蓋
	17	襷ヒホ	襷ヒホ
253	11	如ち し	如ち（し）
	12	尒（しか）せ不れは	尒（しか）セ不れは
254	7	到イタして	到イタシて
	14	得不（し）	得不し
	19	曉サトラ未（す）	曉サトら未（す）
256	5	乾カワ・キたる	乾カワ・キたる
	11	(訓)熟ヨク嚼（む）須（し）	熟ヨク(訓)嚼（む）須（し）
	21	親マノアタ・リ	親マノアタ・リ
257	3	或（るいは）	或（る）い（は）
	19	用せ未る	用セ未る
260	9	正〈左朱訂〉（しく）	正〈左朱訂〉（し）く
261	4	籍オクニ	藉オクニ
	〃	行ヒク者、合ヒト掌	行ヒク者、合ヒト掌
263	17	似た（り）	似たり
	20	(訓)嚼か（む）須（し）	(訓)嚼(か)（む）須（し）
264	9	我（れ）	我（れ）は

頁	行	誤	正
	11	知ラムヤ	知ラムや
267	〃	儼然(ケム)	儼然(ケム)
272	3	(訓)者ハ	(訓)者は
	14	言(ふ)は	言(ふは)
	16	諸—國は	諸—國(は)
	21	嗢—咀	嗢—咀
273	14	能(は)〔不す〕	能(は)不(す)
	18	難(し)	難し
275	〃	刺(サ)し	刺(サ)シ
276	3	或(るい)は	或(るいは)
	14	許(さ)∧朱淡こ	許(さ)∧朱淡こ
		と∨不して、△	と∨不(す)といふ。
	〃	嚴(いつか)(し)ク	嚴(いつく)(し)ク
277	4	(訓)瞋(いカ)(ら)非(さ)れは	(訓)瞋(いか)(ら)非れは
	8	懽(ヨロコ)フ	懽(ヨロコ)フ
	〃	名利	名—利
278	17	門	門(訓)
279	3	閑(ナラ)ヒ	閑(ナラ)ヒ
	16	一體	一—體
	17	僭—籍に桂(カ)ケて	僭—籍に桂(カ)ケて
	20	鳴(ナ)ラして	鳴(ナ)ラシて

頁	行	誤	正
280	8	嚴(いつか)しく	嚴(いつく)しく
	12	爲(ナ)シテ	爲(ナ)シて
	15	走(去)—赴(オもむ)(き)て	走(去)—赴(オもふ)(き)て
	19	全く	全ク
282	15	波刺(ラ)斯	波刺(ラ)斯
283	15	穿(チウ)—得テ	穿(チウ)—得。
284	3	威の儀	威儀
	10	(訓)煖(アタ、)かに	(訓)煖(アタ、)カに
	11	弘—濟す須(し)	弘—濟す須し
	20	(訓)改(アらた)めて	(訓)改(アらた)(め)て
285	6	留(ト、)マレリ	(訓)留(ト、)マレリ
286	1	願(は)不す	願(は)不(す)
	13	前(ま)(盈)	前(ま)(盈)
	16	亦施(オ)イて	亦施(オ)イて
287	8	繞(メク)ラシテ〔て〕	繞(メク)ラシて
	12	複(カサネ)(つ)く—作れ	複(カサネ)(つ)く—作レ
288	11	辯(せむ)	辯せむ
290	7	圓(マロ)にして	圓(マロ)ニ〔に〕して
291	9	桑	桑(クハ)
	16	(訓)准(ト)(盈)て	(訓)准(ト)(盈)て
292	10	解ク合(から)不(す)	解ク合(ヘ)(から)不(す)

頁	行	誤	正
	17	此(れ)	此れ
	20	大苾芻(と)	大苾芻に
293	14	全(もは)(ら)	全(もは)ら
294	9	慢(ミタリカハ)・・シく	漫(ミタリカハ)・・シく
298	13	(訓)分かつ	(訓)分(か)つ
299	12	爲(ナ)ス	爲(ナ)ス〔す〕
	16	差(サ)して	差(サ)シテ
300	8	過(と)(カ)	過(と)(か)
303	11	者(もの)	者(もの)
304	20	依(盈)(イタ)—投ル	依(盈)(イタ)—投ル

解説・論考篇

頁	段	行	誤	正
311	上	5	三枚分	三枚半分
	〃	6	三十三枚	三十二枚
	〃	〃	三十七枚	三十六枚
	〃	8	偈誦	偈頌
	下	10	壽承	嘉承
314	上	3	不レして	不レ(し)て
	下	5	聽レ(き)なむ	聽レく
	〃	13	或(若也)(し)(も)	或若也(し)(も)
315	上	12	未來世	來世
	下	2	肉髻△	肉髮△
	〃	3	白豪の光	白豪相の光
	〃	15	失如來	失於如來
316	上	20	朽邁(くまい)しく	朽邁(くまい)し＞た
			たま	ま
	〃	〃	壯サカくなる	壯サカ＞なる
	〃	〃	喪ホロヒくたま	喪ホロヒ＞たま
317	下	21	坐(して)	坐(し)て
318	〃	7	自ミ(つから)	自み(つから)
320	〃	13	種(う)ゑ(む)	種(う)ゑむ

頁	段	行	誤	正
321	〃	〃	漢字者	漢字音
322	上	15	喪ホロヒく	喪ホロヒ＞
323	下	5	幾イクハクの所	幾イクハク所の
325	上	6	來を加(ふ)	來リ加(ふ)
	〃	7	布施	|布施
	下	5	文末	文末
	〃	15	施ニ(ゑむ)	施ニゑむ
326	上	18	寧	|寧
327	〃	1	實には	實(に)は
329	〃	3	|或若也(し)は	|或若也し
	下	6	已ぬ	|已ぬ
330	上	〃	(三六六)～(三六九)	(三六五)～(三六八)
331	下	17	|是かく	|是カク
	〃	20	當下(し)	當下し
332	上	7	不レ(べ)き	不レべき
	〃	〃	及―以(ひ)	|及―以(ひ)
	下	〃	演ニ説したまふこと	演ニ説(し)たまひし
				こと
334	上	18	欺アサム カムヤ	|欺アサム カムや
335	〃	5	(二 31/7)	(二 30/7)
	下	16	佛みの|所	佛のみ|所
336	上	13	之	之に

頁	段	行	誤	正
	〃	19	除下おく	除下をく
	下	13	|教ニめ	|教しニめ
337	上	5	無レ(くし)	無レ(くし)て
	〃	7	擯出一(せ)	擯出一せ
	〃	21	ベシ、	ベシは、
	下	17	足アぬと	足(そ)ぬと
338	上	9	於ニいて	於おニいて
	下	18	(二 34/12)	(二 33/12)
339	上	5	觀ミソナニハせるか	|觀ミソナニハせるか
	〃	11	誤(ま)て	誤(ち)て
	下	2	不レ(や)	不レや
	〃	5	觀レたてまつべき	|觀レたてまつべき
	〃	17	聞ニ(きたま)ゑ	|聞ニ(きたま)ゑ
	〃	18	有いまニすを	有いまニすヲ
340	〃	3	如之何(いか)せむとする	如之何(いか)にかせむ△△
	〃	11	褰アカリ	|褰アカリ
	〃	15	在をニく	皆在をニく
	〃	16	新選字鏡	新撰字鏡
341	上	〃	〃	〃
	下	1	唾―喋イカミ	|唾―喋イカミ
	〃	20	梟イヒトヨ	|梟イヒトヨ
342	上	17	作を(こ)ニす	|作を(こ)ニす

頁	段	行	誤	正
343	下	13	26/1	26/11
	上	10	黠ロクミて	黠クロミて
	下	18	差キカヒ	|差キカヒ
345	〃	〃	斯(の)	斯の
346	上	3	澁フ、、シ(から)	|澁フ、、シ(から)
	下	10	令レむ	令レ(む)
347	上	4	備とあり	「とあり」以下
				改行
	〃	7	黧ツミ	|黧ツミ
	〃	8	新選字鏡	新撰字鏡
	〃	10	等ツシメム	等をツシメム
	〃	12	新選字鏡	新撰字鏡
	下	〃	衒テラニひ賣ル	衒テラニひ賣ル
	〃	18	蚖—虵ケ	|蚖—虵トカケ
	〃	20	蚊蛇	蚖蛇
348	〃	5	新選字鏡	新撰字鏡
	〃	16	(四三)	(四四)
349	上	1	勇ミ	勇イサミ
	下	8	無レけむ	無上レけむ
	〃	18	長大なり	長大なる
350	〃	7	咄ヤ	|咄ヤ
	〃	17	(三七五)	(三七六)

頁	段	行	誤	正
351	〃	12	|隤くつれ	|隤くつれ
	〃	17	|攄ツカみ	者也 |攄ツカみ
354	上	14	大矢	大屋
356	〃	15	不レ爲ニサ	不レ爲ナニサ
358	〃	6	逼ニ—近チカクは	逼ニ—近チカクハ
359	〃	11	|颿タ(やす)く	|颿(たやす)く
	〃	16	(二 1/4)	(一 1/4)
361	下	19	例上例	例
366	〃	7	假書	假名
367	〃	17	(二 3/23)	(一 3/23)
368	上	12	蓮レヌ(一 10/5)	削除
	〃	19	13/12 二	二 13/12
	〃	21	湯タウ	蕩タウ
	下	1	濠モウ	濛モウ
	〃	10	|翔コニ磨	|翔コニマ磨
369	上	17	龍リヨウ	籠リヨウ
			(一 1/17)	(一 1/16)
	下	11	(二 2/7)	(二 2/17)
370	上	19	通り	通りで
	〃	21	(一 7/15)	(二 7/15)
	下	13	龍リヨウ	籠リヨウ
	〃	14	繡サウ(一 7/14)	肅サウ(一 7/13)

頁	段	行	誤	正
371	上	8	傷イタみ	傷イタミ
	〃	10	平ヒトシク	平ヒトシカら
	下	15	(一 15/12)	(一 15/21)
372	上	16	掩オホフ	掩オホふ
373	〃	11	翻カへて	翻カヘテ(て)
	〃	12	捉トて	把トて
	〃	20	剩アマサへ	剩ア(ま)サへ
	下	3	畳タ、ムて	畳タ、むて
	〃	10	膩ノコノ営アフラ	殘ノコノ膩アフラ
	〃	15	良以オモミレハ	以オモミレハ
	〃	19	二 15/14	15/14
374	上	18	在ニ(言)て	(中略)在ニ(言)て
375	〃	1	襷ヒホ	襻ヒホ
376	〃	17	(二 13/16)	(二 13/26)
	〃	12	(二 13/6)	(二 13/16)
	下	15	聴ゆるす	聴(ゆ)るす
377	上	6	寒—郷	寒郷
	〃	20	不レレハ尓(しか)せ	不レれは尓(しか)せ
	下	2	上(う)ゑ	上(う)へ
	〃	16	一賛タイ	一替タイ
378	上	12	償ムクレ〈朱訂〉ユル	賽ムクレ〈天朱訂〉ユル
	下	16	謂ニ(ひ)て	謂いニ(ひ)て

頁	段	行	誤	正
379	上	2	嘗かつて	嘗か(つ)て
	下	16	儀な(里)	儀な里
	〃	17	懽ヨロコ下フ	懽ヨロコ下フ
380	〃	5	棄ニ(て)よ	棄ニ(て)よ(訓)
	〃	12	雖三(も)	雖三為(とも)
	〃	13	親マノアタリ	親マノアタリ
381	上	6	慙心一を。	慙心一を、
	〃	8	限一りに	限一リに
	〃	10	哉や	哉ヤ
	〃	16	自(ら)	自(おのつか)(ら)
	下	4	受レけ	受レケ
382	上	19	履リ屣シを	履リ屣シヲ△
	下	2	和レせよ	和レセヨ
	〃	9	穿ニチ得テ手一を、	穿ニチウ得手一を。
383	上	20	衆僧	僧衆
	下	9	布葉	布ホ葉
384	上	14	咎(と)カ	咎(と)か
	下	5	坐せ	坐せ
385	〃	8	爲レる	爲ナレる
	〃	13	識シニレ	識ニレ
386	上	7	傳—驛	傳—譯
	〃	12	子	子コ
	下	14	可ニけむ	可ニケム
387	上	11	處餘	餘處
	下	5	洩もリ	洩モリ
	〃	11	末レ弘ニマラ	末レ弘ニマラ
388	〃	6	小チヒサき	小チヒサく
389	〃	10	不レる順シタカニハ・	不レる順シタカハ・
390	上	21	口(を)	口を
391	下	16	常食	常の食
393	〃	17	擎カレケ	擎カ(か)レケ
	〃	18	地マテニ	地マテに
394	上	8	幾(は)くか	幾(は)クか
	〃	19	卽ち	卽(ち)
	下	17	其の	其(の)
396	〃	3	摺スリ	揩スリ
397	〃	12	控コニ—制	控コクくニ—制
399	〃	14	經ヘ求め	經をヘ求め
400	上	10	俗官	俗—官
	下	14	絛	縚
401	〃	20	新選字鏡	新撰字鏡
	〃	3	自動詞	自動詞、
	〃	4	威の儀	威儀
402	〃	3	(四一六)	(四一五)
	〃	〃	(四一七)	(四一六)
404	上	7	過(き)てもシたまは	過(き)てもシたまは
	〃	〃	減ヘカリてもシたまは	減ヘカリてもシたまは
	下	15	カ、タカヒ	カタ、カヒ
	〃	17	不レ可ニ(から)	不レ可下(から)
407	上	20	新選字鏡	新撰字鏡
408	下	9	驅驅	驅ク驅
410	上	20	(三九一)	(三九二)
	下	3	百沙顯幽抄	百法顯幽抄
412	上	10	行歩シたまふ	行歩シたまふ
413	〃	21	漉囊	漉囊
414	〃	19	新選字鏡	新撰字鏡
	下	5	〃	〃

語彙索引

頁	段	行	誤	正
3	2	18	27/16	27/6
	3	31	取ず與ふ	送り與ふ
4	2	16	遇ゐる	遇ゐるは
	4	11	替カハラ令(む)	替カハラ令(む)
	〃	25	11/19	11/19
5	3	2	在らむ	在らむには
	4	6	在るが	在るか
	〃	28	法②	法①25/5②
	〃	31	或(る)ときに 法①25/5	削除
6	3	4	寄⑦	法⑦
	〃	25	イタチ	一字上げる
	4	12	17/12	17/21
7	1	19	イツカシ	イツクシ
	〃	20	嚴い(つか)しく	嚴い(つく)しく
	〃	21	嚴い(つかし)ク	嚴い(つくし)ク
	〃	22	嚴い(つかし)く	嚴い(つくし)く
	2	15	13/12	13/22
	3	6	道イフテ	道イフて
	〃	33	18/19	削除
	〃	33左		(追加)云ふ應(し)
				寄②18/19
	4	2	いふが	いふか

頁	段	行	誤	正
	〃	5	寄②/13	寄②8/23
	〃	6	2/20	18/23
	〃	11	言へは 寄①6/7	削除
	〃	12	寄①5/6	寄①5/6 6/7
	〃	16	7/52	7/25
8	3	13	爲エ	得エ
9	1	5	奉ウクるは	奉ウクルは
	〃	12	然	然なを
	〃	13	承ウケタマハレリなを	承ウケタマハレリ
	2	2	法②	寄②
	3	8	7	7/22
	〃	16	法5	法⑤
	〃	22	寄①11/20	削除
	〃	23左		(追加)生れたを
				寄①11/20
	4	13	22/15	12/15
	〃	16	9/52	9/25
10	1	9	②2/19	削除
	2	26	①6/26	②6/26
	〃	31	18/4	18/3 4
	3	32	恐(る)ら(く)は	恐(る)ラ(く)は
11	1	5	10/1	10/9
	〃	11	15/20	20/15
	〃	31	33/18	⑤33/18
	2	12	2/10	2/9

頁	段	行	誤	正
	3	31	謂おもふ可し	謂おもふ可(し)
	4	13	2/1	2/11
	〃	15左		(追加)欲して
				法⑥3/14
12	1	13	15/22 23	15/22
	2	1	擘カケ	擘カ(か)ケ
	〃	13	擢カ、らむ	羅カ、らむ
	3	28	6/9	6/6
	4	19	法②	法①
13	1	29	31/7 8 9	31/7 8 8 9
14	1	7	爲カフ(ら)令(むる)	爲カフ(ら)令(む)る
	〃	9	爲へ被∨て(を)む	爲へ被也∨(を)てむ
	〃	23	反カヘサマニ	反カヘサマに
	2	32	上カミサマニ	上カミサマに
	3	9	啾む 法②13/11 14/4	削除
	4	22	②6/18	①13/5
	〃	31左		(追加)しかとも
				法⑤1/4
15	1	1	⑦3/3	削除
	〃	1左		(追加)(し)かは
				法⑦3/3
	〃	13	15/9	削除
	2	1	繋カケ來れとも	削除
			寄②12/11	
	3	3	②3/26	削除

頁	段	行	誤	正
	〃	3左		(追加)淨くして
				法②3/26
	4	7	12/2 2	12/2
	〃	16	キリ	キル
	4	21	裂キリて 寄④1/12	削除
16	1	7	13/6	31/6
	〃	33	敗ソコナハレ	敗(そ)コナハレ
	2	15左		(追加)クハ
				桑クハ 寄②13/8
	〃	29	窊クホム	窊クホミ
	〃	33	出サム	出イタサム
	3	19	凔ふ	凔(く)らふ
	4	5	黲み	黑み
	〃	9	黑め(ら)不し	黑め(ら)不(し)
17	2	26	寄②15/3④2/10	寄①11/2
	〃	29	1/2	削除
	3	5左		(追加)如くに
				寄①1/2
	〃	11	3/10	削除
	〃	17	法①	寄②
	〃	18	如きに	如キに
	〃	21	寄①	法②3/10 寄①
	4	8	理コ(とわ)る	理コ(とわる)
18	1	26	25/18	25/8
	2	19	寄①11/8②	寄②11/8

頁	段	行	誤	正
	〃	20	3/7	削除
	〃	25	⑦	⑦3/7
	3	22	挿サシハサ(む)て	挿サシハサ(み)て
	4	24	曉サトラ未	曉サトら未
	4	28	⑧24/1	削除
	〃	29左		(追加)解る
				法⑧24/1
19	1	16	5/4	5/6
	〃	25	不しは	不レは
	〃	31	避サラ不	避サラ不す
	2	5	追サリキ	退サリキ
	〃	15	10/12	②10/12
	〃	30	12/1	21/1
	3	8	尒す	尒かす
	4	7	尒らは	尒らは者
	〃	29	不(し)タ	下(し)タ
20	3	11	19/12	削除
	〃	32	4/2	29/2
	4	17	④4/14⑤4/4	④4/4⑤4/14
	〃	28	11/2	13/2
21	1	16左		(追加)大小カミシモ
				寄①3/7
	2	2	3467	3466
22	3	21	進マ遣メムト	進マ遣シメムト
	〃	24	進ス、(む)て	進ス、(み)て

頁	段	行	誤	正
	〃	26	前む	前すすむ
	〃	27	進む	進すすむ
	4	7	寄①	寄②
	〃	15	捨スツル	除スツル
23	1	27	棲スマシム	棲スマシムル
	2	4	尖スルトなる	尖スルトなるに
	3	17	寄②	寄①
	〃	22	乖ケる	乖ける
24	1	2	比タクヒ	比タクひ
	〃	17	資タスク	資タスく
	2	4	法①31/1②16/3④	削除
	〃	5	28/4⑤22/16	
			寄①6/9	
	〃	6	②6/25	寄②6/25
	〃	21	起タ、ム(と)欲る	起タ、ム(と)欲スる
	〃	31	獻る	獻たてまつる
	3	8	5/3 25/19	削除
	〃	16	1/7	削除
	〃	18左		(追加)たてまつるに
				法④1/7
	4	23	(た)ヒ 法⑥1/7 9	削除
	〃	24	31/10	31/10⑥1/7 9
25	3	17	29/5	削除
	〃	25	8/9	削除
	〃	26	2/2	2/2④8/9

頁	段	行	誤	正
	4	14	をたも	をタモ
	〃	28	たら不し	タラ不し
26	1	18	3/23	削除
	〃	20	爲たるを將て	削除
			寄②3/13	
	〃	28	18/5	削除
	〃	31	6/16	6/12
	2	2	20/14	20/14 寄②3/13
	〃	6	足ず已は	足ず已ナは
	3	2	近クハ 寄①9/14	削除
	〃	15	9/6	削除
	〃	15左		(追加)小チヒサく
				寄①9/6
	4	3	つ可し	つ可(し)
	〃	30	不著肯	不肯著
27	1	4	桂ツキ	柱ツキ
	〃	11	ツケ	ツク
	〃	21	12/15	12/25
	〃	22	②12/19	削除
	〃	22左		(追加)枯ツクヱ
				寄②12/19
	2	30	法⑤6/9 12/4	削除
	4	〃	致ツヒニ	致ツヒに
28	1	31	行〈連也〉なれる	行〈連也〉(な)れる
	2	17	⑤14/13	削除

頁	段	行	誤	正
	〃	17左		(追加)衒テラひ賣ウル
				法⑤14/13
	4	26	15/5	削除
	〃	27	10/17	10 14 15 16 17
	〃	〃	4/7	4/5 6 7
29	2	22	6/13	6/14
	3	6	トモ	トモ(接続助詞)
	〃	7	法①	寄①
	〃	15	ドモ	ドモ(接続助詞)
	〃	21	2/9	削除
30	3	27	不〈无也〉	不〈无也〉
	4	1	靡〈无也〉	靡〈无也〉
	〃	23	爲サ不	爲サ不(る)
	〃	30	17 17	17
31	3	26	生ナマシ〱	生ナマシく
	4	5	11/12 24	11/12
	〃	5左		(追加)滑ナメラカにし
				て 寄②11/24
32	1	5	將ナ、ムトす	將ナ、ムトするに
	〃	27	3/8	3/9
	〃	32	寄①6/8	法②29/15
	2	5	使命めむとなす	使命めむ(と)なす
	〃	6	たまは(む)とつす	たまは(む)となす
	3	12	雲雷鼓	雲雷鼓イカツチナリ
	〃	24	20/15	20/15 寄

頁	段	行	誤	正
33	1	9	2/16 16	2/11 11 12
	〃	15	にして 寄①8/3	削除
			11/22 ②5/26 15/20	
	〃	28	寄②	寄①
	〃	31	卒ニハカニ	卒ニハカに
	2	6	法①	寄①
	〃	19	15/5	15/5 31/7
	〃	19左		(追加)なむと欲せし
				法⑦5/10
	〃	20	法④5/15	寄⑥5/19
	〃	33	②5/12	①5/12 7/10
	3	1	寄①	寄②
	〃	30	樂か(は)す	樂か(は)不す
	4	18	冀か(ひ)て	冀ネカ(ひ)て
34	1	7	10/8 8	10/8 8 8
	3	〃	のみや〱	のみや
	4	13	バカリ	バカリ(副助詞)
	〃	14	10/6 6	10/6 6 13
	〃	19	10/20	削除
	〃	19左		(追加)許リ
				寄②10/20
35	2	4	3/12	3/13
	3	〃	26/14	26/19
	〃	20左		(追加)ハム
				噉む 法②13/11

頁	段	行	誤	正
36	1	19	10/7 8	10/7 14/4
	2	12	平ヒトシ	平ヒトシカら使(む)
	〃	23	性ヒトトナリ	性ヒト、ナリ
	3	8	日ヒ、ニ	日ヒ、に
	〃	16	襷ヒホ	襻ヒホ
	4	2	平め(な)らむ	平めらむ
37	1	23	7/1	削除
	2	26	寄②	寄①
	3	7	可ケム	可ヘケム
	4	3	法①	寄①
38	1	10	欲して 法⑥3/14	削除
	3	4	白マウして	白マウシて
	〃	8	16/28	28/16
	4	6	25/11	25/11 31/1 ②16/3
				④28/4 ⑤22/16
	〃	〃	寄②	寄①6/9 ②
39	2	28	法②	寄②
	〃	33	マデ	マデ(副助詞)
40	1	29	9/51	9/15
	2	2	④12/19	削除
	〃	4	法⑤	法④12/19⑤
	〃	13	漫ミタリカハシク	漫ミタリカハシく
	〃	27	盈ミタ不	盈ミタ不す
	3	32	魅魑	魑魅
41	1	13	囑みる	觀みる
	〃	14	囑ル	囑ミル
	3	16	ムとな[illegible]	むとな[illegible]
	4	〃	法②3/18	法⑧16/15
	4	23	向ふ須(し)	向ふ須し
	〃	33	酬ムクユ須(し)	酬ムクユ須し
42	1	25	法②	法⑥
	3	15	如もし	如も(し)
43	4	23	法②	寄②
44	1	9	焚く	燒く
	〃	11	燒ヤケ	焚ヤケ
	〃	24	寄②8/20	法⑤27/4
	3	7左		(追加)ヤル
				裂ヤリて 寄④1/12
	4	21	④3/18	削除
	〃	21左		(追加)許ユルサ不(す)
				寄④3/18
45	1	19	14/16	14/26
	〃	23左		(追加)横サマニ
				寄②12/26
	2	28	喚ヒ來(し)て	喚ヨヒ來(し)て
	3	22	11/24	11/23 24
	〃	28	爲ヨ([illegible])て	爲ヨ([illegible])テ
	〃	〃	寄②	寄①10/9 ②
	〃	29	10/9 26	10/26
46	2	20	4 6/13	6/13
	〃	26	⑦	⑤4/7⑦
	〃	31	3/22	削除
	3	6	4/7	削除
	〃	24	10/3	削除
	〃	27	19/18	25/18
	〃	31	2/7	2/7 10/13
47	2	11	居ては	居キては
	3	1	6/1	9/1

著者略歴

明治43年　島根県八束郡宍道町に生れる
昭和10年　京都大学文学部文学科国語国文学専攻卒業
松江高等学校教授・島根大学教授・岡山大学教授・大谷女子大学教授を経て、現在島根大学・岡山大学各名誉教授　文学博士

〔関係著書〕

石山寺本大方広仏華厳経古点の国語学的研究（風間書房）
改訂 訓点語の研究　上・下（同）
国語史論集　上・下（同）
石山寺本四分律古点の国語学的研究（同）
石山寺本大智度論古点の国語学的研究　上（同）
擬聲語の研究（同）
平安時代における訓點語の文法　上・下（同）

現住所　703-8262　岡山市中区福泊79-3

検印省略

平成28年５月５日　印刷
平成28年５月15日　発行　大坪併治著作集７　（第11回配本）

訓點資料の研究

定価　二七、〇〇〇円（本体二五、〇〇〇円＋税）

著者　大坪併治（おおつぼへいじ）
発行者　風間敬子
印刷者　小又和巳

発行所　株式会社　風間書房
101-0051　東京都千代田区神田神保町一の三四
電話　〇三（三二九一）五七二九番
振替　〇〇一一〇-五-一八五三番

（富士リプロ・井上製本所）
ISBN978-4-7599-2109-0